KB217891

헨드릭슨 패턴 주석 시리즈

헨드릭슨 성경주석

마태복음(중)

헨드릭슨 패턴 주석 시리즈

헨드릭슨 성경주석

마태복음(중)

윌리엄 헨드릭슨 지음

이정웅 옮김

[주]아가페출판사

「헨드릭슨 패턴 주석 시리즈」 개정판을 내면서

온전한 그리스도인이 되기 위해서는 하나님의 말씀에 바로 서야 한다. 성경을 가르치고 설교하고 연구하고 해석하고 묵상하는 모든 이들은 거룩한 계시의 말씀인 성경에 대한 신학적 이해를 바로 세워야 한다. 현대 사회는 세속적 인본주의 세계관, 뉴에이지 세계관, 포스트모더니즘 세계관 등 비기독교 문화와 사상에 잠식되어 있다. 그리스도인은 세상의 기준에 흔들리지 않는 올바른 기독교적 가치로 무장하고 이 시대에 예수 그리스도를 바로 증언할 수 있어야 한다. 기독교 신앙의 본질이 되는 것은 무엇보다도 성경 말씀에 대한 바른 이해와 적용이다.

아가페 출판사는 1988년에 소명의식을 갖고 다년간의 노력 끝에, 복음주의적인 주석으로서 권위를 인정받고 있는 「윌리엄 헨드릭슨 신약주석」 전 20권(원서는 전 11권) 초판본을 이미 한국 교계에 내어놓은 바 있다. 그러나 애석하게도 헨드릭슨 박사는 로마서 주석을 마지막으로 집필하고 1982년에 하나님의 부름을 받았다. 따라서 아가페 출판사는 헨드릭슨 박사가 미처 저술하지 못한 신약 주석–사도행전 · 고린도전후서 · 히브리서 · 야고보서 · 베드로전후서 · 유다서 · 요1 · 2 · 3서–을 그 분야의 고전적인 주석으로 평가받고 있는 책 중에서 엄선하여 10권을 번역해서 1988년에 헨드릭슨 신약주석 20권과 함께 전 30권으로 출간하였다.

1988년으로부터 주석서 발행 20여년이 지난 2014년에 본사는 「헨드릭슨 패턴 주석 시리즈」라는 이름으로 신약 주석 30권에 대한 재발행 작업을 추진하게 되었다. 새롭게 개정하는 「헨드릭슨 패턴 주석 시리즈」의 내용은 1988년 초판본과 동일하되, 기존의 우리말 번역에서 예스러운 표현이나 낯선 한자어는 현재의 한글맞춤법을 기준으로 순화하여 독자들이 읽기에 편하게 조정하였다.

2014년 개정판의 가장 큰 특징은 「개역개정판(4판)」으로 주석서의 성경 본문을 전면 교체하고, 본사의 원문번역성경인 「쉬운성경」 본문을 새롭게 추가하여 성경 본문에 대한 이해도를 높이고자 기획한 것이다. 그 결과로 2014년 「베드로전후서·유다서」, 「사도행전(상)」, 「사도행전(하)」를 한국 교계에 내놓았다. 그리고 2015년 「요한 1·2·3서」, 「요한계시록」, 「야고보서(상)」, 「야고보서(하)」를 출간하였다. 이제 「마태복음(상)」, 「마태복음(중)」, 「마태복음(하)」에 이어서 「헨드릭슨 패턴 주석 시리즈」는 신약 주석 30권 완간을 목표로 계속 발간될 예정이다.

「윌리엄 헨드릭슨 신약 주석」(*New Testament Commentary*)은 이제까지 출간된 신약 주석 가운데 가장 학문적이면서도 깊은 은혜가 담겨 있고, 가장 분량이 많으면서도 논리적이며, 가장 보수적이면서도 흠잡을 데가 없는 훌륭한 주석 가운데 하나이다. 헨드릭슨 박사의 주석은 본문 비평과 원문 번역에 있어서 세심한 주의를 기울였고, 각 성경의 저작자와 서론상의 문제점을 철저히 파헤쳤으며, 문법·문체·역사적 배경 등을 완벽에 가까울 정도로 다루고 있다. 그리고 각 대목의 주석 다음에는 그 내용을 종합하여 전체의 흐름과 결론을 한눈에 볼 수 있게 하였다.

윌리엄 헨드릭슨은 주석을 위해 특별한 은사를 부여받은 네덜란드계 미국인으로서 철저한 개혁주의자요 복음주의자였다. 또한 매우 근면하고 경건한 신약학자이자 탁월한 성경주석가였다. 헨드릭슨은 미국 기독개혁교회(Christian Reformed Church)에 속한 목사로 사역했으며, 칼빈신학교에서 신약학 강의를 맡아 많은 후진을 길러냈다. 고금의 모든 신학사상과 그 동향에 해박한 지식을 지닌 신학자인 그는 오랫동안 강단에 서서 강의와 설교를 통해 깊은 영적 감화를 끼쳤다.

「헨드릭슨 패턴 주석 시리즈」를 다시 새롭게 출간하도록 은혜를 베푸신 하나님께 우선 감사드리며, 아울러 이 시리즈가 출간되는 데 여러 분야에서 수고하고 봉사한 분들께 감사드린다. 그리고 아가페 출판사가 의도하며 기도하는 것 이상으로, 이 시리즈를 통하여 하나님의 말씀이 이 땅에 올바로 심어져 아름다운 꽃들을 활짝 피우고 좋은 열매들이 풍성히 맺히기를 바라는 마음 간절하다.

헨드릭슨 패턴 주석 시리즈 번역위원회

발행인 정 형 철

차 례

약어표

서적의 약칭은 마침표가 찍혀 있고, 정기 간행물의 약칭은 마침표가 없고 이탤릭체로 되어 있어서 한눈에 그 약칭만 보아도 서적인지 정기 간행물인지를 알 수 있다.

A. *Book Abbreviations*

A.R.V.	American Standard Revised Version
A.V.	Authorized Version (King James)
Gram.N.T.	A. T. Robertson, *Grammar of the Greek New Testament in the Light of Historical Research*
Gram.N.T. (Bl.-Debr)	F. Blass and A. Debrunner, *A Greek Grammar of the New Testament and Other Early Christian Literature*
Grk.N.T. (A-B-M-W)	*The Greek New Testament,* edited by Kurt Aland, Matthew Black, Bruce M. Metzger, and Allen Wikgren
I.S.B.E.	*International Standard Bible Encyclopedia*
L.N.T. (Th.)	Thayer's *Greek-English Lexicon of the New Testament*
L.N.T. (A. and G.)	W. F. Arndt and F. W. Gingrich, *A Greek-English Lexicon of the New Testament and Other Early Christian Literature*
M.M.	*The Vocabulary of the Greek New Testament Illustrated from the Papyri and Other Non-Literary Sources,* by James Hope Moulton

	and George Milligan
N.A.S.B. (N.T.)	New American Standard Bible(New Testament)
N.N.	*Novum Testamentum Graece*, edited by D. Eberhard Nestle, revised by Erwin Nestle and Kurt Aland
N.E.B.	New English Bible
N.T.C.	W. Hendriksen, New Testament Commentary
R.S.V.	Revised Standard Version
S.BK.	Strack and Billerbeck, *Kommentar zum Neuen Testament aus Talmud und Midrasch*
S.H.E.R.K.	*The New Schaff-Herzog Encyclopedia of Religious Knowledge*
Th.D.N.T.	*Theological Dictionary of the New Testament* (edited by G. Kittel and G. Friedrich, and translated from the German) by G. W. Bromiley
W.D.B.	*Westminster Dictionary of the Bible*
W.H.A.B.	*Westminster Historical Atlas to the Bible*

B. *Periodical Abbreviations*

ATR	*Anglican Theological Review*
BG	*Bible und Gemeinde*
BJRL	*Bulletin of the John Rylands Library*
BTr	*Bible Translator*
BW	*Biblical World*
BZ	*Biblische Zeitschrift*
CT	*Cuadernos teológicos*
CTM	*Concordia Theological Monthly*
EB	*Estudios biblicos*

EQ	*Evangelical Quarterly*
ET	*Expository Times*
Exp	*The Expositor*
GTT	*Gereformeerd theologisch tijdschrift*
JBL	*Journal of Biblical Literature*
JR	*Journal of Religion*
JTS	*Journal of Theological Studies*
NedTT	*Nederlands theologisch tijdschrift*
NTStud	*New Testament Studies; an International Journal published quarterly under the Auspices of Studiorum Novi Testamenti Societas*
PTR	*Princeton Theological Review*
RSR	*Recherches de science religieuse*
Th	*Theology: A Journal of Historic Christianity*
ThG	*Theologie und Glaube*
TR	*Theologia Reformata*
TS	*Theologische Studiën*
TSK	*Theologische Studiën und Kritiken*
TT	*Theologisch tijdschrift*
WTJ	*Westminster Theological Journal*
ZNW	*Zeitschrift für die neutestamentliche Wissenschaft und die Kunde des Urchristentums*

Matthew

●

마태복음 주석

제7장의 개요(5, 6장 계속) *Matthew*

7

주제 : 아버지께서 아들에게 맡기신 사역

산상설교

첫 번째 대강화(大講話)

제 7 장

1-29절

1 비판을 받지 아니하려거든 비판하지 말라 2 너희가 비판하는 그 비판으로 너희가 비
판을 받을 것이요 너희가 헤아리는 그 헤아림으로 너희가 헤아림을 받을 것이니라 3
어찌하여 형제의 눈 속에 있는 티는 보고 네 눈 속에 있는 들보는 깨닫지 못하느냐 4
보라 네 눈 속에 들보가 있는데 어찌하여 형제에게 말하기를 나로 네 눈 속에 있는 티
를 빼게 하라 하겠느냐 5 외식하는 자여 먼저 네 눈 속에서 들보를 빼어라 그 후에야
밝히 보고 형제의 눈 속에서 티를 빼리라 6 거룩한 것을 개에게 주지 말며 너희 진주
를 돼지 앞에 던지지 말라 그들이 그것을 발로 밟고 돌이켜 너희를 찢어 상하게 할까
염려하라 7 구하라 그리하면 너희에게 주실 것이요 찾으라 그리하면 찾아낼 것이요
문을 두드리라 그리하면 너희에게 열릴 것이니 8 구하는 이마다 받을 것이요 찾는 이
는 찾아낼 것이요 두드리는 이에게는 열릴 것이니라 9 너희 중에 누가 아들이 떡을 달
라 하는데 돌을 주며 10 생선을 달라 하는데 뱀을 줄 사람이 있겠느냐 11 너희가 악한
자라도 좋은 것으로 자식에게 줄 줄 알거든 하물며 하늘에 계신 너희 아버지께서 구하
는 자에게 좋은 것으로 주시지 않겠느냐 12 그러므로 무엇이든지 남에게 대접을 받고
자 하는 대로 너희도 남을 대접하라 이것이 율법이요 선지자니라 13 좁은 문으로 들어
가라 멸망으로 인도하는 문은 크고 그 길이 넓어 그리로 들어가는 자가 많고 14 생명
으로 인도하는 문은 좁고 길이 협착하여 찾는 자가 적음이라 15 거짓 선지자들을 삼가
라 양의 옷을 입고 너희에게 나아오나 속에는 노략질하는 이리라 16 그들의 열매로 그
들을 알지니 가시나무에서 포도를, 또는 엉겅퀴에서 무화과를 따겠느냐 17 이와 같이
좋은 나무마다 아름다운 열매를 맺고 못된 나무가 나쁜 열매를 맺나니 18 좋은 나무가
나쁜 열매를 맺을 수 없고 못된 나무가 아름다운 열매를 맺을 수 없느니라 19 아름다
운 열매를 맺지 아니하는 나무마다 찍혀 불에 던져지느니라 20 이러므로 그들의 열매
로 그들을 알리라 21 나더러 주여 주여 하는 자마다 다 천국에 들어갈 것이 아니요 다
만 하늘에 계신 내 아버지의 뜻대로 행하는 자라야 들어가리라 22 그날에 많은 사람이
나더러 이르되 주여 주여 우리가 주의 이름으로 선지자 노릇하며 주의 이름으로 귀신
을 쫓아내며 주의 이름으로 많은 권능을 행하지 아니하였나이까 하리니 23 그때에 내
가 그들에게 밝히 말하되 내가 너희를 도무지 알지 못하니 불법을 행하는 자들아 내게
서 떠나가라 하리라 24 그러므로 누구든지 나의 이 말을 듣고 행하는 자는 그 집을 반
석 위에 지은 지혜로운 사람 같으리니 25 비가 내리고 창수가 나고 바람이 불어 그 집
에 부딪치되 무너지지 아니하나니 이는 주추를 반석 위에 놓은 까닭이요 26 나의 이
말을 듣고 행하지 아니하는 자는 그 집을 모래 위에 지은 어리석은 사람 같으리니 27
비가 내리고 창수가 나고 바람이 불어 그 집에 부딪치매 무너져 그 무너짐이 심하니라
28 예수께서 이 말씀을 마치시매 무리들이 그의 가르치심에 놀라니 29 이는 그 가르치
시는 것이 권위 있는 자와 같고 그들의 서기관들과 같지 아니함일러라

1 "비판을 받지 않으려면, 비판하지 마라. 2 너희가 비판한 그대로 비판을 받을 것이
며, 너희가 판단한 기준에 따라 너희도 판단받을 것이다. 3 어찌하여 네 형제의 눈 속
에 있는 작은 티는 보면서, 네 눈 속에 있는 나무토막은 보지 못하느냐? 4 네 눈 속에
나무토막이 있으면서, 어떻게 네 형제에게 '네 눈 속에 있는 작은 티를 빼주겠다' 라
고 말할 수 있느냐? 5 위선자들아! 먼저 네 눈 속에 있는 나무토막을 빼내어라. 그 후
에야 잘 보여서 네 형제의 눈 속에 있는 티를 빼낼 수 있을 것이다. 6 거룩한 것을 개
에게 주지 마라. 진주를 돼지 앞에 던지지 마라. 개나 돼지는 그것을 짓밟고, 뒤돌아
서서 너희를 물어 버릴 것이다." 7 "구하라, 그러면 너희에게 주실 것이다. 찾아라, 그
러면 발견할 것이다. 두드려라, 그러면 문이 너희에게 열릴 것이다. 8 구하는 사람은
누구든지 받을 것이다. 찾는 사람은 찾을 것이다. 그리고 두드리는 사람에게는 문이
열릴 것이다. 9 아들이 빵을 달라고 하는데, 너희 중에서 누가 돌을 주겠느냐? 10 아들
이 생선을 달라고 하는데, 누가 뱀을 주겠느냐? 11 비록 너희가 나쁜 사람이라 할지라
도, 자녀에게 좋은 것을 주려고 하는데, 하물며 하늘에 계신 너희 아버지께서 구하는
사람에게 좋은 것을 주시지 않겠느냐?" 12 "다른 사람이 너희에게 해 주었으면 하는
대로, 너희가 다른 사람들에게 모두 해 주어라. 이것이 율법과 예언서의 내용이다."
13 "좁은 문으로 들어가거라. 멸망으로 가는 문은 넓고 그 길이 쉬워, 많은 사람들이
그곳으로 들어간다. 14 그러나 생명으로 가는 문은 작고 그 길이 매우 좁아, 그곳을
찾는 사람이 적다." 15 "거짓 예언자들을 조심하여라. 그들은 양의 옷을 입고 너희에
게 다가온다. 그러나 그 속은 굶주린 늑대이다. 16 그들의 열매를 보고, 그들을 알 것
이다. 가시나무에서 포도를 딸 수 있느냐? 엉겅퀴에서 무화과를 딸 수 있느냐? 17 마
찬가지로 좋은 나무는 모두 좋은 열매를 맺고, 나쁜 나무는 나쁜 열매를 맺는다. 18
좋은 나무가 나쁜 열매를 맺을 수 없고, 나쁜 나무가 좋은 열매를 맺을 수 없다. 19 좋
은 열매를 맺지 못하는 나무는 모두 잘려서 불 속에 던져진다. 20 그러므로 열매를 보
고 그들을 알 것이다." 21 "나에게 '주님, 주님' 이라고 말하는 사람 모두가 하늘나라
에 들어가는 것은 아니다. 하늘에 계신 내 아버지의 뜻대로 행하는 사람만이 하늘나
라에 들어갈 것이다. 22 그날에 많은 사람이 나에게 이렇게 말할 것이다. '주님, 주님,
우리가 주님의 이름으로 예언하고, 주님의 이름으로 귀신을 내쫓고, 주님의 이름으로
많은 기적을 베풀지 않았습니까?' 23 그때, 내가 분명하게 그들에게 말할 것이다. '나
는 너희를 모른다. 악한 일을 행하는 자들아, 내게서 썩 물러나라.'" 24 "내 말을 듣
고, 그대로 행하는 사람은 바위 위에 집을 지은 지혜로운 사람과 같다. 25 비가 내리
고, 홍수가 나고, 바람이 불어 그 집에 몰아쳐도 그 집은 무너지지 않았다. 왜냐하면
그 집은 바위 위에 지어졌기 때문이다. 26 내 말을 듣고도 행하지 않는 사람은 모래
위에 집을 세운 어리석은 사람과 같다. 27 비가 내리고, 홍수가 나고, 바람이 불어 그
집에 몰아쳤을 때, 그 집은 쉽게 무너졌는데, 그 무너진 정도가 심하였다." 28 예수님
께서 이 모든 말씀을 마치셨습니다. 사람들은 예수님의 가르침에 놀랐습니다. 29 그
것은 율법학자들과는 달리 예수님께서 권위를 지닌 분처럼 가르치셨기 때문입니다.

_아가페 쉬운성경

산상설교

십계명은 두 돌판에 새겨졌다(신 5:22). 예수께서는 이 율법을 마태복음 22:37-39의 비슷한 말씀으로 요약하셨다. 곧, "네 마음을 다하고 목숨을 다하고 뜻을 다하여 주 너의 하나님을 사랑하라 하셨으니 이것이 크고 첫째 되는 계명이요 둘째도 그와 같으니 네 이웃을 네 자신같이 사랑하라 하셨으니." 이와 유사하게 주기도 역시 두 가지 간구를 포함하는데 첫 세 간구들은 하나님께 관계된 것이고 다음의 간구들은 사람에게 관계된 것이다. 산상설교도 그것을 전체로 놓고 볼 때는 이와 마찬가지이다. 하나님께 대한 사람의 의무를 요약하고 나서(6장) 이제는 이웃에 대한 의무의 서술로 들어간다(7:1-12).

사람은 곧 하나님의 형상이기 때문에 그 두 가지 의무는 서로 관계가 있다(창 1:27).

따라서 우리는 이제 다음 소제목에 이르게 되었다.

사람과 사람 사이의 관계에 대한 의의 본질

예수께서는 이 항목을 다음 말씀으로 시작하신다.

[1] 비판을 받지 아니하려거든 (다른 사람들을) 비판하지 말라.

6:1, 19, 20; 7:7 등에서와 같이 원리와 함께 설명이 나온다. "비판하지 말라"고 말씀하실 때 주님은 정확히 무엇을 의미하셨는가? 모든 형태의 비판이 절대적으로 그리고 무조건적으로 금지되므로 이웃에 대하여 우리가 아무런 의견을 품거나 표현할 수 없으며, 적어도 상대방에 대해서 반대 의견이나 마음에 들지 않는 의견은 결코 말할 수 없다는 것을 의미하셨는가? 예수께서 바로 이 문단에서 친히 말씀하신 바, 우리가 어떤 사람들을 개와 돼지로 생각해야 한다는 암시(6절)와 요 7:24; 참조. 고전 5:12; 6:1-5; 갈 1:8-9; 빌 3:2; 살전 2:14, 15; 딤전 1:6, 7; 딛 3:2, 10; 요일 4:1; 요이 10; 요삼 9-11과 그 밖에 더 첨가할 수 있는 많은 구절들에 비추어 보면, 어떤 사람에 대해서 무슨 의견을 품고 그것을 표현하는 일을 일

관적으로 몰아서 정죄하시려는 의도가 포함되어 있을 수 없다는 것이 분명해진다.

예수께서는 친히 서기관과 바리새인들에 대하여 어떤 결론들을 내리셨고 또 그러한 의견들을 서슴없이 표현하셨다(마 5:20; 6:2, 5, 16; 15:1 이하; 23:1 이하). 우리로서는 예수께서 사람의 마음속을 읽을 수 있으셨던 것처럼(요 2:24, 25) 우리 이웃의 마음속을 읽을 수는 없으므로 **우리의** 판단 및 비판은 더욱더 삼가야 하고 또 그것이 최종적인 판단이 될 수는 없다는 것이 사실이지만, 그리스도 자신의 가르침 혹은 그의 뒤를 따른 사도들의 가르침 속에는 우리가 사람들에 대해서 어떤 의견들을 가지고 이러한 의견들의 기초 위에서 행동을 취하는 일을 금지하는 내용이 없다. 때에 따라서 그것은 또한 우리의 판단들을 표현하는 것이 우리의 의무가 될 것임을 암시하기도 한다. 마 7:1은 때때로 교회가 권징을 시행하는 일을 소홀히 해도 될 구실로 사용되어 오기도 했으나, 그 문맥 그리고 18:15-18과 요 20:23에 비추어 볼 때, 이 구절을 그와 같이 사용하는 것은 정당화될 수 없는 일이다.

그렇다면 예수께서 무슨 뜻으로 말씀하셨는가? 예수께서는 누구든지 형제의 눈 속에 있는 티에 주의를 집중한 나머지 자기의 눈 속에 있는 들보를 무시하는 것은 잘못이라는 뜻으로 말씀하고 계신다(3-5절을 보라). 그 병행구절(눅 6:36, 37) 또한 분명히 지적하는 바와 같이, 주께서는 여기서 가혹하고 독선적이며 무자비하고 매정하게 비판을 가하는 흠잡기 좋아하는 성품을 정죄하신다.

분별을 하고 비평을 하는 일은 필요하되 혹평을 하는 것은 잘못이다. 진실하지 못한 말(출 23:1), 불필요한 말(잠 11:13)과 불친절한 말(잠 18:8)은 삼가야만 한다. 필자가 발견한 바, 이 진리에 대한 주석 가운데 가장 훌륭한 것 중 하나일 뿐 아니라 또한 가장 흥미 있는 것 중 하나가 곧 플린(L. B. Flynn)의 **내가 그렇게 말했나**(*Did I Say That?* Nashville, 1959)이다. 특히 "소문의 정확한 의미"라는 제목이 붙은 제3장을 보라.

여기서 정죄된 죄가 아주 일반적인 것이라는 사실은, 예를 들어 다윗이 마땅히 죽을 자라고 정죄한 어떤 부자의 이야기에서 분명해진다. 나단 선지자의 이야기를 듣고 난 다윗은, 그 부자가 어떤 가난한 사람의 작은 암양 새끼를 빼앗아다가 손님을 위해 잡은 것으로 믿고, 사실상 자기 자신을 정죄하는 것인 줄도 모르면서 그 부자를 정죄하였다!(삼하 12:1-7).

자기 자신에 대해서는 하나님의 거룩한 율법을 더욱 비열하게 범하는 것을 빈번히 가볍게 넘기면서도, 다른 사람들의 잘못에 대해서는 그것이 실제적인 것이든 아니면 가상적인 것이든지 간에 무섭게 찾아내어 정죄하려 드는 경향은 유대인들 가운데서 흔히 볼 수 있는 것이다(롬 2:1 이하). 그것은 바리새인들 가운데서 특히 더하였고(눅 18:9 이하, 요 7:49), 또 언제 어디서나 흔히 있는 일이기도 하다. 여기 7:1에서 **비판을 받지 아니하려거든 비판하지 말라**고 하신 예수 그리스도의 말씀에 의하면, 습관적으로 스스로 의롭다는 자세로 남의 허물을 들추어내는 사람은 그 자신도 정죄를 당할 수 있다. 이 정죄는 사람에게서뿐만 아니라 6:14, 15이 이미 지적한 바와 같이 하나님께로부터도 받으리라는 사실을 기억해야만 할 것이다. 18:23-35을 참조하라.

강조를 위해서 7:1 하반절에 표현되어 있는 개념은 약간 다른 문구로 다음 구절에서 반복된다.

[2] 너희가 비판하는 그 비판으로 너희가 비판을 받을 것이요 너희가 헤아리는 그 헤아림으로 너희가 헤아림을 받을 것이니라.

의미: 너희가 다른 사람들에 대해서 적용하는 그 비판 기준이 바로 너희에게 적용될 것이다. 만일 너희가 무자비하게 비판을 하면 너희도 무자비하게 비판을 받을 것이다. 이와 같이 너희가 친절하게 비판을 하면 너희도 친절하게 비판을 받고 친절하게 취급을 당할 것이다. 그리고 "후히 되어 누르고 흔들어 넘치도록 하여 너희에게 안겨 줄" 것이다(눅 6:38). 너희는 확실히 이와 같이 하나님께로부터 비판과 상급을 받을 것이로되 (6:14, 15; 참조. 롬 2:16; 3:6) 사람에게서도 그와 같이 받을 것이다(눅 6:34, 38).

남의 흠을 잡는 비판에 대한 비유적인 설명과 경고가 뒤따라 나온다.

[3]-[5] 어찌하여 형제의 눈 속에 있는 티는 보고[343] 네 눈 속에 있는 들보는 깨닫지 못하느냐 보라 네 눈 속에 들보가 있는데 어찌하여 형제에게 말하기를 나로 네 눈 속에 있는 티를 빼게 하라 하겠느냐 외식하는 자여 먼저 네 눈 속에서 들보를 빼어라 그 후에야 밝히 보고 형제의 눈 속에서 티를 빼리라.

"들보"는 건물 지붕의 서까래들을 가로 받치는 데 사용하는 무거운 목재이다. "티"는 짚이나 나무의 작은 조각을 뜻하는데 아마도 들보에서 떨어진 작은 부스러기일 것이다. 이 비유 중에서 그리스도께서는 일반 청중에게 물으시기를, 자기의 눈 속에 있는, 비교도 안 되는 엄청난 들보는 완전히 무시한 채, 형제의 눈 속에 있는 티를 보고 그것을 빼게 하라는 것은 어찌된 일이냐고 하신다. 요 8:7을 참조하라.

질문: 스스로 안과 의사인 체하는 이 사람은 누구인가?

대답: 그는 여기서 외식하는 자로 불리고 있다. 이 말은 예수께서 일반적으로 그 당시의 서기관과 바리새인들을 가리켜 사용하셨다(5:20; 참조. 6:2, 5, 16; 15:1, 7; 23:13). 그들은 주께서 "자기를 의롭다고 믿고 다른 사람을 멸시하는 자들"(눅 18:9)로 묘사하신 부류의 사람들이었다. 그러므로 여기서는 무릇 바리새인의 성격을 가진 사람들 모두를 가리킨다. 모든 사람 곧 은혜로 말미암아 아직 온전히 변화되지 못한 그리스도의 제자들까지도 포함한 모든 사람의 마음속에는 바리새인이 자리를 잡고 있다. 그러므로 자기를 살펴 스스로 훈련을 쌓음이 없이 다른 사람의 잘못을 찾아

---

343) 이 구절(3-5절)에는 함께 관찰 혹은 고려되어야 하는 네 개의 다른 단어들이 포함되어 있다. 그 단어들은 다음과 같다.

a. *βλέπω*의 현재 능동태 직설법 2인칭 단수 *βλέπεις*는 여기서 아마도 연속되는 동작의 의미를 가지고 있는 듯하다. **주시하다** 혹은 **계속 쳐다보다**. 이것은 매우 자주 쓰이는 단어이다(참조. 5:28; 6:4, 6, 18 등)

b. *διαβλέπω*(이것은 *βλέπω*의 강화된 의미)의 미래 직설법 단수 2인칭인 *διαβλέπεις*; **주시하다, 자세히 살피다, 뚫어지게 쳐다보다**. 눅 6:42을 참조하라. 막 8:25에서는 아마 **눈을 크게 뜨다**라는 의미일 것이다.

c. *ἰδού*는 필자의 주석 마 1:20의 각주 133)에서 다루었음.

d. *κατανοέω*의 현재 직설법 단수 2인칭인 *κατανοεῖς*; 여기서는(그리고 병행구절인 눅 6:41에서) **조심스럽게 살피다, 관찰하다**. 행 27:39을 참조하라.

고치려 하는 일이 없도록 하기 위해서는, 모두가 다 자기를 살필(고전 11:28) 필요가 있다는 의미에서, 이 구절은 모든 사람에게 적용이 된다는 결론이 나온다. 자기 눈에는 제아무리 선한 사람이라도(참조. 눅 18:11, 12) 그가 겸손하지 못하다면, 하나님 보시기에 그 사람의 눈 속에 자기 스스로 의롭다하는 의, 곧 자기 의(自己義)의 들보가 들어 있는 것이다. 이것은 곧 그를 맹인 안과 의사로 만들어 놓는다. 맹인이 어찌 다른 사람의 눈을 수술하려 들 것인가! 스스로 의사인 체하는 사람의 눈에 다른 사람의 잘못이 아무리 중대하게 보일지라도, 그것을 그의 자기 의에 비한다면 하나의 "티"에 불과하지 않겠는가? 자기 의는 아주 두드러진 것이어서 하나님 보시기에 그 비판하는 자의 눈 속에 있는 들보와도 같은 것이다.

하나님의 주권적인 은혜로 이 들보가 제거되면, 이전에 남의 허물을 들추어내던 사람이 그제야 밝히 보고 형제의 눈에서 티를 뺄 수 있을 것이다. 곧 그제야 그가 "온유한 심령"이 되어, 말하자면 고전 13장에 비추어 자기 자신을 살피고 돌아보아 자기도 시험을 받을까 두려워하게 될 것이다(갈 6:1).

3-5절에서 상호 간의 훈련을 막으시려는 것이 그리스도의 목적은 아니었음이 "형제의 눈 속에서 티를 빼리라"는 언급이 나오는 마지막 절에서 분명해진다. 오히려 자기훈련과 상호훈련 두 가지 모두 이 말씀에서 장려되고 있다. 더욱이 3-5절에서 지적된 바 남을 흠잡는 비판적인 태도는 곧 잘못된 사람들을 다루는 데 한없이 인내해야만 할 것을 의미할지도 모른다는 생각이 뿌리를 내리지 못하도록 하기 위해서, 주께서는 이제 다음 말씀을 덧붙이신다.

[6] 거룩한 것을 개에게 주지 말며 너희 진주를 돼지 앞에 던지지 말라.

"형제들"(3-5절을 보라)과 "개들" 혹은 "돼지들"(6절)이 똑같이 취급되어서는 안 된다. 신자들은 주의 깊게 구별되어야만 한다.

이 말씀을 이해하기 위해서는 무엇보다도 먼저 "개들"과 "돼지들"이 의미하는 바가 무엇인지를 알아볼 필요가 있다. 유대인들 가운데서 거리의 개들은 천시의 대상이었다. 여기에서의 언급은 작고 귀여운 애완동물로서의 개들에 대한 것이 아니라 몸집이 크고 흉하게 생긴 사나운 떠돌이 개들에 대한 것이다. 그런 개들은 거의 어디서나 볼 수 있는데 거리에 버려진 음식물 찌꺼기나 쓰레기 더미 주변을 기웃거리는 것이 보통이다. 그것들은 부정하고 더러운 것으로 간주되었다(잠 26:11; 참조. 벧후 2:22; 계 22:15). 그런 개들은 위협적이고(시 22:16, 20), 울부짖고 으르렁거리며(시 59:6), 탐욕스럽고 파렴치하다(사 56:11). 간단히 말해서 거리의 개들은 천시할 만한 하찮은 것들이다(삼상 17:43; 24:14; 삼하 9:8; 16:9; 왕하 8:13). 개에게 먹히는 것은 사람에게 내린 하나님의 특별한 저주의 한 증표였다(왕상 21:19; 22:38).

돼지들(hogs 혹은 pigs: 마 8:30-32과 병행구절들에서 언급되는 바 귀신들이 선택한 피신처)에 관하여는, 그것들이 여기서 개와 마찬가지로 천하고 불결한 짐승으로 간주된다는 점을 지적할 수 있다. 구약성경은 돼지를 먹지 못할 부정한 짐승들 중 하나로 언급한다(레 11:7; 신 14:8). 사 65:4; 66:3, 17에서는 돼지고기를 먹는 것이 가증한 일로 지적된다. 탕자가 들에 가서 돼지를 치게 된 것은 그의 처지를 더욱 비참하게 만들어 주었을 것임에 틀림없다(눅 15:15, 16). 개들과 돼지들이 함께 언급되는 경우는 여기 마 7:6에서뿐만 아니라 벧후 2:22에서도 본질적으로 언급된 예를 찾아볼 수 있다. "참된 속담에 이르기를 개가 그 토하였던 것에 돌아가고 돼지가 씻었다가 더러운 구덩이에 도로 누웠다 하는 말이 그들에게 응하였도다."

예수께서 말씀하신 바 "거룩한 것"(즉, 일반적인 것들로부터 구별하여 하나님께 바쳐져서 그와 밀접한 관계를 맺게 된 것)[344]과 "진주"는 여기서 동의어로 사용되고 있음이 분명하다. 진주에 해당되는 헬라어는 **마르가리테에스**(margaritēs)인데, 이 낱말에서 영어 이름 마가레트(Margaret)와 리타(Reta, Rita)가 유래되었다. 페르시아만(Persian gulf)이나 인도양(Indian ocean)에서 채취되는 진주는 보통 사람으로서는 도무지 손에 넣을 수 없을 정도로 엄청난 가치가 있었다. 값진 진주를 얻기 위해서는

344) "거룩"의 개념에 대한 상세한 설명을 위해서는 필자의 N.T.C. 빌립보서 p.46을 보라.

장사하는 사람이 그의 전 재산을 팔아야만 했을 것이다(마 13:46; 참조. 딤전 2:9; 계 17:4; 18:12, 16; 21:21).

이 모든 내용을 종합한다면 이제 여기 7:6에서 실제로 예수께서 말씀하고 계신 바는, 곧 하나님과 특별한 관계를 맺고 있어 아주 귀한 가치를 지니는 것은 무엇이나 다 정중하게 다루어져야만 하며, 전적으로 타락하여 사악하고 야비한 본성으로 인해 개들과(빌 3:2도 역시 보라) 돼지들에게나 비교될 수 있는 자들에게는 맡길 것이 아니라는 뜻으로 결론 내릴 수 있다. 예를 든다면, 이것은 그리스도의 제자들이 복음의 메시지를 멸시하는 사람들에게 언제까지나 계속해서 전할 수는 없다는 의미이다. 분명히 인내가 뒤따라야 할 것이나 인내에도 한계가 있다. 은혜로운 초청에 대해 계속적으로 저항하는 때가 오면 복음의 사자들은 신발에 먼지를 떨고 떠나가야만 한다.

이후에 이어지는 그리스도의 가르침과 또한 그의 행적들은 마 7:6에 대한 하나의 주석이 된다. 예수께서 도마(요 20:24-29)와 베드로(요 21:15-19)에 대해서는 얼마나 인내하셨던가! 하지만 자주 경고를 받되(막 6:20) 이 모든 충고들을 무시한 헤롯 안디바스에 대해서는 단 한마디 말씀도 하지 않으셨다(눅 23:9). 예수께서는 그의 말씀들을 마음에 받고 그의 행하신 모든 권능들을 통해서 깨달은 교훈을 실생활에 적용하지 못한 가버나움에 대해 저주를 선언하셨다(마 11:23). 예수께서는 제자들에게 전도를 거부하는 곳에 너무 오래 머물지 말라고 가르치셨다(마 10:14, 15, 23). 열매 맺지 못하는 무화과나무의 비유(눅 13:6-9)에서, 예수께서는 하나님의 인내가 비록 오래 계속되기는 할지라도 한이 없는 것은 아니라는 사실을 보여 주셨다. 잠언 29:1을 참조하라.

예를 들어, 바울의 경우(행 13:45, 46; 18:5, 6; 참조. 롬 16:17, 18; 딛 3:10)에서 보는 것처럼 사도들은 이 교훈을 마음에 새겼다. 기독교 신앙을 비웃는 자들의 무리 가운데서 계속 머물러 있는 것은, 특히 추수할 것은 많되 일꾼이 적다는 사실(마 9:37; 참조. 요 4:35)에 비추어 볼 때, 복음을 기다리는 다른 추수터에 대해 공평하지가 않다. 그 외에도 핍박을 견뎌낼 수 있는 제자들의 능력에는 한계가 있고, 또 어느 정도까지 참아

내다가 다른 곳에 가서 일을 계속할 것인가에도 개인적인 한계가 있다(너희 진주를 돼지 앞에 던지지 말라). **그들이 그것을 발로 밟고 돌이켜 너희를 찢어 상하게 할까 염려하라**고 하신 주님의 말씀에 유의하라. 예화 중에 예수께서는 돼지들이 진주를 발로 밟아 그것을 완전히 멸시하는 행동을 취하는 것으로 묘사하신다. 진주는 콩이나 도토리와 비슷하기 때문에 이 돼지들이 탐욕스럽게 몇몇 진주들을 맛보고 나서 그들에게는 아무 짝에도 쓸모없다는 것을 알게 된다. 돼지들이 화가 나 그 진주들을 발로 밟고 돌이켜 그따위 먹지도 못할 것들을 자기들 앞에 던져 준 사람들을 상하게 하려 든다는 해석은 옳을 것이다.[345] 예수께서 마치 "진주와 같은 복음 전파뿐만 아니라 너희 자신들에게도 이런 일이 일어나지 않도록 하라"고 말씀하신 것과도 같다.

특별히 "거룩한 것"과 "진주들"이라는 용어는 분명하지가 않다. 틀림없이 그 용어는 복음 메시지 이외의 다른 것들에 적용이 된다. 그것들은 목사나 장로나 집사의 직분이 자격 없는 사람들에게 위임되어서는 안 된다는 것에 적용할 수 있다. 열두 사도의 가르침(*The Didache or Teaching of the Twelve Apostles*, Ⅸ. 5)은 다음과 같이 또 다른—필자는 그것이 합당하다고 본다— 적용을 하고 있다. "주의 이름으로 세례를 받은 사람들 외에는 아무도 너희 성찬(주의 만찬)을 먹거나 마시지 못하게 하라. 이 일에 대해서도 또한 주께서 말씀하시기를 '거룩한 것을 개들에게 주지 말라' 하셨느니라." 예수께서는 계속해서 말씀하신다.

[7] [8] 구하라 그리하면 너희에게 주실 것이요 찾으라 그리하면 찾아낼 것이요 문을 두드리라 그리하면 너희에게 열릴 것이니 구하는 이마다 받을 것이요 찾는 이는 찾아낼 것이요 두드리는 이에게는 열릴 것이니라.

이 구절들과 1-6절 사이에 어떤 연결점이 있는가? 전혀 아무런 연결점을 찾지 못하는 사람들이 있다. 그러나 이것은 이상한 일일 것이다. 여기에 이르기까지 전체의 산상설교에서 우리는 아주 논리적인 개념들의 발전을 보아 온 만큼, 한 단락에서 다음 단락으로 쉽게 사상이 전환되는 것

345) A. T. Robertson, *Word Pictures*, Vol. Ⅰ., p.61.

을 알 수 있었다. 여기 7:7에서 우리가 갑작스럽게 흐름이 중단되었다고 생각해야만 되는가? 필자는 그렇게 생각하지 않는다. 바로 앞 절들에서 그리스도는 인간과 인간 사이의 관계에 대해서 말씀하셨다. 12절에서 그는 또다시—"그는 아직도"라고 말해야 할 것이다— 이 인간관계를 강조하신다. 사이에 끼어 있는 구절들(7-11절) 역시 이 동일한 주제의 한 면을 언급한다고 보는 것이 이치에 맞지 않겠는가?

필자가 보기로는 그 연결점을 찾아내기가 어렵지 않다. 주께서는 청중들에게 다른 사람들을 비판하지 말며(1-5절) 판단하라고 하셨고(6절), 혹평하지 말되 비평하라고 하셨고, 겸손하고 인내하되 지나치게 인내하지는 말라고 훈계하셨다. 앞의 문단(1-6절)을 전체적으로 상세히 검토하고 나면 "누가 이 일을 감당하리요?"(고후 2:16)라는 질문을 하지 않을 수가 없다. 이 질문에 대해서는 예수께서 정직한 노력이 뒤따르는 끈기 있는 기도의 필요성을 강조하심으로써 답변을 하셨다. 확실히 삼중의 권면(구하라…찾으라…두드리라)이 전체에 들어 있다. 그것은 방금 언급된 문제들에 있어서뿐만 아니라 다른 모든 문제들에 있어서도 지혜를 구하라는 권면이다. 사실 그것은 모든 필요, 특히 모든 **영적인** 필요를 충족시키기 위해서 구할 것을 의미한다. 그러므로 그 동일한 삼중의 권면이 또한 다른 문맥에서도 나온다(눅 11:9 이하). 그렇지 않은가? 특별히 값지고 철저히 실천적인 어떤 권위 있는 충고는, 단 한 번 언급되고 나서 영원히 침묵 속에 잠기지는 않으리라는 사실을 이해하는 데는 많은 생각이 필요하진 않을 것이다. 오늘날의 연사들(목사들을 포함하여!)은 결코 되풀이해서 말하지 않는가? 따라서 비록 7-11절의 내용이 앞의 구절들에 연결된 내용보다 훨씬 더 광범위하긴 하지만, 1-6절이 현재의 짧으나 아름다운 문단을 유발시켰다고 보는 것이 당연하다 하겠다. 그리스도의 청중들은 오랜 습관을 버리고 전혀 다른 생활방식을 택하라는 예수 그리스도의 권면에 이제껏 귀를 기울여 왔고, 또 그 외에도 주께서 그들에게 요구하시는 것이 거의 자가당착적인 것처럼 보이는 사실을 알아차린 터라 분명히 이 복잡한 문제에 대한 해결책을 찾고 있었을 것이다. 주께서는 그들을 실망시키지 않으신다.

그렇다면 먼저 삼중의 권면을 살펴본 후 권면에 따라 나오는 바 그 권면에 대한 우리의 순종이 헛되지 않을 것을 보여 주는 약속을 살펴보기로 하자. 아주 단순한 형태의 그 권면은 이러하다.

구하라

"구하라, 찾으라, 두드리라"로 나타낼 수 있을 점진적인 강도의 변화에 유의하라. 구한다는 것은 겸손과 필요에 대한 의식을 암시한다. 여기서 사용되는 동사는 낮은 자가 높은 자에게 하는 호소 혹은 탄원과 관계되어 있다. 비유에 나오는 바리새인(눅 18:10-13)은 아무것도 구하지 않는다. 그는 하나님께 자기가 얼마나 선한가를 말씀드리고 있다. 세리는 구하고 있다. 곧 "하나님이여 불쌍히 여기소서 나는 죄인이로소이다" 하며 호소한다. 구한다는 것은 또한 사람이 교제를 나눌 수 있는 인격적인 하나님을 믿는 믿음을 전제한다. 사람이 구할 때 그는 응답을 기대한다. 그러므로 이것은 응답하실 능력이 있고 실제로 응답을 하시며, 또 응답을 해 주실 그런 하나님을 믿는 믿음, 곧 하나님 아버지를 믿는 믿음을 뜻한다. 그러한 믿음을 갖는 것은 온화하고 인격적인 기도를 할 수 있게 만든다. 그러한 믿음으로 구하는 사람이라면 "만일 하나님이 있다면, 오 하나님, 내가 영혼이 있다면 내 영혼을 구하여 주소서" 하고 기도할 수는 없을 것이다.

찾으라

찾는다는 것은 구하는 것에 행동을 더한 것이다. 그것은 솔직히 호소하는 것을 뜻하나 호소만으로는 충분하지 못하다. 사람은 자기의 필요를 충족시키기 위하여 힘써 활동해야만 한다. 예를 들면, 깊은 성경지식을 얻기 위하여 기도하는 사람은 또한 성경을 부지런히 상고하고 음미해야 하고(요 5:39; 행 17:11), 모이기를 힘써야 하며(히 10:25), 무엇보다도 하나님의 뜻에 따라 살기를 힘써야만 하는 것이다. 마 7:21, 24, 25 부분을 보고 요 7:17 부분을 참조하라.

두드리라

두드린다는 것은 구하는 것에 행동을 더하고 그 위에 참는 것을 더한 것이다. 사람은 문이 열릴 때까지 두드리고 또 두드린다. 그러나 실제로는 인내의 의미가 아마도 세 동사의 명령형에 이미 다 암시되어 있을 것이다. 왜냐하면 셋 다 현재시제로 되어 있기 때문이다. 그러므로 여기서 "계속해서 구하고, 찾고, 두드리라"로 번역할 수도 있다. 이것은 눅 18:1, 7; 참조. 롬 12:12; 엡 5:20; 6:18; 골 4:2; 살전 5:17에서 더욱 그러하다. 그러나 셋 모두에게 가능성이 있는 것이 마지막 동사에 대해서는 명백한 사실로 나타난다. 곧 성경적인 의미의 두드린다는 개념 자체는 이미 끈기의 뜻을 암시한다. 하나님의 자녀는 왕이신 동시에 아버지이신 하나님께서 문을 여시고 그의 소용대로 주실 때까지 그의 왕궁 문을 계속해서 두드린다(눅 11:5-8).

순종할 때 이루어지는 그 약속에 관하여는, 각각 권면과 약속이 정확히 일치된다. 그러므로 구하라 다음에 주실 것이요가 나오고, 찾으라 다음에 찾아낼 것이요가 나오고, 두드리라 다음에 열릴 것이니가 나온다. 6절과 7절에서 이 약속이 이런저런 형태로 적어도 여섯 번이나 나온다는 사실에 유의하라. 7절의 첫 세 약속들은 8절에서 실제로 반복되어 나오는데 …이마다(누구든지)라는 말이 덧붙여져 더욱 강화된다. 또한 …이는이라는 말과 …이에게는이라는 말에 의해서 재강조된다. 이것은 마치 그 권면을 따르는 사람 중에 단 하나도 실망하지 않게 되리라는 말과도 같다. 찾고 두드리는 행동이 따르는 기도에 대한 응답은 주님을 신실히 따르는 모든 사람에게 약속된다.

믿음의 행동이 따르는 끈기 있는 기도가 응답될 확실성은 다음에 나오는 논증에 의해서 다소 강화되고 있다.

[9]-[11] 너희 중에 누가 아들이 떡을 달라 하는데 돌을 주며 생선을 달라 하는데 뱀을 줄 사람이 있겠느냐 너희가 악한 자라도 좋은 것으로 자식에게 줄 줄 알거든 하물며 하늘에 계신 너희 아버지께서 구하는 자

에게 좋은 것으로 주시지 않겠느냐.

의미: 이 세상의 아버지라도—"누가"라는 말에 유의하라. 그 가정은 아주 일반적인 것이다— 비록 그가 악할지언정(시 51:1-5; 130:3; 사 1:5-6; 렘 17:9; 요 3:3, 5; 롬 3:10; 엡 2:1) 아들의 온당한 소원들을 들어줄진대, 정녕 모든 선의 근원이 되시는 너희의 하늘 아버지께서 겸손히 구하는 자들에게 좋은 것으로 주실 것이다.

세부적인 해석:

1. 아들이 떡(생명을 유지하는 주식)을 달라 하는데, 그 아버지가 아마도 떡 비슷한 돌을 주지는 않을 것이다. 아버지가 아들을 속이지는 않을 것이다. 이와 마찬가지로 아들이 부식으로 생선(물고기가 많은 이 지역에서는 아주 당연한 일일 것이다)을 달라 하는데, 아버지가 뱀을 주지는 않을 것이다. 예수께서 뱀장어 대신에 뱀을 생각하고 계셨던 것일까? 아무튼 진정한 아버지로서는 그러한 속임수를 생각할 수가 없다.

2. 그렇다면 더욱이 **하늘에 계신** 아버지께서 그의 자녀들을 실망시키실 리는 없을 것이다. 하지만 이것은 무엇을 구하든지 그가 항상 주신다는 뜻이 아니다. 자녀들에게 해로운 것은 주시지 않는다. 그는 구하는 자들에게 "좋은 것으로" 주실 것이다. 눅 11:13에 근거하여 하늘 아버지께서 그의 자녀에게 성령과 그의 모든 유익들을 주시리라고 결론을 내리는 것은 타당하다. 그는 무엇이든 자녀에게 필요한 것을 주실 것이다.

3. 이와 관련하여 기도의 중요성에 유의하라. 아버지는 자녀들을 사랑하고 돌보시지만 자녀들이 필요한 것을 그에게 **구하기**를 원하신다.

그러므로 그리스도를 따르는 자들은, 아버지께서 그들의 기도에 응답하실 때, 또한 인간과 인간 사이의 관계에서 비롯되는 문제들과 1-6절에 나오는 교훈을 따르기 위하여 정직하게 노력하는 데서 일어나는 어려움들에 대한 해결책도 역시 하루하루 제공해 주실 것이다. **뒤에 이어지는** 문맥에 관한 한, 우리가 대접받고자 하는 대로 우리의 이웃을 대접하라는 명령에 대한 서론으로서 "구하라… 찾으라… 두드리라"는 권면보다 더 적합한 것이 어디 있겠는가? 이러한 문제들에 있어서 아버지의 지속적인 도우심이 꼭 필요하다는 것은 사실이 아니겠는가?

7:1-11뿐 아니라 5:17(그리고 5:5, 7, 9, 13-16도 역시 보라)에서 시작되는 전체의 큰 부분에 대한 아주 적절한 결론으로 예수께서는 이제 그 자신의 황금률을 제시하신다.

황금률

[12] 그러므로 무엇이든지 남에게 대접을 받고자 하는 대로 너희도 남을 대접하라.

신자가 무슨 급한 일에 대비하도록 하기 위해서, 곧 어느 순간에라도 자기 이웃에 대하여 어떻게 처신할 것인가를 알고 있도록 하기 위해서 주님은 여기 12절에 한 율법을 제정해 놓으신다. 그 율법은 사람의 의무를 자기 자신에 대한 사랑으로 측정할 수 있게 되어 있는 만큼 마치 주머니칼이나 목수의 접자(접었다 폈다 할 수 있는 자)와도 같아서 친구에게 물어보거나 책을 찾아볼 겨를이 없는 급한 상황에서라도 언제든지 쉽게 사용할 수 있다. 이 황금률은 기독교 밖에 있는 비슷한 율법과 어떻게 비교되는가? 어떤 사람들이 믿는 것처럼 마 7:12은 신자와 불신자가 다 같이 평화와 친절과 우정의 궁전을 세울 수 있는 공동의 기초를 마련해 주고 있다는 것이 사실인가?

그리스도의 율법과 다른 사람들의 율법, 예를 들면 공자가 가르친 교훈 사이에는 차이가 있는데, 후자의 율법은 단순히 부정적인 것인 반면에 그리스도의 율법은 능동적인 것이라고 주장하는 사람들이 있다. 예수께서는 "무엇이든지 남(문자적으로는 "사람")에게 대접을 받고자 하는 대로 너희도 남을 대접하라"고 하셨으나, 공자는 "네가 하고 싶지 않은 일은 남에게 시키지 말라"고 하였다. 그러나 필자가 보는 대로는 이 점에서 그 차이점이 과장되어 왔다. 분명히 부정적인 율법에 최악의 가능성이 있는 해석을 내려서, 마치 "네가 네 이웃에게 그대로 대접받기 싫거든 네 이웃을 죽이지 말고 그 아내나 남편이나 재산을 도둑질하지 말고 네 이웃을 전혀 상관치 말라"는 식의 의미로 받는다면, 긍정적인 형태의 율법이 훨씬 더 낫다고 인정해야만 할 것이다. 그러나 부정적인 형태의 율법이라도 훨씬 더 호의적으로 해석될 수가 있다. 그것은 또한 "네 자신이 네 이웃에게서 순수한 사랑 이하의 어떤 대접을 받지 않기를 원한다면, 너도 네 이웃을 순수한 사랑 이하의 어떤 대접도 하지 말라"는 뜻으로 해석될 수도 있다. 이런 뜻으로 받는다면 부정적인 율법이 긍정적인 면을 암시할 수 있다. 또 공자가 적어도 그의 심중에 이 긍정적인 암시를 어느 정도 품고 있었다고 보아야만 그에게 대한 공정한 태도가 아니겠는가? 앞에서 인용된 구절은 "이것이 모든 참 의의 절정이니 너희가 대접을 받고자 하는 대로 남들을 대접하라"는 구절 다음에 따라 나오지 않는가? 이것은 참으로 긍정적인 율법이다.

이와 마찬가지로 예수께서는 **부정적인** 계명들("살인하지 말라, 간음하지 말라" 등)로 된 율법이 "네 이웃을 네 몸과 같이 사랑하라"는 **긍정적인** 율법에 순종함으로써 온전하게 된다고 가르치신다(마 5:21 이하; 19:19; 22:39). 롬 13:9은 이 점에서 결정적인 말씀이다. "'간음하지 말라, 살인하지 말라, 도둑질하지 말라, 탐내지 말라' 한 것과 그 외에 다른 계명이 있을지라도 '네 이웃을 네 자신과 같이 사랑하라' 하신 그 말씀 가운데 다 들었느니라." 그리스도의 가르침 가운데서 단순히 친절한 대접이 아닌 이웃에 대한 사랑, 더욱이 원수에 대해서까지도 베풀어지는 사랑에 대한 강조가 기독교 이외의 종교에서 강조되는 것보다도 현저히 부각되는 것이 사실이다. 그러나 이것은 부정적으로 표현된 율법이 부정적인 표현 자체 때문에 긍정적으로 표현된 율법보다 반드시 못하다는 것을 의미하지는 않을 것이다.

그럼에도 불구하고 그리스도의 진정한 황금률과 기독교 이외의 다른 종교로부터 우리에게 알려졌거나 자유주의자들이 옹호하는 이와 비슷한 율법들 사이에는 중요한 차이점들이 있다. 그러한 율법들이 **각기 나름대로**의 어떤 가치를 지닌다는 사실은 인정해야만 한다. 이것은 불신자들도 선을 행한다는 의미에서 그렇다(왕상 21:27-29; 마 5:46; 눅 6:33; 행 28:2; 롬 2:14). 하지만 그리스도의 황금률과 이와 비슷한 그 밖의 모든 율법들 사이에는 중요한 차이점들이 있다. 이 차이점들은 다음과 같다.

1. 기독교 이외의 종교 선지자는 자기의 율법을 사람이 자기 자신의 힘

으로나 혹은 기껏해야 예수 그리스도 안에서 자신을 계시하신 참 하나님이 아닌 누군가의 힘이나 무엇의 힘으로 성취할 수 있는 어떤 요구사항으로 본다. 성경은 인간이 그러한 능력을 갖고 있다는 것을 단호히 부인한다(요 3:3, 5; 딤후 3:2; 딛 3:3 등). 하나님 자녀의 마음과 삶 속에서 역사하시는 성령의 사역이 없이는 하나님께서 온전히 인정하실 순종(원칙적으로도)이 이루어질 수가 없다(롬 7:24; 8:3-8; 빌 2:12, 13; 살후 2:13).

2. 자유주의자들은 **인간**에 대한 사랑의 계율을 **하나님**께 대한 사랑의 계율과 분리시키려는 경향이 있다. 그들은 후자의 중요성을 일반적으로 무시한다. 그들의 견해에 따르면, 황금률은 모든 윤리의 절정이요 본질이다. 또한 삶에 있어서 가장 중요한 것은 동료인 인간에게 봉사하는 것이라 본다. 그리스도의 황금률에 호소하는 것도 이 점을 지지하기 위한 것이다. 하지만 그와 같은 호소는 부당하다. 왜냐하면 산상설교 가운데서 황금률은 명백한 암시(참조. 마 22:37)로 우리에게 누구보다도 하나님을 사랑하라고 가르치신 예수 그리스도의 긴 설교에 이어진 것이기 때문이다. 앞서 설명한 바와 같이, 이것은 하나님께 대한 마음 중심으로부터의 헌신과 삶의 온갖 상황 가운데서도 오직 그만을 의지하는 완전한 신뢰를 의미한다. 이제 우리가 그의 자녀로서 하나님의 형상대로 지음을 입은 우리의 이웃을 사랑하라는 권면을 받는 것은 하늘에 계신 아버지께 향한 우리의 그러한 태도에 비추어서인 것이다. 확실히 현대주의자(modernist)들의 율법은 그리스도의 황금률과 비슷하다. 그들의 어조는 서로 같다. 그러나 질에 있어서는 서로 다르다. 마치 같은 곡이라도 피아노로 연주하는 음률과 오르간으로 연주하는 음률이 질적으로 다른 것과 같다. 악보 뒤에 있는 악기—곧 그 배경—가 서로 다른 것이다.

3. 위의 2항에서 지적된 잘못을 범하는 동일한 사람들은 일반적으로 또한 황금률의 목적을 잘못 이해하고 있다. 그들은 마치 "그러므로 무엇이든지 남에게 대접받고자 하는 대로 너희도 **보답을 받기 위해서** 남을 대접하라"는 뜻으로 받아들인다. 솔직히 말해서 그것이 "최상책"이라는 것이다. 이리하여 그 율법의 황금은 공리주의(utilitarianism: 최대 다수의 최대 행복을 목적으로 하는 J. Bentham과 J.S. Mill의 학설—역주)의 녹슨

고철로 변질되었다. 그리스도의 진정한 황금률은 다르다. 그것은 **이것이 율법이요 선지자니라** 하는 말씀으로 끝을 맺는다. 참으로 율법과 선지자(곧 구약성경, 주석서 마태복음 상권 각주 279)를 보라)의 요점은 **사랑**이다(마 22:37–40). 정직하고 진실한 사랑은 자기를 부인하고 남에게 내주는 사랑을 뜻한다. 그 사랑은 사 53:4–6, 12; 마 20:28; 막 10:45; 요 3:16; 10:11; 롬 8:32; 고후 8:9; 갈 2:20; 엡 5:2; 딤전 1:15, 16(17절의 송영에서 절정에 이른다) 그리고 벧전 2:24 등과 같은 구절들에 아주 아름답게 표현되었다.

12절 서두의 "그러므로"라는 낱말에 다시 한 번 유의하라. 5:17 및 여기 7:12에서 언급되고 있는 바 "율법과 선지자"는 인간의 마음속에서 역사하시는 그리스도의 사역을 통해서 온전하게 되는 만큼 "그러므로"는 현재의 7:12을 5:17로 시작되는 앞의 단락에 연결시켜 줄 뿐만 아니라 또한 바로 앞의 단락에도 긴밀하게 연결시켜 준다. 마치 이런 말과도 같다. "하물며 하늘에 계신 너희 아버지께서 구하는 자에게 좋은 것으로 주시지 않겠느냐! 그러므로—즉, 계속해서 주시는 아버지의 선물들에 대한 감사에서—너희가 사랑을 받고자 하는 대로 너희도 이웃을 사랑하여 받을 자격이 없는 사람들에게 향한 사랑의 시냇물이 너희 마음**속으로만** 아니라 또한 너희 마음속을 **통해서 넘쳐 나와** 가장 받을 자격이 없는 사람들에게까지도 미치도록 계속해서 흘러가게 하라. 이와 같이 할 때 참으로 너희가 악인과 선인에게 그의 해를 비추시며 비를 의로운 자와 불의한 자에게 내려주시는 하늘에 계신 너희 아버지의 아들들이 되리라"(마 5:45). 참으로 이것만이 **황금률**이다.

천국에 들어가라는 권면

산상설교의 마지막 단원이 여기서 시작된다. 먼저 예수께서는 다음 주제에 관하여 말씀하신다.

그 길의 시작: 좁은 문과 협착한 길, 큰 문과 넓은 길

예수께서는 천국의 시민과 그들의 복 및 그들과 세상과의 관계(5:1-16)를 말씀하시고, 또한 그 나라의 왕께서 그들에게 허락하시고 요구하시는 의에 대해서도 역시 말씀하신다(5:17-7:12). 그러므로 이제 산상설교의 이 마지막 단원에서 예수께서 그의 말씀을 듣는 모든 사람들에게 말씀을 듣는 순간에든지 아니면 나중에 가서든지 간에 하나님 나라에 들어갈 것을 권면하시는 것(7:13-27)이 당연하다. 그들이 만일 좁은 문으로 이미 들어갔다면 이전 어느 때보다도 더욱 완전하게 들어가야 할 것이다. 바꾸어 말하자면, 그들을 통과시켜 준 문이 인도하는 길로 확고히 계속해서 나아가야 할 것이다. 적시에 주께서는 그리스도인이 나아갈 길의 시작을 설명하시면서, 그의 청중들이 불신자의 길보다는 신자의 길을 택할 것(13, 14절)을 권면하시고, 그를 따르는 신자들이 이 "길"로 나아갈 때 만날 시험에 대해 미리 경고(15-20절)하신 다음, 마지막으로 최후의 두 목적지를 비교하신다(21-27절).

그러므로 예수께서는 이렇게 말씀하심으로써 시작하신다.

[13] [14] 좁은 문으로 들어가라 멸망으로 인도하는 문은 크고 그 길이 넓어 그리로 들어가는 자가 많고 생명으로 인도하는 문은 좁고 길이 협착하여 찾는 자가 적음이라.

예수께서 이미 암시로써 그의 나라 곧 천국에 들어간다는 것은 마음이 끌리는 동시에 어려움이 따르는 것으로, 다시 말해서 유리한 상황과 불리한 상황이 함께 따르는 것으로 말씀하신 것에 유의해야만 한다. 그 나라에 들어가는 사람들은 아주 현저히 복을 받은 만큼 유리하다. 그들은 그들이 들어간 천국의 상속자들이요, 위로를 받고, 땅을 기업으로 받고, 배부르고, 긍휼히 여김을 받고, 하나님을 뵙고, 하나님의 아들이라 일컬음을 받는다. 한편 그들이 박해와 모욕과 중상과 비방을 당하고 무거운 의무를 지게 된다는 점에서는 불리하다. 예를 들면, 그들은 서기관과 바리새인들의 의보다 더 나은 의를 행해야만 하고, 원수들까지도 사랑하고 그들을 박해하는 자들을 위하여 기도해야 하며, 비판 혹은 혹평을 받지 말아야 하면서도 분별을 해야 하는 등의 의무를 지게 된다. 그러한 일들이 인간의 본성을 거스른다는 의미에서는 불리한 것이다.

그러므로 우리 주님은, 마치 "구원을 얻는 것"은 세상에서 가장 쉬운 일 중의 하나인 것처럼 말하는 어떤 자칭 부흥사들이 사용하는 것과는 다른 방법을 택하신 것이 분명하다. 그들과는 달리 예수께서는 천국에 들어가는 것을 한편으로는 가장 바람직하나 다른 한편으로는 전혀 쉽지 않은 것으로 묘사하신다. 천국에 들어가는 문은 좁다. 그 문은 "찾아야만" 발견된다. 또 그 문에 연결된 길은 "협착하다." 깁슨(J.M. Gibson)의 주석은 "(그리스도의) 호소는 분별이 없고 이기적인 군중에게 표적을 둔 것이 아니라, 말씀에 끌려 주께서 제시하신 바 그들이 기대하는 복과 그 나라의 의가 그들에게 요구하는 것이 양심에 와 닿은 사람들에게 표적을 둔 것"[346] 이라는 사실을 지적했다. 진정 위대한 전도자들—휫필드(Whitefield)와 스펄전(Spurgeon)과 오늘날 존경받을 만한 그들의 추종자들을 생각해 보라—은 이 동일한 진리들을 과거에도 강조했고 현재에도 강조하는 것이 사실 아닌가? 이것은 또한 여호수아가 이스라엘 백성에게 가르치고자 했던 교훈이 아니었던가?(수 24:14-28; 특히 14-16, 19절을 보라) 행 14:22을 참조하라.

현재 우리가 고려 중인 구절들은 a. 두 개의 문과 두 개의 길, b. 두 부류의 순례자, c. 두 개의 목적지를 언급하고 있다.

그렇다면 첫째로, 두 개의 문과 두 개의 길을 살펴보자. 이 문들과 길들이 좁은 문과 협착한 길 그리고 큰 문과 넓은 길로 각각 결합되어 있다는 사실이 본문의 설명에서 분명해진다. **길과 문 중에 어느 것이 먼저인가?** 사람이 그 길에 들어서기 위해서 문을 먼저 통과하는 것인가? 예수께서 문을 언급하실 때 사람이 죽는 순간이나 아니면 재림의 시기에 일어날 일을 생각하신 것이 사실이라면 분명히 길이 문보다 앞선다. 이 해석은 상당히 일반화되어 있다. 예를 들어, 우리는 성경에 근거하여 진주문들을 통해서 새 예루살렘 황금성에 들어갈 것을 말한다(참조. 계 21:21; 22:14).

346) *The Gospel of Matthew* (*Expositor's Bible*, Vol. Ⅳ), p.721.

이 점에서 또한 눅 13:23-30을 언급할 수 있을 것이다. 그곳에 보면, 좁은 "문"으로 들어가면 그 마지막 혹은 종말론적 단계에 가서는 "하나님의 나라"에 이른다고 언급되어 있다.

그러나 다른 한편으로 마 7:13, 14은 각각 문을 먼저 언급하고 난 다음에 길을 언급한다. 그러므로 "길[347]과 문 중에 어느 것이 먼저인가?" 하는 질문은 옳은 것이다.

이 질문을 가지고 씨름을 했던 주석가들—어떤 이들은 분명히 그것을 모르거나 무시하는 고로 다루지 않았다—중에서는 다음의 여러 입장이 논의되어 왔다.

1. "본래 그리스도의 가르침은 단순히 '좁은 문으로 들어가라'는 것이었을 가능성이 높다. 그 나머지의 모든 언급은 어쩌면 후대에 덧붙여진 주석일 것이다."[348]

반대: 현재에 확보된 사본의 증거는 그처럼 과격한 본문의 삭제를 보증해 주지 않는다.

2. "그 두 개의 길은 각기 한 문에 이르러 그 문을 통과하게 되어 있다." 이 견해에 따르면 길이 먼저다. 태스커(R.V.G. Tasker)가 이 견해를 취한다.[349] 예레미아스(J. Jeremias)도 역시 눅 13:23 이하에 호소하여 이 견해를 주장하는데, 그는 누가복음서의 본문을 하나의 병행 구절로 간주하고 있다. 그가 보는 대로는 이 본문이 "그 문들의 종말론적인 성격"을 확실히 보여준다. 따라서 그는 a. 문 b. 길의 순서를 "하나의 일반적인 전후도치(前後倒置)", 곧 "천둥과 번개"처럼 실제의 순서를 뒤바꾸어 말하는

---

347) "길(way)"이라는 말 대신에 어떤 사람은 "road(길)"라는 번역을 더 즐겨 사용한다. 이 두 가지 번역 모두를 지지하는 여러 가지 의견이 있을 수 있다. 물론 어느 것도 나쁘지 않다. 필자가 "way"라는 말을 좀더 좋아하는 이유는 물리적 영역이 아닌 도덕적·영적 영역의 길을 나타내기에는 이 말이 더 적합하기 때문이다. 우리도 역시 "way of life", "way of self-denial and sacrifice", "way of obedience, way of sanctification" 등의 말을 사용하고 있다.

348) A.B. Bruce, *The Synoptic Gospels* (*The Expositor's Greek Testament*, Vol. I), Grand Rapids, no date, p.132.

349) *The Gospel according to St. Matthew* (*The Tyndale New Testament Commentaries*), p.82.

비유적인 표현으로 본다.[350)]

반대: 눅 13:23 이하의 문맥과 또 어느 정도의 어순까지도 마 7:13, 14에서 발견되는 것과는 아주 다르기 때문에, 그 문제가 이 누가복음서의 본문에 호소하여 해결될 수 있을지는 의문이다. 더욱이 예수께서 마태복음서의 본문 중에 사용하신 비유를 "전후도치"라고 하는 것 자체가 또 다른 문제를 불러일으킨다.

3. **문**과 **길**은 본질적으로 같은 것이다. 곧 그것은 그리스도께서 요구하시는 순종을 가리킨다. 이 순종은 하나의 문이라 칭할 수 있고, 그 순종의 다양성을 생각할 때에는 하나의 길이라 할 수 있다. 그러므로 "문과 길 중에 어느 것이 먼저인가?"를 물을 필요조차 없다.[351)]

논평: 이 해결책이 "문"과 "길" 간의 아주 밀접한 관계를 강조하는 한은 그것에 동의한다. 왜냐하면 본문이 이 점을 분명히 하기 때문이다. 그렇지만 본문은 분명히 "문**과** 길"을 말하지 "문**이나** 길"을 말하는 것은 아니다. 그것도 한 번으로 그치지 않고 두 번씩이나 그렇게 언급한다. 이것이 중언법(重言法: "문"과 "길"을 합하여 "통로"의 의미로 보는 경우)이 아니라면, 그 차이가 아무리 작은 것이라 하더라도 문과 길을 서로 구분하는 것이 최선으로 보인다.

4. "문이 먼저이다. 그 다음에 길이 따른다…. 이 구절들에서 예수 그리스도는 죽음을 생각하신 것이 아니라 지금 당장에 해야만 할 선택을 생각하고 계신다. 그리고 우리에게 선택할 것을 권면하신다. 왜냐하면 오직 의식적인 선택을 할 때 비로소 바른 길에 이를 수 있기 때문이다."[352)]

논평: 1, 2, 3항의 설 중에 어느 하나를 택해야 된다면 필자는 서슴없이 3항의 설을 택할 것이다. 그렇지만 필자는 개인적으로 4항에 아주 밀접하게 관계된 설을 가장 자연스러운 것으로 본다. 문이 먼저 언급되고 나서 길이 언급된다. 또한 거의 모든 경우에 있어서 "문"이 어떤 "길"을 열어주는 것이 사실 아닌가? 고속도로나 샛길이나 그 밖의 길거리가 다 문이

---

350) Th.D.N.T., Vol. Ⅵ, 의 *πύλη*항을 보라. 특히 pp.922, 923을 보라.

351) H.N. Ridderbos, *op. cit.*, p.154.

352) Grosheide, *op. cit.*, p.91.

나 입구 혹은 길목에서부터 연결되지 않는가? 아무것에도 연결시켜 주지 않는 문은 참으로 희귀하다. 한편 “길”이나 “도로”는 반드시 문으로 연결될 필요는 없다. 그러므로 문이 있고 그 다음에 “길”이 연결된다는 논리적 순서는 특별히 아마도 어떤 의도적인 뜻에 비추어 볼 때 아주 자연스럽고 또한 좋은 의미를 전달해 준다. 처음의 올바른 선택(중생, 거듭남, 혹은 개종)이 있은 다음에 비로소 성화(聖化)가 뒤따르는 법이다. 처음에 올바른 선택을 하지 못하고 잘못된 선택을 한다면 점차 어려움이 뒤따르게 될 것이다.

하나는 “좁은 문”으로 불리고 있다. 필자가 믿기로 이 문이 한 번에 한 사람씩 드나들게 되어 있는 **회전식 문**에 비교되어 온 것은 잘못이 아니다.[353] 신약성경에서 “좁은”이라는 말이 어떤 문과 관련해서는 마 7:13, 14에만 나온다. 눅 13:24에서는 그 동일한 형용사가 어떤 종말론적인 “문”과 관련해서 사용된다. 마 25:10을 참조하라.

좁은 문으로 들어가기 위해서는 세상의 재물과 용서할 줄 모르는 마음과 이기심과 특히 자기 의 등과 같은 많은 것들을 벗어 던져야만 한다. 그러므로 좁은 문은 **자기부인**(自己否認)과 순종의 문이다. 한편 “큰 문” 혹은 “넓은 문”은 가방과 짐꾸러미들을 든 채로 들어갈 수가 있다. 죄악된 옛 본성이 그 안에 들어 있는 모든 것과 그 외의 모든 장신구들까지도 함께 쉽사리 그 문을 통과할 수 있다. 그것은 **방종**(放縱)의 문이다. 그 문은 아주 커서 엄청나게 많은 소란스러운 무리가 단번에 들어갈 수 있다. 그렇게 하고도 자리가 많이 남을 것이다. 그렇다면 그 “문”은 사람이 현재 이 세상에서 선과 악 간에 취할 수 있는 선택을 가리킨다.

좁은 문이 열어 주는 길은 “협착하다” 혹은 오늘날 우리의 말로 표현하자면 “아주 비좁다.”[354] 신자의 가는 길은 양쪽 벼랑 틈에 끼어 있는 하나의 험난한 길이다. 그 길은 좌우 양편이 절벽으로 막혀 있다. 그러므로 또한 이미 영적으로 그 좁은 문을 통과한 사람의 경우라 할지라도, 아직 그의 안에 남아 있는 옛 성품의 모든 잔재가 악한 성질과 나쁜 습관을 버리

---

353) D.M. Lloyd-Jones, *op. cit.*, Vol. Ⅱ, p.221.

354) *τεθλιμμένη* **밀어닥치다**, **붐비다**라는 의미의 *θλίβω*의 수동태 분사 완료 여성 단수

지 못하도록 방해한다. 이 옛 성품은 죽는 순간까지 완전히 정복되지 않는다. 그러므로 치열한 갈등과 투쟁이 일어나게 된다. 롬 7:14-25에서 이 싸움에 관하여 읽어 보라. 그러나 완전한 승리가 보장되어 있다. 왜냐하면 그가 이미 **좁은 문**을 찾아 그 안으로 들어왔고 **죄인의 길**에서 **의인의 길**(시 1편을 보라)로 들어섰기 때문이다. 다시 말해서 의식적인 선택 곧 **좋은 편**을 택했기 때문이다. 한번 거듭난 사람은 이제 매일 거룩해져 가는 성화의 단계에 들어간다. 한편 큰 문이 열어 주는 "길"은 넓고 자리가 많다. 대로라고 불러도 좋을 것이다. 이 길에는 다음과 같은 내용을 담은 표지판들이 세워져 있다. "여러분 각 사람과 여러분의 모든 친구들을 환영합니다. 많을수록 좋습니다. 여러분이 원하는 데까지 가시고 마음껏 '속도'를 내십시오. 여기에는 아무런 제한이 없습니다." 그러나 "악인의 길은 망하리로다."

"생명의 길"과 "멸망의 길" 사이에는 분명한 대조점이 있다. 생명의 길은 절대적인 최고 건축자의 설계도에 따라 건설되었다(히 11:10). 교통안내는 하나님의 거룩한 율법에 나온다. 멸망의 "길"은 마귀가 건설하였다. 마귀를 따르는 자들이 그 길을 간다.

둘째로, 두 부류의 순례자들에 대해 살펴보자. 큰 문과 넓은 길을 선택한 사람들은 "많다"고 언급된 반면에, 좁은 문으로 들어가 협착한 길을 가는 사람들은 "적다"고 언급되었다. 이 사실은 마 22:14의 "청함을 받은 자는 많되 택함을 입은 자는 적으니라" 하신 말씀과 일치된다. 또한 그것은 롬 9:27; 11:5 등과 같은 구절들의 "남은 자"와도 연결이 된다.[355] 그럼에도 불구하고, 택함을 입은 자들의 전체 수는 "아무도 능히 셀 수 없는 큰 무리"(계 7:9)로 묘사된다.

앞 페이지들에서 살펴본 사실들로부터, 큰 문으로 들어가서 지금 넓은 대로로 가고 있는 사람들은 자유롭고 행복한 반면, 좁은 문을 찾아 그리

주격이다. 따라서 여기 사용된 분사의 의미는 **협착한**이다. 롬 2:9에서는 *θλίψις καὶ στενοχωρία*, 즉 "환난과 곤고"가 함께 쓰였다.

355) 필자는 이 "남은 자"의 가르침을 *Israel and Bible*, pp.49, 50에서 훨씬 상세하게 논의했다.

로 들어가서 지금 협착한 길을 따라 가고 있는 사람들은 불쌍한 사람들이라는 잘못된 결론을 이끌어 내서는 안 된다. 실제로 넓은 길에 들어서 있는 이 다수의 "자유"와 "행복"은 아주 보잘것없는 피상적인 성질의 것이다. "죄를 범하는 자마다 죄의 종이라"(요 8:34). 죄수가 지하 감옥에서 사슬로 벽에 연결된 쇠고랑에 발목을 묶여 있듯이 죄의 종도 역시 죄의 사슬에 매여 있다. 그가 범하는 죄 하나하나가 발목의 쇠고랑을 죄어 들어가서 끝내는 그를 완전히 부서뜨리고 만다. 악인에게는 평강이 없을진대(사 48:22) 어찌 그들이 참으로 행복할 수 있겠는가?

그와는 달리 "주의 법을 사랑하는 자에게는 큰 평안이 있다"(시 119:165; 참조. 사 26:3; 43:2). 앞서 지적한 바와 같이, 좁은 문으로 들어가서 협착한 길로 행하는 것이, 비록 자기부인과 어려움과 투쟁과 고통과 고난을 뜻하기는 할지라도, 이것은 사실 죄의 본성이 아직 완전히 정복되지 않았기 때문에 더욱 그러하다. "새 사람"(거듭난 본성)에게는 "말할 수 없는 영광스러운 즐거움"이 있다(벧전 1:8; 참조. 롬 7:22; 빌 2:17; 3:1; 4:4 등). 좁은 문으로 들어간 "소수의" 사람들은, "사방으로 우겨쌈을 당하여도 싸이지 아니하며 답답한 일을 당하여도 낙심하지 아니하며"(고후 4:8), "근심하는 자 같으나 항상 기뻐하고 가난한 자 같으나 많은 사람을 부요하게 하고 아무것도 없는 자 같으나 모든 것을 가진 자로다"(고후 6:10). 또 현재 가진 보화들만 아니라 장차 받을 훨씬 더 큰 부요를 그들은 알고 있다. 왜냐하면 "우리가 잠시 받는 환난의 경한 것이 지극히 크고 영원한 영광의 중한 것을 우리에게 이루게 하기" 때문이다(고후 4:17; 참조. 롬 8:18).

셋째로, 두 개의 목적지를 살펴보자. 큰 문으로 들어가서 넓은 길을 가는 사람들은 지금 멸망으로 향하고 있다. 곧 소멸이 아닌 **영원한** 지옥의 형벌로 향해 가는 것이다(단 12:2; 마 3:12; 18:8; 25:41, 46; 막 9:43; 눅 3:17; 살후 1:9; 유 6, 7; 계 14:9-11; 19:3; 20:10). 그와는 달리 "십자가의 길은 본향으로 인도한다." 완전하고도 종말론적인 의미로 "생명으로 인도하는 길"은 자기부인의 길이다. 그 길은 a. 처음에는 하늘에서, 다음에는 새 하늘과 새 땅에서 영원히 그리스도 안에서 하나님과 더불어 나누는 교제로 인도해 주고, 또한 b. 그러한 교제에서 비롯되는 모든 은총과 복락으로 인도해 주는 길이다. 이것이 바로 그리스도 안에서 구원을 얻은 천국의 시민이 누릴 생명이요 영생이다. 좀 더 상세한 설명을 위하여는 다음과 같은 구절들을 살펴보라. 시 16:11; 17:15; 23:6; 73:23–28; 요 14:2, 3; 17:3, 24; 고후 3:17, 18; 4:6; 빌 4:7, 9; 벧전 1:4, 8, 9; 계 7:15–17; 15:2–4; 20:4, 6; 21:1–7 등.[356)]

"좁은 문"으로 들어가라는 권면에는 이중적인 이유가 있다.[357)] 그것은 각각 독립된 두 개의 이유라기보다는 "이중적인" 의미를 가진 하나의 이유이다. 왜냐하면 13, 14절 전체의 논증에 대한 기초가 다음과 같이 하나로 묶인 사상으로 이루어져 있기 때문이다. 사람들은 멸망으로 인도하는 문과 길, 곧 큰 문과 넓은 길로 들어갈 것이 아니라, 생명으로 인도하는 문과 길, 곧 좁은 문과 협착한 길로 들어가야만 한다. 항상 이 점을 염두에 두고 다음의 두 가지 부수적인 논증에 유의하라. a. 좁고 협착한 길보다는 들어가기가 쉬운 크고 넓은 길을 좋아하는 것이 당연하고, 또한 b. 소수보다는 큰 무리를 따르는 것도 당연하다. 바로 이 점에 주의하라!

그리스도의 권면은 누구보다도 가장 사랑하는 마음에서 나온 하나의 진정한 호소요 또한 하나의 온화한 초청이다. 이것은 4:17의 "회개하라 천국이 가까이 왔느니라" 하신 말씀에서 보는 것과 본질적으로 동일한 호소이자 초청이다. 그러한 호소와 초청은 뒤에 가서도 반복될 것이다. 많은 구절들이 있으나 그 중 몇 가지를 든다면 마 11:28–30과 요 7:37과 고후 5:20 등이 있다. 그것은 사 1:18; 55:1, 6, 7; 겔 33:11; 호 11:8 등에 예

---

356) 필자의 저서 *The Bible on the Life Hereafter*, pp.49–78; 205–217을 보라.

357) 즉, 만약 우리가 A.V., A.R.V.(본문 속에서), R.S.V., Berkeley, N.A.S., 그리고 다른 많은 번역판들과 마찬가지로 ὅτι πλατεῖα ἡ πύλη(13절)뿐만 아니라 ὅτι στενὴ ἡ πύλη(14절)로 하면 이렇게 된다. 헬라어 성경(A–B–M–W)은 14절에서 τί(ὅτι 대신에)를 택함으로써, "그 문은 얼마나 좁으며 그 길은 얼마나 협착한가!" 라는 감탄적 표현을 암시한다. 그러므로 이것이 원래의 본문이었을 가능성을 수락하긴 해야 하지만, 본문의 증거는 필자로 하여금 τί를 선호해야 할 분명하고도 확고한 근거가 있다는 생각이 들게 하지 않는다. 그 외에도 이 두 가지 경우에 있어서의 ὅτι 구문은 절들의 만족스러운 균형을 만들어 낸다.

상 혹은 예시되었고, 계 22:17 하반절에서 그 절정에 이른다. 그리고 그 호소하는 심정이 마 23:37과 십자가 위에서와 실로 그리스도의 지상 생애 전체를 통해서와 그 이전부터도 그대로 드러나 있었다(고후 8:9; 참조. 요 1:14). 그의 심장은 아직도 고동치고 있다.

신자들의 순례 길에 관한 경고

이 경고는 15-20절에 나온다. 여느 때처럼 그 원리가 먼저 소개된다.

[15] 거짓 선지자들을 삼가라 양의 옷을 입고 너희에게 나아오나 속에는 노략질하는 이리라.

좁은 문으로 들어가서 그 문이 열어 주는 협착한 길로 나아가기만 하면 이제는 더 이상 주의를 하지 않아도 되는 것인가? 결코 그렇지 않다. 확실히 하나님께서는 그의 자녀들을 보호하신다. 그러나 자녀들 자신이 하나님의 보호에 순응할 때 비로소 안전하게 보호된다. 원수들은 그 수가 많고 또한 교활하다. 그들은 "거짓 선지자들"로 불린다.

참 선지자는 하나님의 대언자이다. 그는 하나님께로부터 사명을 받아 하나님의 메시지를 사람들에게 전한다. 현재로서는 이 거짓 선지자가 자칭 선지자로서 하나님의 진리를 전파하는 것처럼 가장하나, 실제로는 자기 자신의 거짓을 전하는 사람으로 생각해도 무방할 것이다. 16-20절과 특히 21-23절이 보여 주겠지만, 이러한 임시적인 설명이 비록 완전하지는 않으나 15-20절의 상황에 들어맞는다.

원문에서 사용된 "거짓 선지자들"이라는 말은 **가짜-선지자들**이다(참조. 마 24:11, 24; 막 13:22; 눅 6:26; 행 13:6; 벧후 2:1; 요일 4:1; 계 16:13; 19:20; 20:10). 형태상으로는 **거짓-형제들**(고후 11:26; 갈 2:4)과 **거짓-사도들**(고후 11:13)과 **거짓-선생들**(벧후 2:1)과 **거짓-연사들**(거짓말하는 자들, 딤전 4:2)과 **거짓-증인들**(마 26:60; 고전 15:15)과 **거짓-그리스도들**(마 24:24; 막 13:22)과 비슷하다. 각 경우에 있어서 **거짓**이라는 말은 **가짜** 혹은 **사기**를 뜻한다.

예수께서는 청중들에게 “거짓 선지자들을 삼가라—문자적으로는, (너희 마음을 그들에게서) 멀리하라”고 경고하신다.

이유: 그들이 마치 양인 것처럼 “양의 옷을 입고 너희에게 나아오나” 속에는 노략질하는 잔혹한 이리이기 때문이다(참조. 10:16; 눅 10:3; 요 10:12; 행 20:29). 그들은 분명히 위선자들이요 사기꾼들이다. 예수께서 생각하고 계신 무리들 가운데 서기관과 바리새인들이 들어 있는 것은 아주 확실한 사실이다(참조. 마 6:2, 5, 16; 15:7; 23장). 그러나 7:21 이하; 요 10:8, 12에 비추어 볼 때, 이 말씀은 그 밖의 수많은 다른 사람들에게도 해당되는 이야기임이 분명하다. 사실 그것은 하나님의 자녀들이 어그러진 길로 나아가도록 영향을 미치는 경향이 있는 사람들, 특히 이기심과 악의를 품고 의도적으로 어그러지게 만드는 사람들에게 적용되는 말씀이다. 복음서들과 사도행전과 서신서들과 요한계시록은 거짓 선지자들의 예로 가득 차 있다(마 27:20; 28:12–15; 요 7:41, 42; 9:29; 행 2:13; 8:18, 19; 15:1; 롬 6:1; 16:17, 18; 고전 15:12; 고후 10:10; 갈 1:6, 9; 3:1; 4:17; 5:2–4; 엡 5:3–14; 빌 3:2, 17–19; 골 2:4, 8, 16–23; 살후 2:1, 2; 3:6, 14; 딤전 1:3–7, 18–20; 4:1–5, 7; 6:20, 21; 딤후 2:14–18; 3:1–9; 4:3, 4; 딛 1:10–16; 3:9, 10; 히 6:4–8; 10:26–28; 약 2:17; 벧후 2:1 이하; 3:3, 4; 요일 2:18; 4:1; 요이 10; 요삼 9, 10; 유 4 이하; 계 2:9, 14, 15, 20–24; 3:9). 사실 용(사탄)과 동맹한 자 중 하나는 “땅에서 올라온 또 다른 짐승”(계 13:11)으로 불리고 있는데, 그는 또한 “거짓 선지자”(계 16:13; 19:20; 20:10)로도 불린다. 양의 가죽을 입고 나아오나 속에는 노략질하는 이리라고 하신 그리스도의 설명과 “새끼 양같이 두 뿔이 있고 용처럼 말하더라” 한 요한계시록의 묘사가 서로 아주 비슷하다는 사실에 유의하는 것이 좋을 것이다. 두 경우 모두에 있어서, 속에 들어 있는 본질은 겉으로 나타나 있는 것과 서로 모순된다. 거짓 선지자들은 **광명**의 천사로 가장한(고후 11:14) **흑암**의 권세(골 1:13; 참조. 눅 22:53; 행 26:18; 엡 6:12)를 대표하는 자들이다.

거짓 선지자를 하나님의 권위가 없이 자기 자신의 메시지를 전하고 일반적으로 사람들에게 듣기 좋아하는 말을 하는 사람으로 특징짓는 것은 구약성경에 근거를 둔다(사 30:10; 렘 6:13; 8:10; 23:21). 이러한 선지자는 실제로 패망이 눈앞에 닥쳐오는 순간에도 "올라가서 승리하라"고 말할 것이다(대하 18:11). 그는 또한 평강이 없는데도 "평강하다! 평강하다!" 외칠 것이다(렘 6:14; 8:11; 겔 13:10). 그의 입은 우유 기름보다 미끄러우나…그의 말은 기름보다 유하다(시 55:21; 참조. 요 10:1, 8).

거짓 선지자들에 대한 예수 그리스도의 경고는 처음 말씀하신 그 당시뿐 아니라 오늘 우리 시대에도 그대로 "적용된다." 오늘날 이 사기종교 혹은 이단종교의 대표자들이 사용하는 선전 문구 중에 다음과 같은 것들이 있다.

"천국과 지옥은 꾸며낸 이야기이다."

"사랑의 하나님은 아무도 영원한 형벌에 처하지 않으실 것이다."

"사탄(마귀)은 하나의 꾸며낸 존재이다."

"죄는 질병이다. 죄책감과는 아무런 상관이 없다. 죄책감의 강박관념에서 자유하라."

"인간 개개인은 자기 자신의 소위 죄라는 것에 대해 책임이 없다. 책임이 있다면 그것은 부모나 사회에 있다."

"죄라고 생각되는 많은 상황들에 있어서, 사실은 전혀 죄가 아닌 경우들이 있다." 이것은 "상황윤리"가 의미하는 것이 아닌가? 이것은 합법적이고 양심적인 정당한 결혼관계 밖에서의 성관계 및 다른 여러 가지 악들을 눈감아 주기 위해서 만들어 낸 수작이 아닌가?

예수께서 그들을 묘사하실 때 사용하신 바 "노략질하는 이리"라는 말씀에서 이러한 악을 행하는 자들의 활동 배후에 숨어 있는 파괴적인 의도가 지적되고 있다. 억센 털과 날카로운 엄니(송곳니)를 가진 이리는 귀신같이 약삭빠르고 교활한 솜씨로 먹이를 공격하여 그것을 덮치고 이내 죽여 버린다. **노략질하는**이라는 형용사는 이리의 탐욕과 잔인성을 강조한다. 이 형용사는 동사 **물어 가다** 혹은 **갑자기 움켜잡다**에 관련된 말이다(참조. 요 10:12: "이리가 양을 물어 가고"). 지금 노략질하는 자("강탈자")를 묘사하기 위해서 하나의 명사로 사용되는 "노략질하는" 혹은 "탐욕스러운"이라는 이 말은 또한 눅 18:11("토색"); 고전 5:10, 11; 6:10에도 나온다. 어느 시대를 막론하고 예수 그리스도의 교회는 자기 자신의 이기적인 목적을 위해서 하나님의 말씀을 노략질하는 자들을 경계하고 삼가야 한다. 비록 그러한 자들의 말이 항상 부드럽고 듣기에 아주 달콤하다 할지라도, 그 말은 신자들이 전신갑주를 입고 맞서 싸워야 할 참으로 무서운 위험을 조성한다(엡 6:10 이하).

그렇게 하기 위해서는 그들이 누구인가를 알아야 할 필요가 있다. 그러므로 예수께서는 계속하여 말씀하신다.

[16]-[20] 그들의 열매로 그들을 알지니 가시나무에서 포도를, 또는 엉겅퀴에서 무화과를 따겠느냐 이와 같이 좋은 나무마다 아름다운 열매를 맺고 못된 나무가 나쁜 열매를 맺나니 좋은 나무가 나쁜 열매를 맺을 수 없고 못된 나무가 아름다운 열매를 맺을 수 없느니라 아름다운 열매를 맺지 아니하는 나무마다 찍혀 불에 던져지느니라 이러므로 그들의 열매로 그들을 알리라.

가시나무(못된 나무)에서 포도(아름다운 열매)를 딸 수 없고 또한 엉겅퀴(해를 끼치는 무익한 식물)에서 무화과(아주 값진 열매)를 딸 수 없는 것이 사실인 것처럼, 하나님을 영화롭게 하는 것이 거짓 선지자에게서 나올 수 없는 것 또한 사실이다. 좋은 열매는 그 열매를 맺은 나무가 좋은 나무라는 것을 입증해 준다. 나쁜 열매는 그 열매를 맺은 나무가 못된 나무라는 것을 입증해 준다. 이것에 예외란 있을 수 없다. 사람의 속에 들어 있는 것은 밖으로 나타나기 마련이다. 특히 말과 행실에 있어서 그러하다. 문맥이 비슷한 눅 6:45에 말씀하기를, (눅 6:44을 먼저 보라) "선한 사람은 마음에 쌓은 선에서 선을 내고 악한 자는 그 쌓은 악에서 악을 내나니 이는 마음에 가득한 것을 입으로 말함이니라"라고 하였다. 본성은 속일 수가 없다. 분명히 거짓 선지자가 얼마 동안은 사람들을 속이고 표면적인 경건한 말과 행실의 가면 뒤에 자신의 본래 얼굴을 숨길 수 있을 것이다. 그러나 이것은 오래갈 수 없다. "덕행을 가장하는 것보다 더 어려운 것은 없다"(칼빈). 열매가 그 나무의 진정한 본성을 보여 줄 것이다.

그러나 "이 열매는 무엇을 뜻하는가? 어떤 사람의 가르침이나 행실을 가리키는가?" 하는 질문이 있다. 가르침이 포함된다는 것은 방금 인용한 말씀("마음에 가득한 것을 입으로 말함이니라")과 또한 마 15:9(그 부분의 주석을 보라); 사 8:20; 딛 1:9-12; 히 13:9; 요일 4:1-3; 요이 9-11 등과 같은 구절에서 분명해진다. 열매들 가운데 "가르치는 방법이 첫 번째 위치를 차지한다"라는 칼빈의 말은 당연히 옳다. 자신을 선지자로 내세우는 사람의 가르침을 성경과 부지런히 대조해 본다면, 그가 하나님의 종인지 마귀의 종인지를 식별하기가 대개는 어렵지 않을 것이다. 신 13:1-5을 참조하라. 그렇지만 "열매"라는 용어는 일반적으로 가르침 이상의 것을 포함한다. 세례 요한과 예수 그리스도와 사도 바울 등이 사용했듯이, 그것은 또한 그 사람의 생활 혹은 행실을 가리킨다. 다음 구절들을 면밀히 살펴보면 이 점이 분명해질 것이다(눅 3:8-14; 요 15:8-10; 갈 5:22-24; 엡 5:9-12; 빌 1:11; 골 1:10; 약 3:17, 18).[358]

수많은 구절들에서 또한 우리는 "좋은(혹은 아름다운) 열매를 맺지 아니하는 나무마다 찍혀 불에 던져진다"라는 사실을 배운다. 세례 요한의 가르침에도 역시 이 말씀이 나온다. 자세한 설명을 위하여는 마 3:10에 대한 주석을 보라(참조. 시 1편; 37:20; 73:18-20; 잠 29:1; 사 66:24; 요 15:6).

예수께서는 강조를 위하여 "그들의 열매로 그들을 알리라"(16절과 20절)는 말씀을 반복하신다. 이 말씀을 풀이하자면, "너희의 나아가는 순례길에서 무엇이 되었든지 이러한 열매들에 주의하여 속지 않도록 하고 너희의 발전을 확실하게 하라" 하시는 말씀과도 같다.

그 길의 끝: 말만 하는 자와 행하는 자

설교가 결론에 이르고 있음이 예수께서 "그날"(22절)에 관하여 말씀하시기 시작한 사실에서 분명해진다. 현재 이 구절에서(25, 27절에 유의하

358) 가르침을 강조한 렌스키의 입장에 필자도 동의하지만 행위를 완전히 배제해 버린 점에 있어서 그는 좀 극단적이었다고 생각한다(*op. cit.*, p.293). 필자가 언급한 단락들이 지적하고 있듯이, 필자에게는 칼빈의 견해가 더 균형 잡힌 것으로 보인다.

라) "그날"은 분명히 최후심판의 큰 날을 가리킨다. 사 2:11, 17; 습 1:15-18; 슥 14:6; 말 3:17; 마 24:36; 막 13:32; 눅 10:12; 21:34; 살전 5:4; 살후 2:3; 딤후 1:12, 18; 4:8을 참조하라.

이 마지막 부분(21-27절)은 간략한 두 문단으로 이루어져 있다. 첫 문단(21-23절)은 a. 단순히 **말만 하는 자**와 b. **행하는 자** 사이에서 하나의 대조를 이끌어 내고 있다. 말만 하는 자들(21절 상반절에 암시된 자들)은 아버지의 뜻을 실천하지 않고 단지 말로만 "주여, 주여" 하는 사람들이다. 행하는 자들(21절 하반절에 암시된 자들)은 말도 하고 하나님의 뜻도 행하는 사람들이다. 강조점은 분명히 단지 이름뿐인 신자들(22-23절에서 다시 설명된다)에 있는 것이다. 두 번째 문단(24-27절) 역시 동일한 두 그룹의 사람들에게 주의를 집중하고 있다. 그러나 이번에는 순서를 바꾸어서 행하는 자들과 듣기만 하는 자들의 순으로 설명하신다. 행하는 자들을 위한 상급과 단지 듣기만 하는 자들을 위하여 예비된 파멸이 반석 위에 지은 집과 모래 위에 지은 집의 비유로 생생하게 묘사된다.

첫 문단은 이 말씀으로 시작된다.

[21]-[23] 나더러 주여 주여 하는 자마다 다 천국에 들어갈 것이 아니요 다만 하늘에 계신 내 아버지의 뜻대로 행하는 자라야 들어가리라 그 날에 많은 사람이 나더러 이르되 주여 주여 우리가 주의 이름으로 선지자 노릇하며 주의 이름으로 귀신을 쫓아내며 주의 이름으로 많은 권능을 행하지 아니하였나이까 하리니 그때에 내가 그들에게 밝히 말하되 내가 너희를 도무지 알지 못하니 불법을 행하는 자들아 내게서 떠나가라 하리라.

이 말씀과 바로 앞에 나오는 거짓 선지자들에 대한 경고(15-20절) 사이에 어떤 관계가 있음이 분명하다. 예수께서는 그의 청중들에게 거짓말을 하면서도 진리를 말하는 것처럼 가장하는 거짓 선지자들을 삼가라고 말씀하신다. 이것은 곧 사람이 진리를 전하면 그것으로 그가 참 선지자인 것이 입증된다는 뜻이었는가? 지금 예수께서는 마치 "반드시 그런 것만은 아니다"라고 말씀하시는 것과 같다. 누가 진리를 말하면서도 거짓을 행한다면 어떤 의미에서 그 역시 거짓 선지자이다. 그러므로 각자가 자기 이웃뿐만 아니라 자기 자신도 살펴보아야 한다. 이미 앞서 지적한 바와 같이, 사람이 믿을 만한지 아니면 믿을 가치가 없는지를 말해 주는 그 "열매"는 교리뿐만 아니라 생활에도 밀접한 관계가 있다. 따라서 엄청난 힘으로 그 메시지가 각 사람의 마음속에 각인되고 있다.

예수께서 정죄하시는 사람들은 거짓말하는 자, 속이는 자, 혹은 사기꾼으로 낙인이 찍힌다. 왜냐하면 그들의 경우에 있어서 말과 생활이 일치되지 않기 때문이다. 그들이 "주여, 주여" 한 것은 속임수에 지나지 않았다. "주여, 주여" 함으로써 그들은 이 대심판의 날에 자신을 그리스도의 충성된 종으로 나타내고 있다. 하지만 그들의 이전 생활에 있어서는 그들의 행위로 끊임없이 자기 자신을 주(主)라고 내세웠다(말 1:6 이하; 눅 6:46). 그러나 그들이 이 세상에서 다른 사람을 속이고 심지어는 **자기 자신**까지도 속이는 일에 성공했을지 몰라도, 이 최후의 심판날에 그들은 심판주를 속일 수 없다. 마지막에 그들은 하나님 나라에서 추방된다. 그 교훈은 분명하다.

각자 자신을 살피라! 자신을 살피는 일이 중요한 것은, "행하는 자"가 아닌 "말만 하는 자"가 많기 때문이다. 예수께서는 그들이 "하늘에 계신 내 아버지"의 뜻대로 행하지 않았다고 말씀하신다.

마 25:34-46에서와 마찬가지로 여기서도(7:22, 23), 심판날에 일어날 일이, 아버지의 뜻대로 행하지 않은 자들과 심판주이신 예수 그리스도 사이의 대화로 예시되어 있다. 최후의 선고가 내려지기 전에도, 멸망받을 자들의 말에서 분명해지는 것처럼, 일이 그들에게 유리하지 않으리라는 것을 벌써 알고 있다. 이와 관련하여 그들의 영혼에 관하여 우리는 이들 대다수가 이미 지옥에서 얼마 동안의 기간을 지냈다는 사실을 기억해야만 한다. 시 73:12-19; 눅 16:23, 26; 행 1:25을 참조하라.[359] 그러므로 이제는 부활한 몸과 영혼이 결합한 완전한 존재로서 심판장 앞에 서 있는데 더욱 비참한 운명 이외에 무엇을 기대할 수 있겠는가? 그 외에도 의인들의 위치와는 아주 대조적으로 최후의 심판대 앞에 배열된 **그들의** 위치 자체가 그들의 두려움을 더욱 가중시키고 있다(25:32, 33). 그럼에도 불구하고 그들은 심판장과 다툰다.

아버지의 뜻대로 행하지 않았던 그들은 심판장이신 예수 그리스도를 "주여, 주여" 하고 부른다. 무서워 떨면서 그들은 두려움과 경외심을 가지고 이 명칭으로 주를 부른다. 그들은 헤어날 길이 없는 이 절망의 위기에 이르기 전에 한 번도 가져 본 적이 없는 그러한 의미를 이 명칭에 부여하고 있다. 시 66:3; 미 7:17; 빌 2:11을 참조하라.

세 번씩이나, 그리고 원문과 필자의 번역에서 분명해지듯이 매번 각 절의 서두에서 마치 그리스도와의 순수하고 친밀한 연합이 그들의 예언과 기적의 원천이기나 했던 것처럼, 그들은 예수의 이름("주의 이름으로")에 호소하고 있다. 실제로 그들은 예수 그리스도의 이름을 일종의 마술 수법처럼 사용함으로써 바로 그 이름을 욕되게 하였다. 그러나 그들은 지금 그들의 이전 행실과 말이 하나님을 영화롭게 했다는 것을 입증하고, 그것이 이제라도 그들을 천국에 들어가도록 해 줄 수 있기를 간절히 바라는 마음으로 자기가 이전에 주의 이름을 사용했다는 사실에 호소한다(참조. 25:11, 12).

이 거짓 선지자들은 호소를 하는 과정에서 그들이 예수의 이름으로 선지자 노릇하면서 귀신을 쫓아내며 많은 권능을 행했다고 주장한다. 예수께서는 그들이 실로 자신의 사신들로 자처했으며 자신의 이름을 사용하여 놀라운 권능을 행했다는 주장을 부인하지 않으신다. "이들이 행한 권능은 초자연적인 능력에서 비롯된 것이었나 아니면 속임수였나?" 하는 문제를 놓고 주석가들 간에 의견이 갈라졌다. 살후 2:9, 10은 "악한 자" 혹은 "불법의 사람"(살후 2:3)이 임할 때 사탄의 역사를 따라 능력과 표적과 거짓 기적이 따를 것인데, 그것들 모두가 거짓된 것이라고 가르친다. 행 19:13, 14은 유대의 한 제사장 스게와의 일곱 아들이 바울의 이적을 모방하여 악귀를 내쫓으려 하다가 비참하게 실패한 사실을 보여 준다. 이와 비슷하게 애굽의 요술사들이 세 번째 재앙을 자기들도 시도하려다가 실패한 사례가 있다(출 7:22; 8:7, 18, 19). 이 실패는 그들이 앞서 거둔 두

---

359) 필자의 저서 *The Bible on the Life Hereafter*, pp.79–82를 보라.

차례의 "성공"의 순수성에 의심을 던져 준다. 이 모든 것이 마 7:22의 거짓 선지자들이 자랑하고 있는 바 귀신을 쫓아내고 많은 권능을 행한 것도 역시 속임수 외에 아무것도 아닐 가능성을 지적해 주지 않는가? 조사 보고서들은 거짓 선지자들 가운데 환상 혹은 착각과 속임수와 날랜 손재주 혹은 요술 등이 많고, 순수하고 참된 것으로 소개된 것이 사실은 사기 외에 아무것도 아닌 경우가 자주 있다는 것을 거듭 입증해 주지 않았던가? **"사람들은 속기를 원한다"**(*Populus vult decipi*).

그러나 욥기(1:12; 2:6, 7)에서 분명해지는 바와 같이, 이 모든 것이 우리로 하여금 **하나님의 허용**으로 때때로 사탄이 물리적인 (그뿐만 아니라 도덕적 · 영적인) 영역에 상당한 영향력을 행사한다는 사실에 대해 눈을 감게 해서는 안 된다. 하나님의 능력 혹은 허용으로 애굽의 요술사들이 지팡이로 뱀이 되게 할 수 있었을(출 7:11, 12 상반절) 가능성은 없는가? 그러나 욥기와 출애굽기에 기록된 각 경우에 있어서 최종적인 결과는 하나님과 그의 백성의 승리였다는 사실에 유의하라(출 7:12 하반절; 욥 19:23-27; 42:5, 6). 거짓 선지자들이 지금 자랑하는 공로 중 하나님의 능력이든 사탄의 능력이든 간에 초자연적인 능력의 도움으로 행해진 것이 더러는 있을 가능성을 배제할 필요는 없다. 이와 마찬가지로 예수께서 정죄하시는 사람들이 예수의 이름으로 선지자 노릇을 할 때 실제로 많은 진리 혹은 참된 말을 했을 가능성이 충분히 있다—그럴 가능성이 아주 높다. 하나님께서 때로는 놀라운 진리를 선포하시기 위하여 악인을 사용하시는 것이 사실 아닌가?(민 23:8-10, 18-24; 24:5-9, 17; 계 2:14; 행 16:16, 17). 데마는 한때 훌륭한 설교를 많이 했을 것이다(골 4:14; 딤후 4:10). 또 병자를 고치고 귀신을 내쫓으라는 사명을 받은 사람 중에 가룟 유다도 들어 있지 않았던가?(마 10:1). 여기 마 7:22에 나오는 사람들이 정죄를 받는 이유는, 그들이 전파한 내용이 잘못되었거나 그들이 행한 권능(이적)이 가짜였기 때문이 아니라, 그들이 전파한 것을 스스로 실천에 옮기지 않았기 때문이다!

주께서 다음 말씀을 이으시는 것은 곧 그 이유에서이다. **그때에 내가 그들에게 밝히 말하되 내가 너희를 도무지 알지 못하니 불법을 행하는 자들아**

내게서 떠나가라 하리라. "도무지"라는 말은 "단 한순간도"를 의미한다. "내가 너희를 도무지 알지 못한다"라는 말씀을 하실 때 예수께서는 정확히 무엇을 의미하고 계시는가? 지식 중에 생각의 지식이 있다. 이 생각의 지식으로 주께서는 사람의 마음을 꿰뚫어 보신다. 예수께서 그의 신성(神性)에 따라 사람의 마음을 아무런 제한없이 꿰뚫어 보실 수 있는 이 생각의 지식을 갖고 계신 사실이 요 1:47, 49; 2:24, 25; 21:17 등의 구절들에서 분명해진다. 예수께서 이 거짓 선지자들을 정죄하시는 것이 아주 정당한 것은 그가 이들을 철저히 아시기 때문이다. 그러나 지식 중에 또한 마음의 지식이 있다. 그것은 곧 선택적인 사랑과 인정과 우정과 교제의 지식이다(암 3:2; 나 1:7; 요 10:14; 고전 8:3; 갈 4:9; 딤후 2:19). 현재의 구절에서 언급되고 있는 주님의 지식은 생각의 지식이 아니라 마음의 지식인 것이 분명하다. 거짓 선지자들은 마치 예수께서 그들의 친구였던 것처럼 말하고 있다. 예수께서는 마치 "단 한순간도 내가 너희를 나의 것으로 인정하거나 혹은 너희를 나의 친구로 안 적이 없었다"고 대답하시는 것과도 같다. 이제 예수께서 이 불법을 행하는 자들(문자적으로는 "불법의 일꾼들")을 영원히 추방하실 때 그는 이들을 그의 사랑의 면전에서 쫓아내어 몸과 영혼이 아울러 영원한 멸망에 처하도록 하신다(마 25:46; 눅 13:27, 28; 살후 1:9).

이 간단한 단락(21-23절)을 넘어가기 전에 여기 예수께서 요구하시는 그의 존귀에 주의를 기울여야만 한다. 예수께서는 우주와 그 안의 모든 만물의 **주님**이시요, 모든 인간과 모든 만물의 절대주권적인 통치자이시다(참조. 11:27; 28:18; 빌 2:11; 계 17:14). 분명히 예수 그리스도의 지상 생애 동안에 거짓 선지자들이 불렀던 "주여, 주여"라는 명칭(21절)에 그들이 최후의 심판날에 그 명칭에 부여한 승화된 의미(22절)를 덧붙이는 것은 잘못일 것이나, 거짓 선지자들이 입술로나마 예수를 그들의 머리요, 또한 그들이 존귀를 돌리고 순종해야 할 분으로 인정했을 것임에 틀림이 없다. 또 그리스도의 지상 생애 동안에 그에게 대해서 사용된 **퀴리오스**(주님)라는 낱말이, 아버지의 영광 보좌 우편에 앉아 계신 그리스도에게 그의 충성된 제자들이 적용한 의미(고전 12:3)에 완전히 도달하기는 아주 어려웠을 것이다. 그러나 이 명사가 7:21에 나오는 사람들에 의해서 사용되었을 때는 단순히 "선생님"(요 12:21에서 빌립에 대해 사용된 이 명사의 호격이 가진 의미) 이상의 어떤 의미를 가지지는 않았을 것임에 틀림없다. 참 제자들이 사용할 때 그 명칭은 예수께서 그들의 믿음과 사랑과 헌신의 대상으로서 가장 존경을 받으신다는 의미를 가진다.[360)]

예수께서는 또한 자신을 모든 인간을 심판하러 오시는 심판주로 주장하신다.

주의: "그날에 많은 사람이 나더러 이르되…그때에 내가 그들에게 밝히 말하되"(참조. 25:31, 32; 26:64; 28:18; 요 5:22, 27; 빌 2:9, 10). 하나님께서는 어린양 예수 그리스도를 통하여 세상을 심판하실 것이다(계 20:11-15). 이미 5:21, 22—그러므로 그리스도의 사역 초기—에서 우리는 예수께서 다름 아니라 믿든지 안 믿든지, 온 세상이 그 앞에 책임을 져야 할 분이시라는 주장의 의미에 대한 증거를 갖게 된다. 훨씬 더 상세하게 이 놀라운 사실이 25:31 이하에 소개될 것이다.

마지막으로, 예수께서는 자신이 **유일한 의미**로 "하나님의 아들"이신 사실을 주장하신다. 예수께서는 "내 아버지"라고 말씀하신다(21절). 이 말씀을 하실 때 주께서 정확히 무엇을 의미하셨는가? 무슨 의미로 자신을 "하나님의 아들"이라 칭하셨는가? 신자들이 모두 "우리 아버지"라고 부를 수 있는 의미로 그러하셨을까?

대답: "우리 아버지"라는 말을 사용하실 때는 주께서 결코 자신을 포함시키지 않으셨고, 또한 "내 아버지" 혹은 "나의 친아버지"라는 말을 사용하실 때도 물론 다른 사람들을 일체 포함시키지 않으신 사실 자체는, 그가 자신을 아주 특별한 의미의 "하나님의 아들"로 아셨다는 것을 보여 준다. 주께서는 아버지와 함께 하나님의 본질을 나누고 계신다. 요 10:30을 보라. 또한 마 11:25-28; 14:33(예수께서 제자들의 증거를 받아들이셨다); 요 1:18(최선의 독법에 따르면 "하나님의 독생자"); 3:16; 5:18(예수께서 하나님을 "자기의 친아버지"로 부르셨다) 등도 역시 보라. 이제 만일 앞에서 입증된 바와 같이, 예수께서 본성적이며 본질적이며 신적인 삼위

360) J. G. Machen, *The Origin of Paul's Religion*, pp.293-317을 보라.

일체 안의 성자로서 자신의 신분을 의식하고 계셨다면, "내 아버지"라는 말을 사용하실 때마다 직접적이든 간접적이든 간에 이 하나님의 아들의 신분에 대한 관계가 결코 배제되지 않는다고 판단하는 것이 이치에 맞지 않겠는가? 다음 구절들을 보라. 마 7:21; 10:32; 12:50; 15:13; 16:17; 18:10, 19; 20:23; 25:34; 26:39, 42, 53; 눅 10:22; 22:29; 24:49; 요 5:17, 43; 6:32; 8:19, 49, 54; 10:18, 29, 37; 14:7, 12, 20, 21, 28; 15:1, 8, 10, 15, 23, 24; 16:10; 18:11, 20:17.

확실히 예수께서는 다음의 사중적인 의미로 하나님의 아들이셨다. a. "하나님의 한 아들"로서의 윤리적 아들의 신분, b. 메시아로서 직분적 아들의 신분, c. 동정녀에게서 탄생하심으로써 하나님이 그의 인성(人性)의 아버지가 되셨다는 의미에서 태생적 아들의 신분, d. 영원 전에 아버지에게서 발생하셔서 아버지와 성령으로 더불어 하나님의 본질을 동등하게 나누고 계신다는 의미에서의 삼위일체적 아들의 신분. 그러나 이 네 가지는 서로 분리될 수 없다. 세 가지 의미의 관계는, 네 번째 관계에 근거를 두고 있지 않은가? "하늘에 계신 아버지"에 관하여는 5:16; 6:9 하반절에 대한 주석을 보라.

그 길의 끝: 행하는 자들과 듣기만 하는 자들, 두 건축자의 비유

이미 지적된 바와 같이 바로 앞의 간략한 문단과 밀접하게 관련지어 예수께서는 두 건축자의 비유로[361] 그의 설교를 끝맺으신다. 예수께서는 다음과 같이 말씀하신다.

361) 비록 **비유**라는 낱말이 24-27절의 본문에서 사용되고 있지는 않지만, 우리는 그것을 비유라고 부름에 있어서 주저할 것이 없다. 우리가 비유를 정의할 때 "확대된 직유"라고 하든, 혹은 "어떤 비교가 이루어지고 이 비교를 표시하는 낱말이나 구절(이 경우에는 **같으리니**)이 사용되는 예화적 이야기"라고 하든, 혹은 단순하게 "천상적 의미를 가진 지상적 이야기"라고 하든, 우리가 이 이야기를 **비유**라고 부를 수 있다는 사실은 너무나 분명하다. H. N. Ridderbos, *op. cit.*, p.158도 마찬가지 견해이다.

[24]-[27] 그러므로 누구든지 나의 이 말을 듣고 행하는 자는 그 집을 반석 위에 지은 지혜로운 사람 같으리니 비가 내리고 창수가 나고 바람이 불어 그 집에 부딪치되 무너지지 아니하나니 이는 주추를 반석 위에 놓은 까닭이요 나의 이 말을 듣고 행하지 아니하는 자는 그 집을 모래 위에 지은 어리석은 사람 같으리니 비가 내리고 창수가 나고 바람이 불어 그 집에 부딪치매 무너져 그 무너짐이 심하니라.

이 비유에 나오는 사람은 둘 다 건축자들이다. 살아가는 것은 곧 건축하는 것을 뜻하기 때문이다. 사람마다 가지는 모든 야망과 그가 품는 모든 생각과 그가 하는 모든 말과 그가 취하는 모든 행동이 모두, 말하자면 건축용 벽돌과도 같다. 점차 그의 삶의 건축물은 쌓여 올라간다. 그러나 모든 건축자들이 다 동일한 것은 아니다. 어떤 사람은 지혜롭고 또 어떤 사람은 어리석다.

예수께서는 먼저 지혜로운 자가 그의 집을 반석 위에 짓는 모습에 대해 말씀하시고, 둘째로 이 집이 처할 시험에 대해서 말씀하신 후, 셋째로 이 시험의 결과와 그 결과를 초래한 이유에 대해서 말씀하신다. 예수께서는 어리석은 자와 그가 세운 집에 대해서도 같은 순서로 말씀하신다.

여기에 세 부류, 네 부류, 혹은 다섯 부류의 건축자들이 있는 것이 아니라 오직 두 부류의 건축자들만 있고 또 이 두 부류의 건축자들은 서로 아주 현저한 대조를 보인다는 사실에 유의하는 것이 좋다. 주께서는 항상 사람들을 두 부류로 나누신다. 6:22, 23; 7:13, 14; 7:17, 18; 10:39; 13:11, 12, 14-16, 19-23(좋은 땅 및 여러 가지 이유로 좋지 못한 땅), 24-30, 36-42, 47-50; 22:1-14; 25:2 등에서도 역시 그러하다. 이것은 좀 더 분명한 예들 중 몇몇에 불과하다.

두 건축자들이 현저히 차이가 있음에도 불구하고 표면상으로는 상당히 비슷하다. 두 건축자들은 각기 집을 짓는다. 예수께서 말씀하시는 그 당시의 "집들"은 오늘날 여러 엄격한 건축법이 요구하는 만큼 튼튼하게 세워지지는 않았다. 도둑들이 벽에 구멍을 뚫을 수도 있었다(6:19). 흙과 풀로 만든 지붕은 쉽게 "뜯어 구멍을 낼" 수가 있었다(막 2:4; 참조. 시 129:6). 그러므로 모든 것이 다 기초 혹은 주추에 달려 있다! 이제 그 두 건축자들도 역시 물굽이가 돌아쳐 흘러가는 골짜기의 평지에 그들의 집을 세운다는 공통점이 있다. 비가 오지 않은 계절에는 이 물가의 평지가 바싹 말라 있거나 혹은 거의 말라 있어서 두 사람이 세운 집들에 별 해가 없다. 여기까지는 둘 다 좋다. 오늘날 그리스도의 설교에 귀를 기울이거나 그것을 읽는 이들을 포함하는 사람들 가운데도 역시 표면상으로는 비슷한 점들이 많은 것이 사실 아닌가?

본질적으로 그 두 건축자들 사이의 대조는 얼마나 철저한 것인가! 반석 위에 집을 지은 건축자는 지혜롭다. 그는 앞을 내다보았다. 그는 비가 오지 않는 건기가 오래가지 않으리라는 사실을 계산에 넣었다. 머지않아 하늘이 어두워지고 비바람이 몰아쳐 창수가 날 것이다. 그의 집도 빗물에 젖고 바람에 부딪칠 것이다. 미리 예방책을 강구해 두지 않는다면 불어나는 물에 집이 무너져 떠내려 갈 것이다. 따라서 그는 이 절박한 파멸에 미리 대처한다. 집을 세우기 전에 그는 먼저 모래와 자갈을 걷어 내고 반석이 나올 때까지 기초를 파 들어간다(참조. 눅 6:48). 그러고 나서 그 반석 위에 주추를 놓는다.[362] 어리석은 자는 아무 일도 안 한다. 그는 마치 맑고 건조한 날씨가 영원히 계속될 것처럼 생각하여 기초가 무른 자갈밭 위에 집을 세운다.

비유를 설명하시는 중에 예수께서는 그 기초의 비유적인 의미는 "나의 이 말", 다시 말해서 이 산상설교 전체라는 사실을 지적하신다. 그 비유를 확대 해석한다면 주님의 입에서 나와 사람들에게 전달된 모든 말씀을 의미한다. 주께서는 그의 하시는 말씀과 명령을 통해서 그의 마음 곧 그 자신의 존재를 나타내시는 만큼, 이 비유의 해석 혹은 영적인 의미에 관한

362) 마 7:24은 *τὴν πέτραν*으로 되어 있다. 이 문맥에서의 *πέτρα*는 암반, 돌로 된 지반을 가리킨다. 여기에 관사가 붙어 있기 때문에 많은 경우에 "the rock"이라는 번역을 택한다(A.R.V., N.A.S., R.S.V. 등). 그러나 이런 번역은, 마치 이 예화에서 어떤 특정한 바위를 가리키는 것 같은 오해를 쉽게 야기시킬 수 있다. 그러므로 "on rock"(N.E.B.) 혹은 "on rocky foundation"(Williams)이라는 번역이 더 적절하다. 여기서의 대비는 "바위"와 "모래"이다. 헬라어에는 관사를 총칭적으로 사용(generic use)할 수 있다. 따라서 번역 시에는 그 관사가 빠져 "upon rock", "upon sand"로 될 수 있다.

한 그리스도 자신이 바로 그 반석이라고 말하는 것도 역시 분명히 옳다(사 28:16; 참조. 벧전 2:6; 롬 9:33; 고전 3:11; 10:4). 하나님을 신자들의 반석으로 말씀하신 것(신 32:15, 18; 시 18:2; 89:26; 사 17:10)도 역시 그리스도에게 적용시킬 수 있다. 필자의 주석 엡 4:8-10을 보라.

여기 24절에 나오는 예수 그리스도의 가르침에 따르면(참조. 26절), **반석 위에 집을 짓는다는 것은 주님의 말씀에 귀를 기울일 뿐만 아니라 또한 받은 구원에 대한 감사로서**(분명히 5:1-16에 암시된 것처럼) **그의 명령을 실천에 옮기는 것을 의미한다.** 하나님의 은혜로 지혜로운 자는 이같이 한다. 어리석은 자는 자신을 믿고 장래 일을 생각지 않는 고로 그와 같이 행하지 않는다. 어리석은 자는 듣기는 하나 행하지는 않는 자이다. 그는 자기 자신의 죄악된 뜻의 충동을 따라 행한다.

시험의 날이 이른다. 그날은 **두** 집 **모두**에 임한다. 비가 내리고 창수가 나서 그 집에 부딪친다. 분명히 **그 지붕** 꼭대기까지 물이 차오른다. 이 지역에서 지중해로부터 갑작스런 강풍과 함께 몰려오는 것이 바로 이러한 끔찍한 폭풍우 중 하나이다. 폭우 위에 폭우가 계속해서 쏟아진다. 그 결과 골짜기의 물줄기 양편에 있는 평지는 더 이상 건조한 땅이 못 된다. 작은 물줄기가 불어서 시내가 되고 점점 더 깊고 세차게 흘러내리다가 급기야는 양편으로 흘러넘쳐서 맹렬한 홍수가 되어, 그 집을 지탱해 주는 벽과 기둥 밑의 **주추** 혹은 **기초**를 위협하기 시작한다. 그러는 동안에 지중해 쪽에서 불어오는 강한 서풍이 지붕 그리고 특히 벽을 강타한다.

그러므로 복음을 듣는 모든 사람도 역시 그가 지혜로운 자이든 아니면 어리석은 자이든 간에 시험 혹은 위기의 때를 분명히 맞이하게 된다. 그 시험은 여러 가지 형태로 임한다. 시련(창 22:1, 2; 욥기), 시험(창 39:7-18; 마 26:69-75), 상실 혹은 사별(창 42:36; 욥 1:18-22; 눅 7:11-17; 요 11:1 이하), 죽음(행 7:59, 60; 9:37) 그리고 현재의 문맥에서 보는 대로(22절의 "그날"에 유의하라) 특히 심판날 그날이 임하는 것은 피할 길이 없다. 시험의 때는 전혀 예기치 않은 순간에 갑자기 임한다(마 24:43; 25:6; 살전 5:2).

이 시험의 결과는 무엇인가? 지혜로운 자의 집은 무너지지 않았다. "바람이 불어 그 집에 **부딪치되**(원문의 뜻은 "**무너지되**") 그 집은 **무너지지** 아니하나니"에서 같은 동사를 사용한 점에 유의하라. 소용돌이치며 세차게 흐르는 위협적인 탁류도 그 집을 능히 요동치게 하지 못했다(눅 6:48). 그 집은 요란한 폭우를 대담하게 견뎌냈다. 그 집은 계속해서 밀려오는 거대한 홍수의 세력을 이겨냈다. 그 집은 모든 강풍을 막아냈다. 폭풍우가 완전히 지나갔을 때 그처럼 모질게 불어닥친 폭풍우에도 아랑곳하지 않고 그 집은 여전히 그 자리에 서 있었다. **이유**: 그 집이 반석 위에 세워졌기 때문이다.

한편 성난 홍수가 모래 혹은 자갈 위에 세워진 어리석은 자의 집 주추를 휩쓸어 가는 데에는 별로 힘들 것이 없었다. 더욱이 강하게 몰아친 비바람은 쉽사리 파헤쳐지는 주추의 모래와 자갈을 모두 물살에 떠내려가게 하였다. 바람이 슬쩍 부딪치기만 해도 집 구조물이 흔들렸다.[363] 그러다가는 크게 무너져 물속에 잠긴 채 떠내려가서 사방에 잔재들이 널렸다. 그 파괴는 철저한 것이었다.

자기의 행실로 하나님의 말씀을 마음에 새긴 사실을 보여 줌으로써, 반석 위에 집을 짓는 지혜로운 자는 결코 부끄러움을 당하지 않을 것이다. 6:19, 20의 주석을 보라. 심판날까지도 그에게는 승리의 날이 될 것이다(살전 2:19, 20; 3:13; 4:16, 17; 살후 1:10; 딤후 4:8; 딛 2:13, 14).

> 예수께 의지하여 쉬는 영혼은,
> 결단코 원수에게 맡기지 않고,

---

363) 전체의 상에 비춰볼 때 이것은 분명하다. 바위 위에 지어진 집에 대한 바람의 작용과 모래 위에 지어진 집에 대한 바람의 작용을 묘사하는 원어의 동사가 다르다는 것이 이 사실을 확증하는 것일 수도 있다. 전자의 경우에 사용된 동사는 *προσέπεσαν*(덮치다, 때리다, 큰 힘으로 치다)이고, 후자에 사용된 동사는 *προσέκοψαν*(때리다; 요 11:9, 10에서는 부딪치다)이다. 이 집들에 덮쳐오는 폭풍의 여러 가지 요소에 대한 묘사가 다른 경우에도 똑같으면서도, 바람의 동작을 묘사하는 이 동사의 사용에 있어서만은 다르다. 그런 사실이, 이 두 동사가 다른 의미("큰 힘으로 강타하다"와 "부딪치다")를 표시하고 있을 가능성을 더욱 크게 해 주는 것 같다. Lenski, *op. cit.*, p.304를 보라.

지옥이 다 일어나 흔든다 해도,
결단코 그 영혼을 버리지 않네.

존 리폰의 찬송가 선곡집(John Rippon's *Selection of Hymns*, 1787)에서 인용한 "K" 작시의 〈견고한 기초〉에서

예수께서 지금 이 부분에서 구원을 얻는 방편으로서 **행위**의 교리를 가르치고 계신다고 생각하는 것은 분명히 잘못이다. 왜냐하면 인간의 영원한 행복의 기초는, 이미 앞서 지적한 바와 같이, 인간에게서가 아니라 그리스도에게서 찾아야 한다는 것이 바로 이 비유의 핵심이기 때문이다. 인간이 영원을 향한 소망을 포함한 그의 삶을 건설해야 할 기초가 바로 예수 그리스도이시다.

모래 위에 집을 짓는 자들을 위하여 예비된 파멸은 설교의 마지막 부분에서 설명되고 있다. 이것은 아마도 청중에게 더욱더 감명을 주고 또 주님의 말씀에 대한 반응은 영원한 의미를 지닌다는 이 진지한 메시지를 뒤에 가서 접하게 될 사람들에게도 깊은 인상을 주기 위한 조처일 것이다. 그러므로 사실 불신자들의 비극적인 종말에 관한 이 선언은 그리스도의 자비의 표현이요, 회개를 암시하는 진지한 초청(참조. 4:17)인 동시에 또한 아직 은혜의 시대에 살고 있는 모든 사람들에게도 적용이 되는 말씀이다.

마태는 그리스도의 산상설교가 청중들에게 미친 영향을 보여 주기 위해서 다음 말을 덧붙인다.

[28] [29] 예수께서 이 말씀을 마치시매 무리들이 그의 가르치심에 놀라니 이는 그 가르치시는 것이 권위 있는 자와 같고 그들의 서기관들과 같지 아니함일러라.

예수께서 말씀을 마치셨을 때 그 말씀에 매혹되어 듣고 있던 큰 무리는 놀라움을 금치 못하며 그 자리를 떠나갔다. 원문에서 이 사람들의 생각과 마음의 상태를 묘사하기 위하여 사용하는 생생한 동사의 묘미를 우리말로 정확히 표현하기란 매우 어려운 일이다. 아마도 불가능할 것이다. "놀랐다"라는 표현에 덧붙여 다음의 번역이 제시되었다. "위압되었다", "깜

짝 놀랐다", "놀라움으로 가득 찼다", "깜짝 놀라 말문이 막혔다" 등. A. N. T는 "어리둥절한 경이에 깜짝 놀라 압도되었다"로 의역했다. 이러한 번역들은 모두 아주 도움이 된다. 원어의 문자적인 의미는 "자기 자신을 잃었다"이다. 그래서 "제정신을 잃었다"는 번역이 제시되었다. 독일어의 "ausser sich gebracht sein"(Lenski, *op. cit.*, p. 305)과 네덜란드어 숙어 "*uit het veld geslagen*"과도 역시 비교해 보라. 이 동사의 시제는[364] 놀라움의 상태가 단순히 순간적인 경험으로 그친 것이 아니라 한동안 지속된 경험이었다는 사실을 보여 준다.

이 경이와 놀라움을 느낀 이유는 무엇이었을까? 하는 질문은 아주 당연한 것이라 하겠다. 마 13:54, 55은 이 질문에 대한 답변의 일부를 제공해 줄 것이다. 그렇지만 산상설교 자체와 7:29("그들의 서기관들과 같지 아니함일러라")에 근거하여 다음 항목들을 고려해 봄 직하다.

(a) **예수께서는** 진리를 말씀하셨다(요 14:6; 18:37). **많은 서기관들**의 설교는 와전과 분명하지 않은 추론으로 얼룩져 있었다(마 5:21 이하).

(b) **예수께서는** 아주 중요한 의미를 가진 문제들, 곧 생명과 죽음과 영원의 문제들을 제시하셨다(산상설교 전체를 보라). **서기관들은** 자주 하찮은 문제들에 시간을 낭비했다(마 23:23; 눅 11:42).

(c) **예수께서** 하신 설교에는 체계가 있었다. 탈무드가 입증해 주듯이 **서기관들은** 자주 장황한 말들을 늘어놓았다.

(d) **예수께서는** 산상설교 자체가 처음부터 끝까지 보여 주고 있듯이 푸짐한 예화들(5:13-16; 6:26-30; 7:24-27 등)과 구체적인 실례들(5:21-6:24 등)을 사용하심으로써 청중의 호기심을 자극시키셨다. **서기관들의** 설교는 자주 바싹 마른 흙먼지처럼 무미건조했다.

(e) **예수께서는** 사람들을 사랑하시는 분으로서, 곧 청중들의 영원한 행복에 관심을 가지신 분으로서 말씀하셨고, 또한 아버지와 그의 사랑을 표명하셨다(5:44-48). **서기관들**에게는 사랑이 결핍되어 있었던 사실이 23:4, 13-15; 막 12:40 등과 같은 구절들에서 분명해진다.

(f) 마지막으로, **예수께서는** "권위 있게" 말씀하셨다(마 5:18, 26 등). 왜

364) *ἐκπλήσσω*의 미완료 과거 수동태 복수 3인칭 *ἐξεπλήσσοντο*.

냐하면 예수의 메시지가 바로 아버지의 마음과 생각에서, 그러므로 또한 그 자신의 내적 존재에서, 그리고 성경에서 직접 나온 것이기 때문이었다(5:17; 7:12; 참조. 4:4, 7, 10). 이 마지막 관점은 특별히 현재의 본문(29절)에 언급된 만큼 가장 중요하다. 서기관들은 항상 틀리기 쉬운 출처에서 그들의 메시지를 빌려다가 가르쳤다. 이 서기관은 저 서기관의 해석을 인용했다. 그들은 터진 웅덩이에서 물을 퍼올리기 위해 애를 쓰고 있었다. 예수께서는 "생수의 근원 되시는"(렘 2:13) 자기 자신에게서 물을 길어 올리셨다.

제8-9장의 개요 *Matthew*

주제 : 아버지께서 아들에게 맡기신 사역

8:1-9:34 초기의 이적; 제자의 각오; 금식과 잔치

9:35-38 추수할 것은 많되 일꾼은 적으니

제 8-9 장

초기의 이적; 제자의 각오; 금식과 잔치 (8:1-9:34)

8:1-9:34절

8 1 예수께서 산에서 내려오시니 수많은 무리가 따르니라 2 한 나병 환자가 나아와
절하며 이르되 주여 원하시면 저를 깨끗하게 하실 수 있나이다 하거늘 3 예수께
서 손을 내밀어 그에게 대시며 이르시되 내가 원하노니 깨끗함을 받으라 하시니 즉시
그의 나병이 깨끗하여진지라 4 예수께서 이르시되 삼가 아무에게도 이르지 말고 다
만 가서 제사장에게 네 몸을 보이고 모세가 명한 예물을 드려 그들에게 입증하라 하
시니라 5 예수께서 가버나움에 들어가시니 한 백부장이 나아와 간구하여 6 이르되 주
여 내 하인이 중풍병으로 집에 누워 몹시 괴로워하나이다 7 이르시되 내가 가서 고쳐
주리라 8 백부장이 대답하여 이르되 주여 내 집에 들어오심을 나는 감당하지 못하겠
사오니 다만 말씀으로만 하옵소서 그러면 내 하인이 낫겠사옵나이다 9 나도 남의 수
하에 있는 사람이요 내 아래에도 군사가 있으니 이더러 가라 하면 가고 저더러 오라
하면 오고 내 종더러 이것을 하라 하면 하나이다 10 예수께서 들으시고 놀랍게 여겨
따르는 자들에게 이르시되 내가 진실로 너희에게 이르노니 이스라엘 중 아무에게서
도 이만한 믿음을 보지 못하였노라 11 또 너희에게 이르노니 동서로부터 많은 사람이
이르러 아브라함과 이삭과 야곱과 함께 천국에 앉으려니와 12 그 나라의 본 자손들은
바깥 어두운 데 쫓겨나 거기서 울며 이를 갈게 되리라 13 예수께서 백부장에게 이르
시되 가라 네 믿은 대로 될지어다 하시니 그 즉시 하인이 나으니라 14 예수께서 베드
로의 집에 들어가사 그의 장모가 열병으로 앓아누운 것을 보시고 15 그의 손을 만지
시니 열병이 떠나가고 여인이 일어나서 예수께 수종 들더라 16 저물매 사람들이 귀신
들린 자를 많이 데리고 예수께 오거늘 예수께서 말씀으로 귀신들을 쫓아내시고 병든
자들을 다 고치시니 17 이는 선지자 이사야를 통하여 하신 말씀에 우리의 연약한 것
을 친히 담당하시고 병을 짊어지셨도다 함을 이루려 하심이더라 18 예수께서 무리가
자기를 에워싸는 것을 보시고 건너편으로 가기를 명하시니라 19 한 서기관이 나아와
예수께 아뢰되 선생님이여 어디로 가시든지 저는 따르리이다 20 예수께서 이르시되
여우도 굴이 있고 공중의 새도 거처가 있으되 인자는 머리 둘 곳이 없다 하시더라 21
제자 중에 또 한 사람이 이르되 주여 내가 먼저 가서 내 아버지를 장사하게 허락하옵
소서 22 예수께서 이르시되 죽은 자들이 그들의 죽은 자들을 장사하게 하고 너는 나
를 따르라 하시니라 23 배에 오르시매 제자들이 따랐더니 24 바다에 큰 놀이 일어나

배가 물결에 덮이게 되었으되 예수께서는 주무시는지라 25 그 제자들이 나아와 깨우
며 이르되 주여 구원하소서 우리가 죽겠나이다 26 예수께서 이르시되 어찌하여 무서
워하느냐 믿음이 작은 자들아 하시고 곧 일어나사 바람과 바다를 꾸짖으시니 아주 잔
잔하게 되거늘 27 그 사람들이 놀랍게 여겨 이르되 이이가 어떠한 사람이기에 바람과
바다도 순종하는가 하더라 28 또 예수께서 건너편 가다라 지방에 가시매 귀신 들린
자 둘이 무덤 사이에서 나와 예수를 만나니 그들은 몹시 사나워 아무도 그 길로 지나
갈 수 없을 지경이더라 29 이에 그들이 소리 질러 이르되 하나님의 아들이여 우리가
당신과 무슨 상관이 있나이까 때가 이르기 전에 우리를 괴롭게 하려고 여기 오셨나이
까 하더니 30 마침 멀리서 많은 돼지 떼가 먹고 있는지라 31 귀신들이 예수께 간구하
여 이르되 만일 우리를 쫓아내시려면 돼지 떼에 들여보내 주소서 하니 32 그들에게
가라 하시니 귀신들이 나와서 돼지에게로 들어가는지라 온 떼가 비탈로 내리달아 바
다에 들어가서 물에서 몰사하거늘 33 치던 자들이 달아나 시내에 들어가 이 모든 일
과 귀신 들린 자의 일을 고하니 34 온 시내가 예수를 만나려고 나가서 보고 그 지방에
서 떠나시기를 간구하더라

9 1 예수께서 배에 오르사 건너가 본 동네에 이르시니 2 침상에 누운 중풍병자를 사
람들이 데리고 오거늘 예수께서 그들의 믿음을 보시고 중풍병자에게 이르시되
작은 자야 안심하라 네 죄 사함을 받았느니라 3 어떤 서기관들이 속으로 이르되 이 사
람이 신성을 모독하도다 4 예수께서 그 생각을 아시고 이르시되 너희가 어찌하여 마
음에 악한 생각을 하느냐 5 네 죄 사함을 받았느니라 하는 말과 일어나 걸어가라 하는
말 중에 어느 것이 쉽겠느냐 6 그러나 인자가 세상에서 죄를 사하는 권능이 있는 줄을
너희로 알게 하려 하노라 하시고 중풍병자에게 말씀하시되 일어나 네 침상을 가지고
집으로 가라 하시니 7 그가 일어나 집으로 돌아가거늘 8 무리가 보고 두려워하며 이
런 권능을 사람에게 주신 하나님께 영광을 돌리니라 9 예수께서 그곳을 떠나 지나가
시다가 마태라 하는 사람이 세관에 앉아 있는 것을 보시고 이르시되 나를 따르라 하
시니 일어나 따르니라 10 예수께서 마태의 집에서 앉아 음식을 잡수실 때에 많은 세
리와 죄인들이 와서 예수와 그의 제자들과 함께 앉았더니 11 바리새인들이 보고 그의
제자들에게 이르되 어찌하여 너희 선생은 세리와 죄인들과 함께 잡수시느냐 12 예수
께서 들으시고 이르시되 건강한 자에게는 의사가 쓸데없고 병든 자에게라야 쓸데 있
느니라 13 너희는 가서 내가 긍휼을 원하고 제사를 원하지 아니하노라 하신 뜻이 무
엇인지 배우라 나는 의인을 부르러 온 것이 아니요 죄인을 부르러 왔노라 하시니라
14 그때에 요한의 제자들이 예수께 나아와 이르되 우리와 바리새인들은 금식하는데
어찌하여 당신의 제자들은 금식하지 아니하나이까 15 예수께서 그들에게 이르시되
혼인집 손님들이 신랑과 함께 있을 동안에 슬퍼할 수 있느냐 그러나 신랑을 빼앗길
날이 이르리니 그때에는 금식할 것이니라 16 생베 조각을 낡은 옷에 붙이는 자가 없
나니 이는 기운 것이 그 옷을 당기어 해어짐이 더하게 됨이요 17 새 포도주를 낡은 가
죽 부대에 넣지 아니하나니 그렇게 하면 부대가 터져 포도주도 쏟아지고 부대도 버리
게 됨이라 새 포도주는 새 부대에 넣어야 둘이 다 보전되느니라 18 예수께서 이 말씀
을 하실 때에 한 관리가 와서 절하며 이르되 내 딸이 방금 죽었사오나 오셔서 그 몸에

손을 얹어 주소서 그리하면 살아나겠나이다 하니 19 예수께서 일어나 따라가시매 제자들도 가더니 20 열두 해 동안이나 혈루증으로 앓는 여자가 예수의 뒤로 와서 그 겉옷 가를 만지니 21 이는 제 마음에 그 겉옷만 만져도 구원을 받겠다 함이라 22 예수께서 돌이켜 그를 보시며 이르시되 딸아 안심하라 네 믿음이 너를 구원하였다 하시니 여자가 그 즉시 구원을 받으니라 23 예수께서 그 관리의 집에 가사 피리 부는 자들과 떠드는 무리를 보시고 24 이르시되 물러가라 이 소녀가 죽은 것이 아니라 잔다 하시니 그들이 비웃더라 25 무리를 내보낸 후에 예수께서 들어가사 소녀의 손을 잡으시매 일어나는지라 26 그 소문이 그 온 땅에 퍼지더라 27 예수께서 거기에서 떠나가실 새 두 맹인이 따라오며 소리 질러 이르되 다윗의 자손이여 우리를 불쌍히 여기소서 하더니 28 예수께서 집에 들어가시매 맹인들이 그에게 나아오거늘 예수께서 이르시되 내가 능히 이 일 할 줄을 믿느냐 대답하되 주여 그러하오이다 하니 29 이에 예수께서 그들의 눈을 만지시며 이르시되 너희 믿음대로 되라 하시니 30 그 눈들이 밝아진지라 예수께서 엄히 경고하시되 삼가 아무에게도 알리지 말라 하셨으나 31 그들이 나가서 예수의 소문을 그 온 땅에 퍼뜨리니라 32 그들이 나갈 때에 귀신 들려 말 못하는 사람을 예수께 데려오니 33 귀신이 쫓겨나고 말 못하는 사람이 말하거늘 무리가 놀랍게 여겨 이르되 이스라엘 가운데서 이런 일을 본 적이 없다 하되 34 바리새인들은 이르되 그가 귀신의 왕을 의지하여 귀신을 쫓아낸다 하더라

---

8 1 예수님께서 산에서 내려오시자, 많은 사람들이 따라왔습니다. 2 어떤 문둥병 환자가 예수님께 다가와서 절을 하고 말했습니다. “주여, 주님은 하고자 하시면 저를 낫게 하실 수 있습니다.” 3 예수님께서 손을 내밀어 그 사람에게 대시며 말씀하셨습니다. “내가 너를 고쳐 주길 원한다. 깨끗하게 나아라!” 그러자 바로 그 사람의 문둥병이 나았습니다. 4 예수님께서 그에게 말씀하셨습니다. “아무에게도 이 일을 말하지 마라. 다만 가서 제사장에게 네 몸을 보여 주어라. 그리고 모세가 명령한 대로 예물을 바쳐서, 사람들에게 증거로 삼아라.” 5 예수님께서 가버나움이라는 마을에 들어가셨을 때, 한 백부장이 예수님께 와서 도움을 청했습니다. 6 백부장이 말했습니다. “주님, 제 종이 집에 중풍으로 누워 있는데, 매우 고통을 받고 있습니다.” 7 예수님께서 말씀하셨습니다. “내가 가서 고쳐 주겠다.” 8 백부장이 대답했습니다. “주님, 저는 주님을 집에 모실 만한 자격이 없습니다. 그저 말씀만 해 주십시오. 그러면 제 종이 나을 것입니다. 9 제 자신도 다른 사람의 부하이고, 제 밑에도 부하들이 있습니다. 제가 부하에게 ‘가거라’ 하면 그가 가고, ‘오너라’ 하면 그가 옵니다. 그리고 부하에게 ‘이것을 하라’ 하면 그것을 합니다.” 10 예수님께서 이 말을 들으시고 놀라시며, 따라오던 사람들에게 말씀하셨습니다. “내가 진정으로 말한다. 나는 지금까지 이스라엘에서 이같이 큰 믿음을 가진 사람을 본 적이 없다. 11 내가 너희에게 말한다. 많은 사람들이 동쪽과 서쪽에서 와서, 하늘 나라에서 아브라함, 이삭 그리고 야곱과 함께 앉아서 먹을 것이다. 12 그러나 이 나라의 아들들은 바깥 어두운 곳에 던져져, 그곳에서 슬피 울며 고통스럽게 이를 갈 것이다.” 13 예수님께서 백부장에게 말씀하셨습니다. “가거라. 네가 믿은 대로, 네게 이루어질 것이다.” 그러자 백부장의 종이 그 순간에

치료되었습니다. 14 예수님께서 베드로의 집에 가셨을 때, 베드로의 장모가 열이 높
아서 누워 있는 것을 보셨습니다. 15 예수님께서 그 여자의 손을 만지시니, 열이 사라
졌습니다. 그 여자가 일어나 예수님을 대접했습니다. 16 저녁이 되자, 사람들이 예수
님께 귀신 들린 사람들을 많이 데리고 왔습니다. 예수님께서 말씀으로 귀신을 쫓아내
시고, 모든 병자들을 고쳐 주셨습니다. 17 이것은 예언자 이사야가 말한 것을 이루려
고 하신 것입니다. "그는 우리의 연약함을 짊어지셨고 우리의 질병을 떠맡으셨다."
18 주위에 모여든 사람들을 보시고, 예수님께서 제자들에게 호수 건너편으로 가자고
말씀하셨습니다. 19 그때, 한 율법학자가 예수님께 나아와 말했습니다. "선생님, 저도
선생님이 가시는 곳이라면 어디든지 따라가겠습니다." 20 예수님께서 그에게 대답하
셨습니다. "여우도 굴이 있고, 공중의 새도 둥지가 있지만, 인자는 머리 둘 곳조차 없
다." 21 제자들 중에서 한 사람이 예수님께 말했습니다. "주님, 제가 먼저 가서 아버지
의 장례를 치르도록 허락해 주십시오." 22 예수님께서 그에게 말씀하셨습니다. "나를
따르라. 죽은 사람의 장례는 죽은 사람이 치르도록 하여라." 23 예수님께서 배를 타시
자, 제자들이 함께 따라왔습니다. 24 호수에 매우 거친 폭풍이 일어나, 파도가 배를 뒤
덮었습니다. 그러나 예수님께서는 주무시고 계셨습니다. 25 제자들이 가서 예수님을
깨웠습니다. "주님, 살려 주십시오! 우리가 빠져 죽을 지경입니다." 26 예수님께서
"왜 무서워하느냐? 믿음이 적은 자들아!" 하고 말씀하셨습니다. 그리고 일어나 바람
과 바다를 꾸짖으시자, 아주 잠잠해졌습니다. 27 사람들이 놀라서 말했습니다. "도대
체 예수님은 어떤 분이길래 바람과 바다도 이분의 말씀에 순종하는가!" 28 예수님께
서 호수 건너편 가다라 지방에 오셨을 때였습니다. 귀신 들린 두 사람이 무덤 사이에
서 나오다가 예수님과 마주쳤습니다. 이들은 너무 사납기 때문에 아무도 그 길로 지
나다닐 수 없을 정도였습니다. 29 그 두 사람이 소리쳤습니다. "하나님의 아들이여,
당신이 우리와 무슨 상관이 있습니까? 때가 되기도 전에 우리를 괴롭히려고 여기에
오셨습니까?" 30 마침, 거기서 얼마간 떨어진 곳에 많은 돼지 떼가 먹이를 먹고 있었
습니다. 31 귀신들이 예수님께 간청했습니다. "만일 우리를 이 사람들에게서 쫓아내
시려면, 저 돼지 떼 속으로 보내 주십시오." 32 예수님께서 그들에게 말씀하셨습니다.
"가거라!" 귀신들은 그 사람들에게서 빠져나와 돼지 떼 속으로 들어갔습니다. 그러자
돼지 떼가 산 아래에 있는 호수로 달려가더니, 모두 물속에 빠져 죽었습니다. 33 돼지
를 치던 사람들은 마을로 달려가서, 귀신 들린 사람들에게 일어난 모든 일들을 사람
들에게 이야기했습니다. 34 그러자 온 마을 사람들이 예수님께 나아와 예수님을 보고
자기 마을을 떠나가 달라고 말했습니다.

9 1 예수님께서 배를 타시고, 호수를 가로질러 고향으로 돌아오셨습니다. 2 그때,
사람들이 중풍병 환자 한 사람을 침상에 누인 채 예수님께로 데려왔습니다. 예수
님께서 사람들의 믿음을 보시고 중풍병 환자에게 말씀하셨습니다. "안심하여라, 아
들아! 네 죄가 용서받았다." 3 몇몇 율법학자들이 속으로 말했습니다. '이 사람이 하
나님을 모독하는구나.' 4 예수님께서 그들의 생각을 아시고 말씀하셨습니다. "어찌
하여 너희가 마음속으로 악한 생각을 하느냐? 5 '네 죄가 용서받았다' 라고 하는 것과
'일어나 걸어라' 하고 말하는 것 중에서 어느 것이 더 쉽겠느냐? 6 그러나 인자가 땅

에서 죄를 용서할 권세를 가지고 있다는 것을 너희에게 보여 주기 위함이었다." 그리
고 예수님께서 중풍병 환자에게 말씀하셨습니다. "일어나 네 침상을 가지고 집으로
가거라." 7 그러자 그 사람이 일어나 집으로 갔습니다. 8 사람들이 이것을 보고 두려
워하며, 사람에게 이런 권세를 주신 하나님께 영광을 돌렸습니다. 9 예수님께서 그곳
을 떠나 길을 가시다가, 마태라는 사람이 세관에 앉아 있는 것을 보셨습니다. 예수님
께서 그에게 말씀하셨습니다. "나를 따라오너라." 그러자 마태는 일어나서 예수님을
따라갔습니다. 10 예수님께서 마태의 집에서 식사를 하실 때였습니다. 많은 세리들과
죄인들이 와서, 예수님과 제자들로 더불어 함께 식사를 하고 있었습니다. 11 바리새
파 사람들이 이것을 보고 제자들에게 말했습니다. "어째서 너희 선생님은 세리들과
죄인들하고 함께 어울려 식사를 하느냐?" 12 예수님께서 이 소리를 들으시고 말씀하
셨습니다. "건강한 사람은 의사가 필요 없으나, 환자들은 의사가 필요하다. 13 너희는
가서 '나는 희생 제물보다 자비를 원한다' 라는 말씀이 무슨 뜻인지 배워라. 나는 의
인을 부르러 온 것이 아니라, 죄인을 부르러 왔다." 14 그때, 요한의 제자들이 예수님
께 와서 말했습니다. "우리들과 바리새파 사람들은 자주 금식을 하는데, 왜 선생님의
제자들은 전혀 금식을 하지 않습니까?" 15 예수님께서 이들에게 대답하셨습니다. "결
혼식에 참석한 사람들이 신랑과 함께 있을 때, 슬퍼할 수 있느냐? 그러나 신랑을 빼앗
길 날이 올 텐데, 그때는 금식할 것이다. 16 그 누구도 새 천조각을 낡은 옷에 대고 깁
지 않는다. 만일 그렇게 하면, 새 천조각이 그 옷을 잡아당겨 더 심하게 찢어질 것이
다. 17 그 누구도 새 포도주를 낡은 가죽 부대에 담지 않는다. 만일 그렇게 하면, 낡은
부대가 터져 포도주가 쏟아지고, 가죽 부대도 못 쓰게 될 것이다. 새 포도주는 새 가
죽 부대에 넣어야 한다. 그래야 둘 다 보존될 수 있다." 18 예수님께서 이 말씀을 하시
는 동안, 회당장이 와서 예수님께 절하고 말했습니다. "제 딸이 조금 전에 죽었습니
다. 오셔서 손을 얹어 주십시오. 그러면 다시 살아날 것입니다." 19 예수님께서 일어
나 회당장을 따라가셨습니다. 제자들도 같이 갔습니다. 20 가는 길에, 십이 년 동안,
혈루증을 앓아 온 한 여자가 예수님의 뒤로 와서 옷깃을 만졌습니다. 21 그녀는 속으
로 '예수님의 옷을 만지기만 해도 내가 나을 거야!' 라고 생각했던 것입니다. 22 예수
님께서 뒤돌아서서 그 여자를 보고 말씀하셨습니다. "안심하여라, 딸아! 네 믿음이
너를 구원하였다." 그 즉시, 그 여자의 병이 나았습니다. 23 예수님께서 회당장의 집
에 도착했을 때였습니다. 예수님은 피리를 부는 사람들과 떠드는 사람들을 보셨습니
다. 24 예수님께서 말씀하셨습니다. "물러나라. 소녀는 죽은 것이 아니라 자고 있는
것이다." 그러자 사람들이 예수님을 비웃었습니다. 25 사람들을 밖으로 내보낸 뒤, 예
수님께서 들어가셔서 소녀의 손을 잡았습니다. 그러자 소녀가 일어났습니다. 26 이
소식은 온 동네 사방으로 퍼져 나갔습니다. 27 예수님께서 거기를 떠나가실 때, 보지
못하는 두 사람이 예수님을 따라오면서 소리 질렀습니다. "다윗의 자손이여, 우리를
불쌍히 여겨 주소서." 28 예수님께서 집 안으로 들어가시자, 보지 못하는 사람들이 예
수님께 나아왔습니다. 예수님께서 그들에게 물으셨습니다. "내가 너희를 보게 할 수
있다고 믿느냐?" 그들이 대답했습니다. "그렇습니다, 주님." 29 예수님께서 그들의
눈을 만지시며 말씀하셨습니다. "너희의 믿음대로 너희에게 이루어져라." 30 그러자

그들의 눈이 뜨였습니다. 예수님께서 그들에게 매우 엄중히 이르셨습니다. "이 일을 아무에게도 알리지 마라." 31 그러나 두 사람은 나가서 예수님에 대한 소문을 사방에 퍼뜨렸습니다. 32 그들이 떠나갔을 때, 사람들이 귀신 들려 말하지 못하는 사람을 데리고 예수님께 왔습니다. 33 예수님께서 귀신을 내쫓자, 말 못했던 사람이 말을 하게 되었습니다. 사람들은 놀라서 말했습니다. "이스라엘에서 이와 같은 일이 일어난 적이 없었다." 34 그러나 바리새파 사람들은 말했습니다. "그는 우두머리 귀신의 힘으로 귀신을 내쫓는 것이다."
_아가페 쉬운성경

초기 이적에 관한 공관복음서의 기사

마태복음	마가복음	누가복음
8:1; 참조. 7:29		
8:2-4	1:40-45	5:12-16
8:5-13		7:1-10
8:14-17	1:29-34	4:38-41
8:18, 23-27	4:35-41	8:22-25
8:19-22		9:57-62
8:28-34; 9:1	5:1-20	8:26-39
9:2-26	2:1-22; 5:21-43	5:17-39; 8:40-56
9:2-8	2:1-12	5:17-26
9:9-13	2:13-17	5:27-32
9:14-17	2:18-22	5:33-39
9:18-26	5:21-43	8:40-56
9:27-34		
9:27-31		
9:32-34		

마태복음의 자료의 배열에 대해서는 앞에서 이미 살펴보았다(마태복음 주석 상권 pp. 50-54 참조). 그러므로 이곳의 이적에 대한 일단의 기사들은 예수 그리스도의 설교의 실례(5-7장) 다음에 배열되어 있다. 따라서 마태복음의 자료 배열은 연대순으로 배열되었다기보다는 주제별로 배열되었다. 8:2-4; 8:14-17 그리고 9:2-13은 산상설교 전의 사건에 대한 기록인 반면에, 8:5-13; 8:18-9:1 그리고 9:14 이하는 틀림없이 산상설교

후에 일어난 사건에 대한 기록일 것이다. "흑암에 앉은 백성이 큰 빛을 보았고"라는 4:16의 말씀이 참으로 사실이라는 것은 산상설교를 통하여 보아 왔다(참조. 4:23 상반절). 이 빛이 또한 그리스도의 행적 안에서 비쳐졌다는 사실은 4:23 하반절-25에서 언급되었다. 이제 그것이 더 상세하게 입증될 것이다.

고침받은 나병 환자

[1] 예수께서 산에서 내려오시니 수많은 무리가 따르니라.

바로 앞절에(7:28, 29) 기록된 예수의 가르치심에 무리들이 놀랐다는 진술로 보아, 예수께서 설교를 끝마쳤을 때 무리들이 곧바로 그를 떠나지 않았다는 사실을 알 수 있다. 예수께서 산에서 내려오셨을 때 사람들은 계속해서 그를 에워싸고 따랐으며, 예수의 설교를 듣지 못한 다른 무리도 그들과 함께 예수를 따랐다고 보는 것은 당연하다. 복수적인 표현인 "수많은 무리"에 유의하라. 예수께서는 지금 가버나움으로 가시는 도중이었다(5:1; 참조. 눅 7:1). 그러나 앞으로 공부하게 될 이 이적들이 정확하게 언제 어디에서 행해졌는지는 복음서에 기록되지 않았다. 심지어 막 1:40이나 눅 5:12에서도 그 기록을 찾아볼 수 없다. 우리는 그리스도께서 이 긍휼과 능력의 사역을 "구석진 곳에서 행하시지는 않았다"(참조. 요 11:47; 행 4:16; 26:26)는 사실을 잘 알고 있다. 그러한 것을 직접 눈으로 목격한 많은 증인들이 있었던 것이다.

[2] 한 나병 환자가 나아와 절하며 이르되 주여 원하시면 저를 깨끗하게 하실 수 있나이다 하거늘.

우리가 오늘날 일반적으로 나병이라고 부르는 이 병은 처음에는 몸의 어떤 부분이 아파오기 시작하고 감각을 모르는 증세가 일어난다. 아파오기 시작한 그 부분의 살갗은 즉시 본래의 피부빛을 잃고 또한 부어올라 번들번들하게 되고 비늘같이 변한다. 사실 이 병은 피부가 비늘처럼 벗겨지기(scaly) 때문에 나병이라 하는데, 그것은 나병을 뜻하는 헬라어 단어

레포스(lepos) 혹은 **레피스**(lepis)가 **비늘**(박편, scale)을 의미하기 때문이다.[365] 병이 악화됨에 따라 부어오른 부분이 헐게 되고 궤양이 생기고 피가 통하지 않게 된다. 살갗, 특히 눈과 귀 주위의 살갗은 돌출부와 돌출부 사이에 깊은 주름이 생겨 다발이 되기 시작한다. 그리하여 병자의 얼굴은 사자의 얼굴같이 변한다. 손가락이 뚝뚝 잘라지거나 없어지고 발가락 역시 같은 증상이 발생한다. 눈썹과 속눈썹은 떨어져 없어진다. 이때쯤 되면 사람들은 그 상태를 보고 나병임을 **알 수** 있게 된다. 손으로 만져보더라도 역시 그 사실을 **느낄** 수 있다. 심지어는 **냄새로도** 알 수 있는데, 그 이유는 나병 환자는 몸에서 불쾌한 냄새를 풍기기 때문이다. 더구나 병을 일으키는 균이 자주 후두부를 침범하기 때문에 나병 환자의 목청은 짜증나게 하는 음색으로 변한다. "그의 목은 쉬었다. 당신은 이제 그가 나병 환자임을 느낄 수도 있으며 볼 수도 있고 또한 냄새로도 알 수 있을 뿐 아니라 그의 신경질적인 목소리를 듣고도 알 수 있다. 만약 당신이 그와 함께 잠시 동안 있게 된다면 그에게서 풍기는 악취 때문에 당신은 입안에서 느끼는 독특한 미각을 상상할 수 있게 된다. 건강한 사람의 모든 감각은 나병 환자임을 진단하는 데 관련된다."[366]

나병에 대해서 언급했던 구약성경의 구절들은 다음과 같이 요약할 수

365) 마 6:19과 관련하여 그 용어는 부분적으로 비슷한 용어, 즉 **비늘**로 덮인 날개가 있는 좀을 포함하여 곤충을 가리키는 **인시류**(*lepidoptera*)라는 용어로부터 형성되었음은 이미 살펴보았다. 행 9:18에는 비늘(*λεπίδες*)과 같은 것이 바울의 눈에서 떨어졌다고 기록되어 있다.

366) L.S. Huizenga, *Unclean! Unclean!*, Grand Rapids, 1927, p.149. Huizenga 박사의 저서를 읽어보면 그의 강연 중 일부를 보게 된다. 필자의 질문에 대한 그의 대답에 힘입은 바 있는 필자는 그의 공로를 인정한다. 필자는 다른 유명한 그리스도인 의사, 즉 E.R. Kellersberger와 다소 개인적으로 친밀히 접촉했다. 이 유명한 두 명의 의료 선교사들은 그들이 지상에 있을 동안 매우 독특한 방법으로 그들의 논문을 썼다. "Preach … heal the sick, cleanse the lepers." Kellersberger의 논문 "The Social Stigma of Leprosy"를 보라. 이것은 소논문으로 인쇄된 *The Annals of the New York Academy of Sciences*, 54(1951), pp.126-133에 실렸다. 여러 백과사전 I.S.B.E. Britannica(1969년판); S.I. McMillen, *op. cit.*, pp.11-14에서 나병에 대한 이 기사를 또한 참조하라.

있다.

출 4:6, 7: 모세가 가슴에 품었던 그의 손을 내어 보았을 때 증거로서 나병이 생겼다. 그와 같은 행동을 다시 반복하였을 때 그 나병은 사라졌다. 이것은 애굽인들을 위한 징표이다.

레 13장: 제사장이 나병을 진단할 수 있는 방법이 진술되어 있다. 나병 환자를 격리시키기 위한 법(레 13:46; 참조. 민 5:1-4; 왕하 15:5; 대하 26:21).

레 14장: 나병의 정결 규례에 관하여 제정한 제물.

민 12:10: 미리암이 뻔뻔스러웠기 때문에 그 벌로서 그녀는 나병에 걸렸다. 12:13-15도 보라.

신 24:8, 9: 미리암의 징계를 상기시키면서 나병에 관한 이전의 율법이 재차 단언된다.

삼하 3:29: "나병 환자…가 끊어지지 아니할지로다 하니라"라는 말과 함께 다윗이 요압의 집을 저주한다.

왕하 5장(특히 14, 27절): 나아만은 그의 나병을 고침받게 되고 게하시는 나병으로 벌을 받는다.

왕하 7장: 사마리아의 네 명의 나병 환자–그들의 특별한 상황과 용기 있는 결심, 놀라운 발견 그리고 모범적인 의무 이행.

대하 26:19-23(참조. 왕하 15:5): 웃시야가 미리암의 전철을 밟았기 때문에 비슷한 벌을 받았다.

어떤 사람들은 구약성경에서 언급된 나병이 오늘날의 나병과는 동일하지 않다고 생각하는 반면, 또 어떤 사람들은 동일하다고 한다. 후이젠가 박사(Dr. Huizenga)는 모든 타당한 성경의 자료를 상세하게 연구한 것과 나병에 대한 자신의 경험에 근거하여 다음과 같이 결론 내렸다. "모세는 명백한 병, 즉 비록 그 징조는 다를지라도 우리가 오늘날 나병이라고 하는 것에 해당하는 병을 묘사하고 있다고 믿는다."

신약성경에서 언급된 것은 다음과 같다.

본문 구절인 마 8:1-4(참조. 막 1:40-45; 눅 5:12-16).

마 10:8: "나병 환자를 깨끗하게 하며"

마 11:5(참조. 눅 7:22): "나병 환자가 깨끗함을 받으며"

눅 4:27: "이스라엘에 많은 나병 환자가 있었으되 그중의 한 사람도 깨끗함을 얻지 못하고 오직 수리아 사람 나아만뿐이었느니라"

눅 17:11-19: 깨끗함을 받은 열 명의 사마리아 나병 환자 중 오직 한 사람만이 돌아와서 감사했다.

마 26:6-13(참조. 막 14:3-9): 나병 환자 시몬의 집에서 한 여자가 예수의 머리에 향유를 부었다.

나병은 전염성이 있는가? 권위 있는 학자들은 나병이 그다지 대단한 전염병이 아니라고 단정한다. 많은 선교사들이 나병 환자들 가운데서 여러 해 동안 일했으나 이 치명적인 병에 감염되지 않았다. 그러나 예외가 없지는 않다. 나병에 대한 전염성은 다음과 같은 사실에 의하여 확증되었다. a. 어머니의 등에 멜빵으로 매여 업혀 다니기 때문에 앞이마가 어머니의 목덜미와 자주 접촉되는 일본의 어린아이들은 나병 환자인 어머니로부터 그 병에 감염된 일이 흔히 있다. 어린아이의 이마에 발생한 것이 나병이 전염된다는 첫 번째 증거이다.[367] b. 이 병은 일단 한 지역에 침투하면 점차적으로 널리 감염된다. 맥밀런 박사(Dr. McMillen)는 이와 같은 나병의 전염성 때문에 레 13장에서는 지혜롭게 법을 만들어 그 법에 따라 나병 환자를 사회로부터 격리시켰다고 생각한다.[368]

그러나 성경에서 강조되는 것은, 나병의 전염성에 대한 것이라기보다는 오히려 나병에 감염된 자는 의식상으로 "정결하지 못한 자"이므로, 나병에 걸린 자를 주위 사람들과 사회적·종교적 접촉을 하지 못하게 격리시켰다는 사실이다.

나병은 치료될 수 있는가? 옛날에는 사실상 고칠 수 없는 병으로 간주되었다는 사실이 다음과 같은 사건에 비추어 볼 때 확실해진다. 아람 왕이 한 통의 편지를 써서 이스라엘 왕에게 보내어 말하기를, "내 신하 나아만을 당신에게 보내오니 이 글이 당신에게 이르거든 당신은 그의 나병을 고쳐 주소서 하였더라"(왕하 5:6). 그 편지를 받아본 이스라엘 왕은 자기

367) *op. cit.*, pp.145, 146; 그의 모든 논증을 보라. pp.143-147.

368) *op. cit.*, pp.12-14.

옷을 찢으며 외치기를 "내가 사람을 죽이고 살리는 하나님이냐 그가 어찌 하여 사람을 내게로 보내 그의 나병을 고치라 하느냐"(왕하 5:7) 하였다.

설령 치명적인 나병에 감염된 사람이 어떤 치료도 없이 회복되는 일이 드물게 일어난다는 사실이 오늘날 전문가들에 의해 인정된다 할지라도, 또한 오늘날 유황이 함유된 복합 화합물과 최신 약품에 의해 좋은 결과를 얻을 수 있다 할지라도, 최근까지도 나병은 일반적으로 치료될 수 없는 병으로 간주되는 것이 사실이다. 랍비들은 나병 환자를 치료한다는 것은 죽은 자를 살리는 것만큼이나 어려운 일이라고 생각했다. 그러나 하나님은 나병을 치료하실 수 있다. 민 12:13-15; 왕하 5:14; 마 8:2-4 그리고 이 구절의 병행구절 마 11:5; 눅 7:22; 17:11-19은 분명히 그것을 입증하고 있다. 예수께서 마 8:2-4에서 언급된 나병 환자를 만나셨을 때 행하신 치료는 신약성경에서도 그때까지는 일어나지 않았던 일이다. 구약성경에서는 극소수의 사람만이 치료를 받았다는 사실이 알려져 있다. 그러므로 순전히 인간적인 견지에서 모든 사항을 고려해 볼 때는 그 기대가 아주 긍정적인 것 같지는 않았다.

나병은 치료할 수 없을 뿐 아니라 대부분의 사람들이 미신적으로 나병을 저주스러운 병으로 간주했기 때문에, 나병 환자가 도움을 구하기 위해 어떤 사람에게 접근하는 것조차도 피하는 것이 당연했다. 이러한 인식은 오늘날도 마찬가지이다. "나병을 모든 다른 병과 구별하여, 나병과 관련되는 것은 사회적인 치욕으로 간주하며, 아울러 나병을 불명예요 수치스러운 일로 여기고 나병 환자를 모든 다른 사람으로부터 격리시키는 것이 사실이다. 나는 세계 도처를 돌아다니면서 나병 환자들이 숨어 살고 있다는 이 불행한 일이 보편적인 사실임을 알았다. 나병이 사회적인 치욕으로 간주된다는 사실은 세계 어디에서나 마찬가지였다."[369]

욥 4:7; 8:20; 11:6; 22:5-10; 눅 13:1-5; 요 9:2에서 볼 수 있는, 잘못되었지만 거의 보편적인 개념(참조. 행 28:4)은, 나병에 심하게 감염된 자는 소문난 사악한 자임에 틀림없으며, 예수께서 비난하신 미신에 빠진 자

369) Kellersberger, *op. cit.*, p.126.

임에 틀림없다는 것이다. 또한 나병에 감염된 자들은 유대인 가운데서도 역시 많았다는 것을 알 수 있다. 그러므로 만일 8:2-4에서 언급한 나병 환자가 나병에 감염되지 않은 평범한 유대인에게 가까이 가려고 했다면, 그 유대인은 의식적으로 "더럽혀지지" 않으려 하거나 전능자의 무서운 저주가 잠재한다고 생각되는 그 나병 환자에게서 멀리 떨어지기 위해 부랴부랴 달아났을 것이다. 또 한편으로는 나병에 오염되지 않기 위해 자신의 겉옷을 뒤집어썼을 것이다. 그러므로 대부분의 나병 환자들은 치료받을 가능성이 전혀 없었다. 심지어 감히 깨끗함을 받고자 원했던 몇몇 환자들도 다만 "멀리 서서"(눅 17:12) 도와달라고 외쳤을 뿐이었다.

그러나 "보라".[370] 이 나병 환자는 예수께 바짝 다가가서 그 앞에 무릎을 꿇고, 심지어는 더욱 겸손하게 그의 얼굴을 땅에 대고 혼신을 다하여 공손한 태도를 보이며 절을 했다.[371] 그러면서 그는 "주여 원하시면 나를 깨끗하게 하실 수 있나이다"(눅 5:12) 하고 말했다.

그 나병 환자는 온몸에 나병 들린 자(눅 5:12)로, 예수께서는 매우 심한 나병으로 인해 괴로워하던 자신조차도 치료하실 능력이 있으신 분이라고 믿었다. 주께서 원하시면 그가 치료를 받을 수 있으므로 그 나병 환자는 주님께서 원하시는 것에 전적으로 복종하는 것이다. 무엇보다도 예수께서는 최선이 무엇인지를 아신다. 진실되게 무릎을 꿇고 있는 그 나병 환자는 자기 앞에 계시는 이분이 참으로 자신의 치명적인 병을 치료해 주시기를 간절히 원했다. 그 나병 환자의 말은 신앙고백의 형태를 띠며 절박한 요구를 암시하고 있다.

이 나병 환자는 어디서 구세주에 대한 신뢰를 갖게 되었는가? 모든 지역에서(마 4:23, 24; 막 1:21-32, 39; 눅 4:31-41; 요 2:1-11; 4:46-54) 그는 예수께서 베푸신 초기의 여러 이적에 대해 들었던 것이 아닐까? 바로 주님께서 그러한 지식을 나병 환자의 마음속에 심어 주셨을 것이다. 그리스도의 말씀과 이적에 의해 메시아의 예언이 성취되고 있음을 그 나병 환자가 희미하게나마 이미 알고 있었는지에 대해서는 우리로서는 알

---

370) 각주 133)을 보라.

371) *προσκυνέω*(여기서는 *πρόσεκύνει*)는 마 2:2, 8, 11의 주석을 보라.

수가 없다. 그 나병 환자가 예수께 가까이 다가간 것은 아마도, 모두가 도저히 고칠 가망이 없다고 생각한 그의 병세에도 불구하고, 주님의 능력 안에서는 치료될 수 있다는 신뢰를 나타낸 것이라고 하겠으며, 아울러 이는 모든 사람을 위한 하나의 모델로서 자신을 드린 것으로 가히 찬양받을 만한 일이라고 하겠다. 우리는 이 사람이 예수를 "주여"(7:21-23의 주석을 보라)라고 불렀을 때, 그 의미는 "선생님"이라는 말보다는 훨씬 더 존칭임을 확신할 수 있다.

[3] 예수께서 손을 내밀어 그에게 대시며 이르시되 내가 원하노니 깨끗함을 받으라 하시니 즉시 그의 나병이 깨끗하여진지라.

복음서는 그리스도께서 손을 대셔서 치료하신 것에 대해서 거듭 이야기하고 있다(8:3, 15; 9:18, 25, 29; 17:7; 20:34; 눅 7:14, 15; 22:51). 어떤 때는 병자 자신이 그리스도를 만지려고 했다(마 9:20-22; 14:36). 어떤 방법이 있었든 병자는 나음을 얻었다. 분명히 그와 같은 신체적인 접촉을 통해서 치료하는 능력이 구세주로부터 일어나 치료하는 능력을 필요로 하는 사람에게 전달되었다(막 5:30; 눅 8:46). 그러나 이것은 마술이 아니었다. 그와 같이 치료하는 능력은 예수 그리스도의 손가락이나 그의 옷에서 발생한 것이 아니었다. 그와 같은 능력은 하나님이시자 인간이신 예수께로부터 나온 것이다. 예수께서는 "우리 연약함을 동정하신"(히 4:15) 분이셨으며 또한 지금도 그러하시기 때문에 그와 같이 만지는 것이 치료하는 능력이 되었다. 막 1:41에서 예수께서 손을 내밀어 그 나병 환자에게 대셨을 때 "불쌍히 여기셨음"을 간과해서는 안 된다. 나병 환자의 요청과 믿음에 대한 즉각적인 응답이 구세주의 도우시고자 하시는 열망 속에서 나타난 것이다. 그와 같은 신속한 반응은 구세주의 능력과 사랑이 결속되어 나타나게 된 것이다.

때때로 나병 환자의 말과 예수의 말씀이 완전한 조화를 이루고 있다. 이것은 나병 환자의 말과 예수의 말씀이 상충하지 않고 그 표현조차도 부분적으로는 일치가 되며 조화를 이룬다는 점에서 볼 때 옳은 말이다. 그러나 주님의 말씀은 단순히 조화를 이루는 말씀 이상이라고 말하는 자들도 있다. "나를 깨끗하게 하실 수 있나이다"라는 나병 환자의 말은 그리스도의 고쳐 주시는 행동을 통하여 "내가 치료할 수 있다"라고 암시된 말씀으로 응답되었음이 확실하다. 그러나 **"원하시면"**이라는 나병 환자의 말은 **"내가 원하노니"**라는 주님의 신속하고도 명쾌한 말씀으로 대신해서 응답되었다. 여기에서 그리스도의 **"원하심(will)"**은 그리스도의 **"능력(power)"**과 결속되었다. 또한 "원하시면"이라는 말이 삭제된 "깨끗함을 받으라"는 말씀은 처참한 병세를 매우 건강한 상태로 바꾸어 놓았다.

"즉시 그의 나병이 깨끗하여진지라" 나병 환자의 회복은 즉각적이고도 완전했다. 이마, 눈, 눈썹, 속눈썹, 피부, 코와 목구멍의 점막, 손가락과 발가락 그리고 나병 세균(나병 박테리아 세균)에 의해 감염된 몸의 모든 부분이 즉각적으로 완전하게 회복되었다. 아니 나병에 걸리기 전의 상태보다 더 좋아졌다. 전적으로 사회와 문화와 종교에 대한 문이 예전처럼 회복되어 다음에서 보는 바와 같이 이 사람에게 활짝 열렸다.

[4] 예수께서 이르시되 삼가 아무에게도 이르지 말고 다만 가서 제사장에게 네 몸을 보이고 모세가 명한 예물을 드려 그들에게 입증하라 하시니라.

이 나병 환자에게 구속이 주어진 이유는 무엇인가? 문맥상으로 보아서는 분명한 이유를 알 수 없다. 앞에(마태복음 상권 pp. 110-113을 보라) 언급하여 논박한 브레데(Wrede)의 이론인 "메시아 비밀(Messianic Secret)"에서는 더 이상 어떤 동기도 없이 흐지부지하게 되었다. 나음을 받은 나병 환자에게 삼가 아무에게도 이르지 말도록 명령한 이유는 다음과 같다.

(a) 병이 낫게 된 나병 환자는 예루살렘 성전으로 달려가라는 명령을 받았다. 그것은 모세의 율법(레 14장, 위에서 언급한 바와 같다)에 따라 즉시 제사장에게 보여야 했기 때문이며, 이제 깨끗하게 된 그는 자신의 나병이 나았다는 것과 제사를 드릴 수 있는 자격이 있다는 것을 입증받을 수 있었기 때문이다. 이 사람을 고쳐 주신 분이 예수라는 사실을 제사장이 알게 될 때, 벌써 나병이 깨끗하게 되어 건강해졌다는 그 증거는, 그리스도

께서 모세의 율법(참조. 마 5:17)을 존중하신다는 사실과 그리스도의 사랑과 능력은 그것을 필요로 하는 사람을 위하여 쓰였다는 사실을 입증해 줄 것이다. 이러한 증거에도 불구하고 그를 거절한 제사장은 스스로 정죄받을 것이다. 왜냐하면 그와 같은 거절은 그들 자신이 신봉하는 규례에 근거한 증거와 상충되기 때문이다. 물론 이것은 나병 환자가 예수께 깨끗함을 받자마자 **즉시** 예루살렘 성전으로 달려가야 한다는 가정하에서의 이야기이다. 나병 환자는 시간을 지체해서는 안 된다. 그가 만일 지체할 경우 그 나병 환자가 제사장에게 당도하기도 전에 나병 환자를 고쳐주신 이가 **예수**라는 소문이 알려지면 예수를 미워하는 예루살렘의 성직자들이 그 나병 환자를 깨끗하다고 선언하지 않을 것이기 때문이다. 따라서 나병 환자는 그 이적에 대해 먼저 이웃사람들에게 이야기해서는 안 된다.[372]

(b) 예수께서는 주로 이적을 행하는 자, 즉 "단순한 요술쟁이"로 알려져서는 안 되며, 그는 죄에서 건져 주시는 구속자로서 알려져야 한다.[373]

(c) 그리스도께서 이적을 행하시는 능력이 있으신 분으로 너무 알려지게 되면, 민중들이 그리스도를 로마의 억압에서 해방시킬 수 있는 구원자로서 열광하게 될 것이다. 그렇게 되면 널리 알려진 그의 소문 때문에 반대자들과 시기하는 자들이 생겨 그리스도께서는 결국 그의 궁극적인 목적인 공적인 전도 사역을 성취하시지 못하게 될 것이기 때문이다.[374]

(d) 예수께서는 **그의 낮아지심의 시기 동안**(이 지상에 계실 동안)에는 대대적인 환호를 얻으시려고 하지 않으셨다.[375]

이 가능성들 중에서 어느 하나를 택하기가 매우 어려운 이유는 그 가능성들이 나쁘거나 타당하지 않기 때문이 아니라 오히려 그 반대이기 때문이다. 이론 (a)는 문맥에 충실하려는 재치 있는 시도인 것 같다. 이론 (b)는 예수께서, 계속적으로 표적과 이적을 동경하는 자들을 나무라신다는 사

372) Lenski, *op. cit.*, pp.311, 312를 보라.

373) N.B. Stonehouse, *The Witness of Matthew and Mark to Christ*, Philadelphia, 1944, p.62를 참조하라.

374) Stonehouse, p.62를 보라.

375) H.N. Ridderbos, *op. cit.*, p.162. 같은 사상이 그의 *Zelfopenbaring en Zelfverberging*, Kampen, 1946에서 여러 번 표현되었다. 특히 p.76을 보라.

실(마 16:1 이하; 눅 4:23 이하; 요 4:48 등)과 일치된다. 이론 (c)는 예수께서는, 아버지께서 그에게 맡기신 사역을 성취시키기 위하여 임명되셨다는 사실과, 그 모든 사역은 영원한 섭리 가운데서 명백하게 구별되었다는 사실, 그리고 모든 행동은 제각기 예정된 순간이 있다(요 2:4; 7:6, 8; 7:30; 8:20; 12:23; 13:1; 17:1)는 사실을 깨닫고 계셨다는 것과 일치한다. 이론 (d)는 마 12:15-21에 호소할 수 있으며 또 호소하고 있다. 예수께서 "삼가 아무에게도 이르지 말라"고 했을 때 예수께서는 이 모든 (a) 혹은 (b) 혹은 (c) 혹은 (d) 중에서 어느 하나를 생각하셨을 가능성이 있다. 아니면 두 개 혹은 그 이상의 이유를 함께 생각하셨을 가능성이 있다. 더 나아가서는 아마도 그 외의 어떤 다른 이유가 있지 않았을까?

이 사람이 설사 예수의 말씀을 이해했음에도 불구하고 그 명령을 순종하지 않았다 해서 그를 정죄할 수는 없다. 그리스도의 명령에 대한 그 결과는 마태복음에는 언급되지 않았으나 마가복음에는 언급되어 있는데(막 1:45, 또한 눅 5:15에서 언급되었음), 여기에서는 언급할 필요가 없다.

백부장의 종의 치료

이 이적에 대한 기록은 마 8:5-13; 눅 7:1-10에서 발견된다. 이 기사를 요 4:46-54의 기사와 혼동하면 안 된다. 요한복음의 기사는 왕의 신하의 아들과 관련된 내용이고, 이 이야기는 백부장의 종과 관련된 내용이다. 요 4:46-54에서는 예수께서 가나에 계셨으며, 마 8:5-13에서는 가버나움으로 가시는 중이었다. 요한복음에 언급된 왕의 신하는 예수의 능력이 멀리서도 치료할 수 있다는 사실을 즉시 받아들일 수 없었으나, 백부장은 예수께서 치료하는 능력을 가지셨다고 확신하면서 스스로 자발적으로 그 능력을 받아들였다.

여기 8:5-13에서 기록된 이적과 바로 앞 단락의 나병 환자에의 이적 사이에는 몇 가지 중요한 차이점이 있다. 나병 환자는 예수께 올 수 있었으나 중풍병자는 올 수 없었다. 중풍병자의 주인이 그를 대신하여 예수께 간구한다. 두 경우에 있어서 주된 관심사는 예수 그리스도께서 어떤 말씀을 하셨으며 어떤 일을 하셨는가 하는 점에 집중되고 있다. 관심의 초점에 있어서 그 다음으로 중요한 것은, 전자의 이야기의 주체는 병에 걸린 자 자신이며 후자에 있어서는 병에 걸린 자의 주인이다. 나병 환자는 유대인의 사회 조직 아래서(마 8:4) 생활하였으나, 백부장은 인종적으로 이방인이었으며 로마의 직업 군인이었다. 나병 환자는 그리스도께서 손으로 직접 만지고 말씀을 하심으로 치료되었으나, 백부장의 종은 오직 그리스도의 능력의 말씀으로 치료되었다. 나병 환자에 관한 모든 복음서의 기록이 호의적이라고 말할 수는 없다(막 1:45). 그러나 백부장은 그 반대로 많은 칭찬을 받았다. 마지막으로, 2-4절은 치료받은 나병 환자에게 명령을 하심으로써 끝나고 있으나, 5-13절은 많은 유대인들이 거부당하는 반면에 많은 이방인들의 구원에 관한 예언과 그리스도의 말씀이 아울러 언급되고 있다.

[5] [6] 예수께서 가버나움에 들어가시니 한 백부장이 나아와 간구하여 이르되 주여 내 하인이 중풍병으로 집에 누워 몹시 괴로워하나이다.

백부장은 앞에서(마태복음 상권의 pp. 309, 389를 보라) 언급된 헤롯 안디바스(Herod Antipas)의 녹을 받는 관리였다. 이 관리는 예수께서 다른 사람들을 위하여(눅 7:3) 행하신 일들을 들었다. 그래서 그는 이제 호의적으로 "내 하인(my boy)"이라고 부르는[376] 자기의 종에게도(눅 7:2) 예수께서 다른 사람에게 베푸신 것과 같은 자비를 베풀어 주실 것을 간구한다. 중풍병으로 침상에 누워 있는 그의 하인은 "몹시 괴로워하며 심하게 고통을 받고" 있었다. 이 증상은 누가가 말한 대로 근육의 경련을 일으켜 호흡조직에 위험한 영향력을 미치는 악화된 중풍병의 경우이며 사경을 헤매게 되는 경우인가? 백부장의 마음은 아끼는 하인에 대한 탄원으로 꽉 찼다. 백부장의 말은 요청이라기보다는 진술에 가까웠다. 백부장의 말

376) "종", "하인"(*δοῦλος*)에 해당하는 "소년"(헬라어: *παῖς*)은 예외적인 전문용어가 아닌 것이 사실이다. 그러나 현재의 문맥—여기 마태복음에서 백부장의 분명한 관심과 누가복음에서 "사랑하는"에 유의하라—을 보면, 그 칭호는 총애하는 용어로서 호의적인 용어로 사용되었다.

은 하인의 병의 상태를 설명하는 것이며, 믿음으로써 그 하인을 예수의 손에 맡긴다는 말이었다. 그럼에도 불구하고 백부장의 말 속에는 도움을 간청하는 의미가 암시되어 있었다. "한 백부장이 나아와 간구하여 이르되"[377]

마태복음에 의하면, 자기의 간청을 예수께 직접 보고한 자는 백부장 자신이었다. 그러나 누가복음에는 그 백부장은 유대인의 장로를 보내어 도움을 청했다고 기록되었다. 이것은 서로 모순된 내용이 아니다. 왜냐하면 백부장은 이 장로를 통해서 그의 간구를 예수께 전했기 때문이다. 마 27:26에 빌라도가 예수를 채찍질했다는 대목에서, 빌라도 자신이 직접 예수를 채찍질했다는 의미는 아닌 것이다. 오늘날에도 생략된 화법을 종종 사용하고 있다. 필자의 주석 요 5:31을 보라.

그러나 누가복음의 기사(7:4, 5)에 따르면, 그 장로들은 단순한 메시지 전달자 이상의 역할을 했다. 장로들을 통해서 백부장이 그의 하인을 대신하여 간구한 것과 같이, 이번에는 이 장로들이 그 백부장을 대신하여 간구했다. 장로들은 "이 일을 하시는 것이 이 사람에게는 합당하니이다. 그가 우리 민족을 사랑하고 또한 우리를 위하여 회당을 지었나이다"라고 말했다.

예수의 대답은 백부장이 원했던 바로 그 답이었으며 이 백부장이 감히 기대했었던 그 이상의 답이었다. 예수의 그 대답은 "왜 너는 그렇게 지체하였느냐?"가 아니었고, "너는 압제자의 대표자이니 내가 너를 위하여 어떤 일도 할 수 없다"가 아니었으며, 심지어 "내가 할 수 있는지를 보아야겠다"가 아니었다. 그것은 감동적인 대답이었으며, 다음 절에서 보는 바와 같이 적극적인 확신의 대답이었다.

[7] 이르시되 내가 가서 고쳐 주리라.

원문에 따르면 대명사 "내가"는 매우 강조적이다. 즉, "내 자신이" 혹은 "확실히 내가"라고 말하는 것과 같다.

---

377) *παρακαλέω*와 *παράκλητος*에 대한 의미는 필자의 주석 요 14:16을 보라.

[8] [9] 백부장이 대답하여 이르되 주여 내 집에 들어오심을 나는 감당하지 못하겠사오니 다만 말씀으로만 하옵소서 그러면 내 하인이 낫겠사옵나이다 나도 남의 수하에 있는 사람이요 내 아래에도 군사가 있으니 이더러 가라 하면 가고 저더러 오라 하면 오고 내 종더러 이것을 하라 하면 하나이다.

장로들은 그리스도께 "이 사람에게는 합당하니이다"라고 말했다. 그러나 예수의 대답을 들은 백부장은 자신이 무가치하다는 생각에 압도되었다. 요컨대, 당당한 권세와 완전한 능력의 화신이시며, 모든 불화의 중보자가 되시며, 인종과 민족과 계급과 문화를 초월하는 겸손한 사랑의 화신이신 이 존귀하신 분과 비교될 자가 누가 있겠는가? 이와 같은 주님께 유대인들이 더럽혀지지 않으려고 이방인의 집에는 들어가지 않는다(요 18:28; 행 10:28; 11:2, 3)는 유대인의 전통적인 관습과 상충되는 행동을 하도록 할 자가 누가 있겠는가? 그러므로 예수로 하여금 그 집에 들어오시지도 못하게 하고 심지어 가까이에도 오시지 못하게 하고 단지 치료하시는 말씀만 하게 했던 것이다. 그것이 하인이 완전히 치료받기 위해서 필요한 모든 것이었다.

백부장이 이렇게 행동한 이유는 다음과 같다. 비록 나는 매우 제한된 권세와 권력을 가진 군인이지만, 즉 나는 상관에게는 복종해야만 하는 관리일지라도 나의 명령을 군사와 하인이 즉각 이행한다. 그렇다면 독자적인 권세를 행사하며 전능한 권세로 우주를 붙들고 계시는 위대한 분이신 예수께서는 확실히 명령할 수 있으며, 그가 하고자 하시는 것은 무엇이든지 성취될 것이다. 예수께서 "가라"고 말씀하실 때 병은 떠나가게 될 것이며, 예수께서 "오라"고 말씀하실 때 건강이 오게 될 것이다.

누가복음에 의하면, 이 메시지는 백부장이 직접 예수께 말씀드린 것이 아니다. 예수께서 가까이 오실 때에 백부장의 친구들이 그 메시지를 예수께 전해 준 사실은 어거스틴과 그 이후의 많은 사람들이 지지한 사실이며 앞에서와 같이 설명될 수 있다. 5, 6절의 주석을 보라. 마 8:5과 눅 7:3을 비교하고, 마 8:8과 눅 7:6을 비교하라. 아마도 그 백부장은 밖에 나갔을 때 예수께서 오고 계시는 것을 보고 나서, 급히 친구들을 예수께 보냈을 것이라고 추측하는 편이 정확할 것이다. 어찌 됐든지 이 메시지는 마태복음과 누가복음 양쪽에 모두 기록된 것으로서[378] 예수께 드리는 백부장 자신의 말이었던 것이다.

[10] 예수께서 들으시고 놀랍게 여겨 따르는 자들에게 이르시되 내가 진실로 너희에게 이르노니 이스라엘 중 아무에게서도 이만한 믿음을 보지 못하였노라.

예수께서는 막 6:6에서 언급된 것과는 정반대의 이유로 깜짝 놀라셨다. "내가 진실로 너희에게 이르노니"(5:18의 주석을 보라)라는 말은 예수께서 놀라셨다는 것을 나타내는 적절한 표현이다. 틀림없이 막 도착한 백부장의 친구들까지(눅 7:6) 포함된 예수를 따르던 수많은 무리에게, 예수께서는 이 이방인의 믿음은 특별한 특권들을 소유하고 있는 그 유대인들 가운데서도 찾아볼 수 없는 매우 탁월한 믿음을 가졌다고 말씀하셨다. 예수께서는 이스라엘 가운데서도 역시 믿음 있는 자들을 만나 보시긴 했지만(마 4:18-22; 5:1-16; 7:24-25) 그렇게 애정 깊은 사랑과 그렇게 신중한 고찰과 그렇게 꿰뚫는 통찰력과 그렇게 돋보이는 겸손과 그렇게 무한한 신뢰를 모두 갖춘 믿음은 보시지 못하셨던 것이다. 예수께서는 많은 경우들에서 "믿음이 작은 자들을"(6:30) 발견하시지 않았는가? 예수께서 심지어 멀리 떨어진 데서도 치료하실 수 있다는 사실은, 오래전에 있었던 요 4:46-54에서 길게 이야기된 왕의 신하의 경우에서 나타났다. 마 8:5-13에서의 백부장은 즉시 이 사실을 이해했던 것이다.

예수께서 보신 바와 같이, 이 백부장의 믿음은 이스라엘의 세계와는 대조적으로 이방인의 세계에서 장차 일어날 일들의 전조가 되는 것이었다.

[11] [12] 또 너희에게 이르노니 동서로부터 많은 사람이 이르러 아브라함과 이삭과 야곱과 함께 천국에 앉으려니와 그 나라의 본 자손들은 바깥 어두운 데 쫓겨나 거기서 울며 이를 갈게 되리라.

---

378) 마태뿐 아니라 누가도 이와 같은 견해다. 헬라어 성경 눅 7:6을 보라. 단수 현재분사에 유의하라. λέγων(그가 말하는 것).

앞에서 본 바와 같이(마태복음 상권 pp. 154-155, 164-165를 보라), 마태복음은 광범위한 선교 목적을 가지고 있다. 모든 민족을 복음화시키는 것이 마태복음의 분명한 목적 중의 하나이다. 이제 다루려는 본 절은 이 계획에 적절한 구절이다. 많은 사람들이 족장들인 아브라함과 이삭과 야곱과 함께 구원의 축복에 동참하기 위하여 동서로부터, 즉 이 세상 모든 곳에서부터 올 것이라는 사실, 즉 교회가 이방인 가운데서 확장될 것이라는 사실은 선지자들에 의하여 예언된 바 있다. 선지자들은 이 사실을 거듭 주장했다(사 2:2, 3; 11:10; 45:6; 49:6, 12; 54:1-3; 59:19; 렘 3:18; 31:34; 호 1:9, 10; 2:23; 암 9:11 이하; 미 4:1, 2; 말 1:11).

모든 구원받은 사람들이 함께 누리게 될 구원의 축복은, 빛이 휘황찬란한 특별한 연회장의 음식을 차려 놓은 식탁에서, 소파에 몸을 기대고 앉아 주인과 함께 유쾌한 친교를 즐기는 모습으로, 다시 말하면 당시 유행하던 관습에 따라 상징적으로 묘사되고 있다. 또한 시 23:5; 9:1-5; 사 25:6; 마 22:1 이하; 26:29; 막 14:25; 눅 14:15; 계 3:20; 19:9, 17을 보라. 성경에서 자주 볼 수 있듯이, 여기서 아브라함과 이삭과 야곱이 거의 동시에 언급된 것은 놀라운 일이 아니다. 왜냐하면 구원의 약속이 바로 그들에게 주어졌기 때문이다(참조. 창 28:13; 32:9; 48:16; 50:24; 출 3:16; 6:3; 32:13; 신 1:8; 9:5, 27; 29:13; 30:20; 대상 29:18; 마 22:32; 막 12:26; 행 3:13; 7:32).

유대인의 축복에 이방인이 동참한 것은, 벌써 구약시대부터 일어나기 시작한 것으로(왕상 8:41-43; 10:9; 렘 38:7-12; 39:16-18), 전체 신약시대 동안 그러한 축복이 대규모로 일어났으며, 특히 모든 민족으로부터 모인 셀 수 없는 큰 무리가 보좌 앞에 서게 될 때(계 7:9) 더욱 분명해질 것이다.

반면에 "그 나라의 본 자손들", 즉 그들이 누린 많은 특권들 때문에 그렇게 불린 유대인들은(시 147:20; 사 63:8, 9; 암 3:2; 롬 9:4; 엡 2:12) 어두운 데로 쫓겨나게 될 것이다. 즉, 상징적으로 말하면 빛이 휘황찬란한 연회장에서 쫓겨나게 될 것이다. 그 이유에 대해서는 누가복음 12:47, 48을 보라. O(pportunity; 행운)+A(bility; 능력)=R(esponsibility; 책임감)

인 것이다. 유대인들에 의해 그리스도께서 크게 배척당하신 사실은 성경에서 분명히 보여 주고 있다(마 27:25; 요 1:11; 살전 2:14-16; 계 2:9). 이것은 하나님께서 유대인과 그 관계를 종결했다는 의미는 아니다. 바로 이 예언은(8:11, 12) 유대인들을 포함해서 계획된 것이 아닐까? 주님은 이방 민족과 백성 가운데서와 마찬가지로 유대인 가운데서도 그가 택한 자들을 남겨 두셨다(롬 11:1-5).

구원은 개인적으로 강한 믿음을 통하여 예수 그리스도를 주로 영접하는 모든 자에게 주어진다. 구원은 민족이나 인종과는 아무 관계가 없다. 마 8:11, 12과 같은 사상을 가진 구절은 다음과 같다. 요 3:16; 롬 10:12, 13; 고전 7:19; 갈 3:9, 29; 엡 2:14, 18; 골 3:11; 벧전 2:9. 아브라함은 "모든 믿는 자들"의 조상이다. 민족적인 기원은 차이점이 없는 것이다(롬 4:11, 12).[379]

큰 특권을 가진 유대인들이 특별히 그들을 위해 찾아온 왕을 거절한 것에 대한 벌은 "울며 이를 갈게 되리라"는 말로써 크게 강조되었다. 운다는 것에 관해서 살펴보라. 이것은 그가 범한 죄로 인한 슬픔 때문에 눈물을 흘리는 것이 아니며(마 26:75; 막 14:72; 눅 7:38; 참조. 대하 34:27), 또한 다른 사람들이 하나님을 멸시하는 범죄 때문도 아니고(시 119:136; 고후 2:4; 빌 3:18), 사랑하는 사람과 급히 헤어지기 때문에 우는 것도 아니며(행 20:37, 38), 다른 사람에 의해 부당하게 취급을 받았기 때문도 아니고(삼상 1:7, 8), 어떤 계획이 실행되지 않는 데서 자존심이 상처받았기 때문도 아니다(왕상 21:5-7). 본 절의 운다는 것은 일시적인 불운(창 27:38; 애 1:16) 때문도 아니며, 사별 때문도 아니다(신 34:8; 삼하 1:17 이하; 마 2:18). 또한 깊은 동정의 눈물도 아니다(창 21:16, 17; 43:30). 하나님의 백성에 관한 한 모든 눈물이 씻겨질 날이 오게 될 것이다(사 65:19; 계 7:17; 18:15, 19). 예수께서 마 8:12에서 말씀하신 눈물은, 위로할 수 없는 눈물이며 영원히 비참한 눈물이며 끝없이 절망적인 눈물이다. **이를 간다**는 말이 동반된 것은(참조. 13:42, 50; 22:13; 24:51; 25:30; 매우 비슷하지만 다른 문맥인 눅 13:28을 보라) 괴로운 고통과 격앙된 분노를 표현하는 것

379) 이것은 필자의 저서 *Israel and The Bible*에 더욱 상세하게 설명되어 있다.

이다. 또한 이를 가는 행위는 끝없이 계속될 것이다(단 12:2; 마 3:12; 18:8; 25:46; 막 9:43, 48; 눅 3:17; 유 1:6, 7; 계 14:9-11).[380]

10-12절의 이 말씀은, 육체적인 치료 이상의 것에 관하여, 즉 구원받는 것과 하나님의 영광을 위해 사는 것에 그들의 주된 관심을 기울이도록 하기 위하여, 백부장은 말할 것도 없고 모든 사람—백부장, 백부장의 친구들, 그곳에 모인 모든 무리들—에게 말씀하신 것이다. 다음 절은 특히 백부장에게 하신 말씀이다.

[13] 예수께서 백부장에게 이르시되 가라 네 믿은 대로 될지어다 하시니 그 즉시 하인이 나으니라.

백부장은 예수께서 자신의 집에 들어오실 필요가 없다고 말했다. 그리고 결과는 그의 믿음대로 되었다. 즉, 예수께서는 백부장의 집에 들어오시지 않으셨다. 추측하건대 자기 집 밖에서 예수께 나아갔던 백부장은, 예수께로부터 다시 들어가라는 말을 들었을 것이며, 그의 친구들 역시 돌아가야만 했을 것이다.

"그 즉시 하인이 나으니라" 문자적으로는 "그 시간부터"이지만, 눅 7:6, 10에서 보면 분명히 그의 친구들이 멀지 않은 거리에 있는 백부장의 집에 도착하기 전이었음이 분명하다. 그들이 집에 도착했을 때, 그 사랑하는 하인은 이미 나아 있었다. 이와 같은 문맥을 보아서 "그 즉시"라는 말은 "바로 그 순간부터"로 번역하는 것이 합당하다.

베드로의 장모와 많은 사람들을 고쳐 주심

백부장뿐 아니라 베드로도 역시 그 당시 가버나움에 살고 있었다(4:18-20). 베드로의 집에서 일어난 이적은 안식일에 회당에서의 예배 후에 행해졌다(참조. 막 1:21, 29). 예수를 따르는 무리들은 마 8:14-17; 막 1: 29-34; 눅 4:38-41(베드로의 장모를 고쳐 주심) 등의 사건과 바로 앞

---

380) a. 악인과 b. 의인의 마지막 상태에 대해서는 필자의 저서 *The Bible of the life Hereafter*, pp.195-204와 205-217을 보라.

단락, 즉 마 8:5-13과 눅 7:1-10의 사건을 통하여 감명을 받았다. 또한 본 장 앞에 있는 도표를 보라.

[14] 예수께서 베드로의 집에 들어가사 그의 장모가 열병으로 앓아누운 것을 보시고.

베드로는 결혼한 사람이었다. 베드로의 아내도 나중에는 그의 복음전도 여행에 함께 동반했다(고전 9:5). 그리스도의 지상 사역 기간 동안에 베드로의 장모는 딸과 사위와 함께 살고 있었다. 마가복음에 의하면, 베드로의 형제인 안드레도 같은 집에서 살고 있었다. 예수께서 베드로의 집에 들어가실 때 야고보와 요한도 예수와 함께 있었다. 저녁 식사에 초대된 것이었을까?[381] 비록 본문에서는 언급되지는 않았으나 그럴 가능성은 있다. 그 외에도 그 세 사람은 병문안을 왔을 가능성이 있으며 또는 친밀하게 교제하던 친구들이 사교적으로 방문했을 가능성도 있다. 마 8:15 하반절("여인이 일어나서 예수께 수종들더라")은 이 가능성을 인정하고 있다. 왜냐하면 그와 같은 접대는 이 지역에서 흔히 있었으며, 아울러 이 가정에 내려지게 된 치료의 큰 축복으로 볼 때, 분명히 그것은 각별한 호의로 볼 수 있는 것으로 어떤 분명한 저녁 초대와는 별도의 것이었다.

이 일이 어찌된 것이었든 간에 예수께서는 베드로의 장모가 열병으로 누워 있는 것을 보셨다. 베드로의 집에 거주하는 모든 다른 사람들도 역시 주님의 친구들 가운데 있었다(열두 제자 중의 한 사람인 안드레 역시)고 생각하는 것이 당연하다. 비록 베드로가 주님의 제자이긴 하지만 역경은 그의 가정에도 찾아왔다. 그렇다. 신자들도 하나님의 섭리 안에서 병에 걸리게 되는 것이다(엘리사-왕하 13:14; 히스기야-왕하 20:1; 다비다-행 9:36, 37; 바울-갈 4:13; 에바브로디도-빌 2:25-27; 디모데-딤전 5:23; 드로비모-딤후 4:20). 심지어는 그들도 죽게 된다. "그가 채찍에 맞으므로 우리는 나음을 받았도다"라는 구절은 신자들이 육신의 연약함에서 해방되었다는 의미가 아니다. 종종 하나님은 기도의 응답으로 오는 축복으로 신자들을 치료하시기를 기뻐하시는 것이 사실이다(약 5:14, 15).

381) Lenski, *op. cit.*, p.324.

그러나 하나님의 뜻이 그렇지 않다 할지라도, 하나님의 백성들은 시 23편, 27편, 42편, 요 14:1-3; 롬 8:35-39; 빌 4:4-7; 딤후 4:6-8; 히 4:16; 12:6과 그 외 많은 관계 구절로부터 항상 위안을 받는다.

베드로 자신이 고백한 말처럼(마 19:27), 그리스도인으로서 봉사의 일을 하는 데 있어서 요구되는 많은 희생과 자신을 부인해야 하는 생활에 비추어 볼 때, 베드로의 아내는 그녀의 어머니가 자신과 함께 살고 있었던 것이 실제적으로 위안이 되었을 것이 틀림없다. 그러나 이제 그 어머니가 병에 걸렸다. 그 병은 사실 심한 병이었다. 의사인 누가는 그 어머니가 "중한 열병으로 괴로워하고 있다"고 기록했다. 예수께서는 도와 달라는 요청을 받으셨기 때문에(막 1:30; 눅 4:38) 그녀가 그렇게 누워 있는 것을 보게 되셨다.

[15] 그의 손을 만지시니 열병이 떠나가고 여인이 일어나서 예수께 수종들더라.

단지 예수께서 손으로 만지시는 것뿐이었다. 그러나 그렇게 만지시는 것은 얼마나 큰 능력과 긍휼의 행위이신가(8:3의 주석을 보라). 베드로의 장모의 회복이 즉각적이고도 완전했기 때문에, 그녀는 일어났을 뿐 아니라 일어나서 예수께 수종들기 시작했다. 그것은 그녀뿐만 아니라 그녀와 관계된 모든 사람들에게도 크나큰 축복이며 기쁨이었다.

안식일이 지난 후, 회당과(막 1:21-28) 베드로의 집에서 병을 고쳐 주셨다는 소문이 사방에 퍼졌으며, 사람들은 모든 곳에서부터 예수를 보려고 모여들었다.

[16] 저물매 사람들이 귀신 들린 자를 많이 데리고 예수께 오거늘 예수께서 말씀으로 귀신들을 쫓아내시고 병든 자들을 다 고치시니.

이것은 4:23, 24을 상기시켜 준다. 귀신 들린 자가 깨끗해졌다. 그들을 지배했던 악한 영들이 그리스도의 능력의 말씀에 의해 쫓겨났다. 이것은 하나님의 나라가 특별한 방법으로 그 권리를 주장하는 것일 뿐만 아니라 결코 전에는 볼 수 없었던 방법으로 사탄의 능력이 박탈당하는 것, 즉 "강한 자"가 결박당하는 것을 보여 주는 것이 아닌가? 마 12:29; 눅 10:18; 계 20:2, 3을 보라. "병든 자들을 다 고치시니"의 "다"라는 말을 유의하라. 어떠한 병도 아무리 심각한 병도, 즉 인간적으로 말해서 아무리 "고칠 수 없고" "죽음 직전에 있는" 병이라도 모두 치료되었다.

마태는 예수께서 귀신을 쫓아내는 이 일과 병자를 치료하는 이 일을 하나님의 영감에 의하여, 사 53:4의 성취로 보고 있다. 마태는 사 53:4을 70인역("그는 실로 우리의 질고를 지고" 등)을 따르지 않고, 히브리어 본래의 의미에 따라 더욱 충실하게 인용하고 있다.

[17] 이는 선지자 이사야를 통하여 하신 말씀에 우리의 연약한 것을 친히 담당하시고 병을 짊어지셨도다 함을 이루려 하심이더라.

이사야는 예언적 환상의 최고봉에까지 들려져서 그 자신도 이해할 수 없는 것을 말했다. 이사야는 갈보리 위에 선 것과 같이, 즉 이미 일어난 사건을 묘사하는 것처럼 그리스도의 대속적인 고난을 묘사했다. 그것은 자발적인 고난이었다. 그 고난이 자발적인 것이 아닐 때는 대속적인 가치를 가질 수 없었을 것이다. 그래서 이사야는 "그는 실로 우리의 질고를 지고 우리의 슬픔을 당하였다"라고 말했다. 피상적으로 이사야와 마태는 마치 서로 다른 것을 이야기하는 것 같다. 왜냐하면 마태는 백성들의 병과 슬픔을 구원하시는 그리스도에 대해 이야기하는 반면에, 구약성경에서의 예언자 이사야는 이 짐을 지고 있는 고난받는 종을 묘사하기 때문이다. 그러나 사실은 두 사람의 이야기의 내용이 서로 다른 것이 아니다. 왜냐하면 마태의 진술은 정확하게 이사야 선지자의 예언을 통하여 성취되었기 때문이다.

그러나 다음과 같은 의문이 생길 수 있다. 예수께서는 "어떤 의미에서 연약함과 병을 친히 짊어지셨으며 그들의 짐을 벗겨 주셨는가?" 확실히 그것은 예수께서 병자를 치료하셨을 때 그가 친히 그 병자의 병에 감염되셨다는 의미는 아니다. 참된 해답은 성경 자체에서 이 점에 대해 어떻게 설명하고 있느냐를 연구함으로써만 얻을 수 있다. 두 가지 설명이 두드러진다. a. 예수께서는 그가 구원하려는 사람들의 슬픔을 스스로 충분히 이해하는 그의 깊은 **동정**에 의하여 병을 짊어지셨다. 이 사실은 거듭 언급되었다. 예수께서는 그들을 불쌍히 보셨기 때문에 고쳐주셨다. 다음의 구절을 보라. 마 9:36; 14:14; 20:34; 막 1:41; 5:19; 참조. 6:34; 눅 7:13. 예수의 불쌍히 여기시는 마음은 그의 비유들에도 나타나 있다(마 18:27; 눅 10:33; 15:20-24, 31, 32). b. 아무튼 중요한 것은 이것으로, 예수께서는 그들의 **죄를 대신 짊어지심으로써** 병을 짊어지셨다. 예수께서도 그 죄를 깊이 절감하셨는데, 그 죄는 모든 악의 뿌리이며 아버지 하나님을 모욕하는 것이다. 그래서 예수께서는 병과 고통을 보실 때마다 갈보리, **그 자신의** 갈보리, 그 자신의 쓴잔, 그의 전 지상 생애를 통해 특히 십자가 위에서 당하신 대속적인 고통을 경험하셨다. 이것이 예수께서 병을 고치시는 일이 왜 쉬운 일이 아닌가 하는 이유이다(막 2:9; 마 9:5). 나사로의 무덤에서 예수께서 심령에 비통히 여기시고 불쌍히 여기셨던 것도 역시 그와 같은 이유에서였다.

주님께서 우리의 연약함을 담당하시고 우리의 병을 짊어지셨다는 것에는 두 가지 의미가 있다. 우리의 육체적인 병은 죄 없이는 결코 생길 수 없는 것, 즉 우리의 죄와 불가분의 관계를 가진 것이었다. 이사야 53:4, 5의 문맥이 이 두 가지 의미와 얼마나 밀접한 관계를 가지는지에 대해서 유의하라. 왜냐하면 4절 "그는 실로 우리의 질고를 지고…"에 이어 곧 "그가 찔림은 우리의 허물 때문이요 그가 상함은 우리의 죄악 때문이라"는 말이 이어지기 때문이다.

제자의 각오

마태복음에서 계속되어 온 일련의 이적들은 여기서 중지된다. 그러나 연극에서 두 막 사이에 긴장감을 해소하기 위하여 들어가는 유쾌한 일종의 막간극에 비교할 수는 없다. 반대로 앞에서 설명한 바대로 17절에서 분명히 보여 주는 고난과 자기 부정의 주제가 이곳 18-22절에서 강조되고 있다. 예수께서 **대리적으로** 고난받으셔야 할 분이라면 그의 제자들 또한 고난받아야 마땅하다. 왜냐하면 제자들은 주님과 주님의 목적에 자기를 일치시켜야 하기 때문이다(요 15:20). 그들의 길이 장미꽃밭이 아니라는 것은 잘 알려진 사실이다. 따라서 이제 연구해야 할 작은 문단과 바로 앞 구절과의 관계는 오히려 매우 밀접한 관계라는 것이 분명하다. 또한 앞 구절인 18-22절과 뒤 구절 23절 사이에는 연대적인 연결이 있는데, 18절과 23절을 비교해 보면 심한 풍랑이 일어나기(24절 이하) 직전에 한 서기관(19절)과 예수의 한 제자(21절)에 관한 사건이 나타난다.

[18] 예수께서 무리가 자기를 에워싸는 것을 보시고 건너편으로 가기를 명하시니라.

다시 큰 무리가 예수를 둘러쌌다. 막 4:35에는 그때가 "저물 때"였다고 명시되어 있는 데 비해서, 마 8:16에는 "저물매"라고 언급되어 있는데, 여기서의 때는 저녁이다. 마 8:18-22은 시간적으로 앞 문장과 연결되는 것이 아니라 뒤의 문장과 연결된다.

예수께서는 자주 군중들에게 둘러싸이셨다. 그럴 때 예수께서는 잠시 후에는 자주 그 군중들을 떠나곤 하셨다. 왜 예수께서는 군중들을 피하셨던 것일까? 그는 철저히 신성을 지니신 분이셨을 뿐만 아니라 또한 철저히 인간이셨으므로, 기도하시고 쉬시며 수면을 취할 수 있는 시간이 필요하셨기 때문이다. 그것은 제자들에게도 마찬가지였다(8:24; 참조. 막 6:31). 그 외에도 군중들의 열광이 너무 일찍 고조되지 않도록 하기 위해서 그리하셨던 것이었다(8:4의 주석을 보라).

예수께서는 제자들에게 건너편으로 가라고 명하셨다(막 4:35). 그러나 출발하기 직전에 두 사람이[382] 예수께 나아왔다. 그들은 예수의 직계 제자들의 집단에 소속되기를 원했고 예수의 모든 여행에 동행하기를 열망했다. 이 두 사람 중 첫 사람에 대하여 다음과 같이 기록되어 있다.

[19] 한 서기관이 나아와 예수께 아뢰되 선생님이여 어디로 가시든지 저는 따르리이다.

---

382) 실제로는 세 사람이지만 셋째 사람과 관계된 사건은 마태복음에서는 생략되었다.

일반적으로 예수를 대적했던 여러 집단 중에서도 가장 두드러지게 대적했던 서기관의 한 사람이 예수께 나아와 놀라운 고백을 했던 것이다(5:20; 6:2, 5, 16; 15:1 이하; 23장). 더구나 서기관들은 그 자신이 선생이었다. 이미 이 선생은 예수를 **자기의** 선생으로 인정하였으며, 그래서 예수께 고백한 것이다. 결국 그의 신실성은 의심할 수 없다. 그 특별한 순간에 그의 서약은 실제로 중대한 의미를 지닌 것이었다. 그것은 그가 예수의 충실한 추종자가 되기를 원한다는 의미였다.

"선생님이여 어디로 가시든지 저는 따르리이다"라는 말 속에는 아주 매력적인 요소가 들어 있다. 이 글을 읽는 자는 누구든지 즉시 룻의 놀라운 결심, 즉 "어머니께서 가시는 곳에 나도 가고…"라는 말이 생각날 것이다(룻 1:16, 17). 그럼에도 불구하고 그리스도의 대답이 분명히 지적하신 것처럼 이 서기관의 의도는 전혀 존경할 만한 것이 아니었다. 그는 예수를 따르는 많은 군중과 이적 그리고 열광 등을 보고 이 모든 활동의 중심된 자와 밀접하게 교제하는 것이 자신에게 유익하리라고 생각했다. 그는 그리스도의 제자가 되기를 원했지만, 그리스도의 제자가 되기 위해서 감수해야 하는 것, 다시 말하면 자기 부정, 희생, 봉사, 고난을 알지 못했다.

[20] 예수께서 이르시되 여우도 굴이 있고 공중의 새도 거처가 있으되 인자는 머리 둘 곳이 없다 하시더라.

그리스도가 여행하시는 지방에는 여우들이 많았다(삿 15:4; 느 4:3; 시 63:10; 아 2:15; 애 5:18; 겔 13:4). 그 여우들은 종종 땅에 굴을 팠다. 이곳에서 그들은 밤마다 개구리, 토끼, 쥐, 가축 그리고 새들을 습격하여 잡을 뿐만 아니라 또한 달걀, 과일들을 먹어 치우고, 밭, 과수원 그리고 포도원을 황폐시키곤 하였다. 그러나 예수께서 강조하시고자 하신 것은, 이런 동물들은 다시 돌아갈 자기들의 분명한 거처가 있다는 것이다. 새들도 마찬가지이다. 생태학적인 조건(기후, 먹이의 공급)이 적절하기만 하다면 그들은 임시 거처할 장소, 즉 그들이 집 지을 장소에 분명한 잠자리가 있다는 것이다.[383] 만일 적들이 침입하려 하면 새들은 가능한 한 그들을 쫓아 버린다.

그러나 "인자"는 사정이 완전히 다르다. 여기저기 떠돌아다니시는 가운데 투숙할 방이 없었던 예수께는 밤을 지내실 장소가 없었다. 그 말씀을 좀더 상세히 설명하면, 유대는 그를 거절했고(요 5:18), 갈릴리는 그를 내쫓았으며(요 6:66), 가다라는 그에게 그 지역을 떠나기를 간청했고(마 8:34), 사마리아는 그가 머무르는 것을 거절했다(눅 9:53). 온 땅이 그를 용납하지 않았으며(마 27:23), 마침내 하늘까지도 그를 버렸다(마 27:46). 따라서 예수께서는 서기관에게 망대를 세우기 전에 비용을 계산해 보라고 말씀하시는 것이다. 영원한 제자의 길은 투쟁과 전쟁이라는 것을 그에게 생각하게 하시는 것이다. 남북전쟁 때 군인으로 입대하기를 간절히 열망한 많은 지원자들이 있었는데, 그들이 전쟁에 나가는 것을 단순히 열병, 훈련 그리고 사열에 참가하고, 또 메달과 영예를 받는 것을 뜻하는 것으로 생각했던 것과 마찬가지이다. 사실 모든 참된 주의 제자들에게 영광스런 상급은 있다. 그러나 제자의 길은 본향으로 인도하는 십자가의 길이다(마 10:24; 눅 14:26; 요 16:33; 딤후 3:12; 히 13:13). 이 서기관이 변함없이 확고한 제자가 되었는지 어떤지는 기록되지 않았다. 어쨌든 그것은 주께서 말씀하신 교훈 그 자체보다는 별로 중요한 것이 못 된다.

여기에서 "인자(Son of man)"라는 말이 복음서에서는 처음으로 나타난다. 이 "인자"라는 주제에 대한 문헌은 방대하다.[384] "인자"에 대해서 일반적으로 다루는 첫 번째 문제는 '이 용어의 기원은 무엇인가?' 라는 것이다. 이와 관련하여 다음의 요점들은 참고할 만한 가치가 있다.

(1) 시 8:4의 "인자"라는 용어는 대구로서 표현된 것처럼 단순히 **사람**을 의미한다.

---

383) 원문을 참조하라. *κατασκηνώσεις*(둥우리).

384) 이를테면 다음과 같다.

Aalders, G. Ch., *Korte Verklaring, Daniel,* Kampen, 1928, pp.133-135.

Bavinck, H. *Gereformeerde Dogmatiek*, Kampen, 1918, third edition, Vol. Ⅲ, pp.259-264.

Berkhof, L., *Systematic Theology*, Grand Rapids, Mich., 1949, fourth edition, pp.313, 314.

사람이 무엇이기에 주께서 그를 생각하시며

인자가 무엇이기에 주께서 그를 돌보시나이까(또는 생각하시나이까)

사람은 본래 연약하며 의존적이라는 사실에 대해 언급하고 있다. 이같이 인간의 약함, 무능함, 비천함 그리고 절대적인 하나님께 대한 의존적 관계의 특성을 강조하는 것은 에스겔이 반복해서 사용한 "인자"라는 말 가운데 나타난다(겔 2:1, 3, 6, 8; 3:1, 3, 4, 10, 17, 25 등).

Bouman, J., art. "Son of man", in *ET* 59 (1948), pp.283 이하.

Burrows, M., *More Light on the Dead Sea Scrolls*, New York, 1958, pp.71, 72.

Campbell, J. Y., "Son of man," in *A Theological Word Book of the Bible* (edited by A. Richardson), New York, 1952, pp.230–231.

Colpe, C., on the same subject, in Th.D.N.T., Vol. Ⅷ, pp.400–477.

De Beus, C. H., "Achtergrond en inhoud van de uitdrukking 'de Zoon des Menschen' in de synoptische evangeliën", *NedTT*, 9 (1954–55), pp.272–295.

De Beus, C. H., "Het gebruik en de betekenis van de uitdrukking 'De Zoon des Menschen' in het Evangelie van Johannes", *NedTT*, 10 (1955–56), pp.237–251.

Greijdanus, S., *Het Evangelie naar de Beschrijving van Lukas*, Amsterdam, 1940, Vol. Ⅰ, p.253 (그리고 그 문헌은 그 페이지에 간단히 서술되었다).

Parker, Pierson, "The Meaning of 'Son of Man,'" *JBL*, 60 (1941), pp.151–157.

Stalker, J., art. "Son of Man", in I.S.B.E.

Stevens, G. B., *The Theology of the New Testament*, New York, 1925, pp.41–53.

Thompson, G. H. P., "The Son of Man: The Evidence of the Dead Sea Scrolls," *ET*, 72 (1960–61), p.125.

Vos, G., *The Self-Disclosure of Jesus*, New York, 1926, pp.42–55; 228–256.

Young, E. J., *The Prophecy of Daniel*, Grand Rapids, 1949, pp.154–156.

"인자"에 대한 정기 간행물의 상세한 책명은 Metzger, B. M., *Index to Periodical Literature on Christ and the Gospels*, pp.437–442를 보라. 그리고 책과 잡지 모두를 참고하려면 *New Testament Abstracts*의 정기 간행물을 보라.

다소 비슷한 형태로, "불의한 자식"(삼하 3:34)이라는 표현은 불의한 사람을 뜻하며, "이방 사람"(Son of a foreigner)(출 12:43)은 외국인을, 그리고 "우레의 아들"(막 3:17)은 우레와 같은 사람, 즉 불같이 열정적인 성격의 소유자를 말한다. 우레의 딸들이라는 말도 그와 같은 의미로 해석되어야 한다. 또한 이와 마찬가지로 일반적으로 알려진 바대로, '음악하는 여자들(daughters of Music)'(전 12:4)이란 말은 음악가를 지칭하는 표현이다.

이러한 사실에 근거한 견해는 예수께서 자신을 "인자"라고 부르실 때, 그는 단순한 한 사람, 즉 철저히 인간이라는 의미로 지칭하신다는 것이다. 또는 어떤 이들이 더 찬성하는 의미대로, 인자는 창조주가 의도하신 그대로의 "**이상적인 인간**"이라고도 한다. **논평**: 그 용어가 나타내는 구절을 고찰해 보면 이 견해가 잘못되었다는 것이 즉시 드러난다. **단순한** 인간이거나 **이상적인** 인간이라는 의미로 말씀하셨다면, 예수께서 안식일의 주인이시며, 자기 목숨을 많은 사람의 대속물로 주신 바 되고, 죽은 자 가운데서 다시 살아나시며, 그의 천사들을 보내실 분이라는 것은 확실히 비합리적인 것이다. 신약성경이 "인자"라는 용어를 80회 이상 사용한 것으로 미루어 보아 그 말은 결코 일반적인 인간이 아니라 특이한 존재이자 유일한 사람, 즉 예수 그리스도라는 것이 분명하다.

(2) "인자"라는 용어를 그리스도께 사용한 것은 위경, 예를 들면 에녹서의 초기 작품에서 그 유래를 찾아볼 수 있다는 견해가 있다. 거기에 있는 용어는 메시아에게 사용되고 있음에 틀림없다. 그러나 본문에서 "인자"라는 용어를 사용한 것은 처음이 아니라 단 7:9-14을 근거로 했을 뿐이다. 그 외에도 예수께서 그의 사역을 시작하셨을 당시에도 "인자"라는 용어가 일반적으로 메시아에 대하여 통용되는 호칭으로 사람들이 이해했었다는 증거는 극히 빈약하다.[385] 예수께서 쿰란(Qumran) 문서에서 그 호칭을 찾아냈을지도 모른다는 견해에 대하여 밀러 버로우즈(Millar Burrows)는 "인자"라는 용어는 그 문서에서 전혀 나타나지 않으며 그 사상은 쿰란 문

385) S.BK., Vol. 1, p.486.

서에서 발견되지 않는다고 말한다.[386] 또 우가리트(Ugaritic) 원문에서도 역시 바알 신에 대하여 사용했다는 유래를 찾아보기는 어렵다.

(3) 그 용어에 대한 진정한 기원은 의심할 여지없이 단 7:13이다. 다음에 **밑줄 그은** 부분의 유사점을 참조해 보라.

단 7:13: "내가 또 밤 환상 중에 보니 **인자** 같은 이가 **하늘 구름**을 타고 와서 옛적부터 항상 계신 이에게 나아가 그 앞으로 인도되매"

마 26:64: "그러나 내가 너희에게 이르노니 이후에 인자가 권능의 우편에 앉아 있는 것과 하늘 **구름을 타고 오는 것**을 너희가 보리라"

위의 유사점 이외에 또 "옛적부터 항상 계신 이에게 나아가 그 앞으로 인도되매"와 "권능(혹자는 전능)의 우편에 앉아 있는"이라는 말의 관계 속에서도 즉시 분명한 유사점이 발견된다. 하늘의 통치권, 영광, 권세에 대한 환상의 의미는 "권능의 우편에 앉아 있는"(마 26:64)이라는 말 속에 함축되어 있는데, 그것은 역시 단 7:14에서 유래된 것이 분명하다. 즉, "그에게 권세와 영광과 나라를 주고 모든 백성과 나라들과 다른 언어를 말하는 모든 자들이 그를 섬기게 하였으니 그의 권세는 소멸되지 아니하는 영원한 권세요 그의 나라(또는 왕권)는 멸망하지 아니할 것이니라."

다니엘서에서 **"인자 같은 이"**라는 호칭은 히브리 사람을 대표한다는 주장이나, 어느 한 집단('지극히 높으신 자의 성도들')에서 한 개인에게로 칭호의 변천이 외경 문서(예를 들면 「에녹서」)를 통해 중재되었다는 주장은 사실이 아니다. **인자 같은 이**는 하늘 구름을 타고 나타나지만 지극히 **높으신 이의 성도들**(단 7:18, 21, 22, 25, 27)은 땅 위에 존재한다. 또한 다니엘의 환상 중에서 인자 같은 이는 심판날까지 나타나지 않지만 성도들은 작은 뿔과 함께 공존한다(21, 25절).[387] 또한 요한계시록(1:13; 14:14)에서도 같은 표현("인자 같은 이")을 사용하는데, 그것은 한 사람, 즉 높으신 그리스도를 가리키고 있음이 분명하다. 우리가 "…같은 이"라고 읽는다는 것은 실제 인자 자신을 가리키는 말이 아니라, 어떤 모호하고 상징적이며

---

386) *More Light on the Dead Sea Scrolls*, pp.71, 72.

387) G.C. Aalders와 Young의 자세한 설명을 보라. 책명과 페이지의 참고는 각주 384)를 보라.

대표적인 형상을 의미하는 것처럼 이해할 때가 종종 있는 것은 사실이다. 환상 중에 나타난 바, 그 형상이 그 사람을 닮았다는 이유는 그 형상이 그를 가리키며 묘사하고 있다는 단순한 사실 때문이다. 다니엘서의 묘사는 복음서에서 주제가 되고 있다(행 7:56도 보라). 그러나 모두 다 같은 사람을 가리키고 있는 것이다.

우리가 마태복음, 마가복음, 누가복음(공관복음)에서 언급된 대로 "인자"라는 칭호의 뜻을 알기 위해서는, 그 말이 나타나는 각 구절이 속해 있는 문맥 속에서 파악해야 한다. 그렇게 할 때 그러한 구절 속에 나타난 "인자"라는 용어는 구세주의 낮아지심[卑下]을 가리키고 있음을 알게 될 것이다. 인자는 세상에 일정한 거처가 없으셨으며(마 8:20), 쓰라린 고난을 받으셔야 했고(17:12), 배반당하시고 죽음에 넘겨지시며(26:24), 무덤 속에 들어가셔야 했다(12:40). 마찬가지로 다른 구절들도 그리스도의 높아지심을 명백히 예언한다. 그는 다시 살아나실 것이며(17:9), 세상을 떠난 후에 아버지의 영광으로 천사들과 함께 다시 오실 것이며(16:27), 심판자로서 자기 영광의 보좌에 앉으실 것이다(25:31; 참조. 24:27-44; 26:64).

다음 도표에서 "H"라는 문자가 표시된 구절은 그리스도의 낮아지심에 대해 말하고 있다는 뜻이다. 마찬가지로 "E"는 높아지심을 의미하며, "HE"는 낮아지심에 높아지심이 뒤따르는 것을 뜻한다(높아지심은 가끔 지정된 구절의 문맥 속에 잇달아 나타남). 이와 같이 "EH"는 높아지심이 낮아지심보다 먼저 오는 것을 의미한다. 낮아지심이나 높아지심이 분명하고 직접적으로 나타나지 않는 구절은 표시하지 않았다. 물론 인용을 쉽게 하고 명확히 하기 위해서이지만 다음 구절들은 각기 다른 세 복음서에 있는 구절의 순서대로 열거했으며, 어떤 경우에는 한 복음서에 있는 구절이 다른 복음서에 병행 구절을 갖고 있기도 하다. 예를 들면, 마 8:20; 눅 9:58 참조, 마 9:6; 막 2:10과 눅 5:24 참조, 마 12:8; 막 2:28과 눅 6:5 참조, 마 20:28; 막 10:45 참조, 마 26:64; 막 14:62 참조 등이다. (다음의 도표를 보라.)

낮아지심과 높아지심에 대한 세 복음서의 구절들

마 태 복 음		마 가 복 음	누 가 복 음	
H 8:20	E 19:28	E 2:10	5:24	HE 18:31
9:6	H 20:28	2:28	6:5	19:10
E 10:23	E 24:27	HE 8:31	6:22	E 21:27
11:19	E 24:30상	E 8:38	7:34	E 21:36
12:8	E 24:30하	E 9:9	HE 9:22	H 22:22
12:32	E 24:37	H 9:12	E 9:26	H 22:48
H 12:40	E 24:39	HE 9:31	H 9:44	E 22:69
13:37	E 24:44	HE 10:33	H 9:58	HE 24:7
E 13:41	E 25:31	H 10:45	11:30	
16:13	H 26:2	E 13:26	E 12:8	
E 16:27	H 26:24상	H 14:21상	12:10	
E 16:28	H 26:24하	H 14:21하	E 12:40	
E 17:9	H 26:45	H 14:41	E 17:22	
H 17:12	E 26:64	E 14:62	EH 17:24	
HE 17:22			E 17:26	
18:11(A.V.,아마도 눅 19:10에서 삽입된 어구)			E 17:30	
			E 18:8	

낮아지심은 대개 표시가 안 된 참조 구절 속에 기본이 되고 있는 것 같다. 그러나 문제는 이와 같이 전혀 단순하지가 않다. 몇몇 구절들은 분류하기가 어렵다. 왜냐하면 인자는 낮아지시는 동안에도 분명하게 보통 사람이 아니라는 것을 가리키고 있기 때문이다. 이와는 반대로 인자는 안식일의 주인이셨으며(마 12:8과 병행 구절), 죄를 용서하는 권위를 가지셨고(마 9:6과 병행 구절), 이 세상에 오신 분명한 목적, 즉 자기 목숨을 많은 사람의 대속물로 주려고 "온" 것이다(마 20:28; 막 10:45). 그리고 이 목적과 일치하여 잃어버린 자를 찾아 구원하기 위해 "온" 것이다(눅 19:10). 인자를 파는 그 사람에게는 화가 있으리로다!(눅 22:22). 따라서 인자는 고난의 사람이신 동시에 영광의 주이시다.

"인자"라는 용어를 사용하시면서도, 절대로 "나는 인자이다"라고 (서술적으로) 선언하시지 않는 예수께서는, 마 16:13-15에서는 "인자"라는 말을 명백히 "나"라는 말로 **자신**에게 분명히 적용하신다. 26:62-64에 있는 신성모독적인 발언은 다른 곳에서는 있을 수 없었던 발언이다. 그 사실에서 막 8:31에 나타나는 "인자"라는 칭호는(참조. 눅 9:22), 마 16:21에서는 앞에서 "예수"라고 밝혀진 "자기"라는 말로 대치되고 있다. 사실상 각 구절에서 예수께서 "인자"라는 이 칭호를 사용하실 때면, 그는 자신에 대해 언급하신다는 것이 그 문맥 속에서 분명히 나타난다.

유대인에게 말씀하실 때에 이 "인자"라는 칭호를 사용하심으로써, 예수께서는 즉시 전모를 드러내지 않고 점차적으로 자기를 나타내실 수가 있었다. 만일 예수께서 유대인들 가운데서 사역하시는 중에, 직접적으로 자신이 메시아라고 말씀하셨다면, 그의 사역은 궁극적인 목적을 성취하실 수 없을 것이 아니겠는가? 또한 대중들이 메시아 직무에 대하여 이해한 전형적인 개념인 "세속적이고 유물론적이며 정치적인 메시아 개념"과 타협할 수도 있지 않았을까? 그리스도의 가르침을 접한 초기의 청중이었던 많은 사람들은, "인자"라는 명칭이 다만 에스겔서에서처럼 **사람**을 의미하는 것으로 받아들였을 가능성이 높다. 그러나 예수께서 점차적으로 **인자**로서 행동하고 처신하며 생각해 온 바를 재차 표명하시자, 사람들은 "이 인자는 누구냐"라고 말하며 이상히 여기고 의문을 품기 시작했다(요 12:34, 복음서 중에서는 예수가 아닌 다른 사람이 이 용어를 사용하는 유일한 구절이다).

이와 같이 점차적으로 청중들의 마음은 깨닫게 되었다. 그 절정의 순간은, 아무런 제한도 받지 않고 예수께서 자신을 하나님의 영광 가운데 임하실 분이라고 밝히셨으며(마 26:62-64), 다니엘의 예언 속에서 옛날에 소개되었던 존귀한 사람(단 7:13, 14)이심을 밝히셨을 때였다.

"인자"라는 호칭의 사용은, 이 명칭을 가진 사람이 유대인이 기대한 민족적인 메시아가 아니라 (어떤 의미에서) "세상의 구주"(요 4:42; 참조. 딤전 4:10)이시라는 사실을 강조해 준다. 은혜로 말미암는 예수의 선한 구원의 초청은 믿음을 통하여 예수께 나아오는 모든 사람에게 임하였다. 그 자신은 사람들 중에 유일무이한 분이시다. 예수께서는 **유일한** 인자(*the* son of man)이신 것이다. 그는 고난의 사람이지만, 바로 이 고난의 길은 왕의 자리와 영광으로 인도된다. 더욱이 이 영광은 종말론적으로 그가 구름을 타고 다시 오실 때 나타날 뿐만 아니라 그 이전에도 나타나게 된다. 다시 말하자면 지상에서 그리스도의 온전한 삶을 통하여 그리고 모든 구속적인 사역을 통하여 이루어진다. 그는 **영원히** 영광스러운 인자이시다![388]

이미 보아온 대로 19절과 20절에서 언급된 서기관은 예수의 확실한 제자가 되기에는 준비가 덜 되었다. 그 후 예수께서 배에 오르시어 출발하시기 전에 예수께 나아온 다음 사람은 제자로서 너무 **준비되지 않았던** 것 같다.

[21] 제자 중에 또 한 사람이[389] 이르되 주여 내가 먼저 가서 내 아버지를 장사하게 허락하옵소서.

이 사람은 예수의 말씀과 행적에 깊이 감명받은 많은 사람들 가운데 한 사람인 것이 분명하다. 이 지원자는 종종 그리스도의 말씀을 들으려고 청중 속에 있었던 것 같다. 그는 다른 사람들에게 자신이 체험한 것을 전할 때 예수께 대하여 호의를 가지고 열정적으로 말했다. 그것으로 보아 그는 넓은 의미에서 예수의 제자 중 한 사람이었다. 그러나 그는 좀 더 친밀한 제자 집단에 속한 견고한 추종자인 좁은 의미에서의 한 제자가 되기를 원했다. 그러나 그는 예수를 즉시 따를 수 있는 충분한 준비가 되어 있는 것 같지는 않았다. 만일 그가 제자단에 가입하는 것을 회피하는 것이 아니라면, 적어도 잠깐 동안 보류시킬 수 있겠는가에 관하여 묻는 것이라고 하겠다. 그의 아버지가 막 죽었다. 그래서 이 지원자는 먼저 집에 가서 아버

388) 이 명칭이 사용되고 있는 요한복음의 구절들은 필자의 주석 요한복음 중권을 보라. 각 구절들에 대한 주석 역시 *op. cit.*, 7장 이하에 제시되었다.

389) 문자적으로 가장 정확한 번역에 따르면, "그리고 그의 제자들 중 다른 제자"라고 할 수 있다. 그러나 여기에도 역시 표현이 단축되었을 가능성을 생각해 보아야 한다. 예수의 제자라고 불리지 않은 서기관에 관한 앞의 문맥은, 여기 21절의 의미가 "다른 어떤 사람 곧 그의 제자 중 한 사람"이라는 것을 분명하게 해 준다. 이 사람은 한 제자이나 서기관은 제자가 아니었다.

지를 장사하게 허락해 달라고 요청했다.[390]

관례에 따르면 장례식은 일반적으로 죽음 직후에 행해졌다(요 11:1, 14, 17; 행 5:5, 6, 10). 이스라엘에서는, 죽은 자에게 영광스러운 장례식을 거행하는 것을, 정성을 기울여 하는 어느 봉사보다도 더 귀한 의미와 친절(미 6:8)로 평가했다. 자식으로서의 도리는 마지막 장례의 자리에 참석하는 것이었다(참조. 창 25:9; 35:29; 49:28-50:3; 50:13, 14, 26; 수 24:29, 30 등).[391]

그러므로 이 사람이 예수께 제자단에 가입하기 전에 **먼저** 아버지를 장사하게 허락해 달라는 요청은 그리 놀라운 것이 아니었다. 시일을 연기해 달라는 그 요청은 표면적으로는 합리적인 것처럼 보였다. 그러나 그는 즉시로 다음과 같은 다소 놀랄 만한 예수의 답변을 들었다.

[22] 예수께서 이르시되 죽은 자들이 그들의 죽은 자들을 장사하게 하고 너는 나를 따르라 하시니라.

예수께서 말씀하신 바를 "영적으로 죽은 자들이 자기 동료의 장례식을 치르게 하라"로 바꿔 말하면 그 의미가 아주 분명해진다. 그러나 문제가 없는 것은 아니다. "이 지원자는 자기 아버지를 장사지내는 의무를 마친 후에 즉시 예수께 되돌아올 수도 있었는데, 예수께서는 왜 이 요청에 동의하지 않으셨던 것일까?"라는 질문이 제기될 수도 있다. 이에 대해서는 다음과 같은 여러 가지 가능성을 생각해 볼 수 있다.

(1) 관습에 따라 실시되는 장례식이 반드시 영적인 성숙이나 함양에 도움이 된 것은 아니었다. 그런 장례식은 소란스러웠고, 또 때로 지나치게 위선적으로 애도하는 경우가 많았다(마 9:23, 24; 막 5:38-40; 눅 8:52,

390) 그의 아버지는 정말로 죽지 않았을 것이며, 그가 말하고자 했던 것은 "아버지가 죽기까지 그와 같이 집에 머물며 그의 장례를 준비하게 해 주십시오"라고 해석하는 견해는 별로 중요한 것으로 생각되지 않는다. 그 경우, 미래의 시점에서 볼 때 장례를 준비하려는 당시 그들의 의무는 더욱 영적으로 죽은 데 머물고자 하는 것이며, 또 그 아버지는 불신자로서 죽었으리라는 것을 예수께서는 분명히 내포하고 계시는 것 같다. 예수의 말씀은 분명히 **오늘의** 상황에 적용되는 것이다.

391) 참조. S.BK., Vol. Ⅰ, pp.487-489.

53). 큰 통곡은 갑자기 비웃음으로 변하기도 한다. 예수께서는 그 사람이 그러한 고통을 당하지 않기를 바라셨던 것이다. 예수께서는 그 사람이 구세주와 함께 많은 시간을 가지므로 그 자신이 축복을 누리며 다른 사람에게 축복이 되기를 바라셨다. 그리하여 믿음으로 무장된 이 '제자'는 하나님 나라를 전파하게 될 것이었다(눅 9:60).

(2) 예수께서 이미 떠나기를 명하셨으며(18절), 배에 오르시려던 참이었다(23절). 따라서 만일 이 사람이 그리스도와 직접 교제하며 함께하고자 한다면 지금 바로 동참해야 한다. 장례식에는 다른 사람들이 갈 수도 있는 것이다.

(3) 예수께서는 최고의 주권자이시며, 그를 따른다는 것은 어떠한 제한, 조건, 또는 유보 없이 그가 명하시는 것이 무엇이든 간에 행하는 것을 의미한다는 사실은, 이 사람의 정신과 마음속에 깊은 감명을 주었을 것임에 틀림없다(참조. 요 15:14). 이 지원자는 특별히 이 점을 명심해야 할 필요가 있는 사람이라는 것을 예수께서는 아셨다.

(4) 예수께서는 땅에 있는 가정생활의 인연이 하늘나라에는 하늘나라의 또는 영적인 가족으로 결속된 자들로 대체된다는 것을 그 사람에게 가르치고자 하셨다(참조. 마 10:37; 12:46-50; 그리고 필자의 주석 엡 3:14, 15을 참조하라).

이상의 네 가지 의견을 언급했지만 이 의견들 모두를 받아들인다는 것은 아니다. 예수께서 "너는 나를 따르라…"라고 말씀하셨을 때 그리스도께서 마음속에 의도하셨던 바는, 제시된 답변들 중에서 어느 것인지 또 몇 가지가 되는지 우리는 알지 못하며 또는 다른 이유가 있었는지도 모르는 것이다. 그러나 여기서 필자는, *mashal*(숨겨져 가리키는 말, 비유)로 보여 주는 예수 그리스도의 답변의 말씀은 비합리적이기는커녕 지혜로 가득 차 있다고 믿는다. 이미 언급된 대로 예를 들면, 마 19:21의 "부자 청년"의 부족한 점에 대해 예수께서 말씀하셨듯이 이 사람의 경우도 마찬가지이다. 각자의 개성과 경우가 다른데, 예수 그리스도의 답변이, 믿는 자들은 자기 가족을 포함한 불신자들의 장례식에 참여하거나 돕지 말아야 한다는 의미를 띠고 있다고 결론짓는 것은 전적으로 부당하다. 그것은 마

5:34의 말씀은 모든 맹세를 정죄하는 선언이라고 해석하는 것과 마찬가지로 잘못 이해한 것이다. 그럼에도 불구하고 이 구절 역시(8:21, 22) 모든 시대를 통하여 의미와 진가를 충분히 보여 주는 구절이라고 인정을 받고 있다. 특히 앞에 나오는 (3)과 (4)의 항목을 보라.

잠잠해진 폭풍

이 이야기는 마 8:23-27; 막 4:35-41; 그리고 눅 8:22-25에서 발견된다. 본 절의 서두 부분은 18절의 "예수께서…건너편으로 가기를 명하시니라"와 논리적인 연관성이 있다.

[23] 배에 오르시매 제자들이 따랐더니.

제자들은 예수께서 배를 타시자, 어떤 것에도 구애받지 않고 예수를 따른다. 이 제자들과 두 지원자의 정신적 자세를 비교해 보라(19-22절). 막 4:36에 따르면 다른 선박들도 동시에 해안을 떠났다.

[24] 바다에 큰 놀이 일어나 배가 물결에 덮이게 되었으되 예수께서는 주무시는지라.

직역하면 "보라, 바다에 큰 흔들림(또는 해진, 폭풍)이 발생했다"는 뜻으로, "보라"(behold: 개역 개정 성경에는 생략되었음)에 대하여는 각주 133)을 참조하라. 폭풍을 묘사하는 단어는 *seismos*(지진)인데, 흔들림이나 진동의 양을 표시하는 지진계(seismograph)를 참조하라. 그 외의 구절에서 *seismos*는 지진을 나타낸다(마 24:7; 27:54; 막 13:8 등). 그러나 이 경우에는 큰 바람 때문에 바다에 폭풍이 일어난 것이다. 막 4:37과 눅 8:23은 라이랍스(*lailaps*), 즉 격렬한 돌풍을 일으키는 회오리바람이나 폭풍이라는 말을 사용한다.

이 폭풍이 일어난 장소는 갈릴리 바다이다. 갈릴리 바다는 요단 계곡 북쪽에 있으며 길이는 약 13마일, 폭은 약 7.5마일 정도 된다. 지중해 수면보다 대략 204m 낮다. 그 위치는 산으로 둘러싸여 침강되어 있으며,

특히 동편으로는 깎아지른 듯한 절벽을 이루고 있다. 한류가 헬몬산(2,760m)이나 그 밖의 다른 곳에서 몰려와 가파른 산 사이의 좁은 통로를 통하여 낮은 호수 위에 있는 더운 공기와 만날 때면, 돌풍이 격렬하게 일어난다는 것은 이해할 만한 일이다. 격렬한 바람이 맹렬한 기세로 바다를 쳐서 높은 파도를 일게 하여, 뱃머리, 난간 등을 공격하고 해면에 항해하는 선박에 역풍을 일으킨다. 요즈음도 작은 고깃배는 거센 파도에 의해 삼켜지며 격노한 폭풍의 장난감이 되고 있다.

"그러나 예수께서는 주무시는지라" 원문에서 사용된 동사의 시제는 예수께서 평화스럽게 주무시는 것으로 표현했다. 예수께서는 힘들게 일하셨으며 매우 피곤하셨다. 더욱이 예수께서는 깊이 잠드시는 일이 어렵지 않으셨다. 왜냐하면 하늘에 계신 아버지—자신의 아버지—께 대한 신뢰가 흔들림이 없었기 때문이다. 포효하는 바람이나 밀려오는 파도 또는 상하좌우로 흔들리는 배라 할지라도 잠드신 예수를 깨울 수는 없었다.

폭풍이 그 사나움을 더해 가자 배에서 예수와 함께 있던 제자들은 경험이 많은 어부로서 생활하였음에도 불구하고 예수께 도움을 간청했다. 그리스도와 어느 정도 함께 있었고 그의 놀라운 이적도 목격해 온 제자들은 이제는 예수를 단순한 목수로 보지는 않았다. 그러나 제자들은 아직도 예수께서 이러한 폭풍(27절)에 대하여 어떤 일을 행할 수 있으리라고는 충분히 믿지 못했다. 그러므로 제자들의 마음은 믿음과 그보다 더 심한 두려움에 휩싸여 있었는데, 두려움이 더 컸다(눅 8:25). 제자들은 거의 절망감에 사로잡혀 있었지만, 그럼에도 불구하고 무엇인가를 시도하기로 결심했다. 그들은 배 고물로 갔다. 거기서 예수께서는 "베개를 베고" 주무시고 계셨다(막 4:38).

[25] 그 제자들이 나아와 깨우며 이르되 주여 구원하소서 우리가 죽겠나이다.

세 복음서 기자들은 이 두려움에 휩싸인 제자들의 외침을 보고하는 양식에 있어서 약간의 차이를 보이고 있다. 마가복음에는 "선생님이여, 우리의 죽게 된 것을 돌보지 아니하시나이까"(막 4:38)라고 되어 있고, 누가

복음에는 "주여, 주여, 우리가 죽겠나이다"(눅 8:24)라고 되어 있다. 주석가들은 이것이 본질적인 통일성 가운데서의 개인적인 다양성이라는 '저자의 독립성'을 입증하는 많은 증거 중의 하나라는 사실에 주목한다. 실제로 무서운 공포 상황에서 이 제자는 이렇게 말하고 다른 제자는 다르게 부르짖었을 것이라는 가능성은 역시 사실이 아닐까? 완전한 실상을 알기 위해서는 세 복음서의 기사를 모두 읽어야 할 것이다.

자연적인 폭풍으로도 깨울 수 없었던 예수의 잠을, 고민하는 제자들의 호소와 인간의 부족을 채우려는 예수의 열정이 능히 깨어나게 하였다. 예수께서는 잠에서 깨어나셨다.

[26상] 예수께서 이르시되 어찌하여 무서워하느냐 믿음이 작은 자들아.

예수께서는 제자들에게 그들이 당한 공포 때문에 올바른 이성을 잃어버렸다는 것을 상기시키신다. 바로 최근에 이 사람들은 사도가 되기 위하여(막 3:13-19; 눅 6:12-16) 그리고 사도라는 직분에 함축된 모든 것을 위하여 그리스도의 제자로 선택되었다. 그들을 선택하신 분이 이제 와서 그들을 성난 바다 속에서 죽게 내버려 두실까? 바로 그분의 현존은 그들을 안심시킬 수 없었단 말인가?

마태의 설명은 세 복음서(마태, 마가, 누가)의 기사 중에서 가장 극적이다. 마태가 묘사한 바대로, 예수께서는 폭풍을 즉시 잠잠하게 하시지 않았다. 그와는 반대로 폭풍우가 아직 사납고 배는 파도에 이리저리 밀려다니는 가운데서도 "위엄 있는 침착함"이 그리스도에게서 풍겨나왔다. 이런 혼란의 와중에 예수께서는 제자들에게 왜 무서워하느냐고 물으셨다. 그리고 나서 그들에게 "믿음이 작은 자들아" 하고 말씀하셨는데, 이 말은 제자들이 주의 임재, 약속, 능력 그리고 사랑에서 나오는 위로를 충분히 받아들이지 않았다는 것을 의미하는 말이다(6:30; 14:31; 16:8).

산불이 크게 발생했을 때를 생각해 보자. 며칠 동안 계속해서 신문들은 무서운 대화재가 아직도 번져 가고 있다고 보도했다. 산불은 아직도 진화되지 않았다. 그러나 모든 사람이 기다리던 회보가 마침내 도착했다. "불꽃이 아직 완전히 소멸되지는 않았지만 불길은 이제 잡혔다. 생명과 재산에 대한 위험은 낙관해도 좋을 만큼 충분히 저지되었다." 한편, 마태가 묘사한 바대로 아직 바람이 포효하고 물결이 세차게 인다 할지라도 예수께서는 이 바람과 바다를 "제어하셨다." 27절에 분명히 언급되어 있듯이, 그 폭풍은 제자들의 믿음을 강화시키기 위한 그리스도의 도구였을 뿐이다.

> 하나님의 역사는 어찌나 신비한지 기이한 일들을 베푸신다.
> 그 분은 바다 위에 발자국을 내시며 폭풍을 타시는도다.
> 너희 두려워하는 성도들아! 새로운 용기를 가질지어다.
> 너희가 그토록 무서워하는 먹구름은 큰 자비이니,
> 축복이 되어 너희 위에 쏟아지리라.
>
> 윌리엄 쿠퍼(William Cowper)

[26하] 곧 일어나사 바람과 바다를 꾸짖으시니 아주 잔잔하게 되거늘.

"꾸짖다"[392]라는 동사는 생명 있는 대상을 향해 사용하는 동사라고 가정하는 학자들이 있다. 이 학자들은 말하기를, 이 학설은 막 4:39에 표현된 "잠잠하라 고요하라"라는 말에 의해서 더 분명해진다고 한다. 그러나 "고요하라 잠잠하라"라는 의미로 해석한다 할지라도 한 낱말이 언제나 반드시 기본적이거나 근본적인 의미만을 나타내는 것은 아니다. "쉿(잠잠하라) 고요하라"라는 표현이 막 4:39에 무난하게 더 잘 어울리는 표현이다. "꾸짖으시니"라는 표현에 관해서는, 마태가 "예수께서 마귀를 꾸짖으시니"라고 기술하거나 또는 "바람과 바다에 있는 악령들을 꾸짖으시니"라고 기술하지 않았다는 것을 명심해야 한다.

마태는 단순히 "그가 바람과 바다를 꾸짖으시니"라고 기술했다. 따라서 이것은 단순히 비유적이거나 시적인 어법이라고 볼 수도 있다(참조. 시

---

392) *ἐπετίμησεν*은 *ἐπιτιμάω*의 부정과거 직설법 3인칭 단수로 다음과 같은 구절에서 **꾸짖다**는 의미로 쓰였다. 마 8:26; 16:23; 17:18; 19:13; 눅 4:39; 9:42, 55; 19:39; 23:40; 그러나 가끔 **경고하다**를 의미하기도 한다(마 12:16; 16:20; 막 3:12; 눅 9:21).

19:5; 98:8; 사 55:12 등). 이와 같이 눅 4:39에서도 베드로의 장모가 앓고 있었던 열병을 고치실 때 "예수께서 열병을 꾸짖으시니"라고 표현했다. 정말로 중요한 사실은 "바람과 바다를 꾸짖으시니"라는 표현이 시사하는 것인데, 그것은 예수께서 자연에 대하여 가지신 권위를 나타낸 매우 효과적인 표현이다. 그러자 폭풍이 아주 잠잠하게 되었다. 놀라운 것은 바람이 즉시 잔잔해진 것은 물론 파도까지도 그랬다는 것이다. 일반적으로 알려진 바로는, 바람이 눈에 띄게 잦아지고 난 후에도 파도는 얼마 동안은 계속되며, 파도보다 먼저 굴복한 바람을 따라 하는 것이 달갑지 않다는 듯이 소용돌이치기도 하다가 점차 가라앉는다. 그러나 이 경우에는 바람과 파도가 동시에 신성하고도 장엄한 침묵의 조화로 일치되고 있다. 별이 반짝이는 밤하늘의 정적에 비교할 수 있는 어떤 것이 바다에 내려앉은 것 같다. 갑자기 해면이 거울처럼 고요해진다. 이적을 행하신 후에 예수께서 제자들의 믿음이 연약함을 책망하신 것은 놀라운 일인가? 그러나 예수께서 이 가장 중요한 주제로 되돌아와서 그들을 일깨우신 것은 오히려 당연하지 않을까?

이 제자들의 믿음이 실제로 강해졌다는 것이 27절에서 나타난다.

[27] 그 사람들이 놀랍게 여겨 이르되 이이가 어떠한 사람이기에 바람과 바다도 순종하는가 하더라.

"그 사람들"이라는 표현은 배에 있는 제자들을 언급하는 것이라고 생각된다. 확실히 "다른 배들"이 동시에 출항했다(막 4:36). 또한 예수와 그의 제자들이 육지에 이른 후에 그 이적은 당연히 "그 마을의 이야깃거리"가 되었을 것이다. 그러나 이러한 내용이 본문에는 기록되지 않았다. 여기 앞에 나오는 "그 사람들"은 분명히 "제자들"(23절), "그 제자들"(25절) 그리고 "믿음이 작은 자들"(26절)일 것이다. 이 사람들은 놀랍게 여겼다. 그들은 예수라고 하는 분이 그전에 상상했던 것보다 훨씬 더 위대한 분이라는 사실을 깨닫기 시작했다. 예수께서는 청중, 질병, 그리고 마귀를 지배하실 뿐만 아니라 바람과 파도까지 다스리시는 분이다.

지체 높고 저명한 사람과 매우 가깝게 지내는 사람들이, 간접적으로 알고 있는 생소한 사람보다도 오히려 그 사람에 대해 훨씬 더 미온적인 경우가 종종 있다. 친한 친구들은 쉽게 칭찬하지 않는다. 왜냐하면 그들은 친구의 명성의 장점뿐만 아니라 약점도 잘 알고 있기 때문이다. 그러나 예수께서 화제의 대상이 되실 경우에는 이야기가 달라진다. 예수와 깊이 교제하면 할수록 감탄과 놀라움이 더욱더 커진다. 이와 관련하여 필자의 주석 요한복음 상권 서론을 보라.

땅 위에 있는 많은 나쁜 것들이 교정될 수 있다. 눈물을 닦아 주는 어머니들, 기계를 고치는 수리공들, 병든 피부조직을 수술하는 외과 의사들, 가족 문제를 해결해 주는 상담자들 등이 있다. 그런데 악천후를 바꾸는 일은 어떤가? 물론 사람이 일기예보를 한다. 그러나 일기를 바꾸는 것은 신에게 속해 있다. 바람과 바다에 대해 명령하신 분이 바로 예수이시며, 바람과 바다는 그분에게 복종했다.

가다라 지방에서 귀신 들린 자들을 고쳐 주심

예수와 제자들이 바다를 건넜을 때는 저녁이었다. 마 8:28-34; 막 5:1-20; 그리고 눅 8:26-39에 기록된 사건이 일어나기 시작한 때는 밤이 깊었음에 틀림없다. 이 사실은 막 4:35; 5:1, 2에서 분명히 암시해 준다. 그리고 33절과 34절에서 마태가 기술하는 내용은 그 다음날 일어난 일이라고 추측하는 것이 전혀 근거 없는 추측은 아니다.

[28상] 또 예수께서 건너편 가다라 지방에 가시매 귀신 들린 자 둘이 무덤 사이에서 나와 예수를 만나니.

헬라어 신약성경(A-B-M-W) 원문에 보면, 마 8:28에는 *Gadarenes*로, 막 5:1에는 *Gerasenes*로, 그리고 눅 8:26에는 *Gergesenes*로 나타나 있다. 각 경우의 서로 상이한 본문에 대해서는 각주를 참조하라. 예수께서 도착하신 장소를 알아내려면 복음서에 나타난 설명이(마 8:28, 32; 막 5:2, 13; 그리고 눅 8:27, 33) 도움이 된다. 그곳은 무덤으로 사용된 동굴 지대였다는 것과 바다 바로 가장자리에 심하게 경사진 가파른 언덕이 있는 곳이라는 것을 알게 된다. 이 설명에 의하면 갈릴리 바다의 남–남동쪽으로 적어도 48㎞ 정도 떨어져 있는 거라사는 아니다. 그러나 게라세네스 또는 게르세네스라는 마을로 종종 지칭될 수 있었던 **게르사**(*Khersa*)는 적합하다. 가다라의 큰 도시는 거의 바다의 남동쪽 몇 마일 되는 곳에 위치해 있었지만 해안에 이르는 길은 모두 넓혀져 있었다. 다시 말하면, 만일 그곳이 게르사가 속해 있던 전 지역의 수도였다고 가정한다면, 지리적 호칭들이 많았다는 것은 이해할 수 있다. 더욱이 게르사는 가버나움의 남동쪽(바다 건너) 대각선으로 약 10㎞ 되는 곳이며, 북동 해안에 위치한 곳으로 실제로 바다 가장자리에 심하게 경사진 언덕이 있다. 또한 무덤으로 사용하기에 적합한 많은 동굴들이 오늘날까지도 그 흔적이 역력하다.[393]

일행이 상륙한 장소는 이방인이 많이 살고 있었던 지역이었다. 마 4:12–16을 참조하라. 예수와 주의 제자들이 해안에 들어섰을 때, 그들은 갑자기 무덤 사이에서 나온 귀신 들린 두 사람을 만났다. 그들은 난폭하거나 사나운 것으로 묘사되었으며, 또한 습격하는 격렬한 특성으로 묘사되었다. 마가복음과 누가복음에는 귀신 들린 **한 사람**에 대해 기록되어 있는 데 비해[394] 마태복음에는 귀신 들린 두 사람이라고 기술되어 있다. 그 이유는 알 수 없지만 보고하는 일에 있어서의 이러한 다양성은 오늘날도 드문 일이 아니다. 마가복음과 누가복음에서 기술하는 귀신 들린 자는 두 명의 귀신 들린 자들 중의 대변자라고 생각되지만, 이 견해는 단지 추측일 뿐이다. 그러나 이 대목을 기록하고 있는 다른 복음서 기자들이, 예수께서 그날 **단지** 귀신 들린 자 한 사람만을 만나셨다고 보고하지 않았다는 것을 주목해야 한다. 따라서 아무도 마태복음과 마가복음, 누가복음이 서로 모순된다고 말할 권리가 없다.

[28하] 그들은 몹시 사나워 아무도 그 길로 지나갈 수 없을 지경이더라.

---

393) A.M. Ross, art. "Gadara, Gadarenes," *Zondervan Pictorical Bible Dictionary*, Grand Rapids, 1963, p.293; 그리고 L.H. Grollenberg, *Atlas of the Bible*, p.116, map 34를 보라.

394) 막 10:46, 눅 18:35과 함께 마 20:30("두 맹인")도 참조하라.

이 귀신 들린 사람의 거친 성격과 행동에 대한 더 자세한 설명은 막 5:2-6과 눅 8:27에서 그중 한 사람에 대해 말한 것을 보라. 정신이 완전히 망가진 이 비참한 사람들은 모든 군대 귀신들의 세력에 붙들려 있었으며, 이 귀신들은 그들의 생각과 말과 일반적인 행동을 지배했다. 예수와 제자들은 그 위험한 상황을 알면서도 일부러 이 지역을 지나는 길로 통과했다. 그러자 귀신 들린 자들은—실제로는 그들을 통해 말한 귀신들—소리를 질렀다.

[29] 이에 그들이 소리 질러 이르되 하나님의 아들이여 우리와 당신과 무슨 상관이 있나이까 때가 이르기 전에 우리를 괴롭게 하려고 여기 오셨나이까 하더니.

귀신 들린 자들이 소리 지른 말을 직역해 보면, "우리와 당신 사이에 무엇이 있습니까?"라는 것인데, 의미는 "우리에게 무엇을 하시려는 겁니까" 이다. 그들은 그렇게 말하고 나서, "왜 우리를 괴롭게 하십니까"[395]라고 항변했다. 그들은 예수께서 하나님의 아들이신 것을 알았으며, 심판이 이를 때에는 땅과 공중에 배회하는 그들의 상대적인 자유(참조. 필자의 주석 엡 2:2; 6:12을 보라)는 영원히 중지될 것이며, 그들의 마지막 가장 무서운 형벌이 그때에 시작될 것을 알았다. 그들은 또 예수의 초림과 재림의 차이를 알고 있었던 것 같다. 이 사실은 주의 제자들조차 충분히 인식하지 못했던 사항이다(11:1-6의 주석을 보라). 귀신 들린 자들은 지금 바로 자신들이 큰 적과 마주 대하고 있으며, 그에게 최후의 심판이 위임되었다는 것을 알았다. 그리고 지금, 즉 정한 때가 이르기 전에[396] 사탄이 감금되어 있는 "지하 감옥" 또는 "무저갱"으로 던져지지 않을까 두려워했다(참조. 계 20:3). 그들이 더 두려워한 것은 만나자마자 거의 동시에 예수

---

395) *τί ἡμῖν καὶ σοί*에 대하여 M. Smith, "Notes on Goodspeed's 'Problems of New Testament Translation,'" *JBL*, 64 (1945), pp.512, 513을 보라.

396) *πρὸ καιροῦ*를 주목하라. 시간이 과거에서부터 현재, 미래까지 연속되는 것으로 보는 *χρόνος*와는 구별되게, *καιρός*는 발생되는 여러 사건의 특정한 순간이나 시기를 가리킨다.

께서 귀신들에게 이 사람에게서 떠나라고 명하신 사실 때문이었다(막 5:8; 눅 8:29).

[30] [31] 마침 멀리서 많은 돼지 떼가 먹고 있는지라 귀신들이 예수께 간구하여 이르되 만일 우리를 쫓아내시려면 돼지 떼에 들여보내 주소서 하니.

귀신들은 예수의 허락 없이는 아무것도 할 수 없다는 사실을 분명히 알았다. 그때 "거의 이천 마리"(막 5:13) 되는 많은 돼지 떼들이 예수와 귀신들린 자들이 마주친 장소에서 약간 멀리 떨어진 언덕에서 풀을 뜯고 있었는데, 귀신들은 그 무리에게 들어가도록 허락해 달라고 간청했다. 그들이 이것을 요구한 이유는 무엇일까? 단순히 파괴하고자 하는 열망 때문이었을까? 사악한 자의 욕망과 소망은 그 돼지 떼의 주인이 자기 재산을 이와 같이 잃은 것을 보고 예수에 대해서 반감을 갖게 하려는 것일까? 충분히 그럴듯한 생각이다. 그러나 모르기는 해도 다른 이유가 있을지도 모른다. 우리가 알 수 있는 것은 예수께서 다음과 같이 그 요구를 들어주셨다는 것이다.

[32] 그들에게 가라 하시니 귀신들이 나와서 돼지에게로 들어가는지라 온 떼가 비탈로 내리달아 바다에 들어가서 물에서 몰사하거늘.

예수께서 왜 이런 일이 일어나도록 허락하셨을까? 어떤 이들이 제시하는 견해처럼[397] 유대인들은 돼지를 먹는 것이 율법으로 금지되었는데, 소유주인 이 유대인이 불결한 동물에 관한 규례를 범한 것에 대한 형벌이었을까? 문맥이나 이 사건이 일어난 지역의 성격으로 미루어 볼 때(28절과 4:12-16의 주석을 보라), 이 설명은 찬성할 수 없다. 필자가 보기에는 다음과 같은 이유가 있다고 생각된다.

a. 부정적인 측면: 귀신들을 지옥에 보내는 최후의 시간이 아직 이르지 않았다는 의미에서 그들에게 권리가 있다는 것을 예수께서는 아셨다는

---

397) Lenski, *op. cit.*, p.342.

것. b. 긍정적인 측면: 또한 예수께서는 이 지역의 주민들이 무엇보다도 교훈을 배울 필요가 있다고 생각하셨다. 다시 말하면, 현재 귀신 들린 두 사람은 돼지들보다 더 귀중하다. 즉, 인간의 가치는 물질적인 가치를 훨씬 능가한다는 것이다. 이 지역 사람들이 실제로 이 교훈이 필요했다는 증거는 다음의 두 구절에서 보인다.

[33] 치던 자들이 달아나 시내에 들어가 이 모든 일과 귀신 들린 자의 일을 고하니.

돼지를 치던 자들은 예수에게서 약간 멀리 떨어져 있었음에도 불구하고(30절), 분명하게 예수와 귀신 들린 자들이 마주쳤던 상황을 증거했다. 그들은 귀신들의 난폭성이 두 사람을 떠나서 돼지에게 옮겨진 것을 목격했다. 그들은 자기들 마음대로 결론을 내렸는데, 귀신들을 그 사람들에게서 쫓아내어 돼지 떼에게 들어가게 해서 그 결과로 돼지 이천 마리 전부를 바다에 몰사하게 한 장본인이 예수였다는 것이다. 따라서 돼지를 잃은 것은 돼지 치는 자들의 책임이 아니라는 보고였다. 그들은 실제로 일어난 이러한 사실을 모든 사람이 알기를 바랐다.

[34] 온 시내가 예수를 만나려고 나가서 보고 그 지방에서 떠나시기를 간구하더라.

"보고(보라)"라는 말에 관해서는 각주 133)을 보라. 이 말씀은 예수께서는 침묵을 통하여서 실제 말씀으로 하시는 그 이상으로 말씀하고 계시다는 구절 중의 하나이다. 이 지역 사람들은 냉정했다. 그들은 기뻐하는 자들과 함께 기뻐하지 않았다. 온 마을 사람들은 지독하게 고통받는 두 사람에게 헤아릴 수 없는 축복을 주신 것으로 인하여 예수를 찬양하지 않았다. 그들은 예수께서 자기들을 치료하시도록 예수께 자기 병을 보이거나 자기 영혼을 치료해 달라고 구하지도 않았다. 그들은 오직 한 가지 일만을 생각했는데, 곧 이 돼지들의 손실이었다. 이것이 그들을 큰 두려움으로 가득 차게 하였다. 그래서 그들은 예수께 "그 지방에서 떠나시기를" 간구하였고, 예수께서는 다음과 같이 행하셨다.

[9:1] 예수께서 배에 오르사 본 동네에 이르시니.

그러나 마가복음과 누가복음에 기록된 바와 같이 주의 도우심이 그 사람들의 무정함을 이기셨다. 예수께서는 그들을 완전히 버리시지는 않으셨다. 떠나시기 직전에 예수께서는 그들에게 한 선교사를 주셨던 것이다. 막 5:18-20; 눅 8:38, 39을 보라. 그는 바로 귀신이 나간 사람이었다.

중풍병자의 치료

나병 환자를 깨끗하게 한 기사(참조: 8:1-4)는 마가복음과 누가복음에도 있는데, 바로 그 뒤를 이어 예수께서 가르치고 계셨던 집의 지붕을 통하여 네 사람이 침상에 달아 내리운 중풍병자의 치료가 나타나고 있다. 막 1:40-45과 막 2:1-12을 참조하라. 그리고 눅 5:12-16과 눅 5:17-26도 참조하라. 그리고 레위(마태)를 부르시는 장면이 뒤따르고 있다. 마가와 누가의 글로 미루어 보면, 이 중풍병자의 치료와 레위의 소명은 확실히 산상수훈의 설교와 열두 제자의 소명(막 3:13-19; 눅 6:12-16) 이전에 일어난 사건이라는 인상을 받는다. 그런데 마태의 본문 9:2 이하는 막 2:1 이하, 눅 5:17 이하와 병행 구절이지만, 이 자료가 그의 복음서에서 차지하는 위치, 즉 산상수훈이 기록된 5장부터 7장까지에서 훨씬 멀리 떨어진 9장에 있는 것은, 신중성이 결여된 독자에게 이 기적과 소명이 산상설교를 선포하신 지 오랜 후에 일어났을 것이라는 생각을 갖게 할지 모른다. 그러나 마태의 배열은 연대기적 기록이라기보다는 오히려 주제 중심이며, 마태의 소명이 그가 포함된 열두 제자의 소명과 위임 다음에 있으므로 잘 이해되지 않을 수 있지만, 대체적으로 마가의 역사적 순서를 따르는 것이 확실히 사리에 맞다고 생각된다. 본문 9:2 이하에 있는 마태의 진술이 어떤 특별한 시기에 대한 언급을 하는 것이 아니기 때문에 이렇게 하는 것은 아무런 모순이 없다. 마태는 단순히 "침상에 누운 중풍병자를 사람들이 데리고 오거늘…"이라고 설명한다. a. 열두 제자의 선택과 산상수훈의 선포, 아니면 b. 중풍병자의 치료와 레위의 소명 중에 어느 것이 더 먼저 일어났느냐는 문제에 대한 의문이 생기지만, 마가와 누가는 이 치료 등이 발생한 정확한 시기에 관한 우리의 호기심을 만족시켜 주지 않는다. 마가는 "수일 후에"(막 2:1)라고 하고 있고, 누가는 "하루는 가르치실 때에"(눅 5:17)라고 기록하고 있다.

이것은 마태가 그때 사건에 대한 역사적 순서를 떠나서 아무 근거도 없이 되는 대로 그의 자료를 열거했음을 나타내는 것일까? 전혀 그렇지 않다. 기적을 기록하는 데 있어서 마태는 그가 다양성과 일종의 점층법적 배열을 도모했다는 것을 보여 준다. 예수께서는 손을 대어 나병 환자를 깨끗하게 하신다. 백부장의 종을 고칠 때는 손도 대지 않으신다. 예수께서는 열병을 쫓아내시는데, 그러한 병을 고치시는 기적은 자신의 능력과 영광을 나타내시기에 충분하지 못한 것 같다. 그는 바람과 바다까지 고요하게 하신다. 더욱이 예수의 왕권은 물질적 세계뿐만 아니라 귀신의 세계에까지도 미친다. 그들 역시 예수의 뜻에 복종했음은 물론이다. 그럼에도 불구하고, 사람의 자녀들에게 베푸신 이 모든 은혜는 조금도 가장 중요한 것으로 강조되지 않으며, 모든 불행의 근원, 즉 창조주로부터 인간을 분리시킨 죄, 인간의 죄악과 타락으로까지 내려가지 않는다. 용서받지 못한 죄는 사탄의 제일 좋은 친구이며 인간의 최대의 적이다. 여기서 살펴보고자 하는 단락은, 위대한 의사는 이 점에서도 치료자시라는 것을 입증하고 있다. 예수께서는 사람을 육체적인 질병에서 자유하게 하는 동시에 모든 악 중에 최대의 악인 죄에서 해방시키는 능력을 발휘하신다.

[2] 침상에 누운 중풍병자를 사람들이 데리고 오거늘 예수께서 그들의 믿음을 보시고 중풍병자에게 이르시되 작은 자야 안심하라 네 죄 사함을 받았느니라.

마 9:2-8을 설명하기 전에 무엇보다 먼저 세 가지 기록, 즉 마 9:2-8; 막 2:1-12; 그리고 눅 5:17-26에 대한 각기 주요한 특성을 포함한 최소한의 논평을 통하여 간단히 조화를 꾀하는 것이 마땅할 것이다.

예수께서 가버나움에 있는 어떤 사람의 집에 들어가셨다. 그 소문은 예수께서 계신 장소가 초만원이 될 정도로 급히 퍼졌다. 그 군중 속에는 갈릴리와 유다 각 고을에서 온 바리새인과 서기관들(율법학자들)도 포함되어 있었다. 일부는 일부러 예루살렘에서부터 오기까지 했다. 예수께서는 메시지를 증거하기 시작하셨다.

그때 이 집을 향해 네 명(친척, 친구들?)이 중풍병자를 침상에 누인 채 데려오고 있었다. 그들은 예수께서 그를 고쳐 주시도록 주님께 데리고 가고자 하였지만 들어갈 정상적인 방법을 찾는 것이 불가능하였다. 그래서 그들은 중풍병자가 누워 있는 침상을 지붕으로 옮겨 몇 개의 기와를 뜯고 예수 앞으로 그를 낮게 내려뜨린다. 예수께서는 그들의 믿음을 보시고 중풍병자에게 "작은 자야 안심하라 네 죄 사함을 받았느니라"고 말씀하신다. 그때 서기관들은 그들의 마음에 "이 사람이 신성을 모독하도다! 오직 하나님 한 분 외에는 누가 능히 죄를 사하겠느냐?"라고 생각한다. 예수께서 그들이 생각하는 바를 심령으로 아시고 그의 대적들에게 말씀하신다. "너희가 어찌하여 마음에 악한 생각을 하느냐? '네 죄 사함을 받았느니라' 하는 말과 '일어나 걸어가라' 하는 말 중에 어느 것이 더 쉽겠느냐? 그러나 인자가 세상에서 죄를 사하는 권능이 있는 줄을 너희로 알게 하려 하노라." 예수께서는 중풍병자에게 "일어나 네 침상을 가지고 집으로 가라"고 말씀하셨다. 그 사람이 일어나 침상을 들고 집으로 돌아가니 모든 사람이 놀라움에 사로잡혀 모두가—치료받은 사람까지 포함하여— 하나님께 영광을 돌린다. 그리고 사방에서 다음과 같은 감탄하는 소리가 들렸다. "오늘 우리가 놀라운 일을 보았다." "우리가 이런 일을 도무지 보지 못했다."

이제 마태의 설명을 살펴보면 세 복음서의 기록 중에 가장 짧게 나타나는데, 무엇보다도 마태는 중풍병자가 예수께 옮겨 왔다고 단순히 진술한 것을 주목하게 된다. 중풍병자가 어떻게 바로 예수의 앞에 오게 되었는가에 대해서는 여기에 나타나 있지 않다. 병세의 심한 정도는 세 가지 설명 중에 어느 것에도 상세히 나타나 있지 않다. 마 8:6; 눅 7:2을 대조해 보라. 그렇지만 이 경우 약간 중하였으리라는 것이 환자가 혼자서 돌아다닐 수 없었고 옮겨 주어야만 하는 상황에서 암시되고 있다. 중풍병자는 담요나 침상에 누워 있는 것으로 묘사되었다.

예수께서는 자신의 눈으로 관찰할 수 있는 것, 즉 이 사람이 그에게 옮겨왔다는 것과 또한 그의 능력에 의해 사람의 마음의 비밀을 읽은 것(요 2:25)을 기초로 하여, 그 일행의 믿음, 즉 중풍병자와 그를 데리고 온 사람들의 믿음을 "보았다". 친구들 아니면 친척들이 중풍병자를 예수께 데리고 왔다. 환자 자신은 이와 같이 옮겨지는 것에 동의했다(혹은 제안을 했을지도 모른다). 서로의 동의가 있었고 이것이 실행됐다. 이 사람들의 믿음은 단지 예수께서 기꺼이 육체적인 치료를 베푸실 수 있다는 믿음뿐이었을까? 아니면 그것은 또한 주님이 중풍병자를 그의 죄의 짐에서부터 자유하게 해 줄 것이라는 확신도 포함된 것이었을까? 후자의 사실은 분명하게 증명할 수 없지만, 예수께서 무엇보다도 먼저 그에게 죄 사함을 확인해 준 사실에서 미루어 볼 때 인정할 수 있는 것이 아닐까?

이때 특수한 일이 발생한다. 일반적으로 예수께서 환자나 불구자와 마주쳤을 때 말을 시작하는 자는 후자이거나 아니면 그 밖에 그의 친구이거나 또는 친척들이 고쳐주기를 요청하는 법이다(8:2, 5; 9:18, 27; 15:22; 17:14, 15; 20:30; 막 1:30 등). 그렇지만 이번 경우에 그런 설명은 아무것도 없다. 청중이 잠잠해졌다. 중풍병자를 이 집으로 옮겨와 예수 앞에 내려뜨린 자들이 잠잠했고, 그래서 또한 괴로움을 당하고 있는 그 자신도 잠잠했다. 예수께서 그에게 말씀하신 바로 첫 번째 말은 "작은 자야 안심하라"는 것이었다. "작은 자" 또는 "아이"(약간 더 문자적)에 대한 이 두 가지 표현은 모두 사랑스러운 용어이다. "안심하라"는 말은 선한 목자의 인정스러움과 부드러움을 나타내 준다. 예수께서는 환자의 곤혹과 어두움을 없애 주시는데, 다시 말하면 그의 보호하시는 사랑과 배려의 팔로 환자를 감싸신다. 신약에서 그 기록에 관한 한, 단 한 번을 제외하고 "안심하라" 또는 "기운을 내라"(흠정역)고 말씀하시는 분은 유일하게 예수님뿐이시다. 마 9:2 이외에 또 22절; 14:27; 막 6:50; 10:49(예외적인 것)[398]; 요 16:33 그리고 행 23:11을 보라. 그러면 기운을 낼 이유는 무엇인가? 그것은 "네 죄 사함을 받았다"라는 것이다. 그 죄가 완전히 그리고 영원히

---

398) 이것은 반드시 예외로 볼 필요는 없다. 이는 맹인을 부르라는 그리스도의 명령에 대한 그 제자들의 반응이기 때문이다. 그것을 예수께서 마치 이 제자들의 입을 통하여 맹인에게 "안심하라"고 말씀했다고 해도 좋을 정도이다.

지워졌다.[399] 이 위로의 진리에 대해서는 시 103:12; 사 1:18; 55:6, 7; 렘 31:34; 미 7:19 그리고 요일 1:9도 보라.

예수께서 중풍병자에게 무엇보다도 가장 관심을 둔 문제는 중풍병을 앓고 있는 그 육체가 아니라 바로 위험한 상태에 놓여 있는 그의 영혼이었다는 추론은 전체적으로 보아 옳다고 생각된다. 그러므로 예수께서는 어떤 다른 말씀을 하시기 전에 그를 죄에서 방면해 주셨던 것이다. 한 걸음 더 나아가 이 결론은 이를테면 이 사람의 죄와 병은 상호 간에 원인과 결과의 관계에 서 있다는 것인데, 그것은 나태한 삶이 그에게 이 병을 가져왔다는 의미에서 역시 정당하지 않을까? 우리는 이러한 관계가 있다는 것을 일반적으로 추측할 수 있다. 그럼에도 불구하고 그것을 증명하는 것이 본문이나 문맥 속에 전혀 나타나지 않는다. 우리가 알고 있는 전부는 그가 자기의 죄로 심히 고민하고 있었던 중풍병자였다는 것이다. 이 죄가 그의 병을 초래했다는 것은 설명되지 않으며, 암시조차 하고 있지 않는 것 같다. 눅 13:1–5; 요 9:1–3도 보라.[400]

[3] 어떤 서기관들이 속으로 이르되 이 사람이 신성을 모독하도다.

그들은 "오직 하나님 한 분 외에는 누가 능히 죄를 사하겠느냐?"고 판단을 내렸다(막 2:7; 눅 5:21). 그 사람이 참으로 회개했는지 하지 않았는지 그 사람의 마음속에 일어난 변화는 그분만이 아신다. 그러므로 근본적으로 하나님 외에 아무도 사면할 권리와 능력을 가지고 있지 않다. 죄의 사면은 하나님의 특권이라는 서기관들의 생각은 정당했다(시 103:12; 사 1:18; 43:25; 55:6, 7; 렘 31:34; 미 7:19). 역시 우리가 용서한다는 것은, 다시 말하면 우리가 복수로 해결하지 않고 그 대신에 진정으로 우리를 가해한 자를 사랑하고 그의 행복을 도모하며 절대로 다시 과거의 일을 회상

399) A.T. Robertson의 *Word Pictures*, p.71. 현재 수동태 직설법인 *ἀφίενται*(제시된 본문)를 "부정 과거 현재"라고 부르고 있다. 이런 류의 과거 현재는 현재완료로 "용서되었고 따라서 바로 이 순간에 용서한 것이며 그리고 용서된 결과가 남아 있다"는 것을 의미하는데, 결과적으로 병행 구절인 눅 5:20에 있는 *ἀφέωνται* 완료 수동태 직설법인 용법으로도 볼 수 있다.

400) 요한복음 5:14에 대한 필자의 주석을 보라.

하지 않을 때 의미가 있는 것이 사실이다(마 6:12, 15; 18:21, 22; 눅 6:37; 엡 4:32; 골 3:13). 그러나 설명한 바와 같이 **근본적으로** 용서하시는 분은 하나님 한 분이시다. 그분만이 죄를 제거할 수 있고 죄가 실제로 제거되었다고 선언하실 수 있다. 그러므로 서기관들이 이 사실을 목격했을 때, 예수께서 중풍병자에게 "네 죄 사함을 받았느니라"라고 말씀하신 것은 스스로 하나님 한 분에게 속한 특권을 주장하신 것이다. 여기서도 서기관들의 생각은 옳았다. 그러나 그때 그들의 생각은 갈림길에 이르렀으며, 그들은 다음과 같은 두 길 중에 악한 방향을 택했다. a. 예수가 암시적으로 주장한 것으로 보아 그는 하나님이라는 것이며, 아니면 b. 그가 부당하게 신의 속성과 특권을 주장한다는 의미에서 그는 신성모독죄를 범하고 있다. 여기서 서기관들은 b를 택한다.

그들은 이 비극적인 실수를 범할 뿐만 아니라 다음의 문맥이 가리키는 바와 같이 몇몇 이유 때문에 이렇게 결정을 내린다. 즉, " '네 죄 사함을 받았느니라' 고 그에게 말하는 것은 쉬운 일이다. 왜냐하면 아무도 그의 이웃의 마음을 들여다볼 수 없으며 또한 전능자의 보좌에 들어가서 용서받고 안 받은 것에 대한 하나님의 재판 결정을 찾아낼 수 없으므로 그것을 논박할 수 없기 때문이다." 따라서 서기관들이 그것을 볼 때, 예수의 말은 신성모독적이며 경박하게 보였던 것이다.

예수께서는 그때 다음과 같이 말씀하시면서 이들의 두 가지 그릇된 결론을 근절시켜 버리셨다.

[4]-[6] 예수께서 그 생각을 아시고 이르시되 너희가 어찌하여 마음에 악한 생각을 하느냐 네 죄 사함을 받았느니라 하는 말과 일어나 걸어가라 하는 말 중에 어느 것이 쉽겠느냐 그러나 인자가 세상에서 죄를 사하는 권능이 있는 줄을 너희로 알게 하려 하노라 하시고 중풍병자에게 말씀하시되 일어나 네 침상을 가지고 집으로 가라 하시니.

예수는 그들의 생각을 아셨다(요 2:25; 21:17). 예수께서 하나님이 아니셨다면 그들의 생각을 알지 못하셨을 것이다(시 139편). 서기관들의 의문에 대하여 그는 예리하게 그들의 생각을 꾸짖으신다. 그들의 생각은 잘못되었는데, 이는 설명하자면 그들이 예수를 **그릇되게** 비난한다는 것이다. 예수는 그들이 이렇게 하는 이유를 물으신다. 그들에게 그들 자신의 마음을 살펴보게 하셨다. 예수를 멸하려는 궁극적인 목적을 가지고 당시에 그곳에 왔던 사람들에게 그들의 잘못을 깨닫게 하기 위한 것이 아니었을까?(참조. 12:14; 막 3:6). "네 죄 사함을 받았느니라"라고 말하는 것, 또는 "일어나 걸어가라"고 하는 것 중에 어느 것이 더 쉬운가에 대해서, 모두 똑같이 전능하신 능력을 요구하는 것이 아닐까? 그러므로 만일 예수께서 전자를 행하실 수 있다면, 그때 후자도 역시 행하실 수 있지 않을까?

그들이 보기에 예수는 초라하지만 영광스러운 인자로서(마 8:20을 보라) 땅 위에서 죄를 사하는 권세와 능력을—그런즉 은혜의 문이 닫히기 전에(마 25:10)— 가지고 계신 것을 알게 하기 위하여, 마태는 삽입구로서 "중풍병자에게 말씀하시되 일어나 네 침상을 가지고 집으로 가라"는 말씀을 첨가하고 있다. 명령 속에 나타난 첫 번째, 두 번째 행동은 잠깐 사이에 행해진 비슷한 상황이며, 세 번째(집으로 가라) 행동은 잠시 지체한 후에 한 걸음 한 걸음 나아가는 것을 나타내고 있다.[401]

계속해서 다음과 같이 말이 이어진다.

[7] 그가 일어나 집으로 돌아가거늘.

예수의 능력과 사랑에 의해서 즉시 완전한 치료가 행해졌다. 그것은 그 중풍병자가 예수께서 하시겠다고 말씀하신 것은 하실 수 있다고 믿었던 그 믿음의 효험 때문이었다. 그래서 그는 이런 믿음에 기초해서 행동했고 나음을 입었으며 그의 길을 떠났고, 마침내 집에 다다랐던 것이다.

예수께서는 이와 같이 가시적인 영역에서 기적을 행하셨으며, 동시에 비가시적인 세계(영계)에서도 그의 거룩한 능력과 사랑을 베푸셨다는 것을 보여 주고 있다. 예수께서는 이 사람에게 건강한 육체를 주셨을 뿐만 아니라 무엇보다도 건강한 영혼을 주셨다("네 죄 사함을 받았느니라"). 예

401) 원문은 두 개의 부정과거를 사용하고 있다(*ἐγερθείς*, 부정과거, 분사, '일어나고 있는'; *ἆρον*, 부정과거, 명령, 능동, '가지고 가다'). 그 뒤에 *ὕπαγε*, 2인칭, 단수, 현재, 명령, '가다' 또는 '가고 있다.'

수께서는 철저히 적들의 비난을 논박했다. 게다가 예수께서 죄 사함을 선언하기는 쉬운 편이라는 비난에 대해 여기서 증명되었듯이, 그는 진실로 그것을 할 수 있었고 실제로 해 보였다. 그러나 죄 사함이 쉬울 것이라는 것에 대해 말하자면, 예수께서 지상에 머무는 동안 겪었던 모든 고통과 겟세마네에서의 피땀, 가바다(박석)에서의 채찍질, 골고다의 십자가에서 절정을 이루었던 그 고통은 바로 이 용서를 위해 요구되었던 것이 아닌가? 그리고 마찬가지로 신체적 치료를 하신 것에 관해서 말하자면 마 8:17의 말씀이 여기에서 또한 이루어지는 것이 아닌가? 그 구절을 보라.

서기관들은 그들의 패배를 인정했을까? 그들은 최소한 예수께서 주장하신 것이 옳았다는 것을 인정했는가? 이러한 점에 관해서 마태는 침묵하고 있다. 또한 마가와 누가도 그렇다. 결과는 서기관들이 아무것도 받아들이지 않았고 점점 더 적대적이 되었다는 것을 보여 주고 있다(마 9:11, 34; 12:2, 14, 24; 막 2:16, 24; 3:2, 5, 22; 7:1 이하; 눅 5:30; 6:2, 7, 11). 일반 사람들의 반응은 다음과 같이 기술된다.

[8] 무리가 보고 두려워하며 이런 권능을 사람에게 주신 하나님께 영광을 돌리니라.

(가장 잘 번역된) 마태복음에 따르면, 사람들은 "두려움에 싸여 있다" 또는 "위엄에 눌려 있다", 마가복음에는 "몹시 놀랐다", "대경실색했다", 누가복음에는 "놀라움에 사로잡혀 있었다…그리고 두려움에 싸여 있다"라고 되어 있다. 모든 사람들이 "하나님께 영광을 돌렸다"고 보고하고 있다. 마태복음은 "이런 권능을 사람에게 주신 것 (때문에)"라고 덧붙이고 이런 의미에서 일찍이 베드로가 행했다고 보고된 바(눅 5:8)대로, 일반 사람들이 예수의 현존 앞에서 그들 자신의 죄의식과 무가치함을 깨닫고 유일한 의미에서 그 당시 예수가 하나님이었다고 이해한 것으로 해석하기는 어려울 것이다. 그들이 영광과 존귀를 하나님께 돌렸다고 하는 것이 아마도 올바른 해석일 것이다. 왜냐하면 그들이 보았듯이 하나님께서 그러한 권세(power)를 인류의 한 구성원에게 주셨으며, 바로 그들 자신도 그 인류에 속해 있기 때문이다. 여기에서 예수 자신이 방금 말씀하셨던

것에 대해 반복해 들어 보는 것이 좋을 것이다. 즉, "그러나 너희들이 인자가 권세를 가지고 있다는 것을 알게 하려 하노라". 두 경우에서 나타나는 권세라는 단어를 주목하라. 또한 "인자"와 "인간"을 비교해 보라. 만일 이것이 틀림이 없다면 그들은 "인자"를 "인간"과 동등하게 보고 있었던 것이며(에스겔에서처럼), 이렇게 함으로써 그들은 그 말의 더 깊은 의미를 빠뜨렸던 것이다. 사실 잠시 동안 예수의 영광은 그들이 의식하기 전에 번쩍였으나 그들은 단지 그것을 흘낏 보았을 뿐이었다. 그들은 예수를 "하나님의 영광의 광채시요 그 본체의 형상"으로서 보지 못했던 것이다(히 1:3, A.R.V.).

마태를 부르심

세 공관복음에서 마태의 부르심에 관한 이야기는 다음 절에 언급되어 있다(마 9:9-13; 막 2:13-17; 눅 5:27-32). 더구나 다소 일반적인 방법으로 시간과 공간의 관계는 중풍병자의 치료와 이 부르심 사이에 나타나 있다. 두 사건은 분명히 가버나움에서 일어났으며, 마태가 기억하고 있듯이 모두 서로 시간적으로 밀접하게 뒤따라 나타나고 있다. 왜냐하면 복음서 저자는 다음과 같이 말하고 있기 때문이다.

[9] 예수께서 그곳을 떠나 지나가시다가 마태라 하는 사람이 세관에 앉아 있는 것을 보시고 이르시되 나를 따르라 하시니 일어나 따르니라.

마태에 관한 많은 자료들—그의 직업, 사는 곳, 제자로 부르심, 자격 부여, 문체 등—은 이미 제시되었다. (마태복음 상권 pp. 155-164, 390-391, 511-512 참조) 막 2:13에 따르면, 마태가 예수의 제자의 한 사람으로 부르심을 받게 된 곳은 해변에서 가까운 곳이었다. 장래의 복음 전도자는 세리의 창구 내지는 세관에 앉아서 시리아와 이집트 사이의 국제 간선도로를 따라 통과하는 무역 상품에 대해 관세를 징수했다.

예수께서 마태에게 "나를 따르라"고 하시니 **일어나 따르니라.** 이와 같이 담백하게 자신의 아무런 면목도 세우는 일 없이, 가장 깊은 관련을 가진

당사자로서 이 잊을 수 없는 체험을 기록하고 있다. 더 상세히 살펴보기 위해서는 큰 희생이 있었음을 강조하는 누가복음을 보라. 거기서는 "모든 것을 버리고" 일어나 예수를 따른 세리를 우리에게 보여 주고 있다. 마태는 예수께서 사역의 본거지로 삼은 가버나움에서 살았고 거기에서 일해 왔던 것이 거의 확실하다. 마태는 예수 그리스도와 그 이전에도 여러 번 접촉이 있었으며, 부르심을 받았을 때는 이미 예수님과 그분의 뜻에 자기 마음을 다 드렸던 것이다. 그럼에도 불구하고, 마태는 이제 그가 종사해 온 과거와의 관계를 깨끗이 청산했을 뿐만 아니라 자기를 부르신 분과 연합되어 그가 무조건적으로 자기 자신을 예수께 드린 것을 온 세계에 선포했다. 마태는 예수께 귀의한 것을 행동으로 보여 주고 있는데, 그의 희생적인 특성을 과소평가해서는 안 된다.

그런데 마태는 세리장이나 징세 청부인, 또는 임차인이 아니라 분명히 말단 세관원이기 때문에 가버나움에서의 관세 업무는 그가 모든 것을 버리고 예수를 따른 후에도 중지되지 않았다는 것을 알아야 한다.

바로 이때에 마가(2:14)와 누가(5:27)가, **레위**(그 이름의 설명에 대해서는 창 29:34을 보라)라는 이름의 사람을 "여호와의 선물"이라는 의미를 가진(참조. 데오도르: "하나님의 선물") **마태**라는 이름으로 받아들이고 선택하게 되었던 것이었을까? 만일 그렇다면 예수님 자신이 그에게 이 이름을 주셨을 것이다(참조. 막 3:16; 요 1:42). 그 당시, 초창기부터 가장 밀접한 제자들의 소그룹에 가담되어 있었던 사람이 두 개의 이름을 가졌다는 것은 있을 법한 일이다. 두 개의 이름은 유대인들 사이에 드물지 않았다. 도마는 디두모라고 불렀고(요 11:16), 바돌로매(마 10:3; 막 3:18; 눅 6:14; 그리고 행 1:13)는 아마 나다나엘(요 1:45-49; 21:2)이었을 것이다. 이 부르심에 대해 세 공관복음서의 설명을 비교해 볼 때 즉시 증명되는 바와 같이, 레위와 마태를 동일시하는 것은 거의 의심할 수 없는 사실이다. 더욱이 누가는 레위를 "세리"(눅 5:27)라고 부르고 있고, 우리 성경의 첫 번째 복음서에 기록된 열두 사도의 목록 속에는 "세리 마태"라는 말이 있다(10:3). 열두 제자에 대한 모든 목록 속에서 마태라는 이름은 레위를 대신하고 있다(마 10:2-4; 막 3:14-19; 눅 6:13-16; 행 1:13).

그는 세리로서 기록물을 써서 보관해 본 경험이 있었고, 당연히 1개 국어 이상 구사할 수 있었으므로, 마태의 역할은 예수와 복음을 위하여 매우 소중했을 것이라는 점은 이미 지적되었다. 중보자에게 있어서 이 사람은 진실로 하나님의 선물이었다. 마태는 동시대인들과 후손들을 위하여 그리스도의 말씀과 행적을 기록하고 보존할 사람으로 작정되어 있었다. 더욱이 마태가 매우 간결하게 자신의 부르심에 대해 기록하여, 자기 자신의 희생에 대한 일체의 언급을 생략한 것을 볼 때, 우리는 그가 신중하고 겸손했다는 인상을 갖게 된다. 그는 아마 **과묵한** 사람이었을 것이다. 사복음서 어디에도 그가 무엇을 **말하고 있는 것**으로 소개된 적이 없다. 이 점에서 그는 다른 두 "주의를 끌지 않는" 제자들, 즉 작은 야고보(알패오의 아들)[402]와 열심당원 시몬과 같다. 베드로가 가장 많이 말하고 있다(마 14:28; 15:15; 16:16, 22; 17:4 등). 안드레는 가끔 말하고 있다(막 13:3; 요 1:41; 6:8, 9; 12:22). 형제 야고보(막 10:35-39; 눅 9:54)와 요한(눅 9:54; 요 13:23-25)도 그렇다. 빌립(요 1:45; 12:22), 도마(요 11:16; 14:5; 20:24-29), 그리고 배반자 유다(마 26:14-16, 25; 27:3, 4; 요 12:4, 5)도 약간의 말을 하고 있다. 나다나엘까지도 완전히 침묵하지는 않으며(요 1:46-49), 또한 가룟인 아닌 유다(다대오-역주)도 한마디 하고 있다(요 14:22). 그러나 마태의 입에서 우리는 한마디도 듣지 못했다. 그러나 그는 이 놀라운 복음서 가운데서 그만큼 더 찬란한 빛을 던져주고 있다!

그럼에도 불구하고 마태를 오직 작가로서만 생각하는 것은 그를 불공평하게 판단하는 것이라고 할 수 있다. 우리는 그에게서 작가의 능력과 공손한 인격의 결합이 잘 이루어져 있는 것을 볼 수 있는데, 그의 경우에 이 두 가지 요소는 깊은 영성을 창출해 내고 있다. 마태는 주의 영을 감지하였다. 주의 영은 분명히 세리를 포함한 죄인들을 찾아 구원하는 것이었으며, 예수께서는 인간들 가운데 머무르기 위해 오셨다는 것을 마태는 알았다. 그래서 누가는 기록하고 있지만 마태는 신중하게 언급을 회피하는 바와 같이, 이전에 세리였던 그가 이제는 제자로서 "예수를 위하여 자기(마태의) 집에서 큰 잔치를 하니", 그 잔치에 마태의 친구들, 세리들이 초

402) 마태와 작은 야고보는 형제였다는 견해에 관하여 각주 113)을 보라.

대를 받았다(눅 5:29). 마태는 단순히 이렇게 말하고 있다.

[10] 예수께서[403] 마태의 집에서 앉아[404] 음식을 잡수실[405] 때에 많은 세리와 죄인들이 와서 예수와 그의 제자들과 함께 앉았더니.

이것은 일종의 송별 연회로서, 마태가 그의 집에서 준비한 것이었다. 마태는 예수께 경의를 표하여 자신의 옛 생활을 떠나보내고 새 삶을 맞아들여 주의 영적인 추종자가 되었다는 것을 모두에게 표명했다고 볼 수 있다. 많은 "세리와 죄인들"(이와 같이 문자 그대로)이 참석하여 예수와 그의 제자들도 함께 음식을 먹었는데, 이때쯤에는 확고한 제자들로 구성되어 있었다.

세리들은 좀 더 일찍이 설명되고 있다(마 5:46을 보라). 그들이 천하게 여겨지는 이유는 부정직하고, 욕심쟁이이며, 비애국적인 사람으로 거론되기 때문이다. 하지만 이들 "세리들"은 무리를 지어 있었다. 요 7:49을 보라(참조. 마 9:24). "세리와 죄인들" 중에서 랍비들이 하나님의 율법에 첨가한 법칙과 규례들에 충분히 주의를 기울인 자는 아무도 없었다. 이 "전통"에 대해 바리새인과 서기관들은 모든 것을 다 지키고 있었다. 하지만 세리와 그의 친구들은 하나님의 율법 자체까지도 종종 크게 범하거나 적어도 등한히 했다는 것이 사실이다. 유대 종교 지도자들과 그들의 동료들이 보는 바, 그들이 듣고 있었던 나쁜 평판은 일부는 부당하기도 했지만, 한편으로는 당연한 점도 있었다. 중요한 문제는 이것이니, 곧 예수께

403) 대부분의 번역자들과 주석자들이 일치하여(그러나 Lenski는 반대 입장을 취함. *op. cit.*, p.353) 10절에 있는 첫 번째 *αὐτοῦ*(마지막과 마찬가지로)는 예수를 가리키며, 이전의 *αὐτῷ*(*ἠκολούθησεν αὐτῷ*에서)도 역시 예수를 가리킨다고 필자는 믿는다. 이것은 다음과 같이 쉽게 생각을 바꾸게 해 준다. "그가(예수) 앉아 잡수실 때에 많은…그(예수)와…함께 앉았더니 어찌하여 너희 선생은 세리와 죄인들과 함께 잡수시느냐?"

404) 직역하면, "그리고 그가…앉아 음식을 잡수실 때에…일어났다." 이러한 "그리고 일어났다" 또는 "생겼다"는 것은 히브리어(wayᵉhî)와 70인역의 동등어구에서 자주 나타나는 구분이다.

405) *ἰδού*에 대해서는 각주 133)을 보라.

서 그들의 죄와 불행으로부터 그들을 해방시키러 오셨다는 것이다. 마태는 이것을 이해했다. 바리새인들은 그렇게 하지 못했다. 그들은 너무 자만했고 독선적이어서 이해하지 못했다. 그러나 그들은 예수께서 "그런 나쁜 사람들"과 허물없이 교제하는 사실을 알고 있었다.

[11] 바리새인들이 보고 그의 제자들에게 이르되 어찌하여 너희 선생은 세리와 죄인들과 함께 잡수시느냐.

아마 잔치는 끝났고 손님들이 흩어질 때였을 것이다. 항상 예수의 결점을 찾으려고 노력했지만(마 12:2, 24; 15:1, 2; 19:3 등), 때때로 예수를 직접적으로 비판할 용기가 없었던 바리새인들은, 제자들이 그러한 사람을 선생으로 택한 것에 대해 제자들에게 야유를 퍼붓는 것이다. 그들이 정말로 싫어한 궁극적인 대상은 물론 예수 자신이었다. "어찌하여 너희 선생은…"이라는 말은 날카로운 비난으로 가득 차 있는 것으로, 마치 "너희 선생과 같은 그러한 사람을 모신 것에 대해 부끄럽지 않느냐!"고 말하는 것 같다.

질문 형식을 띤 일종의 고소, 얇게 가면을 쓴 이러한 비난 속에는 어떤 의도가 있는 것일까? 사람과 함께 먹는다는 것은 화목을 의미하며 친교를 의미한다는 것이 사실이 아닐까? 마 8:11을 보라. 그 당시 예수께서 그렇게 평판이 좋지 못한 사람들의 무리 속에 함께 앉는다는 것이 어떻게 가능했을까? 바리새인들이 형식적이며 무정한 마음 때문에 이해하지 못한 사실은, 그러한 친교가 전적으로 정당하고 합당한 때와 시기가 있다는 것이다. 예수께서는 이 밀도 깊은 교제에 의하여 자신이 그 당시 선포한 바대로 하나의 필요에 마주하고 있는 것이다.

[12] 예수께서 들으시고 이르시되 건강한 자에게는 의사가 쓸데없고 병든 자에게라야 쓸데 있느니라.

예수께서는 바리새인들의 비방과 제자들의 당황하는 모습을 마침 주목하시게 되었다. 예수께서는 일반적으로 널리 알려진 속담이었을지 모르는 말을 인용하여 결정적인 답변을 하신다. 예수께서 악명을 떨치고 있는 사람들과 친밀하게 교제를 갖는 이것은, 악한 동료들과 "유유상종"하여 환담하는 것이 아니라, 오직 한 사람의 의사로서 어떠하든 환자의 질병에 전염되는 일이 없이 **그들을 치료하기 위하여** 그들에게 매우 가까이 접근해야 할 필요가 있기 때문이었다. 특히 이 사실을 이해할 수 있어야 할 자는 바리새인들이었다. 그들은 다른 모든 사람들을 경멸하는 동시에 자신의 의를 믿은 장본인이 아닌가?(눅 18:9). 바리새인들의 눈에 세리와 죄인들이 그렇게 깊이 병들어 있다면 그들은 고침을 받아야 하지 않겠는가? 치료자의 임무는 건강한 자를 고치는 것인가 아니면 병든 자를 고치는 것인가? 물론 병든 자이다.

따라서 우리는 예수께서 바리새인들의 이론을 기초로 하여, 그들의 태도를 정죄하시고 자기 자신을 정당화시키고 있는 것을 본다. 거기에는 다음과 같은 내용이 함축되어 있다. 그것은 바리새인들이 자기들의 임무를 게을리하는 것이라고 할 수 있지 않을까? 이 트집을 잡는 비판은 치료의 도움과 친절을 필요로 하는 이들에게 확대하고 있는 것일까? 우리는 이제 예수께서 다음과 같이 말을 잇고 있는 이유를 이해할 수 있다.

[13] 너희는 가서 내가 긍휼을 원하고 제사를 원하지 아니하노라 하신 뜻이 무엇인지 배우라.

우리는 본문에서 전에 한 번 호세아의 예언을 인용한 적이 있었다(마 2:15을 보라). 그러나 이번에는 인용한 자가 복음서 기자가 아니라 예수 자신이시다. 이 구약 예언서의 배경과 일반적인 개요는 앞서 나타난 예언의 인용과 관련하여 이미 제시되었다. 불의한 이스라엘이 범죄한 죄는 율법의 첫 번째 계명을 범한 것 이외에도(호 6:7; 7:10, 11, 14; 8:1-7, 14 등), 강도와 살인 같은 증오할 만한 것이었다(호 6:9; 7:1, 7). 그러한 죄악의 상황 속에서 희생제물을 가지고 오는 것은 더없는 어리석음으로 이해하기 쉬운 것이었다. 하나님과 인간 모두에 관한 "선"이라고 하는 것은[406] 단순히 번제를 드리기보다는 오히려 하나님이 원하시는 것이 무엇인가

406) 병행 구문으로 지칭되는 바 호 6:6의 **헤세드**(*hesed*, 인애)는 이웃을 향한 사랑뿐만 아니라 하나님을 "아는 것"-그런즉 하나님과의 계약관계-도 가리킨다. 본문 마

라는 것이었다. 그것이 본문 마 9:13에서 인용된 호세아 예언(6:6)의 핵심 사상이다. 그런데도 진정한 마음과 행동의 변화 없이 희생제물을 드렸다고 한다면, 이것이 바로 죽은 의식주의가 되는 것이며 주님께는 싫어서 견딜 수 없는 것이 되는 것이다(마 9:13, 14). 선이나 자비가 없는 "종교"는 무가치하다. 예수께서는 바리새인들에게 그 교훈을 배우라고 말씀하신다. 즉, 그 뜻을 생각하고 마음에 두라는 것이다. 호 6:6; 암 5:21-24; 미 6:8 등에서 가르친 교훈을 깊이 생각하고 그들 자신에게 적용시키라는 것이다(참조. 마 23:23-26). 박하와 회향과 근채의 십일조를 드리되, 율법의 더 중한 바 정의와 긍휼과 믿음을 버린 종교는 참된 것을 빠뜨린 비참한 변조물에 지나지 않는다.

예수께서는 호세아서에서 이 말을 인용한 후에, **나는 의인을 부르러 온 것이 아니요 죄인을 부르러 왔노라 하시니라**는 말을 추가한다. 대체로 마가와 누가에서도 이렇게 해석할 수 있지만, "이는(for)"이라는 말은 마태에서만 나타나고 있으며, 누가는 "회개시키러"라는 문장으로 끝을 맺고 있다. "이는"이라는 말은 "설명사" 또는 "계속사"라고 부를 수 있다. 이 문맥에서 그것은 다음과 같은 어떤 것을 의미한다. "나는 의사로서 필요에 부응하기 위해, 그리고 너희 바리새인들 역시 베풀어야 할 그러한 자비를 베풀려고 왔다는 이 사실과 일치해서, 내가 의인을 부르러 온 것이 아니요 죄인을 부르러 왔다는 사실이다." 그 부르심은 "회개시키려"고 부르신 것이라는 사실이 누가에서만 나타나지만 마태와 마가에서도 함축되어 있다(마 3:2; 4:17; 막 1:4, 15을 보라).

이 복음서 구절 속에서 나타나는 **부르심은**(마 9:13; 막 2:17; 눅 5:32), 죄인들이 예수 그리스도를 그들의 주와 구세주로서 영접하도록 열어 놓은 열렬한 초대이다. 이 부르심이 항상 효과적이지는 못했다는 사실이 마 22:14 "청함을 받은 자는 많되 택함을 입은 자는 적으니라"에서 분명하게 나타난다. 다른 한편, 서간서 속에서 나타난 부르심은, 역사의 과정 속에서 성령의 역사에 의하여 모든 사람들 중 어떤 한정된 개인들에게 제한하

9:13의 ἔλεος에서 강조하는 것은 명백히 전자를 의미하는 것으로, 세리와 죄인들을 향해서도 친절이 확대되어야 한다는 것이다.

여 복음에로의 초대를 베풀고 있다(롬 4:17; 8:30; 9:11, 24; 갈 1:6, 15; 엡 1:18; 4:1, 4; 빌 3:14; 살전 2:12; 4:7; 살후 1:11; 딤후 1:9). 이 사실은 복음서에서 선포된 구원의 길은 서간서 속에서 선포된 것과 다르다는 것을 의미하는 것인가? 이를테면 결국 복음서에서의 구원은 궁극적으로 인간의 의지에 달려 있지만, 서간서에서는 하나님의 은혜에 달려 있다는 말인가? 절대 그럴 수 없다. 그것은 다만 용어의 차이일 뿐이다. 교의는 모두 동일하다. 복음서에서도 역시 죄인들이 초대받을 수 있고 그와 함께 구원이 하나님에 의해 그들에게 약속받게 되는 것은 하나님의 은혜와 능력에 의할 뿐이다. 이것은 마 7:7; 19:25, 26; 눅 11:13; 12:32; 22:31, 32; 요 3:3, 5; 6:44; 12:32; 15:5에서 분명해진다. 이와 함께 약 1:17, 18; 고전 4:7; 엡 2:8; 빌 2:12, 13 그리고 살후 2:13, 14을 비교해 보라.

본문 마 9:13에서 그리스도의 수욕과 사명의 놀라운 목적이 아름답게 표현되어 있다. 스스로 가치 있다고 생각하는 자들이 아니라 구원의 초대를 오히려 필사적으로 찾는 자들에게 온전하고 자유롭게 되는 방법을 알 수 있는 길이 확대되었다. 그들은 죄인들, 잃어버린 자, 길 잃은 자, 거지들, 무거운 짐 진 자들, 굶주리고 목마른 자들로 예수께서는 그들을 구원하러 오셨다. 마 5:6; 11:28-30; 22:9, 10; 눅 14:21-23; 15장; 19:10; 요 7:37, 38도 보라. 이것은 구약과 신약, 모든 특별계시와 일치한다(사 1:18; 45:22; 55:1, 6, 7; 렘 35:15; 겔 18:23; 33:11; 호 6:1; 11:8; 롬 8:23, 24; 고후 5:20; 딤전 1:15; 계 3:20; 22:17). 그것은 모든 세대에 "관련된" 것이며, 위로로 가득 찬 메시지이다!

금식에 대한 질문

일부 학자들은[407] 본문 9:14-17에 보고된 사건은(참조. 막 2:18-22; 눅 5:33-39) 방금 거론된 사실과(마 9:9-13) 매우 밀접한 연대적 관계에 있

407) 예를 들면, A.T. Robertson, *Harmony of the Gospels*, New York, 1922, p.40에 있는 각주; 또한 H.N. Ridderbos, Lenski 그리고 Grosheide의 마태복음 본문에 관한 각 주석들.

다는 견해를 취한다. 이 견해는 마 9:14 처음에 "그때에" 또는 "그래서 즉시"라는 말에 기초한 것이라기보다는—이 단어는 매우 불명료하여 "바로 그때에" 또는 "직후에"라는 의미뿐만 아니라 "그 당시에"라는 것을 의미할 수 있다— 오히려 병행 구절인 막 2:18 "요한의 제자들과 바리새인들이 금식하고 있는지라 사람들이 예수께 와서 말하되 요한의 제자들과 바리새인의 제자들은 금식하는데 어찌하여 당신의 제자들은 금식하지 아니하니이까?"에 기초한 것이라고 할 수 있다. 두 사건 사이의 이 긴밀한 시상관계가 인정될 때 그 설명의 극적인 성격이 강화된다. 즉, 예수, 그의 제자들, 그리고 많은 세리들이 마태의 집에서 **잔치하고 있을** 바로 그때에, 세례 요한의 제자들과 바리새인들과 그 무리들이 **금식하고 있었는데**, 그 직접적인 결과로 마 9:14의 질문이 제기된 것이다.

이 해석이 모든 주석학자들에게 인정을 받지만 그것이 사실이라는 것은 결코 아니다. 그것을 지지하는 사람들조차 이 입장을 취하기를 보류하는 것은 이상한 일이 아니다. 일부 해석학자들은 전혀 그 질문을 취급조차 하지 않는다.[408] 복음서 기자들 중에 이런 금식에 대한 문제가 발생할 때 명확하게 지적하는 자가 아무도 없다는 것은 분명한 사실이다.[409] 이 외에도 잔치와 금식에 대한 질문의 연대적 일치를 주장하는 자들은 역시 그들이 마 9:18에 이르게 될 때 난관에 봉착하게 될 것이다. 그 구절에 대해서는 특별히 각주 413)을 보라.

그러나 두 사건 사이에 긴밀한 **연대기적** 관계가 없을지 모르지만 **논리적** 관계가 있다는 것은 매우 당연하다. 세리와 죄인들과 어울린 것은 이

---

408) 마 9:14에 대해서는 W.C. Allen (*I.C.C.*), A.B. Bruce (*Expositer's Greek Testament*), John Calvin, C.R. Erdman, S.E. Johnson (*Interpreter's Bible*), 그리고 R.V.G. Tasker (*Tyndale New Testament Commentaries*)의 논평을 보라.

409) 완곡한 미완료 *ἦσαν νηστεύοντες*(막 2:18)는 어느 방향에서도 문제를 해결하지 않는다. 이 표현은 앞의 문단에서 설명된 사건과 시간에 있어서 일치한다는 것을 반드시 가리키는 것은 아니지만 묘사하고 있는 것은 사실이다. 마가복음 2:18-22 단락에서 연대적 시간이나 순서에 관한 아무런 특별한 언급이 없다는 것도 틀림없는 사실이다. N.B. Stonehouse, *Origins of the Synoptic Gospels*, p.66도 보라.

것이 한 번 뿐이 아닌 반면(마 11:19; 눅 7:34; 15:1, 2; 참조. 눅 19:1-10) 요한의 제자들과 바리새인들은 그러한 연회를 삼가고 엄격할 정도까지 훈련을 하였으므로, 조만간 다음 절에서와 같은 질문을 받지 않을 수 없었던 것이다.

[14] 그때에 요한의 제자들이 예수께 나아와 이르되 우리와 바리새인들은 (종종)[410] 금식하는데 어찌하여 당신의 제자들은 금식하지 아니하나이까.

요한의 투옥 이후까지도(마 4:12을 보라), 그의 제자들 중 일부는 별개의 집단으로서 계속 존속했다는 것이 이 질문에서 분명해진다. 요 3:25, 26의 관점에서 볼 때 이것은 그리 놀라운 일이 못 된다. 그들의 지도자였던 요한은 이 분리운동에 아무런 격려를 주지 않았고 몇 세기 동안 지속된 "세례 요한의 제자들"의 분파를 후원하지 않았다는 것이 요 3:30에서 나타난다. 그들이 자극을 받았다고 한다면, 예수가 그리스도라는 세례 요한의 증거(마 3:11; 요 1:29-36)와 예수와 요한의 공통적인 많은 점들에도 불구하고, 아마도 몇 가지 뚜렷한 차이(마 11:18, 19)가 있었다는 사실로 인해, 우리와 바리새인들은 금식하는데 어찌하여 예수의 제자들은 금식하지 않느냐고 이 "요한의 제자들"이 질문했을 것이다. 이 질문자들을 위해 변명해 본다면, 그들은 예수를 무시한 것이 아니라 다만 직접적이고도 솔직하게 예수께 접근했다고 말할 수 있을 것이며(11절 바리새인들과 대조해 보라), 또한 그들의 질문은 비판적인 빛깔이 전혀 없지는 않겠지만 가면을 쓴 지독한 비난이라기보다는 오히려 알기 원하는 정직한 질문이라고 할 수 있을 것이다.

하지만 사실상 이 질문에 대해 정당화할 길이 없다. 이 사람들이 뛰어난 성경학도들이었다고 할 때 그들은 다음과 같은 사실을 알았을 것이다. a. 하나님의 율법에서 유래되어 할 수 있었던 최선의 금식은 속죄일에 하

410) 우리가 *πολλά*('많은')로 읽든 또는 *πυκνά*('자주')로 읽든 간에 "종종"이라는 번역은 어떤 경우에도 무방하다. L.N.T.(A. and G.), pp.695와 736을 보라. 완전히 부사를 생략한 해석에 대해서도 충분한 증거가 있다. 본문 연구 자료 N.N.을 보라.

는 금식이었다(레 23:27), 그리고 b. 사 58:6, 7과 슥 7:1–10의 교훈에 따르면, 하나님께서 요구하신 것은 문자 그대로의 금식이 아니라 수직적 사랑(하나님 사랑)과 수평적 사랑(이웃 사랑)이었다.

예수의 제자들에게 문제의 그런 금식은 부적당했으리라는 것이 가장 중요한 이유였다.

[15] 예수께서 그들에게 이르시되 혼인집 손님들이 신랑과 함께 있을 동안에 슬퍼할 수 있느냐.

이 질문은 그 대답이 반드시 "아니다"라고 할 정도로 직접적이다. 예수는 본문에서 자신의 땅 위에서의 축복된 현존을 결혼잔치와 비교하고 있다. 성경은 여호와와 그의 백성, 또는 그리스도와 그의 교회 사이의 관계를, 신랑과 신부 사이의 사랑의 결합으로 여러 번 비유한다(사 50:1 이하; 54:1 이하; 62:5; 렘 2:32; 31:32; 호 2:1 이하; 마 25:1 이하; 요 3:29; 고후 11:2; 엡 5:32). 15절의 "혼인집의 친구들"(직역하면)[411]이라는 말은 "신랑집 손님들"을 의미하는 것이다. 이들은 신랑의 친구들이었다. 그들은 신랑에게 가까이 서 있었다. 그들은 혼인집에 초대받았으며, 준비하는 책임을 맡고 있었고, 잔치를 성공적으로 이끌 수 있도록 모든 것을 행하는 것이 요구되었다.[412]

잔치가 진행되는 동안에 신랑의 친구들이 금식할 수 있는가? 예수께서 가정하신 말씀은 얼마나 불합리한가! 예수께서 자비의 사역을 이루시고 있는 동안, 그리고 생명의 말씀과 아름다운 말씀이 그의 입에서 구슬처럼 뚝뚝 떨어지고 있는 동안에 주의 제자들이 슬퍼한다는 것은 얼마나 전혀 어울리지 않는 일인가! 하지만 예수께서는 다시 부언하신다. **그러나 신랑을 빼앗길 날이 이르리니 그때에는 금식할 것이니라.** 물론 이 일은 그리스

411) 이 관계에 대한 더 자세한 설명을 위해서는 필자의 저서 *More than Conquerors*, Grand Rapids, seventeenth edition 1970, pp.214–217.

412) 이 "혼인집 손님들"은 "신랑의 친구들"(요 3:29)과 혼동해서는 안 된다. 후자의 의무는 신부를 신랑에게 데리고 오는 것이었으며 신부를 맞이하는 신랑의 목소리를 듣고 기뻐하는 자들인 것이다.

도께서 십자가에서 죽을 것에 대한 초기 예언이다. 그에 관한 슬픔이 오래 계속되지 않을 것이라는 사실이 요 16:16-22에서 지적되고 있다. 그리스도의 부활에 의하여 슬픔이 기쁨으로 바뀔 것이었다.

예수께서는 일상생활에서 취해낸 두 가지 예화에 의하여 제자들이 **지금** 금식하는 것이 얼마나 부적당한가 하는 것을 명백하게 보여 주고 있다. 왜냐하면 그것은 마치 그리스도의 강림으로 큰 재앙이 그들에게 임한 것처럼 여겨지게 하기 때문이다. 예화의 중요한 교훈은 예수께서 오심으로써 병든 자에게 치유함을 얻게 하고, 귀신 들린 자에게 해방을, 걱정에 시달리는 자에게 걱정에서의 자유를, 나병 환자에게 깨끗함을, 굶주린 자에게 음식을, 불구자에게 온전함을, 그리고 무엇보다 죄 속에 빠진 자들에게 구원을 얻도록 안내하신 일들에 대한 새로운 시도가, 인간이 규정한 금식의 옛 틀 속으로 갇히는 것은 적절하지 않다는 것을 전해 주는 것이다. 첫 번째 비유는 다음과 같다.

[16] 생베 조각을 낡은 옷에 붙이는 자가 없나니 이는 기운 것이 그 옷을 당기어 해어짐이 더하게 됨이요.

만일 온전치 못한 생 모직물 조각을 낡은 옷에 대었다면, 그 결과 이 오그라들지 않은 조각이 젖어 오그라들 때가 있을 것이고, 그때 그 조각은 이 몹시 낡은 옷의 헝겊을 댄 부분을 갈기갈기 찢어버릴 것이다. 처음에 찢어질 것을 대비하기 위해 덧대었던 헝겊은 이제 더 크게 찢어지게 할 것이다. 두 번째 비유는 첫 번째 비유를 보강하는 것이다.

[17] 새 포도주를 낡은 가죽 부대에 넣지 아니하나니 그렇게 하면 부대가 터져 포도주가 쏟아지고 부대도 버리게 됨이라.

가죽 부대는 보통 염소나 양의 가죽으로 만들었다. 짐승에서 가죽을 벗긴 후에 무두질을 하고, 털도 바짝 깎고 나서 가죽을 뒤집는다. 열려진 목 부분이 "병"의 입이 되었다. 발과 꼬리 부분이 열려진 곳은 가는 끈으로 묶어 주었다. 자연히 낡은 가죽 부대는 계속해서 발효하는 새 술에는 적합하지 않다. 왜냐하면 그러한 술은 용기를 팽창시키기 때문이다. 새 가죽 부대는 그 압력에 충분히 신축성을 가질 수 있지만, 같은 조건에 있는 낡은 가죽 부대는 뻣뻣하고 굳어 있어 부서지기 쉽다. 그때 술은 쏟아질 것이고 가죽 부대는 더 이상 사용할 수 없게 될 것이다. 계속해서 보면, **새 포도주는 새 부대에 넣어야 둘이 다 보전되느니라.**

새 포도주는 은혜로 말미암는 구원을 대표하는 반면, 낡은 가죽 부대는 율법의 행위에 의한 구원을 상징한다고 말하는 것은 전혀 옳지 않다. 예수께서 율법에 관해 가르치신 것은 마 5:17-20과 마 22:34-40과 같은 구절에 나타난다. 본문에서 문제 삼는 것은 그와 같은 하나님의 율법은 아니었다. 왜냐하면 이미 설명한 것처럼 상습적인 금식은 순전히 인간의 제도였던 것이다. 예수께서 보여 주신 것은 그가 베푼 구원이 기쁨의 음색이 완전히 제거된 금식과는 다르다는 것인데, 이것은 특히 그의 제자들에게 있어서 사실로서, 그들은 주님과 가장 가까운 관계에 있었다. 이 축복을 받아들이고자 하는 모든 자들에게 심지어 세리와 죄인들에게도 주시는 구원과 풍요함의 새 포도주는 감사, 자유 그리고 하나님의 영광에 대한 자발적인 봉사의 새 가죽 부대에 담겨야 한다.

회당 관리 딸의 생명을 되찾게 하시고, 그리스도의 옷자락을 만진 여인의 병을 고치심

[18] 예수께서 이 말씀을 하실 때에.

산상설교에 뒤따라 14-17절에서 나타난 사건을 설명하고 있다고 할 때, 18절 초에 있는 이 연대적 해석에 아무런 어려움이 없다.[413] 예수께서 여전히 금식에 대한 질문에 대답하고 계실 때인 것을 분명히 가리키고 있기 때문이다.

413) 마가와 누가는 모두 연구하고자 하는 두 가지가 얽힌 기적이 산상설교와 열두 제자의 부르심과 임명 이후에 발생한 것이라는 인상을 갖게 한다(참조. 막 5:21-43과 3:13 이하; 그리고 참조. 눅 8:40-56과 6:12 이하). 그러나 역시 이 견해를 취하는 자들은 항의가 들어온 금식에 대한 질문이 좀더 일찍 일어난 것이라고 한다. 왜냐하면 마 9:18은 연대순으로 14-17절과 18-26절을 연결시켜 주기 때문이다.

(보라)[414] 한[415] 관리가 와서 절하며 이르되 내 딸이 방금 죽었사오나 오셔서 그 몸에 손을 얹어 주소서 그러면 살아나겠나이다 하니.

회당은 장로의 회에 의해 이끌려 나가고 있었다. 그 책임 중의 하나가 회당 모임에서 질서를 잘 유지해 나가는 것이었다. 마태는 예수께 나아왔던 그 남자의 이름을 언급하지 않지만, 마가와 누가는 야이로라고 기록했는데 장로의 회의 일원이었다. 그는 가버나움에 살고 있었을 것이므로 예수께서 행하신 몇몇 기적에 대해 들었을 것이며, 목격도 했을 것이라고 추측할 수 있다.

두 가지 기적에 대한 마태의 보고는 매우 단순하여 9절에 기록되어 있다. 누가의 기록은 17절에 걸쳐 기록되어 있고, 마가의 기록은 23절이다. 우리는 그 관리의 행동을(마태의 보고대로; 참조. 막 5:21 이하와 눅 8:40 이하) 예수께 대한 높은 존경의 표현("한 관리가 와서 절하며"), 강한 강조("죽었사오나 오셔서"), 그리고 큰 믿음("그 몸에 손을 얹어 주소서 그러면 살아나겠나이다")으로 해석하는 것이 당연할 것이다. 마가와 누가에 따르면 야이로는 먼저 예수께 자기 딸을 고쳐 주기를 간청했다. 그런 후 그 딸이 죽었다는 것을 알게 되자 주께서는 야이로에게 절망하지 말고 믿으라고 격려하셨다. 그래서 야이로는 이제 다른 형태로 자기의 요청을 보완하

독자는 이 문제를 해결하는 그들의 노력이 합당한지 어떤지 판단해 보라. 필자의 견해로는 그렇지 못한 것 같다.

F.W. Grosheide는 18절을 다음과 같이 번역함으로써 순서의 문제를 해결한다. "그가 그러한 말씀을 가르치고 있었을 때에," 그의 저서 *Kommentaar op het Nieuwe Testament*, p.115를 보라. Robertson은 그의 *Harmony*, p.74 각주에서 "부로더스는 마 9:18의 언어를 9:17 뒤에 있는 9:18에 억지로 놓으려고 하였다. 필자는(Robertson) 그렇게 생각하지 않는다. 왜냐하면 '그가 말씀하실 때에'는 단순히 새로운 단락을 위한 도입어일지 모르기 때문이다"라고 했다. 금식에 대한 질문 이후인가 또는 이전인가에 관해 결정하기를 원치 않을 때 일어날 수 있는 뚜렷한 실례를 Berkeley Version이 제공해 주고 있다. 그것은 두 가지 다른 시기에 있었던 동일한 사건이 분명하다고 한다. 그것은 상기한 마 9:14 이하를 "A.D. 28년 가을"로 예상하고, 병행 구절인 막 2:18 이하를 "A.D. 28년 4-5월"로 예상한다.

414) *ἰδού*에 대해서는 각주 133)을 보라.

415) *εἷς*는 불분명하게 사용되었다. Gram.N.T., p.292를 보라.

고 있다. 즉, 죽은 그 소녀의 몸에 손을 얹어 주소서 "그러면 살아나겠나이다"라고 추가하는 것이다. 그 관리의 이런 확신은 예수께서 이전에 생명을 살리는 기적을 행한 적이 없다는 사실에서 볼 때 훨씬 더 주목할 만하다. "그 몸에 손을 얹어 주소서"에 대해서는 8:3을 보라.

[19] 예수께서 일어나 따라가시매 제자들도 가더니.

"예수께서 일어나 따라가시매"라는 표현을 보면, 원문에서 분사의 기본적 의미가 사용된 것은 사실이지만[416] 약간의 혼란이 있다. 낙심에 잠긴 죽은 아이의 아버지가 예수를 따라와서 그에게 간청했을 때, 예수께서는 여전히 마태의 집에서 앉아 음식을 잡수시고 계셨든가 아니면 길가에 앉아 계셨다는 것을 시사해 준다고 할지도 모른다. 마태복음의 앞에 나온 문맥과 다른 복음서에 있는 설명을 참조해 볼 때, 이러한 견해들은 가능성의 범주 안에 있는 것처럼 보이지 않는다. 훨씬 합리적인 해석은 관리의 요청에 예수께서 즉시 행동으로 옮기셨다는 것이다. "그는 갑자기 결혼했다(He up and married)", "갑자기 샀다(He up and bought)"와 같은 구어적 표현과 비교해 보라. 그러한 동사 "일어나다(up)"는 돌연한 행동을 묘사한다. 그리고 그것은 여기에서도 마찬가지이다. 예수께서는 지체하지 않고 관리의 집을 향해서 그를 따라 발걸음을 빨리하셨다. 그리고 예수의 제자들도 따라갔다(참조. 막 5:31). 눅 8:51에서 보면, 예수께서 놀라운 기적을 행하셨을 때 그와 함께 하도록 허락하신 자들은 제자들 전체에서 베드로, 야고보 그리고 요한뿐이었다는 것을 알게 된다(참조. 막 5:37).

갑자기 다음과 같은 단절이 나타난다.

[20] [21] (즉시)[417] 열두 해 동안이나 혈루증으로 앓는 여자가 예수의 뒤로 와서 그 겉옷 가를 만지니 이는 제 마음에 그 겉옷만 만져도 구원을 받겠다 함이라.

---

416) *ἐγερθείς* "일어나고 있는."

417) *ἰδού* 대해서는 각주 133)을 보라.

예수께서 지상에서 사역하시는 동안 그는 여러 번 방해를 받으셨다. 이를테면 무리에게 말씀하실 때(막 2:1 이하), 그의 제자들과 함께 대화하실 때(마 16:21 이하; 26:31 이하; 눅 12:12 이하), 여행하실 때(마 20:29 이하), 주무실 때(마 8:24, 25), 그리고 기도하실 때(막 1:35 이하)가 그러한 경우이다. 이러할 때 일어났던 방해들 중 어떤 것도 예수를 궁지로 몰지는 못했으며, 아울러 잠시나마 그가 무엇을 어떻게 하면 좋을지 당황했을 것이라는 사실은 우리에게 하나님의 아들이시며 또한 인자이신 그의 모습을 접하게 해 준다! 우리가 "단절"이라고 부르는 것은 예수께 있어서 위대한 말씀을 하시기 위한 하나의 도약판 또는 도약점이며, 또한 본문에서처럼 그의 권세, 지혜 그리고 사랑을 나타내는 놀라운 행동의 성취에 대한 대한 기회인 것이다. 우리에게 고통스런 위급한 사태였던 것이 예수께는 절호의 기회이다.

"그리스도의 옷 가를 만진 여인"이라는 주제에 대한 마가 또한 누가의 설명에 기초된 설교는 다음과 같이 숨겨진 그녀의 믿음(막 5:25-28; 눅 8:43-44 상반절), 보상(막 5:29; 눅 8:44), 그리고 폭로됨(막 5:30-34; 눅 8:45-48)으로 정리할 수 있다. 그러나 이미 지적된 바와 같이 마태의 설명은 이 자료 전체를 포함하고 있지 않다. 대신에 매우 간단하게 나타난다. 우리는 이 여자가 큰 근심 가운데 있었던 것을 이해할 수 있다. 그것은 이상할 것 없다. 왜냐하면 그녀는 십이 년 동안 혈루병으로 고통받아 왔기 때문이다. 20절의 문구는 특히 막 5:29과 눅 8:44에 비추어 볼 때, 피의 유출이 항상 끊일 새 없이 계속되었다는 것이 확실하다고 믿는 학자들이 있다. 다른 견해는 십이 년 동안 막대한 피의 손실이 주기적으로 일어났으며, 그녀는 항상 튼튼하고 건강한 몸을 유지하기가 불가능했고, 특별히 이 순간에 그녀는 다시 혈루병에 고통받고 있었으리라는 것이다. 마가는 이 여자가 "많은 의사에게 많은 괴로움을 받았고 가진 것도 다 허비하였으되 아무 효험이 없고 도리어 더 중하여졌던 차에"라고 보고하고 있다. 마가의 진술과 아무런 모순을 일으킴이 없이 누가가—누가가 의사라는 것을 기억하라!(골 4:14)—우리에게 그 여자는 어떤 의사에 의해서도 "고침을 받을 수 없었다"고 전해 주는 것은 확실히 놀랄 일이 못 된다. 의

사들은 그녀를 고치지 못했다. 솔직히 말하자면 그녀의 병은 고칠 수 없었다. 출혈이 계속되었든 또는 계속되지 않았든 간에 그녀의 상태에 대한 두 가지 견해에서 볼 때, 당시 그녀는 의식상 불결했던 것이며 그녀와 접촉한 사람도 마찬가지로 영향을 받았던 것이다. 레 15:19을 참조하라.

그러므로 우리는 그녀가 예수께 공개적으로 나아오기를 두려워했던 것을 이상하게 여기지 않는다. 그녀는 예수께 직접적으로 신체적 접촉을 가지려 하지 않았다. 그녀는 단지 예수의 옷자락만 만지려고 했다. 모든 이스라엘 사람들은 하나님의 율법을 회상하도록(민 15:38; 참조. 신 22:12) 겉옷 네 귀에 술을 만들기를 명했던 율법에 따라 겉옷에 네 개의 모직 장식 술을 달았다. 그녀는 그 가운데서 단 하나만이라도 만지려고 했던 것이다. 마 23:5의 설명도 보라.[418] 사람들의 주목을 받지 않고 자연스럽게 옷자락과 신체적 접촉에 이르는 가장 빠르고 손쉬운 방법은 예수의 뒤로 가서 겉옷 뒤에서 자유롭게 움직이는 술을 만지는 것이었다. 이 여자가 생각했던 그대로 그 옷 착용자는 무슨 일이 일어나고 있는지 절대 눈치채지 못할 정도였다.[419] 그러므로 그 여자는 뒤로 가서 그 술을 만졌다.

그녀의 믿음의 위대함은 여기에 있으니, 곧 그녀는 그리스도의 치유력은 단지 그의 옷자락을 만지기만 해도[420] 직접적이고 즉각적인 효험이 있으리라는 사실을 놀랍게도 믿었다는 것이다. 그럼에도 불구하고 이 믿음은 결코 완전하지는 않았다는 것이 그녀가 그러한 실제적인 접촉이 필요했다는 것과 예수께서 그것을 절대 알지 못할 것이라고 생각했다는 사실에서 나타난다. 그러나 예수께서는 그것을 아셨다. 예수께서는 그녀의 믿음을 높이 칭찬하시고 그녀를 격려하셨으며 그녀를 고치셨다.

---

418) 참조. S.BK. Ⅳ, p.277.

419) 이 구절에 대해서는 A. Schlatter, *Erläuterungen zum Neuen Testament*, Stuttgart, 1908을 보라.

420) 술(tassel)을 만짐으로써 그녀는 물론 옷을 만진 것이었다. 막 5:27, 28은 술은 언급조차 하지 않고 옷만 말하고 있다.

[22] 예수께서 돌이켜 그를 보시며 이르시되 딸아 안심하라 네 믿음이 너를 구원하였다 하시니 여자가 그 즉시 구원을 받으니라.

그런즉 그녀는 결국 예수의 목전에서 피하지 못했다(예수의 지식에 대해서는 전술한 바 4절을 보라. 참조. 요 1:48; 2:25; 21:17).

예수께서는 그때 돌아다보시고 그녀에게 말씀하신다. 그는 따뜻한 애정을 가지고 그녀에게 "딸아"라고 부르며 "안심하라"고 말씀하신다(마 9:2, 3을 보라). 주께서 "네 믿음이 너를 구원하였다"라고 부언하셨을 때, 우리는 세 가지 취지가 있었음을 발견할 수 있다. a. 주님이 그녀를 즉시 그리고 완전히 치료하실 수 있을 것이라는 그 여자의 확신에 대해 보상하셨다는 것, b. 그 여자를 치료한 것은 그를 믿는 그녀의 **개인적인 믿음에 대한 예수의 개인적인** 응답이었다는 것을 강조한 것인데, 그러므로 그녀의 마음에서 일체의 찌꺼기, 비록 적다 할지라도 미신 같은 것, 즉 마치 그러한 옷이 치료의 어떤 방편으로서 기여했다는 생각을 제거하는 것, 그리고 c. 사회적 · 종교적 삶, 그리고 사람과의 교제에 있어서 그 여자에게 완전한 복귀의 길이 열렸다는 것이다.

그 회복은 즉각적인 것이었다. 잠깐 사이에 출혈이 완전히 멈추었다. 건강과 원기가 그녀의 몸 전체를 통하여 물결치고 있었다. 마가와 누가는 그녀가 공적인 증명을 하도록 하여 예수께서 그녀의 영혼을 위하여 베푸신 것을 기록하고 있다. 증명하는 과정에서 그녀는 다른 사람에게도 축복이 되지 않았을까?

그 단절 이후에 예수께서는 다시 관리의 집을 향해 가신다. 그 당시 초상 당한 집은 일반적으로 시끄럽게 음악을 연주했다.

[23] [24] 예수께서 그 관리의 집에 가사 피리 부는 자들과 떠드는 무리를 보시고 이르시되 물러가라.

마태와 마가는 다 같이 이 관리의 집에 많은 사람들이 몰려와 시끄럽게 떠드는 모습을 기록하고 있다. 죽자마자 곧 장사를 지내는 것이 관습이고, 회당장이 아주 중요한 위치에 있는 사람이기 때문에 모든 사람들 특히 곡하는 무리들은(참조. 렘 9:17, 18) 더욱더 시끄럽게 곡을 하며 울어야 했다.

마태는 피리 부는 자들에 대해 언급하고 있다. 피리는 만들기가 쉬울 뿐만 아니라 갈대, 종려나무 줄기, 뼈 등 여러 가지로 만들 수 있기 때문에 아주 흔한 것이었다. 고대의 그림에서 보듯이 피리 부는 일에는 으레 박수가 뒤따랐다. 신약에서 피리 부는 자라는 말은 이곳과 계 18:22에 나오는데, 계시록에서는 흥겹게 떠드는 대목에 쓰였다.

예수께서는 a. 이렇게 겉치레로 슬퍼하는 것이 진실하지 않으며, b. 이 경우에는 죽음이라는 마지막 말이 해당되지 않음을 아시고, 이 무리더러 아이가 누워 있는 방에서 나가라고 명하셨다. 그리고 **이 소녀가 죽은 것이 아니라 잔다**고 말씀하셨다. 사람들은 이 말씀을 문자적으로 받아들여, 예수가 그 소녀의 영과 육이 아직 분리되지 않았다고 보는 것으로 생각했다. 오늘날에도 회당장의 딸이 혼수상태에 있었을 뿐이라고 해석하는 사람들이 있다.[421] 그러나 놀랍게도 비슷한 예가 요 11:11–14에도 나온다. 예수께서 "우리 친구 나사로가 잠들었도다"라고 하셨을 때, 제자들은 이 말씀을 문자적으로 받아들였다. 그들은 주께서 바로 조금 전에 "이 병은 죽을 병이 아니라…"라고 하신 말씀을 깊이 생각하지 않았다. 그 말씀은 "이 병의 최종 결과는 죽음이 아니다"라는 뜻이다. 신약성경은 종종 그리스도의 모든 말씀을 문자적으로 해석해서는 안 된다는 것을 보여 준다(요 2:20, 21; 3:3, 4; 4:14, 15, 32, 33; 6:51, 52; 7:34, 35; 8:51, 52; 11:11, 12, 23, 24; 14:4, 5). 따라서 이곳 마 9:24에 있는 예수의 말씀도 문자적으로 해석해서는 안 되고, 죽음이 마지막이 아니라는 것을 뜻한다고 보아야 한다.

마태는 무리의 반응을 **그들이 (면전에서) 비웃더라**고 기록하고 있다. 헬라어 문자 그대로는 "그들이 그를 우습게 여겼다"라는 말이다. 이 말은 계속 비웃음으로써 그에게 모욕을 주었다는 것이다.[422] 이 곡하는 사람들은

421) 따라서 R.V.G. Tasker는 *op. cit.*, p.100에서 그 딸이 혼수상태에 있었을 텐데, 친척들은 죽은 것으로 잘못 생각했다고 한다. 그러나 또 한편 딸이 실제로 죽었다는 반대 견해를 뒷받침하는 이유도 같이 소개한다.

422) 이러한 표현은 미완료시제로서 비복합동사의 의미와(눅 6:21을 보라) 접두어의 의

슬피 울다가 금방 떠들썩하게 웃을 수 있는(자동적으로?) 재주를 타고 났던 모양이다.

[25] 무리를 내보낸 후에 예수께서 들어가사 소녀의 손을 잡으시매 일어나는지라.

예수께서 소녀가 누워 있는 방으로 들어갔다. 시끄럽게 떠들던 사람들은 물러갔다. 주님과 죽은 소녀 외에 그 부모와 베드로, 야고보, 요한이 그 자리에 있었다. 놀라운 사건이 간단한 말로 언급된다. 예수 자신의 부활(28:6)과 그의 죽음과 부활에 따라 일어난 사람들의(마 27:52, 53) 경우를 제외하면, 이는 마태의 기록 중 유일하게 죽은 자가 다시 살게 된 경우이다.

그 관리는 예수께 딸의 몸에 손을 얹어 달라고 부탁했다(18절). 주님은 그 이상으로 능력과 권위 그리고 연민으로써 소녀의 손을 잡는다. 마가에 의하면 이때 예수께서 "달리다굼"("소녀야 일어나라", 눅 8:54 참조) 하고 말씀하셨다. 그 즉시 소녀는 생기가 되살아나 일어난다.

[26] 그 소문이 그 온 땅에 퍼지더라.

이 기적의 기록으로 마태복음은 절정에 이른 것이 분명하다. 앞의 p. 109를 보면, 마태는 그리스도의 권세가 절정에 달하고 있음을 증거하고 있다. 예수께서 부모에게 경계하였음에도 불구하고(눅 8:56) 이 기적의 소식이 그 전 지역에 퍼졌다는 것은 놀라운 일이 아니다. 공관복음서의 기사를 종합해 보면 다음과 같은 제목과 주제로 이야기 전체를 요약할 수 있다.

미 둘 다가 올바른 것이라고 본다. 독일어에서는 비슷한 복합동사 형태가 된다. "*Sie lachten ihn aus,*" 네덜란드어: "*Zij lachten hem uit*"(그들은 그를 비웃고 있었다). 영어로 똑같은 의미를 그대로 옮기기는 거의 불가능하다. "그들은 그를 조롱하고 있었다", "그들은 그를 비웃고 있었다"는 적절하지 못하다. 나로서는 다음 번역이 제일 좋다고 본다. "그들은 그를 비웃어 경멸했다." 혹은 미완료의 의미를 넣어 "그들은 면전에서 그를 비웃고 있었다"가 좋을 것이다.

야이로의 딸이 다시 살게 됨

격려: "두려워하지 말고 믿기만 하라"(막 5:36; 눅 8:50).
현시: "이 소녀가 죽은 것이 아니라 잔다"(마 9:24; 막 5:39; 눅 8:52).
사랑과 능력: "소녀야, 일어나라"(막 5:41; 눅 8:54).
따뜻한 관심: "소녀에게 먹을 것을 주라"(막 5:43; 눅 8:55).

세 병자의 고침

[27] 예수께서 거기에서 떠나가실 새 두 맹인이 따라오며 소리 질러 이르되 다윗의 자손이여 우리를 불쌍히 여기소서 하더니.

마 8장에서 9장에 기록된 기적 이야기들 외에 마태는 두 개를 더 첨가하고 있다. 아마 마 9:18-26에 기록된 것과 같은 날에 일어난 일이기 때문인 것 같다. 이 일은 이렇게 분주한 날에 이루어진다. 먼저 주님은 맹인 두 사람을 고치고 다음에 말 못하는 사람을 고치셨다. 마태의 이야기가 25-26절에서 절정을 이루었다가 내려오는 것처럼 보이지만, 사실은 두 번째 절정을 준비하고 있다. 그리스도의 놀라운 능력이 절정에 이른 다음, 34절에서 마태는 바리새인들의 적대감 또한 묘사하려는 것이다.

예수께서 그 관리의 집에서 나와 걸어갈 때 두 사람의 맹인이 따라오며 계속 "다윗의 자손이여 우리를 불쌍히 여기소서" 하고 외친다. 기독교 이전의 문헌에서 "다윗의 자손"이란 말은 메시아에 대한 칭호로서 유대교 위경 솔로몬의 시편 17:21에만 있다.[423] 마태의 이야기에 나오는 두 사람의 맹인이 메시아의 의미로 이 말을 쓰는 것이 아니라고 부정하는 사람도 있지만, 그들이 정말 그런 의도로 썼다고 볼 수도 있다. 왜냐하면 마 21:9; 22:41-45에 의하면, 그리스도의 지상 선교 중 "다윗의 자손"과 "메시아"는 동의어로 쓰인 것이 분명하기 때문이다. 그렇지 않으면 아이들이 예수를 보고 "다윗의 자손"이라고 할 때 대제사장들과 서기관들이 분노한 것을 설명할 수가 없다(마 21:15, 16).

423) S.BK. Ⅰ, p.525.

분명히 예수께서는 두 맹인의 외침에 귀를 기울이지 않았다. 특별히 기록되지는 않았지만 이러한 반응이 우쭐대는 태도는 아니었던 것 같다. 일반적으로 메시아는 사람들에게 지상의 정치적 구원자이기 때문에 이것은 놀라운 일이 아니다.

따라서 마태가 묘사하는 것과 같은 예수의 행동은 놀라운 일이 아니다.

[28] 예수께서 집에 들어가시매.

"가버나움에 있는 자기 집"을 뜻한다고 보는 사람도 있기 때문에 이를 뒷받침하기 위해 보통 마 4:13을 들고 있다. 이에 대한 반박으로는 흔히 마 8:20을 말한다. 그러나 어떤 구절도 결정적인 근거는 못 된다. 첫 번째 구절이 반드시 예수가 가버나움에 집을 소유했거나 세를 들었다는 것을 의미하는 것은 아니다. 그런 뜻이 있을 수도 있지만 확실하지 않다. 친구들이 집을 마련해 주었을지도 모른다. 두 번째 구절은 예수께서 이곳저곳으로 다니는 동안 일정한 거주 장소가 없었다는 사실을 뜻하는 진술에 지나지 않는다. 따라서 여기에서도(마 9:28) 이 말은, 누군가 예수를 따르는 사람이 예수께서 묵도록 배려해 준 집을 가리키는 것이라고 본다. 가끔 "유다 지방의 그리스도의 집"(마 21:17; 막 11:11)으로 불리는 베다니의 마리아와 마르다의 집도 같은 경우다.

여러 가지 가능성을 배제할 수는 없지만 어쨌든 예수가 집 안으로 들어가자, **맹인들이 그에게 나아오거늘 예수께서 이르시되 내가 능히 이 일 할 줄을 믿느냐.**

다음과 같은 추론을 피해야 한다.

(a) 예수께서 기적을 행하기 위해서는 믿음이 필요하다.

답변: 마 8:28 이하; 11:20-24; 눅 17:17에 의하면 이것은 사실이 아니다.

(b) 그들이 맹인 된 것은 태생적으로 된 것으로, 즉 맹인이라고 믿었기 때문에 맹인이 된 것이다. 따라서 눈을 뜨기 위해 필요한 것은 오직 믿음뿐이었다.

답변: 맹인이 된 것이 육체적 원인 때문은 아니라는 증거가 본문에 없다. 또 예수께서는 단순히 믿음을 요구하신 것이 아니다. 분명히 치유자

인 **예수께 대한 믿음을 요구하셨다.**

예수께서 요구한 것은 아버지에 대한 믿음이지 그에 대한 것이 아니라고 보는 견해가 있다. 그러나 이러한 설은 사실과 다름을 이 대목에서 분명히 알 수 있다. 마가복음도 그렇게 보고 있지 않다는 것은 이미 살펴보았다. 마태복음 주석 상권 pp. 104, 105를 보라. 또한 마태와 관련해서도 똑같은 것이 사실이다. 지금 보는 바와 같이 예수는 믿음의 대상으로써 자신에게 맹인들의 주의를 집중시키고 있다. 마 7:21 이하; 10:37, 38, 40; 11:25-30; 16:13-20; 19:28; 26:24; 28:18 이하.

예수가 맹인들에게 그가 고칠 수 있는 능력이 있음을 믿는가, 혹은 안 믿는가를 묻자 그들은 아주 공손하게 **주여 그러하오이다**라고 대답한다. '주님'의 의미에 대해서는 마 7:21과 마 8:2을 보라.

[29] 이에 예수께서 그들의 눈을 만지시며 이르시되 너희 믿음대로 되라 하시니.

이 놀라우면서도 따뜻한 '만짐'에 대해서는 마 8:3을 보라. 예수의 행동은 철저히 그들의 믿음과 일치하고 있다. 마 8:13 참조. 그분에 대한 믿음을 불러일으키고 믿음을 유지하게 하는 것이 기적의 목적이다.

[30] 그 눈들이 밝아진지라.

그리스도께서 만져주자 그들의 눈이 다시 뜨이고 곧 모든 것을 똑똑히 볼 수 있게 되었다. **예수께서 엄히 경고하시되 삼가 아무에게도 알리지 말라.** 원문은 단 세 마디로 이루어져 있다. "아무도 알지 못하게 하라" "엄히 경고하셨다"에 대해서는 막 1:43; 14:5; 요 11:33, 38; 특히 막 14:5의 "그 여자를 책망하는지라"를 보라. 이미 말씀하신 바에 비추어 볼 때(27절), 예수가 이러한 경고를 하신 것은 놀라운 일이 아니다. 확실히 기적은 비밀로 남을 수 없다. 친척과 친구들이 모를 리가 없다. 그러나 예수는 사람들이 그의 기적을 행하는 능력에서 잘못된 추론을 이끌어낼까 염려되어 필요 없이 위험한 선전을 금하신 것으로 보아야 한다. 마 8:4을 보라. 사람들은 그 경고를 듣지 않았다.

[31] (그러나) 그들이 나가서 예수의 소문을 그 온 땅에 퍼뜨리니라.

그들의 행동은 분명히 잘못된 것이지만 이해할 수 있는 일이다. 예수는 숨겨질 수가 없었다.

[32] 그들이 나갈 때에 귀신 들려 말 못하는 사람을 예수께 데려오니.

예수는 매우 분주했다. 한 무리가 나가자 또 다른 사람들이 등장한다. 이번에는 귀신 들려 말 못하는 사람이 예수께 나아왔다.

귀신 들림[424)]

이 문제에 대한 신약의 가르침은 다음과 같이 요약할 수 있다.

1. 고대 사람들처럼 신약성경 저자들이 모든 육체적 질병이나 불구를 악령의 탓으로 돌린 것은 아니다. 예를 들어 마 4:24에 의하면 귀신 들린 자와 간질하는 자는 분명히 구별된다. 귀신 들려 눈 멀고 말 못하는 사람이 있는가 하면(마 12:22) 맹인과 말 못하는 사람이지만 귀신 들리지 않은 사람도 있다(마 15:30). 복음서 저자들이 귀신에 의한 질병과 그렇지 않은 경우를 잘 구별해 주는 대목으로는 마 8:16; 10:8; 막 1:32-34; 6:13; 16:17, 18; 눅 4:40, 41; 9:1; 13:32; 그리고 행 19:12을 들 수 있다.

2. 귀신 들리는 것이 단순히 미치는 것과 같은 것은 아니다. 사실 귀신 들린 것에 관해 기록된 많은 경우 중 오직 두 가지 경우만이 후자가 분명히 마음에 영향을 끼치고 있다(마 8:28과 병행어구; 행 19:14-16).

3. 비슷하지만 귀신 들린다는 것이 다중인격이나 정신분열을 말하는 것은 아니다(예를 들어, 지킬 박사와 하이드, 성자 · 현실주의자 · 보통 상태

424) 많은 성경사전과 자료에서 이 문제를 언급하고 있다(예를 들어, S.H.E.R.K., 제3권 pp.401-403; I.S.B.E. 제2권 pp.827-829). 그 외에 다음 자료를 소개한다. Th.D.N.T. 제2권 pp.1-20에 있는 *δαίμων*과 관련 단어에 관한 포에스터의 논문; *The Banner*(기독교 개혁파 발행 주간지, Grand Rapids에 본부를 둠, 1933년 3월 24, 31일호와 4월 7, 14일호)에 실린 "정신병과 귀신 들림"에 대한 뮬러의 논문; 같은 간행물 1921년 9월 2일호, 슐츠의 "귀신 들림".

등의 세 가지 각기 다른 인격 상태로 분리되는 처녀). 다중인격과 귀신 들림의 차이는 다음과 같다. a. 귀신은 사람에게서 나와 돼지에게 들어갈 수 있는 영적 존재이다. b. 항상 악하다. c. 장기 또는 단기간의 심리요법에 의해 퇴치되지 않고 그리스도의 말씀과 능력으로 즉시 물러간다. 다중인격은 이 중 어느 것도 해당되지 않는다.

4. 귀신 들렸다는 말은 분명히 악한 인격이 그 사람 자신도 모르는 사이에 그를 사로잡아 조종하게 되는 상태를 말한다. 이 악한 인격이나 귀신은 귀신 들린 사람의 입을 통해 말도 하고 대답할 수도 있다(막 5:7-10; 눅 4:41; 행 16:18; 19:13-15).

5. 귀신은 사탄의 앞잡이다. 예수께서는 사탄의 권세를 멸하기 위해 지상에 오셨다. 예수께서는 광야의 유혹에서 사탄을 이기고, 귀신을 내쫓고, 특히 십자가를 통해(골 2:15) "강한 자"를 결박하러 오셨다(마 12:29; 눅 11:21, 22; 계 20:1-3 참조). 이 "마귀의 결박"은 더 나아가 그리스도가 재림할 때 마귀가 완전히 궁극적으로 패배하게 될 것을 나타낸다(계 20:10; 롬 16:20 참조).

6. 오늘날 귀신 들림에 대한 확실한 증거는 없다. 귀신의 힘 또는 영향은 있으나 반드시 귀신 들린 것이라고는 할 수 없다.

마 9:32에 언급된 경우는 귀신이 들려 말을 못하게 된 것이 분명하다.

[33] 귀신이 쫓겨나고 말 못하는 사람이 말하거늘.

구경하던 사람들이 이 기적을 보고 놀라는 광경이 다음과 같이 묘사되어 있다. **무리가 놀랍게 여겨 이르되 이스라엘 가운데서 이런 일을 본 적이 없다.** 이러한 놀람은 이 한 가지 기적 때문에 그런 것은 아니고, 그날 일어난 모든 기적을 본 사람들의 반응으로 보는 것이 좋다(18-33절). 왜냐하면 말 못하는 사람이 갑자기 말한다 해도 놀라지 않을 수 있기 때문이다. 예수의 말씀과 능력은 놀라움을 불러일으켰다(마 7:28, 29; 9:8, 26; 15:31; 막 7:37, 4:41; 눅 4:15, 36, 37; 5:26 등).

반응이 전부 긍정적이지는 않았다는 사실이 다음에 드러난다.

[34] 바리새인들은 이르되 그가 귀신의 왕을 의지하여 귀신을 쫓아낸다 하더라.

바리새인들이 이러한 기적을 부정하려 한 것은 아니다(행 4:16 참조). 그들은 보다 사악한 짓을 하였다. 기적을 행하는 그리스도의 능력을 귀신의 왕인 사탄의 힘이라고 비난한 것이다. 그들의 적의는 3절과 11절에 이미 나타났고, 이제 34절에서 최악에 달하고 있다. 마 12:24에 보다 상세하게 바리새인들의 고발이 나오기 때문에 논쟁은 후로 미루어진다.

바리새인들의 죄는 분명히 엄청난 것이다. 바리새인들은 예수의 기적을 그들의 눈앞에서 이루어진 메시아의 나타나심의 증거로 보았어야 한다. 마 9:30, 33에 기록된 사건과 관련해서("눈들이 밝아진지라", "말 못하는 사람이 말하거늘") 그들은 이사야 35:5, 6을 생각했어야 했다. ("그때에 맹인의 눈이 밝을 것이며 못 듣는 사람의 귀가 열릴 것이며")

추수할 것은 많되 일꾼은 적으니 (9:35-38)

막 6:6, 34; 눅 10:2 참조

35-38절

35 예수께서 모든 도시와 마을에 두루 다니사 그들의 회당에서 가르치시며 천국 복음을 전파하시며 모든 병과 모든 약한 것을 고치시니라 36 무리를 보시고 불쌍히 여기시니 이는 그들이 목자 없는 양과 같이 고생하며 기진함이라 37 이에 제자들에게 이르시되 추수할 것은 많되 일꾼이 적으니 38 그러므로 추수하는 주인에게 청하여 추수할 일꾼들을 보내 주소서 하라 하시니라

35 예수님께서 모든 성읍과 마을을 두루 다니셨습니다. 예수님께서는 유대인의 회당에서 가르치기도 하셨고, 하나님 나라에 대한 기쁜 소식을 전하기도 하셨습니다. 그리고 온갖 질병과 고통을 치료해 주셨습니다. 36 예수님께서는 사람들을 불쌍히 여기셨습니다. 그것은 사람들이 마치 목자 없는 양처럼 내팽개쳐져 고통을 당하고 있었기 때문입니다. 37 예수님께서 제자들에게 말씀하셨습니다. "추수할 것은 넘쳐나는데, 일꾼이 적구나. 38 그러므로 추수할 밭의 주인에게 간청하여 일꾼들을 추수할 밭으로 보내 달라고 하여라."

_아가페 쉬운성경

[35] 예수께서 모든 도시와 마을에 두루 다니사 그들의 회당에서 가르치시며 천국 복음을 전파하시며 모든 병과 모든 약한 것을 고치시니라.

여기서 마태는 잠시 숨을 고른다. 마태는 한마디 한마디 이미 기록한 것을 돌이켜 보고 반복하고 있다(마 9:35과 마 4:23). 그러나 앞에서 "온 갈릴리"라고 한 것을 "모든 도시와 마을"이라고 함으로써 폭넓은 그리스도의 사역 범위를 강조한다. 나머지는 마 4:23을 보라.

여기서 화자의 성격은 약간 달라진다. 지역은 여전히 같다. 갈릴리 사역은 마 15:20까지 계속된다. 여기까지는 주된 관심이 그리스도의 말씀과 행적에 집중되었는데, 이에 대해 군중은 열광하지만 바리새인과 서기관들은 적대적인 태도를 보였다. 그러나 이제는 구원사에서 주역들을 움직이게 하는 것은 깊은 감정적 요소에 의거함이 보다 분명하게 나타나고 있다. 따라서 특히 처음에는(마 8:17에 이미 암시되었다) 예수의 치유와 구원의 사역은 사랑과 동정에 의한 것이라는 말이 나온다. "그가 귀신의 왕을 의지하여 귀신을 쫓아낸다"라는 바리새인들의 고발은 삭제되지 않고 살해 기도와 함께 계속 되풀이된다(마 10:25; 12:24, 27). 나사렛 출신의 선지자에 대한 사람들의 열광은 대부분 세속적인 것으로서, 그러한 기대가 이루어지지 않자, 사람들은 등을 돌리게 된다(마 11:20 이하). 고향 사람들과(마 13:57), 예수의 가족들까지도 그렇게 된다(12:46 이하; 참조. 막 3:21, 22).

결국 그리스도의 사역은 고통스러운 싸움이 된다. 점차 예수께 십자가가 가까이 다가오게 되고, 크게 보면 그와의 관계 때문에 제자들에게도 십자가가 앞에 놓이게 된다(10:25, 38).

이러한 설명과 36절이 함께 이어진다.

[36] 무리를 보시고 불쌍히 여기시니 이는 그들이 목자 없는 양과 같이 고생하며 기진함이라.

예수께서 높은 단 위에 있고, 많은 사람들이 그에게 나아오는 것을 볼 수 있다. 병이 낫기를 바라고 나아오는 사람들이다. 적어도 한 가지 사실은 분명하다. 모든 지식을 뛰어넘는 평화를 아는 사람들은 거의 없다. 유대 지도자들이 항상 안식일, 금식, 성구함, 장식술 등에 관한 까다로운 율법적 짐을 지우고 있기 때문에 사람들은 평화를 누릴 수가 없다. 이 불쌍한 사람들은 바리새인들이 지운 짐 때문에 억압당하는 것이다(마 11:28; 15:14; 23:4).

예수께서는 "율법의 더 중한 바 정의와 긍휼과 믿음"을 강조하면서(마 23:23), 그들을 매우 슬프게 여기신다. 예수께서는 깊은 연민과 동정을 느끼시는데,[425] 이 말은 원래 둘 다 같은 것으로 "다른 사람의 기쁨이나 슬픔을 같이 느끼는 것"을 말한다. 사람들의 눈물이 곧 그리스도의 눈물인 것은 그가 어려운 사람들을 사랑하시기 때문이다. 그리스도께서는 그들을 불쌍히 여겨 구원을 베풀고자 하신다. 그리스도의 동정심에 관해서는 마 8:17; 14:14; 15:32; 18:27; 20:34; 막 1:41; 5:19; 6:34; 눅 7:13 등을 보라.

예수께서는 그들을 목자 없이 바람 부는 벌판에 버려진 양과 같다고 본다. 양들은 "시달리고 허덕이며", "낙담하고 버려져"[426] 있다. 그들은 지칠 대로 지쳐 들짐승과 비바람, 굶주림과 갈증에 시달리고 있다. 사람이 돌보는 가축으로서, 혼자 버려지면 어쩔 수 없는 것이 바로 양이다. 아무런 보호와 보살핌 없이 버려진 양은 바로 그 당시 율법 교사들에 의해 괴로움을 당하는 죄인들의 모습이었다. 사람들은 양처럼 진정한 목자의 인도를 필요로 하고 있었다.

목자 없는 양의 비유는 성경에 많이 나오는 비유이다. 슥 13:7 외에도 마 26:31과 막 14:27에 나오며, 민 27:17, 왕상 22:17, 겔 34장, 슥 10:2; 11:5과 요 10:12에 언급되고 있다. 마 18:12-14(눅 15:3-7 참조)에는 잃은

---

425) *ἐσπλαγχνίσθη*라는 동사는 *σπλαγχνίζομαι*의 3인칭, 단수, 부정과거, 직설법 수동태이다. 같은 어원을 가진 명사 *σπλάγχνα*와 함께 본래의 뜻을 자세하게 알려면 N.T.C. 빌립보서 p.58의 각주 39)를 보라.

426) 동사의 유사성에 주의하라. 원래 이 두 단어는 10글자로 이루어지며, 같은 글자로 시작하여 같은 5글자로 끝난다. 완료, 수동, 분사로서 4음절이다. 첫 번째 *ἐσκυλμένοι*라는 분사는 본래 강탈당하여 완전히 탈진하고 지쳐 있음을 뜻한다. 두 번째 *ἐρριμμένοι*는 *ῥίπτω*에서 온 것으로 던져져서 (여기서는 땅에) 완전히 무기력하게 버려진 상태로 누워 있는 것을 뜻한다.

양을 찾는 목자의 모습이 나타나 있다. 선한 목자와 양의 관계에 대해 자세한 것은 필자의 주석서 요한복음 10장을 보라.

예수께서 산상설교를 할 무렵 택함 받은 열두 제자는 예수와 함께 다니며 사도로서의 훈련을 받는다. 그들은 하나님의 영광으로 사람들을 구원하기 위한 책임을 스승과 함께 다하지 않으면 안 된다. 따라서 그 다음 말씀도 놀라운 것이 아니다.

[37] [38] 이에 제자들에게 이르시되 추수할 것은 많되 일꾼이 적으니 그러므로 추수하는 주인에게 청하여 추수할 일꾼들을 보내 주소서 하라 하시니라.

예수께서는 죄짐을 진 모든 사람들이 마지막 심판과 죽음을 앞두고 있다고 생각한다. 이 많은 사람들에게는 복음의 사역이 필요하다. 지체 없이 추수하기 위해 많은 노동력이 필요한 것처럼 절박하게 필요한 것을 말한다(수 24:15 "오늘" 참조). 따라서 많은 무리는 곧 "추수할 것"으로 표현되며, 즉시 돌아봐야 할 넓은 들판과 같다. 그 숫자의 올바른 범위에 의하면, 여기서 보는 바와 같이, 이 추수는 모든 "이스라엘 집의 잃어버린 양의 총합을"(마 10:6) 말한다고 볼 수 있다. 그러나 오늘날 본래의 뜻을 살려 적용한다면 해석의 범위는 크게 늘어나 복음이 미치는 범위 안의 모든 사람을 가리킨다고 할 수 있다(마 28:16-20; 막 16:15, 16 참조).

기본적으로 대부분의 주석가들이 이러한 해석을 찬성한다. 필자도 그것이 옳다고 믿는다. 그러나 또 다른 해석이 있다.[427] 추수할 숫자를 "하늘의 곡창에 거둬진", 즉 "하나님의 은혜를 받아들이는 사람 모두"[428], 혹은 "불신자들과 섞인 가운데 선택받은 한정된 수"[429]로 제한하는 사람들이 있다. 그러나 마 9:37에서 "추수할 것"의 수효를 제한하는 것은 전후 관계

427) 예를 들면 C.R. Erdman, H.N. Ridderbos, A.T. Robertson의 설명을 보라. 그 이외에도 추천할 학자들이 많다.

428) R.C.H. Lenski, *op. cit.*, pp.373, 374.

429) Calvin, *Commentary on a Harmony of the Evangelists, Matthew, Mark, and Luke*, 영역판 제1권, p.421.

로 보아 전혀 옳은 것 같지 않다. 구원받을 자와 버림받은 자, 둘로 나누는 것에 대한 언급이 없기 때문이다. 마태복음 9장은 무거운 짐에 허덕이며 나아오는 군중을 예수께서 보고 불쌍히 여기던, 그 순간에 살던 모든 사람을 포함한다. 구원의 복음은 이 모든 사람들에게 전해져야 한다. 현재로서는 그리스도의 재림 때 일어날 일을 강조하고 있지 않다. 엄청나고 장엄한 미래의 사건과 관련하여 이중의 추수가 있을 것은 분명하지만(마 13:24-30, 36-43; 계 14:14-20; 마 12장; 25:31 참조) 여기서는 그런 상황이 아니다. 37절 "추수할 것이 많다"라는 것은 적어도 36절에 나오는 "무리" 또는 "군중"을 나타내는 것이다.

예수께서는 추수할 것은 많되 거두어들일 일꾼은 적다는 것을 대조시킴으로써 제자들의 주의를 집중시킨다. 제자들로 하여금 주인이자 통치자요 주님이신 하나님께 추수할 일꾼들을 보내 주시라고 기도하라는 것은 이 때문이다. 예수는 여기서 단지 일꾼의 숫자만이 아니라 그 길을 문제 삼는다는 사실을 강조하고 있다. 일꾼은 스스로 되는 것이 아니라 하나님께서 보내야 한다. 그들은 하나님과 인간을 사랑하는 사람들이어야 한다.

그리스도가 영혼의 구원을 위한 추수에 좀더 많은 일꾼들을 필요로 하는 것은 그의 크신 사랑 때문인 것이 분명하다. 37, 38절은 36절과 분리해서 생각할 수 없다("무리를 보시고 불쌍히 여기시니"). 이는 다음 사실을 밝혀준다. "복음에 의해 부름받은 많은 사람들은 사실 그대로 부름을 받았다. 하나님은 아주 진실하게 말씀을 통해 부름받은 자들은 하나님께 나와야 한다고 선포하셨다. 또 그 앞에 나오는 자들에게는 영혼의 안식과 영생을 신실하게 약속하신다."(도르트 미사 전문, 교리 3, 4장 3조). 죄인들에 대한 복음과 하나님의 구원의 기쁨을 잘 나타내 주는 교리를 뒷받침해 주는 성경은 다음과 같다. 왕상 8:41-43; 시 72:8-15; 87편; 95:6-8; 잠 11:30; 사 1:18; 5:1 이하; 55:1, 6, 7; 61:1-3; 렘 8:20; 35:15; 단 12:3; 호 11:8; 미 7:18-20; 말 1:11; 마 22:9; 23:37 이하; 28:19, 20; 눅 13:6-9; 15장; 19:10; 요 3:16; 10:16; 행 2:38-40; 4:12; 롬 10:1, 12; 11:32; 고전 9:22; 고후 5:20, 21; 딤전 1:15; 계 3:20-22. 이 문제를 다루고 있는 마 18:14도 보라. 그리고 거기에 언급된 추가 인용을 참조하라. 36-38절에 대해서는 필자의 주석 요 4:35을 보라.

8-9장의 종합

8, 9장은 주로 예수의 기적에 대한 이야기를 다루고 있다. 기적을 통해 주님은 그 전지전능하심을 나타내신다. 단지 손을 대기만 함으로써(마 8:3, 15; 9:29) 즉시 그리고 완전하게 치유하신다. 사실 그렇게 만지는 것도 필요하지 않았다(마 8:8, 13). 예수의 치유 능력은 육체뿐만 아니라 영혼에도 미친다(마 9:2). 육체의 질병을 낫게 하고, 귀신을 쫓아내기도 한다(마 8:16, 28; 9:32, 33). 사실 원상을 회복시키는 그의 능력에는 한계가 없다(마 8:16; 9:35). 그는 바람을 잔잔하게 하시며(마 8:26), 죽은 자를 일으키기까지 하신다(마 9:25).

이러한 기적을 통하여 예수께서는 능력뿐 아니라 크신 사랑을 보여 주신다. 예수께서는 인간의 연약한 것을 친히 담당하시고 병을 짊어지신다(마 8:17의 설명을 보라). 마 8:17과 마 9:13에 암시된 그의 따뜻한 사랑은 마 9:36에서 가장 잘 나타난다. 예수의 동정심은 인종과 국가를 초월하며(마 8:10-12) 세리와 죄인의 친구가 된다(마 9:10).

예수를 따르고자 하는 사람은 무조건적으로 따라야만 한다. 마태는 두 사람의 지원자가 실패한 교훈을 깊이 마음에 새겨야만 했다(마 9:9). 인간의 연약함과 죄 때문에 예수의 제자가 된다는 것은 고통스러운 자기 부정을 뜻하지만, 그럼에도 불구하고 거듭나는 은혜를 경험하는 사람들에게 그것은 시작에 지나지 않는다. 그리스도의 제자들도 "믿음이 작은 자들"이었다(마 8:26). 예수께 가까이 가는 것은 기쁨을 뜻하는데, 왜 인간에 의해 만들어진 금식을 행해야만 하는가(마 9:15).

마태는 a. 바리새인들 사이에서 점차 커가는 적의와(마 9:3, 11, 34) b. 구세주의 사랑을 아주 대조적으로 묘사하고 있다. 무리를 보고 불쌍한 마음이 든 예수께서는 바리새파 지도자들이 언제나 사소한 것은 잘 지키면서(마 23:23) 실제로는 사람들을 목자 없는 양처럼 저버리고 있다는 사실을 아셨다(마 9:36). 그래서 예수께서는 제자들에게 이렇게 말씀하신다. "추수할 것은 많되 일꾼이 적으니 그러므로 추수하는 주인에게 청하여 추수할 일꾼들을 보내 주소서 하라"(마 9:37-38).

제10장의 개요

Matthew

주제 : 아버지께서 아들에게 맡기신 사역

10

열두 제자에게 명하신 일

두 번째 대강화(大講話)

제 10 장

열두 제자에게 명하신 일 (10:1-42)

막 3:13-19; 6:7-13; 눅 9:1-6 참조

1-42절

1 예수께서 그의 열두 제자를 부르사 더러운 귀신을 쫓아내며 모든 병과 모든 약한 것을 고치는 권능을 주시니라 2 열두 사도의 이름은 이러하니 베드로라 하는 시몬을 비롯하여 그의 형제 안드레와 세베대의 아들 야고보와 그의 형제 요한, 3 빌립과 바돌로매, 도마와 세리 마태, 알패오의 아들 야고보와 다대오, 4 가나나인 시몬 및 가룟 유다 곧 예수를 판 자라 5 예수께서 이 열둘을 내보내시며 명하여 이르시되 이방인의 길로도 가지 말고 사마리아인의 고을에도 들어가지 말고 6 오히려 이스라엘 집의 잃어버린 양에게로 가라 7 가면서 전파하여 말하되 천국이 가까이 왔다 하고 8 병든 자를 고치며 죽은 자를 살리며 나병 환자를 깨끗하게 하며 귀신을 쫓아내되 너희가 거저 받았으니 거저 주라 9 너희 전대에 금이나 은이나 동을 가지지 말고 10 여행을 위하여 배낭이나 두 벌 옷이나 신이나 지팡이를 가지지 말라 이는 일꾼이 자기의 먹을 것 받는 것이 마땅함이라 11 어떤 성이나 마을에 들어가든지 그중에 합당한 자를 찾아내어 너희가 떠나기까지 거기서 머물라 12 또 그 집에 들어가면서 평안하기를 빌라 13 그 집이 이에 합당하면 너희 빈 평안이 거기 임할 것이요 만일 합당하지 아니하면 그 평안이 너희에게 돌아올 것이니라 14 누구든지 너희를 영접하지도 아니하고 너희 말을 듣지도 아니하거든 그 집이나 성에서 나가 너희 발의 먼지를 떨어 버리라 15 내가 진실로 너희에게 이르노니 심판 날에 소돔과 고모라 땅이 그 성보다 견디기 쉬우리라 16 보라 내가 너희를 보냄이 양을 이리 가운데로 보냄과 같도다 그러므로 너희는 뱀같이 지혜롭고 비둘기같이 순결하라 17 사람들을 삼가라 그들이 너희를 공회에 넘겨주겠고 그들의 회당에서 채찍질하리라 18 또 너희가 나로 말미암아 총독들과 임금들 앞에 끌려가리니 이는 그들과 이방인들에게 증거가 되게 하려 하심이라 19 너희를 넘겨줄 때에 어떻게 또는 무엇을 말할까 염려하지 말라 그때에 너희에게 할 말을 주시리니 20 말하는 이는 너희가 아니라 너희 속에서 말씀하시는 이 곧 너희 아버지의 성령이시니라 21 장차 형제가 형제를, 아버지가 자식을 죽는 데에 내주며 자식들이 부모를 대적하여 죽게 하리라 22 또 너희가 내 이름으로 말미암아 모든 사람에게 미움을 받을 것이나 끝까지 견디는 자는 구원을 얻으리라 23 이 동네에서 너희를 박해하거든 저 동네로 피하라 내가 진실로 너희에게 이르노니 이스라엘의 모든 동네를 다 다니지 못하여서 인자가 오리라 24 제자가 그 선생보다, 또는 종이 그 상전보다 높지

못하나니 25 제자가 그 선생 같고 종이 그 상전 같으면 족하도다 집주인을 바알세불
이라 하였거든 하물며 그 집 사람들이랴 26 그런즉 그들을 두려워하지 말라 감추인
것이 드러나지 않을 것이 없고 숨은 것이 알려지지 않을 것이 없느니라 27 내가 너희
에게 어두운 데서 이르는 것을 광명한 데서 말하며 너희가 귓속말로 듣는 것을 집 위
에서 전파하라 28 몸은 죽여도 영혼은 능히 죽이지 못하는 자들을 두려워하지 말고
오직 몸과 영혼을 능히 지옥에 멸하실 수 있는 이를 두려워하라 29 참새 두 마리가 한
앗사리온에 팔리지 않느냐 그러나 너희 아버지께서 허락하지 아니하시면 그 하나도
땅에 떨어지지 아니하리라 30 너희에게는 머리털까지 다 세신 바 되었나니 31 두려워
하지 말라 너희는 많은 참새보다 귀하니라 32 누구든지 사람 앞에서 나를 시인하면
나도 하늘에 계신 내 아버지 앞에서 그를 시인할 것이요 33 누구든지 사람 앞에서 나
를 부인하면 나도 하늘에 계신 내 아버지 앞에서 그를 부인하리라 34 내가 세상에 화
평을 주러 온 줄로 생각하지 말라 화평이 아니요 검을 주러 왔노라 35 내가 온 것은
사람이 그 아버지와, 딸이 어머니와, 며느리가 시어머니와 불화하게 하려 함이니 36
사람의 원수가 자기 집안 식구리라 37 아버지나 어머니를 나보다 더 사랑하는 자는
내게 합당하지 아니하고 아들이나 딸을 나보다 더 사랑하는 자도 내게 합당하지 아니
하며 38 또 자기 십자가를 지고 나를 따르지 않는 자도 내게 합당하지 아니하니라 39
자기 목숨을 얻는 자는 잃을 것이요 나를 위하여 자기 목숨을 잃는 자는 얻으리라 40
너희를 영접하는 자는 나를 영접하는 것이요 나를 영접하는 자는 나를 보내신 이를
영접하는 것이니라 41 선지자의 이름으로 선지자를 영접하는 자는 선지자의 상을 받
을 것이요 의인의 이름으로 의인을 영접하는 자는 의인의 상을 받을 것이요 42 또 누
구든지 제자의 이름으로 이 작은 자 중 하나에게 냉수 한 그릇이라도 주는 자는 내가
진실로 너희에게 이르노니 그 사람이 결단코 상을 잃지 아니하리라 하시니라

---

1 예수님께서 열두 명의 제자를 부르셨습니다. 그리고 제자들에게 더러운 영을 쫓고,
모든 병과 허약함을 치료하는 권능을 주셨습니다. 2 열두 제자의 이름은 이렇습니다.
베드로라고도 불리는 시몬과 그의 동생 안드레, 세베대의 아들 야고보와 그의 동생
요한, 3 빌립과 바돌로매, 도마와 세리 출신인 마태, 알패오의 아들 야고보, 다대오, 4
열심당원 시몬과 가룟 출신 유다입니다. 유다는 예수님을 배반한 사람입니다. 5 예수
님께서 열두 제자를 보내시며 이렇게 지시하셨습니다. "이방 사람의 길로 가지 말고,
사마리아 성에도 들어가지 마라. 6 너희는 이스라엘 집의 잃은 양에게로 가거라. 7 가
면서 이렇게 전하여라. '하늘나라가 가까이 왔다.' 8 환자들을 고쳐 주고, 죽은 사람
을 일으켜 세워라. 문둥병 환자를 깨끗하게 하고, 귀신을 내쫓아라. 너희가 거저 받았
으니, 거저 주어라. 9 금이나, 은이나, 동전을 네 허리의 돈 주머니에 넣어 두지 마라.
10 여행용 가방도 가지지 말고, 옷 두 벌이나, 신발이나, 지팡이도 가지지 마라. 일꾼
은 자기 생활비를 받는 것이 당연하다. 11 어느 도시나 마을에 들어가든지 거기서 마
땅한 사람을 찾아 떠날 때까지 그곳에 머물러라. 12 그 집에 들어가면서 평안을 빌며
인사하여라. 13 만일 그 집이 평안을 받을 만하면 너희가 빌어 준 평안이 거기에 머물
게 하고, 평안을 받을 만하지 않다면 다시 그 평안이 너희에게 돌아갈 것이다. 14 누

구든지 너희를 맞아들이기를 거절하거나 너희 말을 귀 기울여 듣지 않으면, 그 집이
나 도시를 떠날 때, 네 발의 먼지를 털어 버려라. 15 내가 너희에게 진정으로 말한다.
심판의 날에 그 마을이 소돔과 고모라보다 더 많은 심판을 받을 것이다." 16 "들어라!
내가 너희를 보내는 것이 마치 늑대 무리 속으로 양을 보내는 것과 같다. 그러므로 뱀
처럼 지혜롭고 비둘기처럼 순결하여라. 17 사람들을 조심하여라. 그들은 너희를 법정
에 넘기고, 회당에서 채찍질할 것이다. 18 나 때문에 너희는 총독들과 왕들 앞에 끌려
갈 것이다. 너희는 그들과 이방 사람들에게 증언하게 될 것이다. 19 사람들이 너희를
잡아 넘길 때, 무엇을 어떻게 말해야 할지 걱정하지 마라. 그때에 너희가 말해야 할
것을 다 알려 주실 것이다. 20 말하는 이는 너희가 아니다. 너희 아버지의 영이 너희
속에서 말씀하시는 것이다. 21 형제가 형제를 배신하여 죽게 하고, 아버지 또한 자녀
를 그렇게 할 것이다. 자녀가 부모를 대적하여 죽게 할 것이다. 22 내 이름 때문에 너
희가 미움을 받을 것이다. 그러나 끝까지 견디는 사람은 구원을 얻을 것이다. 23 이
마을에서 너희를 핍박하면, 다른 마을로 피하여라. 내가 진정으로 너희에게 말한다.
너희가 이스라엘 모든 마을을 다 다니기 전에 인자가 올 것이다. 24 제자가 스승보다
높지 않고, 종이 주인보다 높지 않다. 25 제자가 스승만큼 되고, 종이 주인과 같이 된
다면 더 바랄 것이 없다. 그들이 집주인을 바알세불이라고 불렀으니, 그 가족들을 부
를 때는 얼마나 심한 말로 부르겠느냐?" 26 "그러므로 사람들을 두려워하지 마라. 덮
였던 것은 모두 벗겨질 것이고, 감추어졌던 것은 다 알려질 것이다. 27 내가 어두운
데서 말한 것을 너희는 빛 가운데서 말하여라. 너희가 귓속말로 들은 것을 지붕 위에
서 외쳐라. 28 몸은 죽일 수 있으나 영혼은 죽일 수 없는 사람들을 두려워 마라. 영혼
과 몸을 모두 지옥에 던져 멸망시킬 수 있는 분을 두려워하여라. 29 참새 두 마리가
동전 한 개에 팔리지 않느냐? 그러나 너희 아버지가 아니고서는 한 마리도 땅에 떨어
질 수 없다. 30 심지어 너희 머리카락의 수까지도 하나님은 아신다. 31 그러므로 두려
워 마라. 너희는 참새 여러 마리보다 훨씬 더 귀하다." 32 "누구든지 사람들 앞에서 나
를 인정하는 사람은, 나도 하늘에 계신 나의 아버지 앞에서 그를 인정할 것이다. 33
그러나 누구든지 사람들 앞에서 나를 모른다고 하면, 나도 하늘에 계신 나의 아버지
앞에서 그를 모른다고 할 것이다." 34 "내가 세상에 평화를 주러 온 줄로 생각하지 마
라. 평화가 아니라 칼을 주러 왔다. 35 나는 아들이 아버지를, 딸이 어머니를, 며느리
가 시어머니를 거슬러서 서로 다투게 하려고 왔다. 36 사람의 원수가 자기의 가족이
될 것이다. 37 누구든지 나를 사랑하는 것보다 자기 부모를 더 사랑하면, 나의 제자가
될 자격이 없다. 누구든지 나를 사랑하는 것보다 자기 아들과 딸을 더 사랑하면, 나의
제자가 될 자격이 없다. 38 자기 십자가를 지고 나를 따르지 않는 사람은 내 제자가
될 자격이 없다. 39 자기의 목숨을 찾으려고 하는 사람은 잃게 될 것이며, 나를 위하
여 자기 목숨을 버리는 사람은 얻게 될 것이다." 40 "너희를 맞아들이는 사람은 나를
맞아들이는 것이다. 나를 맞아들이는 사람은 나를 보내신 분을 맞아들이는 것이다.
41 예언자의 이름으로 예언자를 맞아들이는 사람은 예언자의 상을 받을 것이다. 의인
의 이름으로 의인을 맞아들이는 사람은 의인의 상을 받을 것이다. 42 내가 진정으로
말한다. 제자의 이름으로 보잘것없는 사람에게 냉수 한 잔이라도 주는 사람은 반드시
하늘나라에서 상을 받을 것이다."

_아가페 쉬운성경

마 10장의 5절에서 42절까지 예수의 교훈적인 강화 중 하나가 기록되어 있는데, 이 강화는 그 여섯 강화 중 두 번째에 속한다. 여섯 강화 전체에 대하여는 본 주석의 목차를 보라. 여기에서는 앞장에서와 같이, 그리스도의 예언자로서, 제사장으로서, 그리고 왕으로서의 직무가 밀접하게 연관되어 있다. 예수께서는 제자들을 전도여행에 보내시면서 그들에게 어떻게 처신해야 될 것인가를 보여 주신다. 따라서 예수께서는 여기에서 선생님 또는 선지자나 하나님의 뜻의 계시자로 그 모습을 드러낸다. 그러나 예언자라는 이러한 명칭은 닥쳐올 사건의 예고자라는 더 엄격한 의미에서 예수께 적용된다. 이 직무에 대한 기사 중 단 한 곳만—특히 16절 이하— 읽어 보아도 열두 제자에게 말하는 그분이 미래를 예언하고 계심이 드러난다. 예수께서는 교회가 죄로 타락한 자들에게 그리스도의 메시지를 전할 때 발생될 일에 대하여 설명하고 있다.

주의 제사장으로서의 직분은 또한 그리스도의 대속의 수난에 대한 암시와 더불어 아주 희미하게나마 예시되어 있다(38절). 제자들은 그들의 십자가를 지고, 그들의 선생을 따라야 한다. **그가** 미움을 받기 때문에 **그들도** 미움을 받게 될 것이다(참조. 22, 24, 25절).

끝으로 예수께서 그의 사신들을 보내신 것은 "만주의 주시요 만왕의 왕"(계 17:14)으로서 행하신 일이다. 예수께서는 제자들에게 권능을 주신다(10:1). 왜냐하면 그 자신이 절대 권능을 갖고 계시기 때문이다.

요지

마태는 먼저 배경을 제시한다. 실제로 배경에 대한 기사는 9:35–38에서 시작된다. 10:1에서 복음서 기자는 예수께서 제자들을 불러 그들에게 주신 권능에 대하여 말한다. 그리고 열두 제자의 명단이 나오고(2–4절), 구체적인 지시가 뒤따른다(5–42절).

산상설교에서와 마찬가지로 열두 제자에게 내리는 명령 역시 복잡하지 않고 질서 있게 진전된다. 명령의 구체적인 내용이 이 기사의 전반부라 할 수 있는 부분(5–15절)에서 제시된다. 오늘날에 와서는 "사도들"이라 부르는 것이 더 합당할 그 "제자들"이 어디로 가서 무엇을 선포하며 어떤 일을 해야 하는지, 그리고 그들은 어떠한 상황하에서 여행을 해야 하고 또 어디에 투숙해야 하는가에 대하여 언급되어 있다. 후반부라 할 수 있는 부분(16-42절)에서는 명령이 계속되기는 하나 예언적인 말씀이 혼합되기 시작하여, 예수께서는 사도들의 전도에 대하여 사람들이 아주 대조적인 반응을 보일 것이라고 말씀하신다. 일단의 사람들은 전도를 받아들이겠지만, 많은 사람들이 그것을 거절할 것이다. 선교사들에게 있어서 이러한 배척은 13절 하반절-15절에서 이미 암시된 대로 무서운 박해를 의미한다. 예수께서는 제자들의 충성에 대한 보상을 주시는 주 안에서의 믿음과 용기로써 어떻게 제자들이 그러한 박해를 대응해 나가야 하는가를 그들에게 지시하신다.

그러나 이 기사의 전반부라 할 수 있는 부분(5-15절)이 후반부(16-42절)와 아주 점진적으로 그리고 아주 섬세하게 혼합되어 있기 때문에 이 전체 기사를 하나로 취급할 수 있다. 13-16절의 내용은 이러한 사실을 암시하는 것 같다. 따라서 어떤 특별한 부제가 없이, 절과 절 또는 단락과 단락이 하나로 취급될 수 있는 것이다. 결과적으로 10장은 두 부분, 즉 배경(1-4절)과 명령(5-42절)으로 나눌 수 있다.

그러나 5-15절에서 16-42절까지 점차적으로 변천되어 가는 특성이 보편적으로 용인되는 것은 아니다. 어떤 사람들의 견해에 의하면, 제자들이 모든 곳에서 환영을 받지 못하고 많은 사람에 의해서 배척을 당하게 되리라는 그리스도의 경고는, 교회가 당할 박해의 예언들에 대한 적절한 서언은 아니다. 따라서 10:5-42의 내용은 실제적으로 이 기사가 하나가 아니라 **결합체**라는 결론에 이르게 된다. 그러기에 예수께서 여기의 모든 말씀을 이때에 하신 것이 아니라고 논의되는 것이다. 반대로 그리스도 부활이 있은 뒤 얼마 후에 박해가 시작됐을 때, 복음서 기자는 예수의 초기의 설교를 그의 후기의 설교 중 일부분, 특히 그의 종말론적 말씀에서 발견되는 부분과 결합시켰다(참조. 마 10:17-22; 막 13:9-13; 눅 21:12-17). 이러한 견해에 따르면 마 10:5-42의 내용도 기사가 결합된 것이라는 결과를 낳는다. 이러한 결합설을 뒷받침하기 위해서, 순교의 무서운 예언(21,

28절)이 제자들의 첫 번째 선교 여행 중에는 성취되지 않았으며 오히려 그 반대 현상(눅 22:35)이 일어났음이 지적되고 있다.

그러나 이 복음서의 최초의 독자들은, 예언된 고난이 그리스도의 부활 전에 일어나지 않았고 후에 일어났다는 것을 잘 알고 있었기에, 그들은 마치 그것이 하나의 명령인 것처럼, 이곳에서 제시되는 강화 내용의 결합적인 성격을 이해하는 데 어려움이 없었다.[430]

반론:

(a) 강화는 한 번에 말씀하신 것처럼 기록되어 있다. 다음과 같은 언급이 이 말씀에 선행되어 있다. "예수께서 이 열둘을 내보내시며 명하여 이르시되" 문자적으로, "그들에게 명령한 후에…말씀하시기를"(10:5). 그리고 이 말씀 다음에는 "예수께서 열두 제자에게 명하기를 마치시고…거기를 떠나가시니라"(11:1)라는 말이 뒤따라온다.

(b) 예수께서는 이미 그 자신의 다가오는 죽음을 어렴풋하게 언급하셨다(9:15). 그러므로 예수께서 떠난 후에 일어나게 될 일을 이때에 제자들에게와 제자들을 통하여 교회에게 말씀하신다는 것은 당연하지 않는가? 그리스도의 부활 전에 제자 중 어느 한 사람도 순교를 당하지는 않았다 할지라도 틀림없이 강력한 반대가 곧바로 일어났을 것이고(10:14, 15, 23-25), 그 이후에 순교가 뒤따랐을 것이다(요 21:18, 19; 행 12:1, 2; 참조. 계 6:9). 그러므로 박해의 사슬에서 이어지는 이러한 두 사건이 같은 때에 예언될 수 없으리라는 이유는 분명하지가 않다.

(c) 종말에 관한 강화(마 24, 25장)에서도 (단순한 복음서 기자가 아니

430) H.N. Ridderbos, *op. cit.*, Vol. I, p.203, 그러나 그는 반대 입장이 정확하다고 할 수 있을 가능성을 솔직히 인정한다. Ridderbos의 견해와 몇 가지 유사한 점이 있는 견해에 대하여는 W.C. Allen, *op. cit.*, p.101을 보라. F.W. Grosheide는 마 10:17-42의 종합에서, 마태가 다른 때 언급된 두 개의 단편을 결합했다는 것을 믿어야 한다고 언급한다. R.V.G. Tasker는 연합설에 유리한 논증들의 종합을 제시한다. 그 자신은 단일설을 믿는 입장이다. *op. cit.*, pp.104, 105. 끝으로 D.J. Chapman, *Matthew, Mark, and Luke*, London, 1937, pp.236-242의 논의를 보라.

신) 예수께서는 시기적으로 아주 떨어진 사건(재림), 시기적으로 더 가까우면서도 장기적인 사건(온 백성에게 복음을 전파하는), 그리고 긴박한 비극(예루살렘의 함락) 등을 단 하나의 설교에 혼합시키셨다. 그런데 왜 여기 마 10장에서 유사한 것을 동시에 말씀하실 수 없겠는가?

(d) 앞에서 지적한 바와 같이, 말하는 사람들이 이전의 중요한 말을 반복하는 것은 전혀 특이한 일이 아니다. 예컨대 예수께서 이곳 마 10:21, 35에서와 눅 21:16에서 다 같이 미 7:6을 암시하는 것이 왜 부자연스러운가? 게다가 마 10장에 기록된 말씀은 그리스도의 다른 말씀과 유사하다기보다는 상당한 차이점을 지니고 있다.

(e) "그들의 회당에서 채찍질하리라"는 표현이(10:17; 참조. 23:34) 마태복음에서만 나온다는 사실은, 이 표현이 팔레스타인에서 사용된 유래를 볼 때, 박해의 나중 때보다는 초기를 시사한 것 같다.[431]

따라서 필자는 앞으로는, 마 10:5-42에 기록된 말씀이 마태가 시사한 대로 한 번에 말씀하신 하나의 강화라는 가정하에서 말할 것이다.

배경

[1] 예수께서 그의 열두 제자를 부르사 더러운 귀신을 쫓아내며 모든 병과 모든 약한 것을 고치는 권능을 주시니라.

마태는 스스로 열두 제자의 선택에 대하여 기록하지는 않았지만, 그의 복음서의 독자가 하나의 영적 집단이 된 열두 제자가 더 일찍이 선택되었다는 것을 이미 알고 있음을 인정하는 것 같다. 눅 6:12, 13, 20에 의하면, 이러한 열두 제자의 무리는 산상설교 이전에 부름을 받았다(참조. 막 3:13, 14). 어쩌면 산상설교보다 약간 늦은 이때(같은 해 여름 동안, 즉 A.D. 28년 여름 동안이 아니었을까?) 예수께서는 이들에게 선교 여행을 하게 하셨다. 열두 제자는 그들을 보낸 자를 대신할 수 있는 권위를 가진 예수의 공적인 사신 또는 "사도"가 되었다. 더도 덜도 아닌 정확히 열두

---

431) K. Schneider의 *μαστιγόω*와 관련 단어에 관한 글을 보라. Th.D.N.T., Vol. Ⅳ, p.515-519.

명이 이러한 일을 위해서 선택된 것은 예수께서 그들을 새 이스라엘의 핵심 요원으로 삼으셨다는 것을 의미한다. 왜냐하면 열두 족장이 구시대의 이스라엘을 대표했기 때문이다(창 49:28). 매우 흥미있고 교훈적인 것은 추수할 주인에게 추수할 일꾼들을 보내 달라고(9:38) 기도하라는 부탁을 받은 바로 그 제자들이 지금은 이러한 일꾼들의 선두에 있게 되었다는 사실이다(참조. 18:18). 더구나 제자들은 "더러운 귀신을 쫓아낼 수 있는 권능을 부여받았다"(참조. 계 6:13). 이러한 귀신들은 그 자체가 더러울 뿐 아니라, 사람들 사이에 더러운 생각, 말, 그리고 행동을 교사하는 교사자이기 때문에, 그러한 이름으로 불린 것 같다.[432]

예수께서 열두 제자에게 "더러운 귀신을 쫓아내며, 모든 병과 모든 약한 것을 고치는 권능을"(즉 그것을 행할 수 있는 **권리** 외에도 **힘**을) 주셨다고 말할 때에, 마태가 의미하는 것은 정확히 무엇인가? 마태는 이러한 귀신들을 쫓아냄으로 인하여 그리고 그 결과로써 제자들이 모든 병과 모든 약한 것을 고치는 권능도 얻게 되었다고 말하기를 원하는가? 만일 그러한 의미라면 모든 병과 모든 약한 것은 하여간에 귀신 때문에 생겼을 것 같은 인상을 받게 된다. 9:32과의 관계에서 그것은 이미 제시된 바 있다. a. 복음서에 의하면 몇몇 경우에서 질병은 귀신 들림에 연관되어 있었다. b. 그러나 항상 그런 것은 아니었다. 때때로 육체적 고난은 특별하게 귀신 들려서라기보다는 오히려 사탄의 영향 때문이기도 하다(눅 13:16; 참조. 욥 2:7). 간혹 인간의 질병에 대하여 사탄이나 그 부하가 연관된 것은 아니라고 말하는 때도 있다. 지극히 육체적이든 정신적이든 인간의 고통의 모든 징조는 일반적이고 간접적인 방법으로 그 원인이 사탄에게 있다는 것은 사실이다. 만일 인류의 조상인 아담이 유혹을 이겼다면, 오늘날 이런 악한 것들이 존재하지는 않았을 것이다(창 2:16, 17; 3:3, 6, 19; 롬 5:17). 그러나 이 모든 것들은 아래의 결론을 내기에는 전혀 충분하지가 않다. 마 10:1은 a. 모든 병과 모든 약한 것이 직접 귀신에 의해서 된 것이라 하고, b. 그들을 쫓아낼 권능을 가짐으로써 제자들은 모든 질병을 고칠

432) 이들 열두 제자에게 주어진 임무는 10:1에서 언급된 것으로 국한되지 않았다. 이 점은 7, 8, 14, 19, 20, 27절에서 나타난다(참조. 눅 9:2 상반절).

수 있는 권한을 얻게 되었다는 것을 의미한다.

문법적으로는 10:1을 다른 각도에서 해석하는 것이 전적으로 타당하다. 즉, 예수께서는 열두 제자에게 "더러운 귀신을 쫓아내며 모든 병과 모든 약한 것을 고치는 권능을" 주셨다. 10:1에 진술된 간략한 표현법은 이것이 단축된 강화의 많은 예들 중 하나로 고려될 수 있다.[433]

10:1과 4:23 그리고 9:35의 유사성은, 신실하게 그들의 사명을 감당함으로써 열두 제자가 그들의 선생을 대표한다는 점에서 나타난다. 왜냐하면 그들은 선생 자신이 하고 있는 일을 행하고, 그들이 행하도록 지시받은 일을 수행했기 때문이다. 같은 방법으로 예수 자신도 아버지를 대신한다(요 5:19).

[2]-[4] 열두 사도의 이름은 이러하니 베드로라 하는 시몬을 비롯하여 그의 형제 안드레와 세베대의 아들 야고보와 그의 형제 요한, 빌립과 바돌로매, 도마와 세리 마태, 알패오의 아들 야고보와 다대오, 가나나인 시몬 및 가룟 유다 곧 예수를 판 자라.

신약성경에서 열두 제자의 이름은 네 번 나온다(마 10:2-4; 막 3:16-19, 눅 6:14-16, 행 1:13, 26). 행 1:15-26에는 맛디아가 가룟 유다를 대신하는 방법이 기록되어 있다. 복음서 명단에 관한 한, 그 명단은 베드로로 시작되고(이 점에 있어서는 사도행전도 마찬가지이다) 가룟 유다로 끝난다. 네 개의 관련 기사에서는 배열까지도 전혀 차이가 없다. 이론상 열두 제자의 이름은 네 명씩 세 집단으로 구성된 것처럼 보인다. 여기에서 다음의 결과가 얻어진다.

마태의 기술에서 안드레의 이름은 그의 형제 베드로의 이름 바로 다음에 등장한다. 야고보와 요한 형제가 그 다음에 언급되었다. 이로써 네 명의 첫 번째 집단은 완성된다. 이들 네 명을 그리스도의 최초의 제자들로 보는 것이 당연하다(필자의 주석 요 1:35-42을 보고, 마 4:18-22의 주석을 보라). 네 개의 집단 중 두 번째 집단은 빌립과 바돌로매(나다나엘)로 시작된다. 이들은 첫 번째 집단의 네 명 이후 곧 그리스도의 제자로 부름

433) 필자의 주석 요 5:31을 보라.

받았다(요 1:43-51). 이 두 번째 집단은 도마와 마태로 완성된다. 마지막 집단에서 처음 세 이름은 흔적이 뚜렷하지 않는 제자들의 이름이다. 즉, 별로 알려지지 않았거나(다대오) 전혀 알려지지 않은 (알패오의 아들 야고보와 가나나인 시몬) 사람들의 이름이다. 마지막 이름은 배신자 유다의 이름이다. 이들이 마지막에 언급된 것은 이름이 알려져 있지 않기 때문인가? 그리고 (한 사람의 경우) 배신했다는 사실 때문인가? 아니면 그들이 마지막으로 부름을 받았기 때문인가? 우리는 알 수가 없다. 마가의 기술에서 첫 번째 집단 중 안드레가 맨 마지막에 언급된 것을 제외하고는 그 순서는 마태의 명단과 동일하다. 마가의 두 번째 집단 속에서는 "도마와 마태" 대신 "마태와 도마"로 되어 있다. 마지막 집단에 있어서 마태와 마가의 명단은 일치한다.

누가복음의 명단에 있어서 첫 번째 네 사람의 이름은 마태의 명단을 따른다. 두 번째 네 사람의 이름은 마가의 명단을 따르고 있다. 마지막 네 사람의 경우에는 독자적 방법을 택한다. 누가는 여기에서 마태와 마가에서 다 같이 언급되어 있는 이름 중 가운데 두 사람의 이름 순서를 바꾼다. 그 외에도 누가는 다대오 대신에 "야고보의 아들(또는 형제) 유다"라는 이름을 쓴다. 의심할 여지 없이 이들은 같은 사람이다. 따라서 누가는 다음과 같은 순서로 기록하고 있다. "알패오의 아들 야고보와 셀롯이라는 시몬과 야고보의 아들(또는 형제) 유다와 예수를 파는 자 될 가룟 유다라."

사도행전에서 누가는 첫 번째 네 명을 "베드로, 요한, 야고보, 안드레"의 순서로 기록하고 있다. 두 번째의 네 명은 "빌립, 도마와 바돌로매, 마태"의 순서이며, 마지막 네 명은 "알패오의 아들 야고보, 셀롯인 시몬, 야고보의 아들 유다"의 순서로 기록되어 있다. 맛디아의 이름은 26절에 첨가되었다. 그러므로 네 개의 명단에는 똑같은 열두 명의 이름이 기록되어 있다(이미 언급된 대로 행 1장에서 가룟 유다 대신 맛디아가 기록된 것은 제외하고). 그뿐만 아니라 각 집단 내의 네 개의 이름까지 똑같다(마찬가지로 이미 언급한 예외는 있다).

막 6:7에 의하면, 예수께서는 열두 제자를 "둘씩 둘씩" 보내셨다. 마태복음에서는 각 쌍들 내에는 각기 "과"로 연결되고 그 각각의 쌍 사이에는

"과"가 생략되어 있다. 이것이 시사해 주는 바와 같이 두 사람이 한 쌍을 이룬다. 즉, 빌립과 바돌로매, "도마와 마태" 등 예외로 처음 두 쌍 사이에는 "와"가 있다. 이것은 아마도 두 쌍의 형제들이기 때문인 것 같다. 여행 중에 빌립과 바돌로매가 실제로 함께 여행했고, 도마와 마태, 베드로와 안드레 등이 같이 여행했을 가능성은 인정해야 된다. 그렇지만 이것이 절대적으로 정확한 것은 아닐 것이다. 나타나 있는 바와 같이 네 개의 명단에서 그 집단 구성이 약간씩 다르기 때문이다. 하여간 고대의 각운은 이름을 쉽게 기억하게 해 주며, 그들이 실제 쌍으로 보내졌다는 사실을 상기시켜 준다.

베드로와 안드레,
야고보와 요한,
빌립과 바돌로매,
세리 마태와 도마(또는 도마와 세리 마태)
작은 야고보와 큰 유다,
셀롯인 시몬과 배신자 유다

성미가 급하고 격한 **베드로**보다 더 많이 언급된 사람은 열두 제자 중 아무도 없다. 그의 본래의 이름은 시몬(또는 시므온)이었다. 베드로는 요나(또는 요한)의 아들로 어부였다. 베드로는 처음에는 그의 형제 안드레와 함께 벳새다에서 살다가, 나중에는 가버나움에서 살았다. 그는 예수의 은혜와 영향에 의해 서서히 성급한 사람에서 충실하고 신뢰성 있는 증인으로 변화되었다. 예수께서는 예언적으로 그의 이름을 시몬에서 게바(아람어)로 변경시키셨다. 게바는 베드로(헬라어로는 페트로스)와 같이, 반석을 의미한다. 베드로의 성격과 인격에 관한 설명은 특별히 4:18-22; 26:58, 69-75 그리고 필자의 주석 요 13:6-9; 18:15-18, 25-27; 21장을 보라. 전승에 의하면 베드로는 신약성경 중 두 권의 책, 즉 베드로전서와 후서를 썼다고 한다. 이미 살펴본 대로 복음서 기자 마가가 "베드로의 통역자"라고 불리는 것은 부당하지 않다. 마 16:16-19에서는 시몬, 베드로, 그리고 게바라 다양하게 불리는 이 제자의 이름에 "비롯하여"라는 말이 덧붙여 있다. 베드로는 실제로 그 집단에서 제일인자였다. 이러한 관계에 대하여는 필자의 주석 마 16:16-19을 보라. 초대교회사에서 베드로의 역할은 아무리 강조해도 지나치지 않다.

안드레 역시 어부였다. 이 사람은 그 형제 베드로를 예수께로 데리고 갔던 사람이다. 필자의 주석 요 1:41, 42을 보라. 안드레에 대한 다른 관련 내용은 4:18-22의 주석을 보고 막 1:16, 29; 13:3; 요 6:8; 12:22을 보라. 그리고 다음에 언급되는 빌립에 대한 것도 마찬가지이다.

야고보와 요한 역시 형제들이요 세베대의 아들들이다. 마태는 여기에서와 4:21, 22(그곳의 주석을 보라)에서뿐만 아니라, 이후에도(17:1; 참조. 20:20, 21) 이 두 어부를 언급한다.[434] 그들의 불같은 성격 때문에 예수가 야고보와 요한을 "우레의 아들"(마 3:17; 참조. 눅 9:54-56)이라고 불렀고, 다른 복음서에서도 그들에 대한 언급은 여러 번 있다. 야고보는 순교자의 면류관을 쓴 사도 중의 첫 번째 사도이다(행 12:2). 야고보는 맨 처음 하늘나라로 올라갔고, 그의 형제 요한은 아마도 가장 마지막까지 세상에 남은 제자였을 것이다. 많은 사람들에 의해 "그의 사랑하시는 제자"(요 13:23; 19:26; 20:2; 21:7, 20)로 생각되는(필자는 정확하게 믿고 있다) 요한의 생애와 성격에 대해서는 필자의 주석 요한복음 서론을 보라. 전승에 의하면 다섯 권의 신약성경, 즉 요한복음과 3개의 서신인 요한일서, 이서, 삼서 그리고 계시록이 요한에 의해 쓰였다고 한다.

빌립은 최소한 베드로와 안드레의 고향 사람으로 벳새다 출신이었다. 그는 예수의 부르심에 응답했을 때, 나다나엘을 만나서 "모세가 율법에 기록하였고, 여러 선지자가 기록한 그이를 우리가 만났으니, 요셉의 아들 나사렛 예수니라"(요 1:45)라고 전했다. 오천 명을 먹이시려고 하였을 때, 예수께서는 빌립에게 "우리가 어디서 떡을 사서 이 사람들을 먹이겠느냐" 라고 질문하셨고, 빌립은 "각 사람으로 조금씩 받게 할지라도 이백 데나리온의 떡이 부족하리이다"(요 6:5, 7)라고 답변했다. 빌립은 분명히 예수의 권능이 계산의 한계성을 능가한다는 것을 잊고 있었다. 이 사건을 통

---

434) 필자는 마태가 그의 복음서의 다른 부분에서 유다 외에 베드로만을 언급했다는 Lenski의 주장을 이해할 수 없다. *op. cit.*, p.378.

해서 빌립은 다른 사도들보다도 더 철저하게 타산적인 인물이라는 결론이 나올 법도 하다. 복음서에서 빌립은 대체로 호의적인 인상을 준다. 따라서 헬라 사람들이 그에게 접근하여 "선생이여, 우리가 예수를 뵈옵고자 하나이다"라고 요청하였을 때, 그가 가서 안드레에게 말하였고, 이들 두 제자, 즉 안드레와 빌립은 뵙고자 하는 자를 예수께 데리고 갔다(요 12:21, 22). 빌립이 언제나 즉시 그리스도의 심오한 말씀의 의미를 깨달은 것은 아니라는 사실은 시인되어야 한다. 그렇다면 다른 제자들은 즉시 깨달았는가? 그러나 빌립은 매우 솔직하게 자신의 무지를 나타내고, 구체적인 내용을 질문한다. 이것은 요 14:8, "주여 아버지를 우리에게 보여 주옵소서 그리하면 족하겠나이다"라고 말한 데서 분명히 드러난다. 빌립은 아름답고 위로가 되는 답변 "나를 본 자는 아버지를 보았거늘"(요 14:9)을 들었다.

바돌로매(돌바위의 아들이란 뜻)는 요한복음의 나다나엘임이 분명하다(1:45-49; 21:2). 빌립에게 "나사렛에서 무슨 선한 것이 날 수 있느냐"라고 말한 사람이 바로 이 사람이었고, 빌립은 "와 보라"라고 답변하였다. 예수께서 그에게 오고 있는 나다나엘을 보았을 때, "보라 이는 참으로 이스라엘 사람이라 그 속에 간사한 것이 없도다"라고 말하였다. 이 제자는 부활하신 그리스도가 디베랴의 바다에서 자신을 보이셨던 일곱 사람 중 한 사람이었다. 다른 여섯 사람 중에는 단지 시몬 베드로, 도마 그리고 세베대의 아들만이 언급되었을 뿐이다.

도마에 대한 언급들은 낙담과 헌신이 그를 특징짓는다는 점에서 일치한다. 도마는 항상 그의 사랑하는 선생을 잃을까 봐 걱정했다. 그는 나쁜 일을 예상했다. 그러므로 그가 자신에게 전해져 온 복된 소식을 믿는다는 것은 어려운 일이었다. 그러나 부활한 주께서 자신을 그에게 나타내심으로 놀라운 사랑을 보여 주셨을 때, "나의 주, 나의 하나님"이라고 부르짖은 자 역시 도마였다. 도마에 관한 더 구체적인 내용은 요 11:16; 14:5; 20:24-28; 21:2의 주석을 보라.

마태에 대하여는 이미 약간 상세하게 거론했다(9:9의 주석을 보라). 마가는 **알패오의 아들 야고보**에 대해서 "작은 야고보"(15:40)라고 호칭했다.

이것을 일부 학자는 "동생 야고보"를 의미하는 것으로 해석하고, 다른 학자들은 "키가 작은 야고보"를 의미한다고 본다. 우리는 더 확실한 정보를 가지고 있지 못하다. 그러나 마태가 마 27:56; 막 16:1; 눅 24:10에서 언급된 제자와 같은 인물일 가능성은 있다. 만일 이것이 정확하다면, 그의 어머니의 이름은 마리아이다. 이 여자는 예수를 따라가, 십자가 가까이에서 있었던 여자들 중 한 사람이었다. 필자의 주석 요 19:25을 보라. 마태의 아버지였던 알패오가 작은 야고보의 아버지 알패오와 같은 사람이 아니라는 것은 이미 언급한 바 있다. 각주 113)을 보라.

다대오는(마 10:3; 막 3:18의 어떤 사본들에서는 렙바오스라 불린다) 요 14:22의 "가룟인 아닌 유다"일 가능성이 있다(해당 구절을 보라. 참조. 행 1:13). 요 14장에서 그에 관해 언급된 내용을 통해서 볼 때, 그는 예수께 자신을 세상에 나타내 주기를 원했던 것 같다. 즉, 각광을 받기를 원했던 것 같다.

두 번째의 **시몬**은 **가나나인**이라 하였다. 가나나인이란 아람어 별명으로 열심당원을 의미한다. 실제로 누가는 그를 "셀롯이라는 시몬"이라고 부른다(눅 6:15; 행 1:13). 이전에 그가 셀롯당에 속했기 때문에 이곳에서도 그에게 이러한 이름이 주어진 것 같다. 이 셀롯당은 외국인 통치자를 증오하면서—통치자가 무리한 조공을 요구했기 때문이다— 로마 정부에 대하여 계속적으로 반란을 일으켰다. 요세푸스의 **유대전쟁사**(*Jewish War*) Ⅱ. 117, 118, **고대사**(*Antiquities*) XVIII. 1–10, 23을 보고 또한 행 5:37을 참조하라.

끝으로 **가룟 유다**가 있다. 이 사람은 일반적으로 남쪽 유다의 한 지역인 가룟 출신 유다를 의미한다고 해석되었다. 복음서는 반복해서 그를 언급한다(마 26:14, 25, 47; 27:3; 막 14:10, 43; 눅 22:3, 47, 48; 요 6:71; 12:4; 13:2, 26, 29; 18:2–5). 그는 가끔 "예수를 판 유다", "열둘 중에 하나인 유다", "배신자", "가룟 시몬의 아들 유다", "시몬의 아들", "가룟 유다", 또는 단순히 "유다" 등으로 설명되었다. 예수께서 그의 제자 중 한 사람으로 왜 이 사람을 선택하셨는지에 대해서 생각하는 것은 무익한 일인 것 같다. 이에 대한 기본적인 답변은 눅 22:22, 행 2:23 등과 같은 구절에서 잘 나타나 있다. 마 26:24을 참조하라. 이 사람은 자신의 악한 행위에 대해서는 철저하게 책임을 지지만 마귀의 도구였다(요 6:70, 71). 그리스도의 가르침에 더 이상 동의하지 않고 참을 수가 없게 되었을 때 다른 사람들은 그리스도를 떠났다(요 6:66). 유다는 이때에는 마치 그리스도에게 전적으로 동의하는 것처럼 떠나지 않고 남아 있었다. 매우 이기적인 사람으로서 가룟 유다는 예수께 기름을 부은(요 12:1 이하) 베다니의 마리아의 이타적이고 아름다운 행위를 이해할 수가 없었다. 아니 "기꺼워하지 않았다"고 말해야 할 것이다. 그는 사랑이란 단어가 본래 아낌없이 주는 것임을 알지 못했고 알려고 하지도 않았다. 예수를 배신하도록 가룟 유다를 교사한 자는 마귀이다. 즉, 그를 원수의 손에 맡기도록 유다를 교사한 자는 마귀였다. 유다는 도둑이었다. 그러면서도 그는 그 결과가 예언될 수 있었듯이 작은 무리의 금고를 맡은 자였다(요 12:6). 주의 만찬의 제정과 관련해서 극적인 순간이 도래했다. 이것은 영원토록 성경에서 기념되는 일이었다(마 26:20-25, 요 13:21-30). 이러한 성만찬은 예술 작품에서도 묘사된 바 있다(레오나르도 다빈치 등). 이 만찬에서 예수께서는 "너희 중에 한 사람이 나를 팔리라"라고 말씀하심으로써 열두 제자를 놀라게 하셨다. 유다는 그 약속한 행동에 대한 대가로 대제사장으로부터 은 삼십을 이미 받았음에도 불구하고(마 26:14-16) 믿을 수 없을 정도로 침착한 말로 "랍비여 나는 아니지요"라고 말했다. 또한 유다는 겟세마네 동산에서 예수를 체포한 병사들과 성전 관원 일행을 안내한 안내자였다. 그는 자신이 여전히 충성된 제자인 것처럼, 능청스럽게 그의 선생에게 입을 맞춤으로써 선생을 잡으려고 온 사람들에게 예수를 가리켜 주었다(마 26:49, 50; 눅 22:47, 48). 유다의 가책에 의한 사도직 포기에 대해서는 마 27:3-5을 보고 행 1:18을 참조하라. 무엇이 이러한 특권을 부여받은 제자를 그리스도의 배신자가 되게 하였는가! 상처받은 교만, 실망한 야심, 뿌리 깊은 탐심, 회당에서 추방될까 하는 두려움이었는가?(요 9:22). 의심할 여지 없이 이 모든 것들도 포함되었지만, 유다의 지극히 이기적인 마음과 예수의 무한하고 희생적인 마음 사이의 간격이 너무나 컸다. 유다는 중생의 은총과 거듭나게 하는 것을 원치 않았거나, 예수로부터 얻을 수 있는 도움을 배척한 데 가장 기본적인 이유가 있지 않을까? 즉 유다 생애의 충격적인 비극은 그리스도의 무능의 증거가 아니라, 배신자의 회개하지 않은 마음의 증거이다. 그러한 사람에게 화가 있을진저! 예수의 위대성은 **그러한 사람들**을 제자로 택하여 그들을 놀랄 만큼 영향력 있는 공동체 속으로 결합시켰다는 점이다. 그 공동체는 이스라엘의 과거와의 적절한 연결이 되었을 뿐만 아니라 교회의 미래를 위한 견고한 기반이 되었다. 그뿐만 아니라, 예수께서는 각자 자신의 결점과 단점을 가지고 있었던 이러한 사람들에게 기적을 행하셨다. 이에 대한 것은 필자의 주석 마태복음 상권 pp. 398-402에서 설명한 바 있다. 우리가 가룟 유다를 제쳐 놓고, 다른 제자들만을 생각하게 될 때라도, 구세주의 위엄에 대하여 반드시 감명을 받게 된다. 그의 매력, 비교할 수 없는 지혜, 비길 데 없는 사랑이 놀라웠기에 예수께서는 자기 주변에 사람들을 모이게 할 수 있었고, 제각기 다른 사람을 한 가족으로 결합되게 만드셨으며, 때로는 배경과 성격이 정반대인 사람도 하나가 되게 하셨다. 이 작은 무리 속에는 낙관주의자인 베드로가 포함되었을 뿐만 아니라(마 14:28, 26:33, 35), 비관주의자인 도마도 포함되었다(요 11:16, 20:24, 25). 한때 열심당원이었고, 세금 징수를 미워했으며, 로마 정부 타도에 열심이었던 시몬이 있는가 하면, 자발적으로 바로 그 로마 정부를 위해 자신이 모은 세금을 바친 마태도 있었다. 이들 중 베드로, 요한, 마태는 그들의 글을 통해서 유명해졌다. 그런가 하면, 자신의 사명을 완수했지만 별로 알려지지 않은 작은 야고보도 그 한 일원이었다. 예수께서는 인자하시고 무한한 긍휼의 끈으로 제자들을 자신에게 이끄셨다. 예수께서는 끝까지 그들을 사랑하셨고(요 13:1), 자신이 배신당해서 십자가 처형을 당하기 전날 밤에 다음과 같이 말씀하시면서, 그들을 그 아버지께 부탁하셨다.

"세상 중에서 내게 주신 사람들에게 내가 아버지의 이름을 나타내었나이다. 그들은 아버지의 것이었는데 내게 주셨으며, 그들은 아버지의 말씀을 지키었나이다. … 거룩하신 아버지여 내게 주신 아버지의 이름으로 그들을 보전하사 우리와 같이 그들도 하나가 되게 하옵소서. … 내가 비옵는 것은 그들을 세상에서 데려가시기를 위함이 아니요, 다만 악에 빠지지 않게 보전하시기를 위함이니이다. 내가 세상에 속하지 아니함같이 그들도 세상에 속하지 아니하였사옵나이다. 그들을 진리로 거룩하게 하옵소서. 아버지의 말씀은 진리니이다. 아버지께서 나를 세상에 보내신 것같이 나도 그들을 세상에 보내었고, 또 그들을 위하여 내가 나를 거룩하게 하오니 이는 그들도 진리로 거룩함을 얻게 하려 함이니이다"(요 17:6-19).

명령

[5] [6] 예수께서 이 열둘을 내보내시며 명하여 이르시되 이방인의 길로도 가지 말고 사마리아인의 고을에도 들어가지 말고 오히려 이스라엘 집의 잃어버린 양에게로 가라.

방금 지적한 대로 이 열두 제자들이 "세상에" 보내졌다 할지라도, 그것은 즉시 일어난 일은 아니었다. 처음에 제자들은 그들의 활동을 "이스라엘 집의 잃어버린 양에게" 국한하도록 명령을 받았다(9:36; 15:24; 참조. 렘 50:6; 겔 34:5, 6). 몇 가지 중요한 예외가 있기는 하나, 예수 역시 "먼저 유대인에게요, 그리고 헬라인에게로다"라는 규칙을 따르셨다(롬 1:16; 2:9, 10). 예수의 교훈이 성전과 회당에 국한된 것은 아니었지만, 예수와 그의 사역에 있어서 이러한 것들은 기본적 중요성을 보유하고 있었다(마 4:23; 13:53, 54; 요 18:20). 그럼에도 불구하고 주께서는 이방인을 절대로 잊지 않으셨다는 것이 이미 분명하게 나타나 있다(2장; 4:23-25; 8:11, 12의 주석을 보고 요 10:16을 참조하라). 그러나 하나님의 계획 안에서 복음이 온 민족에게 전파되는 것은 바로 예루살렘에서부터였다(창 12:3; 18:18; 22:18; 26:4; 참조. 행 3:25; 사 49:6; 행 13:47; 사 54:1-3; 갈 4:27; 암 9:11, 12; 행 15:16-18). 이 모든 것은 본래 구약의 민족주의가(매우 빈번하게 국제주의와 함께 빛을 발한다) 십자가에서 타파되었다는 사실을 분명히 보여 준다. 따라서 오늘날에는 유대인이나 헬라인이나 차별이 없다(롬 10:12; 참조. 요 3:16; 고전 7:19; 갈 3:9, 29; 엡 2:14, 18; 골 3:11; 벧전 2:9). 마 10:5, 6에서 제자들에게 주어진 명령은 마 28:19, 20에서 분명히 암시된 대로 나중에 취소될 일시적인 제한이었다. 사도들이 실제로 복음을 전파하는 일에 있어서 합당한 순서에 관해 주어진 명령을 복종했다는 것은 행 3:26; 13:46에서 분명하다.

따라서 처음에 사도들은 유대인 영토 밖이나, 사마리아인에게 가지 말라는 부탁을 받았다. 사마리아인은 인종과 종교적인 면에서 혼합된 백성이었고(왕하 17:24; 요 4:22), 갈릴리와 유대 사이에서 살고 있었다. 마태는 자신의 저술의 주된 목적 중 하나, 즉 유대인들이 완전히 그리스도를 믿게 하려는 것을 알리기 위해서 이러한 일시적인 제한 조치를 기록하고 있다. 복음서 기자는(그리고 그를 통해서 하나님은) 유대인들에게 다음과 같이 말하는 것 같다. "너희가 맛본 모든 특권과 선지자와 제사장들이 너희에게 준 모든 일을 생각하라." 그 외에도 메시아가 예언과 상징의 성취로 오셨을 때, 그는 유대인들이 먼저 복된 소식을 받아야 된다고 생각했다. 메시아를 통한 구원을 알리는 집중적인 사역이 먼저 유대인 중에서 행해졌다. 그러므로 오늘날 메시아를 너희 주와 구주로 영접하라.

[7] 가면서 전파하여 말하되 천국이 가까이 왔다 하고.

세례 요한에 의해서 처음으로 선포되었고, 그 다음에 예수에 의해서, 그리고 지금은 그의 제자들에 의해서 선포되었던 "천국"이란 주제는 이미 설명한 바 있다(3:2; 4:17, 23의 주석을 보라). 간단히 말하자면, 메시아적 예언 성취를 통하여 사람들의 마음과 생활에서 하늘의(주 하나님의) 통치 그 자체가 이전보다 더 강력하게 주장될 때, 이미 지금 도래했다는 의미에서 그의 세대가 시작되려는 것을 사도들이 계속 선포해야 함을 의미한다. 명령은 계속된다.

[8] 병든 자를 고치며 죽은 자를 살리며 나병 환자를 깨끗하게 하며 귀신을 쫓아내되 너희가 거저 받았으니 거저 주라.

10:8과 4:23; 9:35을 비교하면 예수께서 의미하신 것을 알게 된다. "내가 행하여 왔고 행하고 있는 것을 행하고, 계속하라." 이것을 행할 권능이 이미 그들에게 주어졌다(10:1). 이제는 하나님의 은혜에 의해서 그들 스스로 그 권능을 실천해야 된다.

이곳에서 명령되고 예언된 것이 실제적으로 어떻게 이루어지는지를 보여 주는 증거는 많이 있다. 그중 어떤 증거는 이 전도 여행 중에 또는 이 여행 이후에 나타났고, 어떤 증거는 그리스도의 부활 다음에 나타났다. 어떤 것은 열두 제자의 행위를 통해서, 그들의 지도자 베드로를 통해서, 베드로와 요한을 통해서 행해졌다. 그리고 어떤 것은 사도 중에 속한 자로 간주되어야 할 바울을 통해서 행해졌다(여기서 우리는 "열두 사도와 바울"이라고 말한다). 다음 구절을 보라. 막 6:13, 30; 눅 9:6-10; 행 3:1-10; 5:12-16; 9:32-43; 14:8-10; 19:11, 12; 20:7-12; 28:7-10. 이에 더하여 예수께서는 열두 제자에게 그들이 행할 봉사를 거저 하라고 지시하신다. 그들은 거저 받은 것을 거저, 그리고 기쁘게 주어야 한다. 거기에는 어떠한 매매도 있어서는 안 된다(행 8:18-24).

예수께서는 사도들에게 어디로 가서, 무엇을 선포하고, 무엇을 할 것인가를 말씀하셨다. 이제 예수께서는 그들이 어떤 상태에서 전도 여행을 떠나야 하는지에 대하여 말씀하신다.

[9] [10] 너희 전대에 금이나 은이나 동을 가지지 말고 여행을 위하여 배낭이나 두 벌 옷이나 신이나 지팡이를 가지지 말라 이는 일꾼이 자기의 먹을 것 받는 것이 마땅함이라.

꼭 필요한 것만을 전도 여행에 가지고 가야 된다. 따라서 열두 제자는 돈을 갖고 가서는 안 된다. 왜냐하면 제자들은 돈을 필요로 하지 않기 때문이다. 그들은 동전 같은 것을 가질 필요가 없다. 예컨대 금화, 은동전 또는 구리로 만든 앗사리온 등이 필요하지 않다. 그들은 이러한 것들로 전대를 무겁게 할 필요가 없다.

일부 학자는 당시에 칼을 허리에 차는 것같이 작은 주머니나 전대에 돈을 넣어서 허리에 찼다고 말한다. 다른 학자는 전대는 꼭 가죽으로 만들어진 것은 아니고(3:4), 때로는 웃옷처럼 베나 털실로 만들어졌다고 한다. 몸 주변에 몇 번 그러한 전대를 동이거나 감아서 사용함으로써 돈이나 다른 값진 물건을 간수하는[435] "주머니"로 멋지게 활용할 수 있다. 음식이나 옷 같은 필수품을 담을 배낭이나 여행용 가방(문자적으로 길 또는 여행을 위한 주머니) 또한 가지고 가서는 안 된다.[436] 더욱이 겉옷 하나면 족하다. 예비용이든 또는 추운 날씨를 대비한 옷이든지 간에, 여분의 옷은 필요하지 않다(참조. 막 6:9). "여분을 갖지 말라"는 이러한 경고는 다음의 목록에서도 계속된다. 그러기에 "신이나…가지지 말라"는 "여분의 신발을 갖지 말라, 네가 신고 있는 한 개의 신발로 족하니라"를 의미하게 된다. 이러한 해석은 본문에 합당할 뿐만 아니라, 그 구절이 막 6:9 내용과 조화를 이룬다. 그 외에도 성경에서 맨발은 하나님 앞에서 존경심(출 3:5), 극심한 가난(사 15:2-5), 슬픔(삼하 15:30; 참조. 겔 24:17) 등과 같은 다른 사상들과 연관된다. 옛 지팡이 대신 새 지팡이를 갖는 것도 필요하지 않다. 그리고 그것은 여기에서 허락조차 되지 않는다(참조. 마태복음의 구절과 막 6:8).

"어찌하여 이러한 제한이 있는가?"라는 질문이 나올 수가 있다. 즉시 그 질문에 대답할 수 있는 답변은 다음과 같다. 하나님이 마련해 주시기 때문이다. 사도들은 전적으로 하나님만을 믿어야 된다. 의심할 여지 없이 이것이 기본적인 답변이다. 눅 22:35을 덧붙여서 6:19-34의 주석을 보라. 그러나 본문에서는 확실히 관계가 없지는 않으나 다른 생각이 부연되어 있다. "일꾼이 자기의 먹을 것 받는 것이 마땅함이라."[437] 확실히 말해서 사도들의 입장에서는 재산에 대한 탐심이나 욕심이 있어서는 안 된다. 그들은 자신들이 거저 받은 것을 거저 줘야 한다(8절). 그러나 이것은 복된 소식을 받은 사람들에게 주어진 의무를 취소하는 것은 결코 아니다. 그들에게는 이러한 열두 사람이 필요한 것을 공급할 의무가 있다. 이것은 모든 성경에서 일치된 내용이다. 특별히 신 25:4; 고전 9:7, 14과 같은 구절을 보고 필자의 주석 딤전 5:18을 보라. 하나님은 모든 일꾼에게 그 일

---

435) A Sizoo, *op. cit.*, p.52.

436) "여행을 위하여"라는 말의 부연은, 이것의 의미가 "구제할 것을 수집하는 전대"라는 것보다 오히려 "여행 중에 필요한 것이라고 생각되는 물품들을 담은 전대"라는 것을 나타낸다. 따라서 이것이 "거지의 동냥 주머니"에 해당된다는 A. Deissmann의 주장(*op. cit.*, p.109)은 아마도 배척되어야 할 것이다.

437) 문자적으로 "그의 자양물"(또는 음식). 그러나 바로 앞 문맥을 통해서 볼 때, 약간 광범위한 의미가 있다.

의 열매에 동참할 권리를 주신다. 이것 역시 육체적 준비를 포함한다. 이런 관계에서 매우 흥미 있는 것은 이 문제에 대한 바울의 입장이다. 필자의 주석 살전 2:9에 있는 열 가지 요약을 보라.

그러므로 하나님은 분명히 전도 여행을 하는 이 사람들을 위해서 항상 예비하고 계시다는 것과 아울러 하나님은 그의 계획을 실현하기 위해 복음의 동역자들을 사용하셨다는 것이 분명하다. 이것은 사도들 편에서도 그들을 영접하는 가정을 신중하게 선택해야 된다는 것을 암시한다. 그러므로 이제 예수께서 다음과 같이 덧붙이는 것에 대해 놀라지 않게 된다.

[11] 어떤 성이나 마을에 들어가든지 그중에 합당한 자를 찾아내어 너희가 떠나기까지 거기서 머물라.

마을의 규모가 어떠하든지 어느 마을에 도착한 후, 선교사들은 무엇보다도 공개적으로 이 거리나 저 거리, 시장이나 광장에서 복음을 전파해야 한다고 생각하는 것이 아마도 합당할 것이다(참조. 욘 3:4). 또는 그러한 일을 하도록 초청받았을 경우, 회당에서 전파해야 한다. 그들이 받은 응답을 통해서 청중 중에 복음의 소식을 전하는 자들을 친절하게 맞이하기에 합당한 자, 또는 마땅한 자를 정한다는 것은 어려운 일이 아니다. 그들은 "이스라엘의 위로"(눅 2:25) 또는 "예루살렘의 속량"(눅 2:38)을 기다리는 사람들일 것이다. 그러한 사람들은 하나님의 사자를 기꺼이 맞아들일 것이다. 그러한 집을 찾은 후에, 제자들은 다른 마을을 향해 이 마을을 떠날 때까지 그곳을 그들의 본거지로 삼게 된다. 열두 제자가 둘씩 둘씩 전도 여행을 했기 때문에, 이런 방법으로 복음의 전도자를 돕는 특권은 여러 사람에게 미칠 수가 있었다.

이 모든 일이 일어나던 당시 그 지역에서는 환대하는 것이 오랜 전통이었다. 사회적 조건들—여행이 쉽지 않았고, 여관이 거의 없으며, 거리가 멀었던 사실들—에 있어 이러한 관습은 거의 필연적으로 행해져야 했다. 오늘 휴식처를 제공한 가정은 다음 주에 같은 친절을 받아야 할 필요에 처할 수도 있었다. 이런 내용 외에도 청중 중에서 이스라엘의 전통에 익숙한 사람들은—5절과 6절을 통해서 볼 때, 그들 중에 많은 사람들이 있었다— 성경이 많은 본보기를 통해서 확실한 방법으로 손님 접대를 고취시킨다는 것을 알고 있었음을 주목해야 한다. 구약시대에 친절을 베풀었던 사람들 중에는 아브라함(창 18:1-8), 리브가(창 24:25), 르우엘(출 2:20), 마노아(삿 13:15), 수넴 여인(왕하 4:8-10) 그리고 욥(욥 31:34) 등이 있었다. 이 관습은 다음 세대로 계속 이어졌다. 따라서 신약성경에서 레위(=마태. 마 9:10; 눅 5:29), 삭개오(눅 19:5, 10), 마르다와 마리아(요 12:1, 2), 루디아(행 16:14, 15), 아굴라와 브리스길라(행 18:26; 롬 16:3, 4), 뵈뵈(롬 16:1, 2), 빌레몬(몬 7, 22), 오네시보로(딤후 1:16), 그리고 가이오(요삼 5, 6) 등과 같은 관대한 사람의 이름이 덧붙여진다. 성경은 환대하는 정신과 행위를 그리스도인의 생활에서 필수적인 특징 중 하나로 간주한다(롬 12:13; 딤전 3:2; 5:10; 딛 1:8; 히 13:2).[438]

[12] [13] 또 그 집에 들어가면서 평안하기를 빌라 그 집이 이에 합당하면 너희 빈 평안이 거기 임할 것이요 만일 합당하지 아니하면 그 평안이 너희에게 돌아올 것이니라.

사도들은 합당한 사람들의 집을 정한 후, 집집마다 다니면서 복음을 전해야 한다. 그들은 어느 집에 들어갈 때, 그 집에 대해서 문안을 해야 된다. 따라서 그들은 "평강이 있을지어다"라는 상투적인 인사를 하게 될 것이다. 오늘날도 그렇지만, 그때에도 이 말은 상투적인 문안 인사였다(창 43:23; 삿 6:23; 19:20; 삼상 25:6; 대상 12:18; 시 122:8; 단 4:1; 6:25; 10:19; 눅 10:5; 24:36; 요 20:19, 21, 26). 그럼에도 불구하고, 그 말은 그것을 말한 사람에 따라 큰 차이가 있다. 생각이 없는 사람의 입에서 그 말은 상투적인 말에 불과하다. 친구 사이에서 그 말은 옛날이나 지금이나 의심할 여지 없이 진실한 바람의 표현이다. 그러나 본문에서 그 말은 바람 이상의 의미가 있다. 눅 24:36; 요 20:19과 같은 그러한 구절에서도 마찬가지이다. 이들 사도들은 그들을 보낸 자의 이름으로 평강을 원할 뿐

438) "환대"에 관한 것은 B.S. Easton, I.S.B.E., Vol.Ⅲ, pp.1432, 1433을 보라. 예수께서 여기에서 열두 제자에게 강조하신 방법을 오늘날의 선교사가 문자적으로 이방 땅에 적용하려는 것이 현명하지 않다는 내용도 들어 있다.

아니라, 실제적으로 평강을 가져다준다. 여호와의 이름이 이스라엘 자손에게 주어졌던 아론의 축복(민 6:24-26) 때에 나타났던 그 축복의 실제 결과와 마찬가지의 결과가 여기에서도 나타난다.[439] 이러한 문안에 있어 마법적인 것은 하나도 없었다. 다른 어떤 사람을 위해서가 아니라 은혜에 의해서 믿음으로 그것을 받기에 합당한 사람에게 이 특별한 축복은 주어졌다. 그 집이 합당하지 아니할 때는 "평안이 너희에게 돌아올 것이니라" 고 예수께서 말씀하신다. 그러한 경우에는 어떠한 축복도 주어지지 않을 것이다. 여기에 덧붙여서 네 번째 축복에 대한 설명을 보라(5:6).

[14] [15] 누구든지 너희를 영접하지도 아니하고 너희 말을 듣지도 아니하거든 그 집이나 성에서 나가 발의 먼지를 떨어 버리라 내가 진실로 너희에게 이르노니 심판 날에 소돔과 고모라 땅이 그 성보다 견디기 쉬우리라.

유대인들은 이방 지역을 여행한 후에 성지에 다시 들어오기 전, 그들의 신과 옷의 먼지를 떠는 습관이 있었다.[440] 그들은 그렇게 하지 않을 때에, 그들의 지역에서 레위기에서 언급한 정한 것들이 부정하게 될까 봐 염려했다. 그러므로 예수께서 말씀하신 것은 어떤 집이나 성이든지 간에, 복음을 영접하기를 거절하는 이스라엘의 이 지역은 이방의 흙같이 더러운 것으로 간주해야 된다는 것이다. 그러므로 그러한 불신의 중심지는 똑같이 취급해야 한다. 바울과 바나바는 비시디아 안디옥의 유대인 지역에서 자신들을 향한 박해가 조직적으로 가해졌을 때(행 13:50, 51), 그들을 향하여 발의 티끌을 떨어 버렸다. 막중한 책임과 무서운 죄책이 그곳에 전가되었다. 예수께서는 심판날에 고대의 악행의 본보기(창 13:13; 18:20; 유 7)인 소돔과 고모라 땅에[441] 기다리고 있는 형벌이 복음을 배척한 성에 주어질 형벌보다 가볍다고 말씀하신다. 이것이 사실이라고 눅 12:40, 48

439) N.T.C. on I and II Thessalonians, pp.43-45.

440) S.BK. I, p.571을 보라.

441) 4:15에서 "땅"이란 단어는 거기에서 사는 사람들을 나타낸다. 여기 15절에서 "성"이라는 단어 또한 그와 마찬가지의 의미이다.

에서 분명하게 이유를 밝히고 있다. 그 나라에 대한 메시지의 선포가 심각한 반대에 직면하리라고 주께서 이미 암시하고 계심을 느끼지 않고서 14절과 15절을 읽는 것이 불가능한 건 아니지만, 이는 어려운 일이다. 이제 뒤이어서 이러한 반대의 성격과 그 반대가 표명되는 방식이 더 분명하게 규정되었으며, 사도들이 그것에 어떻게 대처해야 되는가를 말씀해 주신다.

[16] 보라 내가 너희를 보냄이 양을 이리 가운데 보냄과 같도다 그러므로 너희는 뱀같이 지혜롭고 비둘기같이 순결하라.[442]

눅 10:3을 참조하라. 그들을 "양같이"(요 10:11, 14, 27, 28) 보낸다는 것은 놀라운 일이다. 그러나 사납고 파괴적인 "이리 가운데"라는 말은 위험을 말해준다. 9:36을 보고, 겔 22:27; 습 3:3; 행 20:29을 참조하라. 하지만 예수 바로 **그분**이 그들을 보내고 있다는 선언에는 위로가 있다. 그는 지혜로운 목적을 갖고 계셨다. a. 그들이 거기에서 그 나라 복음을 선포하게 된다. b. 그렇게 함으로써 양이 아직도 "이리"라고 불리는 바로 그 사람들 중에서 모일 수 있게 된다. c. 따라서 사도들의 믿음이 강건해질 것이다. d. 이 모든 것들이 하나님의 영광을 드러나게 한다. 그 외에도 예수께서 제자들을 보낸다는 사실은 그가 그들의 사역에 매우 깊이 관여한다는 것을 의미한다. "너희를 보냄이"라는 구절은 "내가 너희를 나의 사도들로, 다시 말하면 나의 공적 대표자로 삼는다.[443] 그리고 나는 너희를 통해서 일을 할 것이다"라는 뜻이다. 이것은 확실히 보호를 의미한다. 무슨 사태가 발생하든지 제자들은 그의 자애로운 보살핌을 받는다. 이러한 일이 없을 때 그들은 절망적인 상태가 되어 버릴 것이다. 양이 이리 가운데 있을 때 그 양은 어떻게 될 것인가?

---

442) 각주 133)을 보라.

443) "내가 보냄이"라는 표현에서 예수께서는 더 약한 의미의 동사 *πέμπω*를 사용하실 수도 있었다. 그러나 더 강한 의미의 동사 *ἀποστέλλω*(참조. *ἀπόστολος*)를 사용하신다. 그 외에도 1인칭 단수 대명사 "내가"를 사용함으로 더 강조된다. *ἐγὼ ἀποσέλλω*(내가 친히 보내고).

이러한 놀라운 보살핌을 제시하면서도 예수께서는 그들의 개인적 책임을 예외로 하시지는 않으셨다. 그래서 예수께서는 "그러므로 뱀같이 지혜롭고, 비둘기같이 순결하라"라고 말씀하신다. 뱀에 대하여 살펴보자(참조. 눅 16:8). 여기에서 뱀은 지적인 통찰력이나 기민함의 상징으로 생각된다(창 3:1). 뱀의 경계심과 조심성은 속담이 될 정도다. 이곳에서 인간의 특징으로 소개된 기민함은 자신의 주변 환경에 대한 **통찰력**, 즉 사람과 물건의 **상황 분석과 민감한 상식**, 합당한 때에 합당한 것을 행하게 하고, 합당한 방법으로 합당한 위치에 처하게 하는 **지혜**를 포함한다. 그리고 가장 좋은 것을 찾으려고 항상 진지하게 시도하는 것은, 최고도의 목적을 성취하는 것을 의미하며, "나의 이 말이나 행동이 결국에는 어떻게 되겠는가? 그것이 내 자신의 장래에, 내 이웃의 장래에, 하나님의 영광에 어떻게 영향을 미칠 것인가? 이것이 그 문제를 취급하는 최선의 방법인가, 아니면 더 좋은 방법이 있는가?" 등과 같은 질문에 대한 가장 진지하고 정직한 추구를 의미한다. 엡 5:15을 보라.

이러한 기민함은 절대로 악과의 타협을 뜻하지 않는다. 예수께서는 뱀같이 지혜로울 뿐만 아니라, 비둘기같이 순결하거나 순전하게 되는 것이 사람의 의무라고 가르치신다(참조. 빌 2:15). 비둘기에 관해서는 마 3:16을 보고, 아 5:2의 "나의 사랑, 나의 비둘기"를 참조하라.

이러한 지혜로움과 순결함의 연합을 보여 준 가장 훌륭한 본보기는 사도 바울이다. 그것은 바울의 서신들과 사도행전에서 풍성하게 나타나 있다. 확실히 말해서 그는 "여러 사람에게 여러 모습이 된"(고전 9:22) 인물이다. 바울은 각자의 독특한 상황에 맞도록 자신의 접근 방법을 조심스럽게 선택한다. 예를 들어, 행 13:16-41과 대조하여 행 17:22-31을 보라. 바울은 실제로 "날카로웠다." 행 23:6-8에 기록된 대로 그는 "영민하게" 행했다고 생각할 수 있다. 그러면서도 바울은 스스로도 양심에 거리낌이 없기를 힘쓰며(행 24:16) 그의 독자들에게 모든 형태의 악을 멀리하고(살전 5:22) 적극적인 선으로 충만한 생을 살도록(살전 5:14, 15) 권고한다.

이러한 두 가지 특성—지혜롭고 순전한 것—이 연합된 사람 중에는 시기하는 사울왕과의 관계에 처했던 다윗이 있다. 사울왕은 다윗을 박해했다(삼상 24장, 26장). 교만한 하만과의 관계에 처했던 모르드개가 있다(에 3:2-4, 4:12-14). 그리고 어리석은 남편 나발과의 관계에서 "총명하고 분별력 있게" 처신했던 아비가일(삼상 25:3)이 있다. 16절과 17절의 관계는 일부의 사람들이 생각하는 대로 돌연한 것이 아니고, 실제로는 자연스러운 것이다. 예수는 "이리", 즉 양을 해치려고 힘쓰는 악한 사람들에 대하여 말씀하신다. 그래서 예수께서는 다음과 같이 말씀하신다.

[17] 사람들을 삼가라.

그러한 악한 사람들은, 확실히 십자가에서 그리스도께서 죽으시고 부활하시기 이전에 이미 있었다. 9:34을 보라. 더구나 가룟 유다는 그리스도의 제자 중 한 사람으로서 예수를 관원에게 넘겨줄 계획을 세우지 않았던가? 그리고 끊임없이 구세주에게 올무를 씌우려고 비난할 이유를 찾는 사람들도 있지 않았던가? 마 12:10; 22:15을 보고 요 8:6을 참조하라. 예수께 대한 증오심은 그의 제자들에 대한 증오심을 뜻하는 것이 아니었는가? 5:10-12; 10:24, 요 15:20을 보라. 그러므로 그리스도의 경고의 근거는 그리스도의 세상 사역 중에 있는 바로 그 당시의 상황에 있었다.

그리스도의 제자들의 경우에 있어서 미움 받는 것은 예수의 부활 후에도 계속되고, 더 강화되었다. 이미 일어났던 박해 중 특별히 예수 그분에게 있었던 박해와 제자들에게 있었던 박해 사이에는 매우 밀접한 연관성이 있었다. 따라서 마 10:17에 나오는 예언은 매우 당연하다.

본문에서 예수께서는 제자들에게 "사람들을 삼가라"[444] 하고 경고하신다. 예수께서는 "너희가 그들을 경계하라"라고 말씀하신 것이다. 예수께서 이 말씀을 하실 때 마음속에 무슨 생각을 하셨는지 정확하게 파악할 수 있는 방법은 없다 할지라도, 아마도 예수께서는 제자들에게 사람들의

444) 동사 *προσέχω*(이곳에서는 현재 명령법 2인칭 복수 *προσέχετε*)는 여러 가지 의미를 갖고 있다. 기본적으로 그 단어는 '(마음을) 돌리다', '관심을 두다'의 의미이다. 따라서 "삼가다"(행 20:28), "전념하다"(딤전 4:13), "인박히다"(딤전 3:8), "따르다"(딤전 6:3), "삼가다"(7:15; 10:17; 16:6, 11, 12; 눅 20:46; 참조. 마 6:1 "주의하라")라는 의미가 된다.

악한 뜻을 살피라고 말씀하셨을 것이다. 다음의 내용 중 하나, 또는 그 이상이 이러한 일반적 의미에서 정리될 수 있다. a. 사람을 경솔하게 믿지 말라. b. 타당한 이유가 없이는 그들에게 성내지 말라. c. 그들의 간교한 질문의 함정에 빠지지 말고, 그들에게 적당한 답변을 줄 수 있도록 은혜를 간구하라. 또는 d. 그들로 하여금, 너희에 대해서 타당한 비난을 할 수 없도록 처신하라(참조. 벧전 4:15, 16).

그들이 너희를 공회에 넘겨주겠고 그들의 회당에서 채찍질하리라. 이러한 공회는 지방의 유대인 법정일 것이며, 유대인의 최고 법정인 산헤드린에서 정점에 달하게 될 것이다(2:4). 법정에서 어떤 분명한 범죄의 선고를 받은 사람들은 회당에서 채찍을 맞았다.[445]

유대의 자료에는 그러한 채찍에 관한 상세한 규칙을 포함하고 있다. 첫 번째 판사는 신명기나 시편에서 적당한 한 구절을 인용하고, 두 번째 판사는 채찍을 세고(신 25:1–3), 세 번째 판사는 채찍을 때릴 때마다 명령을 한다.[446] 사도행전을 통해서 볼 때(22:19), 우리는 다소의 사울(바울)이 그리스도를 믿는 사람들에게 이러한 형벌을 당하게 했다는 것을 알게 된다. 회개한 후 그 자신이 유사한 고통을 당하게 되었다. 그는 "유대인들에게 사십에서 하나 감한 매를 다섯 번 맞았다"(고후 11:24)라고 쓴 바 있다. 채찍을 때리는 책임은 회당의 종("맡은 자", 눅 4:20)에게 있었다. 예언 내용이 확대된다.

[18] 또 너희가 나로 말미암아 총독들과 임금들 앞에 끌려가리니 이는 그들과 이방인들에게 증거가 되게 하려 하심이라.

"총독들"은 본디오 빌라도, 벨릭스, 그리고 베스도와 같은 총독들을 생각하게 되고, 임금들은 헤롯 아그립바 I세(행 12:1), 아그립바 II세(행

445) M.M. p.604, *συνέδριον*(입구) 항에서는 마 10:17을 회당에 붙어 있는 지역의 유대인 법정으로 간주한다. 그러므로 결국에는 예루살렘에 있는 대법정, 산헤드린을 언급한다.

446) 이 내용에 대한 구체적인 내용은 Th.D.N.T. Vol. IV pp.515–519에서 *μαστιγόω*에 관한 K. Schneider의 글을 보라.

25:13, 24, 26) 등을 생각할 수 있다. 실제적 의미에서 왕이 아니었던 헤롯 안디바스까지도 여러 번 임금이란 칭호로 불렸다(마 14:9, 막 6:14). 예수를 헤롯 안디바스 왕에게 보냈고 그 후에(마 27:26, 눅 23:6–12) 십자가에서 사형시킨 사람은 본디오 빌라도였다. 야고보를 죽인 사람은 헤롯 아그립바 Ⅰ세였다. 야고보는 세베대의 아들이고, 사도 요한은 동생이었다. 행 12:2을 보라. 행 25:13, 14에는 바울이 아그립바 Ⅱ세와 베스도 총독 앞에 끌려갔음이 기록되어 있다. 바울은 이전에 벨릭스 총독 앞에서 행한 대로 놀라운 증언을 하였다. 그러한 증언이 다른 이방인들, 즉 그 자리에 참석했거나, 나중에 말해진 내용을 들었던 사람들 앞에서 행해졌음은 이해할 만한 일이다. 빌 1:12, 13; 4:22을 참조하라. 이처럼 복된 소식은 계속 전파될 것이다.

따라서 a. 이 예언의 첫 번째 성취는 가까운 미래의 일이었다. 그리고 이러한 것은 이미 존재하는 여러 상황 속에서 분명히 나타난다. 그리고 b. 이후의 성취에 관한 상세한 것은 사도행전과 서신에 기록되어 있다. 계 1:9; 2:8–11; 6:9–11; 12:6, 13–17 등을 보라.

지극히 중요한 것은 예수께서 이 일이 "나로 말미암아" 일어난다고 말씀하신 사실이다. 어떤 사람이 그리스도의 제자를 박해하면, 그 사람은 그리스도를 박해하는 것이다. 이것은 바로 바울의 마음과 생각 속에 지울 수 없을 정도로 깊게 박혀 버렸다. 그래서 바울의 회개에 대한 기사가 아무리 변화되었을지라도, "사울아 사울아 네가 어찌하여 나를 박해하느냐" 라는 말은 세 곳(행 9:4, 5; 22:7, 8; 26:14, 15)에서 모두 나타나고 있다. 그것은 박해를 당한 자는 그리스도의 사랑과 그가 주시는 힘과 위로에서 결코 분리되지 않는다는 것을 의미한다. 이러한 위로가 19, 20절에서 아름답게 표현된다.

[19] [20] 너희를 넘겨줄 때에 너희가 어떻게 또는 무엇을 말할까 염려하지 말라 그때에 너희에게 할 말을 주시리니 말하는 이는 너희가 아니라 너희 속에서 말씀하시는 이 곧 너희 아버지의 성령이시니라.

법정에 끌려가는 일은 심각한 일이다. 총독과 임금을 포함한 재판관 앞에서 어떻게 처신할까? 그들에게 어떻게 말하고, 무슨 말로 표현할까? 하는 문제들은 체포된 사람에게 당연한 공포심을 갖게 한다. 예수께서는 매우 단호하게 말씀하신다. "염려하지 말라"(6:31의 주석을 보라). 다시 말하면, "언제든지 염려가 생길 때마다 그것을 곧 떨어 버리라"는 뜻이다. 산상수훈에서와 같이, 여기에서도 예수께서는 염려하는 습관을 금할 뿐 아니라, 처음부터 염려하지 말라고 명하신다. 이유는 그때에 해당 답변이 그들에게 주어질 것이기 때문이다. 이것은 박해당하는 사도의 마음이 빈 칠판과 같은 상태가 되고 하나님께서 놀라운 모습으로 갑작스럽게 그 빈 칠판에 말씀을 쓰기 시작하신다는 것을 의미하지는 않는다. 이와 반대로, 이러한 증인들이 재판에 끌려올 때나 또는 그들이—예를 들어 마태, 요한, 그리고 베드로를 생각해 보라— 복음서와 서신을 쓸 때에 그들의 개성을 무시당하지도 않고 그들이 예수로부터 받았던 이전의 사도적 훈련도 무시되지 않는다. 이 모든 것은 활성화되고 민감해지며 고상한 행위로 고취된다. 제자들이 말해야 될 것이 그때에 그들에게 주어지는 것은 바로 이러한 유기적인 의미에서이다. 아버지의 성령께서 그들 안에서 말하며 그 영, 즉 성삼위의 제삼위인 성령께서, 예수께서 친히 그들에게 말씀하셨던 "모든 것을 그들로 생각나게 해 주신다"(요 14:26). 그러한 성령께서는 오순절 전에 이미 역사하시고 계셨다. 그러나 오순절과 그 후에는 성령이 충만하게 부어지게 될 것이다.

이러한 예언이 영광스럽게 성취되었다는 것은 베드로, 또는 베드로와 요한의 설교에서 분명히 나타난다(행 4:8-12, 19, 20; 4:13, 14에서는 청중에게 나타난 효과가 설명되어 있다). 그리고 바울의 설교에서도 분명히 나타난다(행 21:39-22:21; 23:1, 6; 24:10-21; 26:1-23).

예수를 시인하는 것은, 사람들의 집단에서 분리, 예컨대 제자들과 그들의 메시지를 환영하는 사람과 이 양자를 배척하는 사람들로부터의 분리뿐만 아니라 그 가족 안에서의 분열까지 초래한다.

[21] 장차 형제가 형제를, 아버지가 자식을 죽는 데에 내주며 자식들이 부모를 대적하여 죽게 하리라.

이 마지막 구절은 "그들을 죽이려고 내주리라"라는 의미를 약간 부드럽게 할 수 있다(참조. 26:59; 27:1; 막 13:12; 14:55). 그러나 기본적으로 이것이 어떤 차이를 보이지는 않는다. 부당하게 어떤 사람을 죽게 하는 사람은 자신의 손으로 그 행위를 하는 것과 같은 죄를 범한 것이다(삼하 11:15을 보고 12:9을 참조하라).

이 단어들이 시사하는 대로 21절은 미 7:6과 약간의 관계성을 지닌다. 그 구절에서 선지자는 그의 백성 중에 만연한 충성심의 부족과 아버지를 욕되게 하는 아들, 어머니를 대적하는 딸 등에 관해서 불평한다. 마태가 여기에서 기록한 예수의 말씀을 "인용"으로는 생각할 수 없다. 이곳의 내용은 훨씬 더 진지하다. 마태의 기술은 가족 중 한 사람은 그리스도를 반대하고, 다른 사람은 그리스도를 동의함으로써 일어나는 실질적인 학살에 대한 예언이다. 그리스도를 미워하는 아들이 그 형제를 죽게 넘겨주고, 아버지는 그 자식을, 자식들은 그들의 부모를 죽게 넘겨줄 것이다.

최근에 "나는 자식들이 그들의 부모를 죽여야 한다고 생각한다"[447]라는 끔찍한 소문을 들었다. 이것이 "그들의 부모들이 이기적이며, 배고프다고 외치는 소리에 귀를 기울이지도 않고, 먹을 것을 자식들과 함께 먹지 않았기 때문"임을 의미한다면, 그런 행위가 정죄받아야 하는 것은 마땅하나, 10:21인 이곳에서 예언되고 설명된 행위만큼 악하지는 않다. 문맥—"너희가 미움을 받을 것이나"에 유의하라—에서 나타나는 바와 같이, 본문에서의 의미는 "그리스도를 믿기 때문에 자식들이 그들의 부모를 대적하여 그들을 죽이게 된다"라는 것이다. 예수께서 10:37, 38에 기록된 것을 가르쳐 주셨다는 것 또한 사실이다. 그러나 더 좋아하는 것을 표현하여 단호하게 행하는 것과 그렇게 행하는 사람을 죽이는 것은 별개의 일이다.

여기에서 예언되고 정죄된 살해는 미움에서 비롯된다.

[22] 또 너희가 내 이름으로 말미암아 모든 사람에게 미움을 받을 것이나.

---

447) Princeton Seminary Bulletin, Vol LXII. No. 3 autumn 1969, p.59에서 인용함.

이 뜻은 "너희가 **계속해서** 미움을 받게 **될** 것이다"라는 것이다.[448] 표현 양식은 예수께서 열두 제자에게만 일어나는 것이 아닌, 장차 그가 재림할 때까지 계속되는, 사람들이 당할 박해를 생각하고 계셨다는 것을 암시해 준다. 23절 하반절을 보라. 예수께서 여기에서 언급하신 미움은 요한에 의해서도 설명된다(요일 3:13). "모든"이라는 단어가 세상에 있는 모든 남자, 모든 여자, 모든 아이들, 또는 복음을 받아들인 모든 사람들을 의미하는 것처럼, 문자적으로 이해할 필요는 없다. 주께서 "모든 푸른 나무 아래"(렘 3:6)에서 이스라엘이 창기 노릇을 한다고 비난하실 때, 그것은 과장된 표현으로, 언어의 적절한 상징이라고 곧 이해하게 된다. "내가 탄식함으로 피곤하여 밤마다 눈물로 내 침상을 띄우며, 내 요를 적시나이다"(시 6:6)라는 구절에서도 같은 원리가 적용된다. "모든 사람에게 미움을 받을 것"이라는 표현은 직위, 신분, 인종, 민족, 성, 또는 연령에 상관없이 일반적으로 모든 사람을 의미한다. 막 1:37; 5:20; 11:32; 눅 3:15; 요 3:26; 딤전 2:1; 딛 2:11에서 "모든"의 사용 또한 같은 뜻이 아니겠는가? "내 이름으로 말미암아"(참조. "나로 말미암아" 18절)라는 말은 "내가 말과 행동에서 나 자신을 보여 준 대로 내 자신을 위하여"라는 의미이다. 세상이 그리스도를 미워하기에 세상은 그 대리자들도 미워하는 것이다.

그러나 확실한 위로도 있다. **끝까지 견디는 자는 구원을 얻으리라**. 박해 동안에 철저하게 그리스도에게 충성한 자는 영광에 들어간다. 그 자신에게 있어서는 죽어서 이 세상을 떠날 때까지 이러한 박해의 기간이 계속된다(요 16:33, 딤후 3:12). 일반적으로 교회에 있어서는 그리스도가 영광 중에 재림하실 때까지 박해가 계속된다(살후 1:7; 계 11:10-12).

따라서 제자들은 실망할 필요가 없다. 제자들은 그들의 때를 가장 잘 활용할 수 있는 낮 동안에 일을 해야 된다. 그러므로 예수께서는 계속해서 말씀하신다.

[23] 이 동네에서 너희를 박해하거든 저 동네로 피하라.

---

448) 완곡한 미래 수동태, 계속적 용법. "이 일이 계속해서 행해질 것이고"라는 것과 같다. 본문은 *ἔσεσθε μισούμενοι*이다.

주께서는 여기에서 하나의 원칙을 제시하신다. 이러한 규칙은 제자들과 그들을 따르기 원하는 사람들에 의해서 실천되어야 한다. 한 동네가 그들과 그들의 복음을 배척할 때, 복음의 사신들은 무엇을 해야 될 것인가? 솔직히 말해서 그들은 참아야 한다. 사 5:1-7; 눅 13:6-9을 보라. 그러나 바로 이 구절은 하나님의 인내에도 한계가 있다는 것과 그를 따라서 예수의 제자들이 행해야 하는 것에도 한계가 있음을 가르친다. 성경 어디에도 제자들이 어떤 촌이나 마을에서 전도할 때, 계속해서 박해를 당하고, 전도자의 메시지가 시종여일 배척을 받으면서 그 일꾼이 죽을 때까지 같은 장소에서 항상 머물러 있어야 된다고 가르치는 곳은 없다. 그것은 그의 재능을 낭비하는 것이 아닌가? 그것이 도움을 부르짖는 다른 사회에 대해서 합당한 일이겠는가? 그는 떠나야 한다. 이런 원칙을 사도들이 실천했다는 것은 많은 구절에 분명히 나타나 있다(행 12:17; 13:46, 51; 14:6, 20; 16:40; 17:10, 14).

다음에 나오는 언급에 대해서는 주석 학자들 간에 상당한 견해의 차이를 보인다. **내가 진실로 너희에게 이르노니 이스라엘의 모든 동네를 다 다니지 못하여서 인자가 오리라.** 이 구절에 대한 많은 설명 중에서 필자가 분명하게 배척하는 것이 몇 가지 있다.

(1) 우리가 재림이 일어나지 않는다는 것을 알고 있으므로, 예수께서 실수를 하셨음이 분명하다.

대답: 만일 예수께서 이러한 중요한 문제에서 실수를 하셨다면, 그가 다른 문제에 대해서 실수하지 않으셨다는 것을 우리가 어떻게 알 수 있는가? 따라서 교리와 윤리는 과소평가되고 파괴된다.

(2) 마태가 이 구절을 잘못 처리했다.

대답: 난제를 처리하기 위한 또 하나의 "쉬운" 방법이 있다. 이 학설을 주장할 만한 증거가 없다.

(3) 그 의미는 "인자가 너희와 함께 붙잡히기 전"을 의미한다.

(4) 그것은 66-70년에 유대인들에 대한 무서운 심판의 언급이다.

(3), (4)에 대한 대답에 관하여 본문에서는 어느 면에서도 이러한 설명을 주장하거나 암시하는 내용은 없다. 몇 가지 사항을 더 명심해야 한다. 이

러한 설명들은 인자의 강림이 언급되고 설명되어 있는 마태복음의 다른 구절들에서의 언급이 재림과 연관되어 있다는 사실을 무시하는 것이다. 재림은 예수께서 "아버지의 영광으로" "그 천사들과 함께" 오셔서 "각 사람의 행한 대로 갚게"(16:27, 28) 될 강림이다. 이것은 그리스도가 "자기 영광의 보좌에 앉게 될"(19:28) 강림이며, "눈에 보이는"(24:27) "갑작스럽고 예상치 않은 때"에(24:37, 39, 44) 있게 될 강림이며, "구름을 타고 능력과 큰 영광으로"(24:30; 참조. 25:31; 26:64) 오시는 강림이다. 따라서 10:23의 내용을 통해 재림에서 그 정점에 이르는 그리스도의 승천에 대한 언급을 전적으로 배제하는 것은 이상한 일이다. 그 외에도 (4)에 대해서 생각해 보면 이 내용은 더욱더 문제성이 있다. 왜냐하면 이곳 10:23의 문맥은(22절 하반절, 28-32절), 매우 분명하게 공포의 내용이 아니라 위로의 내용이기 때문이다. 예루살렘의 멸망은 10장의 이 구절에서가 아니라, 22:7; 23:38에서 예언되었다. 24:2, 15 이하를 보자.

그러나 그렇다 할지라도 "영광 중에서 오실 그리스도에 관한 내용이 배제될 수는 없으나, 10:23이 a. 그러한 과정의 처음 시작을 언급하는 것인지, 아니면 b. 극에 달한 상태에 관한 언급인지에 대하여 질문하는 것은 당연하다. 다른 말로 하면 a. 예수께서는 부활한 주로서 그의 가까운 제자들에게(요 20:19-29; 마 28:16-20) 나타나실 방법을 예언하신 것이며, 제자들이 이스라엘의 모든 동네를 다 다니기 전에 이러한 재림이 있게 될 것이라고 진실로 선언하시는 것인가, 아니면 b. 하늘의 구름을 타고 그 영광스러운 재림의 순간까지 구원의 복된 소식이 다른 민족뿐 아니라, 유대인에게까지 전파되리라는 것을 약속하시는 것인가?"

두 가지 의미를 생각할 때에 위로의 확신을 갖게 된다. 그리고 이것은 열두 제자든지 그들의 후계자든지 간에 전도자 자신들을 위한 것일 뿐만 아니라 심지어는 유대인들을 위한 내용이기도 하다. 그리스도의 사도들에게 있어서 그것은, "두려워하지 말라, 내가 너희에게 돌아오리라"라는 것을 의미한다. 그리고 이스라엘에 있어서 그것은 "내가 너희와 끝까지 함께 있지 않지만, 너희 남은 자가 구원을 얻으리라"라는 것을 의미한다.

a의 입장을 지지하는 것은 이러한 엄숙한 선언의 출발점이 되는 현재

상황을 염두에 둔 것 같다. 예수의 말씀을 듣고 있는 제자들은 이곳에서 지금 파송되고 있고, 그들이 한 동네에서 박해를 당하면, 다음 동네로 피하라는 말을 듣고 있다. 그리고 그러한 내용에 이어서 이러한 권고의 이유를 말해 주는 "왜냐하면"이라는 구절이 등장한다. 더구나 10:28 이하는 이 이유를 뒷받침해 주지 않는가?[449] 반면에 이미 입증된 대로 "인자의 강림"은 종말론적인 방법으로 언급되어 있는데, 그것은 b의 입장을 정확한 해석으로 지적하고 있다.

그러나 이 두 가지 주장이 다 옳을 수도, 다 틀릴 수도 있고, 그중 하나만 옳을 수도 있지 않는가? 큰 선지자이신 예수께서 "예언적인 식견력"이라는 잘 알려진 확고한 방법을 사용하여 장래의 일을 밝혀 주신다는 것은 가능한 일이 아닌가? 그것은 눈앞에, 여러 가지 역사적 사건들을 합치시켜 하나로 보이게 하는 방식이었다. 어떤 의미에서 그러한 사건들은 실제로 하나이지 않는가? 왜냐하면 그리스도의 부활과 재림은 그가 성취한 중보 사역에 대한 대가로 그 아들을 영광스럽게 하고 고양시켜 주는 아버지의 동일한 활동의 결과이기 때문이다.

마 24장의 내용을 살펴보자. 로마인에 의해서 예루살렘이 패망하는 생생한 그림 속에 역사의 마지막에 있을 그의 강림을 덧칠하심으로써 예수께서 예언적인 식견력을 사용하신다는 것이 인정된다면, 왜 여기 10:23에서 유사한 특성이 있을 수 없다는 말인가? 부활절의 아침과 오순절은 완전한 그림의 일부분이다.

앞 절에서 예수께서는 그 제자들이 당할 박해를 언급하셨다. 제자들은 무엇인가 이상한 일이 자신들에게 닥칠 때처럼 이에 대해서 놀라지 말아야 한다(참조. 요 14:29, 벧전 4:12).

---

449) 이 동네에서 저 동네로 도피하는 것이 이미 골고다와 감람산 사건 전에 일어났다는 이러한 해석에 반대해서, 제자들은 그리스도의 부활 후에야 비로소 박해를 받았다는 주장이 있다. 그러나 요 7:13; 9:22, 34; 12:42; 15:20 등과 같은 구절과 그 주장이 조화를 이루기는 어렵다(참조. 마 5:10-12; 9:11; 10:14, 16-22; 12:2; 15:1, 2; 15:27-29). 인간적인 측면에서 그리스도 부활 이전에 예수와 가까이 있는 것이 지극히 안전했다면, 어찌하여 베드로가 자신의 선생을 부인했겠는가.

[24] [25] 제자가 그 선생보다, 또는 종이 그 상전보다 높지 못하나니 제자가 그 선생 같고 종이 그 상전 같으면 족하도다 집주인을 바알세불이라 하였거든 하물며 그 집 사람들이랴.

제자가 그의 선생을 능가하지 못하는 것이 사실인 것처럼, 종이 그 상전이나 주인을 능가하지 못하는 것도 사실이다. 열두 제자(또는 그리스도의 모든 제자들)와 그들의 선생이요 주이신 그리스도와의 관계에서도 이와 마찬가지이다. 예수께서 존경을 받지 못한다면, 그 제자도 존경을 받지 못한다. 그러므로 원수가 윗사람에게 행하는 정도의 모멸적인 태도로 제자나 종을 대한다면, 즉 원수가 아랫사람을 윗사람을 대하는 것보다 더 나쁘게 대하지 않는다면 그것으로 만족해야 된다. 마 12:24-27에서(참조. 막 3:22-27; 눅 11:15-20) 바리새인들은 예수를 바알세불의 도구라고 말한다. 그들은 바알세불이 그리스도의 놀라운 권세와 사역의 원천이라고 말한다. 요 8:48에 의하면, 바리새인들은 예수를 귀신 들린 자라고 말한다. 여기 마 10:25에서 그들은 예수 자신이 바알세불, 다시 말해서 예수는 본래 마귀라고 말하고 있다.[450)]

만일 그리스도의 원수들이 그 "집주인"인 그리스도를 이런 악한 방법으로 중상할 정도로 용기가 있다면(참조. 요 13:14; 엡 3:15; 4:15; 골 1:18; 2:10), 그들은 "그 집 사람들"(고전 12:27; 엡 2:19, 20; 5:30), 즉 그의 제자들을 더 중상하고 학대하지 않겠는가?

---

450) 그 단어는 바알-세붑이었다(왕하 1:2, 3, 6; LXX *βαυλ μυῖαν*). 즉, "썩은 고기떼에 모여드는 파리의 주"를 말한다. 이러한 귀찮은 파리떼를 보호하는 자인 바알은 에그론에서 숭배되었다. 아하시야 왕은 자신의 병이 회복될 것인지의 여부를 바알세붑에게 묻도록 사신들을 보냈는데, 여호와께 대한 이러한 불신앙 때문에 그가 죽을 것이라는 말을 들었다. 신약성경은 세붑 대신에 브엘(바알)세불을 사용한다. 브엘 세불은 "거주의 주인"이라는 뜻이다. 철자가 바뀐 이유는 분명하지 않다. 일반적인 발음 습관 때문인 것 같다. 세불은 오물을 의미하는 세벨을 닮았기 때문에 말장난이라는 설명도 있다. 따라서 에그론의 바알을 멸시하는 자들은 발음을 약간 변경해서 그가 "오물의 주"에 불과하다는 생각을 전함으로써, 바알에 멸시의 의미를 줄 수 있었다. 그러나 이러한 설명이 있다고 할지라도 신약에서 브엘세불은 분명하게 귀신의 왕이다. 마 12:24-27(그리고 병행 구절)과 마 9:34을 비교하면 브엘세불이 사탄이라는 것이 입증된다(참조. 12:26, 27).

그러나 제자들이 이와 같이 그리스도와 밀접하게 연관되어 있다는 바로 그 사실, 즉 "내(그들) 주의 하나님 여호와와 함께 생명 싸개 속에 싸였다"(삼상 25:29)라는 바로 그 사실이 그들에게 용기가 될 것이다. 따라서 제자들은 원수를 두려워하지 않고 틀림없이 용감하게 증언할 것이다.

복음의 두려움 없는 선포에 대한 이유의 요약

(1) 너희의 원수들이 너희의 공적인 증언을 막을 수 없고 그들의 행동의 공개적인 탄로를 막을 수 없다(26, 27절).

(2) 그들은 너희의 몸만 죽일 수 있을 뿐 영혼은 죽일 수 없다(28절).

(3) 그들이 아버지의 뜻이나 그의 자애로운 보살핌을 파멸시킬 수는 없다(29–31절).

(4) 나를 시인하면 그를 시인할 것이며, 나를 부인하면 그를 부인할 것이다(32, 33절).

먼저 예수께서는 26, 27절에서 (1)에 대해 말씀하신다.

[26] 그런즉 그들을 두려워하지 말라 감추인 것이 드러나지 않을 것이 없고 숨은 것이 알려지지 않을 것이 없느니라.

언젠가는 지금 숨겨진 것이 드러나게 된다. 이들 원수들이 누구이고 그들이 무엇을 했으며 누구를 박해했고 어떻게 벌을 받을 것인지 등이 모두 드러난다. 그런가 하면 의로운 자가 누구이고 그들이 무엇을 했으며 누구를 영화롭게 했고 하나님 앞에서 그들이 얼마나 귀하며 어떻게 상급을 받을 것인지 등도 드러나게 된다(전 12:14; 마 12:36; 13:43; 16:27; 눅 8:17; 12:2; 롬 2:6; 골 3:3, 4; 계 2:6, 23; 20:12, 13을 보라). 그날에 그리스도의 제자들이 모든 영광 중에 나타나게 된다는 사실은 지금 그들이 두려워할 필요가 없는 확실한 이유이다.[451]

[27] 내가 너희에게 어두운 데서 이르는 것을 광명한 데서 말하며 너희가 귓속말로 듣는 것을 집 위에서 전파하라.

그들에게 공개적으로 솔직하게 그리고 용기 있게 전파하도록 하라. 제자들에게는 이미 알려져 있는 몇 가지 확실하고 중요한 일들이 있다. 예컨대 "회개하라, 천국이 가까이 왔느니라"와 같은 것이다. 이러한 것들을 제자들은 이때에 선포해야 된다(7절). 바로 그 첫 번째 전도 여행에서 그들은 귓속말로 듣지 못한 것을 말해야 하는 위험은 없었다. 우리가 그 나중에 계시에 비추어서 아는 대로, 십자가에서의 그리스도의 죽음이 매우 애매하게 암시되어 있었지만(9:15), 이 말을 했던 그 당시에는 이것이 이해되지 못했다. 더 분명한 예언이 다음에 나온다(38절). 그러나 거기에서도 예수께서 "공개적"으로 말씀하셨다 할지라도, 마치 귓속말로 듣는 것처럼, 그가 말씀하신 것을 기록할 수 없는 일이 빈번하게 발생한다(마 16:22; 막 8:32; 눅 9:45; 18:34).

그 외에도 부활과 성령의 부어주심이 있을 때에야 비로소 밝혀지는 것들이 많이 있었다(요 16:12, 13). 이러한 일이 일어나기 전에 제자들은 그것에 대한 준비를 하지 못했다. 이것을 이해하기는 어렵지 않다. 왜냐하면, 본질상 구속의 계시는 그 구속 사건들, 즉 십자가에서의 그리스도의 죽음, 장사, 부활, 승천 등과 같은 그러한 사건이 실제로 일어난 후에야 그 절정에 이를 수 있기 때문이다. 이러한 것은 그리스도의 부활 이전에 변화산에서 일어난 일을 공개한다는 것이 시기상조임을 잘 말해 주는 이유이다(마 17:9).

이러한 모든 내용에 비추어 볼 때, 예수께서 어두운 데서 그들에게 말한 것을 제자들이 광명한 데서 말하며, 문자적으로 "귓속말로" 들었던 것을 집 위에서, 또는 집 위로부터 전파하도록 명령받았을 때, 이 명령에 대한 복종은 부활절과 오순절에까지는 온전하게 이루어질 수가 있었다. 확실히 이제 말해진 이야기는 권능과 긍휼의 사역에 수반되는 참으로 기이한 이야기인 것이다. 그러나 이 사람들이 더 훌륭한 자격을 갖출 때까지

451) 26절의 부정 과거 중간태 가정법 *φοβηθήτε*와 28절의 현재 중간태 명령법 *φοβεῖσθε* 사이의 차이는 6:25과 6:31에서 유사한 주제-염려-를 취급한 두 동사 중 하나를 상기시켜 준다. 그곳에서는 순서가 바뀌었다. 처음의 것은 현재 명령법이고, 그 다음의 것은 부정 과거 가정법이다.

더 많은 내용들이 유보되어 있다. 따라서 할 수 있는 한 공개적으로 그들이 이전에 귀로 들었던 것을 외쳐야 한다(마 28:18-20). 그리스도 안에서 나타난 하나님 사랑의 진정한 이야기는 온전히 입증될 것이며, 그것을 전하는 자들도 온전히 입증될 것이기 때문에 두려워해서도 안 된다. 그것은 성도로 변화되는 죄인의 생활에서 확인될 것이다. 특별히 그것은 대심판날에 확인될 것이다. 그날에는 그에 대한 모든 악한 반대가 완전하게 드러나게 될 것이다.

선포할 수 있는 것은 무엇이든지—현재의 것이나 나중의 것— 두려움 없이 선포되어야 할 두 번째 이유는 28절에 설명되어 있다.

[28] 몸은 죽여도 영혼은 능히 죽이지 못하는 자들을 두려워하지 말고.

원수들이 아무리 하고자 하더라도 그 원수들이 할 수 없는 것이 하나 있다. 즉, 푸쉬케(psuche)를 죽이는 것, 다시 말하면, 영혼을 죽이는 일이다. 그 인간의 영혼은 비물질적이고, 눈으로 볼 수 없는 인간의 한 부분이다.

푸쉬케(혼)와 **프뉴마**(영) 사이에의 성경적 관용 어법에 대한 차이점은 필자의 저서 **내세에 관한 성경**(*The Bible on the Life Hereafter*, Grand Rapids, 1959, pp.37-39)에서 언급한 바 있다. 거기에서 다음의 것을 인용한다.

성경 어느 곳에서도 사람이 세 영역으로 구성된 존재라고 가르치지 않는다. 창 2:7을 읽어보면, 인간의 창조에서 인간의 두 가지 본성이 분명하게 주장되었다는 것을 알게 된다. 많은 성경 구절들은 영감받은 성경의 저자들이 이분법주의자들이라는 것을 입증하고 있다. 이러한 성경 구절에는 전 12:7; 마 10:28; 롬 8:10; 고전 5:5; 7:34; 골 2:5; 히 12:9[452]과 같은 구절들이 포함되어 있다. **최소한** 두 개의 명칭이 거기에 주어지기는 하지만 비물질적이며 눈에 보이지 않는 요소는 하나이다. 성경이 감각, 사랑, 좋아하는 것, 싫어하는 것과 더불어 육체와 육체의 활동과 지각력, 그

452) 살전 5:23은 이러한 규범에 예외가 아니다. 필자의 주석 N.T.C. 데살로니가 전후서 pp.141, 142와 같은 책 각주 pp.146-150을 보라.

리고 실질적으로 세속적인 삶 전체에까지 관련지어서 비물질적인 것을 언급할 때, 대체로 그것은, "유대인들이 이방인들의 마음을 선동하여"(행 14:2)에서처럼 혼(푸쉬케)이라는 용어를 사용한다. 같은 비물질적 요소에 관한 것이나 은혜의 대상이나 예배의 주체로 생각될 때에는 영(프뉴마)이라는 용어가 가장 빈번하게 사용된다는 것 또한 사실이다(그러한 의미를 뜻할 때에, 바울은 항상 이 단어를 사용한다). 예컨대 "나의 영이 기도하거니와"(고전 14:14)에서 나타난다. 그러나 이 문제가 결코 그렇게 단순하지는 않다. 몇 가지 예에서 혼과 영이라는 두 용어는 그 내면적인 의미와는 아무런 상관도 없이(또는 약간 차이를 두고서) 섞여서 사용되고 있다. 명백한 예로 눅 1:46, 47을 살펴보자. "내 영혼(푸쉬케)이 주를 찬양하며, 내 마음(프뉴마)이 하나님 내 구주를 기뻐하였음은."

"따라서 결론은 다음과 같다. 너희가 사람의 비물질적이며 보이지도 않는 요소를 언급할 때에는 그것을 혼 또는 영이라고 말할 수 있는 온전한 권리를 갖는다. 그리고 만일 어떤 사람이 너희에게 말할 때, 사람의 혼이 그의 영만큼 가치는 없고, 필연적으로 더 낮은 비물질적인 것이라고 주장한다면, 너희는 그에게 그가 혼의 승리를 믿지 않는지, 그의 영혼이 구원받는 것을 믿지 않는지, 사람이 온 세상을 잃어버리고 자기의 혼을 잃지 않는 것이 더 좋다는 것에 대하여 동의하지 않는지의 여부를 그 사람에게 질문하라. 너희가 자신의 입장을 분명히 하고 나서 그와 너희가 '내 영혼아 여호와를 송축하라' 라고 찬양하도록 그에게 제안하라."

마태복음에서 "혼"이라는 단어로 사용된 여러 가지 의미는 각주를 보기 바란다.[453)]

그리고 예수께서는 몸이 영혼보다 더 중요한 것처럼, 몸을 죽일 수 있

---

453) 이 복음서에서 *ψυχή*라는 용어는 16회 나온다. 분명히 2:20과 6:25의 두 번은 사람의 육체적 존재와 안녕에 대한 생동의 원리를 말한다. 그러한 경우에는 "생명"이라는 번역은 정확하다. 이 구절에서(10:28에서 2회) 그 단어는 분명하게 인간의 비물질적이며 보이지 않는 부분을 지칭한다. 이것은 물질적이고, 볼 수 있는 것과 대조된다. 10:39에서 2회, 11:29; 12:18; 16:25에서 2회, 16:26에서 2회 그리고 20:28과 같은 구절에서는 셈족어의 영향 때문에 "자신"이라는 의미가(여기에서 그 자신, 너 자신, 너희 자신 또는 "나" 등이 매 경우마다 해당 구절에 따라 정확한 의미를

는 사람들에 대해서 계속 두려워하는 큰 잘못에 대해 경고하신다. 예수께서는 계속 말씀하신다. **오직 몸과 영혼을 능히 지옥에 멸하실 수 있는 이를 두려워하라.** "이"라는 명사가 하나님을 언급한다는 것을 부연할 필요성은 없다. 명사 자체를 생략함으로써, 하나님의 인격과 사역이 더 강조된다. 즉, 그가 지금 어떤 자이며, 어떤 일을 할 수 있는가를 강조해 준다. 여기에서 "멸하실 수 있는"이라는 말은 진멸이 아니다. 사람에 대한 영벌의 고통의 의미로 사용되었다(25:46; 막 9:47, 48; 살후 1:9). "지옥"이라는 단어는 원문에서는 **게헨나**(5:22, 29, 30; 18:9; 23:15, 33; 막 9:43-47; 눅 12:5; 약 3:6에서도 나온다)이다. 그 단어는 보통 악한 자의 영육이 거처하는 곳으로 언급된다. 똑같은 거처지가 **하데스로** 언급될 때, 하데스 역시 성경에서 다른 의미를 갖고 있기는 하지만, 그 내용은 심판날 **이전의** 때에 해당된다.[454]

그리고 예수께서는 영육에는 영원한 미래가 있다고 말씀하신다. 영육은 영원히 진멸되지 않는다. 그러나 영원한 "멸망"은 예수를 배척하는 사람들을 위해 마련되어 있다. 영육 간에 완전한 인간에 대한 영원한 관심을 등한히 하면서, 이 세상에서 잠시 동안 지속될 육신을 구하려는 시도는, 작은 위험을 큰 위험으로 바꾸는 것과 같이 어리석은 일이다. 눅

가진다) 대구와 병행 구절에 따라서 의미심장한 가치를 지닌다. 22:37에서 *ψυχή*는 *πνεῦμα*의 의미에 접근한다. 그것은 하나님과의 관계에서 인간의 혼이나 영이다. 끝으로 26:38에서 *ψυχή*는 생각, 의지 또는 욕망의 원리로 인간의 내적 부분을 의미한 것으로 나타난다. 그러한 구절에서 *πνεῦμα*와 *ψυχή* 사이에 어떤 구분이 있다면, *πνεῦμα*는 정신과의 관계에서 더 자주 사용되고, *ψυχή*는 감정적 행위에 관련해서 더 많이 사용된 셈이다. 따라서 인식하고(막 2:8), 계획하고(행 19:21), 아는(고전 2:11) 것은 *πνεῦμα*이다. 슬퍼하는 것(마 26:38)은 *ψυχή*이다. *πνεῦμα*는 기도하고(고전 14:14), *ψυχή*는 사랑한다(막 12:30). *ψυχή*는 더 일반적이고 더 광범위하며 가끔 육체를 능가하는 생의 전체 부분을 시사하고, *πνεῦμα*는 매우 한정적이며 빈번하게 하나님과의 관계에서 인간의 영을 시사한다. 그러한 경우 사람은 예배 행위나 예배와 관련된 행위의 주체로 묘사된다. 예컨대 기도, 증거하는 것, 주를 섬기는 것 등이다. 그러나 이러한 차이는 엄격한 것이 아니다. 이것들은 중복되기도 한다.

454) 필자의 저서 *The Bible on the Life Hereafter*: 하데스편, pp.83-86, 게헨나편, pp.195-199를 보라.

12:13-21을 보자. 담대하게 그 나라의 메시지를 선포함으로써 제자들은 하나님의 영광을 위한 영생의 확신을 얻게 될 것이다. 그 외에도 제자들은 그들의 동료에게 축복이 된다. 그렇다면 그들로 하나님을 경외하게 하고, 영육 간에 그들 자신을 영원히 보살피는 분을 섬기게 하라. 그들로 대수롭지 않은 세상의 원수들을 상관치 말게 하라.

복음을 두려움 없이 선포하라는 두 가지 이유가 이미 제시되었다. 이제 여기에 세 번째 이유가 첨가된다. 본질적으로 그것은 "너희 원수들이 아버지의 뜻이나 그의 자애로운 보살핌을 취소할 수는 없다"라는 것이다.

[29]-[31] 참새 두 마리가 한 앗사리온에 팔리지 않느냐 그러나 너희 아버지께서 허락하지 아니하시면 (아버지의 뜻이 아니라면) 그 하나도 땅에 떨어지지 아니하리라 너희에게는 머리털까지 다 세신 바 되었나니 두려워하지 말라 너희는 많은 참새보다 귀하니라.

참새와 다른 작은 새들은 잡혀 죽어, 껍질이 벗겨지고 불에 구워져 먹힌다. 그런 새들은 요즘도 여러 나라에서 여전히 그러한 것처럼 맛있는 음식으로 간주된다. 그러므로 그런 새들이 상품으로 사고 팔리는 것은 놀라운 일이 아니다. 예수께서 이렇게 말씀하실 때에, 그 값은 "참새 두 마리가 한 앗사리온"이었다(참조. 5:26, 한 푼). 즉, 데나리온의 약 16분의 1에 해당되는 로마 동전이다. 우리는 그것을 1센트나 1페니라 할 수도 있으므로 "두 마리가 1페니"에 상당한다. 2센트의 값이면 참새 한 마리가 덤으로 주어진다. 그러므로 "참새 다섯마리가 두 앗사리온에"(눅 12:6) 팔린다. 상대적으로 말해서 이러한 참새들이 값이 싸고, 다른 값진 물건과 비교할 때에 보잘것없다 할지라도, 예수께서는 그 제자들에게 "너희 아버지께서 허락하지 아니하시면 그 하나도 땅에 떨어지지 아니하리라"라고 확신시키신다. 따라서 문자적으로는 "너희 아버지의 개입이나 뜻이 없으면"이라는 의미가 될 것이다. 그들의 창조주는 "너희 아버지"시라는 것에 유의하라. 강조해서[455] 예수께서는 제자들의 영혼과 육신이(28절) 그들의 하늘 아버지께 중요한 것일 뿐만 아니라, 그들의 머리털도 다 세신 바 되었다고 선언하신다. 이것은 그 머리털이 얼마나 되는가를 아시고, 머리털 하나하나와 그 전부에 대해서 관심을 두신다는 의미이다. 이러한 머리털 하나하나가 아버지께는 그 나름대로의 가치가 있다. 왜냐하면, 그것은 그의 자녀의 머리털이기 때문이다. 그러므로 하나님의 주권적 보살핌과 자애로움에서 벗어난 일이란 이러한 머리털 하나조차도 일어날 수 없다. 여기에서 그의 모든 피조물에 대한 하나님의 보편적인 섭리와 모든 사람이 대상이 되는 그의 특별한 섭리는, 구속의 힘에 의해 그의 소유가 되는 것들을 위해서 그가 행하시는 그 특별한 보살핌을 위한 여지를 만든다. 아버지께는 자녀들이 많은 참새보다 더 귀하지 않은가? 아버지께서 그의 것으로 택한 자들에 대한 아버지의 사랑에는 독특하고 아주 특별한 것이 있다. 10:31의 심오하고 세밀한 내용을 이해하기 위해서는 해당 본문을 읽어야 하고, 유사하며 적절한 다른 구절도 읽어야 한다. 약간만 언급해 보면 다음과 같다. 시 91:14-16; 116:15; 사 49:16; 호 11:8; 마 11:25, 26; 눅 12:32; 요 13:1; 14:3; 17:24; 롬 8:28; 요일 4:19; 계 3:2.

제자들이 두려워하지 않고 하나님 나라의 복음을 선포하도록 명령한 마지막 네 번째 이유는 다음과 같다.

[32] [33] 누구든지 사람 앞에서 나를 시인하면 나도 하늘에 계신 내 아버지 앞에서 그를 시인할 것이요 누구든지 사람 앞에서 나를 부인하면 나도 하늘에 계신 내 아버지 앞에서 그를 부인하리라.

열두 제자들이 왕의 메시지를 전파하도록 파송되고 있었다. 그러나 이 메시지는 냉담한 객체도 아니고 기억한 단어의 반복도 아니다. 제자들의 마음이 그들의 메시지 속에 있어야 된다. 즉, 제자들은 그리스도에 대한 그들의 믿음을 고백해야 된다.[456] 시 66:16을 참조하라. 그리스도를 고백하는 것—또는 시인하는 것—은, 그리스도를 자기의 생명의 주로 인정하는 것이며, 그를 반대한 사람들이 듣도록 공개적으로 시인하는 것이다. 그리스도를 부인하는 것은, 그를 배척하고, 그를 자신의 주로 인정하기를 거절하며, 자기와의 관계를 끊는 것을 의미한다. 이러한 멋진 설명이나

455) 앞 절의 ὑμῶν 다음에 이어서 30절의 서두에 나오는 ὑμῶν의 위치를 주목하라.

대구를 이루는 32절 하반절과 33절 하반절에서 예수께서는 그를 시인하는 자들을 하늘에 계신 그의 아버지 앞에서 시인하고, 그를 부인하는 자들을 그 앞에서 부인하겠다고 약속하신다. 예수께서 어떤 사람을 시인할 때, 그를 자신의 것으로 인정하고 그를 변호하신다. 예수께서 중보자로서 행하신 중보 사역은 지상에서 사역하시는 동안에 시작되었다. 이러한 사실은 눅 22:31, 32; 요 17:6-11, 15-26과 같은 구절에서 분명히 나타나 있다. 예수께서 지금도 그 일을 계속하고 계시다는 것은 요일 2:1에서 알게 된다. 예수께서 심판날에 그 속에 속한 자를 시인하신다는 것은 25:34-36, 40에서 분명히 나타나 있다. 요일 2:1과 똑같지는 않지만, 유사한 의미에서 예수께서 그들을 위해 이러한 사역을 계속하고 계시다는 것은 그가 계속해서 중재하실 뿐만 아니라, "항상 살아 계셔서 그들을 위하여 간구하신다"는 사실로 히 7:25에 표현된 위로의 진리이다.[457]

그와 반대로, 예수께서는 하늘에 계신 아버지 앞에서, 자신들의 악한 행동을 전혀 회개하지 않고 그를 부인하는 사람들을 부인하며 배척하고 버리신다는 것도 마 7:21-23; 25:41-43, 45에서 알게 된다. 은혜의 날 동안에는 그들의 죄를 회개한 사람들을 위한 죄사함과 부활이 있다(눅 22:62; 요 21:15-17).

예수를 시인하는 사람들이 있으며, 또한 그를 부인하는 사람들도 있다는 사실은, 그리스도의 강림이 분열을 가져온다는 것을(21절) 시사한다. 이러한 생각은 34, 35절에서 기록된 대로, 예수의 말씀에서 간결하게 표현되고 있다.

456) 32절의 두 절에 있는 '시인한다' 라는 동사(첫 번째 절에서는 *ὁμολογήσει*이고 두 번째 절에서는 *ὁμολογήσω*이다) 다음에 전치사 *ἐν*이 나오는데, 아마도 아람어 영향 때문일 것이다. 이것은 일반적으로 예수께서 그 언어로 말씀하셨음을 증거해 준다. Gram.N.T. p.475를 보라.

457) H.H. Meeter, *The Heavenly Highpriesthood of Christ,* Grand Rapids (no date), 암스테르담 자유대학교에 제출한 박사학위 논문을 보라.

[34]–[36] 내가 세상에 화평을 주러 온 줄로 생각하지 말라 화평이 아니요 검을 주러 왔노라 내가 온 것은 사람이 그 아버지와, 딸이 어머니와, 며느리가 시어머니와 불화하게 하려 함이니.

우리는 이곳에서 하나의 비유를 보게 된다. 그것은 역설적인 말로 전혀 믿을 수 없는 그러한 것이다. 그것이 일반적인 견해와 모순된다는 것은 "생각하지 말라"라는 서론에서 시사된다. 3:9; 5:17; 요 5:45을 참조하라. 예수께서 여기에서 말씀하신 것은 그것을 듣거나 읽은 사람을 충격적인 불신 안에서 놀라게 하는 원인이 된다. 놀라운 말씀에 대한 자연스러운 반응은 다음과 같다. "어떻게 이러한 말이 사실일 수가 있는가? 그리스도는 '평강의 왕' 이 아니신가?(사 9:6). 그는 화평하게 하는 자에게 복이 있다고 선언하신 분이 아니신가?(마 5:9). 그가 평화를 주기 위해서 오시지 않았다면, 시 72:3, 7; 눅 1:79; 2:14; 7:50; 8:48; 요 14:27; 16:33; 20:19, 21; 롬 5:1; 10:15; 14:17; 엡 2:14; 골 1:20; 히 6:20–7:2 등과 같은 구절을 어떻게 진리라 할 수 있겠는가? 이러한 구절 전체는 가장 강력한 말로 예수를 평화를 가져온 자라고 선포하지 않았는가?"

그러나 일반적으로 타당성 있는 전체보다는 진리의 한 측면만을 강조하는 것은 대부분 비유들의 특성이라는 것을 기억해야 한다. 마 5:34을 살펴보자. "도무지 맹세하지 말지니"라고 한 이 격언의 장점은 사람으로 하여금 잠시 멈추어서 생각하게 하는 것이다. 이곳에서도 마찬가지이다. 조금만 생각하면, 이 세상에 그리스도가 오신 것은 분열을 가져올 뿐만 아니라 심지어 분열을 일으키려고 의도되었다는 것을 금방 알게 된다. 만일 그것이 직접적인 목적이 아니라면 모든 사람은 잃어버린 바 되지 않겠는가?(요 3:3, 5; 롬 3:9–18). 그리고 그들 모두가 자신들의 파멸을 향해서 달리지 않겠는가? 그 외에도 궁극적으로 구원받은 사람들의 생활에서조차 많은 고난을 통하여 하나님 나라에 들어간다는 것이 사실 아닌가?(행 14:22). 신자의 생명은 폭풍과 역경 속에서 건져낸 생명이 아닌가? 확실히 말해서 끝날에 모든 신자는 평강을 누린다. 그러나 "우리 주 예수 그리스도로 말미암아 하나님께 감사하리로다"라고 말하는 바울과 같은 자도 "오호라 나는 곤고한 사람이로다"라고 불평하고 있다(롬 7:24, 25).

그 외에도 무서운 대적들이 있게 된다. 여기 "세상에서", 다시 말하면 현세대에서 그리스도를 따르는 자들은 칼을 예상해야 된다. 여기에서 이 단어는 평화에 대한 완전한 반대, 즉 박해의 결과로 생기는 "불화"(눅 12:51)를 상징하기 위해서 사용되었다. 따라서 누가 주의 편이고, 누가 주의 편이 아닌가 분명해진다. "여러 사람의 마음의 생각을 드러내려 함이니라"(수 5:13, 14; 마 21:44; 눅 2:34, 35; 20:18). 그리스도가 이 세상에 오심으로 두 파로 나뉘게 된다. 하나는 그리스도를 따르는 일이고, 다른 하나는 그리스도를 대적해서 반대하는 일이다.[458]

믿음 때문에 한 민족과 다른 민족 사이에 분열이 생기고, 한 백성과 다른 백성, 한 교회와 다른 교회 사이에 분열이 생긴다. 그뿐만 아니라 가족 안에서까지도 불화가 생긴다. 실제로 이 불화는 모든 것 중에서 가장 심각한 불화이다. 이와 관련해서 눅 12:52, 53은 한 지붕 밑에서 함께 산 "다섯 명"의 식구들, 즉 아버지, 어머니, 결혼하지 않은 딸, 결혼한 아들과 그의 아내(부모의 며느리)를 언급한다. 이러한 여러 식구들이 그리스도에 대해서 가지는 관계 때문에 가족 간에 무서운 분열이 생긴다. 여기 마태복음에서 가장 좋은 해석이 주어진다. 어머니가 그리스도에 대한 믿음 때문에 결혼하지 않은 딸과 며느리의 반대에 직면하고, 마찬가지로 믿는 아버지가 그의 아들의 반대에 직면한다.

미 7:6을 언급함으로써(21절을 보라), 36절에서 34, 35절이 종합된다. **사람의 원수가 자기 집안 식구리라.** 성경 안에서 믿음이 가족을 분리시키는 예는 다음과 같은 것들이 있다. 그 각 예들 중에서 전자가 믿음을 반대하는 자이다. 인간의 실질적인 원수는 바로 그 자이며 그 자가 분리의 책임을 져야 한다.

가인은 그의 동생 아벨을(창 4:8; 참조. 요일 3:12), 마아가는 그의 아들 아사를 반대한다(왕상 15:13). 나발은 그의 아내 아비가일과 대립된다(삼상 25:2, 3, 10, 11, 23-31). 마지막 두 예에서는 불신의 행동이라기보다

458) *διχάσαι*가 *διχάζω*의 부정과거 능동태 가정법임에 유의하라. 이 단어 다음에 *κατά*(아래로…에 반대하여)가 세 번 나온다.

믿음의 반작용이 강조되고 있다. 삼하 18:33; 시 27:10; 고전 7:12-16을 보라.

선택이 있어야 한다. 그 선택이 자식을 그 부모에게서 분리해 내는 것이나 그 반대 현상을 의미한다 할지라도 올바른 것이 되어야 한다.

[37] 아버지나 어머니를 나보다 더 사랑하는[459] 자는 내게 합당하지 아니하고 아들이나 딸을 나보다 더 사랑하는 자도 내게 합당하지 아니하며.

그리스도께 속하는 것은 말할 수 없는 특권이다. 그러므로 어떠한 다른 관계도 그것을 대신할 수 없다. 그것은 대단히 필수적인 의무이다. 어떠한 다른 의무도 이보다 더 구속적이지는 못하다. 행 5:29을 보라. 만일 선택이 부모냐 그리스도냐가 될 때에, 부모의 뜻이 아무리 간절하다 할지라도 그 뜻을 배척해야 된다. 자녀냐 그리스도냐 할 때도, 자녀의 소원이 아무리 간곡하다 할지라도 그것은 배척되어야 한다. 이것은 그리스도께 대한 절대적 사랑에서 비롯되는 것이다. 예수께 대한 이러한 절대적 충성을 거절하는 사람들은 그에게 합당하지 않다. 즉 예수께 속하고, 그로부터 영광을 받을 만한 자격이 없다.

그리스도와 그의 사역을 위해서 기꺼이 희생하려는 마음은 절대적인 것이어야 한다. 따라서 "아버지나 어머니를…아들이나 딸을 나보다 더 사랑하는 자도 내게 합당하지 아니하며"라는 말에 38절이 곧 이어진다.

---

459) 현재분사 *φιλῶν*를 주의하라. 이 단어는 *φιλέω*에서 왔다. 여기에서는 문자적으로 "사랑하는 자"라는 의미이다. 37절 하반절에서도 그 의미이다. *ἀγαπάω*보다도 이 동사가 이곳에서 사용되었다는 사실에 특별한 의미는 없다. 가정 안에서 사랑은 기본적으로 자발적인 자연스러운 감정이라는 이유로 사용되었다. 그러한 감정에서 느낌은 지식이나 의지보다도 가끔 더욱 독특한 역할을 한다. 목적어 "나를", 즉 그리스도가 같은 동사에 의해서 지배받는 것이 사실이라 할지라도 비교에서 출발점은 가족 안에 있는 사랑이다. 그 외에도 *φιλέω*와 *ἀγαπάω*는 많이 중복된다. 나머지에 관해서는 필자의 주석 요한복음 Vol. Ⅱ 각주 306)에서 상세하고 구체적인 이 두 동사의 설명을 보라.

[38] 또 자기 십자가를 지고 나를 따르지 않는 자도 내게 합당하지 아니하니라.

기본적인 상징은 십자가형을 선고받은 처형 장소까지 자신의 십자가를 메고 갔던 당시의 관습에서 나온 것이다(요 19:17). 따라서 예수를 따라 십자가를 지는 일은 그를 위하여 그리고 그의 사역 때문에 고생, 수치, 박해를 기꺼이 참아내는 것을 상징한다. 아주 일반적으로 세속적인 생활을 하는 사람에게 찾아오는 병, 예를 들어 신경통이나 청각마비 같은 것을 언급하기 위하여 사용될 경우, 십자가를 진다는 말은 성서적으로 온전하게 사용된 것은 아니다. 이와 관련하여 본 상징의 의미는 강조되어야 한다.

다소 유사한 잘못도 경계해야 한다. 십자가를 진다는 말에서 사람들은 그것의 독특한 가치와 의미를 **그리스도**의 고난에서 배제해 버리지 않도록 조심해야 한다. 이러한 일은 가끔 발생한다. 토마스 셰퍼드(Thomas Shepherd, 1665-1739)의 시를 예로 들어보자. 그가 쓴 다음의 시가 잘못 해석되고 있다.

> 예수만이 십자가를 져야 하고
> 모든 세상 사람들은 거저 가야 하는가?
> 그렇지 않다. 모든 사람들을 위한 십자가는 있다.
> 나를 위한 십자가도 있다.

만일 이것이 그리스도의 많은 고난 가운데 하나에 불과하다는 것을 의미한다고 설명된다면, 어떤 것이 그의 희생의 대속성과 무한한 가치에 대한 진리인가? 완전한 성경적 계시에 비춰 볼 때, 신자에게 적용되는 "십자가를 지는 것"이란 단 한가지의 의미, 즉 순종적이며 어떤 의미에서는 즐겁게 "그의(그리스도의) 치욕을 지고" 가는 것을 의미할 뿐이다(히 13:13; 참조. 행 5:41). 이것은 그리스도께서 인도하는 대로 따라가고 그의 구속의 피를 믿으며 그의 마음을 품고(요 13:15; 고후 8:7, 9; 엡 4:32-5:2; 빌 2:5; 벧전 2:21) 그를 선포하는 사람들에게는 진리이다. "내게 합당하지 아니하니라"에 관하여는 앞 절을 보라. 38절에 기록된 대로, 그리스도의 말씀에 근거하여 이 당시 제자들은 예수께서 문자적으로 십자가에 못 박히게 되리라고 이해했던가? 그런 것 같지는 않다. a. 이 구절은 하나의 원칙을 제시하고, 갈보리의 십자가에 대한 생각과는 별도의 의미를 갖고 있는 하나의 교훈을 가르치고 있다. 그리고 b. 나중에 그에게 닥쳐오는 십자가상에서의 죽음에 대하여 그리스도께서 분명하게 예언하신 것(16:21, 17:22, 23; 20:17-19, 그리고 다른 복음서에 있는 병행 구절)조차 그들이 이해하지 못했는데(27절의 주석을 보라), 도대체 이러한 초기 단계에서 그들이 38절에서 기록된 것을 어떤 의미에서 갈보리에 관련된 것으로 해석했을 가능성이 있는가? **우리**에게 있어서 갈보리의 관련성은 분명하다.

38절의 교훈을 마음속에 간직하기를 거절하는 사람들은 전체의 의미를 상실하게 된다. 이 반대의 경우에는 풍성한 보상이 있다.

[39] 자기 목숨을 얻는 자는 잃을 것이요 나를 위하여 자기 목숨을 잃는 자는 얻으리라.

여기에서 "자기 목숨"은 무엇을 의미하는가?[460] 히브리 관용어법에 의해 나타나는 모든 가능성에서 그 단어는 단순히 **그 자신**을 의미한다. 이것은 "생명"과 "자신"이라는 두 말이 섞여서 사용된 구절에서 분명히 나타나고 있다. "인자가 온 것은…자기 목숨을 많은 사람의 대속물로 주려 함이니라"(마 20:28; 막 10:45; 사 53:12; 요 10:11). "모든 사람을 위하여 **자기를** 대속물로 주셨으니"(딤전 2:6)와 비교하라. 더 좋은 것은 눅 9:23, 24이다. 마 10:39의 내용과 아주 밀접하기 때문이다. "아무든지 나를 따라오려거든 **자기를** 부인하고 날마다 제 십자가를 지고 나를 따를 것이니라 누구든지 **제 목숨을** 구원하고자 하면 잃을 것이요 누구든지 나를 위하여 **제 목숨**을 잃으면 구원하리라."[461]

---

460) *ψυχή*와 *πνεῦμα*의 의미의 다양성에 관해서는 필자의 주석 데살로니가전후서, pp.148-150을 보라. 그리고 10:28에 관한 각주 453)을 참고하라.

461) 필자는 Lenski, *op. cit.*, p.406의 주장에 동의하지 않는다. *ψυχή*의 의미에 이르기 위해서 우리는 이곳에서 **전적으로** 히브리어나 아람어에 의존하지는 않는다. 문맥과 병행 구절 또한 마땅히 검토되어야 한다.

따라서 병행 구절에 비추어 볼 때에, 그리스도의 말씀은 다음과 같이 의역할 수 있다. "나와 자기 자신의 이익이라고 생각되는 것 사이에 문제점이 있을 때, 자기의 이익을 택하는 사람은 그렇게 함으로써 그가 자신을 찾는다고, 즉 더 확고하게 온전한 생을 누린다고 생각하지만, 크게 실망할 것이다. 그는 얻는다기보다는 오히려 잃을 것이다. 그 행복과 유익은 증가하기보다는 줄어들고 위축될 것이다. 결국에 가서 그는 영원히 멸망을 당할 것이다. 이에 비해 선택에 직면했을 때, 자신을 포기하는 사람, 다시 말하면 나에 대한 충성으로 자신을 부인하는 사람은 필요할 때에 기꺼이 최대의 희생을 함으로써, 자기 구현을 온전하게 이루게 된다. 그는 생명을 얻게 될 것이며, 그것은 더 풍성해질 것이다. 마지막에 가서 나와 함께 나의 재림과 새 하늘과 새 땅의 영광을 누리게 될 것이다." 마 10:39의 의미와 같거나 최소한 유사한 사상이 표현되어 있는 구절들 중에는 다음과 같은 것들이 있다(눅 9:23, 24에 덧붙여서). 마 16:26; 막 8:34-38; 눅 17:32, 33 그리고 요 12:25, 26. 두 가지 특성이 39절에서 대조되고 있다. 그 대조는 다음과 같다. a. 입구가 있지만 출구가 없는 호수나 바다는 양자를 모두 가지고 있는 것과 대조되었다. b. 댐이 건설되기 이전의 세찬 물결은 그것에 가로질러서 댐이 건설된 후에는 관개를 위해서 유익한 호수와 유익한 수로를 낳는 바로 그 물결과 대조된다.

남아 있는 구절에서 발견되는 더 구체적인 권고 내용을 통해서 볼 때에, 예수께서는 산상수훈과 대조적으로(7:27) 적극적인 면에서 자신의 설교를 끝내려고 하심이 분명하다.

[40] 너희를 영접하는 자는 나를 영접하는 것이요 나를 영접하는 자는 나를 보내신 이를 영접하는 것이니라.

이 말씀은 그들이 이웃 사람에 의해서 멸시받고 심지어는 박해까지 당하게 될 것임을 잘 알면서도, 제자들과 그들의 메시지를 계속 환영하는 사람들을 위해서 주어진 약속이다. 그들의 참된 능력으로써 그리스도의 온전한 권위를 가진 대표자들로 이 사람들을 영접할 때 그리스도 자신을 영접하고 있다고 말해진다. 그뿐만 아니라, 또한 예수가 아버지께로부터 보내심을 받았기에(15:24; 21:37; 막 9:37; 12:6; 눅 4:18; 10:16; 요 3:17, 34; 5:23, 24, 40; 9:4, 7; 10:36; 갈 4:4; 요일 4:9), 즉 그의 아들에게 이러한 제자들에게 사명을 주도록 권위를 부여한 그 아버지의 사랑하는 마음에서 보내심을 받았기 때문에(마 28:18-20; 요 17:18; 20:21), 환영하는 그들은 아버지 그분을 그들의 마음, 생활 그리고 가정에 영접하는 것이 된다. 이것보다도 더 풍성한 복을 생각할 수 있겠는가?

이와 같은 약속이 41절에서 더 분명하게 강조되고 있다.

[41] 선지자의 이름으로 선지자를 영접하는 자는 선지자의 상을 받을 것이요.

그가 의인이기 때문에 의인을 영접하는 자는 의인의 상을 받게 된다. 문자적으로 원문은 "선지자의 그 이름으로 선지자를 영접하는 자는"이다. 그러나 이것의 영역은 분명하지 않기 때문에, 그리고 성경에서 이름은 사람 자체를 나타내고, 그 사람과 그의 인근 사람, 즉 주변 사람과의 관계에서 그의 직업이 무엇이냐를 설명한다는 것을 우리가 이미 알고 있기 때문에(이름이 거룩히 여김을 받으시오며, 6:9의 주석을 보라),[462] 우리는 "그가 선지자이기 때문에 선지자를 영접하는 자는"이라고 번역하는 다른 역자들에게 동의한다. 따라서 이것의 의미는 다음과 같다. 선지자—꼭 열두 제자 중 한 사람이 아니라 하나님의 진리를 선포하는 권리를 가진 사람은 누구든지—를 영접하는 자 그리고 단순히 예절 바르게 또는 정중하게 대하는 것만이 아니고, 그가 이 전달자를 참으로 선지자로 간주하기 때문에 매우 분명하게 영접하며 그를 영접함으로써 그를 보내신 분을 영접하기를 원하는 자는, 마치 영접하는 자는 그 자신이 선지자인 것처럼 똑같은 상을 받게 된다. 은혜와 영광의 상급이 특별하게 사명을 받은 전달자를 환영하는 사람들에게만 주어지는 것처럼 오해할 것을 염려하여 예수께서는 그가 **의인의 이름으로 의인을 영접하는 자는 의인의 상을 받을 것이요**라

462) Beck, Berkery, Norlie, Philips, R.S.V., Ridderbos, Twentieth Century, Weymouth.

고 덧붙이신다. 여기에서도 원문이 "…의 이름으로"이다. 설명은 비슷하다. 환영하는 자가 자기 집 문을 두드리는 사람에게서 "의인", 즉 참된 신앙을 행하는 자로 알아냈기 때문에 상을 약속받는다. 전도 여행하는 하나님의 자녀들을 협조하고 권고하며 거처를 제공하고 긴급하게 필요한 일을 꾀하는 데 헌신하는 그 사람은, 그가 친구에게 행하는 것과 꼭 같은 상급을 약속받는다. 예수께서는 다음과 같은 훌륭한 표현으로 말씀을 마치신다.

[42] 또 누구든지 제자의 이름으로 이 작은 자 중 하나에게 냉수 한 그릇이라도 주는 자는 내가 진실로 너희에게 이르노니 그 사람이 결단코 상을 잃지 아니하리라 하시니라.

친절한 어조로 예수께서는 "이 작은 자 중 하나", 즉 예수께 의존해 있다는 것을 인정하고, 예수를 신뢰하는 자에 관해서 말씀하신다. 세상 사람에게 이 제자는 하등의 상관이 없고, 명성과 재산에서 대수롭지 않을 수도 있다. 그럼에도 불구하고 그러한 제자에게 주어진 것을 예수께서는 마치 자신에게 주어진 것처럼 간주하셨다. 베푼 것이 냉수 한 그릇처럼 대단하지 않은 것일 수 있다. 문제는 그와 같은 베풂의 크고 작음이 아니라 오히려 그 동기이다(25:35, 37, 40; 참조. 히 6:10). "그가 제자이기 때문에"[463] 작은 자에게 그러한 냉수 한 그릇이 주어졌다면 결코 상을 잃지 않을 것이다.

베푸는 것의 특질이 특별히 강조되었다. 아마도 이 구절을 가장 잘 읽는다면, 사랑의 행위는 문자적으로 "냉수 한 그릇"을 주는 것처럼 설명된다. 그것은 "냉수 한 잔이라 할지라도"라는 의미이다. "내가 진실로 이르노니"에 관해서는 5:18을 보라. 그러고 나서 예수께서는 "내가 진실로 너희에게 이르노니 그 사람이 결단코 상을 잃지 아니하리라"라고 말씀하신다. 실제로 "그 사람이 결단코 상을 잃지 아니하리라."[464] 상이란 무엇인

463) "…의 이름으로"가 앞 절에서 두 번 사용된 바 있고, 이곳에서 다시 나온다.

464) 강한 강조적 의미 *οὐ μή*.

가? 현세에서의 마음의 평안(마 10:13), 재림 시 그리스도 자신에 의해서 공개적으로 인정되는 일(25:34 이하) 그리고 그 후에는 각 사람의 행위에 따라서 오직 은혜로써 주어지는 모든 복이다(16:27).

제11장의 개요

Matthew

11

주제 : 아버지께서 아들에게 맡기신 사역

11:1-19 세례 요한의 의심과 이에 대한 예수의 태도

11:20-24 회개하지 않은 고을에의 저주

11:25-30 구세주의 관대한 초청

제 11 장

세례 요한의 의심과 이에 대한 예수의 태도 (11:1-19)

누 7:18-35 참조

1-19절

1 예수께서 열두 제자에게 명하기를 마치시고 이에 그들의 여러 동네에서 가르치시
며 전도하시려고 거기를 떠나가시니라 2 요한이 옥에서 그리스도께서 하신 일을 듣
고 제자들을 보내어 3 예수께 여짜오되 오실 그이가 당신이오니이까 우리가 다른 이
를 기다리오리이까 4 예수께서 대답하여 이르시되 너희가 가서 듣고 보는 것을 요한
에게 알리되 5 맹인이 보며 못 걷는 사람이 걸으며 나병 환자가 깨끗함을 받으며 못
듣는 자가 들으며 죽은 자가 살아나며 가난한 자에게 복음이 전파된다 하라 6 누구든
지 나로 말미암아 실족하지 아니하는 자는 복이 있도다 하시니라 7 그들이 떠나매 예
수께서 무리에게 요한에 대하여 말씀하시되 너희가 무엇을 보려고 광야에 나갔더냐
바람에 흔들리는 갈대냐 8 그러면 너희가 무엇을 보려고 나갔더냐 부드러운 옷 입은
사람이냐 부드러운 옷을 입은 사람들은 왕궁에 있느니라 9 그러면 너희가 어찌하여
나갔더냐 선지자를 보기 위함이었더냐 옳다 내가 너희에게 이르노니 선지자보다 더
나은 자니라 10 기록된 바 보라 내가 내 사자를 네 앞에 보내노니 그가 네 길을 네 앞
에 준비하리라 하신 것이 이 사람에 대한 말씀이니라 11 내가 진실로 너희에게 말하
노니 여자가 낳은 자 중에 세례 요한보다 큰 이가 일어남이 없도다 그러나 천국에서
는 극히 작은 자라도 그보다 크니라 12 세례 요한의 때부터 지금까지 천국은 침노를
당하나니 침노하는 자는 빼앗느니라 13 모든 선지자와 율법이 예언한 것은 요한까지
니 14 만일 너희가 즐겨 받을진대 오리라 한 엘리야가 곧 이 사람이니라 15 귀 있는 자
는 들을지어다 16 이 세대를 무엇으로 비유할까 비유하건대 아이들이 장터에 앉아 제
동무를 불러 17 이르되 우리가 너희를 향하여 피리를 불어도 너희가 춤추지 않고 우
리가 슬피 울어도 너희가 가슴을 치지 아니하였다 함과 같도다 18 요한이 와서 먹지
도 않고 마시지도 아니하매 그들이 말하기를 귀신이 들렸다 하더니 19 인자는 와서
먹고 마시매 말하기를 보라 먹기를 탐하고 포도주를 즐기는 사람이요 세리와 죄인의
친구로다 하니 지혜는 그 행한 일로 인하여 옳다 함을 얻느니라

1 예수님께서 열두 제자들에게 지시하기를 마치시고, 여러 마을에서 가르치고 전도
하기 위해 그곳을 떠나셨을 때의 일입니다. 2 세례자 요한은 감옥에서 그리스도의 하
신 일을 들었습니다. 요한은 제자들을 예수님께 보냈습니다. 3 요한은 그들을 통해 예
수님께 물었습니다. "오신다고 했던 분이 바로 당신입니까? 아니면 다른 분을 기다려
야 합니까?" 4 예수님께서 대답하셨습니다. "요한에게 가서 너희가 듣고 본 것을 말
하여라. 5 보지 못하는 사람이 보고, 걷지 못하는 사람이 걷고, 문둥병 환자가 깨끗해
지고, 듣지 못하는 사람이 듣고, 죽은 사람이 살아나며, 가난한 사람에게 복음이 전해
진다고 하여라. 6 나를 의심하지 않는 사람은 복이 있다." 7 요한의 제자들이 떠난 뒤
에, 예수님께서 모인 사람들에게 요한에 대해 말씀하기 시작하셨습니다. "너희는 무
엇을 보러 광야에 나갔느냐? 바람에 흔들리는 갈대를 보러 갔느냐? 8 아니면 무엇을
보러 갔느냐? 화려한 옷을 입은 사람을 보려고 나갔느냐? 화려한 옷을 입은 사람은
왕궁에 있다. 9 그러면 너희는 무엇을 보러 나갔느냐? 예언자를 보려고 나갔느냐? 그
렇다. 내가 너희에게 말한다. 이 사람은 예언자보다 더 나은 사람이다. 10 이 사람에
대하여 성경에 이렇게 기록되어 있다. '보라, 내가 너보다 앞서 나의 사자를 보낸다.
그는 너의 길을 준비할 것이다.' 11 내가 너희에게 진정으로 말한다. 여자가 낳은 사
람 중에 그 누구도 세례자 요한보다 더 위대한 사람은 없다. 그러나 하늘나라에서는
아무리 낮은 사람이라도 세례자 요한보다 더 위대하다. 12 세례자 요한 때로부터 지
금까지 하늘나라는 힘있게 성장하고 있다. 힘있는 사람들이 하늘나라를 차지할 것이
다. 13 모든 예언자들과 율법에 예언한 것이 요한까지이다. 14 너희가 이 예언을 받아
들일 마음이 있다면, 오기로 되어 있는 엘리야가 바로 요한이다. 15 들을 수 있는 귀
를 가진 사람은 모두 들어라! 16 내가 이 세대의 사람들을 무엇에 비유할 수 있겠느
냐? 이들은 마치 장터에 앉아 있는 아이들이 다른 아이들을 부르는 것과 같다. 17 '우
리가 너희를 위하여 피리를 불었는데, 왜 춤을 추지 않았느냐? 우리가 슬픈 노래를 불
렀는데, 왜 울지 않았느냐?' 18 요한은 와서 먹지도 않고, 마시지도 않았다. 그러자 사
람들이 이렇게 말했다. '그는 귀신 들렸어.' 19 인자가 와서 먹고 마시니, 사람들이 말
했다. '저 사람을 봐! 탐욕이 많은 사람이야. 저 사람은 술꾼이야. 세리와 죄인의 친구
야.' 그러나 지혜는 그 행한 일 때문에 옳다는 것이 증명된다." _아가페 쉬운성경

천국의 대사로서 열두 제자 파송에 대한 설명(10장)은 여기 11장에서 천국의 사자 세례 요한에게 찬사를 보내시는 그리스도의 말씀으로 이어진다. 본 장은 세례 요한의 제자들이 예수께 말하고 있듯이 요한의 의심에 관한 이야기로 시작한다(11:1-3). 그리고 그리스도의 답변, 즉 세례 요한에게 전달된 메시지가 바로 그 다음에 따라 나온다(4-6절). 그리고 계속해서 일부 사람들이 요한을 아주 변덕스러운 사람으로 오해할지도 모를 가능성을 쇄신하기 위해 대단락(7-19절)을 할애하여 세례 요한을 칭찬하

신 예수의 태도를 기록하고 있다. 이어서 나오는 소단락, 즉 회개하지 않는 고을들을 경고하는 부분은 근본적으로 앞에 나온 대단락의 부산물이다. 많은 사람들은 요한의 증언을 수락하지 않았고 적어도 진실하게 회개하지도 않았다. 사실 어떤 이들은 요한을 "귀신 들린 자"로 부르기까지 했다. 그들은 또한 인자의 증거도 거절했다(16-19절). 따라서 가장 많은 사랑을 받았음에도 불구하고 복음을 거절한 고을들이 이제는 결국 위협적인 경고를 받았다(20-24절). 이 경고의 소리는 선행된 질책보다 더욱 신랄하다. 또한 이름(고라신, 벳새다, 가버나움)을 지명하여 어떤 불신의 중심지를 언급하는 것이 더욱 특징적이다. 본 장에서 취급되는 결론적인 말씀(25-30절) 가운데서 간과할 수 없는 것은 저주가 축복으로, 심판이 초청으로 대치되고 있다는 점이다. 즉, 그리스도의 관대한 모습이 보이고 있다.

그러므로 전체 장이 하나의 통일된 형태를 취함이 분명하다. 말하자면 피라미드의 가장 큰 저변은 "왕국의 사자, 곧 재보증과 칭찬을 받은 세례 요한"이라고 명칭을 붙일 수 있다. 그리고 두 개의 좀 더 작은 단위들—피라미드의 정상을 향해 점점 줄어드는 더 높은 부분을 생각하라. a. 본질적인 변화(20-24절), 그리고 b. 극단적인 대조(25-30절)—은 쉽게 간과할 수 없는 것이다.

그러나 본 장의 주제는 본질적으로 훨씬 더 숭고한 것이다. 왜냐하면 복음서 기자는 철저하게 그리스도의 위엄을 독자들에게 보여 주고 있기 때문이다. "여자가 낳은 자 중에 세례 요한보다 큰 이가 일어남이 없도다"(11절)라는 그 유명한 말씀을 하시는 중에도 예수께서는 머뭇거리는 제자들에게 그렇게도 부드럽고 지혜롭게 그 자신의 무한히 초월적인 위대성을 증명하시지 않았는가? 마태는 예수의 대답이 요한에게 이르렀을 때 그에 대한 요한의 반응이 어떠했는지를 기록하지 않았다. 또한 이것은 궁극적으로 세례 요한이 아닌 오직 예수 그리스도만이 이야기의 중심을 이루고 계시며, 또한 하나님께서 예수를 통해 역사하신다는 사실을 명백히 해주고 있다. 복음서 전체를 통하여 나타난 주제는 아버지께서 아들에게 맡기신 사역이다.

요나서의 결론도 이와 흥미로운 병행을 이룬다. 우리는 여호와께서 추구하신 문제에 대해 요나가 어떻게 반응했는지 종종 의혹을 가져보지 않았는가? 그러나 강조점이 요나에게 있는 것이 아니라 하나님의 사랑에 있는 것이기 때문에 요나의 반응은 기록되지 않았다. 이 점은 또한 마태복음에서도, 성경 전체를 통해서도 마찬가지이다.

먼저 예수께서 세례 요한의 의심을 취급하시는 태도를 기술하는 대목으로 돌아가 보자.

[1]–[3] 예수께서 열두 제자에게 명하기를 마치시고 이에 그들의 여러 동네에서 가르치시며 전도하시려고 거기를 떠나가시니라 요한이 옥에서 그리스도께서 하신 일을 듣고 제자들을 보내어 예수께 여짜오되 오실 그이가 당신이오니이까 우리가 다른 이를 기다리오리이까.

언뜻 보기에는 본 장의 내용이 구분되는 것처럼 판단하기 쉽다. 1절은 앞부분의 단락에 포함시키는 것이 더 낫지 않을까? 그 1절이 열두 제자에 대한 사명 부여에 어울리는 결론이 아니겠는가? 정녕 그렇다. 그러나 또한 그것은 분명히 11장의 서론이 된다. 왜냐하면 그것은 분명히 요한이 의문을 가지는 예수의 활동, 교훈, 전도 등에 관한 기록이기 때문이다.

마태가 영감받지 않은 저자였다면 그는 분명히 "첫 번째 전도 여행에서 얻은 열두 제자의 경험들"에 대한 상세한 설명을 우리에게 제공했을 것이다. 마태는 전도 사역의 사명을 받은 것에 이어서 이 흥미로운 이야기를 기록했을 것이다. 그러나 복음서 기자는, 물론 그것을 기록하는 것에 흥미를 가졌다 할지라도, 제자들에 관해서보다 예수에 관해서 더 많은 흥미를 가졌다. 마태는 제자들에 관하여는 독자들이 올바른 결론을 얻어낼 것임을 의심하지 않았다. 마태와 똑같은 정도의 영감을 가진 마가와 누가까지도 제자들의 경험에 관하여는 거의 말하지 않았다. 그들은 다소 말하고 있기는 하지만(막 6:12, 13; 눅 9:6), 즉시 예수와 그의 사랑의 이야기로 화제를 돌린다.

마태는 예수께서 제자들에 대한 그의 임무를 다하시고, 가르치시며 전도하시기 위해 그곳에서 떠나신 사실을 우리에게 알려준다. "가르침"과

"전도" 사이의 차이점은 이미 설명했다(4:23의 주석을 보라). "여러 동네에서"라는 말을 볼 때 갈릴리 대사역이 계속됨을 알 수 있다. "가르침"과 "전도"는 11:1에서 유일하게 언급이 되었지만, 5절을 볼 때 수많은 기적적인 사역이 시행된 것을 또한 알 수 있다. 이런 점으로 미루어 보아 2절에 번역된 "하신 일"(영어 성경에서의 deeds나 works를 가리킴)은 맞는 말이지만 문맥상 "행적"(activities)이라는 말이 더 적절할 것이다. 이것은 기적뿐 아니라 가르침과 전도도 포함한다.

4:12과 14:3, 4에 의하면(이 절들의 주석을 보라) 세례 요한은 헤롯 안디바스(Herod Antipas) 왕에 의해 구류되어 있었다. 세례 요한은 사해에서 동쪽으로 5마일, 북쪽 끝에서 15마일 떨어져 있는 마케루스(Machaerus), 곧 지금의 키르베트 무카우어(Khirbet Mukâwer)에 있는 어두운 감옥에 감금되었다. 그 감옥은 헤롯 궁전의 한 부분이었다.[465] 그것은 막 6:25-28에 기록된 행위의 가능성을 설명해 준다. 요한의 감금이 매우 모진 시련임에 틀림없었으나 방문객들을 만날 수 있도록 허용되어 있었다. 요한은 방문객들로부터, 자신이 그토록 놀라운 많은 일들을 언급했던(마 3:11; 요 1:15-18, 26, 27, 29-36; 3:28-30) 바로 그분, 곧 예수의 행적에 대하여 알게 되었다. 요한이 이 사실을 알았을 때 예수의 입술에서 흘러나온 은혜로운 말씀과 그가 시행하신 그 자비로운 기적들은 자기가 이전에 공중 앞에 묘사해 왔던 예수와는 전혀 조화가 되지 않았다. 요한은 예수를 형벌과 멸망을 베푸실 자로 나타냈다(마 3:7, 10; 눅 3:7, 9). 이미 지적한 바(3:10의 주석을 보라)와 같이, 요한의 말은 진실되고 영감받은 것으로 바로 "하나님의 말씀"이었다(눅 1:76; 3:2). 그러나 요한이 그리스도의 전령으로서 저지른 실수는, 그가 예언한 멸망이 지금이 아니라 그리스도의 재림을 통해 성취되리라는 점을 놓친 것이다. 요한은 진실한 안목에서 현재와 미래를 보지 못했다.

요한은 매우 현명한 결단을 내렸다. 그는 예수를 식별하는 난제를 자신이 풀려고 하거나 불확실한 다른 사람들과 논의하려 하지 않고 그것을 예

---

465) Josephus, *Jewish War* VII. 175; *Antiquities* XVIII. 119를 참조하라. 또한 L.H. Grollenberg. *op. cit.*, p.124의 도표 353과 p.116의 지도 34를 보라.

수께 가져갔다. 요한은 투옥되어 있었기 때문에 자신이 가서 예수를 직접 볼 수 없었으므로 자신의 제자들 편으로 말을 전달했다.[466] 이 말은, 의심한 사람이 요한 자신이 아니라 다만 그의 제자들이었다고 해석하거나, 주님께서 그들의 문제를 해결해 주시리라는 생각에서 요한이 제자들을 예수께 보냈다고 해석하는 것이 옳다는 것을 의미하지는 않는다. 그것은 전적으로 잘못된 생각이다. 왜 예수께서 "가서 요한에게 알리되"라고 말씀하셨겠는가?(4절). 여기에 의문의 여지가 없다. 의문을 가졌던 사람은 요한 자신이었다. 예수가 "오실 자"인지 아닌지 의심한 사람은 바로 요한이었다.[467]

[4] [5] 예수께서 대답하여 이르시되 너희가 가서 듣고 보는 것을 요한에게 알리되 맹인이 보며 못 걷는 사람이 걸으며 나병 환자가 깨끗함을 받으며 못 듣는 자가 들으며 죽은 자가 살아나며 가난한 자에게 복음이 전파된다 하라.

어떤 의미에서 이 대답이 보증이 된다는 것인가? 요한은 이미 이 모든 것을 알고 있었고(2절), 그가 알고 있는 바로 그 사실이 그로 하여금 그토록 의심나게 한 것이 아니었던가? 사실 그렇다. 그러나 그 표현법(*the wording*)은 새로운 것이었다. 요한에게 그리스도의 행적을 보고한 친구들이 이런 간결한 형태를 사용하지 않았다는 의미에서 그것은 "새로운" 것이었다. 반면에 예수께서 진술한 메시지는 친숙한 소리였다. 그 소식은 요한으로 하여금 어떤 선지자적인 예언들, 즉 사 35:5, 6과 61:1에 "그때에 맹인의 눈이 밝을 것이며 못 듣는 사람의 귀가 열릴 것이며 그때에 저는 자는 사슴같이 뛸 것이며 말 못하는 자의 혀는 노래하리니…주 여호와의 영이 내게 내리셨으니 이는 여호와께서 내게 기름을 부으사 가난한 자에게 아름다운 소식을 전하게 하려 하심이라"는 말씀을 생각하게 했음이

466) 그의 제자 중 "둘"(*διά* 대신에 *δύο*)로 읽는 것은 그 뒷받침해 주는 증거가 빈약하다. 그러나 눅 7:18을 보라.

467) J. Sickenberger, "Das in die Welt Kommende Licht," *ThG*, 33 (1941), pp.129-134 참조. 필자의 주석 요한복음 1:9을 보라.

틀림없다. 이것은 마치 예수께서 요한에게 "너는 이 예언들을 기억하느냐? 이 말씀도 역시 메시아에 관해서 예언된 것이니라. 그리고 이 모든 예언이 오늘날 이루어졌으니 곧 나에게 이루어졌느니라"고 부드럽게 말씀하시는 것처럼 들린다. 예수께서는 또 다른 경우에서 사 61장을 사용하시고 그것도 역시 자기 자신에게 성취된 예언이었다고 말씀하셨다(눅 4:16-21).

이러한 예언의 말씀과 예수 안에서의 그 예언의 성취와 관련해서 주목해야 할 두 가지 첨부 사항이 있다. a. 이사야는 이적과 전파를 둘 다 언급하고 있었다. 요한에게 전달된 그리스도의 메시지도 또한 두 가지 모두를 언급하고 있다. b. 그리스도 안에서의 성취는 예언보다 오히려 우월하다. 왜냐하면 예언에는 죽은 자를 일으키는 것에 대한 어떤 암시의 말이 없기 때문이다. 예언들은 치유와 깨끗케 함, 그리고 복음 전파와 관계된 것이었다. 성취는 이 모든 것을 포함하면서 **그 이상의** 것, 즉 죽은 자를 살리는 것까지를 포함한다. 나인 성 과부의 아들의 생명을 돌아오게 한 누가복음의 이야기(7:11-17)가 요한의 의심과 그것을 취급하시는 예수의 태도(7:18-23)에 대한 기록 바로 이전에 나온다.

세례 요한에게 전달된 메시지는 다음의 말로 끝을 맺는다.

[6] 누구든지 나로 말미암아 실족하지 아니하는 자는 복이 있도다 하시니라.

즉, 예수의 언행으로 다른 사람을 미혹하게 하거나 죄에 빠지도록 하지 않는 자가 복이 있음을 강조한다. 5:29, 30의 주석을 보라. 예수의 충고에 의해 요한이 책망을 받고 있다는 견해가 정확할지라도, 만일 그렇다면 그 책망은 부드러운 책망이요, 어떤 관점에서는 순간적으로 당황하는 제자들에 대한 주님의 사랑을 조금도 상실하지 않은 것이었다. 사실상 충고는 축복을 포함한다고 보는 것이 올바른 생각이다. "…자는 복이 있도다." 예수께서는 맹인으로 태어난 자, 간음하다가 잡혀온 여자, 베드로, 도마 등에게 그리하셨듯이 부드럽게 요한을 대우하신다. 즉시 공중 앞에서 요한을 칭찬하시고 또 이 사자와 그가 증거한 그분(7-19절)에 대한 잘못을 동시에 지적하려는 무리들을 책망하신 예수의 태도에서 볼 때, 그리고 말 3:1; 4:5, 6; 눅 1:15-17, 76, 80; 빌 1:6에서와 같은 구절들을 볼 때, 예수의 메시지는 분명히 요한에 대하여 바람직한 결과를 가져왔다고 생각해야 한다. 그러나 여기서 강조된 것은 예수의 지혜와 관용으로 이 둘을 보증하는 메시지가 요한에게 전달되었으며, 또한 요한에 관한 말씀 속에서 당시 함께 있던 무리들에게 전달되었다는 것이다.

이후의 단락은 다음과 같이 시작한다.

[7] 그들이 떠나매 예수께서 무리에게 요한에 대하여 말씀하시되 너희가 무엇을 보려고 광야에 나갔더냐 바람에 흔들리는 갈대냐.

여기서 예수께서는, 요한이 전에 메시아로 지적한 바로 그분에 관하여 의심을 표명한 질문 때문에, 어떤 사람들이 요한에 관해 초래하기 쉬운 잘못된 여론, 말하자면 세례 요한이 변덕스럽고 우유부단한 사람이라는 오해를 바로잡아 주신다. 대체로 주어진 단락에서 예수께서는 바른 노선에서 일차 탈선한 위치에 있는 사람을 정죄하는 것은 잘못이라고 말씀하신다. 한 인간의 과거와 현재, 곧 그의 전 생애에 관한 어떤 올바른 의견을 형성하기 위해서는 심사숙고해야 한다. 요한의 경우 그의 과거는 영광스러웠다. 무리들은 세례 요한이 일찍이 요단 광야에 이르러 그들에게 안겨다 준 엄청난 충격을 회상해야 한다. 예수께서는 여기서 "너희로 하여금 갈릴리에서 유대 광야까지 행차하게 했던 이유가 무엇이었느냐"라고 말씀하신다. 요단 기슭에서 바람에 날리는(문자 그대로 날리고 있는) 갈대와 같은 한 사람을 보려 했던 것인가? 물론 그것은 이유가 될 수 없었다. 모든 사람이 말하고 있었던 그 사람은 흔들리는 갈대가 아니라 불굴의 참나무 같았기 때문이다. 예수께서는 7절에 주어진 질문에 대하여 당연히 "참으로 아니다. 우리는 분명히 바람에 날리는 갈대를 보러 광야에 나가지 않았다"라는 대답이 나오리라고 생각하셨다. 그래서 예수께서는 계속해서 다음과 같이 말씀하신다.

[8] 그러면 너희가 무엇을 보려고 나갔더냐 부드러운 옷 입은 사람이

냐 부드러운 옷을 입은 사람들은 왕궁에 있느니라.

세례 요한의 실제 옷에 관해서는 3:4의 주석을 보라. "부드러운" 옷을 입은 사람들은 용기가 없는 사람들이며 권력에 쉽게 아부하는 아첨꾼들로서 왕의 궁전에서 높은 지위로 대접을 받는다. 그들은 생애에 얻은 높은 지위에 어울리는 부드러운 옷을 입을 수 있는 위치에 있다. 예수께서 여기서 말씀하시는 것을 듣고 있는 사람들은, 요한이 전적으로 다른 사람과는 다른 개성 있는 사람이었음을 매우 잘 알고 있다. 요한은 왕에게 아첨하기보다는 왕을 책망했다. 그래서 요한은 지금 화려한 왕궁생활을 즐기는 대신에 무시무시한 지하 감옥에 감금되어 있었다. 더군다나 요한이 아직 광야에서 자유롭게 외치고 있었을 당시에, 사람들은 대체로 그의 엄격한 메시지와 소박한 외모를 힐난할 생각까지는 하지 못했다. 그 당시 요한은 인기 있는 영웅이었다(3:5). 그 후 많은 사람들이 요한을 계속 높이 존경했던 사실 역시 의심할 여지가 없다(14:5). 하지만 사람들의 의견이 변하기 시작했다. 이전에 요한을 찬양했던 많은 것들, 곧 그의 생활에 있어 금욕주의적인 태도, 엄한 경고 등에 대하여 그들은 이제 비평하기 시작했다. 이것이 예수께서 그들을 꾸짖는 이유이다.

[9] 그러면 너희가 어찌하여 나갔더냐 선지자를 보기 위함이었더냐.

예수께서는 친히 자신의 질문에 대하여 대답하신다. 그리고 그렇게 하심으로써 요한에 대한 참된 평가를 하신다. **옳다 내가 너희에게 이르노니 선지자보다 더 나은 자니라.** "옳다 너희가 선지자를 보려고 나갔더냐. 그가 선지자보다 더 나은 자임을 내가 너희에게 보증하노라"의 뜻이다.

요한에게 있어서 "선지자보다 더 나은"이라는 말은 그가 예언했을 뿐만 아니라(예를 들어 마 3:7-12을 보라) 그 자신이 또한 예언된 대상이었음을 보여 준다. 세례 요한이 바로 메시아의 예언된 선구자였던 것이다. 그러므로 예수께서는 계속해서 말씀하신다.

[10] 기록된 바 보라 내가 내 사자를 네 앞에 보내노니 그가 네 길을 네 앞에 준비하리라[468] 하신 것이 이 사람에 대한 말씀이니라.

말 3:1은 세례 요한을 참으로 메시아의 사자로 언급하고 있음이 분명하다. 이 길을 준비하는 자는 분명히 말 4:5의 선지자 엘리야이며 이것은 순서적으로 보아 마 11:14에 기록된 그리스도 자신의 말씀에 의해 증명된다. 그러므로 우리는 이것이 말 3:1에 대한 그리스도 자신의 해석임을 인정해야 한다. 그래서 말 3:1의 의미를 요약 해석하면, "주목하라. 보라, 나 여호와가 나의 사자 세례 요한을 보내어 메시아 너의 선구자로 세우노라. 그의 임무는 너의 몸을 위해 모든 것을 준비하되 특별히 백성의 마음을 준비하는 것이니라"(말 4:6)다. 그 뜻은 메시아 초림에 대한 길을 열어 놓는 것이다. 그러나 하나님께서 임마누엘로 오시는 두 단계로 초림과 재림이 있다는 관점에서 볼 때 재림에 대한 준비라고도 할 수 있다. 재림의 면에서 이를 적용했을 때, "나의 사자"라는 호칭은 보다 폭넓은 의미를 가지게 되는데, 세례 요한도 그리스도의 사도도 새로운 통치하에 계승되는 어떤 사자도 모두 이에 해당될 수 있다. 말 3:1의 직접적인 내용이 마지막 심판(특히 2, 3절을 보라)을 기대하게 하는 것이 사실이지만, 이미 설명된 바와 같이, 마태는 이 예언을 매우 합법적으로, 특히 오실 첫 단계에 적용하고 있으며 보다 순수하게 초림에 관여시킨다.

세례 요한이 사자로서 그의 임무를 수행한 것은 놀라운 방법이었다. 그래서 예수께서는 다음과 같이 계속 말씀하시는 것이다.

---

468) 여기 마 11:10의 표현은 우리에게 출 23:10에 대한 70인역의 번역을 강하게 연상시켜 준다. 또한 둘째 행에 관해서는 다소 히브리어 정경의 말 3:1을 연상시켜 준다. 이 세 구절은 다음과 같이 번역될 수 있다. 곧,

마 11:10

"보라, 내가 내 사자를 네 앞에 보내노니,
그가 네 길을 네 앞에 준비하리라."

출 23:10에 대한 70인역의 번역

"그리고 보라, 내 사자를 내가 네 앞서 보내노니,
그가 네 길에서 너를 지키도록 하기 위함이라."

히브리어 정경의 말 3:1

"보라, 내가 내 사자를 보내리니,
그가 내 앞에서 길을 준비하리라."

하지만 본문에서 설명한 바와 같이 예수께서 주로 염두에 두셨던 것은 말 3:1 본문이었다.

[11상] 내가 진실로 너희에게 말하노니 여자가 낳은 자 중에 세례 요한보다 큰 이가 일어남이 없도다.

이미 지적된 것처럼 요한은, 예언뿐 아니라 역사의 장에 등장하게 될 것이 이미 예언된 사람이기 때문에 더욱 위대하다. 그러나 "내가 진실로 너희에게 이르노니"라는 매우 인상적인 상용어로 시작되는 11:11의 중대한 말씀을 5:18과 관련시켜 생각해 볼 때, 예수께서 의미했던 모든 것이 이것뿐인지 의심을 가지는 것은 매우 당연하다. 주님께서 사자인 세례 요한이 예언대로 먼저 왔다는 단순한 사실뿐 아니라, 이 선구자가 그의 임무를 수행했던 놀라운 태도를 생각하고 계셨으리라고 짐작할 수 있지 않겠는가? 요한은 사자가 해야 할 일을 정확하게 감당했다. 먼저 요한은 백성의 주의를 위대한 분에게 집중시켜 메시아의 도래를 매우 분명하게 선포했다. "보라 세상 죄를 지고 가는 하나님의 어린양이로다"(요 1:29). 둘째로 요한은 죄인이 메시아의 왕국에 들어가는 유일한 길로써 회개의 필요성을 강조했다(마 3:2과 병행하여 눅 1:76, 77을 보라). 그리고 셋째로 자신이 소개했던 예수께서 완전히 무대 위에 등장했을 때 물러서는 것이 사자의 임무였기 때문에 요한은 스스로 주의를 환기시키기 위해서 유혹을 이겨냈다. 요한은 겸손한 마음으로 말하기를 "그는 흥하여야 하겠고 나는 쇠하여야 하리라"고 했다(요 3:30). 예수께서 참 위대함의 성질을 묘사하실 때마다 항상 겸손과 연결 지으신 사실로 볼 때(마 8:8, 10; 참조. 눅 7:6, 9; 마 18:1–5; 참조. 막 9:33–37; 눅 9:46–48; 마 20:26, 27. 참조. 막 10:43–45; 마 23:11과 마 15:27, 28을 또한 보라), 위의 문제에서도 역시 겸손을 말하고 있다는 사실은 극히 당연하지 않은가? 따라서 이러한 겸손은 요한이 성령으로부터 받은 선물로 봐야 한다. 그래서 사가랴에게 "그가…큰 자가 되며…모태로부터 성령의 충만함을 받아"(눅 1:15)라고 전한 천사의 말이 이루어졌으며 또한 이루어지고 있었다. 확실히 이 모든 것—a. "가장 큰 선지자"이며 자신이 예언의 성취였던 요한, b. 가장 겸손한 방법으로 그의 임무를 수행한 자. c. 모태로부터 성령이 충만함—은 마 11:11의 충분한 의미를 인정하기 위하여 고려되어야 한다. 그렇게 될 때 어떤 의미에 있어서도 과장이 아님이 분명해질 것이다.

이것을 위해서 예수께서는 다음과 같이 덧붙이신다.

[11하] 그러나 천국에서는 극히 작은 자라도 그보다 크니라.

요컨대 이것이 요한이 구원받지 못할 사람이라는 것을 의미할 수는 없다. 결코 그런 생각을 해서는 안 된다. 오히려 그 진술은 13:16, 17의 "그러나 너희 눈은 봄으로, 너희 귀는 들음으로 복이 있도다. 내가 진실로 너희에게 이르노니 많은 선지자와 의인이 너희가 보는 것들을 보고자 하여도 보지 못하였고 너희가 듣는 것들을 듣고자 하여도 듣지 못하였느니라"는 말씀의 견지에서 설명된 것이 틀림없다. 천국에서 극히 작은 자라도 더 높은 특권을 얻는 면에서는 요한보다 위대하다. 왜냐하면 세례 요한은 감옥에서 그 극히 작은 자만큼도 예수와 더 가까이 접촉하지 못했기 때문이다. 그리고 바로 이런 상황이 사자 세례 요한으로 하여금 예수가 참 메시아인지 아닌지를 의심하게 한 것이 아닌가? 세례 요한이 보낸 전달자들이 예수께 그의 질의를 제출했던 바로 그 순간에도 예수께서는 치유와 회복의 사역에 분주히 종사하고 계셨다(눅 7:20, 21). 요한이 생각하고 있던 그분에 대하여, 보거나 대화할 기회조차도 주어지지 않았던 음침한 감옥 속에서보다 차라리 실제로 바로 자기들의 눈앞에 일어나고 있는 이 모든 사건을 보는 것이 마음에 사 35:5, 6; 61:1 이하의 말씀을 더 잘 회상하도록 기억의 경종을 울려 주었으리라는 것은 사실이 아니겠는가? 옳다. 어떤 의미에서 천국은 이미 도래했다. 고통당하는 사람들이 그들의 병으로부터 구원받고 죽은 자가 살아났으며 또한 생명과 아름다운 말씀들이 예수의 마음과 입술로부터 흘러나오고 있다. 그러나 아무도 질문할 권리가 없는 그의 주권적 섭리에 대하여 요한은 직접적인 관여자도 아니었고 직접적인 증인도 아니었다. 또한 요한은 갈보리를 보지 못했을 뿐만 아니라 오순절도 경험하지 못했다. 그러나 요한은 잊힐 수 없었을 뿐만 아니라 무시될 수도 없었다. 예수께서 요한에게 보낸 메시지(11:4-6)는 그를 보증시키기에 충분했다.

그러나 지금 세례 요한이 사역의 현장과는 격리되어 있었을지라도, 그는 진실한 회개의 필요성과 예수를 죄로부터 구원하실 구주로 지적했던 그의 초기의 강력한 메시지를 통하여 장래에 있을 축복의 길을 여는 하나님의 도구로 사용되어 왔다. 그래서 예수께서는 이제 계속해서 말씀하시는 것처럼 요한에 관하여 호의적으로 다시 언급하실 수 있는 것이다.

[12] 세례 요한의 때부터 지금까지 천국은 침노를(맹렬하게 쟁취함을) 당하나니 침노하는 자(맹렬한 사람)는 빼앗느니라(소유하느니라).[469]

---

469) 그 구절은 많은 논란과 여러 가지 다른 해석을 야기시켜 왔다. 그 난제들은 특히 동사 *βιάζεται*와 동족 어원의 명사 *βιασταί*를 중심으로 하여 나타난다. 먼저 *βιάζεται*에 관하여 말하자면 이 동사는 *βιάζω*의 현재 직설법 단수 3인칭이고 수동태나 중간태 어느 것이나 될 수 있다. 신약성경에서 이 동사는 단지 여기에서와 병행 구절인 눅 16:16에서만 나온다. 수동태로서 좋지 않은 의미로 사용될 경우 이 동사는 '침노를 당하다' 를 의미할 수 있다. 따라서 그 전체 구절은 '천국은 침노를 당하나니 침노하는 자가 그것을 빼앗느니라' 와 같이 해석할 수 있을 것이다. 개별적으로 약간의 차이는 있으나 이 해석을 취하는 번역들로서는 A.V., A.R.V., N.A.S., Beck, Weymouth, R.S.V., N.E.B.를 보라. 하지만 이러한 의미를 암시하는 것을 문맥에서는 아무것도 찾아볼 수 없다. 따라서 그것은 분명히 배격되어야 할 것이다. 또한 수동태로서 이번에는 좋은 의미로 사용될 경우에 그 의미는 '…열심히 빼앗김을 당하고 있다' 혹은 '강력한 습격으로 탈취를 당하고 있다' 가 될 것이며, 그 뒤에는 "열심 있는 자들이 그것을 쟁취하고 있느니라" 혹은 "열심 있는 자들이 그리로 강제로 밀고 들어가고 있느니라"가 뒤따를 것이다. 그 예로서 Phillips와 Williams를 보라. 이 해석이 훨씬 더 낫다. 하지만 이 해석이 전적으로 만족스러운 것은 못 된다. 왜냐하면 이렇게 해석될 경우 앞서 말한 바의 내용이 사실상 뒷부분에서 다시 반복되기 때문이다. 그 동사를 중간태로 보아 "활기차게 밀어닥치고 있다"로 번역할 경우 그 전체 구절의 의미는 필자의 번역에 제시된 바와 같이 된다. 또한 필자의 이 번역은 이런저런 형태로 Lenski, Ridderbos, 그리고 N.E.B. 각주 등에 의해서 지지를 받고 있다. 이 구절의 앞부분과 뒷부분은 두 가지 사상을 표현한다. 그 앞부분은 천국 자체를, 그리고 뒷부분은 그 천국을 열심히 쟁취하는 자들을 나타낸다. 하지만 이 두 사상은 서로 매우 밀접한 관련을 맺고 있다. 필자가 해석한 문맥이 전적으로 이 해석을 지지해 주는 것으로 보인다.

두 번째 동사, 곧 *ἁρπάζουσιν*에 관하여, 이 동사는 *ἁρπάζω*의 현재 능동태 직설법 3인칭 복수이다. 이 동사는 신약성경에서 몇 차례 나오는데, 그때마다 '빼앗다' 의 의미 혹은 그 수식어들 중의 하나로 사용되고 있다. 물론 그 결과로 나타나는 의미는 좋은 뜻이 될 수 없다. 예를 들면 "어떤 사람의 재산을 빼앗다"(요 10:28, 29) 등이 그렇다. 사람뿐만 아니라 이리들(사람을 상징하는 비유적 의미)도 역시 늑탈하는 강도들이 될 수 있다(요 10:12). 하지만 어떤 사람을 빼앗는 혹은 붙잡는 것이 진실로 세례 요한의 사역은 허사가 아니었다. 요한은 예수에 대해서 자기 자신을 완전히 무시했으며 무리들은 예수를 따랐다(요 3:26). 예수께서 세례 요한의 이전 역할에 대하여 그를 신임하신 것, 특히 요한이 예수에 관하여 그의 의심을 표명하고 있을 바로 이때에, 요한에게 이렇게 칭찬의 말씀을 주신 것은 주님의 편에서는 친절과 도량의 행동이 아니겠는가? 그리스도의 지니신 능력은 전혀 요한에게 의존하지 않는다. 그럼에도 불구하고 하나님의 섭리와 예언의 성취에 있어서 요한의 외침은 그리스도의 길을 열어 주는 데 크게 공헌했다.

예수께서는 세례 요한이 처음 무대에 출현한 이후로 천국은 맹렬히 침노를 당하고 있다고 말씀하신다. 전에는 결코 없었던 것으로 병든 자가 치료되고 나병 환자가 깨끗하게 되며 죽은 자가 살아나고 죄인이 회개하여 영원한 생명을 얻는 사실 등에서 명백히 알 수 있듯이, 그것은 지금도 되고 있는 것이다. 아직도 모든 사람이 다 천국에 들어온 것은 아니다. 오늘날 많은, 매우 많은 사람들이 오히려 거절하며 반항하고 있다. 그러나 불완전한 인간의 관습을 타파하고 순수한 말씀으로 돌아오려고 하는 사람들, 즉 침노하는 사람들은 비록 자신들에 대해 엄청난 대가를 치른다 할지라도 각기 열렬하게 천국을 쟁취하고 있다. 즉 그들의 마음과 삶 속에서 하나님과 그리스도의 왕권과 통치가 이루어지고 있는 것이다.

항상 적의를 품은 데서 비롯되는 것은 아니다(요 6:15을 보라. 이곳에 지적된 행위는 악의 있는 것은 아니었으나 잘못된 것이었다). 또 성령께서도 어떤 사람을 "빼앗아" 혹은 "이끌어" 가실 수가 있다(행 8:39. 고후 12:2, 4; 살전 4:17; 계 12:5과 대조하여 보라). 마지막으로, 이 동사는 또한 사람을 구출할 목적으로 빼앗는 경우를 가리킬 수 있다(행 23:10; 유 23). 이 모든 사실로부터 이 동사의 정확한 의미는 그것이 좋은 의미가 되었든지 아니면 나쁜 의미가 되었든지 간에 그 해당 문맥에 의해서 결정되는 것이 분명하다. 이미 앞에서 *βιάζεται*가 여기서 좋은 의미로 사용되고 있음이 분명히 밝혀졌으므로, 결론은 그 두 번째 동사도 역시 '소유하다' 라는 좋은 의미로 사용된다는 것이다. 또한 신약성경 가운데 오직 이곳에만 나오는 명사 *βιασταί*에 관해서도 역시 마찬가지이다. 현재 문맥에서 이 명사는 "광포한 자들"을 의미할 수가 없고, "힘 있는 자들", 혹은 "강한 자들" 곧 용기와 인내, 결단력이 있는 자들을 의미해야 할 것이다.

여기서 예수께서 강조하신 것은 사람이 천국에 들어가는 노정에서 잠들어 있어서는 안 된다는 것이다. 그와 반대로 천국에 들어가는 것은 성실한 인내와 피곤을 모르는 힘과 최선의 노력이 요구된다. 또한 눅 13:24; 16:16; 요 16:33; 행 14:22을 보라. 사탄은 귀신들이라는 큰 군대의 군사를 거느리고 있으며 간악한 방법(엡 6:11의 주석을 보라)을 사용하며 바로 인간의 마음속에 구축한 그의 동조자로부터 지지와 도움을 받는다(요일 2:16). 그러므로 사탄과 싸워 정복하고 이기는 열의가 강한 사람, 즉 침노하는 사람이 천국과 구원의 모든 복을 차지한다. 천국은 약한 사람이나 흔들리는 사람, 그리고 타협하는 사람을 위해서 있는 곳이 아니다. 발람(벧후 2:15), 재물이 많은 청년(마 19:22), 빌라도(요 19:12, 13), 그리고 데마(딤후 4:10)와 같은 사람들에게는 천국이 주어지지 않는다. 천국은 기도를 미루고, 약속을 불이행하고, 결심을 깨뜨리고, 증거를 주저함으로써는 결코 얻지 못한다. 요셉(창 39:9), 나단(삼하 12:7), 엘리야(왕상 18:21), 다니엘과 그의 세 친구(단 1:8; 3:16-18), 모르드개(에 3:4), 베드로(행 4:20), 스데반(행 6:8; 7:51) 그리고 바울(빌 3:13, 14)과 같이 강한 믿음을 가진 불굴의 사람이 천국을 소유한다. 그리고 여기서 우리는 룻(룻 1:16-18), 드보라(삿 4:9), 에스더(에 4:16) 그리고 루디아(행 16:15, 40)와 같은 용감한 여자들을 잊지 말자.

12절에 기록된 예수의 말씀이 세례 요한과 함께 새로운 때가 시작되었음을 암시해 준다. 그때부터 천국은 침노되기 시작했다. 그 사상은 13, 14절에서 확증된다.

[13] [14] 모든 선지자와 율법이 예언한 것은 요한까지니 만일 너희가 즐겨 받을진대 오리라 한 엘리야가 곧 이 사람이니라.

"모든 선지자와 율법"은 "전체 구약"을 가리킨다. 그리스도와 그의 사자가 올 것을 예언한 말라기로 끝나는 모든 성경을 기록한 선지자들을 포함한다. 그 후 예언은 400년 이상 침묵을 지켰다. 그 후 예수 그리스도 안에서 예언의 성취가 왔지만 (연대순으로 말하자면) 무엇보다 먼저 세례 요한부터이다. 따라서 세례 요한에게서 예언이 성취되기 시작했고, 구시대와 새시대의 세계를 연결해 준 자도 바로 세례 요한이었다. 만일 순종만 했더라면 영감에 의한 교훈으로 두 세대 간의 간격의 문제를 해결할 수 있었던 것도 세례 요한이었다는 점은 적어도 앞서 말한 예언 성취만큼이나 중요하다. 왜냐하면 요한이 선포한 그리스도를 믿음으로 말미암아, 아버지의 마음이 자녀에게로 돌아왔으며 자녀들의 마음이 그들의 아버지에게로 돌아왔기 때문이다(말 4:5, 6). 따라서 회개와 믿음을 외친 자, 이 세례 요한이 결국 와야 할 엘리야였던 것이다. 옛날 엘리야처럼 요한도 역시 회개를 외친 자였다. 둘은 그들의 돌연한 등장과 메시지의 날카로움 그리고 그들의 생활의 청빈함에서 서로 닮았다(3:3의 주석을 보라). 요한은 실제로는 엘리야가 아니었다(요 1:21). 그러나 내적으로는 정녕 그러했다. 왜냐하면 "저가 엘리야의 심령과 능력으로 주 앞에 앞서 갔기" 때문이며 그리하여 예수 못지않은 사람으로서 엘리야로 불렸기 때문이다(마 17:12). "만일 너희가 즐겨 받을진대" 하고 예수께서는 말씀하신다. 왜냐하면 예수께서는 이 진리를 받는 것이 마음뿐만 아니라 의지의 문제였음을 알고 계시기 때문이다. 만일 사람들이 요한을 참으로 최고의 선지자로서 즐겨 받았을진대 그때 그들에게는 소망이 있었을 것이다. 그러므로 예수께서는 덧붙이신다.

[15] 귀 있는 자는 들을지어다.

회개와 믿음에 대한 하나님의 은혜로운 보상으로 구원의 메시지를 주의 깊게 들으라. 요한이 세상 죄를 지고 가는 자로 진술한 예수 안에서 평안과 기쁨을 발견하라. 땅 위에서나 하늘에서 예수께서 가르치신 모든 교훈 가운데 같은 말로 또는 달리, 15절에 나타난 말씀보다 더 자주 반복된 권면을 찾기는 어려울 것이다(13:9, 43; 막 4:9, 23; 눅 8:8; 14:35; 계 2:7, 11, 17, 29; 3:6, 13, 22; 13:9; 참조. 막 8:18; 눅 8:18). 만일 그것이 직접적으로 용서받을 수 없는 죄로 인도하는 것이라고 고집한다면 수용성의 부족이라는 것은 의심할 여지가 없지 않은가? 더 나아가 듣고 주의함에 있어서, 둔감하고 받아들이지 못하는 점에 대하여는 13:3-9, 18-23을 보라. 이 문제와 관련해서 예수께서 "귀 있는 자는 들을지어다"라고 말씀하셨을 때, 그는 확실히 14절에 말씀하신 바, 요한이 와야 할 엘리야라는 사실뿐만 아니라 7-14절의 전체 내용을 생각하고 계셨음이 분명하다. 요한에 대하여 많은 사람들의 태도가 점차 변화하는 반면에, 예수께서는 오히려 요한을 칭찬하셨다. 변덕스러웠던 사람은 요한이 아니라 오히려 바리새인들에 의하여 스스로 미혹되기를 허용한 개개인의 큰 무리였다(눅 7:30). 그래서 일찍이 요한에 대한 그들의 소란했던 처음 열정이 점차 차가워졌으며 급기야는 적대감에 찬 비평으로 바뀌었다. 사실상 요한과 예수는 둘 다 그들의 험담과 무례한 비난의 대상이 되었다(18, 19절). 그래서 예수께서는 계속 말씀하신다.

[16]-[19] 이 세대를 무엇으로 비유할까 비유하건대 아이들이 장터에 앉아 제 동무를 불러 이르되 우리가 너희를 향하여 피리를 불어도 너희가 춤추지 않고 우리가 슬피 울어도 너희가 가슴을 치지 아니하였다 함과 같도다 요한이 와서 먹지도 않고 마시지도 아니하매 그들이 말하기를 귀신이 들렸다 하더니 인자는 와서 먹고 마시매 말하기를 보라 먹기를 탐하고 포도주를 즐기는 사람이요 세리와 죄인의 친구로다 하니.

여기서 예수께서는 유치한 이들 비평가들을 책망하고 계심이 분명하다. 어린이다움(childlike; 순진한)과 어린애같음(childish; 유치한) 사이에는 차이점이 있다. 예수께서는 전자(chidlike)를 권하시고(18:1-5과 병행한 구절들) 후자(childish)를 책망하신다. 예수께서 묘사하신 한 장면은 한가한 날 시장 어느 공터에 모여 놀고 있던 아이들에 대한 것이다. 그러나 오늘날은 이런 일이 없는 것 같다. 어떤 아이들이 슬퍼해서가 아니라 흥겨운(참조. 계 18:22) 나머지 피리를 분다(9:23). 그 아이들은 결혼식 놀이를 원한다. 그러나 다른 아이들은 그 놀이를 반대한다. 그래서 그들은 피리를 던져 버리고 마치 어른들이나 직업적인 대곡꾼들이 하는 것처럼 처량하게 슬퍼하거나 애도가를 구슬프게 부르기 시작한다. 그 생각이 결코 바뀌지 않는다. 그때 그들은 그렇게 비협조적이고 불만을 내뱉는 놀이 친구들(문자적으로는 다른 이들)을 꾸짖는다(눅 7:32).

우리는 오늘날 있을 수 있는 이런 종류의 어떤 일을 쉽게 상상할 수 있다. 어떤 아이가 "결혼식 놀이를 하자"고 제안한다. 다른 아이들은 맞장구를 친다. "마리아가 신부가 되고 룻이 신부의 들러리를 해, 내가 신랑이 될 테니. 그리고 버트는 신랑 들러리가 되고 피터는 신부 아버지를 해. 잭은 주례자로 딱이야." "그래 그렇게 하자"고 몇몇 다른 아이들도 찬성한다. 그리고 그들은 휘파람으로 결혼 행진곡을 불기 시작한다. 그러나 뒤에서는 싫증 난다고 소리를 꽥꽥 지른다. "저런 바보 같으니라고, 소질이 없잖아. 그만 집어치워" 한다. "그러면 장례식 놀이를 하자"고 앞에서 결혼식 놀이를 제의한 그 소년이 말한다. 그리고 덧붙이기를, "나는 장례식의 상주가 될 거야. 관을 메는 사람은 존, 버트, 피터 그리고 마리아. 마이크는 시체 역할을 맡아." 집례자와 다른 사람들은 구슬프게 장송곡을 읊기 시작한다. 그러나 곧 그들의 애곡 소리는 항변으로 흘러간다. "그만 집어치워. 아무도 이 슬픈 배역을 원하지 않아." 그래서 사소한 다툼이 벌어진다. 게임을 제의했던 아이들이 그들의 놀이 친구들에게 소리친다. "너희들은 도대체 아무것도 만족하지 않아. 너희들은 결혼식 놀이도 원하지 않고 장례식 놀이도 원하지 않으니 무슨 놀이를 원하는 거야?" 다른 아이들도 똑같이 비난하는 욕설로 반격한다.[470] 모두 불쾌하고 불만스럽고 실쭉거린다. 결혼식 놀이는 너무 바보스럽고 우스우며, 장례식 놀이는 너무 우울하고 슬프다. 아이들은 역정을 부리고 싸우기를 좋아할 뿐만 아니라 또한 변덕스럽고 마음이 맞지 않는다. 그들은 모두 흥분해 있다가 이제는 마침내 서로 경멸한다. 그런데 예수께서는 이렇게 말씀하신다. "이것이 너희 바리새인들과 너희를 따르는 자들이 행하고 있는 방법이다. 너희는

470) 분명히 아이들이 "서로" 소리쳐 부르고 있음을 말하고 있는 눅 7:32로 인하여 필자는 이 실례를 일종의 비유로 취급하여, 이 아이들을 두 그룹, 곧 불평하는 아이들과 불평의 대상이 되는 아이들로 갈라서, 전자("피리를 불고 애곡을 한 아이들")를 세례 요한 및 예수에게서 실망을 느낀 자들과 동일시하고, 후자("춤을 추지 않고 울지도 않은 아이들")를 세례 요한 및 예수와 동일시하는 이 주석가들과 의견을 같이할 수 없다. 그 예로서 Lenski, *op. cit.*, p.429를 보라. 필자는 "그것은 예수께서 주의를 집중시키고 있는 바 아이들의 놀이에서 찾아볼 수 있는 일반적인 특징들이다"라고 말하고 있는 Tasker, *op. cit.*, p.116과 의견을 같이한다. 또한 H.N. Ridderbos, *op. cit.*, p.22를 보라. 그리고 11:16의 "세대"라는 말의 의미에 관하여는 1:17 주석을 보라.

유치하고 경솔하며, 무책임하고 변덕스럽게 행동하고 있다. 너희는 결코 만족하지 않는다. 너희는 예전에는 요한에 대하여 열성으로 가득 차 있었다. 조금 더 정확하게는 너희들은 요한을 크게 두려워했고, 그의 준엄한 모습 앞에 자신의 잘못을 돌아보지 않고 회개를 촉구하지 않았다. 그러나 지금 너희는 '세례 요한은 너무 거칠고 사귐성이 없으며 그의 메시지는 너무 엄하다. 왜? 그는 귀신 들렸음이 틀림없기 때문이다' 라고 말한다. 그러나 너희는 또한 나 인자에게도 거역한다. 너희는 나를 손가락으로 가리키면서 말하기를, '그는 다른 사람들에게 자기를 부인하라고 요구하지만 그 자신은 먹기를 탐하고 포도주를 즐기는 사람이요 세리와 죄인의 친구로다. 그는 너무 사교적이다' 하고 비난한다."[471]

예수께서는 이렇게 불순하고 모진 비평과 편협심이 결국 패배해 사라질 것을 지적하신다. 승리는 진리의 편에 있다. 예수께서는 말씀하시기를 **지혜는 그 행한 일로 인하여 옳다 함을 얻느니라**[472]고 하셨다. 세례 요한의 지혜는 그가 회개를 강조할 때이고, 예수의 지혜는 전혀 무관심했던 이스라엘 안의 많은 사람들에게까지 구원의 소망을 베푸셨을 때 나타났다. 이것은 하나님의 주권적 은혜로 말미암아 이 두 전도자들에게 올바른 반응을 보인 자들의 마음과 생활 가운데서 실제로 성취됨으로써 완전히 옳다 함을 얻게 되었다. 요한과 예수는 각각 수행할 사명이 달랐다. 그들은 각기 주어진 임무를 수행했다. 예수께 있어서는 그의 인격 자체가 "하나님으로부터의 지혜"(고전 1:30)였으며 또한 지혜이다. 이 임무는 완벽하게 수행되었다. 요한에게 있어서는 대체로 훌륭하게 수행되었다. 지혜의 자녀들(눅 7:35)은 모두 요한과 예수의 메시지를 마음에 받아들일 수 있는 충분한 지혜가 있었다. 요한과 예수 사이에는 이러한 유사점이 있었다. 둘 다 복음을 분명히 선언했다. 요한의 메시지에는 분명히 소망이 없지 않았다(특히 요 1:29을 보라). 심지어 요한의 강조점이 회개에 있었을 때에도

---

471) 이 주제에 관하여는 필자의 주석 마 8:20을 보라.

472) A.B. Bruce, *The Expositor's Greek Testament*, Vol. I, p.176과 일치하여 필자는 동사 *ἐδικαιώθη*를 일반적인 것을 표현하는 "격언적인" 부정과거로 본다. 그것은 또한 "잠언적인" 부정과거 혹은 "경험의" 부정과거로 불리기도 했다.

그의 훈계는 소망을 불러일으키는 것이었다. 마 3:7-11을 보라. 그러나 요한과 예수 사이에 어떤 대조도 보인다. 즉, 여기 11:18, 19에서 지적된 것 외에도 요한이 복음을 선포할 때 예수께서도 복음을 선포하셨고 또 선포할 복음이 되시기 위해 이 세상에 오셨다는 점이 그것이다!

오늘날 우리는 상당한 정도까지 지혜의 옳음이 이미 입증되었음을 알고 있다. 예를 들면, 맨 처음에는 경멸의 별명으로 의도되었던 호칭인 "세리와 죄인의 친구"가 이제는 전적으로 구세주의 소망을 베풀고 영혼을 소생시키는 명칭이 되지 않았는가! 이 명칭은 그것을 마음에 두고 그것으로 행동하는 수천 수만명의 생활에 의해 입증되지 않는가? 그리고 완전하고 궁극적인 입증은 만물의 마지막 날에 가서 그리고 그 후에 도래하지 않겠는가?

회개하지 않는 고을에의 저주 (11:20-24)

눅 10:13-15 참조

20-24절

20 예수께서 권능을 가장 많이 행하신 고을들이 회개하지 아니하므로 그때에 책망하시되 21 화 있을진저 고라신아 화 있을진저 벳새다야 너희에게 행한 모든 권능을 두로와 시돈에서 행하였더라면 그들이 벌써 베옷을 입고 재에 앉아 회개하였으리라 22 내가 너희에게 이르노니 심판 날에 두로와 시돈이 너희보다 견디기 쉬우리라 23 가버나움아 네가 하늘에까지 높아지겠느냐 음부에까지 낮아지리라 네게 행한 모든 권능을 소돔에서 행하였더라면 그 성이 오늘까지 있었으리라 24 내가 너희에게 이르노니 심판 날에 소돔 땅이 너보다 견디기 쉬우리라 하시니라

20 그때, 예수님께서 자신이 가장 많은 기적을 베푸셨던 도시들을 꾸짖기 시작하셨습니다. 그것은 이들이 회개를 하지 않았기 때문입니다. 21 "화가 미칠 것이다. 고라신아! 화가 있을 것이다. 벳새다야! 너희에게 베풀었던 기적이 두로와 시돈에서 있었다면, 그곳 사람들은 벌써 베옷을 입고, 재를 뒤집어쓰며 회개했을 것이다. 22 내가 너희에게 말한다. 심판의 날에 너희가 두로와 시돈보다 더 많은 심판을 받을 것이다. 23 그리고 너 가버나움아, 네가 하늘까지 높아질 줄 아느냐? 오히려 너희는 지옥에 떨어질 것이다. 너희에게 베푼 기적이 소돔에서 일어났다면, 그 도시가 오늘까지 남아 있

었을 것이다. 24 내가 너희에게 말한다. 심판의 날에는 너희가 소돔보다 더 큰 심판을 받을 것이다." _아가페 쉬운성경

이 단락과 방금 선행된 단락(1-19절)과의 관계는 이미 언급되었다(1-19절의 서두).

[20] 예수께서 권능을 가장 많이 행하신 고을들이 회개하지 아니하므로 그때에 책망하시되.

"그때"로 지시된 정확한 순간은 나타나지 않는다. 그러나 단락의 내용들은 분명히 많은 기적들이 이미 가버나움과 그 이웃 고을에서 행해졌음을 가리킨다. 이것은 갈릴리 대사역의 후기를 지적한 것인지도 모른다. 그러나 만일 우리가, 그 사역의 최초 시작 때에 예수께서 즉시 가버나움을 본거지로 선택하시고 그 도시와 그 근처에서 그의 치유 능력을 나타내기 시작하셨던 사실을 회상한다면(4:13 이하), 우리는 후기라고 하는 일정을 구태여 결론으로 끌어낼 필요가 없다. 아마도 행적의 중간기이거나 또는 후반일 것이다.

그때 예수께서 권능을 가장 많이 행하신 고을들을 책망하시기 시작했다. "책망하다"(reproach)라는 동사는 여기서, 어떤 의미에서는 5:11과는 조금 다르게 사용된다. 거기서는 부당한 행동, 곧 그리스도의 제자들에게 마구 퍼붓는 모욕에 대해 언급하고, 여기서는 스스로 죄에 굳어진 자들에 대한 주님의 정당한 경고를 가리킨다. 우리는 예수께서 그 고을들을 책망하셨던 것을 읽을 수 있다. 여기서 다시 10:15에서처럼 "고을"이라는 용어는 무엇보다도 먼저 주민들을 가리킨다. 4:15의 주석을 보라. 또한 각주 441)을 보라. 단순한 지형학적 실재—도로, 건물, 벽—는 "회개"가 기대될 수 없고 어떤 행위에 대한 책임도 지지 않는다. 그러므로 심판에 이르지 않는다. 그럼에도 불구하고 주민들에 의해 행해진 것은 그들이 살고 있는 지역에 영향을 미치는 것이다(23절 참조. 창 19:13, 24).

이러한 "고을들"은 그리스도의 권능, 곧 여기서는 이적으로 불린 그의 능력의 행적들을 보았다. 그리스도의 행적들은 고을 주민들로 하여금 그

들의 길을 반성하고 진정한 죄의 슬픔에서 벗어나 하나님께로 돌아오게 했어야 했지만 그들은 전혀 그렇게 하지 않았다(참조. 계 9:20, 21). 그래서 예수께서는 계속 말씀하셨다.

[21] 화 있을진저 고라신아 화 있을진저 벳새다야 너희에게 행한 모든 권능을 두로와 시돈에서 행하였더라면 그들이 벌써 베옷을 입고 재에 앉아 회개하였으리라.

아마 고라신과 벳새다는 맨 마지막 23절에서 언급된 가버나움에 아주 인접해 있었던 고을로 보인다. 오늘날 갈릴리 바다 북서쪽 거라사와 가버나움의 북쪽 2.5마일 지경의 폐허는 모두 고대 고라신이 남겨둔 자취이다. 여기서 언급된 벳새다는 북쪽으로부터 시발하여 갈릴리 바다로 흐르는 요단 강 지점의 정남동에 위치한 벳새다 줄리아스이거나 또 다른 가버나움에 더 인접한 벳새다일 것이다.[473] 이러한 밀접한 관계에서 고라신과 가버나움을 언급한 점에서 볼 때 후자가 더 신빙성이 있다. 그렇다면 그것은 갈릴리 바다에서 북서쪽으로 뻗어 있으며 게네사렛(막 6:53) 평지에 위치한 벳새다였다. 그곳은 빌립의 고향이었으며 또한 베드로와 안드레가 출생한 곳이다(요 1:44). 전도의 본거지로서 가버나움과 함께 그리스도의 위대한 행적이 행해졌을 뿐만 아니라 고라신과 벳새다 고을 가까이에서도 행해졌음은 쉽게 이해된다. 만일 앞서 말한 마지막 두 고을에서 행해진 권능을 두로와 시돈에서 행했더라면 지중해의 동쪽 해변을 따라 북쪽으로 위치한 베니게 고을들은 벌써 회개했을 것이라고 예수께서는 진술하신다. 하지만 사 23장과 겔 26-28장으로부터 우리는 이러한 고을에 살던, 장사하는 선원들과 식민지 개척자들이 거만하며 돈에 미쳤고 잔혹했다는 분명한 인상을 받게 된다. 아모스는 이스라엘 자손들이 에돔 족속에게 노예로 팔려 갈 때에 두로 사람들을 향하여 공공연히 책망했다(암 1:9). 베니게인들도 또한 "유다 자손"과 "예루살렘 자손"을 헬라 족속에게 팔았다(욜 3:6). 계 17-19장의 쾌락에 집착하고 오만하고 뻔뻔스러운 "바벨론"에 대한 기술에서 사악하고 유혹이 많은 이교의 중심지인 두로를 생

473) 두 벳새다를 지지하는 논증들에 관하여는 필자의 주석 요 6:1을 보라.

각나게 하는 점이 많다. 그러므로 고라신과 벳새다에 주어졌던 것과 마찬가지로 이 베니게 사람들, 즉 두로와 시돈에 똑같은 은혜가 주어졌다면 그들은 오래전에 회개했을 것이라고[474] 하는 주장은, (예수와 동시대에 살고 있다는) 대단한 특권을 가졌으면서도 회개하지 않는 사람들에게 주께서 어떤 자극을 보여 주시기 위해서 하신 말씀이었다. 그들에게 선포된 "화"는 결국 저주에 이르는 것이다.

예수께서는 두로와 시돈이 "베옷을 입고 재에 앉아 회개하였으리라"고 말씀하신다. 베옷은 거친 천 종류로 만들어졌고 색깔이 어두웠기(검은 털로 짠 상복같이 검어지고, 계 6:12) 때문에 특히 슬픔의 상징으로 사용되었다. 슬퍼하는 사람이 입은 베옷은 실제로 목과 팔이 개방되어 있고 앞면을 밑으로 길게 잘랐으며 허리를 손질한 것이었다. 그것은 속옷 위에(욘 3:6) 또는 직접 살갗 위에 입을 수 있었다(왕상 21:27; 왕하 6:30; 욥 16:15; 사 32:11). 슬픔에 관한 이 상징은 "재"가 첨가됨으로써 더욱 강화된다.

[22] 내가 너희에게 이르노니 심판 날에 두로와 시돈이 너희보다 견디기 쉬우리라.

이 대목의 설명에 대해서는 10:15의 주석을 보라.

---

474) "만일 그렇다면 어찌하여 두로와 시돈에는 그러한 은혜가 베풀어지지 않았다는 말인가?" 하는 질문에 대하여 필자는 다음과 같이 그 답변을 제시한다. 곧, a. 여기에서의 언급은 예언서들에 묘사되어 있는 바 바로 그 두로와 시돈에 대한 언급일 것으로 보인다. 두로와 시돈 당시는 놀라운 일들을 행하시는 그리스도께서 아직 성육신하시기 전이었다. b. 예수 및 그의 사도들에게 보여 준 이 베니게 고을들의 반응에 관하여는 마 4:24과 15:21-28(막 7:25-30)의 주석을 보라. 또한 막 3:8; 눅 6:17; 행 21:3-6을 보라. 예언들(시 45:12; 87:4)에 유의하라. A.D. 2세기경에는 두로와 그 지경 주민들을 위하여 한 감독의 교구가 설정되었다. 기독교신학자 Origen의 시신은 두로의 기독교 교회당에 안치되었다. c. "어찌하여 두로와 시돈에는 그러한 은혜가 베풀어지지 않았다는 말인가?" 하는 질문에 관하여, 나머지 답변은 신 29:29이 될 것이 틀림없다. 마 11:21은 사색적인 질문을 장려하기 위해서 기록된 것이 아니라 특별히 더 많은 은혜를 입었던 자들의 책임이 이러한 은혜를 입지 못했던 자들보다 훨씬 더 막중하다는 사실을 강조하기 위하여 기록된 것이다.

이제 예수께서는 그의 사역의 핵심 본거지인 가버나움으로 향하신다.

[23상] 가버나움아 네가 하늘에까지 높아지겠느냐 음부에까지 낮아지리라.

이 고을과 기적을 포함하여 주님이 여기서 행하신 권능은 이미 논의한 바 있다. 4:13의 주석을 보라. 여기서 보는 요점은 이것이다. 대체로 가버나움의 주민들은 예수께서 베푸신 사랑의 모든 노력에도 불구하고 회개하지 않은 채로 남아 있었다. 이제 예수께서 사 14:13, 15의 한 부분을 회상시키는 말로 그의 행적의 중심지인 이곳을 향하여 말씀하시는 것은 이런 이유 때문이다. 이사야서에는 바벨론 왕이 그가 하늘에까지 높아지려는 거만함으로 그려져 있으며 그때 음부의 가장 낮은 깊은 곳으로 실제로 떨어지는 것으로 기술되어 있다. 따라서 예수께서는 극적인 역설로 가득 찬 질문으로 물으시기를, "가버나움아 네가 하늘에까지 높아지겠느냐"라고 하신다. 다시 말하면 "정말로 네가 하늘에까지 높아지기를 기대하느냐?"라는 의미이며, 문형에 관한 한 그 질문은 부정적인 답을 기대하는 문구이다.[475] 이것은 가버나움이 실제로 그렇게 높아지기를 기대하고 있음을 보여 주는 풍자이다. 활에서 쏜 화살처럼 순식간에 주어진 대답은 "음부에까지 낮아지리라"이다. 이 대답에서 음부의 위치를 주의하라. 이것은 저주로 가득 찬 예언이며 많은 사람들이 번역하면서 놓치는 강조점이다. 그리고 여기서(병행 구절 눅 10:15에서 말하는) 음부는, 비록 신약 전체에서는 그렇지 않을지라도 **복음서**에서는 어디서든지 "지옥"을 의미한다. "하늘"과 얼마나 뚜렷하게 대조를 이루고 있는가를 주목하라. 음부는 여기서 고통과 불꽃의 장소이다(눅 16:23, 24). 또한 마 16:18의 주석을 보라.[476] 여기서 가버나움 사람들에게 예언된 철저한 멸망은 또한 그들의 도시의 파괴까지 포함하는 것이 분명하다. 마찬가지로 소돔과 고모라 사람들에게 임한 형벌도 그들의 도시의 상실을 포함했다. 그럼에도 불구하

---

475) *μὴ ὑψωθήσῃ*에 유의하라. Gram.N.T., p.917을 보라.

476) 필자의 저서 *The Bible on the Life Hereafter*, 제17장, pp.83-87에 나오는 더 상세한 논의를 보라.

고 양자의 경우는 근본적으로 사람들에게 임하는 저주이다. 그 도시가 멸망당하는 것 역시 그 도시 주민들의 죄의 결과이지 그 도시의 죄의 결과가 아니다. 21, 22절, 그리고 10:15에 유사한 내용이 있으므로 더 이상 장황한 설명이 필요하지 않다. 예수께서는 다음과 같이 말씀하심으로써 이 단락을 결론지으신다.

[23하] [24] 네게 행한 모든 권능을 소돔에서 행하였더라면 그 성이 오늘까지 있었으리라 내가 너희에게 이르노니 심판 날에 소돔 땅이 너보다 견디기 쉬우리라 하시니라.

구세주의 관대한 초청 (11:25-30)

누 10:21, 22 참조

25-30절

25 그때에 예수께서 대답하여 이르시되 천지의 주재이신 아버지여 이것을 지혜롭고 슬기 있는 자들에게는 숨기시고 어린아이들에게는 나타내심을 감사하나이다 26 옳소이다 이렇게 된 것이 아버지의 뜻이니이다 27 내 아버지께서 모든 것을 내게 주셨으니 아버지 외에는 아들을 아는 자가 없고 아들과 또 아들의 소원대로 계시를 받는 자 외에는 아버지를 아는 자가 없느니라 28 수고하고 무거운 짐 진 자들아 다 내게로 오라 내가 너희를 쉬게 하리라 29 나는 마음이 온유하고 겸손하니 나의 멍에를 메고 내게 배우라 그리하면 너희 마음이 쉼을 얻으리니 30 이는 내 멍에는 쉽고 내 짐은 가벼움이라 하시니라

25 그때에 예수님께서 대답하여 말씀하셨습니다. "하늘과 땅의 주인이신 아버지, 이것들을 지혜롭고 영리한 사람에게는 감추시고, 어린아이들에게는 보여 주셨으니 감사합니다. 26 그렇습니다. 아버지, 이것이 아버지께서 기뻐하시는 뜻입니다." 27 "나의 아버지께서 내게 모든 것을 주셨다. 아버지 외에는 아들을 아는 이가 없고, 아들과 아들이 나타내 주고자 하는 사람 외에는 아버지를 아는 이가 없다. 28 무거운 짐을 지고 지친 사람은 모두 나에게 오너라. 내가 너희를 쉬게 할 것이다. 29 나는 마음이 온유하고 겸손하니, 나의 멍에를 메고 내게 배워라. 그리하면 너희 영혼이 쉼을 얻을 것이다. 30 나의 멍에는 쉽고 나의 짐은 가볍다." _아가페 쉬운성경

자주 인용되고 모든 진실한 신자의 마음에 소중한 여김을 받는 이 단락은 앞 구절의 내용과 놀랄 만한 대조를 이룬다. 앞에서는 위협적인 경고지만 여기서는 관대한 초청이다. 앞에서는 저주요 여기서는 축복이다.

[25상] 그때에 예수께서 대답하여 이르시되.

마태는 "그때에"라는 시간이, 경배나 계시 그리고 초청의 이러한 말씀들이 주님의 마음과 입으로부터 발해지던 바로 그때인지에 대해서는 말하지 않는다. 그러나 누가는 바로 그때임을 말하고 있다(눅 10:1, 17, 21, 22). 그 말씀들은 예수 자신이 가시려 했던 모든 곳으로 둘씩 보냈던 제자들 칠십 인이 돌아온 후에 주어진 것이었다. 물론 이것까지도 분명한 시간으로 고려된 것은 결코 아니다. 그 시간의 문제는 마 11:25-30과 눅 10:21, 22의 일부에 보이는 귀중한 말씀들의 배경이 되는 것이다. 당연히 칠십 인은 많은 보고를 해야 했지만(눅 10:17) 이미 말한 바와 같이 그들이 보고했던 내용은 주님이 대답하여 말씀하신 것만큼 중요하지 않았다. 복음서 기자들이 제각기의 방식으로 주의를 환기시키고 있는 것은 예수의 편에서 보인 반응이다(눅 10:18-22). 마 11:25-30과 비교하라. 사실 여기서 "대답하여 이르시되"라는 말씀은 종종 질문에 대한 대답보다 상황에 대한 반응이나 대답을 가리킨다. 현재의 경우 그리스도의 반응은 관대한 초청으로 발전한다. 25-27절에 나온 모든 말씀은 28-30절에서 발견되는 초청에 대한 준비 단계가 분명하므로 이 주제는 다음과 같이 세분될 수 있다.

초청에 선행하는 감사

추방된 마귀에 대해서뿐만 아니라(눅 10:17) 회개한 영혼들(참조. 막 6:12)에 대한 열렬한 보고가 예수로 하여금 하나님께 그의 감사를 표현하게 했을 것이다. 그러나 연관성은 선행된 사건뿐 아니라 27-30절에 따라 나오는 내용과도 관계가 있다. 은혜로운 초청이 확대되어 가고 무거운 짐을 진 자는 예수께 나아오도록 종용된다. 그러나 예수께서 걸어야 할 길을 계시해 주지 않는다면 아무도 나아올 수 없다(25, 26절). 만일 초청한 사람이, 초청된 자들이 무엇을 요구하는지를 모른다면, 그리고 그가 이 요구를 만족시킬 수 있는 아무것도 가지고 있지 않다면(27절) 오는 것은 아무런 의미가 없을 것이다. 그래서 자신이 인간이면서 하나님과 인간 사이의 중보자가 되신(딤전 2:5) 예수께서는 다른 사건에서 얻은 자신의 진술과 같이(요 11:41) 자기 아버지 안에서 얻은 평온한 심리적 안도감과 마음의 자세로 눈을 들어 하늘을 우러러(참조. 요 17:1) 말씀하신다.

---

477) '감사하나이다'(원문은 '찬양하나이다')라는 동사는 *ἐξομολογέω*의 현재 중간태 직설법 단수 1인칭인 *ἐξομολογοῦμαι*이다. 비록 이 동사가 필시 *ὁμολογέω*의 그 "완료적인" 뜻을 유지 강화시키는 복합동사의 형태이긴 하지만, 그러한 복합동사의 빈번한 사용은 추가된 부사적 의미를 희미하게 약화시키는 경향이 분명히 있다. Gram.N.T., p.563을 보라.

단순형(혹은 단일형) 동사 *ὁμολογέω*는 '내가 그 동일한 것을 말한다'를 의미한다. 그러므로 '내가 동의한다', 혹은 '내가 인정한다', 혹은 '내가 찬성한다', 혹은 '내가 용납한다'의 뜻을 가진다. 눅 22:6(그가 동의하다, 찬성하다)을 참조하라. 통속적인 헬라어에서, 마찬가지로 '동의하다', '허락하다'라는 의미를 볼 수 있다. 그러므로 *Anabasis* (Ⅰ.vi.7)에서 Xenophon은 Cyrus를 Orontas에게 말할 때 "…귀하가 친히 인정하신 바와 같이…"라고 진술했다. 이 기본적인 의미는 '시인하다', '엄숙히 선언하다', '자신을 어떤 합의점에 일치시키다'이다. 그러므로 '약속하다'와 같은 개념으로 발전했다. 신약성경에서 세례 요한은 '인정하다' 혹은 '시인하다'의 의미로 이 동사를 사용했다. 곧 "드러내어 하는 말이 '나는 그리스도가 아니라' 한대"(요 1:20). 또한 행 24:14을 보라. 이와 비슷하게 신앙의 용장들은 "자신들을 이 땅에서는 외국인과 나그네임을 인정(혹은 "시인", 한글 번역에서 "증언")했다"(히 11:13). 이 '시인' 혹은 '인정' 혹은 '증언한다'의 의미에 관하여는 또한 마 10:32의 주석도 보라. 그 구절 및 눅 12:8에서 그리스도의 신자들에 대한 이 시인은 그리스도에 대한 신자들의 시인의 대응 조건으로 되어 있다. 비록 계 3:5에서 그 표현은 다르나 중심 사상은 거의 비슷하다. 예수를 '시인' 혹은 '인정'—'그리스도로', 혹은 '하나님의 아들로', 혹은 '주로', 혹은 '육신으로 오신 자로'라는 말과 더불어, 혹은 그러한 구를 덧붙임이 없이—한다는 것이 또한 요 9:22; 12:42; 롬 10:9; 요일 2:23; 4:2, 3, 15 그리고 요이 7절의 의미이다. 이와 비슷하게 딤전 6:12은 "선한 고백을 증거하였다"(문자적인 의미, 개역 개정 번역에서는 "선한 증언을 하였다"고 말하고 있다). 다른 유의 문맥에서 '시인' 혹은 '인정'은 또한 행 23:8의 의미이기도 하다. 시인 혹은 고백은 '밝히 말하는 것', 혹은 '공개적으로 선언하는 것'으로도 볼 수 있다(마 7:23의 주석을 보라). 이와 밀접하게 관련된 또

[25하] 천지의 주재이신 아버지여 이것을 지혜롭고 슬기 있는 자들에게는 숨기시고 어린아이들에게는 나타내심을 감사하나이다.[477)]

예수께서는, 제자들에게 가르치셨던 기도문에서 발견되는 말씀의 한 형태인 "우리 아버지"(our Father)라는 말씀을 사용하지 않으셨다. 그는 "아버지"(Father)라고 말씀하신다(참조. 막 14:36; 눅 10:21; 22:42; 23:34; 요 11:41). 때때로 그는 "내 아버지"(my Father)라고 말씀하시며(마 26:39, 42) 그의 아버지에 대하여 말씀하실 때도 가끔 이런 표현("내 아버지"; My Father)을 사용하신다(마 6:18, 10:32, 33; 11:27; 12:50; 18:10; 눅 10:22; 22:29; 24:49; 요 5:17; 6:32, 65; 8:19, 28, 38, 49, 54; 10:30 등). 그의 대적들까지도 그가 하나님과 동등하다는 주장을 하고 있음을 의미하는 것으로 이 말을 해석했다(요 5:18). 올바른 해석을 하는 한에 있어서는 그러했다(요 10:30, 38). 본 문맥에 있어서 이 용어는 또한 다른 논거에 어울린다. 유일한 삼위일체, 그리고 구세주 또는 중보자라는 의미로 "아버지"가 사용되었는데, 비록 다른 의미로서 때로는 "종교적 혹

다른 개념은 "자기의 죄를 자백하다"이다(요일 1:9). 어떤 사람이 다른 사람에 대하여 무슨 일을 하기로 '동의' 한다면 그는 '하나의 약속을 한 것' 이다(마 14:7; 참조. 행 7:17). 어떤 사람이 기쁨으로 다른 이에게 자기의 충성을 표현할 때, 그러한 철저하고 열렬한 '시인' 혹은 '고백' 은 '찬미' 의 의미로 발전할 수 있을 것이라는 점을 파악하기는 어려운 일이 아니다(히 13:15을 보라).

복합형태 *ἐξομολογέω*에 관하여 70인역에서는 단일 형태보다 더 자주 사용되고 있고, 신약성경에서는 "자기 죄를 자백하다"의 의미로 사용된다는 점은 이미 지적한 바 있다(3:6 주석을 보라. 참조. 막 1:5; 약 5:16). 비록 행 19:18에서는 목적어인 "죄"가 덧붙여 있지는 않지만, 그 말 혹은 동의어가 암시되어 있는 것으로 보인다. "인정한다"는 의미에 들어 있는 "시인"은 빌 2:11의 개념이다. 마지막으로, 아마도 이미 단일 형태를 논의할 때 암시된 바와 같이 복합동사는 '찬미' 혹은 '감사' 의 의미에 가까울 것이다. 이 동사는 여기 마 11:25과 그 병행 구절인 눅 10:21에서뿐만 아니라 롬 15:9, 그리고 필시 14:11에서도 이 의미로 사용될 것이다. 70인역에서도 역시 이 의미가 널리 예시되고 있다.

한 의미에서 다른 의미로 바뀌는 어의의 전이가 위와 같이 정확하고 완전하게 설명될 수 있다고 주장하는 것은 불가능한 일일 것이다. 안전하게 확인할 수 있는 것은, 어떻게 해서 한 동사가 표면상으로는 그처럼 완전히 다른 것으로 보이는 여러 의미들을 가질 수 있었는가를 이해하는 것이 참으로 어렵지는 않다는 사실이다. 실제로 이러한 의미들은 서로가 그리 동떨어진 것들이 아니다.

은 영적" 의미로 쓰일지라도, 그와 동시에 양자로 그의 자녀가 된 모든 사람, 모든 진실한 신자, 즉 여기서는 사랑스러운 용어 "어린아이들"(babes)의 아버지로 사용되었다.

가장 적합한 또 다른 이름은 다음에 나오는 "천지의 주재"이다. 이와 같이 아버지는 주권적 통치자이시며 그의 결정과 지배권—예를 들면 고의로 지혜롭고 슬기 있는 자들에게는 어떤 것을 숨긴다—은 결코 비판받을 수 없다.

"그러나 실제적으로 사람들에게 구원을 베푸시는 사건들을 **계시**하실 뿐만 아니라 그것을 어떤 이들에게는 **감추시는** 것으로 예수께서 어떻게 아버지를 찬송하실 수 있었는가?" 하는 문제가 야기된다. 이에 대한 대답으로 "예수께서, 구원은 인간의 이해를 초월하지만 겸손한 마음으로 구원을 알 수 있음을 의미하신 것이다"라고 말하는 것으로는 전적으로 만족할 수 없다. 만일 이것이 완전한 대답으로 의도되었다고 생각한다면 그 질문을 다시 한 번 읽어봄으로써 그것이 어떤 점에서 불만족스럽다는 것을 명백하게 찾아볼 수 있을 것이다. 위의 대답은 우리가 친절하고 사랑이 많으신 구세주를, 어떤 개인적 지식으로부터 인간 구원의 본질을 실제적으로 **감추시는** 아버지께 찬송하시는 분으로 생각할 때 경험하는 이해하기 어려운 점을 회피하고 있다. 그 질문에 대하여 보다 만족스러운 대답은 아마 a. 우리의 지식의 현 상태로는 충분히 대답할 수 없음을 인정하는 것일 듯싶다. 하나님은 천지의 주재가 아니신가? 신 29:19; 욥 11:7, 8; 단 4:35; 롬 9:20이 여기에 적용될 만하다. b. **부분적인** 답변으로는 가능하다. 즉, 숨기심은 "어린아이들"과 정반대의 입장인 "그들의 눈에는 지혜로운 자들"(잠 26:5; 롬 11:25; 12:16)을 벌하시는 형태로 나타나는 하나의 의로움이므로, 이에 대하여 감사하는 답례로써 아버지께 찬양을 드린 것으로 볼 수 있다.

다음 부분, 즉 "…어린아이들에게는 나타내심을…"을 고려할 때 문제는 더 쉬어진다. 신체적 견지에서 본다면 "아이들"은 "젖먹이"(마 21:16)이다. 그들은 우유를 마시고 딱딱한 음식을 먹지 않으며(고전 3:1; 히 5:13) 언어를 배우는 데도 아직 익숙하지 못하다(고전 13:11). 그러므로 "젖먹이"는 전적으로 다른 사람들을 의존하려는 의식으로 가득 차 있음이 분명하다. 그러므로 어린아이들은 영적으로 그들 자신의 무가치함과 공허함과 무력함을 겸손히 고백하는 자들이다. 그들은 하늘에 계신 아버지의 능력과 자비에 절대적으로 의존해야 함을 철저히 알며 스스로 그에게 의탁하고 무엇이든지 필요한 것을 그에게서 받을 줄을 신뢰한다. 그리하여 구원을 충분히 또한 자유로이 즐기며 그에게 영광 돌리고 감사하는 삶을 사는 것이다. 지금까지 a. "지혜롭고 슬기 있는 자들"과 b. "어린아이들" 사이의 대조가 교육을 받고 받지 않은 사람의 차이가 아니라는 사실이 명백하게 되었다. 그 차이는 a. 그들의 실제상의 "지혜" 또는 높은 "지성"(지력) 때문에 그들이 적어도 어느 정도까지는 스스로 구원할 수 있다고 생각한 자들—칭찬할 만한 선행의 교리를 가진 바리새인과 서기관들을 생각하라— 그리고 b. 오직 은혜로만 구원받음이 틀림없다고 깨닫는 자들(엡 2:8)이다. 만약 이것이 이해된다면 고등교육을 받은 사람도 "어린아이"가 될 수 있으며, 전적으로 교육받지 못한 사람도 "지혜롭고 슬기 있는" 자의 탐탁지 못한 무리에 속할 수 있다는 사실이 명백해질 것이다.

예수께서 어린아이들에게 이러한 것들을 나타내신 아버지께 찬양드린 것은 충분히 이해될 수 있다. 본문의 "이것을"은 하나님의 나라(마 11:12; 참조. 눅 10:9, 17), 회개의 복음(눅 9:6), 회개에 따른 구원(막 6:12)에 관한 것들을 의미하는 것으로 봐야 한다. 그때 그러한 찬양은 이해될 수 있다. 왜냐하면 구원을 얻거나 천국에 들어가기 위해서 만일 그 자신을 저버리고 하나님의 영원한 팔에 안기는 것이 반드시 걸어가야 할 길이라면, 그때 그 길은 교육받은 자와 교육받지 않은 자, 특별히 재능이 있는 자와 지적으로 우둔한 자, 부한 자와 가난한 자, 늙은이와 젊은이, 여자와 남자, 노예와 자유자에게 널리 열려 있기 때문이다. 실로 천지의 주재가 되시는 하나님께서는 인간의 죄와 불행의 문제에 영광스러운 해결책을 제공해 주셨다. 자족하시며 인간을 필요로 하지 않으시는 주권적인 통치자, 그럼에도 불구하고 모든 계급과 지위에 있어서 겸손한 사람에게 구원의 길을 계시하시기를 원하시는 분, 그분에게 어찌 영원히 찬양과 예배를 드릴 만한 가치가 없겠는가? "지극히 존귀하며 영원히 거하시며 거룩하다 이름하는 이가 이와 같이 말씀하시되, 내가 높고 거룩한 곳에 있으며 또한 통회하고 마음이 겸손한 자와 함께 있나니, 이는 겸손한 자의 영을 소생시키며 통회하는 자의 마음을 소생시키려 함이라"(사 57:15).

마치 중보자 예수께서 이 평강의 마음으로 한동안 머물기를 원하시는 것처럼 공경과 숭배로 말씀을 계속하신다.

[26] 옳소이다 이렇게 된 것이 아버지의 뜻이니이다.[478)]

신약을 통하여 볼 때, 아버지의 선하신 기쁨과 즐거움이 적극적으로 표현되었을 경우, 거기에는 반드시 그 자체의 목적이 되는 그리스도가 언급되거나 그리스도와 관련된 구원의 행적이 나타나 있음을 유의하는 것은 위안이 된다.[479)] 그러므로 여기서(마 11:26과, 병행 구절 눅 10:21에서) 그리스도께서 아버지의 선하신 기쁨을 언급하실 때, 구원에 속한 것들을 어린아이들에게 나타내신 적극적인 생각이 그리스도의 마음에 충만했으리라는 사실을 믿는 것은 필연적으로 보인다. 바빙크(H. Bavinck)는 "어떤 의미에서 타락, 죄, 그리고 영원한 형벌은 하나님의 선언에 속한 것이며

---

478) 혹은 그 궁극적 의미에 있어서 거의 차이가 없는 "(아버지여, 내가 당신께 찬미를 드리나이다) 그것 ("for" 대신에 "*that*")이 아버지의 기뻐하시는 뜻이니이다."

479) 때때로 명사 *εὐδοκία*는 인간적인 기쁨, 기쁜 뜻, 즐거움, 혹은 결심과 관련하여 사용된다(롬 10:1; 빌 1:15; 살후 1:11). 또한 동사 *εὐδοκέω*도 역시 마찬가지이다(롬 15:26, 27; 고후 5:8; 살전 2:8; 3:1; 살후 2:12). 그 명사가 하나님의 기뻐하시는 뜻 혹은 기쁨을 가리킬 경우 그 문맥은 다음과 같다. 곧, 하나님이 기뻐하시는 자들(문자적으로는 "〔하나님이〕 기뻐하신 사람들", 눅 2:14); 자기를 위하여 한 백성을 택하심에 있어서 하나님의 기쁘신 뜻(엡 1:5, 9); 그리고 하나님께서 주시는 힘으로써 신자들이 자신들의 구원을 이루어 간다는 사실에서 비롯되는 하나님의 기쁘신 뜻(빌 2:13). 동사에 관하여, 적극적으로 표현된 행위를 가리킬 경우 그러한 언급들은 아들 안에서의 아버지의 기쁨(마 3:17; 12:18; 17:5; 막 1:11; 눅 3:22; 벧후 1:17), 그리고 a. 그의 자녀에게 그의 나라를 주심(눅 12:32)과, b. 복음 전파를 통한 그의 백성의 구원(고전 1:21)과, c. 바울 안에서 그의 아들을 나타내심(갈 1:15)과, 또한 d. 모든 충만으로 그리스도 안에 거하게 하심(골 1:19)에 있어서 아버지의 기쁘신 뜻을 나타낸다. 부정적인 언급들: 불신자들(고전 10:5)과, 번제와 속죄제(히 10:6, 8)와, 그리고 믿음에서 뒤로 물러난 자들(히 10:38)을 하나님께서는 기뻐하지 않으신다.

그로 말미암아 결정된다. 그러나 그런 것은 어떤 의미에서는 사실이지만 은혜나 구원과 같은 의미에서는 성질이 다르다. 은혜나 구원은 하나님의 기쁨의 대상들이다. 그러나 하나님은 죄를 기뻐하지 않으시며 형벌을 주는 것도 기뻐하시지 않는다"라고 하였다(참조. 겔 18:23, 32; 33:11).[480)]

초청에 의미를 주는 주장

구원으로 인도하는 길이 제시되었다(25, 26절). 그것은 하나님을 겸손하게 신뢰하는 길이다. 혹은 어떤 이들이 쓰기 좋아하는 대로 예수 그리스도를 신뢰하는 길이다. 그러나 지금 또 하나의 물음에 답변하지 않으면 안 된다. "구원을 베풀고 초청을 확장시키는 예수께서는 죄인이 필요로 하는 것을 **소유**하고 계시며 심지어 죄인이 필요로 하는 것을 **알고** 계시는가?" 그 대답은 27절에 암시되어 있다.

[27상] 내 아버지께서 모든 것을 내게 주셨으니.

무엇보다 먼저 예수께서는 죄인이 필요한 것을 **가지고** 계신다. 중보적인 임무를 수행하는 데 필요한 "모든 것"(참조. 요 3:35; 13:3)은 아버지에 의해서 아들에게 맡겨졌다. 어떤 것인가? 앞의 장에서 아버지의 아들, 즉 예수께서 사탄(4:1-11)과 귀신들(8:28-32)을 제어하는 권세를 받으셨고, 인간의 질병과 장애(9:20-22; 9:1-8), 바람과 파도(8:23-27), 육체와 영혼(9:1-8), 생명과 죽음(9:18, 19, 23-26), 그의 제자와 다른 모든 사람들(10장)을 구원하고(9:13) 심판하는(7:22, 23) 권세를 받으신 것이 분명했다. 28:18로부터 우리는 예수께서 천지의 모든 권세를 받으셨다는 것을 배우게 된다. 성경의 다른 부분에서 보는 대로 예수께서는 중보자로서 여호와의 신, 곧 지혜와 총명의 신이요 모략과 재능의 신이요 지식과 여호와를 경외하는 신을 부여받은 것이 분명하다. 중보자의 마음에는 평안(요 14:27; 20:21, 26), 빛, 생명, 사랑(요 1:4; 17:26), 그리고 기쁨(요 15:11;

480) *The Doctrine of God (Gereformeerde Dogmatiek*, 필자의 번역, Vol. Ⅱ, 제4장, Over God), Grand Rapids, 1995, p.390.

16:24; 17:23)이 있다. 이러한 모든 영적인 자질들과 더 많은 것들이 '샘' 이신 예수 그리스도로부터 다른 사람에게로(요 1:16, 17; 3:16; 6:51; 그리고 이어 언급된 다른 구절들) 흘러들어 가도록 아버지에 의해서 위임되었다.[481] 그러므로 중보자는 진실로 축복받은 인간에게 주기에 필요한 무엇이든지 소유하고 계심이 분명하다.

예수께서는 또한 죄인이 필요로 하는 것을 아신다. 이것은 예수께서 덧붙여 말씀하실 수 있었던 사실로부터 알 수 있다.

[27중] 아버지 외에는 아들을 아는 자가 없고.[482]

이 중보자의 마음이 너무나 크고 너무나 영광스러워서 아버지 외에는 아무도 그의 지식, 지혜, 사랑의 부요함을 헤아릴 수 없다. 여기서 사용된 '아들'—'나'라고 하지 않고—은 여기서 계시되는 아버지와 아들 간의 내적 관계, 즉 영원 전부터 존재했던 관계를 보여 준다. 바울이 그리스도 안에 감춰진 "지혜와 지식의 모든 보화"(골 2:3)와 그 안에 거하는 "신성의

---

481) Lenski에 의하면 부정과거 *παρεδόθη*('넘겨주었다', 혹은 '맡겼다')가 성육신을 가리킨다고 한다(*op. cit.*, pp.440, 441). 그러나 시제 자체는 일어난 행위를 지적함에 있어서 시간의 길이에 대하여 아무런 언급도 없을 뿐 아니라, 또한 우리에게 그 행위가 언제 일어났는지에 대해서도 역시 말해 주지 않는다. 하지만 바로 앞의 문맥(26절)에는 어린아이에게 구원에 관한 일을 나타내신 일에 관한 아버지의 주권적인 기쁘신 뜻(*εὐδοκία*)에 대한 언급이 있다. 이 기쁘신 뜻(원문에 있어 동일한 말)—비슷한 관계에서 사용된—은 바울에 의해서 "창세전에" 있었던 바 "그리스도 안에서"의 선택과 예정에 연결되고 있다(엡 1:4, 5). 영원 전에 결정되었던 바가 시간 안에서 실현되었다(엡 1:7 이하). 그러므로 여기 마 11:27에서도 역시 *παρεδόθη*에 의해서 제시된 행위를 그리스도의 존재에 있어서의 어느 특정한 한 순간, 예를 들면 성육신과 같은 특정 기간과 필연적으로 연결시킬 필요는 없다. 전 과정—영원 전에, 성육신에서, 세례에서, 그리고 그 이후의—이 그 동사에 의해서 제시되고 있을 것이 당연하다. 부정과거의 용법은 장애물이 아니다. 필자의 주석, 요 2:20의 각주 64)도 보라.

482) 문제는 본 절에서 두 번 나오는 복합동사 *ἐπιγινώσκει*가 강한 뜻으로 해석되어야 할 것인가 그렇지 않아야 할 것인가 하는 문제이다('확실히 간파하여 아는 것'을 가리키는 '확실히 안다'의 의미로 해석되어야 한다는 입장; Lenski, *op. cit.*, pp.440, 441, '충분히 안다'의 의미로 해석되어야 한다는 입장; A.T. Robertson, *Word Pictures*, Vol. I, p.91). 문맥에 관한 한은 아버지에 의해서 혹은 아들에 의

모든 충만”(골 2:9)에 대하여 말할 때, 그는 즉시 “너희도 그 안에서 충만하여졌으니”(골 2:10)라고 덧붙임으로써 이 주제를 매우 실제적인 방법으로 적용하고 있다. 그와 유사한 실제적 함축성이 여기 마 11:27에도 내포되어 있는 듯하다. 이는 마치 피곤하고 무거운 짐 진 자들이 와서 그들이 필요로 하는 모든 것을 오직 아버지만 그 수용력을 아시는 다함이 없는 저장소로부터 충만히 공급받도록 권면하는 것과 같다.

이러한 실제상의 목적은 선행한 부분의 구절을 첨가함으로써 더욱 명백하게 증거된다.

[27하] 아들과 또 아들의 소원대로 계시를 받는 자 외에는 아버지를 아는 자가 없느니라.

그러므로 죄인의 내적 자아와 그의 욕구들은 오직 하나님 한 분만이 아신다(시 139편; 렘 17:9, 10). 그 앞에 모든 창조물은 발가벗은 것같이 드러난다(히 4:13). 그러므로 진실로 사람을 안다는 것은 아버지께서 그를 아는 것처럼 그 사람을 알 수 있게 되는 것을 의미한다. 그러므로 아버지를 아는 자는 죄인과 또한 그의 필요를 안다. 아버지를 아는 자는 아들뿐이다. 그러므로 그는 죄인을 알고 또한 그의 필요를 안다.

해서 알려진 바는 철두철미하게 알려진다는 이 강한 의미의 해석을 지지하여 뭔가 말해질 수 있다. 또한 그 복합동사는 몇몇 다른 구절들에서 강한 의미를 지니고 있는 것으로 보이는데, 그중 가장 분명한 구절은 고전 13:12로 그곳에 보면 *γινώσκω ἐκ μέρους*가 *ἐπιγινώσομαι*와 대조되어 있다. 어휘 사전은 여기서 거의 도움이 못 된다. L.N.T., p.237은 강한 의미를 택하고 있고; L.N.T.(A. and G.), p.291은 그 병행 구절(눅 10:22)이 *ἐπιγινώσκει*가 아닌 *γινώσκει*를 사용한다는 사실에 기초하여 전치사에 강조점을 두지 않은 단순한 의미를 택하고 있다. 이 논증은 전적으로 설득력이 없을지도 모른다. 다소 주저한 후에 필자가 단순히 ‘안다’의 약한 의미를 택하기로 결정한 이유는, 강한 의미가 채택될 경우 그 구절은 아들이 아버지를 철두철미하게 완전히 알고 있을 뿐 아니라 또한 그와 같은 완전한 지식이 신자들에 의해서도 소유된다고 말하는 것이 되기 때문이다. 단순한 의미는 또한 거의 모든 번역가들, 곧 Wiclif, Tyndale, Geneva, Cranmer, Rheims, A.V., 그리고 현대의 번역본 및 번역가들에 의해서 채택되고 있다. 예외; Williams(‘완전히 안다’)와 Rotherham(‘정말 완전히 안다’). 동사 *ἐπιγινώσκω*의 다른 의미들(승인하다, 인정하다, 배워서 알다, 확인하다 등)은 이 경우에 있어서 문제가 되지 않는다.

아들이 아버지를 알기 때문에 오직 아들만이 아버지를 나타내실 수 있고 또 그를 나타낸다(요 1:18; 6:46; 14:8-11). 그러므로 "아들…외에는 아버지를 아는 자가 없느니라"는 말에 **아들과 또 아들의 소원대로 계시를 받는 자**가 덧붙여진다. 이것은 아들이 아버지를 나타내기를 꺼리는 것을 의미한다고 번역될 수 없다. 왜냐하면 조금 전에(25절) 아들이 그의 겸손한 자녀들에게 구원을 나타냄에 대하여 아버지께 찬양을 드렸기 때문이다. 그 말씀은 하나님 자녀의 구원은 사람이 아닌 단지 계시에만 의존되어 있으며, 이 계시는 아버지와 아들의 뜻과 기쁨에만 오직 기초되어 있다는 것을 가리킨다. 왜냐하면 본질에 관해서뿐만 아니라 목적에 관해서도 아버지와 아들은 하나(요 10:30)이기 때문이다. 그러므로 시작에서 마침까지 구원은 주권적인 은혜에 기초하고 있다. 엡 2:8을 참조하라.

초청을 수락하도록 용기를 주는 내용

예수께서는 죄인들이 필요로 하는 것을 소유하고 계시며 또한 알고 계시다. 그리고 지금 예수께서는 수고하고 무거운 짐 진 자들이 필요로 하는 것을 **제시하고** 계시다.

[28] 수고하고 무거운 짐 진 자들아 다 내게로 오라[483] 내가 너희를 쉬게 하리라.

예수께 오는 것이 의미하는 것은 분명히 요 6:35에 묘사되어 있다. "내게 오는 자는 결코 주리지 아니할 터이요 나를 믿는 자는 영원히 목마르지 아니하리라." 이 구절로부터 알 수 있듯이, 예수께 "오는 것"은 그를 "믿는 것"을 의미함이 분명하다. 그러한 믿음은 사람 안에 있는 모든 지식, 동의 그리고 확신이다. 더 나아가 성령의 선물인 믿음은 성령의 열매를 생산한다. 사랑, 희락, 화평, 오래 참음, 자비, 양선, 충성, 온유, 절제(갈 5:22; 참조. 요 14:15; 15:1-7; 요일 2:3)가 성령의 열매이다. 그것은

---

483) 사용된 말은 *δεῦτε*(*δεῦρο*: 여기로, 이쪽으로, 그리고 *ἴτε*: 오라), 곧 '이리 오라' 혹은 '이리로' 가 암시된 단순한 '오라' 이다.

그리스도에게 자발적인 복종으로 행하는 감사의 사역을 감당하게 한다.

초청은 수고하고[484] 무거운 짐 진 자들[485]을 대상으로 베풀어진다. 예수께 나아오기를 종용받는 자들은 그 **모든** 사람들이다. 특히 예수께서는 누구를 염두에 두셨을까? 마 23:4은 그 답을 제공한다. 이 구절은 서기관과 바리새인에 의해 그들의 어깨에 놓인 무거운 짐의 율법과 규칙으로 억압된 모든 자들에게 주어진 것이다. 이는 마치 어떤 사람이건 그들의 생활 속에 이 모든 전통에 대하여 불순종의 행동을 이길 수 있는 순종만 있으면 구원받을 수 있는 것처럼 믿는 사람들에게 예수의 마음이 있음을 암시해 준다. 그리고 그들의 마음속에 이런 방법, **오직** 이런 방법으로만 영생을 얻어야겠다는 신념이 뿌리를 내렸을 때 그 결과는 반신반의의 고통스러움, 즉 더욱 복받치는 좋지 않은 감정으로서, 두려움에 사로잡힘, 쉴 새 없이 괴롭히는 고통, 그리고 한 줄기 빛도 없는 절망뿐이었다(참조. 롬 8:15 상반절).

수고하고 무거운 짐 진 자들을 오라 하는 그리스도의 긴급한 초청이, 예수께서 지상에 계실 당시와 동일하게 오늘날도 관련된다는 것은 상당한 이유가 있다. 그것은 무슨 이유든지 전적으로 혹은 부분적으로 그 자신의 노력으로 구원을 성취하려는 모든 사람들에게 적용된다. 적어도 이따금씩 이미 중생했으나 아직 이 땅에 살고 있는 사람들까지 포함하여 모든 죄인의 마음은 바리새적인 요소를 품고 있지 않은가?

[29상] 나는 마음이 온유하고 겸손하니.[486]

5:5에서 "온유"라는 말을 설명할 때 온유한 사람이란 "예수 안에서 피난처를 발견하고, 자기의 길을 전적으로 예수께 의탁하고 사랑하시고 돌보시는 그의 손에 모든 것을 맡기는 자"라는 것을 지적했다.[487] 또 12:19,

484) *κοπιῶντες*는 *κοπιάω*의 현재 분사 남성 복수 주격이다. 6:28의 주석을 보라. 또한 필자의 주석 살전 5:12, 13을 보라(참조. 갈 4:11; 엡 4:28; 빌 2:16). "예수께서 길 가시다가 피곤하여(긴 여행의 결과로 피곤하여) 우물 곁에 그대로 앉으시니"(요 4:6).

485) *πεφορτισμένοι*는 *φορτίζω*의 완료, 수동태, 분사, 남성, 복수, 주격이다. 눅 11:46을 참조하라.

20의 주석을 보라. 온유한 자는 평안하고 평안을 사랑하는 것이 명백하다. 그러므로 페시타(Peshitta, 시리아어로 번역된 공인 성서) 신약성경에 "내게 오라…내가 너희를 **쉬게** 하리라…내가 **평안**하니…너희가 너희 자신을 위해 **쉼**을 찾으리라"라고 기록한 것은 그렇게 이상하지 않다. 이것은 예수께서 그때 양심의 충격을 받은 무리에게 시리아어와 아주 닮은 아람어로 말씀하신 것일지도 모른다. "온유한"의 동의어는 "낮은" 또는 "겸손한"이며 "교만한"과 반대된다(참조. 벧전 5:5).

[29중] 나의 멍에를[488)] 메고 내게 배우라.[489)]

유대 문학에서 "멍에"는 랍비의 가르침에 따라서 스스로 짐을 져야 하는 책임의 총체를 뜻한다. 이 정의는 "율법의 멍에", "계율의 멍에", "천국의 멍에" 등과 같은 용어로 설명된다. 하나님의 거룩한 율법을 오역, 변개 그리고 첨가시켰기 때문에 이스라엘의 교사들이 백성들의 어깨에 짐을

---

486) 마음(*καρδία*)은 인간 존재의 핵이요 중심이며, 감정과 사고뿐만 아니라 성향의 주요 동기이다. 그것은 인간 존재 바퀴의 진정한 핵이며 모든 수레바퀴의 살이 퍼져 나오는 중심부이다(잠 4:23; 참조. 삼상 16:7). 이 모든 것은 또한 그리스도의 인성에 대해서도 역시 적용된다.

487) W. Jennings, *Lexicon to the Syriac New Testament*, revised by U. Gantillon, Oxford, 1926, p.6을 보라.

488) S.BK., Vol. Ⅰ, pp.608-610을 보라. 또 N.T.(Th.D.N.T., Vol. Ⅱ, pp.898-901)에 나오는 Rengstorf의 *ζυγός*에 대한 논문도 역시 보라.

489) *μάθετε*는 *μανθάνω*의 부정과거 명령법 2인칭 복수이다. 배움은 가르침 혹은 경험을 통해서 얻어질 수 있다. 여기서 강조점은 비록 후자가 배제되고 있지는 않으나 전자("내게 배우라") 위에 있는 것으로 보인다. 9:13과 24:32의 주석을 보라. 현대 헬라어는 *μανθάνω*와 *μαθαίνω* 둘 다 인정한다. 헬라어와 그리고 영어를 포함하여 헬라어와 관련을 맺고 있는 언어들에 있어서 이 동사와 이와 유사한 말들의 어근은 *μαν* 혹은 MAN이다. 그러므로 헬라어 신약성경은(*μανθάνω*에 붙여서), *ἀμαθής*(무지한); *καταμανθάνω*(내가 생각한다〔주의 깊게〕); *μαθητής*(배우는 자, 제자); *μαθήτρια*(여 제자); *μαθητεύω*(내가 제자가 된다, 내가 제자를 삼는다); 그리고 *συμμαθητής*(동료 제자) 등을 제시하고 있다. 영어는 man("사람; 생각하는 동물"로 불려 온), mind, mental, monition, monster, monument, medicine, mathematics, 그리고 그 외에 여러 다른 말들을 제시하고 있다. 또한 13:52과 28:19의 주석도 보라.

지우는 멍에는 전적으로 보증할 수 없는 율법주의였다. 많은 율법과 계율에의 엄격한 복종을 통하여 구원 얻음을 강조한 것이 그들의 가르침의 형태였다.

지금 여기 11:29에서 예수께서는 사람들이 이미 익숙하게 된 습성에 대항하여 그것을 반대하고 극복하도록 그의 교훈을 제시했다. 그가 "나의 멍에를 메고 내게 배우라" 또는 "그리고 내 제자가 되라"라고 말씀하실 때, 그는 "나의 가르침을 받아들여라, 즉 사람은 나를 단순히 믿음으로써 구원받는다"라는 것을 의미하시는 것이다. **내가 너희를 쉬게 하리라.**[490] 이러한 안식은 소극적으로 불확실, 공포, 근심 그리고 절망이 없으며 적극적으로는 정신과 마음의 평안(시 125:1; 사 26:3; 43:2; 요 14:27; 16:33; 롬 5:1), 그리고 구원의 보장이다(고후 5:1; 딤후 1:12; 4:7, 8; 벧후 1:10, 11).

[29하] 그리하면 너희 마음이 쉼을 얻으리니.[491]

이것은 그리스도의 멍에를 지고 그의 제자가 된 결과다. 그러한 "발견"은 "얻음"이다. "내가 너희를 쉬게 하리라"(28절)와 "너희 마음이 쉼을 얻으리니"(29절)라는 병행구를 주목하라. 인간은 그리스도께서 주시지 않으면 결코 얻을 수 없다. 또한 그리스도께서 나타내 주시지 않는 것을 결코 발견할 수 없다.

[30] 이는 내 멍에는 쉽고 내 짐은 가벼움이라 하시니라.

문자적으로 나무로 만든 틀인 멍에는, 사람의 양편에 똑같은 비율의 무게를 분배함으로써 짐을 더 쉽게 운반하도록 사람의 어깨에 놓였다는 사실을 결코 잊어서는 안 된다. 그러나 만일 짐이 아주 무겁다면 멍에는 메는 사람에게 있어 그렇게 쉽지 않다는 사실을 전적으로 배제하지는 못한

---

490) *ἀναπαύσω*는 *ἀναπαύω*의 미래, 능동태, 직설법, 1인칭, 단수이다. 또한 26:45의 주석도 역시 보라(참조. 막 6:31; 14:41; 눅 12:19; 고전 16:8; 고후 7:13; 벧전 4:14; 계 6:11). 몬 7절의 "성도들의 마음이 너로 말미암아 평안함(혹은 쉼)을 얻었으니"에 주의하라. 계 14:13의 *ἀναπαήσονται*와 *κόπων*의 결합에 주의하라.

491) *ψυχή*에 관하여는 각주 453)을 보라.

다. 결과적으로 멍에조차 무거운 것(행 15:10)으로 불릴 수밖에 없다. 따라서 기쁨으로 임무를 수행하기 위해서는 멍에가 어깨에서 벗겨지지 않도록 잘 조정해야 할 뿐만 아니라 짐도 너무 무겁지 않아야 한다. 상징적으로 말하면, 여기서 예수께서는 예나 지금이나 그의 말씀을 듣는 억눌린 인간들에게 그의 멍에, 즉 예수께서 그들에게 지라고 촉구하신 그 멍에는 쉽고,[492] 그의 짐, 즉 예수께서 그들에게 요구한 짐은 가볍다는 것을 보증해 주시는 것이다. 그러므로 예수께서 진정 말씀하시고자 하는 것은 단순히 그를 신뢰함과 이미 그로 말미암아 주어진 구원에 대하여 감사하며 복종하는 것이 기쁨이라는 것이다. 그것은 평안과 기쁨을 가져다준다. 이런 종류의 삶을 사는 사람은 결과적으로 더 이상 노예로 머물지 않고 자유롭게 되었다. 그는 예수를 자발적으로 열심히 섬기며 그(그의 안에서 "새로운 사람")가 원하는 것을 하고 있다(참조. 롬 7:22). 반면에 서기관과 바리새인(23:4)에 의하여 율법에 첨가된 모든 인위적 규칙과 임의적인 규례를 빈틈없이 고수함으로써 스스로 구원하려는 시도는 자신을 노예로 얽어매는 것이다. 그것은 불쌍함과 절망을 생산한다. 그러므로 예수께서는 "내게로 오라"고 초청하고 계신다.

이 놀라운 구절의 연구에서, 한 가지 일반적으로 언급하지 않고 지나쳐 버리기 쉬운 것은, 예수께서 주신 신뢰할 만한 권면은 영혼에 유익일 뿐 아니라 그것에 유익할 때 육체에도 커다란 이익을 준다는 사실이다. 여기서 예수께서 제공하신 쉼—마음과 정신의 평안—은 의사나 병원을 찾거나 죽음으로 가는 수많은 사람들의 정신적 압박과 뚜렷이 대비된다. 평안이 없이 근심 또는 증오, 복수심("복수"에 대한 욕망)에 차 있다면 그것은 궤양, 대장염, 고혈압, 심장병 등을 가져오는 수가 있다. 만일 마음에 새기기만 한다면, 그리스도의 가르침은 전인(全人), 즉 영육에 치료의 효과를 가져온다.[493] 예수 그리스도는 완전한 구주시다!

---

492) 헬라어 χρηστός에 대해서는 눅 6:35을 참조하라. *The New Testament in Modern Greek* (London, 1943)은 καλός를 담고 있는 것으로서, 현대 헬라어에서는 호메로스풍의 고전적인 고대 그리스어(Koine)에서의 그 함축적인 의미들 중 하나와 비교되는 **선한, 친절한**을 의미한다.

11장의 종합

사해 사본의 발견 후에 세례 요한이 쿰란운동과 연관되었을 것이라고 많은 사람들이 그 증명을 시도해 왔다. 예를 들면, 브라운리(W.H. Brownlee)와 다니엘루(J. Daniélou)가 쓴 여러 책과 논문 중 몇몇에서 지적된 유사점 사이에는 다음과 같은 것들이 있다. 세례 요한과 쿰란 공동체는 사해 부근에 있는 사막과 관련되어 있었다. 둘 다 청빈했고 회개와 세례의 필요성을 강조했으며, 둘 다 성직자로 시작했다(세례 요한의 아버지는 제사장). 둘 다 "체제"에, 즉 바리새인과 사두개인 등의 공인된 권력에 강력하게 반대했다.

거기에는 어떤 표면적인 유사성이 있다. 그리고 세례 요한이 쿰란 공동체를 매우 잘 알고 있었을 것이라는 사실이 분명하게 인정되었다. 그럼에도 불구하고 다소간 어떤 근본적인 사항에 관련하여 세례 요한은 쿰란 공동체와 차이가 있었다. 요한은 굳이 그의 교리를 비밀리에 간직하려고 하지 않았고 군중들은 환영했다. 남자뿐만 아니라 여자들도 요한에게 경청하러 갔고 회개했다(마 21:31, 32). 요한의 제자들은 고위층의 조직된 집단이 아니었고 엄한 규칙과 훈련, 엄격한 법전, 그리고 규약의 통제하에 그것들을 지켰다. 무엇보다도 요한은 이미 도래했던 메시아를 외쳤다. 요한은 말하기를 "보라, 세상 죄를 지고 가는 하나님의 어린양이로다." "나는 너희로 회개하게 하기 위하여 물로 세례를 베풀거니와 내 뒤에 오시는 이는 나보다 능력이 많으시니…"라고 선포했다.

요한은 예수께 대하여 중심에서 우러나오는 확신으로 말했지만 그가 의심을 하기 시작했던 순간이 왔다. 마 11:1-19을 보라. 그래서 세례 요한은 예수께로 그의 제자 중 몇을 질문하러 보냈다. "오실 그이가 당신이오니이까, 우리가 다른 이를 기다리오리이까?" 요한의 의심이 가능한 이유는 a. 그는 소름끼치는 음산한 감옥에 수감되어 석방되지 못한 가운데 있

493) S.I. McMillen, *op. cit.*, pp.60, 62, 67, 70-75, 86을 보라. p.99에서 McMillen은 바로 이 구절을 언급하고 있다. 그는 또 28절과 29절을 인용한다.

었다. b. 세례 요한에게 보고된 예수의 행적은 메시아를 묘사했던 요한의 내용과 조화를 이루는 것 같지 않았다.

요한은 임박한 진노(이미 도끼가 나무뿌리에 놓였으니)를 외쳤으나, 예수의 입에서는 은혜의 말씀이 흘러나왔고 자비의 행적이 그에 의해서 수행되고 있었다. 그럼에도 불구하고 요한이 말했던 것은 옳았고 예언에 기초한 것이었다. 그러나 요한은 초림과 재림을 구별할 수 없었고 그래서 그는 재림 예언의 성취를 초림에 기대했다. 예수께서는 매우 친절하게 세례 요한을 대우하셨다. 예수께서는 구약 예언의 한 면—치료, 구원과 회복의 약속—이 초림에 관계하고 있다는 것에 요한의 주의를 향하게 했다. 그리고 지금 이 복음이 영광스럽게 성취되고 있음을 보여줌으로써 예수께서는 요한을 확증시키셨다. 동시에 예수께서는 공중 앞에서, 사자로서 요한이 수행했던 행적의 분명한 승인을 말씀하심으로써 요한을 변호하셨다. 요한은 바람에 흔들리는 갈대가 아니며 변덕쟁이도 아니라는 것이다. 변덕쟁이 아첨꾼은 지금 왕의 토굴(지하 감옥)에 있는 것이 아니라 바로 왕궁에 있었다. 그러므로 사람들은 요한의 회개의 외침을 명심해야 한다. 그들은 시장에서 노는 어린아이 같아서는 안 되며, 그들이 이전에 칭찬했던 요한과 인자에 대해 쉽게 비난해서도 안 된다.

둘째 단락(20-24절)에서 예수께서는 그의 능력을 가장 많이 행했던 고을 사람들이 회개하지 않았기 때문에 책망하셨다. **교훈**: 심판은 특권을 받은 회개하지 않은 자들에게 관대하지 않을 것이다.

셋째 단락(25-30절)에서 냉혹했던 책망은 관대한 초청으로 바뀐다. 전도자들이 열정적인 보고를 가지고 돌아옴으로써 예수께서는 마음에 복받쳐 오르는 감사의 말씀을 하나님께 드릴 기회를 얻으셨다. 예수께서는 관대한 초청으로 결론을 맺으신다. "수고하고 무거운 짐 진 자들아 다 내게로 오라 내가 너희를 쉬게 하리라…."

제12장의 개요

Matthew

12

주제 : 아버지께서 아들에게 맡기신 사역

12:1-14 안식일의 주인인 인자의 권세
12:15-21 하나님의 택한 종
12:22-37 논쟁을 야기한 그리스도의 이적들
12:38-45 표적 구함을 책망하심
12:46-50 예수의 어머니와 동생들

제 12 장

안식일의 주인인 인자의 권세 (12:1-14)

막 2:23-3:6; 눅 6:1-11 참조

1-14절

1 그때에 예수께서 안식일에 밀밭 사이로 가실새 제자들이 시장하여 이삭을 잘라 먹으니 2 바리새인들이 보고 예수께 말하되 보시오 당신의 제자들이 안식일에 하지 못할 일을 하나이다 3 예수께서 이르시되 다윗이 자기와 그 함께한 자들이 시장할 때에 한 일을 읽지 못하였느냐 4 그가 하나님의 전에 들어가서 제사장 외에는 자기나 그 함께한 자들이 먹어서는 안 되는 진설병을 먹지 아니하였느냐 5 또 안식일에 제사장들이 성전 안에서 안식을 범하여도 죄가 없음을 너희가 율법에서 읽지 못하였느냐 6 내가 너희에게 이르노니 성전보다 더 큰 이가 여기 있느니라 7 나는 자비를 원하고 제사를 원하지 아니하노라 하신 뜻을 너희가 알았더라면 무죄한 자를 정죄하지 아니하였으리라 8 인자는 안식일의 주인이니라 하시니라 9 거기에서 떠나 그들의 회당에 들어가시니 10 한쪽 손 마른 사람이 있는지라 사람들이 예수를 고발하려 하여 물어 이르되 안식일에 병 고치는 것이 옳으니이까 11 예수께서 이르시되 너희 중에 어떤 사람이 양 한 마리가 있어 안식일에 구덩이에 빠졌으면 끌어내지 않겠느냐 12 사람이 양보다 얼마나 더 귀하냐 그러므로 안식일에 선을 행하는 것이 옳으니라 하시고 13 이에 그 사람에게 이르시되 손을 내밀라 하시니 그가 내밀매 다른 손과 같이 회복되어 성하더라 14 바리새인들이 나가서 어떻게 하여 예수를 죽일까 의논하거늘

1 그 무렵, 안식일에 예수님께서 밀밭 사이를 걸어가셨습니다. 제자들이 너무 배가 고파서 밀 이삭을 잘라 먹기 시작했습니다. 2 바리새파 사람들이 이것을 보고 예수님께 말했습니다. "보시오! 당신의 제자들이 안식일에 금지된 일을 하고 있습니다." 3 예수님께서 대답하셨습니다. "너희는 다윗과 그 군사들이 굶주렸을 때에 했던 일을 읽어 보지 못하였느냐? 4 다윗은 하나님의 전에 들어가 자신도 먹을 수 없고 그 부하들도 먹을 수 없으며, 오직 제사장만이 먹을 수 있는 진설병을 먹었다. 5 너희가 또한 안식일에 성전 안에서만큼은 제사장들이 안식일을 어겨도 죄가 되지 않는다는 것을 율법에서 읽어 보지 못하였느냐? 6 내가 너희에게 말한다. 성전보다 더 큰 이가 여기 있다. 7 '나는 희생 제물보다 자비를 원한다' 라고 하신 말씀이 무슨 뜻인지 너희가 알았

더라면, 죄 없는 사람들을 죄인으로 단정하지 않았을 것이다. 8 인자는 안식일의 주인
이다." 9 예수님께서 그곳을 떠나 유대인의 회당으로 들어가셨습니다. 10 회당 안에
손이 오그라진 사람이 있었습니다. 사람들이 예수님을 고발하려고, "안식일에 병을
고치는 것이 옳습니까?" 하고 예수님께 여쭈었습니다. 11 예수님께서 그들에게 대답
하셨습니다. "만일 너희 중에서 어떤 사람이 양 한 마리를 가지고 있는데, 그 양이 안
식일에 구덩이에 빠지면 그것을 끌어내지 않겠느냐? 12 하물며 사람은 양보다 얼마
나 더 귀중하냐! 그러므로 안식일에 선한 일을 하는 것이 옳다." 13 그리고 나서 예수
님께서 손이 오그라진 사람에게 말씀하셨습니다. "손을 펴 보아라." 그 사람이 손을
펴자, 그 손이 다른 손처럼 회복되었습니다. 14 바리새파 사람들은 가서, 예수님을 어
떻게 없앨지 모의를 하였습니다.

_아가페 쉬운성경

마태복음 11장의 종결부와 12장의 시작 부분 사이는 이중으로 연결되어 있다. 첫째로 "그때에"란 12:1의 구절은 11:25을 상기시킨다. 비록 이 두 구절은 매우 막연하지만, 그것들은 소개된 사건들이 시간상 서로 동떨어져 있을 수 없음을 시사한다.[494] 그리고 둘째는 자료의 내용에 관한 것으로서, 예수가 그에게 나아오는 모든 자들을 과중한 율법주의의 "짐"으로부터 구원할 것을 약속한 내용(마 11:28-30)이 12:1-14에서 이중으로 설명되고 있다는 사실이다. 그런데 12:1-14은 안식일 규례와 법도의 과중한 짐이 서기관과 바리새인들에 의해 백성들의 어깨에 부과되었음을 암시하고 있다.

---

494) 설사 12:1-21에 기록되어 있는 일이 산상수훈을 베푸시기 얼마 전에 일어났다고 하더라도 이것은 여전히 사실이다. 예를 들어서, 요 5장; 마 12:1-4에 기록된 안식일 논쟁이 4월과 5월 초에 연달아서 차례로 일어났고, 또한 산상수훈의 설교와 11장에 기록된 사건들이 5월 말과 6월 사이의 어떤 때에 일어났다면, 그런 모든 사건들을 "그때에" 일어났다고 설명한 점에 있어서 마태는 전적으로 정당한 것이다. 이 때가 아마 "A.D. 28년의 봄부터 여름 중반"에 이르는 기간이었을 것이다. A.T. Robertson, *Harmony of the Gospels*, pp.42-55를 보라. 또한 필자의 주석 요 12:12, 13을 보라. 이 연대에 대해서 확실성을 주장하기는 매우 어렵다. 이것을 지지하는 증거로는 다음과 같은 것들이 있다. a. 요 5:1, 16은 세 번의 안식일 논쟁 중에서 **첫 번째** 논쟁이 "명절"(아마 유월절일 것이다. 설사 그렇다고 하더라도 우리가 요 2:23에서 보는, 그리스도의 공생애의 첫 번째 유월절은 아니다) 이후에 일어났음을 암시한다. b. 눅 6:11, 12은 세 번의 논쟁 중의 **마지막 논쟁** 다음에 산상설교가 뒤따른 것으로 암시한다. 그리고 c. 마 12:1은 **두 번째** 안식일 논쟁이 추수절기 도중에 일어났음을 보여 준다.

[1] 그때에 예수께서 안식일에 밀밭(곡식이 다 자란 밭) 사이로 가실새. 곡식(밀: 개역 개정 성경의 표기)은 무르익고 있었음이 분명하다. 산지의 높이에 따라 변하는 곡식(밀)의 익는 시기는 봄에서 한여름까지에 걸친 기간이었다. 팔레스타인의 따뜻한 기후 속에서 요단 계곡은 4월 중에 완전히 무르익는다. 반면에 요단 건너편과 갈릴리 바다 동쪽 지역에서는 곡식(밀)을 8월에 추수한다. 예수와 그의 제자들이 바로 그 시기에 곡식밭(밀밭) 사이를 통과했다고 본문이 **정확히** 진술하고 있지는 않다. 더욱 불분명한 것은 시간이 아니라 장소이다. 그 사건의 발생 장소가 "예루살렘에서 돌아오는 도중의 갈릴리였을 것"이라는 로버트슨(A.T. Robertson)의 주장은 다른 학자들처럼 훌륭한 추론으로 간주될 수 있다.[495] 그러나 그 주장은 억측에 불과한 것이다. "곡식이 다 자란 밭"(fields of standing grain; 개역 개정 성경에는 "밀밭"으로 번역됨—역주)이란 번역은 문맥의 정당성에 많이 의존한 것이다. 그 말은 문자적 및 어원적으로 보면 단순히 "씨뿌린 장소"를 가리킨다. 그러나 우리는 곡식밭(밀밭) 사이를 지나간 사건의 발생 시기가 추수기였거나 그 직전이었음을 문맥상 알 수 있다.

제자들이 시장하여. 이 구절은 마가복음(2:25)과 누가복음(6:3)에서도 암시되어 있지만, 유일하게 마태복음에서만 언급되고 있다. 제자들이—이에 관해서는 많이 언급되어 있지 않다— 때로 시장했다는 사실은 그들의 이전 직무에 더 이상 정규적으로 종사하지 않았으므로 당연한 것이다. 예수께서도 갈증(요 4:6, 7)과 굶주림(마 21:18)을 경험하셨다. 이 소집단은 가난했고 궁핍했으며 굶주렸다.

율법은 이러한 상황에 처한 사람들을 위해 다음의 특별한 규정을 두었다(신 23:25). 즉, "네 이웃의 곡식밭에 들어갈 때에는 네가 손으로 그 이삭을 따도 되느니라 그러나 네 이웃의 곡식밭에 낫을 대지는 말지니라."

제자들이 자신의 굶주림을 해소하기 위해 취한 행동은 공관복음서에서 다양하게 언급되어 있다. 마가는 그들이 이삭을 자르기 시작했다고 진술한다. 반면에 마태는 **이삭을 잘라 먹으니**라고 기록한다. 먹었다는 것은 마가에 의해서도 역시 **암시되고** 있다(막 2:26). 누가는 이 점에 관하여 위의

495) *Harmony of the Gospels*, p.44.

두 기자들보다 완전하게 "제자들이 이삭(곡식 이삭)을 잘라 손으로 비비어 먹으니"라고 기록한다.

몇몇 학자들은 "곡식 이삭"보다 "밀 이삭"을 채택한다.[496] 일반적으로 우리는 밀을 "생계 수단"과 밀접하게 관련된 것으로 생각하기 때문에, 굶주림을 멎게 하는 데 있어서 무엇보다도 그것을 생각한다. 또한 기록된 그 사건이 시기적으로 적절했음이 분명하다(보리가 밀보다 앞서 익는다). 따라서 "밀"이란 번역을 채택한 학자들이 있다는 것은 무리가 아니다. 이 번역은 정확한 것으로 추정된다. 그러나 로버트슨이 그의 신약성경 주석(*Word Pictures*; 각주 496) 참조)에서 마태가 언급한 곡식이 보리였을 가능성을 참작한 것은 아주 당연하다. 요 6:9을 보고, 룻 1:22; 2:17, 23; 3:2, 15, 17을 참조하라. 만일 우리가 마 12:1, 2에 언급된 사건의 발생 장소와 시기를 보다 분명히 알 수 있다면, 그 곡식의 종류는 쉽게 파악할 수 있을 것이다.

이미 제시된 대로 제자들은 그들의 굶주림을 해소하기 위해 신명기 율법에 완전히 부합되게 이삭을 잘라 손으로 비빈 후에 먹기 시작했다. 그리스도를 증오하고 그를 정죄할 어떠한 구실이라도 찾으려고 애써왔던 자들 편에서는 즉각적인 반응이 나타났다. 이에 관한 기사는 다음의 2절에 기록되어 있다.

[2] 바리새인이 보고 예수께 말하되 보시오 당신의 제자들이 안식일에 하지 못할 일을 하나이다.

예수께 적의를 품은 바리새인들의 태도에 관해서는 이전에 언급한 마 3:7; 5:17–20; 9:11, 34에 대한 주석을 참조하라. 바리새인들은 틀에 박힌 율법주의에 빠져 하나님의 율법을 과중한 자신들의 전통 아래 계속 매장시켜 두었다. 이 사실은 5:21–48의 설명을 통해 명백히 드러난다. 또한

---

496) A.T. Robertson, *Word Pictures*, 1권, p.93도 그러하다. 같은 저자의 *A Translation of Luke's Gospel*, New York, 1923, p.40 참조. Williams는 그의 신약성경 번역에서 "밀 낟알(heads of wheat)"이라고 했으며, L.N.T.(A. and G.), p.773도 이렇게 옮겼다.

15:1-11에 대한 주석과 23장에 대한 주석을 보라. 시기심으로 가득 찬 바리새인들은 항상 예수를 주시하면서 그의 말과 행동에서 호시탐탐 고소의 기회를 찾았다. 이것은 예수를 죽이려는 소행이었다. 여기서 언급된 바리새인에 관해서는 그들이 원거리에서 왔든지—어떤 학자들은 그들이 유다에서 갈릴리로 걸어서 왔다고 주장한다— 근처에서 왔든지 간에 한 가지 분명한 사실이 있다. 즉, 그들의 취지는 떳떳한 것이 못 된다. 그들은 살인의 마음을 품었다. 14절을 보고, 요 5:18; 7:19; 8:40을 참조하라.

바리새인들은 돌연히 예수께 나아가 그의 제자들이 안식일을 더럽히는 것을 용인한 문제에 대해 예수를 질책했다. 안식일 낮에 일하는 것이 금지되지 않았는가?(출 20:8-11; 34:21; 신 5:12-15). 랍비들은 많은 세세한 범주까지 구분한 39종의 주요 행동 목록을 작성하지 않았던가? 예를 들면, 이삭을 잡아 뜯는 것은 **'수확'** 을, 비비는 것은 **'탈곡'** 을 의미했다.[497] 따라서 바리새인들이 보기에 제자들은 바로 이 같은 행동을 했을 뿐 아니라 심지어 죄악의 열매를 즐겼던 것이다. 즉, 제자들은 이 죄악된 소득의 곡식을 **먹은** 것이 아닌가! 그런데도 예수는 거기에 관해 아무 행동도 취하지 않았다. 이제 논의하게 될 구절에 따르면(참조. 막 2:24), 그 고소는 예수 자신을 겨냥한 것이었다. 눅 6:2에 의하면, 책망을 받은 사람은 제자들이었다. 제자와 선생이 얽혀 있기 때문에 여기서는 실제적인 모순을 결코 찾아볼 수 없다(참조. 마 10:24, 25; 요 15:20).

예수께서는 그 밖의 다른 곳에서 첫째와 둘째 계명(출 20:1-6; 참조. 마 22:37, 38. 여기서는 첫 번째 돌판에 새긴 계명에 대한 완전한 요약을 하고 있다), 셋째와 아홉째 계명(출 20:7; 레 19:12; 민 30:2; 신 23:21; 참조. 마 5:33-37), 다섯째와 여덟째 계명(출 20:12, 15; 참조. 마 15:3-6), 여섯째 계명(출 20:13; 참조. 마 5:21-26, 38-42), 일곱째 계명(출 20:14; 참조. 마 5:27-32; 19:3-12), 열째 계명(출 20:17; 참조. 눅 12:13-21;

---

497) 미쉬나(Mishna)에 따르면 안식일에 "양의 한입 정도의 곡식 이삭을 취하는" 사람은 안식일을 범한 죄를 지은 것이다(안식일 7:4; 참조. 7:2). 또한 S.BK. Vol. I, pp.615-618; 그리고 A.T. Robertson, *The Pharisees and Jesus, New York*, 1920, pp.87, 88을 보라.

16:14, 19-31; 마 22:39, 여기서는 두 번째 돌판에 새긴 계명에 대한 완전한 요약을 하고 있다)에 대한 진정한 영적 해석을 하셨다. 지금 예수께서는 자신의 대답을 통하여 네 번째 계명(출 20:8-11)의 진정한 의미를 밝히고 계신다. 많은 말로 진술된 것은 아니지만, 예수의 해석이 함축하고 있는 바는, 랍비들이 계명에 첨가해서 그리스도 당시 서기관들과 바리새인들에 의해 널리 퍼져 있었던 잘못된 해석에 대한 책망이다. 그들은 다음의 진리를 가르치기에 완전히 무식했든가 아니면 부족한 자들이었다. 그 진리는 그리스도의 가르침을 요약한 것으로 다음과 같이 열거할 수 있다.

(a) 필요 앞에는 법이 없다(마 12:3, 4).
(b) 모든 규례에는 예외가 있다(12:5, 6).
(c) 자비를 베푸는 것은 항상 옳다(12:7, 11).
(d) 안식일은 우선적으로 인간을 위해 제정되었다(막 2:27).
(e) 안식일을 포함한 만물을 다스리는 통치자는 인자이시다(마 12:6, 8).

(a) 필요 앞에는 법이 없다

[3] [4] 예수께서 이르시되 다윗이 자기와 그 함께한 자들이 시장할 때에 한 일을 읽지 못하였느냐 그가 하나님의 전에 들어가서 제사장 외에는 자기나 그 함께한 자들이 먹어서는 안 되는 진설병을 먹지 아니하였느냐.

"읽지 못하였느냐?" 이 말의 의미는 다음과 같을 것이다. 즉, "너희는 자칭 율법을 고수하는 자들이라고 자만하며, 다른 사람들을 가르칠 정도로 율법에 정통했다고 자인한다. 그러나 너희는, 바로 이 율법조차도 필요한 경우, 그 의식 규정들이 무시되는 것을 허용한 사실을 모르고 있지 않느냐? 너희는 다윗과 진설병에 관해 읽지 못하였느냐?" 이 진설병은 성별해 놓은 떡이며, 진열을 위한 떡—문자적으로 "얼굴의 떡(하나님의 얼굴)"—으로, 여호와 앞의 "떡상"에 두 열로 진열해 놓는 열두 개의 떡을 말한다. 열두 개의 떡은 이스라엘의 열두 지파를 의미했고, 하나님과 그 백성들 사이의 끊임없는 교제를 상징했다. 또한 하나님께 양식을 받아 그분과 함께 먹는 것과 그분 앞에서 성결하게 되는 것을 상징했다. 따라서 백성들은 이 제물을 제단에 바침으로써 하나님께 입은 은혜를 깊이 인식했다.

이 떡은 매 안식일마다 새로운 떡으로 교체되었다. 시일이 지난 떡은 제사장들이 먹었다(출 25:30; 삼상 21:6). 규례상 이 "거룩한" 떡은, "아론과 그 자손들", 즉 제사장들을 위한 것이지 모든 사람들을 위한 것은 아니었다(레 24:9). 그러나 대제사장 아비아달 당시(삼상 21:1-6; 막 2:26) 제사장을 역임한 아히멜렉은 다윗과 그의 부하들이 굶주리고 있음을 알았고, 하나님이 온 이스라엘의 왕으로 기름부어 세운 그 사람이(삼상 16:12, 13) 거룩한 사명을 떠맡았음을 깨달았다(삼상 21:5). 따라서 아히멜렉은 이 장래의 왕과 그 군사들의 요청에 따라 거룩한 떡을 다윗에게 주었다. 다윗은 "하나님의 집", 곧 놉에 있는 성막(삼상 21:1; 22:9)에 들어가 그 떡을 먹었다. 만일 다윗이 필요했을 때 **신적(神的)으로 정한 의식 규정**을 무시할 수 있는 권한을 가졌다면—왜냐하면 여호와의 기름부음을 받은 다윗과 굶주린 그의 군사들은 자신들을 육체적으로 지탱할 권한과 의무를 분명히 가지고 있지 않은가!— "다윗의 대원형"이, 즉 보다 차원 높은 의미에서 하나님의 기름부음을 받은 예수께서 **'전적으로 부당한, 인간이 만든 안식일 규정'**을 폐하실 권한을 가지시지 않았겠는가? 이 역사적 인용문의 적법성은 다윗과 그의 추종자들 사이와 예수와 그의 제자들 사이가 병행적으로 묘사되었다는 사실을 깨달을 때 보다 명백하게 드러날 것이다. 사실상 과거 구약시대에는 의식법이 복종을 위해 제정되었지만, 그 당시에도 보다 상위(上位)의 율법—이 경우에서는 인간의 생명과 건강이 보존되어야만 한다는 것이 원칙이다(출 20:13; 마 22:39 하반절; 고전 6:19)—이 어떤 상황하에서 보다 하위(下位)의 의미를 가진 어떤 규정을 폐기하거나 적어도 수정할 수 없었다고 입증하기는 어렵다. **더욱이** 예수와 제자들의 경우에서는 안식일 준수에 관한 완전히 랍비적인 규정과 하나님의 거룩한 율법에 대한 오해와 오용만을 초래한 규례를 무시할 충분한 이유가 있었다.

(b) 모든 규례에는 예외가 있다

3절과 4절에서 선포된 원리는 안식일이나 혹은 안식일이 아닌 날에도 항상 적용되는 원칙이다. 다윗이 거룩한 떡을 먹었을 때 그가 취한 행동은, 설사 그것이 안식일 날이나 다른 날에 취해졌다고 해도, 정당하고 필요한 일이었다. 이제 예수께서는 특별히 안식일에 대한 하나님의 규정을 언급하시면서 계속 말씀하신다.

[5] 또 안식일에 제사장들이 성전 안에서 안식을 범하여도 죄가 없음을 너희가 율법에서 읽지 못하였느냐.

제사장들은 안식일을 매우 분주하게 보냈는데(레 24:8, 9; 민 28:9, 10; 대상 9:32; 23:31; 대하 8:12-14; 23:4; 31:2, 3), 안식일 규례에도 불구하고 이 모두는 출 20:8-11과 신 5:12-15에 근거를 둔 것이다. 이 경우에서 발생하는 사실은 백성들로 하여금 하나님께 대한 경배를 우선적으로 요구하는 상위의 율법이 안식일 휴식 규정에 대한 과도한 문자적 해석을 수정하고 제한한다는 사실이다. 오늘날에도 마찬가지로 그릇된 사상을 지닌 자라면 주일날 설교를 전하거나 성찬식을 집전하는 목사를 비난할 것이다. 바리새인들이 예수와 그의 제자들을 비난했을 때 발생된 문제는 그들이 랍비 전통을 하나님께서 작정하신 율법과 동등하게 간주했으며, 이것을 실제로 종종 성문법 이상으로 취급했다는 사실이다. 그뿐만 아니라 그들은 특수한 전통들에 대해서도 거의 절대적 가치를 부여했다. 예수께서 말씀하신 바와 같이 십계명에 기록된 하나님의 율법조차도 그러한 엄격성을 내포하지는 않았다. 그렇지 않다면 어떻게 제사장들이 안식일에 그들의 활동을 수행할 수 있었을까?

우리는 다음과 같은 사실을 주목할 수 있다. "모든 규례에는 예외가 있다. 이것이 규례다. 그러므로 그것은 예외를 가진다." 물론 현재의 경우에서의 예외는, 예수께서 마 22:37-40; 막 12:29-31; 눅 10:27에서 말씀하신 **근본 원칙**이다. 이 원칙을 무슨 말로 표현하더라도 상관없다. 그 근본 원칙은 어떠한 상황하에서도 항상 적용된다.

예수께서는 권위 있는 태도로 다음과 같이 말씀하신다.

[6] 내가 너희에게 이르노니 성전보다 더 큰 이가 여기 있느니라.

이 말씀의 의미는 다음과 같다. 만일 예표적 존재에 지나지 않는 지상의 성전이 문자적으로 해석된 제4계명의 수정을 필요로 했다면, 지금 여기서 바리새인들에게 말씀을 전하고 계시며 "신성의 모든 충만이 육체로 거하신"(골 2:9; 참조. 요 10:30) 훨씬 우월한 성전의 원형이신 예수 그리스도께서 그와 비슷한 요구를 하실 권한을 가지시지 않았겠는가? 성전보다 더 큰 이가 그들에게 말씀을 전하고 계셨음이 분명하다. 즉, 예수 그리스도는 무한히 고귀한 보화와 형언할 수 없는 값진 하늘의 선물과 보다 위엄 있는 권리를 부여받은 권위의 소유자였다.

(c) **자비를 베푸는 것은 항상 옳다**

주님은 또 다른 경우에 관해서는 과거에 말씀하신 내용을 반복하시면서—그 구절의 의미에 대해서는 9:13에 대한 주석을 보라— 다음과 같이 계속 말씀하신다.

[7] 나는 자비를 원하고 제사를 원하지 아니하노라 하신 뜻을 너희가 알았더라면 무죄한 자를 죄로 정죄하지 아니하였으리라.

바로 이 구절이 바리새인들이 가진 문제였다. 즉, 그들에게는 자비심이 없었다. 바리새인들은 친절을 좋아하지 않았다. 그러므로 예수의 제자들이 괴로움을 당한 굶주림으로서는 이 비판적인 바리새인들 마음에 어떠한 자비심이나 돕는 열심도 일깨울 수가 없었다. 그들은 오히려 제자들을 정죄했다. 예수에 대해서는, 바리새인들은 예수를 정죄했을 뿐만 아니라 그들이 그를 파멸시킬 수 있을 다른 근거를 들추어내는 것을 은밀히 즐겼다.

제자들이 이삭을 잘라 먹었던 행동에 관해서는, 이 굶주린 자들은 전혀 "무죄"였다. 제자들은 어떤 의미에서든지 하나님의 어느 계명도 범하지 않았다. 그러나 바리새인들, 즉 마음속으로 살인한 이 위선자들은 제자들을 정죄했다. 그렇다! 그들은 "제자들", 특히 그들의 주님을 정죄했다(참조. 약 5:6). 만일 그들이 호 6:6의 말씀을 명심했더라면, 그 주간의 어느 날이든지 특히 안식일에 자비를 베푸는 것이 의롭다는 사실을 깨달았을 것이 아닌가!

(d) 안식일은 우선적으로 인간을 위해 제정되었다

제자들의 입장을 충분히 지지하는 우리 주님의 이 진술은 막 2:27에서 볼 수 있는데, 이것은 "이러므로 인자는 안식일에도 주인이니라"는 말씀 바로 앞에 나오며 마 12:8과 병행한다. 안식일은 인간을 위한 축복으로서 제정되었다. 즉, 안식일은 인간의 건강을 지켜 주며 인간을 행복하게 하며 거룩하게 한다. 인간은 안식일의 노예로서 창조되지 않았다.

(e) 안식일을 포함한 만물을 다스리는 통치자는 인자이시다

예수께서는 6절 말씀("성전보다 더 큰 이가 여기 있느니라")과 결부하여 다음의 8절 말씀을 선언하심으로써 곡식밭에서의 안식일 논쟁을 결론지으신다.

[8] (왜냐하면) 인자는 안식일의 주인이라 하시니라.

"왜냐하면"이란 접속사에 대한 이해는 어렵지 않다. 예수께서는 방금 제자들의 무죄함을 선언하셨다. "왜냐하면 그들은 예수께서 허락하고 허용하신 대로 행하여 곡식을 잘라(비빈 후에) 먹었기 때문이다." 제자들은 바리새인들과 그들의 어리석은 전통의 주권보다는 오히려 "예수의" 주권을 인정했다. 제자들은 그렇게 행하는 것이 정당했다. "왜냐하면" 인자는 참으로 안식일의 주인이시기 때문이다. 제자들이 독단적이고도 인위적인 안식일 의식에 대한 노예적인 준수를 뛰어넘어 주님께 순종하는 것은 정당하다. 인자—이 용어에 관해서는 8:20에 대한 주석을 보라—란 말은 천하 만물을 다스리는 주라는 뜻이 아닌가?(마 11:27; 28:18). 그렇다면 인자는 또한 안식일의 주인이 아니겠는가? 안식일의 주인을 모욕하면서 안식일을 존중한다고 생각하는 자들은 범죄한 자들이다.

안식일의 주인이신 예수께서는 안식일을 존중하여 그날 회당 예배에 정규적으로 참예하셨을 뿐만 아니라 때때로 그 예배를 인도하기도 하셨다(눅 4:16-27). 또한 예수께서는 안식일을 존중하여 그날에 자비의 행위와 치유를 베푸셨다(12:9-14; 눅 13:10-17; 14:1-6; 요 5:9; 7:23; 9:14). 또한 예수께서는 안식일을 거룩하게 하여 무덤 속에서 안식을 취하셨으며, 그리하여 그의 추종자들을 위해 무덤을 성결하게 하셨다(마 27:57-

60; 막 15:42, 46; 16:1; 눅 23:53, 54; 24:1). 더욱이 예수께서는 안식일의 상징적 의미를 성취하심으로 안식일을 정당하게 드러내셨다.

옛날 구약시대에는 한 주간이 6일간의 '**노동**'으로 시작되었다. 이날들 다음에 하루의 안식이 수반되었다. 그 후 가장 뛰어난 대제사장이신 그리스도께서 몸소 대속적 고통의 노동을 겪으심으로써 "하나님의 백성들"에게 "영원한 안식"을 가져다 주셨다(히 4:8, 9, 14). 신자들은 그리스도를 믿음으로써 현재에도(원칙상!) 이러한 **안식**에 들어간다. 그런데 이 안식에 대하여는 그들의 사랑의 **노동**, 즉 거저 주신 선물로서 이미 받은 바 구원에 대한 그들의 감사의 활동이 지속적으로 뒤따르게 될 것이다. 따라서 **노동**과 **안식**이란 순서는 **안식**과 **노동**의 순으로 바뀌었다. 즉, 이제 한 주간은 **안식**의 날과 더불어 **시작된다고** 보는 것이 매우 적절하다. 요약해서 말하자면, 예수께서는 말과 행위를 통해 안식일을 참된 자유의 날로 해석하심으로써 그의 권위를 안식일보다 우위에 두셨다. 따라서 안식일은 각각의 모든 자들에게 사랑을 베푸는 기쁨의 날이며, 그 모두를 통하여 만물 위에 뛰어나신 하나님께 경배드리는 날이다.

앞의 (b), (c), (d), (e) 항목에서 언급된 진리들은 다음의 안식일 논쟁에 대해서도 적용된다. 항목 (a)는 이 논쟁과 직접적인 관련이 없는데, 그 이유는 손 마른 자가 **안식일**에 치료받을 것을 **요구했는지** 명확하지가 않기 때문이다. 인간적 견지에서 불구된 손의 회복이 그 다음날까지 미루어지게 된다고 치료를 주장했을 수도 있다. 그런데 여기서 바리새인들은 보다 안전한 근거 위에 서 있었던 것 같다. 그들은 예수가 주도권을 잡을 때까지 기다리지 않고 절호의 기회를 포착했다. 예수를 트집 잡기 위한 그들의 안간힘을 주목하라.

[9] [10] 거기에서 떠나 그들의 회당에 들어가시니 한쪽 손 마른 사람이 있는지라 사람들이 예수를 고발하려 하여 물어 이르되 안식일에 병 고치는 것이 옳으니이까.

이제 활동 장소가 곡식밭에서 회당으로 바뀐다. 때는 안식일이었다. 불구의 손을 가진 자가 거닐고 있었다. 더욱이 그의 오른손이 불구였다(눅

6:6). 히브리인들이 쓴 외경 복음서에 의하면, 그 사람은 거지로 여생을 보내지 않으려고 예수께 치유를 간청한 석공이었다고 한다. 그렇다 할지라도 문제의 핵심은 그날이 안식일이었다는 것이다. 물론 안식일 준수에 대해 매우 엄격한 해석을 내린 샴마이(Shammai) 학파와 매우 관대한 견해를 지닌 힐렐(Hillel) 학파 사이의 견해 차이—예루살렘에서는 한층 엄격한 입장을 취했고, 갈릴리에서는 보다 관대한 입장을 취했다—가 충분히 있을 수 있지만, 사람의 생명이 실제로 위기에 처했을 경우에만 안식일에도 치유가 허용될 수 있다는 규례는 널리 승인되었다.[498] 예수는 바리새인들에게 있어서 결코 범할 수 없는 확고한 근본 원칙으로 간주되었던 이 규례에 과감히 도전했단 말인가?

이 적대자들은 예수께서 말이나 행동 면에서 그들의 행위 규례를 유린하기를 은근히 바랐다. 이리하여 그들은 근본적인 계기를 만들어(14절을 참조하라) 예수께 "안식일에 병 고치는 것이 옳으니이까?"라고 질문했다. 그들의 목적은 "그를 문책하는 것"임이 분명하다. 그들은 자신들의 사악한 동기가 가장 중대한 안식일에 대한 모독이며, 그들이 전능자의 면전에서 가장 가혹한 추궁을 받게 될 저주스런 죄인임을 깨닫지 못했지 않는가? 또한 그들은 예수께서 그들의 생각을 아신다는 사실을 깨닫지 못했지 않는가?(눅 6:8).

안식일의 주인(8절을 참조하라)은 그에게 전체 회중 앞에서 일어설 것을 명했다(막 3:3; 눅 6:8). 그리고 모든 사람들에게 다음과 같이 말씀하셨을 것이다. "이 사람을 보라. 그의 손을 관찰하여 상태를 확인해 보라. 너희들은 이 사람을 볼 때 동정심이 생기지 않느냐?" 그 다음으로 예수께서는 자신에 대한 비난의 질문에 답변하셨다. 예수께서는 종종 그렇게 하셨듯이 이를테면 역습을 하셨다. 즉, 예수께서는 11, 12절에서 반문하심으로써 이 바리새인들로 하여금 자신들의 질문에 대해 답변하도록 하셨다.

[11] [12] 예수께서 이르시되 너희 중에 어떤 사람이 양 한[499] 마리가 있어 안식일에 구덩이에 빠졌으면 끌어내지 않겠느냐 사람이 양보다 얼

498) S.BK., Vol. I, pp.622-629를 보라.

마나 더 귀하냐 그러므로 안식일에 선을 행하는 것이 옳으니라 하시고.

그 사건이 안식일 혹은 기타 다른 날에 발생하였든지 간에, 예수께서 제기하신 질문으로부터 적어도 그 시간과 그 장소에서 그러한 사고를 당한 양을 구출하는 것이 잘못되지 않았다는 사실을 추론하는 것은 당연하다. 그렇다면 인간이 양에 비해 보잘것없는 가치를 지녔단 말인가? 만일 안식일에 동물에게 선을 행하는 것이 허용된다면, 안식일에 하나님의 형상을 지닌 인간에게 친절을 베푸는 것은 훨씬 의롭고도 타당하지 않겠는가!

오로지 목숨이 위태로울 때에만 그러한 도움을 주어야 하는가? 예수께서는 이 질문을 단지 암시적으로만 하셨지만 그 암시는 매우 명백했다. 즉, 자비를 베푸는 것은 **항상 옳다**는 것이다(이전에 언급한 항목 (c) 참조). 윤리적 행동은 항상 의식의 준수보다 더 중요하다. 만일 바리새인들이 성경을 편견 없이 보다 철저하게 연구했더라면(실례로서 미 6:6-8을 보라), 그들은 이러한 사실을 깨달았을 것이 아닌가! 확실히 인간은 하나님이 보시기에 양과 비교할 수 없을 정도로 고귀한 존재임이 분명하다. **그러므로 안식일에 선을 행하는 것**, 즉 인간에게 축복이 되고 인간의 필요에 부합되도록 **행하는 것은 옳다**. 이런 방식의 말씀의 전형은 6:26, 30; 10:29, 31(참조. 눅 12:6, 7)에서도 볼 수 있다.

"그러므로 안식일에 선을 행하는 것이 옳으니라"는 말씀은 매우 진지하게 선포되었음이 분명하다. 이 같은 말씀은 선언적 진술(마태의 기록)과 질문 형태—"안식일에 선을 행하는 것과 악을 행하는 것, 생명을 구하는 것과 죽이는 것, 어느 것이 옳으냐?"(막 3:4; 참조. 눅 6:9)— 이 두 가지 형태로 선포되었을 것이다. 그러나 만일 질문 형태만이 사용되었다면, 그것은 안식일에 선을 행하는 것이 참으로 옳다는 그리스도의 취지를 의미

---

499) 이것은 부정관사의 의미를 가진 *εἷς*(여기서는 자연히 *ἕν*)의 좋은 예가 될 것이다. 이것의 의미는 "단 하나", 혹은 "여럿 중에서의 특별한 하나", 혹은 "하나의 외로운 양"(Lenski, *op. cit.*, p.455) 등이 되어야 할 필요는 없이 그저 "하나의(a)"이다. Gram.N.T., pp.674, 675를 보라. 그러나 "한 마리 양(*one* sheep)"이라는 번역도 옳다고 볼 수 있다!

하는 것이 아니겠는가? 그러므로 복음서 기자들 간에 갈등이 있었다는 설은 입증될 수가 없다. 한쪽 손 마른 사람에게 선행을 베풀어 주려고 했던 자는 바로 예수 자신이었다. 한편 그리스도를 비난한 자들은 살해하려고 한 살인자들이다. 어느 쪽이 가장 선했는가?

예수께서는 주위를 살피면서 적대자들의 표정을 관찰하는 가운데 그들의 내적 비밀을 간파하셨다(눅 6:8, 10). 예수의 얼굴에는 거룩한 분노가 일고 있었다. 예수께서는 저희 마음의 완악함 때문에 근심하셨다(막 3:5). 아무도 그에게 대답할 수가 없었다. 바리새인들은 어느 날, 특히 안식일날 선을 행하는 것이 옳고도 타당하다는 사실을 터놓고 부인할 수는 없었다. 그러나 이것을 인정한다는 것은 자신들의 굴복을 공개하는 것이었다. 그래서 너무도 당황한 나머지 찬물을 끼얹은 듯한 침묵이 흘렀다(막 3:4). 또한 나머지 사람들은 숨을 죽인 채 지금 어떠한 사태가 벌어질 것인가를 초조하게 지켜보고 있었다. 회당의 분위기는 불안과 기대로 가득 차 있었다. 손 마른 자가 청중이 빤히 지켜보는 가운데 그곳에 여전히 서 있었다.

예수께서는 이러한 상황에서 요구되는 기적을 행할 작정이셨다. 예수께서는 나중이 아닌 **지금** 기적을 행하셔야만 한다. 예수께서 다음날까지 기다리셨다면 안식일의 치유 행위가 결국 나쁘다고 자인한 것으로 쉽게 해석될 수 있었을 것이다. 그러므로 예수께서 지연을 시키셨더라면 가중된 과오를 범했을 것이다. 이것은 결코 지연시킬 수 없는 것이었다. 기적을 행할 시기는 바로 지금이었다. 그래서 예수께서는 주변을 두루 살핀 후에 그 신체장애자에게 관심을 집중시키셨다.

[13] 이에 그 사람에게 이르시되 손을 내밀라 하시니 그가 내밀매 다른 손과 같이 회복되어 성하더라.[500]

---

500) *ἀποκαθίστημι*의 수동태 직설법 부정과거 3인칭 단수 *ἀπεκατεστάθη*. 이 동사는 어떤 것이 원래의 헝클어진 상태**로부터**(*ἀπό*) 벗어남으로써 **정착하는**(set〔*ἵστημι*〕 down〔*κατά*〕) 혹은 **확립되는** 동작을 가리킨다. 현재의 문맥에서(참조. 막 3:5; 눅 6:10) *ἀπεκατεστάθη*는 "회복되었다", "치료되었다" 혹은 "좋게 되었다"라는 의미이다. 조금 다른 의미로 "되돌아가다"라는 또한 히 13:19의 의미이기도 하다. 마 17:11의 주석을 보라(참조. 막 9:12).

그 치유는 즉시 완벽하게 이루어졌다. 뒤따른 치료나 심지어 진단서도 필요 없었다. 이제 오른손이 왼손처럼 정상적으로 회복되었다. 또한 강조되어야 할 사실은 그 사람이 복종의 행동을 통해 치유받았다는 것이다. 어쨌든 우리는 그 기적 자체에 대해 오직 예수께만 모든 신뢰와 영광을 바쳐야 한다. 예수께서는 그 사람에게 손을 대지 않으셨다. 사실상 예수께서는 손이 치유될 것을 어떠한 말로도 명하지 않으셨다(막 7:34과 대조). 예수께서는 단순히 그에게 손을 내밀라고만 말씀하셨는데 그 손이 완쾌된 것이다. 예수의 치유 방법은 인간으로서 도저히 상상할 수 없는 신비한 것이었다. 구세주는 현재 곤경에 처한 이 불쌍한 사람에게 마음을 쏟고 동정심에 가득 차서 모든 사람들 앞에서 치유해 주려고 결심하셨고 그리고 치유하셨다.

바리새인들은 예수의 이 눈부신 권능과 자비의 행위를 통해 자신들의 잘못을 깨달았는가? 현재 그들은 자신들의 죄를 고백했는가? 천만의 말씀이다. 바리새인들은 예수께서 안식일에 취한 행동 때문에 그를 더욱 증오했다. 그들은 안식일 날 치유하는 한에 있어서는, 장애자를 원상 복귀시켜 그에게 건강과 행복을 가져다 주는 것을 죄악으로 간주했다. 오히려 바로 그날 바리새인들은 공적을 베푼 치유자를 죽이려고 음모를 꾸몄다.

[14] 바리새인들이 나가서 어떻게 하여 예수를 죽일까 의논하거늘.

가능하다면 바리새인들은 그때 당장 예수를 죽이려고 했을 것이다. 왜냐하면 그들은 분노로 가득 찼기 때문이다(눅 6:11). 바리새인들의 간악한 음모를 즉시 실행에 옮기지 못하도록 한 두 가지 장애물이 있었다. 즉, 그것은 a. 로마 정부(요 18:3)와 b. 청중들이다. 깊은 감명을 받은 회당의 청중들은 이 순간 예수를 해하려는 어떠한 과격한 행동도 용납하지 않았을 것이다. 이러한 상황에서 바리새인들이 무엇을 할 수 있었겠는가? 바리새인들은 문제의 해결점을 찾기 위해 항상 자신들의 특별한 거룩성을 자랑했던 장본인들이 아니었던가! 또한 때때로 하나님의 보좌를 향해 자신들의 교만한 간구를 드렸던 자들이(눅 18:11, 12), 이제는 철저히 불경스럽고 세속적인 헤롯당과 모의를 꾸민다(막 3:6). 이제 이들은 헤롯 왕조를 지지

하는 일개 정당으로 전락하지 않았는가! 비참함은 기묘한 친구들을 만들어 내는데, 특히 시기심과 연결될 때는 더욱 그러하다. 바리새인들과 헤롯당은 어떻게 하면 예수를 죽일 것인가에 대한 새로운 모의를 하는 데 협력했다. 3:7과 22:15, 16에 대한 주석을 보라(참조. 막 12:13). 이 같은 주님의 철천지 원수들은 시편 2편 말씀을 읽어 마음속에 받아들였어야 했다.

하나님의 택한 종 (12:15-21)

막 3:7-12 참조

15-21절

15 예수께서 아시고 거기를 떠나가시니 많은 사람이 따르는지라 예수께서 그들의 병을 다 고치시고 16 자기를 나타내지 말라 경고하셨으니 17 이는 선지자 이사야를 통하여 말씀하신 바 18 보라 내가 택한 종 곧 내 마음에 기뻐하는 바 내가 사랑하는 자로다 내가 내 영을 그에게 줄 터이니 그가 심판을 이방에 알게 하리라 19 그는 다투지도 아니하며 들레지도 아니하리니 아무도 길에서 그 소리를 듣지 못하리라 20 상한 갈대를 꺾지 아니하며 꺼져가는 심지를 끄지 아니하기를 심판하여 이길 때까지 하리니 21 또한 이방들이 그의 이름을 바라리라 함을 이루려 하심이니라

15 예수님께서 이것을 아시고, 그곳을 떠나셨습니다. 많은 사람들이 예수님을 따라왔고, 예수님께서는 병든 사람들을 모두 고쳐 주셨습니다. 16 그러나 예수님께서는 자신에 대해 이야기하지 말라고 이르셨습니다. 17 이것은 예언자 이사야의 말을 이루려는 것입니다. 18 "내가 선택한 종을 보아라. 내가 그를 사랑하고 기뻐한다. 내 영을 그에게 줄 터인데, 그가 이방 사람들에게 정의를 선포할 것이다. 19 그는 다투지도 않고, 울부짖지도 않을 것이다. 거리에서 아무도 그의 소리를 들을 수 없을 것이다. 20 그는 상한 갈대도 꺾지 않을 것이고 꺼져가는 불꽃도 끄지 않을 것이다. 그래서 그는 결국 정의가 이기게 할 것이다. 21 모든 이방 사람들이 그 이름에 소망을 걸 것이다."

_아가페 쉬운성경

예수께서는 자신에 대한 대적자들의 살해 음모에 대해 완전히 파악하고 계셨으며, 지상에서 떠날 시기가 아직 도래하지 않았음도 역시 알고 계셨다. 우리는 그와 같은 사실을 다음의 구절에서 충분히 알 수 있다.

[15] 예수께서 아시고 거기를 떠나가시니 많은 사람이 따르는지라 예수께서 그들의 병을 다 고치시고.

그러나 예수께서는 떠나는 순간까지도 자신뿐만 아니라 축복을 베풀어 줄 그 밖의 사람들까지도 생각하고 계셨다. 이 설명에 관해서는 4:23-25; 9:35; 11:5에 대한 주석을 보라. 예수께서는 자기를 거절하려는 많은 사람들에게까지 이 모든 것을 행하셨다. 이에 관해서는 마 11:20-24과 요 6:66을 참조하라.

[16] 자기를 나타내지 말라 경고하셨으니.

이에 관해서는 8:4의 자세한 설명과 특히 항목 (b), (c), (d)를 참조하라. 또한 9:30의 주석을 참조하라.

예수께서는 명성을 추구하지 않으셨다. 또한 예수께서는 이적을 행하는 자로서 나타나기를 원하지 않으셨다. 그리스도께서 성육신하시고 인간들 사이에서 체류하신 것은 허영에 들뜬 과시나 세속적인 영광을 구하기 위하심이 아니었다. 그러한 것들은 이사야 예언의 겸허한 "여호와의 종"과는 전혀 일치하지 않는 모습이었다.

[17] 이는 선지자 이사야를 통하여 말씀하신 바.

사 42:2, 3에서 그리스도의 겸손과 정중함과 양보의 성품이 충분히 입증되고 있기는 하나, 마태의 의도는 그 전후 구절을 인용함으로써 메시아의 영광을 뚜렷하게 나타내고 적대자들의 사악함을 대조적으로 더욱 명백히 드러내려고 했다. 그러므로 본문 12:18-21은 사도 마태가 그리스도의 충만한 영감을 받아 사 42:1-4을 해석한 내용이다. 마태의 해석은 이사야 본문을 그대로 복사하여 기록한 것이 아니라 마태 자신의 깊은 공감이 반영된 것이다. 따라서 우리는 이사야서의 히브리어 원문과 마태복음의 헬라어 번역을 주의 깊게 비교함으로써, 강림하실 그리스도에 대하여 이사야가 탁월하게 아름다운 묘사로 표현했던 그 핵심을 마태가 정확히 간파했다는 것을 분명히 알 수 있다.[501)]

사 42:1-4은 "여호와의 종"에 관한 네 가지 예언들 중의 첫 번째 내용이다. 그 밖의 예언들은 사 49:1-9 상반절; 50:4-9; 52:13-53:12에 수록되어 있다(그러나 사 61:1 이하도 참조하라). 마태의 번역은 다음과 같이 시작된다.

---

501) 오히려 히브리 원어로부터 직역하면 사 42:1-4은 다음과 같다.

42:1 내가 붙드는 나의 종
내 마음에 기뻐하는 자 곧 내가 택한 사람을 보라.
내가 나의 영을 그에게 주었은즉
그가 이방에 정의를 베풀리라.
2 그는 외치지 아니하며 목소리를 높이지 아니하며
그 소리를 거리에 들리게 하지 아니하며
3 상한 갈대를 꺾지 아니하며
꺼져가는 등불을 끄지 아니하고
진실로 정의를 시행할 것이며
4 그는 쇠하지 아니하며 낙담하지 아니하고
세상에 정의를 세우기에 이르리니
섬들이 그 교훈을 앙망하리라.

다음을 주목하라.

(a) 사 42:1 상반절의(참조. 마 12:18 상반절) "내가 붙드는 나의 종"이라는 구절이 마태에 의하여 그대로 반복되지는 않았지만, "내가 붙드는 나의 종, 내 마음에 기뻐하는 자 곧 내가 택한 사람"이라는 이사야의 전체적 표현에 비추어 볼 때, "내 마음에 기뻐하는 바 내가 사랑하는 자"라는 마태의 표현은 결코 잘못된 것이라고 말할 수 없다.

(b) 사 42:2 하반절에 있어서는(참조. 마 12:19 하반절) 이사야의 "그 소리를 거리에 들리게 하지 아니하며"와 마태의 "아무도 길에서 그 소리를 듣지 못하리라" 사이에는 전혀 본질적인 차이가 없다.

(c) 잠깐만 생각해 보면, 사 42:3 하반절, 4 상반절의 테마는 "심판하여 이길 때까지"(마 12:20 하반절)라고 인용할 수 있었다는 사실을 알게 된다.

(d) 사 42:4 하반절의 "섬들"은 가장 먼 지역, 즉 이스라엘 밖의 나라들이다. 따라서 이것을 마태가 "이방들"(마 12:21)이라고 옮긴 것은 정확한 표현이다. 또한 히브리어 본문에서 "바라리라"에 해당하는 말은 확신 있는 예상과 함께 기다린다는 것, 즉 하나의 **바람**(희망함)[hoping]이다(참조. 마 12:21).

마태가 18절에서 *δοῦλος*(종) 대신에 *παῖς*(종)를 쓴 것은 그가 70인역을 따랐기 때문이다. 그러나 *παῖς*도 자주 "하인"을 의미하기 때문에 이것은 아무런 본질적 차이점도 만들어 내지 않는다. 마 8:6의 주석을 보라. 그러나 마태가 "나의 종 **야곱**…나의 택한 **이스라엘**"(70인역)이라고 말하지 않고, 사 42:1-4을 직접 그리스도에게 적용시켰다는 사실은 주목되어야 한다.

[18] 보라 내가 택한 종 곧 내 마음에 기뻐하는 바 내가 사랑하는 자로다 내가 내 영을 그에게 줄 터이니 그가 심판을 이방에 알게 하리라.

마태가 사 42:1-4을 나름대로 인용했을 때, 이 예언을 하나님의 사랑하시는 아들, 즉 하나님과 인간의 중보자이신 그리스도에 관해 직접 언급했다는 사실은 전체 문맥을 통해 명백히 드러난다. 마태는, 복음 전도자 빌립과 요한과 베드로 같은 사도들이 사 53장을 해석한 것처럼, 사 42장을 해석하고 있다(행 8:26-35; 요 12:37-43; 벧전 2:24). 사실상 이사야 42장은 이사야 53장과 분리될 수 없다. 그리스도에 관한 언급과 그분 안에서 성취된다는 사 42:6, 7(참조. 사 9:2, 6)의 내용을 제외하고는, 사 42:1-4을 명확히 해석하는 것은 전혀 불가능하다. 더욱이 "여호와의 종"에 관해 언급된 놀라운 사건들은 사 49:6과 53장(전장)과 55:3-5에 수록되어 있다. 그런데 이 같은 사건들이 인자이신 하나님의 아들을 제외한다면 그 누구에 관해 언급된 내용일까? 그 구절을 이스라엘에 관한 내용으로 간주한 자들은 사 53:6이 a. 타락한 백성과 b. 그들이 범한 죄악의 짐을 담당하신 여호와의 종을 뚜렷하게 구별 짓는다는 사실을 모르고 있다(사 53:4, 5, 8, 12).

한편 마태는 a. 그리스도의 사악한 대적자들, 즉 그리스도를 죽이려고 했던 바리새인들(마 12:14)과 b. 항상 자기를 보내신 자의 의지를 구현시키려고 했던(요 4:34; 5:30, 36; 17:4) 아버지의 사랑하는 아들이신(마 3:17; 눅 9:35; 골 1:13; 벧후 1:17, 18; 참조. 시 2:6-12) 그리스도와의 예리한 대조를 보여준다.

하나님 아버지께서는 바로 이 신성과 인성을 겸비하신 구속자에게 자신의 영을 "한량없이" 부어 주셨다(마 3:16; 요 3:34, 35; 참조. 시 45:7; 사 11:2; 61:1 이하). 결과적으로(눅 4:18) 중보자이신 예수께서는 하나님의 의지와 조화를 이루면서 자신의 예언자적 활동, 즉 의로운 "공의" 선포의 활동을 수행하셨다. 예수께서는 죄인들이 회개하고 구세주께 나아와(믿음으로) 구세주를 통해 구원을 얻고, 감사함으로써 그들에게 은혜를 베풀어 주신 하나님의 영광을 위해 살아가라는 내용을 선포하셨다. 21절에 대한 주석을 보라.

하나님과 인간 사이를 중재하시는 성령이 충만하신 중보자의 태도가 이제 16절과의 밀접한 관련 속에서 선포된다. 그리스도의 마음과 정신의 틀은 원수들의 그것과 정반대이다.

[19] 그는 다투지도 아니하며 들레지도 아니하리니 아무도 길에서 그 소리를 듣지 못하리라.

"들레다"라는 말은 종교적 기쁨에서 우러나오는 소리침도 아니고(시 5:11; 32:11; 사 12:6; 슥 9:9 등) 전쟁터나 승리감에서 나오는 그것도 아니다(출 32:18; 암 1:14; 참조. 수 6:20). 오히려 그것은 "조용히 들리는 지혜자의 말"과 대조를 이룸으로써 우매한 자들을 다스리는 자의 호령과 매우 흡사하다(전 9:17). 그것은 숫염소(satyr)의 떠들썩한 부르짖음과 유사하다(사 34:14). 본문(마 12:19)에서 분명히 제시하듯이, 그것은 다툼과 비슷한 유의 외침(고함 소리)이다. 방금 게임에서 패배한 자들이 벌이는 험악하고 공연한 말다툼을 상상해 보라. 그리고 거리에서 사람들을 선동하는 정치 선동가의 우렁찬 비난의 고함 소리와 술에 만취한 자들의 시끄러운 허풍과 싸움을 상상해 보라(필자의 주석 갈 5:21을 보라). 온유하고 정중한 구세주는 이러한 자들과 완전히 다르다. 이에 관해서는(사 42:1–4에 덧붙여) 사 57:15; 슥 9:9; 왕상 19:11, 12; 마 5:7–9; 21:5; 눅 23:34을 보라.

[20] [21] 상한 갈대를 꺾지 아니하며 꺼져가는 심지를 끄지 아니하기를[502] 심판하여 이길 때까지 하리니 또한 이방들이 그의 이름을 바라리라 함을 이루려 하심이니라.

이방들에 선언되고 있는 공의와 그리스도의 이름으로 소망하는 이방들에 대해 말하는 하나의 문맥 속에서 상한[503] 갈대[504]와 꺼져가는[505] 심지[506]란 용어들은 비유적인 의미로, 멀리 있는, 믿음이 거의 없는 연약하고

---

502) P. Van Dyk, "Het gekrookte riet en de rookende vlaswiek", GTT, 23 (1923), pp.155, 172를 보라.

503) *συντρίβω*(부수다, 짓이기다)의 분사 수동태 완료 남성 목적격 단수 *συντετριμμένον*이다.

504) 헬라어 *κάλαμος*(목적격[대격]-*ον*), 라틴어 *calamus*를 참조하라.

무력한 자들이란 뜻으로 풀이되어야 할 것이다. 바리새인들의 잔인성과 예수의 친절, 바리새인들의 허영심과 예수의 겸양, 바리새인들의 과시에 대한 애착과 예수의 온유는 상당히 대조를 이룬다. **바리새인들은** 예수의 살해 음모를 꾸몄으며(12:14) 그 한쪽 손 마른 자의 고통에 대해 냉담했고 무관심했다(12:10). "그것이 율법적인가?"라는 반복된 질문은 바리새인들의 변함없는 외침이었다. 그 외침은 "그것이 친절을 베푸는 것일까?"는 결코 아니었다. **예수**께서는 바리새인들과 전혀 달랐다. 이로 인해 사실상 20절 말씀을 완전히 부정적으로 해석하여, 그 말씀이 자기 신앙의 쇠퇴와 유혹의 만연을 두려워하는 자들에게 예수는 도움이 되지 않을 것이라는 사실을 지적할 뿐이라고 보는 것은 옳지 않다. 반면에 이러한 표현법은 어떤 확정적 진리가 그 정반대의 부정을 통해 전달되는 **곡언법**(曲言法)의 비유에 속한다. 그러므로 예수께서 꺾지 않으실 것이라고 말한 상한 갈대와 끄지 않으실 것이라고 말한 **꺼져가는 심지**의 진정한 의미는, 극도로 지쳐 버린 자는 누구에게나 예수께서 그의 순수하고도 깊은 연민과 포근한 관심을 한없이 베풀 것이라는 뜻이다. 예수께서는 약한 자들과 도움을 갈망하는 모든 사람들에게 강건한 힘을 부여해 주신다. 그는 병든 자들을 치유하실 것이며(마 4:23-25; 9:35; 11:5; 12:15) 세리와 죄인들을 찾아 구원하실 것이다(마 9:9, 10). 또한 그는 애통하는 자들을 위로하실 것이며(마 5:4) 두려워하는 자들을 격려하실 것이다. 그는 의심하는 자들에게 확신을 심어 주시며(마 11:2-6) 기근을 당한 자들에게 양식을 주셨다(마 14:13-21). 그리고 그는 자신들의 죄를 참회한 자들에게 용서를 베푸셨다(마 9:2). 예수께서는 참으로 **하나님께서 함께하시는 자**(Immanuel)이시다(마 1:23의 주석을 보라).

예수께서는 결코 이 모든 것을 "심판하여 이길 때까지", 즉 죄와 모든 허물의 결과가 하나님께서 구속하신 우주로부터 영원히 면제될 위대한 완성의 그날까지 중단하지 않으실 것이다. 그때에 하나님의 공의는 완전

505) 헬라어 *τύφω*(연기를 피우다)의 현재 수동태 분사 *τυφόμενον*이다.

506) 헬라어 *λίνον*(아마포, 리넨; 또한 아마포로 만들어진 모든 제품, 참조. 계 15:6). 이 경우에는 램프의 심지.

한 승리를 거둘 것이다(18절의 주석을 보라). 그러므로 "물이 바다를 덮음 같이 여호와를 아는 지식이 세상에 충만할 것임이니라"(사 11:9; 참조. 사 61:2, 3, 11; 렘 31:34).

그러므로 자기를 나타내지 말라는 명령(마 12:16)이 취소되었을 때 그 시기가 하나님의 섭리에 의해 임하고 있었다는 것은 놀라운 일이 아니다. **이스라엘**의 구세주는 **세상**의 구세주가 되어야 한다(요 4:42; 요일 4:14). 그러므로 21절을 아래와 같이 연결시키는 것이 바람직하다. 또한 구세주의 이름을 즉 세상에 '계시된 그리스도'를 **이방들이 바라리라**. 그들은 주 예수 그리스도 안에서 굳은 신뢰의 닻(참조. 히 6:19)을 내렸다. 비밀의 기간(마 12:16)은 점차 폭넓은 공개의 기간으로 바뀔 것이다. 그때에는 교회가 이방들 사이에서 선교의 사명을 완수할 것이다.[507)]

구약 율법시대의 기간 중에 예언되었을 뿐 아직 널리 실현되지 않은(창 22:15-18; 시 72:8-11; 87장; 사 54:1-3; 60:3; 말 1:11) 유대인과 이방인들에 대한 구원과 복음 선포의 시대적인 전조가 다음 구절들에서 제시될 수 있다(마 2:1, 2, 11; 8:10-12; 15:21-28; 눅 2:32 상반절; 요 3:16; 4장; 10:16). 보다 많은 언약의 성취에 관해서는 마 28:18-20; 행 22:21; 엡 2:11-22을 참조하라. 최종적 결과나 **승리**에 관해서는 계 7:9-17을 참조하라.

논쟁을 야기한 그리스도의 이적들 (12:22-37)

12:22-32에 관해서는 막 3:20-30; 눅 11:14-23; 12:10 참조

12:33-37에 관해서는 눅 6:43-45 참조

22-37절

22 그때에 귀신 들려 눈멀고 말 못하는 사람을 데리고 왔거늘 예수께서 고쳐 주시매 그 말 못하는 사람이 말하며 보게 된지라 23 무리가 다 놀라 이르되 이는 다윗의 자손

507) G.W. Barker, W.L. Lane, and J.R. Michaels, *The New Testament Speaks*, New York, 1969, p.269를 참조하라.

이 아니냐 하니 24 바리새인들은 듣고 이르되 이가 귀신의 왕 바알세불을 힘입지 않
고는 귀신을 쫓아내지 못하느니라 하거늘 25 예수께서 그들의 생각을 아시고 이르시
되 스스로 분쟁하는 나라마다 황폐하여질 것이요 스스로 분쟁하는 동네나 집마다 서
지 못하리라 26 만일 사탄이 사탄을 쫓아내면 스스로 분쟁하는 것이니 그리하고야 어
떻게 그의 나라가 서겠느냐 27 또 내가 바알세불을 힘입어 귀신을 쫓아내면 너희의
아들들은 누구를 힘입어 쫓아내느냐 그러므로 그들이 너희의 재판관이 되리라 28 그
러나 내가 하나님의 성령을 힘입어 귀신을 쫓아내는 것이면 하나님의 나라가 이미 너
희에게 임하였느니라 29 사람이 먼저 강한 자를 결박하지 않고서야 어떻게 그 강한
자의 집에 들어가 그 세간을 강탈하겠느냐 결박한 후에야 그 집을 강탈하리라 30 나
와 함께 아니하는 자는 나를 반대하는 자요 나와 함께 모으지 아니하는 자는 헤치는
자니라 31 그러므로 내가 너희에게 이르노니 사람에 대한 모든 죄와 모독은 사하심을
얻되 성령을 모독하는 것은 사하심을 얻지 못하겠고 32 또 누구든지 말로 인자를 거
역하면 사하심을 얻되 누구든지 말로 성령을 거역하면 이 세상과 오는 세상에서도 사
하심을 얻지 못하리라 33 나무도 좋고 열매도 좋다 하든지 나무도 좋지 않고 열매도
좋지 않다 하든지 하라 그 열매로 나무를 아느니라 34 독사의 자식들아 너희는 악하
니 어떻게 선한 말을 할 수 있느냐 이는 마음에 가득한 것을 입으로 말함이라 35 선한
사람은 그 쌓은 선에서 선한 것을 내고 악한 사람은 그 쌓은 악에서 악한 것을 내느니
라 36 내가 너희에게 이르노니 사람이 무슨 무익한 말을 하든지 심판 날에 이에 대하
여 심문을 받으리니 37 네 말로 의롭다 함을 받고 네 말로 정죄함을 받으리라

---

22 그때, 사람들이 귀신이 들려서 보지 못하고, 말하지 못하는 사람을 예수님께 데리
고 왔습니다. 예수님께서 이 사람을 고쳐 주시자, 그 사람이 말도 하고 볼 수 있게 되
었습니다. 23 사람들이 놀라 말했습니다. “이 사람이 혹시 다윗의 후손 메시아가 아닐
까?” 24 바리새파 사람들이 이 말을 듣고 말했습니다. “이 사람이 귀신의 우두머리인
바알세불의 힘을 빌려 귀신을 내쫓는다.” 25 예수님께서 바리새파 사람들의 생각을
아시고, 그들에게 말씀하셨습니다. “어느 나라든지 자기들끼리 나뉘어 싸우면 망할
것이다. 어느 도시나 가정도 나뉘면, 제대로 서지 못할 것이다. 26 마찬가지로 사탄이
사탄을 내쫓는다면, 사탄이 자신을 대적한다는 말인데, 그렇다면 어떻게 사탄의 나라
가 설 수 있겠느냐? 27 내가 바알세불의 힘을 빌어 귀신을 내쫓는다고 하는데, 그렇다
면 너희 아들들은 누구의 힘을 빌어 귀신을 내쫓느냐? 그러므로 그들이 너희의 재판
관이 될 것이다. 28 내가 만일 하나님의 영으로 귀신을 내쫓는다면, 하나님의 나라가
이미 너희에게 온 것이다. 29 또한 누구든지 힘센 사람을 먼저 묶어 놓지 않으면, 어
떻게 힘센 사람의 집에 들어가 물건을 빼앗을 수 있겠느냐? 묶어 놓은 뒤에야 그 집을
약탈할 것이다. 30 누구든지 나와 함께하지 않으면, 나를 반대하는 것이다. 나와 함께
모으지 않는 사람은 흩트리는 것이다. 31 그러므로 내가 너희에게 말한다. 어떠한 죄
나 신성 모독의 말은 다 용서를 받겠지만, 성령을 모독하는 죄는 용서받을 수 없다.
32 인자를 거역하는 말을 하는 사람은 용서받을 수 있다. 그러나 성령을 거역하는 말
을 하면, 이 세상에서도, 오는 세상에서도 용서받지 못할 것이다.” 33 “나무도 좋고 열

매도 좋다고 하든지, 나무도 나쁘고 열매도 나쁘다고 해야 한다. 나무는 그 열매를 보고 알 수 있다. 34 독사의 자식들아! 너희가 악하면서 어떻게 선한 것을 말할 수 있겠느냐? 입은 그 마음속에 가득 찬 것을 말하는 것이다. 35 선한 사람은 선한 것을 쌓았다가 선한 것을 내고, 악한 사람은 악한 것을 쌓았다가 악한 것을 낸다. 36 내가 너희에게 말한다. 사람이 무심코 내뱉은 사소한 말이라도 심판의 날에는 책임을 져야 한다. 37 네 말에 근거하여 네가 의롭다고 판정을 받을 수도 있고, 죄가 있다고 판정을 받을 수도 있다."

_아가페 쉬운성경

---

[22] 그때에 귀신 들려 눈멀고 말 못하는 사람을 데리고 왔거늘 예수께서 고쳐 주시매 그 말 못하는 사람이 말하며 보게 된지라.

"그때에"란 부사는 매우 막연하다. 예수께서는 12:2, 10, 14에서와 마찬가지로 여기서도 그의 적대자들의 무리 속에 계셨다. 어떤 귀신 들려 눈멀고 말 못하는 사람이 예수께 넘겨졌다. 일반적으로 귀신 들림에 관하여 그리고 그것과 육체적 질병과의 연관에 관해서는 마 9:32 주석을 보라.

예수께서 그를 즉시 완전히 치유하심으로써 극심한 고통을 당하던 그는 이제 더 이상 귀신에 사로잡히지 않고 볼 수 있으며 말할 수 있게 되었다. 목격자들의 반응은 다음과 같았다.

[23] 무리가 다 놀라 이르되 이는 다윗의 자손이 아니냐 하니.

이 기적을 목격한 사람들은 경악을 금치 못했다. 경악스러운 감정은 그들을 사로잡은 이 깜짝 놀랄 기적을 행한 그분 앞에서 공포심마저 불러일으켰음이 분명하다. 어쩌면 흔한 이야기로 "그들은 얼이 빠졌다"고 말할 수도 있다. 이러한 말이나 그것에 상응하는 어떤 말은 원문의 풍취를 자아낸다. 위에서 언급한 삼중의 축복을 받은 사람에게 시선을 모았던 청중의 관심이 곧장 그 위대한 은인에게 쏠렸다는 사실은 "**다윗의 자손**이 아니냐"라는 질문을 통해 명백히 드러난다. 이 표제의 의미에 관해서는 9:27을 보라. 그 질문은 너무도 상투적인 것이었기에 그것을 수정하는 부정적 답변이 기대되었다. 답변의 순서는 대충 다음과 같다. "아마도 그는 **다윗의 자손**이 아닐 것이다.…그러나 그러한 이적을 행할 자가 그분 외에 누구이겠는가?" 실로 의미심장한 질문이 아닌가! 이 순간 그 사람들의 마음 상태는 다음과 같이 묘사될 수 있을 것이다. 즉, 그 이적의 놀라운 특징은, 그들에게 바로 이 예수가 메시아일 것이라는 확신을 심어주었다는 것이다. 그러나 그들이 이 같은 생각을 하고도 감히 단정적 언어로 표현하지 못했던 이유는 특히 그곳에 그리스도의 극렬한 적대자들인 바리새인들이 있었기 때문이었다. 또한 사람들의 질문은 "이 사람이 다윗의 자손인가?"라는 말로 표현될 수도 있다. 비록 예수가 메시아일 것이라는 가능성은 항상 어렴풋하게 나타났지만, 다소 분명한 증거를 드러낸 말은 "이 이가 어떠한 사람인가?"(마 8:27)라는 질문이다.

그러나 우리가 그 질문을 지나치게 과소평가해서도 안 되겠지만, 그것에 지나치게 치중해서도 안 된다. 설사 이 사람들, 적어도 그들 중의 몇 명이 예수에게서 메시아를 보았다고 하더라도, 그 질문은 마음속에서 생겨났음이 분명하다. 따라서 여전히 추가될 수 있는 질문은 다음과 같다. 즉, "어떤 부류의 메시아인가? 단순히 육체적 고통과 장애 같은 세상의 재난으로부터의 구원이란 물론 사탄으로부터의 구원과 로마의 사슬로부터의 잠정적 구출, 그리고 타락과 억압 이 모든 것들로부터의 구원을 뜻한다. 그러나 죄악으로부터의 구원은 아니지 않은가? 그 구원이란 다른 모든 고통의 기초가 되는 죄악, 즉 하나님으로부터 버림받은 상태에서 구원받는 것은 아니지 않은가?" 그리스도의 일부 제자들을 포함한 수많은 사람들의 메시아 개념은 분명히 물질주의적, 세속적인 유대주의적 요소를 지닌 것이었다(마 20:21; 23:37-39; 눅 19:41, 42; 행 1:6; 요 6:15, 35-42).

아무리 불확실하고 희미하게 인식되며 표출되었다고 해도, 예수께서 오랫동안 고대해 왔던 메시아일 것이라는 가능성에 대한 암시는 바리새인들과 서기관들에게는 독약이었다. 그런데 서기관들은 예루살렘에서 내려온 자들이었으며(막 3:22) 예수의 말씀과 행동을 책잡아 그를 함정에 빠뜨렸던 자들임이 분명하다.

[24] 바리새인들은 듣고 이르되 이가 귀신의 왕 바알세불을 힘입지 않고는 귀신을 쫓아내지 못하느니라 하거늘.

여기서는 12:2, 10에서와는 달리, 적대자들이 예수에게 직접 말하지 않고 그의 배후에서 그를 비방하고 있다. 바리새인들은 비열하게 예수께서 귀신을 추방하신 사건을 귀신의 왕인 바알세불의 힘으로 돌린다. 바알세불(사탄)이란 표제의 논의에 관해서는 각주 450)을 포함하여 10:25과 9:34에 대한 주석을 보라. 예수에 대한 서기관과 바리새인들의 고소는 사악한 것이었다. 그것은 예수에 대한 시기심에서 벌어진 결과였다. 마 27:18을 참조하라. 바리새인들은 하나님의 말씀을 처음으로 선포한 자들이었으나, 예수로 말미암아 자신의 추종자들을 잃게 될 것을 알았다. 그들은 이 사실을 알고서 참을 수가 없었다. 바리새인들의 태도는 세례 요한과는 완전히 달랐다(요 3:26, 30). 바리새인들의 고소가 철저하게 추하고 사악했다는 점은, 예수께서 이적을 베푸신 것을 바알세불을 힘입은 사악한 악령의 영향으로 간주했다는 사실에서 명백히 입증된다. 다시 말해서 바리새인들은 터무니없게도 사탄이 예수의 영 안에 존재한다고 간주했다. 즉, 나중의 이 말은 예수가 더러운 귀신에 들렸다는 내용이다. 막 3:30을 보고 요 8:48을 참조하라. 사실상 바리새인들은 예수를 바알세불과 동일시했던 것이다(마 10:25).

예수께서는 자신이 바알세불의 힘으로 귀신을 추방시켰다는 바리새인들의 고소에 답변하시면서 다음의 몇 가지 사실들을 지적하셨다. a. 그 고소는 터무니없는 것이다(25, 26절). b. 고소는 모순된 것이다(27절). c. 고소는 진실된 상황을 애매모호한 것으로 만든다(28–30절). d. 고소는 용서받을 수 없는 것이다(31, 32절). e. 그 고소는 고소한 자들의 사악함을 폭로해 주며, 그들의 자손이 진실로 천벌을 받게 될 것임을 보여 준다. 그와 마찬가지로, 다른 사람의 선한 행동과 태도는 이러한 사람들이 영적으로 어떠한 사람들인가를 충분히 입증해 주는 것이다(33–37절).

첫째, 바리새인들의 고소는 터무니없는 것이다.

[25] [26] 예수께서 그들의 생각을 아시고 이르시되 스스로 분쟁하는 나라마다 황폐하여질 것이요 스스로 분쟁하는 동네나 집마다 서지 못하리라 만일 사탄이 사탄을 쫓아내면 스스로 분쟁하는 것이니 그리하고야 어떻게 그의 나라가 서겠느냐.

대적자들의 비방은 조롱하는 것이며 전혀 근거가 없는 것이다. 왜냐하면 만일 그것이 사실이라면, 사탄이 사탄을 대항하는 것이 되기 때문이다. 그 사탄은 자신의 본연의 활동을 파괴할 것이다. 우선 사탄은 인간의 마음과 삶 속에서 파괴를 일삼을 귀신들을 사절로 파송할 것이다. 그 후에 사탄은 비열한 배은망덕함과 자멸적인 우둔함으로 자신의 충실한 종들의 추방에 필요한 바로 그 힘을 공급할 것이 아니겠는가! 따라서 사탄은 자신의 제국을 파괴할 것이다. 그러므로 스스로 분쟁하는 나라나 동네나 집은 결코 유지될 수 없다.

둘째로, 바리새인들의 고소는 모순된 것이다.

[27] 또 내가 바알세불을 힘입어 귀신을 쫓아내면 너희의 아들들은 누구를 힘입어 쫓아내느냐 그러므로 그들이 너희의 재판관이 되리라.

예수와 그의 제자들 외에도 귀신을 축출할 권세를 소유했다고 주장한 자들이 있었다. 종종 바리새인의 제자들이나 그 당원들이 그와 같이 훌륭한 권능을 실제로 행했음은 의심할 여지가 없다. 마 7:22에 대한 주석을 보라. 그러나 이것을 입증하느냐 안 하느냐 하는 것이 필요하지는 않다. 요지는 다음과 같다. 즉, 바리새인의 동료들과 추종자들은 그들이 이러한 권세를 소유했다고 주장했다. 이유가 적절하든 적절하지 않든 간에 이러한 그들의 주장은 일반적으로 받아들여졌다. 따라서 이처럼 평판 있는 악령 추방자들의 선생들은 자신들의 명예를 소유하기에, 즉 반영된 영광을 누리기에 급급했다. 그러나 만일 바리새인들이 이러한 일을 정당화했다면, 어떻게 그들은 유사한 종류의 사역에 종사하는 예수를 신랄하게 반대할 수 있었을까? 따라서 귀신을 축출한 예수의 권능의 원천을 언급한 그 선생들의 주장이 옳았는지의 여부를 그 당원들에게 물어보자. 만일 이 당원들이 그 고소를 정당한 것으로 간주한다면, 그들은 예수가 실제로 귀신을 힘입어 귀신을 추방시켰음을 긍정함으로써 자신들을 비난하게 될 것이다. 달리 말해서, 만일 당원들이 그 고소를 거짓된 것으로 판단했다면, 그들은 자신의 선생들을 비난하고 예수를 옹호하게 될 것이다. 위의 어느 편에서도 당원들의 판결은 그리스도의 적대자들을 매우 당황하게 만들

것이다.

예수께서는 이러한 변론의 방법을 사용함으로써 적대자들로 하여금 답변할 수 없도록 만드셨는데, 또 다른 실례가 마 21:23-27에 기록되어 있다. 다른 한편 그들—즉, 이 경우 헤롯 당원들의 지지를 얻은 바리새인들—은 예수를 궁지에 빠뜨리려고 꾀했다. 그때 예수께서는 그들의 올무를 교묘히 빠져나오셨을 뿐만 아니라 그러한 과정 속에서 그들은 물론 각처의 모든 사람들이 명심해야 할 교훈을 가르쳐 주셨다(마 22:15-22). 예수께서는 모든 상황을 주재하시는 주님이시다. 그는 얼마나 높임을 받으실 분이신가!

셋째로, 바리새인들의 고소는 애매모호한 것이다.

대적자들이 퍼뜨린 그 비방은 진상을 밝히는 것으로부터 약간 탈선한 것이 아니라 전적으로 사악한 속임수였다. 그것은 진리의 정반대편에 있는 것이었다. 예수께서는 바알세불이라는 더러운 귀신의 힘이 아닌, 하나님의 영으로써 귀신을 추방하셨기 때문이었다. 어찌 그 같은 비방을 할 수 있단 말인가?

[28] 그러나 내가 하나님의 성령을 힘입어 귀신을 쫓아내는 것이면 하나님의 나라가 이미 너희에게 임하였느니라.

이 구절의 서두에 쓰인 접두사 "if"(만일)라는 말은(개역 개정 성경에는 번역이 생략되었음—역주) "실제로 그러한 상황이 펼쳐진다면"이란 뜻을 지닌다. 사탄의 왕국이 침해된다는 사실은—왜냐하면 사탄의 사절이 인간의 마음과 삶 속에서 쫓겨나기 때문에— 바로 하나님의 나라(4:23의 주석을 보라)가 임재했음이 느껴지도록 하고 있음을 보여 주는 것이다. 하나님의 나라는 사탄의 모든 영역에서 승리를 거두는 과정 속에 존재하는 것이다. 하나님의 나라라는 용어(마태는 통상 천국이란 명칭을 사용했다. 필자의 주석 마태복음 서론 pp. 146, 147을 보라)가 미래와 현재의 실재성을 지적한다는 사실이 이 구절에서 매우 명백히 드러난다. 그 실재성은 성장하는 실재성이고 발전적인 실재물이며, 그 각각의 복은 여전히 다가올 보다 위대한 복의 전조가 되는 것이다. 그때에 비로소 끝없는 절정이 위대한 정점에 다다를 것이며 **완성**이란 말조차 어떤 의미로는 진행을 의미할 것이다.[508] 그리스도의 지상에서의 활동 기간 중인 당시 다음의 사건들이 발생했다. 즉, 병자들이 치유받고 죽은 자들이 일어나며, 나병 환자들이 깨끗함을 받고 귀신이 추방되며, 죄가 용서받고 진리가 전파되며 거짓이 용납되지 않는다. 우리는 하나님 나라를 대적하여 싸우는 것 대신에 모든 사람들로 그 나라에 들어가게 해야 한다(마 7:13, 14; 11:28-30; 23:37; 요 7:39).

그러므로 그리스도의 권세가 지상에서 명백히 드러난 것은 바로 **하나님의 영**을 통해서이다. 이 **하나님의 영**이란 말에 관해서는 다음의 구절들, 마 3:16; 롬 8:9 하반절, 14; 고전 2:11 하반절(참조. 2:12 상반절); 2:14; 3:16; 6:11; 7:40; 12:3; 고후 3:3(살아계신 하나님의 영); 벧전 4:14; 요일 4:2 상반절을 참조하라. 고전 12:3의 대구법(對句法)은 **하나님의 영**이 삼위일체의 제 삼위, 즉 **성령**이심을 입증한다. 또한 마 12:28과 32절을 비교해 볼 때, 28절에서도 그와 같은 사실을 분명히 제시해 주고 있음을 알 수 있다.

그리스도의 권세의 원천에 대한 이 설명이 논리 정연하다는 사실은 다음의 29절에서 설명된다.

[29] 사람이 먼저 강한 자를 결박하지 않고서야 어떻게 그 강한 자의 집에 들어가 그 세간을 강탈하겠느냐 결박한 후에야 그 집을 강탈하리라.

일상 생활 속에서 도둑은 집주인으로부터 자발적인 도움을 받을 수 없다. 대신 이 침입자는 자신이 원하는 것을 얻기 위하여 집주인을 결박한다. 그러고 나서 도둑은 그 집을 강탈한다. 예수께서는 말과 행위로써 사탄이 자신의 소유로 간주한 값진 물건들을 그로부터 빼앗으며, 이때껏 행사한 그의 사악한 지배를 박탈하신다(눅 13:16). 예수께서는 바알세불의 종들, 즉 귀신들을 추방시키실 것이며, 사탄이 그들의 대리자들을 통하여 이때껏 인간의 영혼과 육체에 행했던 것을 복구시키신다. 예수께서는 다음의 사건들을 통해서 이 모든 일을 행하셨다. 즉, 그 사건들은 예수의 성

---

508) 필자의 저서, *The Bible on the Life Hereafter*, pp.75-78을 보라.

육신과 유혹의 광야에서 마귀를 물리친 그의 승리, 귀신에게 선언된 그의 권위의 말씀과 바알세불을 속박하기 시작했던 그의 전반적인 활동, 십자가 위에서(골 2:15) 그리고 부활과 승천과 대관식을 계기로(계 12:5, 9-12) 사탄을 물리친 승리를 통해 더욱 강화될 권세의 속박이나 축소 과정들이다. 예수께서는 권세를 힘입어 이러한 일을 행하셨고 행하고 계시며 행하실 것이다. 그런데 이 권세는 바알세불에게서 온 것이 아니라 예수께서 방금 언급하신 성령으로부터 온 것이다(28절). 사실상 사탄은 존재하며 점진적으로 자리를 굳혀 그의 **세간**, 즉 인간의 영혼과 육체를 강탈한다. 따라서 이러한 사실은 치유 활동과 어떤 강력한 선교 계획을 통하여 처음에는 유대인, 나중에는 다른 민족들에게 전달된다(요 12:31, 32; 롬 1:16). 이것은 계 20:3을 이해하는 열쇠가 아니겠는가?[509] 또한 눅 10:17, 18의 **하늘로부터 번개같이 떨어지는 사탄**에 관한 이야기가 칠십 인의 전도자들이 돌아와 보고한 내용과 관련하여 기록되고 있음을 주목하라.

그리스도와 사탄 사이의 투쟁 속에서 중립을 지킨다는 것이 불가능하다는 사실을 다음의 30절에서 보여 주고 있다.

[30] 나와 함께 아니하는 자는 나를 반대하는 자요 나와 함께 모으지 아니하는 자는 헤치는 자니라.

그 이유는 두 가지 거대한 나라, 즉 a. 머리이신 그리스도께서 거하시는 하나님의 나라 혹은 하늘나라와 b. 사탄의 제국만이 존재하기 때문이다. 인간은 둘 중 어느 한 곳에 속해 있다. 그러므로 만일 인간이 그리스도와 친숙한 교제를 나누지 못한다면, 그는 그리스도께 **대항하여**[510] **반대하는** 자일 것이다. 예수와 **함께** 거한다는 것은 모으는 것을 뜻하며, 예수께 대항한다는 것은 헤치는 것을 의미한다. "나와 함께 모으지 아니하는 자는 헤치는 자니라."

예수와 **함께** 거한다는 것은 사람들을 모아 그분을 따르도록 만드는 데

---

509) 필자의 저서 *More than Conquerors, An Interpretation of the book of Revelation*, pp.223-229를 보라.

510) 헬라어로는 *μετά* 대 *κατά*라는 두 개의 전치사가 사용되었다.

주된 역할을 감당하는 것을 의미한다(잠 11:30; 단 12:3; 마 9:37, 38; 눅 19:10; 요 4:35, 36; 고전 9:22). 예수를 반대한다는 것은 잃어버린 자들을 불러 모으는 그분의 전도 사역에 동참하여 따르기를 꺼린다는 의미이다. 그것은 그들을 목자 없는 상황에 빠뜨려 사탄의 손쉬운 먹이가 되도록 방치함을 뜻한다(마 9:36의 주석을 보라. 참조. 요 10:12).

넷째로 바리새인들의 고소는 용서받을 수 없는 것이다.

[31] [32] 그러므로 내가 너희에게 이르노니 사람에 대한 모든 죄와 모독은 사하심을 얻되 성령을 모독하는 것은 사하심을 얻지 못하겠고 또 누구든지 말로 인자를 거역하면 사하심을 얻되 누구든지 말로 성령을 거역하면 이 세상과 오는 세상에서도 사하심을 얻지 못하리라.

인간이 진정으로 회개한 모든 죄는 용서받을 수 있다(참조. 막 3:28; 눅 12:10). 이 구절 속에 회개의 조건에 관한 내용은 전혀 언급되지 않았다. 그러나 그것이 암시되었다는 사실은 바로 이 본문(마 12:41)과 마 4:17; 특히 눅 17:3, 4 속에서 명백히 드러난다(참조. 시 32:1, 5; 잠 28:13; 약 5:16; 요일 1:9). 또한 이러한 규례는 매우 극악한 죄, 즉 신성모독의 죄와 관련을 맺고 있다. 그러나 이러한 관련 속에서 우리는 성경에서는 때로 보다 폭넓은 의미로 이 말이 사용되고 있음을 깊이 명심해야 한다. 우리는 성령을 거역하는 죄를 무례한 불경으로 정의할 수 있다. 이러한 관련 속에서 우리는 그런 죄악을 하나님 혹은 하나님의 은혜로 통치하는 임금을 저주하는 것으로 간주할 수 있다. 예를 들면, 그러한 죄악은 신성한 것들을 고의적으로 타락시키는 것이며, 그것들을 세속의 영역으로 끌어 내리는 것이다. 또한 그것은 오직 하나님에게만 속한 영광을 세속적인 혹은 순전히 인간적인 차원에서 요구하는 죄이다. 그러나 '신성모독'에 해당하는 헬라어는 하나님 혹은 인간을 적대시하는 불손한 언어, 즉 명예 훼손, 푸념, 욕설보다 보편적인 의미로 사용되고 있다(엡 4:31; 골 3:8; 딤전 6:4). 따라서 우리는 "사람에 대한 모든(또는 각종의) 모독은 사하심을 받을 것이다"라고 말한 예수의 확언에서 그가 이 모독이란 용어를 가장 보편적인 의미로 사용하고 계심을 알 수 있다. 그러나 예수께서 하나의 예와—"성령을 모독하는 것은 사하심을 얻지 못하리라"—를 언급하셨을 때, 우리는 예수께서 영어의 "blasphemy"(신성모독)에 해당하는 하나의 죄에 대하여 말씀하셨음을 알 수 있다. 또한 마 9:3과 다음의 구절들을(막 2:7; 눅 5:21; 요 10:30, 33; 계 13:1, 5, 6; 16:9, 11; 17:3) 참조하라.

그러나 **성령을 거역하는** 것을 제외한 모든 죄가 용서받을 수 있다는 것은 "누구든지 말로 인자를 거역하면 사하심을 얻을 수 있다"고 예수께서 말씀하신 사실에서 명백히 드러난다. 만일 이 말씀이 진실이 아니었다면, 베드로의 죄가 어떻게 용서받을 수 있었겠으며(막 14:71) 그가 어떻게 복귀될 수 있었겠는가?(요 21:15-17). 그리고 다소(Tarsus)의 사울(바울)이 어떻게 용서받을 수 있었겠는가?(딤전 1:12-17). 반면에 **성령을 모독하는 것**, 즉 **말로 성령을 거역하는** 것은 이 세상과 **오는 세상**에서도 결코 용서받을 수 없다고 한다.

말하자면, 이 말씀은 결코 상상력을 확대시키지 않고도, 어떠한 죄들은 내세의 삶 속에서 용서될 것이라는 사실을 암시하고 있다는 점이 지적되어야 한다. 이 말씀이 결코 연옥의 교리를 지지한다는 의미로 해석될 수는 없다. 이 표현은 단순히 그 지적된 죄가 **결단코** 용서받을 수 없음을 뜻한다. 연옥의 교리는 "예수께서 그 모든 것을 지불하셨다"라는 성경의 가르침과 전적으로 모순된다. 그런데 연옥이란 영원히 죽지 않는 자들의 영혼이 지상에서 사는 동안 범한 죄의 대가로 인해 고통을 당함으로써 나머지 빚을 청산하는 가상적 장소를 말한다(히 5:9; 9:12, 26; 10:14; 요일 1:7; 계 1:5; 7:14).

"성령을 모독하는 것이 용서받을 수 없다는 사실을 어떻게 이해하여야 하는가?"라는 문제가 제기된다. 그 밖의 죄는 그것이 아무리 중하고 무서운 것일지라도 용서받을 수 있다. 간통과 부정과 살인을 범한 다윗의 죄(삼하 12:13; 시 51편; 참조. 시 32편)는 물론 눅 7장에 기록된 여자의 **수많은** 죄와 탕자의 **방탕 생활**의 죄(눅 15:13, 21-24)도 용서를 받았다. 또한 시몬 베드로의 주를 세 번 부인한 불경죄(마 26:74, 75; 눅 22:31, 32; 요 18:15-18, 25-27; 21:15-17), 바울이 회심 이전에 신자들에 대하여 무자비한 박해를 가한 죄(행 9:1; 22:4; 26:9-11; 고전 15:9; 엡 3:8; 빌 3:6)도 용서를 받았다. 그러나 **성령을 거역한 자**는 결코 용서받지 못할 것이다.

왜 용서받지 못하는가? 언제나 그렇듯이 본문 자체가 그 이유를 즉시 명백히 드러내 주지 않을 때, 우리는 문맥을 통하여 안내를 받아야 한다. 우리는 **성령**께서 그리스도를 통하여 성취하신 것을 바리새인들이 사탄의 탓으로 돌렸음을 문맥상 알 수 있다. 더욱이 바리새인들은 이러한 사실을 고의적이고도 계획적으로 꾸미고 있다. 그들이 제시한 모든 증거들이 모순되는 것임에도 불구하고 그들은 여전히 예수가 바알세불의 권세로 귀신을 축출하고 있다고 단언한다. 이러한 사실뿐만 아니라 그들이 계속해서 죄를 범하고 있다는 사실은 마 9:11과 12:2과 그리고 12:14을 비교해 봄으로써 명백히 제시된다. 이미 언급된 바 현재 용서함을 받았다는 것은 그 죄인이 진정으로 회개했음을 암시한다. 여기서 묘사된 바리새인들에게는 죄에 대한 진정한 애도가 전적으로 결핍되어 있다. 그들은 회개하는 대신에 음모를 꾸몄다. 따라서 바리새인들은 자신들이 범한 죄와 전혀 변명할 길 없는 강퍅함을 통하여 스스로 멸망하게 될 것이다. 바리새인들의 죄가 용서받을 수 없는 이유는 그들이 용서로 통하는 길을 걷지 않았기 때문이다. 강도와 간통한 자와 살인자에게는 희망이 있다. 복음의 메시지는 그들에게 자극을 주어 "하나님이여 죄인인 나에게 자비를 베푸소서"란 말을 외치게 할 것이다. 그러나 어떤 사람이 완악하게 되었을 때, 그는 성령의 충고에 전혀 관심을 표명하지 않기로 마음을 굳히고 성령의 간청과 경고의 음성조차도 경청하지 않는다. 따라서 그는 자신을 멸망의 길로 인도하고 만다. 그는 **죽음으로 인도되는** 죄를 범했다(요일 5:16; 참조. 히 6:4-8).

진실로 회개한 자는 자신의 허물이 아무리 치욕적인 것이라 할지라도 결코 절망할 이유가 없다(시 103:12; 사 1:18; 44:22; 55:6, 7; 미 7:18-20; 요일 1:9). 반면에 성령을 모독하는 죄의 문제가 마치 성도와는 전혀 상관없는 것처럼, 무관심한 죄는 결코 용납될 수 없다. 성령을 모독한다는 것은 죄로 물들어 가는 결과이다. 성령을 근심하게 하는 것은(엡 4:30) 회개하지 않는 한 성령을 거스르는 죄로 이끈다(행 7:51). 따라서 그 죄가 지속될수록 성령을 소멸시키는 죄는 심화된다(살전 5:19). 진정한 해답은

"너희가 오늘 그의 음성을 듣거든…너희 마음을 완악하게 하지 말지어다" (시 95:7 하반절, 8 하반절)에서 찾아볼 수 있다. 히 3:7, 8 상반절을 참조하라.

마지막으로 바리새인들의 고소는 폭로해 주는 것이다.

이 고소는 그 고소를 꾸민 자들의 사악함을 폭로해 준다. 그것은 그들의 자손이 참으로 천벌을 받게 될 것임을 보여 준다. 이와 마찬가지로 하나님의 진실된 자녀의 선행과 올바른 태도는 그들 모두가 영적으로 선한 자들임을 입증한다. 예수께서 이 말씀을 하셨을 때 여전히 바리새인들을 염두에 두고 계셨다는 사실은 34절('독사의 자식들')과 현재의 짤막한 단락(33-37절) 속에서 명백히 드러난다. 그럼에도 불구하고 예수께서는 관심의 대상을 특별한 것에서 일반적인 것으로, 즉 이 특정 집단의 사람들에게서 바리새인이거나 아니거나 간에 그 "악한 사람" 대 그가 누구이건 간에 "선한 사람"에게로 돌리고 계심이 분명하다(35절). 예수께서는 나머지 사람들로부터 구별한 각 개인들에게 직접 전달된 진지한 경고의 말씀으로 결론을 내린다. 따라서 너희("내가 너희에게 이르노니" 36절)라는 말이 "네"("네 말로" 37절)로 변한 것을 유의하라.

그 단락은 다음과 같이 시작한다.

[33] 나무도 좋고 열매도 좋다 하든지 나무도 좋지 않고 열매도 좋지 않다 하든지 하라 그 열매로 나무를 아느니라.

열매와 나무는 함께 속한다. 그것들은 결코 분리될 수 없다. 그러므로 귀신 축출이나 병자 치유와 같은 예수의 행적은 유익한 것이지만 그는 바알세불의 도구이기 때문에 나쁘다고 말하는 것은 전혀 이치에 맞지 않다. 예수의 정체는 반드시 그가 행하신 것에 의해 결정되어야 한다. 즉, 나무는 그의 열매에 의해 판단된다. "나무도 좋고 열매도 좋다 하든지 나무도 좋지 않고 열매도 좋지 않다 하든지 하라"는 말에서 "하든지 하라"(make)는 동사는 문자적으로는 간주하라(consider to be)는 의미를 갖는다. 또한 요 5:18; 8:53; 10:33을 보라. 또한 마 7:16-20에 대한 주석을 보라.

좋지 않은 열매는 그 나무에 어떤 나쁜 것이 있음을 입증한다. 바리새인들은 좋지 않은 열매, 즉 모독하는 말(24절)을 내었다. 좋지 않은 열매, 즉 병든 마음속에서 선한 것은 결코 기대될 수 없다.

[34] 독사의 자식들아 너희는 악하니 어떻게 선한 말을 할 수 있느냐 이는 마음에 가득한 것을 입으로 말함이라.

만일 그들이 내뱉는 말과 사고와 감정과 의도의 근본적인 바탕이 타락했다면, 그들의 입에서 악한 것 외에 그 무엇을 기대할 수 있겠는가? 왜냐하면 "마음에 가득한 것을 입으로 말하기" 때문이다. 여기서 "가득한 것"이란 말은 과잉 혹은 초과라는 의미를 내포한다. 인구가 과잉되면 인접 지역으로 밀려들어 가고, 물탱크에 물이 차면 유출관으로 흘러내리듯, 마음에 가득한 것은 말로써 터져 나올 것이다. 이것은 분명히 이 사악한 바리새인들의 경우에서도 마찬가지이다. 또한 그 반대의 경우에서도 진리이다. 즉, 마음이 선하고 고상한 의도로 가득 채워졌다면, 그 선한 사람의 말은 이러한 것이 사실임을 입증할 것이다. 그러한 규칙은 누구든지 마음 중심에 새겨 놓으면, 그의 내부에 가득 차서 조만간 그의 말 속에서 그대로 드러나게 되며 똑같이 선함과 악함을 지닌다.

[35] 선한 사람은 그 쌓은 선에서 선한 것을 내고 악한 사람은 그 쌓은 악에서 악한 것을 내느니라.

인간의 마음은 하나의 저장소나 창고와 같으며, 원문을 문자적으로 표현한다면 하나의 보고(寶庫)와 같다. 이 보고라는 말이 지혜로운 자들의 황금과 몰약을 담은 궤 혹은 상자를 지시하는 것으로 사용되는[511] 마 2:11과 비교해 보라. 어떤 사람이 이 창고 안에서 꺼낸 물건은, 그것이 좋은 것이든 나쁜 것이든 혹은 값비싼 것이든 값싼 것이든 간에, 그가 그 안으로 운반했던 것이다.

그러나 이러한 사실이 삶의 숙명론적 견해에 대한 어떤 구실을 제공하지는 않는다. 그것이 어떤 사람에게 "나는 내 자신을 (완전한 존재로) 만

---

511) 동일한 단어가 보물 그 자체를 가리킬 수도 있다(마 6:19-21; 13:44; 히 11:26; 골 2:3).

들지 못한다. 그렇지 않는가? 나는 나다, 고로 나는 내 방식대로 사고하고 말하며 행동할 수밖에 없지 않은가?"라고 말할 권한을 부여해 주지는 않는다. 반면에 예수께서는 다음과 같이 말씀하신다.

[36] 내가 너희에게 이르노니 사람이 무슨 무익한 말을 하든지 심판날에 이에 대하여 심문을 받으리니.[512)]

모든 사람은 자신의 신분과 그가 생각하고 말하고 행한 것에 대해 전적으로 책임이 있다. 그러므로 비록 그가 자신의 마음을 변화시킬 수는 없지만, 그가 하나님으로부터 부여받은 힘을 통하여 마음과 삶을 새롭게 하시는 그분에게로 향할 수 있다는 것도 사실이다. 하나님께서는 항상 인간들이 요구하는 것은 무엇이든지 기꺼이 선사하신다. 만일 인간들이 그것을 받아들이지 않는다면, 이것은 **그들의** 잘못일 뿐이지 하나님의 잘못이 아니다(시 81:10; 사 45:22; 55:6, 7; 마 7:7; 11:28-30; 눅 22:22; 요 7:37; 행 2:23; 약 4:2 하반절; 계 3:18; 22:17 하반절).

사람들은 본문에 수록된 무슨 "무익한"이란 말씀만으로도 최후 심판날에 심문을 받게 될 것이다. 여기서 "무익한"이란 말은 원문에 의하면 **유익함을** 전혀 **행하지 않고** 선한 결실을 맺는 데 있어서 효과를 거두지 못하는 단순한 **말을** 의미한다. 그렇다면 그들은 소환되어 마 12:24에 기록된 거짓말과 남을 해치며 모독하는 말에 대한 만족스러운 이유를 제시해야 하지 않겠는가? 최후 심판의 포괄적 특성에 관해서는 마 10:26의 주석과 관련된 요약을 보라.

예수께서는, 마치 개개인이 더 이상 그 집단 속에 머무르지 않고 홀로 주님과 대면하고 있는 것처럼, 그 청중 속에 있는 각 개인들에게 2인칭을 사용하여 단호하게 37절을 말씀하심으로써 자신의 말을 결정적으로 결론지으신다.

---

512) 직역하면 이러하다. "…사람들이 말하는 모든 부주의한 말에 대하여 그들이 책임을 지게 될 것이다". 이런 파격 구문—만약 이 문장을 이렇게 부르고자 한다면—은 얼마든지 쉽게 이해된다. Gram.N.T., p.718을 보라. 이런 경우는 헬라어에서도 발생하며 히브리어에서는 자주 발생한다.

[37] 네 말로 의롭다 함을 받고 네 말로 정죄함을 받으리라.

최후의 날 개인에게 임할 심판(36절)은 마음의 거울과 같은 하나님의 말씀과 "일치한다"는 의미에서 "(네 말)로"가 될 것이다. 이 말씀은 그가 공언한 신자인지 불신자인지의 여부를 밝힐 것이다. 따라서 만일 공적으로 선언된 신자라면, 그의 신앙이 진짜인지 가짜인지의 여부도 밝힐 것이다. 분명히 인간은 능력을 얻는 것처럼 인정되는 어떠한 행위가 아닌 오직 은혜로써 믿음을 통하여 구원을 얻는다. 그러나 인간의 행위—이것은 그의 말을 포함한다—는 그가 과거와 현재에 하나님의 자녀인지 아닌지의 여부를 보여 주는 데 필요한 증거를 제공한다. 더욱이 만일 이 심판이 유리하게 판정된다면, 창조자이신 구속자에 대한 인간의 충성의 척도를 반영하는 그 행위로써 그의 영광의 등급이 결정된다. 이와 마찬가지로 행위는 멸망할 자들에 대한 형벌의 등급을 확정한다. 예수께서는 개개인이 이 중요한 진리를 상고함으로써 저주받지 않고 의인으로 인정받기를, 즉 하나님의 면전에서 의로운 자로 선포되기를 원하신다.

표적 구함을 책망하심 (12:38-45)

12:38-42에 관해서는 막 8:11, 12; 눅 11:29-32 참조

12:43-45에 관해서는 눅 11:24-26 참조

38-45절

38 그때에 서기관과 바리새인 중 몇 사람이 말하되 선생님이여 우리에게 표적 보여 주시기를 원하나이다 39 예수께서 대답하여 이르시되 악하고 음란한 세대가 표적을 구하나 선지자 요나의 표적밖에는 보일 표적이 없느니라 40 요나가 밤낮 사흘 동안 큰 물고기 뱃속에 있었던 것같이 인자도 밤낮 사흘 동안 땅속에 있으리라 41 심판 때에 니느웨 사람들이 일어나 이 세대 사람을 정죄하리니 이는 그들이 요나의 전도를 듣고 회개하였음이거니와 요나보다 더 큰 이가 여기 있으며 42 심판 때에 남방 여왕이 일어나 이 세대 사람을 정죄하리니 이는 그가 솔로몬의 지혜로운 말을 들으려고 땅끝에서 왔음이거니와 솔로몬보다 더 큰 이가 여기 있느니라 43 더러운 귀신이 사람

에게서 나갔을 때에 물 없는 곳으로 다니며 쉬기를 구하되 쉴 곳을 얻지 못하고 44 이
에 이르되 내가 나온 내 집으로 돌아가리라 하고 와 보니 그 집이 비고 청소되고 수리
되었거늘 45 이에 가서 저보다 더 악한 귀신 일곱을 데리고 들어가서 거하니 그 사람
의 나중 형편이 전보다 더욱 심하게 되느니라 이 악한 세대가 또한 이렇게 되리라

38 그때, 몇몇 율법학자들과 바리새파 사람들이 예수님께 말했습니다. "선생님, 우리
에게 증거를 보여 주십시오." 39 예수님께서 대답하셨습니다. "악하고 죄 많은 이 세
대가 증거를 보여 달라고 한다. 그러나 예언자 요나의 증거 외에는 보여 줄 것이 없
다. 40 요나가 삼 일 낮, 삼 일 밤 동안 꼬박 커다란 물고기 뱃속에 있었듯이, 인자도
삼 일 낮, 삼 일 밤 동안 땅속에 있을 것이다. 41 심판의 날에 니느웨 사람들이 이 세대
와 함께 일어서서 이 세대를 심판할 것이다. 왜냐하면 그들은 요나의 전도를 듣고 회
개했기 때문이다. 보아라, 요나보다 더 큰 이가 여기 있다! 42 심판의 날에 남쪽 나라
의 여왕이 이 세대와 함께 일어서서 이 세대를 심판할 것이다. 왜냐하면 그 여왕은 솔
로몬에게 지혜를 들으려고 땅끝에서부터 왔기 때문이다. 보아라, 솔로몬보다 더 큰
이가 여기 있다!" 43 "더러운 영이 어떤 사람에게서 나와, 쉴 곳을 찾아 물이 없는 곳
에서 헤맸으나 찾지 못하고, 44 이렇게 말했다. '내가 나왔던 집으로 다시 돌아가야겠
다.' 돌아와보니 그 집이 여전히 비어 있을 뿐만 아니라, 깨끗이 청소되고 정리되어
있는 것을 알았다. 45 그때, 그 더러운 영이 나가서 자기보다 훨씬 더 악한 일곱 영을
데리고 왔다. 그 영들 모두 그 사람에게 들어가 살게 되어, 그 사람의 나중 상태가 처
음보다 훨씬 더 나쁘게 되었다. 이 악한 세대도 이렇게 될 것이다." _아가페 쉬운성경

[38] 그때에 서기관과 바리새인 중 몇 사람이 말하되 선생님이여 우리에게 표적 보여 주시기를 원하나이다.

바리새인들은 그들의 전적인 패배를 분개하였음이 분명하다. 예수께서는 그들이 퍼뜨린 고소(마 12:24)가 사악하고 불합리한 것이었음을 보여 주셨다. 또한 예수께서는 그들을 "독사의 자식들"이라고 부르셨다. 그래서 일찍이 헤롯당과 동맹을 맺었던 바리새인들(막 3:6)은 그들이 극찬했던(적어도 칭찬하는 것처럼 가장했던) 자들, 즉 서기관들의 도움을 청했다. 서기관들은 구약성경과 그것과 관련된 전승을 가르치는 공인된 해설자인 동시에 교사들이었다. 바리새인 종파와 서기관들의 직업에 관해서는 마 3:7; 5:20; 7:29에 대한 주석을 참조하라.

서기관들과 바리새인들은 함께 예수께 가서 표적을 보기 원한다고 말

했다. 이 얼마나 철저하게 유대교적인가!(고전 1:22). 그들은 예수께 요구 사항을 제안하면서 정중과 경외의 외적인 형식을 갖추었다.[513] 그러나 이러한 정중은 겉치레에 지나지 않았다. 서기관들과 바리새인들은 예수를 증오했다(참조. 눅 11:16). 그들은 사실상 22절의 치유 기사를 포함하여 예수께서 행하신 놀라운 치유 활동들이 결코 성령의 권세를 힘입어 행한 것이 아니라고 말했다. 그들은 진실과 다르게 예수를 모함했다(마 12:24). 따라서 그들의 요구는 근본적으로 무례하고도 경솔한 것이었다. 그리스도의 주장에 대한 모든 필요한 증거들이 이미 제시되었다. 그 증거들은 효험과 연민이 화합된 기적들을 통하여 준비되었다. 그렇다. 예수께서는 가난한 자들과 잃어버린 죄인들에게 연민과 사랑과 자비를 베푸셨다. 그러나 원수들은 연민이 아닌 불가사의에, 치유가 아닌 감각적인 것들에 관심을 기울였다. 표적은 이전에 행해진 다른 것과 구별되어야 한다. 그것은 감격과 흥분을 안겨다 주며 선풍적인 인기를 얻게 하는 것임이 분명하다. 그렇다면 서기관들과 바리새인들은 '도대체' 무엇을 원했을까? 그들은 예수께서 하늘의 별들의 위치를 변경시키기 원했단 말인가? 그들은 그를 통하여 "황소자리"(Taurus)가 "거대한 사냥꾼"(Orion)을 뒤쫓도록 만들기를 원했단 말인가? 아니면 예수께서 자기 이름을 거대한 황금 문자로 만들어 공중에서 번쩍거리게 하기를 원했단 말인가? 그들은 예수에게서 천체의 거처를 돌연히 떠나 유대인을 괴롭히는 로마인의 사슬로부터 그들을 구원하려고 출발한 "미가엘" 천사장의 환상을 기대했는가? 그들의 요구는 무례하고 경솔했으며 사악하고 위선적이었다. 왜냐하면 그들은

513) 직설법 *θέλομεν*의 사용이 퉁명스러움을 나타내며—"우리는 당신에게서 바란다"(we want from thee)(Lenski), "우리는 보기 원한다"(we want to see)(N.A.S.) — 따라서 여기서의 부탁은 요구에 해당된다는 이론이 정확한지에 대해서는 상당한 의심의 여지가 있다. 이 사람이 예수를 "선생님"이라고 존경하는 태도로 말한 사실에 비추어 볼 때, 그들이 질문한 말투도 공손했을 듯하다. 즉 "우리는 보고자 하나이다"(we would see) (A.V.와 A.S.V.), "우리는 보았으면 합니다"(we wish to see) (R.S.V.), "우리는 보기를 원합니다"(we would like to see) (Williams) 등의 번역들은 동사 *θέλω*의 직설법 사용에 어긋나지 않는 번역이다. L.N.T.(A. and G.), p.355를 보라.

예수께서 결코 할 수 없는 것을 행하도록 예수께 자기들이 매우 정중히 요구하고 있다는 사실을 분명히 인식했기 때문이다.

[39] [40] 예수께서 대답하여 이르시되 악하고 음란한 세대가 표적을 구하나 선지자 요나의 표적밖에는 보일 표적이 없느니라 요나가 밤낮 사흘 동안 큰 물고기 뱃속에 있었던 것같이 인자도 밤낮 사흘 동안 땅속에 있으리라.

예수께서는 이 적대자들이 보여 준 외적 정중함에 기만당하지 않으시고 사람들 속에서 자신의 영향력을 제어하려는 바리새인들과 서기관들의 진의를 간파하셨다. 그들은 예수를 메시아적 권리와 특권에 대한 거짓 요구자로 몰락시키려고 사람들이 실패와 무능력으로 간주할 만한 것들을 폭로했다(마 12:14).

그러한 사실은 주님이 바리새인과 서기관들 그리고 그 추종자들에게 말씀하신 "악하고 음란한 세대"라는 말씀에서 분명히 알 수 있다. 예수께서 이 시대 사람들이 도덕적 타락으로 인해 악할 뿐만 아니라 그들의 의로운 남편인 여호와께 불충실하므로 음란하다고 말씀하신 것이다(사 50:1 이하; 렘 3:8; 13:27; 31:32; 겔 16:32, 35 이하; 호 2:1 이하). 또한 마 9:15에 대한 주석을 보라. 매우 보편적인 유대적 견해에 따라서 메시아가 자신의 모습을 드러낼 것이라는 사실은[514] 바로 그 음란한 세대에게 적합했다.

그러므로 예수께서 이 원수들, 즉 바리새인과 서기관들 그리고 그들의 지지자들에게 그들이 요구한 표적을 보여 주시기를 거부한 사실은 놀라운 것이 못 된다. 예수 그리스도와 하나님 아버지는 그들에게 그 자신의 표적을 보여 주실 것이다. 예수께서는 표적을 통하여 그들을 완전히 제압해 승리를 거두실 것이며, 그들을 끊임없이 당황하게 만드실 것이다. 즉, 그것은 바다 고기의 뱃속에 "밤낮 사흘 동안" 지냈던 선지자 요나의 표적이다. 욘 1:17-2:1(히브리 본문의 2:10)에 대한 주석을 보라. 예수께서는 이 구약성경의 기사를 하나의 역사적 사실의 기록으로 받아들이고 계심이 분명하다. 본문에서 주님은 '인자'—이 칭호에 관해서는 마 8:20을 참

514) S.BK. Vol. I, p.641.

조하라—도 이처럼 땅속, 즉 무덤 속에서 밤낮 사흘 동안 머물 것이라고 말씀하신다. 문제의 핵심은 요나가 바다 고기에게 삼켜졌던 것처럼 예수께서도 땅에 묻히게 되리라는 것이고, 요나가 감금 상태에서 구출되었던 것처럼, '요나의 대원형' 이신 예수께서도 무덤에서 부활하실 것이라는 사실이다.

요나의 경우에 있어서 사흘간의 낮과 밤이 정확히 계산되었다는 것은 성경의 어느 곳에서도 찾아볼 수 없다. 사흘간의 낮과 밤은 도합 72시간인가 혹은 그 "물고기"의 뱃속에 있었던 하루 온종일에 다른 이틀을 추가한 기간을 뜻하는가? 우리는 이에 대해 아는 바가 없다. 다만 우리는 에 4:16에 수록된 제삼 일이 하루 온종일을 뜻하지는 않음을 안다(에 5:1에는 "제삼 일 후에"가 아닌 "제삼 일에"란 내용으로 수록됨). 또한 위경의 토빗서 3:12, 13을 참조하라. 따라서 예수께서 마 12:40을 정당화하기 위해 밤낮 사흘 동안 무덤 속에서 지내셨음이 분명하다고 말하는 것은 이치에 맞지 않는다. 그것은 그러한 용어들의 유대적 용법과 상반된다.

그러나 예수께서 분명히 목요일에 죽으셨고 무덤에 들어가셨다는 견해는 마 12:40에 의해—때로는 소논문들을 통해— 지지를 얻게 될 것이다. 그러나 이러한 견해는 분명히 잘못된 것이다. 왜냐하면 영감으로 기록된 문서들 속에서는 이 사건들이 금요일에 발생한 것으로 전해지기 때문이다. 금요일에 해당하는 헬라어 *'Paraskeuē'*는 현대 헬라어에서도 계속 사용되는 단어이다(막 15:42; 눅 23:54; 요 19:14, 42). 또한 "예수께서 목요일 오후에 장사되었다"는 이론을 지지한 자들이 사흘이라는 말은 전체 사흘을 의미한다고 주장한다면, 그들의 이론은 여전히 잘못된 것이다. 한편 그들의 견해대로 하루의 일부분이 하루로 묘사되었다면 결론은 다음과 같다. 즉, 하루는 수많은 날들을 뜻하지 않겠는가!

다음과 같이 말하는 것은 전혀 만족할 수 없는 대답이다. 즉, 그것은 예수께서 실제로 금요일에 죽으셨고 일요일 아침에 부활하셨지만, 이미 입증된 바 유대인들이 그날의 일부를 하루로 동일시했고 그 밤의 일부를 하룻밤으로 계산했다는 사실에서 해답을 찾아야 한다는 것이다. 날들에 관한 한, 이것은 만족할 만한 설명이다. 그러나 그것은 여전히 사흘 밤이 아닌 만 이틀 밤일 것이라는 추측을 남겨 준다.

그렇다면 만족할 만한 답변은 무엇일까? 해답을 포기한 일부 학자들은, 설사 "사흘"이란 말씀이 처음부터 복음서의 일부였다고 하더라도, 그것은 결코 예수 자신이 언급하지 않았던 허위에 지나지 않는다고 선언한다. 그러나 이처럼 "어려운 문제"를 해결할 수 있는 훌륭한 논리는 결코 없다. 아마도 진정한 해답은 전혀 다른 방향에서 찾을 수 있을 것이다. 우리가 "우주"에 관해서 말할 때, 고대인들은 "하늘과 땅"이라고 말했다. 그와 마찬가지로 고대인들의 "하루의 낮과 밤"이란 표현은 하루의 기간을[515] 뜻하는 하나의 시간 단위, 즉 전체적 개념으로 받아들여지는 그러한 기간의 일부를 의미하지 않았겠는가? 예수께서는 지상에서의 "사흘의 낮과 밤", 즉 이 세 개의 시간적 단위들의 기간을 염두에 두셨음이 분명하다.

장래의 부활에 관한 그리스도의 예고는 본 절 속에는 여전히 숨겨진 부분이 많다. 계속해서 그 예언은 더욱 분명하게 드러날 것이다(참조. 마 16:21; 20:17-19; 막 9:31; 눅 9:22; 18:31-33).

그리스도의 영광스러운 부활에 대한 그 위대한 사건은 모든 사람들을 회개하도록 촉구했을 것이다. 그들이 회개하기로 작정했던가? 예수께서는 철저히 완악했던 수많은 사람들이 회개하리라는 것을 전혀 기대하지 않으셨다(마 12:24, 31, 32). 그들은 요나가 회개를 촉구했던 니느웨 사람들보다 더욱 사악했기 때문이었다.

[41] 심판 때에 니느웨 사람들이 일어나 이 세대 사람을 정죄하리니 이는 그들이 요나의 전도를 듣고 회개하였음이거니와.

만일 니느웨 사람들[516]이 회개했다면, 유대인들도 회개해야 하지 않았겠는가?

---

515) 네덜란드어 "etmaal"(24시간)를 참조하라.

516) "'the' 니느웨 사람들"(총칭)—이렇게 쓰면 마치 그들 모두가 회개한 것처럼 된다—이 아니라 "니느웨 사람들"(복수 명사)이다. 눅 11:32에서도 마찬가지이다. 관사가 없다는 바로 이 사실은 유대인과 대조되는 이 사람들의 성격을 강조하면서 마치 이렇게 말하는 것 같다. "생각해 보라, 니느웨 사람들이 회개했을진대 하물며 너희들도 회개했어야 하지 않겠는가?"

예수께서 말씀을 전한 자들과 니느웨 사람들과의 비교

서기관들과 바리새인들 및 그들의 추종자들에 관하여	니느웨 사람들에 관하여
a. 그들에게 거듭 말씀을 전하고 그들의 회개를 촉구한 자는 '하나님의 아들' 자신이다(마 4:17; 11:28-30; 23:37).	a. 그들에게 설교한 자는 소선지자였다.
b. 이 그리스도는 전혀 죄가 없으시며(마 12:17-21; 요 8:46), 지혜와 동정심으로 충만하신 분이시다(마 11:27-30; 15:32; 고전 1:24).	b. 이 선지자는 죄가 많았고 어리석었으며 반항적인 사람이었다(욘 1:3; 4:1-3, 9 하반절).
c. 그는 은혜와 용서 그리고 충만하고 자유로운 구원의 메시지를 전하신다(마 9:2; 11:28-30; 눅 19:10; 요 7:37).	c. 그의 메시지는 심판에 관한 것이었다. 비록 회개를 촉구하는 내용이 암시되기는 했지만, "사십 일이 지나면 니느웨가 무너지리라"(욘 3:4)는 말씀에 강조를 두었다.
d. 이 메시지는 예언이 성취된 기적들을 통하여 강화된다(마 11:5; 눅 4:16-21; 참조. 사 35:5, 6; 61:1-3; 요 13:37, 38).	d. 요나의 메시지를 확증하는 기적과 그 밖의 표적은 전혀 없었다.
e. 그 메시지는 그토록 많은 영적 유익을 누리는 자들에게 항상 전달되고 있다(신 4, 7, 8장; 19:4; 시 147:19, 20; 사 5:1-4; 암 3:2 상반절; 롬 3:1, 2; 9:4, 5).	e. 요나의 메시지는 서기관과 바리새인 및 그들의 추종자들이 누렸던 유익함을 전혀 누리지 못한 자들에게 전달되었다.

그때에 니느웨 사람들은 회개했다. 반면에 대부분의 이스라엘 사람들은 회개하지 않았다(요 1:11; 12:37). 하나님의 말씀에 대한 지식이 해박하지 못한 자들은 그들에게 알맞은 그러한 설교에 즉시 복종했으나, 해박한 자들은 세상의 빛이신 예수께 복종하기를 거절했다. "그렇다면 이 니느웨 사람들의 회개가 구원으로 이끄는 진정한 회개였단 말인가?"라는 질문이 제기된다. 이에 대한 대답은 종종 그렇지 않다는 것이다. 니느웨 사람들이 진정으로 회개했더라면 그들은 멸망하지 않았을 것이다. 이에 대해서 반박하는 이들의 논리는 다음과 같다. 즉, 이 거대한 도시가 파괴된 시기

는 B.C. 612년경인 요나가 설교한 지 한 세기 반이 경과한 때였다는 것이다. 그러므로 훨씬 후대의 세대가 범한 죄악을 요나 당시의 니느웨 사람들에게 부과하는 것은 부당하다.[517)]

모든 니느웨 사람들의 회개가 진정한 것이었다는 주장은 성경의 어느 곳에서도 찾아볼 수 없다. 또한 그들 모두가 구원받았다든가 그렇지 않았다든가 하는 인상조차도 남기지 않았다. 수많은 니느웨 사람들이 진정으로 회개했다는 암시는 요나서와 마 12:41에 내포된 것으로 추정된다. 니느웨 사람들의 회개가 진정한 것이 아니라 단지 악행에서 덕행으로 옮겨졌을 뿐이라는 사상은 다음의 세 가지 이의를 야기한다. 즉, a. 만일 예수께서 마 4:17에서 회개의 필요성을 언급하시면서 죄에 대한 진정한 애통함을 생각하셨다면, 왜 이곳 12:41에서는 그러한 말씀을 하지 않으셨을까? b. 니느웨는 마 11:20-24(참조. 눅 10:13-15; 11:30)에 수록된 구약성경의 완고한 도시들의 명단에 포함되지 않았다. c. 만일 마 12:41에 언급된 회개가 진정한 것이 아니라면, "심판 때에 니느웨 **사람들이** 일어나 이 세대 사람을 **정죄하리니**"라는 진술을 설명하기 어렵다. 그러므로 다음의 사실을 각별히 유의해야 할 것이다. 즉, 이 **니느웨 사람들에 관한 한**, 그 진술은 그들이 심판 때에 마치 소돔과 고모라, 두로와 시돈 사람들처럼 **"더 견디기 쉽다"**라고 말하지는 않는다는 사실이다(마 10:15; 11:22, 24). 다만 그 진술은 그들이 남방 여왕처럼(마 12:42) 심판 때에 일어나 **이** 세대, 즉 서기관과 바리새인 및 그들의 추종자들을 정죄할 것을 시사한다. 하나님의 자녀들이 최후 심판날 참여하게 될 것이라는 사실(실례로, 그리스도 안에서 하나님의 심판을 찬양함으로써일까?)은 성경의 가르침이다(단 7:22; 마 19:28; 고전 6:2; 계 15:3, 4; 20:4). 따라서 "최후의 심판"(Great Assize) 때에 일부 니느웨 사람들의 역할에 관해 언급한 예수의 말씀은 그들이 진정으로 회개했다는 것을 전제로 할 때 이해될 수 있다.

거듭 말하자면, 마 12:6(주석을 참조하라)의 말씀과 유사한 내용으로써

---

517) 그러므로 필자는 이 문제에 관한 F.E. Gaebelein의 판단에 전적으로 동의한다. 그의 저서 *Four Minor Prophets*, Chicago, 1970, p.109. 이것과 반대되는 견해에 대해서는 Lenski, *op. cit.*, pp.433, 481을 보라.

그리스도를 거절하고 모독한 바리새인과 서기관들의 죄에 대한 막중함을 상기시킨다. 즉, **"요나보다 더 큰 이가 여기 있으며"**라는 구절은 그리스도를 지칭하는 말이다. 이 월등한 위대함은 위에서 설명되었다. 41절 주석의 항목 a, b, c, d의 대조를 참조하라.

"남방 여왕", 즉 "스바의 여왕"은 니느웨 사람들과 같은 일을 시행한 점에서 바리새인들을 수치스럽게 만든 본보기였다. 왕상 10:1-13(대하 9:1-9)을 참조하라.

[42] 심판 때에 남방 여왕이 일어나 이 세대 사람을 정죄하리니 이는 그가 솔로몬의 지혜로운 말을 들으려고 땅끝에서 왔음이거니와 솔로몬보다 더 큰 이가 여기 있느니라.

고대로부터 수많은 흥미 있는 일화들이 이 여행에 관한 언급과 더불어 전해져 내려왔다. 그 일화들 속에 어떤 암시적인 진리가 내포되어 있는지 아닌지의 여부는 그것을 연구하는 자가 판단해야 할 일이다. 이 이야기들은 사실에서 출발한다. 이 여왕이 원거리에서 솔로몬을 방문한 목적은 그의 지혜를 경청하고 수수께끼나 어려운 질문을 제기함으로써 그를 시험하기 위함이었다(왕상 10:1).

어떤 전설에 의하면 솔로몬이 남방 여왕과 사랑에 빠졌으나, 그녀는 그의 구애를 거절했다고 한다. 여왕은 심지어, 이 문제에 관한 자신의 소원이 존중되지 않는다면 영광스러운 송별 연회에 불참하겠다고 왕에게 말한 것으로 전해진다. 여왕은 맹세함으로써 솔로몬과 약속을 맺었다. 한편 솔로몬은 여왕에게, 그녀에게 주지 않은 물건은 어떤 것이라도 궁궐에서 옮기지 않겠다는 맹세를 시켰다. 여왕은 만일 자신의 맹세를 스스로 파기한다면, 왕이 자기를 마음대로 소유할 수 있다고 동의했다. 송별 연회가 열리자 그녀는 관습대로 남자들과 더불어 음식을 먹지는 않았으나 그곳에 참석했다. 여왕의 음식은 갈증을 몹시 불러일으키도록 특별히 준비된 음식이었다.

남방 여왕은 밤중에 자신의 침실로 돌아왔으나, 타오르는 갈증이 그녀를 깨웠다. 그녀는 옆에 놓여 있는 황금 주전자의 물을 마셨다. 그러나 그것은 그녀에게 주어지지 않은 것이었다! 여왕은 갑자기 "너는 맹세를 파기했다"라는 음성을 들었다. 그녀는 가벼운 입씨름을 한 후에 자신의 잘못을 시인했다. 따라서 여왕은 솔로몬과 맺은 서약에 따라…포기하고 말았다. 여왕은 고국으로 돌아가서 얼마 후에 아들을 낳았고 아들의 이름을 '에브나 엘 하킴' (Ebna El Hakim, 이는 "현자의 아들"이란 뜻임)이라고 지었다.

"이것이 에티오피아에서 기원을 알 수 없는 고대 유대인 종족이 생겨난 이유가 될 수 있는가?"라는 질문이 제기되었다. 또한 "바로 이 유대인들의 현존이 그러한 전설을 만들었단 말인가?"[518]라는 질문이 제기될 수도 있다.

또한 다른 질문들이 제기될 수도 있다. 예를 들면, "남방 여왕의 예루살렘 여행이 수리아와 뵈니게 등지로 진출하기 위해 반드시 이스라엘 땅을 통과해야 했던 것과 자국의 상품 수출을 위해 보호무역을 추구한 것과 어떠한 관련을 맺고 있지는 않았는가?"라는 것이다. 그러나 우리는 영감적인 기록에 관해 이미 언급된 구절의 설명을 통하여 확실히 근거를 찾을 수 있다. 남방 여왕에게는 호기심이 있었다. 그것은 가장 바람직한 호기심이었다. 여왕은 "여호와의 이름과 관련된 솔로몬의 명성"에 관하여 전해 들었다. 그래서 그녀는 향품과 엄청난 양의 황금과 보석을 실은 거대한 낙타 행렬을 이끌고 예루살렘으로 향했다. 솔로몬은 그녀의 모든 질문들에 대해 만족스러운 답변을 제시했다. 남방 여왕은 솔로몬의 위대한 지혜와 그가 건축한 궁과 그 신하들이 시립한 것과 그들의 관복을 관찰했다. 그때 "그녀는…보고 크게 감동되어 왕께 말하되, 내가 내 나라에서 당신의 행위와 지혜에 대하여 들은 소문이 사실이로다. 내가 그 말을 믿지 아니하였더니 이제 와서 친히 본즉 내게 말한 것은 절반도 못 되니"라고 아뢰었다. 여왕은 솔로몬에게 황금과 보석과 향품을 선사했으며, 솔로몬

518) 이 전설과 또 다른 전설들—예를 들면, 비행기 발명가로서의 솔로몬에 대한 전설, 혹은 솔로몬이 에브나 엘 하킴을 시험하기 위하여 거지 옷으로 위장했지만, 첫 눈에 자기 아버지를 알아봄으로써 자신의 놀라운 예리함을 입증한 에브나 엘 하킴에 대한 전설—에 대해서는 Bergsma, *Rainbow Empire*, Grand Rapids, 1932, pp.194-198, 200, 244를 보라.

은 여왕에게 값비싼 선물들로 답례했다.

이제 이 여왕의 가장 두드러진 하나의 진술, 즉 그녀가 여행을 떠난 목적과 일치되는 진술은(왕상 10:1) 그 기사와 밀접하게 기록된 그녀의 감탄의 말이었다. 즉, "당신의 하나님 여호와를 송축할지로다. 여호와께서 당신을 기뻐하사 이스라엘 왕위에 올리셨고 여호와께서 영원히 이스라엘을 사랑하시므로 당신을 세워 왕으로 삼아 정의와 공의를 행하게 하셨도다"(왕상 10:9)라는 것이었다. 최후 심판날 남방 여왕 역시 일어나 그 사악한 세대들을 정죄할 것이라는 마 12:42의 예수의 선포를 듣고도 우리가 놀라지 않는 이유는 그 시행 속에 이 모든 사실이 담겨 있기 때문이다. 이러한 관점에서 남방 여왕이 이 유대인들을 수치스럽게 만들었단 말인가? 다음의 내용

서기관들과 바리새인들 및 그들의 추종자들	남방 여왕
a. 그들에게 있어서 진리는 쉽게 도달할 수 있는 가까운 곳에 있다(마 26:55).	a. 그녀는 험한 지역을 넘는 장기 여행을 어려움을 무릅쓰고 강행했다. 그녀는 현재의 '예멘' 출신이었을 것으로 추정된다. 그곳은 '에티오피아'(아프리카)와 마주하고 있는 '홍해의 Asian shore'을 낀 아라비아 반도의 남서부에 위치해 있다. 그녀의 여행은 적어도 1,200마일에 육박했음이 분명하다.
b. 그들은 솔로몬보다 더욱 현명하고 훌륭하며 위대한 '한 분'에게로 접근할 수 있다.	b. 하나님에 관한 진리가 솔로몬에게서 단지 매우 불완전하게 반영되었음에도 불구하고, 그녀는 "여호와의 이름과 관련된" 솔로몬의 지혜를 경청하기 위해 왔다.
c. 그들은 아무것도 바치지 않았으며, 다만 '그리스도'의 생명을 앗아가기 위해 음모를 꾸미고 있다.	c. 그녀는 솔로몬에게 보화와 엄청난 선물을 바쳤다(왕상 10:10).
d. 그들은 수많은 종교적 유익을 누렸다.	d. 그녀는 단지 소문을 들었을 뿐이다.
e. 그들은 예수와 그분 안에 거하는 진리를 영접하도록 초대받았으며 심지어 권고까지 받았다(마 11:28-30; 참조. 22:1-5). 그녀는 왔으나 그들은 거절했다.	e. 그녀가 어떠한 초대에 수락했다는 사실은 전혀 기록되어 있지 않다.

들을 유의하라.

이 바리새인들과 그들의 추종자들이 대체시키기를 거절한 "신앙"은 도대체 어떤 부류에 속하는 것일까? 그것은 철저하게 소극적인 신앙이었다. 즉, 세리 및 죄인들과 교제를 나누지 않도록 유의하고 하나님과 맺은 서약을 어기지 말라. 안식일 날 이삭을 자르지 말고 그것을 너의 손으로 비벼 먹지 말라. 안식일 날에는 내일이 되기 전에 죽을 우려가 없는 한 어떠한 환자도 치유하지 말라. 너희가 암탉을 죽일 의사가 없는 한 안식일에 낳은 달걀을 먹지 말라는 것이다.

그 당시에는 "회개하라"고 하는 세례 요한의 적극적인 외침이 수많은 추종자들을 얻었다(마 3:5). 그 후에 예수의 입에서 나온 그와 동일한 훈계의 말씀은(마 4:17) 매우 적극적인 그 밖의 가르침과 더불어 열광적인 환영을 받았다(요 3:26). 마치 귀신이 그 당시 이스라엘을 상징했던 그 어떤 사람에게서 나왔듯이, 그 환영은 잠정적으로는 그렇게 보일 수도 있다. 그러나 이제 양상은 서기관과 바리새인들과 질투심이 강한 자들의 영향으로 급격히 변화되었다. 바로 이때에 사악한 지도자들은 그리스도의 파멸을 모의하고 있었다(마 12:14). 드디어 십자가 앞에서 묘사되었듯이 유대 백성들은 "십자가에 못 박아라, 못 박아라"라고 외칠 것이다(마 27:20-23). 그들은 그 지도자들에 의해 민첩한 반응을 나타낼 것이다(요 19:6, 15, 16). 그 하나의 귀신은 여러 귀신들로 대체될 것이다.

현재 예수께서 인용하시는 예화는 이러한 맥락에서 이해될 때 비로소 그 분명한 뜻이 드러나게 될 것이다.

[43]-[45] 더러운 귀신이 사람에게서 나갔을 때에 물 없는 곳으로 다니며 쉬기를 구하되 쉴 곳을 얻지 못하고 이에 이르되 내가 나온 내 집으로 돌아가리라 하고 와 보니 그 집이 비고 청소되고 수리되었거늘 이에 가서 저보다 더 악한 귀신 일곱을 데리고 들어가서 거하니 그 사람의 나중 형편이 전보다 더욱 심하게 되느니라 이 악한 세대가 또한 이렇게 되리라.

순식간에 수많은 질문들이 제기된다. 예를 들면, "이 귀신이 물 없는 곳

혹은 황폐한 장소를 통하여 방황하는 것으로 묘사된 이유는 무엇인가?" "그 귀신이 그곳에서 쉴 곳을 찾지 못한 것은 어찌된 일인가?" "그 자신보다 더 악한 일곱 귀신이란 정확히 무엇을 의미하는가?"라는 것들이다. 그러나 우리는 다음의 세 가지 사실을 반드시 명심해야 한다. a. 성경은 우리에게 귀신의 특수성과 습성에 대하여 거의 전해 주지 않으므로 그러한 문제에 관해 지나칠 정도로 사색하는 것은 결코 도움이 되지 않는다. b. 예수께서는 귀신론에 관한 담화를 전하시는 것이 아니다. 예수께서는 우리가 이 귀신들보다 "악한 세대"(45절; 참조. 39절)에 관해서 더욱 많은 관심을 갖기를 원하신다. 그런데 이 악한 세대란 처음에는 한 귀신에게 사로잡혀 넘겨졌다가 나중에는 하나가 아닌 여러 귀신들에게 다시 사로잡힌 자를 상징한다. c. 만일 이 예화가 비유의 본질 속에 있는 것이라면—충분한 가능성이 내포되어 있다— 그것은 문자적이면서도 별개의 것으로 해석하듯 사소한 내용을 고수하는 잘못을 범할 수도 있다. "부자와 나사로의 비유"(눅 16:19-31 상반절)에서 각 항목을 따로 분리시켜 그것의 비유적 의미를 간파하려는 완고한 주장은 어리석은 것이다. 우리는 이러한 원칙들의 안내를 통하여 다음과 같은 교훈을 재현시킬 수 있다.

사탄은 귀신을 인간의 마음속에 보내어 그 마음을 장악하게 하고 죄악의 제왕인 자신에게 항상 종속시킬 것을 열망한다. 귀신이 지구의 대기권 특히 자신의 악한 음모를 수행할 수 있는 인간의 마음 밖에 거한다는 것은 고통스러운 일이다. 그 귀신은 잔혹한 가해자이기 때문이다.

"물 없는 곳" 혹은 황폐한 장소에 관한 언급은 단지 이곳뿐이다(사 13:21; 34:14; 마 4:1; 계 18:2). 만일 우리가 질서와 미와 원숙한 삶이 무르익은 장소에서 선한 천사들과 익숙하게 교제를 나눈다면, 무질서와 황량함과 죽음이 지배하는 지역에서 악한 천사들과 유대를 맺는 것도 또한 당연한 이치가 아니겠는가?

귀신으로부터 구원받는 것은 하나님의 은총이다. 이미 지적된 그러한 종류의 상황은 세례 요한이 적극적으로 활동할 당시와 그 후의 짧은 기간 동안 이스라엘의 상황이었으리라고 설명할 수 있다. 그러나 그것만으로는 충분하지 않다. 자신이 죄를 고백하고 세례받는 것조차 꺼리면서도,

지옥으로 떨어지는 것을 겁낸다는 건 말도 안 되는 소리이다. 그것은 다만 "아무것도 손에 잡히지 않고 말끔히 정돈된" 영혼의 **공허**만을 남길 뿐이다. 그러한 상황하에서는 인간의 마음속에 있는 가장 심오한 욕구를 충족시킬 수 없다. 악의가 없는 상태를 거룩함과 동일시할 수는 없다. 부정 행위를 단념한다는 것과 은총받은 것은 전혀 다르다. 예수께서는 인간의 전적인 헌신을 요구하신다. 그러므로 그것은 하나님께 대한 자발적인 감사의 표현이며 그분의 뜻대로 이웃에 대한 복이 될 것이다. 그것보다 못한 것은 결코 요구되지 않는다. 썩은 열매를 산출한 것은 결코 아니었으나 잎사귀만 무성한 무화과나무는 저주를 받았다(마 21:19). 자신의 달란트를 묻어 버린 사람은 책망받았다(마 25:18, 26-28). 현재의 삶 속에서 굶주림과 갈증 따위를 전혀 체험하지 못한 자들은 결코 영광의 장소에 들어갈 수 없다(마 25:41-46). 약 4:16을 참조하라. 예수께서는 온전한 복을 받는 성숙한 삶을 원하고 계시며, 그것은 오직 은혜를 통하여 받은 구원에 대한 감사에서 우러나오는 것이다. 예수께서는 결코 이보다 못한 것을 원하지 않으신다.

예수와 바리새인들 사이에서 충돌이 야기된 근본적인 동기는 바로 이것이다. 그것은 서기관들이 제출한 규례에 복종하는 것으로 대부분의 바리새인들에 의해 강조된 율법의 적극적 측면이 아닌 소극적 측면이었다. 예수께서는 그들과 전혀 다른 입장을 취하셨다. 따라서 친절과 냉담, 넓은 도량과 편견, 사교성(사랑)과 자기 본위, 율법의 보다 심오한 의미의 강조와 문자에 대한 고집이 마찰을 빚기 시작했다. 이 둘—그리스도와 편협성—은 공존할 수 없다. 더욱이 바리새인들은 일반 대중 속에서 수많은 추종자들을 확보하였다. 그러나 예수께서도 자신의 추종자들을 확보하지 않으셨던가? 그것은 사실이다! 더구나 그것은 시기심이 강한 바리새인들이 보기에 사태를 더욱 악화시키는 것이었다. 그 결과는 이미 앞에서 요약한 바와 같다.

45절의 "이 악한 세대"에 대한 언급은 39절에 수록된 그리스도에게 적대적인 동시대인들에 대한 유사한 설명을 반영하는 것이다. 따라서 이것은 그 전체 단원(38-45절; 의미상 22-45절; 참조. 24절)이 하나의 단위로서 공유되어 있음을 시사한다. 바리새인들은 예수를 사탄과 연결된 자로 고소하였는가(24절)? 예수께서는 바리새인들과 그들의 추종자들이 여러 귀신보다 더 악한 세력에게 사로잡힌 자와 유사하다고 답변하신다! 그러나 우리가 그 모든 사실을 철저히 분석해 볼 때, 예수의 말씀에는 회개를 촉구하는 내용이 담겨 있음을 간파하지 않을 수 없다(특히 28, 35절 상반절, 41, 42절을 참조하라).

예수의 어머니와 동생들 (12:46-50)

막 3:31-35; 눅 8:19-21 참조

46-50절

46 예수께서 무리에게 말씀하실 때에 그의 어머니와 동생들이 예수께 말하려고 밖에 섰더니 47 한 사람이 예수께 여짜오되 보소서 당신의 어머니와 동생들이 당신께 말하려고 밖에 서 있나이다 하니 48 말하던 사람에게 대답하여 이르시되 누가 내 어머니이며 내 동생들이냐 하시고 49 손을 내밀어 제자들을 가리켜 이르시되 나의 어머니와 나의 동생들을 보라 50 누구든지 하늘에 계신 내 아버지의 뜻대로 하는 자가 내 형제요 자매요 어머니이니라 하시더라

46 예수님께서 사람들에게 말씀하고 계실 때에 예수님의 어머니와 형제들이 예수님에게 할 말이 있다면서 밖에 서 있었습니다. 47 어떤 사람이 예수님께 말씀드렸습니다. "보십시오. 선생님의 어머니와 형제들이 선생님께 말을 하려고 밖에 서 있습니다." 48 예수님께서 그 말을 전해 준 사람에게 대답하셨습니다. "누가 나의 어머니이고, 누가 나의 형제들이냐?" 49 그리고 나서 제자들을 가리키면서 말씀하셨습니다. "보아라! 내 어머니와 내 형제들이다. 50 누구든지 하늘에 계신 나의 아버지의 뜻을 행하는 사람이 내 형제요, 자매요, 어머니이다."

_아가페 쉬운성경

[46] 예수께서 무리에게 말씀하실 때에 그의 어머니와 동생들이 예수께 말하려고 밖에 섰더니.

예수의 어머니와 동생들이 현장에 도착하여 그에게 접근하려고 시도했던 직접적인 이유는 밝혀지지 않는다. 막 3:21, 22은 그 이유에 관해 약간

의 설명을 제공해 줄지 모른다. 그렇다면 예수에 대한 불온한 비평들이—예를 들면, 예수의 적대자들이 그를 귀신 들린 자로 간주했을 뿐만 아니라 그의 동료들조차도 그가 제정신이 아니라고 생각했다— 그의 어머니와 동생들로 하여금 그를 만나게 한 계기가 되었다고 생각할 수도 있다. 그러나 어머니와 동생들이 찾아온 것은 예수를 대중들로부터 떼어 놓아 그에게 휴식과 원기 회복을 위한 안식처를 제공하려는 자연스러운 애정에서 우러나온 것이다. 설사 그들의 동기가 옳았다고 해도, 몇몇 주석가들처럼 다음과 같이 장담할 수 있는 사람은 아무도 없다. 즉, 마리아와 그녀의 다른 자녀들이 그 동료들의 말에 공감하여, 그들의 사랑하는 예수가 온전한 정신 상태가 아니라는 의견을 받아들였다는 것이다.

예수의 동생들의 신원에 대해서는 마 1:25과의 관련 속에서 토론되어 왔다. 동생들의 이름은 마 13:55에서 제시된다. 막 6:3을 참조하라.

마리아와 예수의 동생들이 "밖에" 서 있었다는 사실은 그들이 만나기 원했던 자가 집 안에 있었음을 암시한다. 예수께서 집 안에 머문 시기는 적어도 12장의 후반부(38절부터?)에 기록된 사건들의 발생 도중 혹은 그 이전이었을 것이다. 또한 막 3:20-21을 참조하라. 또한 예수께서 "집에서"[519] 나가셨음을 설명한 마 13:1이 이 사실을 뒷받침할 것이다.

다음 구절은 묘사된 상황을 설명해 준다.

[47] 한 사람이 예수께 여짜오되 보소서 당신의 어머니와 동생들이 당신께 말하려고 밖에 서 있나이다 하니.[520]

그 새로운 일행인 어머니와 동생들이 단숨에 예수께로 접근한다는 것

519) 다른 견해로는 Lenski의 견해가 있다. 그는 13:1의 "집"을 그리스도의 어머니와 형제들의 집이라고 보며, 또한 12:46의 "밖에 섰더니"라는 말의 의미를 "빽빽한 군중의 밖"이라고 생각한다. 필자의 생각에는 두 가지 견해 중에서 이것이 더 부자연스러워 보이지만, 그 차이는 별로 중요하지 않다.

520) 이 구절은 확실한 원본 그대로의 구절일까? 사본상의 증거로 보면 그렇게 결정적이지는 않다. 그럼에도 불구하고 47절에서 진술되는 내용은 실제로 일어난 사건인 듯하다. 왜냐하면 이 구절은 예수의 어머니와 형제들에 대한 소식이 어떻게 예수께 전달되었는지에 대해 매우 자연스러운 설명을 제시해 주기 때문이다.

은 무리들 때문에(눅 8:19) 불가능했으므로—그 집은 만원을 이루고 있었다— 문 옆에 서 있던 어떤 사람이 그 소식을 예수께 전달했다.

여기에서 보면, 예수께서 말씀 선포 중에 또 한 번 방해를 받으셨다. 마 9:20을 참조하라. 항상 그렇듯이 여기에서도 예수께서는 결코 주저하지 않고 보다 나은 영적 이익을 얻을 수 있는 기회를 부여하셨다.

[48] 말하던 사람에게 대답하여 이르시되 누가 내 어머니이며 내 동생들이냐 하시고.

예수께서는 마리아와 동생들의 만류가 자신의 정해진 사역을 결코 중단시킬 수 없다는 것을 강력히 시사하신다. 마 10:37과 눅 2:49; 요 2:4; 7:6을 참조하라.

예수께서는 하나의 질문을 제기하신다. 49절과 50절에서 보여 주는 대로 예수께서 말씀하신 의미는 "나의 영적 가족, 즉 하나님 혹은 신앙의 집에 속한 자가 누구냐?"라는 것이었다. 예수께서는 영적 결속이 혈육보다 더욱 중요한 것임을 확실히 말씀하신다. 이 영적 가족에 관한 그 밖의 언급에 대해서는 다음을 참조하라(요 1:13; 갈 6:10; 엡 2:19; 필자의 주석, 엡 3:15).

예수께서는 자신의 질문에 대해 답변하신다. 그 답변은 간결하고 아름다우며 무엇보다도 많은 위안을 주는 말씀이다.

[49] 손을 내밀어 제자들을 가리켜 이르시되 나의 어머니와 나의 동생들을 보라.

애정 어린 손을 뻗친 대상은 바로 영적 집단인 그의 제자들이었다. 예수께서는 바로 그 제자들에게 "나의 어머니와 나의 동생들"(50절; 참조. 막 3:35)이라는 영광의 칭호를 부여하셨다. 그러므로 극히 중요한 영적 가족에서는 성별이 전혀 무관하다. 이 의미심장한 예수의 제스처에 의해 암시된 답변은 예수께 가장 중요한 것은 육신적 혈연 관계가 아닌 영적 관계라는 것을 입증해 주며, 그의 사랑의 놀라운 특징이 헌신임을 입증한다. 그러므로 그 호칭이 이 **참** 제자들, 곧 하늘에 계신 아버지의 뜻을 행한 자들(50절)—그래서 가룟 유다에게 이 호칭이 부적당하지 않았겠는가!—을 가리키는 데 적절한 것임을 확인할 수 있다. 누가 하나님 아버지의 뜻을 행하였는가? **그 제자들은 분명히 모든 것을 포기하고 예수를 따랐던 것이다!** 그러나 예수의 어머니와 동생들은 10:2-4에 언급된 제자들과 비교할 때 여러 면에서 나약함을 드러낸 "믿음이 작은" 자들이었다. 그러나 예수께서는 부끄러워하지 않으시며 **그들을** "형제들"이라고 부르셨다(히 2:11; 참조. 롬 8:17, 29). 예수께서는 그의 장래 전권대사 중의 하나인 사도 바울이 기술한 고린도전서의 한 단락을 위한 주석을 미리 달아 놓으셨다!(고전 13:4-8 상반절). 결론은 다음과 같다.

[50] 누구든지 하늘에 계신 내 아버지의 뜻대로 하는 자가 내 형제요 자매요 어머니이니라 하시더라.

이 구절을 시작하는 접속사 "이는"(for: 개역 개정 성경에는 이 번역이 생략되었음)은 다음과 같이 앞서 기술한 내용과의 연관성을 암시한다. "이 제자들이 내 가족에 속하게 된 이유는 그들 모두가 하늘 아버지의 뜻을 행한 대집단의 구성원들이기 때문이다." 그 나중의 구절("하늘에 계신 내 아버지")에 관해서는 마 7:21-23에 대한 주석을 참조하라.

"누구든지"라는 말의 포괄성에 유의하라. 이 말은 유대인과 이방인의 세계를 초월한 흑인과 백인, 남녀노소, 부자와 가난한 자, 노예와 자유자, 문화인과 문맹인을 모두 포함하고 있음을 뜻한다. 그러나 이 말의 배타성에 관해서도 유의하라. 이것은 하나님 아버지의 뜻을 행한 **자들만**이 그의 형제와 자매요 어머니가 될 자격이 있다는 것이다.

예수께서 "**내** 아버지의"라고 말씀하신 것은 매우 당연하다. 예수께서는 그의 아버지와 매우 특별한 관계로 본질상 "아버지의 아들"의 신분을 가졌으므로 하나님과 인간 사이의 "중보자"의 위치에 계신다.

물론 여기서 언급된 "아버지의 뜻"이란, 계시된 아버지의 의지를 말한다. 즉, 그 의지는 하나님께서 능력을 주시는 은혜를 통하여 인간이 "행할 수 있는" 것이다. 간략히 말해서 그것은 다음과 같이 요약될 수 있다. a. 그것은 인간이 자신의 죄를 회개하려는 의지를 말한다. b. 그것은 예수를 자신의 구세주와 주로 영접하려는 의지를 말한다. c. 그것은 성령과 감사함에서 우러나와 하나님의 영광에 거하려는 의지를 말한다.

아버지의 이러한 "의지"에 대해 보다 충분히 묘사된 수많은 구절들 중의 몇 가지는 다음과 같다(마 3:2; 4:17; 5-7장; 10:7, 32; 11:28-30; 13장; 18장; 19:4, 5, 9, 14; 22:37-40; 24:42-44; 25:13; 다른 공관 복음서의 병행 구절들, 요 3:16; 6:29, 40, 47, 48; 13:12-20, 34; 14:1 이하; 15:4, 12, 16, 17, 27; 16:1 이하). 여기에 추가될 수 있는 그 밖의 신약성경의 구절들은 다음과 같다(행 2:38, 39; 4:12; 16:31; 롬 12-15장; 고전 13장; 고후 6:14-18; 8:7, 8; 갈 5장; 엡 4-6장; 빌 2:12-18; 골 3장; 딤전 2:4; 히 4:14-16; 야고보서의 각 장; 벧전 2:9, 21-25; 벧후 3:9).

물론 각 장의 구분이 결코 확실하게 영감받은 것은 아니라 할지라도 이 복음서의 장들이 어떻게 종종 감동적인 절정으로 결말을 내릴 수 있는가 하는 것은 충격적인 사실이 아니겠는가? 다음의 장들을 참조하라(1, 2, 3, 5, 6, 7, 9, 10, 11, 12, 14, 16, 18, 19, 22, 25, 26, 27, 28장).

12장의 종합

예수께서는 그에게 "나아오려는" 모든 사람들, 즉 그리스도를 믿음으로 영접하려는 모든 사람들에게, 과중한 율법의 부담을 면제해 주실 것과 안식을 약속하셨다(마 11:28-30). 그래서 예수께서는 본 장의 첫 단락(12:1-14)에서 그리스도와 그리스도의 가르침을 받아들이는 것이 어떻게 인간이 만든 안식일 규정으로부터 사람들을 해방시켜 주는가를 보여 주신다. 어느 안식일 날 예수의 제자들이 시장하여 밀밭을 거닐며 몇 개의 이삭을 손으로 잘라 낟알을 비벼서 먹었을 때, 바리새인들은 제자들이 안식일 규례를 어긴 것에 대해 예수를 비난했다. 그러나 예수께서는 다섯 항목의 논박—필자의 주석 마 12:2-8을 참조하라—을 통하여 바리새인들의 비난을 일축하시고 자신이 안식일의 주인이심을 선포하셨다. 심지어는 안식일에 손 마른 자를 치유하시기까지 하셨다. 예수께서는 그 손 마른 자가 생명을 잃을 정도의 위험성이 전혀 없었음에도 불구하고 안식일에 회당에서 고쳐 주셨다. "안식일 날 선을 행하는 것이 옳다"라는 것이 그리스도의 규례이다. 안식일 날이라 할지라도 구덩이에 빠진 양을 구출하는 것이 타당하다면, 도움을 필요로 하는 자에게 최소한의 친절이라도 베풀어야 마땅했다. 바리새인들의 반응은 다음과 같았다. 즉, 그들은 예수를 파멸시키려는 모략을 꾸몄다. 비록 예수께서 수많은 위대한 이적들을 행하셨지만, 예수께서는 자신이 단순히 이적 행하는 자로서 알려지는 것을 원하지 않으셨다. 세상의 명성을 획득하는 것이 그리스도의 목표가 아니었던 것이다. 다음 단락(15-21절)에서 지적되듯이, 오히려 예수께서는 사 42:1-4에 수록된 겸손과 온유와 사양하는 본성을 간직한 택함받은 종이었다.

그 다음 단락(22-37절)에서는 긴급한 도움을 필요로 하는 또 다른 사람이 예수 앞에 이끌려 왔다. 몹시 괴로움을 당하는 이 사람은 귀신 들렸기 때문에 보거나 말할 수가 없었다. 예수께서 "다윗의 아들", 즉 메시아가 아닐까 생각할 정도로 사람들을 놀라게 했던 놀라운 삼중의 이적이 그에게 일어났다. 이러한 사람들의 반응은 그 당시 예수께서 귀신의 제왕인 바알세불(사탄)을 힘입어 귀신을 추방시켰다고 말한 바리새인들을 노하게 만들었다. 예수께서는 이 비난이 불합리하고 모순된 것이며 진리를 모호하게 만드는 것이라는 사실을 보여 주신다. 또한 예수께서는 바리새인들이 이 비난을 고수하는 한, 그들의 죄는 용서받을 수 없으며, 그 비난은 그들의 사악함을 폭로하는 것임을 보여 주신다. 그 비방자들은 "독사의 자식들"이므로 마지막 날 자신들의 사악함에 대해 답변해야 할 것이다.

그 다음 단락(38-45절)에서 언급하듯이, 바리새인들은 이 위협적 고발에 대해 분개했다. 서기관들과 동맹을 맺은 바리새인들은, 예수께서 이미 행한 이적들이 실제로 대단한 것이 아니었다는 듯이, 표적을 보여 줄 것을 요구했다. 예수께서는 그들이 기대하는 표적은 오직 선지자 요나의 표적뿐이라고 그들에게 말씀하신다. 즉, 그것은 그리스도의 죽음 사흘 만에 부활한 표적을 말하며, 그것을 통하여 예수께서는 그들을 완전히 압도하여 승리를 거두실 것이다. 예수께서는 최후 심판날 니느웨 사람들이 그들을 정죄할 것이라고 예고하신다. 왜냐하면 니느웨 사람들이 훨씬 분명하지 않은 요나의 설교를 듣고도 회개한 반면에, 서기관들과 바리새인들은 "세상의 빛"이신 예수의 말씀을 듣고도 거절했기 때문이다. 남방 여왕도 이와 상당히 유사한 동기에서 이 세대를 정죄할 것이다.

서기관들과 바리새인들의 지도하에 있던 유대인들은 악한 것에서 더욱 악한 것으로 향하고 있다. 즉, 그들은 마치 악령에게 사로잡혔던 사람이 귀신이 나갔다가 후에 그 귀신이 더욱 사악한 다른 일곱 귀신들과 다시 들어옴으로써 되잡히게 된 것과 같다.

마지막 단락(46-50절)에서 언급하듯이, 이 시점에서 예수의 어머니와 동생들의 접근이 있었다. 그들의 의도는 예수를 잠시 대중으로부터 떼어 놓으려는 것이었음을 알 수 있다. 집 안에 있었던 예수께서는 그의 어머니와 동생들이 자기를 면회하기 위해 밖에 서 있다는 전갈을 들으셨을 때, 제자들을 손으로 가리키시며 "나의 어머니와 나의 동생들을 보라"고 말씀하셨다. 예수께서는 영적 결속이 육신적 혈연 관계보다 훨씬 중요하다는 사실을 강조하신 것이다.

제13장의 개요

Matthew

주제 : 아버지께서 아들에게 맡기신 사역

13

천국에 관한 일곱 가지 비유

세 번째 대강화(大講話)

제 13 장

천국에 관한 일곱 가지 비유 (13:1-58)

13:1-23; 막 4:1-20; 눅 8:4-15;

13:31-33; 막 4:30-32; 눅 13:18-21

13:34, 35; 막 4:33, 34

13:53-58; 막 6:1-6; 눅 4:16-30

1-58절

1 그날 예수께서 집에서 나가사 바닷가에 앉으시매 2 큰 무리가 그에게로 모여들거늘
예수께서 배에 올라가 앉으시고 온 무리는 해변에 서 있더니 3 예수께서 비유로 여러
가지를 그들에게 말씀하여 이르시되 씨를 뿌리는 자가 뿌리러 나가서 4 뿌릴새 더러
는 길가에 떨어지매 새들이 와서 먹어 버렸고 5 더러는 흙이 얕은 돌밭에 떨어지매 흙
이 깊지 아니하므로 곧 싹이 나오나 6 해가 돋은 후에 타서 뿌리가 없으므로 말랐고
7 더러는 가시떨기 위에 떨어지매 가시가 자라서 기운을 막았고 8 더러는 좋은 땅에
떨어지매 어떤 것은 백 배, 어떤 것은 육십 배, 어떤 것은 삼십 배의 결실을 하였느니
라 9 귀 있는 자는 들으라 하시니라 10 제자들이 예수께 나아와 이르되 어찌하여 그들
에게 비유로 말씀하시나이까 11 대답하여 이르시되 천국의 비밀을 아는 것이 너희에
게는 허락되었으나 그들에게는 아니되었나니 12 무릇 있는 자는 받아 넉넉하게 되되
없는 자는 그 있는 것도 빼앗기리라 13 그러므로 내가 그들에게 비유로 말하는 것은
그들이 보아도 보지 못하며 들어도 듣지 못하며 깨닫지 못함이니라 14 이사야의 예언
이 그들에게 이루어졌으니 일렀으되 너희가 듣기는 들어도 깨닫지 못할 것이요 보기
는 보아도 알지 못하리라 15 이 백성들의 마음이 완악하여져서 그 귀는 듣기에 둔하고
눈은 감았으니 이는 눈으로 보고 귀로 듣고 마음으로 깨달아 돌이켜 내게 고침을 받을
까 두려워함이라 하였느니라 16 그러나 너희 눈은 봄으로, 너희 귀는 들음으로 복이
있도다 17 내가 진실로 너희에게 이르노니 많은 선지자와 의인이 너희가 보는 것들을
보고자 하여도 보지 못하였고 너희가 듣는 것들을 듣고자 하여도 듣지 못하였느니라
18 그런즉 씨 뿌리는 비유를 들으라 19 아무나 천국 말씀을 듣고 깨닫지 못할 때는 악
한 자가 와서 그 마음에 뿌려진 것을 빼앗나니 이는 곧 길가에 뿌려진 자요 20 돌밭에
뿌려졌다는 것은 말씀을 듣고 즉시 기쁨으로 받되 21 그 속에 뿌리가 없어 잠시 견디

다가 말씀으로 말미암아 환난이나 박해가 일어날 때에는 곧 넘어지는 자요 22 가시떨
기에 뿌려졌다는 것은 말씀을 들으나 세상의 염려와 재물의 유혹에 말씀이 막혀 결실
하지 못하는 자요 23 좋은 땅에 뿌려졌다는 것은 말씀을 듣고 깨닫는 자니 결실하여
어떤 것은 백 배, 어떤 것은 육십 배, 어떤 것은 삼십 배가 되느니라 하시더라 24 예수
께서 그들 앞에 또 비유를 들어 이르시되 천국은 좋은 씨를 제 밭에 뿌린 사람과 같으
니 25 사람들이 잘 때에 그 원수가 와서 곡식 가운데 가라지를 덧뿌리고 갔더니 26 싹
이 나고 결실할 때에 가라지도 보이거늘 27 집주인의 종들이 와서 말하되 주여 밭에
좋은 씨를 뿌리지 아니하였나이까 그런데 가라지가 어디서 생겼나이까 28 주인이 이
르되 원수가 이렇게 하였구나 종들이 말하되 그러면 우리가 가서 이것을 뽑기를 원하
시나이까 29 주인이 이르되 가만두라 가라지를 뽑다가 곡식까지 뽑을까 염려하노라
30 둘 다 추수 때까지 함께 자라게 두라 추수 때에 내가 추수꾼들에게 말하기를 가라
지는 먼저 거두어 불사르게 단으로 묶고 곡식은 모아 내 곳간에 넣으라 하리라 31 또
비유를 들어 이르시되 천국은 마치 사람이 자기 밭에 갖다 심은 겨자씨 한 알 같으니
32 이는 모든 씨보다 작은 것이로되 자란 후에는 풀보다 커서 나무가 되매 공중의 새
들이 와서 그 가지에 깃들이느니라 33 또 비유로 말씀하시되 천국은 마치 여자가 가루
서 말 속에 갖다 넣어 전부 부풀게 한 누룩과 같으니라 34 예수께서 이 모든 것을 무리
에게 비유로 말씀하시고 비유가 아니면 아무것도 말씀하지 아니하셨으니 35 이는 선
지자를 통하여 말씀하신 바 내가 입을 열어 비유로 말하고 창세부터 감추인 것들을 드
러내리라 함을 이루려 하심이라 36 이에 예수께서 무리를 떠나사 집에 들어가시니 제
자들이 나아와 이르되 밭의 가라지의 비유를 우리에게 설명하여 주소서 37 대답하여
이르시되 좋은 씨를 뿌리는 이는 인자요 38 밭은 세상이요 좋은 씨는 천국의 아들들이
요 가라지는 악한 자의 아들들이요 39 가라지를 뿌린 원수는 마귀요 추수 때는 세상
끝이요 추수꾼은 천사들이니 40 그런즉 가라지를 거두어 불에 사르는 것같이 세상 끝
에도 그러하리라 41 인자가 그 천사들을 보내리니 그들이 그 나라에서 모든 넘어지게
하는 것과 또 불법을 행하는 자들을 거두어 내어 42 풀무 불에 던져 넣으리니 거기서
울며 이를 갈게 되리라 43 그때에 의인들은 자기 아버지 나라에서 해와 같이 빛나리라
귀 있는 자는 들으라 44 천국은 마치 밭에 감추인 보화와 같으니 사람이 이를 발견한
후 숨겨 두고 기뻐하며 돌아가서 자기의 소유를 다 팔아 그 밭을 사느니라 45 또 천국
은 마치 좋은 진주를 구하는 장사와 같으니 46 극히 값진 진주 하나를 발견하매 가서
자기의 소유를 다 팔아 그 진주를 사느니라 47 또 천국은 마치 바다에 치고 각종 물고
기를 모는 그물과 같으니 48 그물에 가득하매 물가로 끌어내고 앉아서 좋은 것은 그릇
에 담고 못된 것은 내버리느니라 49 세상 끝에도 이러하리라 천사들이 와서 의인 중에
서 악인을 갈라내어 50 풀무 불에 던져 넣으리니 거기서 울며 이를 갈리라 51 이 모든
것을 깨달았느냐 하시니 대답하되 그러하오이다 52 예수께서 이르시되 그러므로 천
국의 제자된 서기관마다 마치 새것과 옛것을 그 곳간에서 내오는 집주인과 같으니라
53 예수께서 이 모든 비유를 마치신 후에 그곳을 떠나서 54 고향으로 돌아가사 그들의
회당에서 가르치시니 그들이 놀라 이르되 이 사람의 이 지혜와 이런 능력이 어디서 났

느냐 55 이는 그 목수의 아들이 아니냐 그 어머니는 마리아, 그 형제들은 야고보, 요셉, 시몬, 유다라 하지 않느냐 56 그 누이들은 다 우리와 함께 있지 아니하냐 그런즉 이 사람의 이 모든 것이 어디서 났느냐 하고 57 예수를 배척한지라 예수께서 그들에게 말씀하시되 선지자가 자기 고향과 자기 집 외에서는 존경을 받지 않음이 없느니라 하시고 58 그들이 믿지 않음으로 말미암아 거기서 많은 능력을 행하지 아니하시니라

---

1 그날, 예수님께서 집에서 나와 호숫가에 앉으셨습니다. 2 많은 사람들이 예수님의 주위에 몰려들었습니다. 그래서 예수님께서는 배에 올라가 앉으셨고, 사람들은 호숫가에 그대로 서 있었습니다. 3 예수님께서 사람들에게 많은 것을 비유로 말씀하셨습니다. "농부가 씨를 뿌리러 나가 4 씨를 뿌리는데, 어떤 씨는 길가에 떨어졌다. 그러자 새들이 날아와 씨를 모두 먹어 버렸다. 5 어떤 씨는 흙이 별로 없고, 돌이 많은 곳에 떨어졌다. 곧 싹이 났지만, 흙이 깊지 않아서 6 해가 뜨자 시들어 버렸고, 뿌리가 없어서 곧 말라 버렸다. 7 어떤 씨는 가시덤불에 떨어졌다. 가시덤불이 자라서 그 씨를 자라지 못하게 하였다. 8 어떤 씨는 좋은 땅에 떨어졌다. 열매를 맺었는데, 어떤 것은 백 배, 어떤 것은 육십 배, 또 어떤 것은 삼십 배의 열매를 맺었다. 9 귀 있는 사람은 들어라!" 10 제자들이 예수님께 와서 물었습니다. "왜 사람들에게 비유로 가르치십니까?" 11 예수님께서 대답하셨습니다. "너희들에게는 하늘나라의 비밀을 아는 것이 허락되었으나, 다른 사람들에게는 그렇지 않다. 12 가진 사람은 더 많은 것이 주어져 풍부해질 것이다. 그러나 가진 것이 없는 사람은 있는 것마저 빼앗길 것이다. 13 그래서 내가 비유로 사람들에게 말한다. 그들은 보아도 보지 못하고, 들어도 듣지 못하고, 이해하지도 못한다. 14 따라서 이사야의 예언이 이 사람들에게 이루어지는 것이다. '너희는 들어도 깨닫지 못할 것이고, 보아도 알아보지 못할 것이다. 15 이 백성들의 마음이 둔해졌고, 귀는 듣지 못하고, 눈은 감겨 있다. 그들이 눈으로 보고, 귀로 듣고, 마음으로 깨닫고 돌아와, 내가 그들을 고치는 일이 없게 하려 함이다.' 16 그러나 너희 눈은 보고 있으니 복되다. 너희 귀는 듣고 있으니 복되다. 17 내가 너희에게 진정으로 말한다. 많은 예언자들과 의인들이 너희가 지금 보는 것을 보고 싶어 했지만 보지 못했다. 너희가 듣는 것을 듣고 싶어 했지만 듣지 못했다." 18 "씨 뿌리는 사람의 비유를 들어라. 19 누구든지 하늘나라의 말씀을 듣고도 깨닫지 못하면, 악한 자가 와서 마음속에 뿌려진 것을 빼앗아 가 버린다. 이런 사람은 길가에 뿌려진 씨와 같은 사람이다. 20 돌무더기에 뿌려진 씨와 같은 사람은 말씀을 들을 때, 기쁘게 얼른 받아들이는 사람이다. 21 그러나 뿌리가 없어 오래가지 못한다. 말씀 때문에 어려움이 생기고 박해를 당하면, 곧 넘어진다. 22 가시덤불에 떨어진 씨와 같은 사람은 말씀을 들으나, 세상 염려와 재물의 유혹이 말씀을 가로막아 결국 열매를 맺지 못한다. 23 좋은 땅에 떨어진 씨와 같은 사람은 말씀을 듣고 깨닫는 사람이다. 이런 사람은 열매를 맺는데, 어떤 사람은 백 배, 어떤 사람은 육십 배, 어떤 사람은 삼십 배의 열매를 맺는다." 24 예수님께서 그들에게 또 다른 비유로 말씀하셨습니다. "하늘나라는 자기 밭에 좋은 씨를 심은 사람에 빗댈 수 있다. 25 사람들이 잠들었을 때, 원수가 와서 밀 사이에 가라지를 뿌리고 갔다. 26 밀이 자라서 낟알이 익을 때에 가라지도 보였다. 27

주인의 종들이 와서 말했다. '주인님, 밭에 좋은 씨를 뿌리지 않았습니까? 그런데 어
디서 이런 가라지가 나왔을까요?' 28 주인이 대답했다. '원수가 그랬구나.' 종들이
주인에게 물었다. '저희가 가서 가라지를 다 뽑아 버릴까요?' 29 주인이 대답했다.
'아니다. 너희가 가라지를 뽑을 때에 밀도 함께 뽑힐라. 30 추수할 때까지 함께 자라
게 놔 두어라. 추수할 때, 내가 일꾼들에게 먼저 가라지를 거두어 묶어서 불에 태우
고, 밀은 거두어 곳간에 쌓으라고 하겠다.'" 31 예수님께서 또 다른 비유를 그들에게
말씀해 주셨습니다. "하늘나라는 마치 겨자씨와 같다. 어떤 사람이 겨자씨를 가져다
가 자기 밭에 심었다. 32 이 씨는 다른 어떤 씨보다도 작다. 그런데 이것이 완전히 자
라면, 다른 어떤 풀보다도 더 큰 식물이 된다. 그러면 하늘의 새들이 와서, 그 가지에
둥지를 틀 수 있게 된다." 33 예수님께서 또 다른 비유를 그들에게 말씀해 주셨습니
다. "하늘나라는 누룩에 빗댈 수 있다. 여자가 누룩을 가져다가 밀가루 세 포대에 섞
어 넣었더니, 반죽이 부풀어 올랐다." 34 예수님께서 이 모든 것들을 사람들에게 비유
로 말씀해 주시고, 비유가 아니면 아무것도 말씀하지 않으셨습니다. 35 이것은 예언
자가 말한 것을 이루려고 하신 것입니다. "내가 입을 열어 비유를 말할 것이다. 이 세
상이 세워질 때부터 지금까지 숨겨졌던 것을 말할 것이다." 36 그때, 예수님께서 사람
들에게서 떠나 집으로 들어가셨습니다. 제자들이 예수님께 와서 말했습니다. "밭에
난 가라지의 비유에 대해 저희들에게 설명해 주십시오." 37 예수님께서 대답해 주셨
습니다. "밭에 좋은 씨를 뿌리는 이는 인자이다. 38 그리고 밭은 세상이다. 좋은 씨는
하늘나라의 모든 아들들이다. 가라지는 악한 자의 아들들이다. 39 그리고 나쁜 씨를
심은 원수는 마귀이다. 추수 때는 세상의 마지막 날이다. 추수하는 일꾼들은 천사들
이다. 40 가라지는 다 뽑혀서 불에 태워지는 것같이, 세상의 마지막 날에도 그렇게 될
것이다. 41 인자가 천사들을 보낼 것인데, 이들은 죄를 짓게 만드는 자들과 불법을 행
하는 자들을 모두 하늘나라에서 추려 내 42 불타는 아궁이에 던질 것이다. 사람들이
그곳에서 슬피 울고, 고통스럽게 이를 갈 것이다. 43 그때, 의인은 아버지의 나라에서
해처럼 빛날 것이다. 귀 있는 자는 들어라!" 44 "하늘나라는 밭에 숨겨진 보물과 같
다. 어떤 사람이 그 보물을 발견하고 다시 밭에 숨겼다. 그는 매우 기뻐하며 돌아가서
가진 것을 모두 팔아 그 밭을 샀다. 45 또한 하늘나라는 진주를 찾는 상인과 같다. 46
아주 값진 진주를 발견하자, 그 사람은 가서 가진 것을 모두 팔아 그 진주를 샀다." 47
"또한 하늘나라는 호수에 던져 온갖 종류의 고기를 잡은 그물과 같다. 48 그물이 가득
찼을 때, 어부들은 바닷가로 그물을 끌어당겼다. 그들은 앉아서 좋은 물고기는 바구
니에 담고, 나쁜 것들은 던져 버렸다. 49 세상 끝 날에도 이렇게 될 것이다. 천사가 와
서 의인들 가운데서 악한 사람들을 구별하여 낼 것이다. 50 천사가 그들을 불타는 아
궁이에 던질 것이다. 사람들이 그곳에서 슬피 울고, 고통스럽게 이를 갈 것이다." 51
"너희가 이 모든 것을 이해하겠느냐?" 제자들이 "예"라고 대답했습니다. 52 예수님께
서 제자들에게 말씀하셨습니다. "그러므로 하늘나라의 제자가 된 율법학자는 창고에
서 새것과 헌것을 꺼내 오는 집주인과 같다." 53 예수님께서 이 비유들을 다 말씀하시
고, 그곳을 떠나셨습니다. 54 예수님께서 고향에 가셔서 유대인의 회당에서 사람들을
가르치셨습니다. 사람들은 놀라서 말했습니다. "이 사람이 이러한 지혜와 기적을 베

푸는 힘을 어디서 얻었을까? 55 이 사람은 목수의 아들이 아니냐? 그의 어머니는 마리아이고, 동생들은 야고보, 요셉, 시몬 그리고 유다가 아니냐? 56 그리고 그의 누이들도 우리와 함께 있지 않은가? 그런데 이 사람이 이런 모든 것들을 어디서 터득했을까?" 57 그들은 예수님을 믿으려고 하지 않았습니다. 예수님께서 그들에게 말씀하셨습니다. "예언자는 자기 고향이나 자기 집에서는 존경을 받지 못하나, 거기 외에는 어디서나 존경을 받는다." 58 사람들이 믿지 않았기 때문에, 예수님께서는 그곳에서 기적을 많이 베풀지 않으셨습니다. _아가페 쉬운성경

서론

비유의 수와 그 분류에 대해서는 이미 논의되었으며, 그 비유의 특성에 대해서도 언급한 바 있다. 필자의 주석 마태복음 상권 pp. 42-47을 보라. 비유의 목적은 a. 나타내기 위함과 b. 숨기기 위함이다. 그리스도의 말씀을 듣는 자들 중에는 은혜로 말미암아 그들이 쉽게 이해할 수 있는 것뿐만 아니라 당시에는 아직 불가사의했던 것조차도 믿을 수 있을 정도로 그리스도를 신뢰하는 데까지 인도된 사람들이 있었다. 또한 부단히 그리스도를 받아들이기를 거부함으로써 그들의 마음을 완악하게 하는 자들도 있었다. 예수의 말씀과 행위로 그의 일생을 살펴볼 때, 그는 실로 선지자들이 미리 예언한 자였으며 그의 가르침은 진리를 말한 것임을 분명히 알 수 있다. 그러나 반대자들은 고의적으로 분명한 것을 거절하려고 했다. 그리하여 예수께서는 이전보다 더욱[521] **a. 불가사의한 것을 받아들이는 자에게는 진리를 더욱더 나타내시고 b. 분명한 것을 거절하는 자에게는 그것을 숨기기 위하여 비유로 말씀하시기 시작하신다.** 비유에 대한 이 두 가지 목적은 13:10-17에서 분명히 지적되었다.

마 13장에서 예수께서는 **천국**에 관한 귀중한 진리를 가르치신다. 천국이란 용어의 의미가 언제나 동일한 것은 아니다. 필자의 주석 마태복음 상권 pp. 404-407을 보라. 다른 비유들에서는 주님을 **왕**되신 **자신**의 특성, 즉 포도원 품꾼의 비유(마 20:1-16), 왕의 아들의 혼인잔치 비유

521) "이전 어느 때보다도 더": 마 7:24-27에서 이미 비유가 나타난다. 또한 12:43-45을 보라. 그러나 비유가 널리 사용되는 부분은 여기 13장에서부터이다.

(22:1-14), 달란트 비유(25:14-30)에서 분명히 나타내신 바와 같이 왕의 신하들을 취급하시는 방법에 대해 충분히 강조한다. 또 다른 비유에서는 **왕의 신하들**에 의하여 드러나야 할 왕의 특성을 묘사한다. 즉, 선한 사마리아인(눅 10:29-37)과 끈질긴 과부(눅 18:1-8)가 그러하다. 이 세 개의 주제—천국, 왕, 왕의 신하—는 종종 중복된다. 예를 들면, 가라지 비유(마 13:24-30, 36-43)에서는 이 세 개의 주제가 모두 언급된다. 이곳에는 현재 **천국**의 혼합된 특성과 장래의 순수하고 화려한 완성이 제시되며, 또한 그의 사자들에 대한 **왕**의 명령과 왕이 모든 것을 처분하게 될 방법에 대해서 인내해야 할 **왕의 신하**의 의무가 나타난다.

천국에 대한 개요

(a) 메시지를 받아들이는 방법: 씨 뿌리는 비유(3-9절)와 그 해설(18-23절)

(b) 현재의 혼합된 특성과 장래의 순수하고 화려한 완성: 가라지 비유(24-30절)와 그 해설(36-43절); 그물 비유(47-50절)

(c) 외적인 성장과 발전: 겨자씨 비유(31, 32절), 내적인 성장과 발전: 누룩 비유(33절)

(d) 귀중성: 감추인 보화의 비유(44절); 값진 진주 비유(45, 46절)

이 비유에 대한 자료는 대체로 38절에 걸쳐 기록되어 있다. 즉, 13장 전체의 3분의 2에 해당된다. 나머지 20절은 서론에 2절(1, 2절, 엄격히 말하면 1-3 상반절), 비유를 사용한 목적에 몇 구절(10-17, 34, 35절), 참 서기관에 대한 서술, 그리스도에 대한 신랄하고도 부당한 반대를 보여 주면서 예수께서 나사렛에서 배척당한 사실을 서술하는 간단한 결론의 단락절(53-58절)에 할당되었다. 이것은 그로 하여금 비유를 사용하게 한 두 가지 이유 중 하나이다(앞에서 언급한 이유 (b); 숨기기 위함). 그렇게 생각할 때 우리는 13장 전체가 하나의 뜻으로 일관되어 있음을 알게 된다.

13:1, 2, 36을 살펴볼 때 예수께서 먼저 바닷가(막 4:1) 배 위에서 군중에게 네 개의 비유를 말씀하시고 그들을 해산시킨 후에 집으로 가셨음이

분명하다. 이곳에서 예수께서는 그의 제자들에게 씨 뿌리는 비유와 가라지 비유(완전한 명칭은 곡식 가운데 섞인 가라지 비유)에 대해 설명하시고 세 개의 비유를 더 말씀하셨다.

이야기의 시작과 씨 뿌리는 비유

[1] 그날 예수께서 집에서 나가사 바닷가에 앉으시매.

일시적으로 자신을 숨기시는 일은(12:16) 끝이 난 것이 분명하다. 바닷가에 나가심으로써 예수께서는 집에 계실 때보다 더 많은 사람들을 접할 수 있었다.

[2] 큰 무리가 그에게로 모여들거늘 예수께서 배에 올라가 앉으시고 온 무리는 해변에 서 있더니.

예수께 대한 사람들의 지대한 관심과 더불어 그의 말씀을 듣고자 하는 열심은 줄어들지 않았다. 가장 큰 관심은 나사렛에서 온 이 선지자에게 있었다. 예수께서는 지금까지도 그렇게 하지 않으셨지만, 가장 매혹적인 이야기꾼이 되어서 자신의 기반을 세우려 한 것은 아니지 않은가? 그렇다. 모든 지역에서 "각 동네"(눅 8:4)로부터 사람들이 예수께 나아오고 있었다.

군중에 밀려 넘어지지 않고 사람들에게 이야기하려는 노력이 헛되지 않도록 하기 위하여 예수께서 바닷가에 떠 있는 몇몇 배들 중 한 배에 올라가실 정도로 많은 군중이 모이게 되었다. 예수께서 배 위에 올라가심으로써 많은 사람들에게 다소 긴 이야기를 할 수 있었으며, 그와 청중이 서로 얼굴을 마주 대할 수 있게 되었다. 당시 그 지역에서는 군중은 서 있는 반면, 이야기하는 자는 앉아 있는 것이 관례였다.

[3] 예수께서 비유로 여러 가지를 그들에게 말씀하여 이르시되.

그 여러 가지가 무엇인지에 대해서는 이미 언급하였다. 앞에서 말한 천국에 대한 개요를 보라. 그날 군중들에게 이야기한 모든 비유가 전부 이곳에 기록되었다고 믿을 필요는 없다(참조. 13:34; 요 21:25).

이제 천국을 기록한 이 일곱 개의 비유 중 그 첫 번째 것을 보자. **이르시되 (옛날에) 씨를 뿌리는 자가 뿌리러 나가서:** "옛날에"라는 말은 문자적으로 '보라'(Behold, Lo, Look 등)이다. 이 단어에 해당하는 헬라어(그 단어에 해당하는 히브리어)에 대한 논의는 1:20의 각주 133)을 보라. 이 경우에 있어서 관심의 초점은 씨를 뿌리는 자가 뿌리러 나간다는 사실에 있는 것이 아니다. 그 사실은 결국 모든 사람 특히 모든 농부들에게 종종 있는 친숙한 사건이지만, 현재의 경우 관심의 초점은 전체의 이야기에 있다. 그러므로 "옛날에"라는 말은 이와 관련된 헬라어(혹은 그 단어에 해당하는 아람어)가 가졌던 것과 똑같은 관심을 불러일으키는 효과가 있기 때문에, 이렇게 의도된 번역은 타당하다고 생각된다.[522)]

[4] 뿌릴새 더러는 길가에 떨어지매 새들이 와서 먹어 버렸고.

밀이나 보리는 손으로 뿌리는 것이 관습이었다. 그러나 그 씨앗이 어떻게 발아되는가 하는 것은 전혀 다르다. 이 사람이 뿌릴 때 씨앗의 일부가 사람들이 걸어 다니는 길가에 떨어지는 것은 피할 도리가 없다. 씨앗이 떨어진 곳은 쟁기를 갈아 일구지 않았고 혹은 사람들이 이곳을 걸어 다녔기 때문에 그 토양이 모든 것을 받아들이기에는 너무나 단단했다. 그래서 뿌린 씨앗은 땅 표면에 그대로 남아 있었다. 그 결과 **새들이 와서 먹어 버렸다.** 날개가 있는 짐승은 매우 빠르고 탐욕스럽게 행동한다. 그 씨앗은 탈취돼 짐승의 배 속으로 들어갔다. 문자적으로는 "그들은(새들은) 그 씨앗을 먹어 버렸다."

[5] 더러는 흙이 얕은 돌밭에 떨어지매 흙이 깊지 아니하므로 곧 싹이 나오나.

경작이 가능한 토양의 대부분이 바위층 위에 있는 것이 전형적인 팔레스타인—지금의 이스라엘과 그 주변 지역—의 모습이다. 그와 같은 환경

522) J.A. Alexander, *The Gospel according to Matthew*, New York, 1867, p.353을 보라.

에서 씨앗의 싹이 돋아나는 과정은 오직 하나, 즉 위로 솟아나는 길뿐이다. 그래서 먼저 튼튼한 뿌리를 내리기도 전에 이 씨앗은 "곧 싹이 나온다"는 비유로 묘사되었다.

[6] 해가 돋은 후에 타서 뿌리가 없으므로 말랐고.

이 씨앗은 흙의 깊이가 얕아서 뿌리를 내릴 수 없었다. 그러므로 해가 돋을 때 뿌린 씨는 마태와 마가에게 보여 주는 바와 같이 시들어 버렸다. 눅 8:6은 싹이 시든 이유를 덧붙인다(뿌리가 없기 때문에). 이 씨앗은 "습기가 없었다." 그 씨앗이 시들어 죽게 된 것은 이상한 일이 아니다.

[7] 더러는 가시떨기 위에 떨어지매 가시가 자라서 기운을 막았고.

이 토양은 가시의 뿌리가 꽉 차 있었다. 일반적으로 식물은 필요 없는 잡초보다 더 빨리 자라지 않으며, 땅의 각 부분에서 건강하게 생장할 수 있는 식물의 양은 제한되어 있다. 그러므로 더 빨리 자라는 잡초가 곧 좋은 곡식의 생명을 질식시키는 것은 놀라운 일이 아니다.

[8] 더러는 좋은 땅에 떨어지매 어떤 것은 백 배, 어떤 것은 육십 배, 어떤 것은 삼십 배의 결실을 하였느니라.

이 토양은 단단하지도 않고 바위도 없고 가시떨기도 없이 비옥하였다. 그 목적을 훌륭하게 수행할 수 있게끔 모든 면에서 좋았다. 그러나 결실의 정도는 일정하지 않았다. 어떤 경우에는 한 알의 씨앗이 백 배의 결실을 하였고(창 26:12), 다른 경우에는 육십 배, 어떤 것은 삼십 배의 결실을 하였다. 마 11:15의 경고(그 부분을 보라)가 이제 반복된다.

[9] 귀 있는 자는 들으라 하시니라.

이 말의 숨은 뜻은 밖으로 드러난 것보다 더 큰 의미가 있다. 이곳에서 가르치는 교훈은 매우 중요하다. 들을 수 있는 영적인 능력을 가진 자는 이 비유를 곰곰이 생각하고 자신의 생활에 적용하라.

비유의 목적

[10] 제자들이 예수께 나아와 이르되 어찌하여 그들에게 비유로 말씀하시나이까.

“귀 있는 자는 들으라”는 경고가 방치되어 있는 것은 아니다. 일곱 개의 비유 중 네 개의 비유를 이야기하셨을 때 예수께서는 바닷가에 계셨을 뿐 아니라 “집 안”(13:36)에도 계셨다. 충실하게 따라다니는 다른 사람들(막 4:10)과 더불어 제자들이 예수께 다가와 질문했다. “어찌하여 그들에게 비유로 말씀하시나이까?” 왜 마태는 이야기 도중 원래의 이야기에서 벗어나 이 질문과 그 대답을 10절에 삽입했을까? 아마 그 대답은 이러할 것이다. a. 18-23절 때문인데, 이것은 복음서 기자가 방금 기록한 그 비유가 설명된 구절로 예수의 대답과 매우 밀접한 관계가 있어 그 대답의 일부로서 간주된다. b. 예수께서 직접적으로 대답하신 이 말씀(11-17절)은 복음이 “사망으로부터 사망에 이르는 냄새”냐 혹은 “생명으로부터 생명에 이르는 냄새”냐에 따라(고후 2:16) 이 비유에서 가르치는 중심 교훈(4-7절은 8절과 대조를 이룬다)과 훌륭한 조화를 이루기 때문이다.

제자들의 질문은 가르치는 이야기의 방식이 새로운 것이었거나 예수께서 지금 소개한 것이 그 이전에는 결코 사용되지 않았다는 사실을 암시하는 것으로 해석되어서는 안 된다. 이는 삿 9:7-15; 삼하 12:1-14; 14:4-17에 의해 나타난 증거를 부인하는 것이 될 것이다. 이것이나 이와 밀접한 교훈의 방식에 대해서는 겔 17:1-10; 19:10-14; 23:1-29; 37:1-14을 또한 보라. 그 외에 마 7:24-27도 하나의 비유가 아닌가? 그리고 예수께서 마 11:16, 17; 12:43-45에서 비유한 형식에 접근한 것이 아닌가? 그러나 예수께서 지금과 같이 그렇게 해박하고 신중하게 비유로써 이야기하신 적은 결코 없었다. 왜 그런가?

[11] 대답하여 이르시되 천국의 비밀을 아는 것이 너희에게는 허락되었으나 그들에게는 아니되었나니.

“비밀”은 그 비밀을 드러내지 않는다면 알려지지 않은 채 그대로 남아 있을 어떤 것이다. 이제 드러난 이 비밀 중의 하나는 예수께서 역사의 현장에 들어오심으로써 지상에서의 천국 통치가 그 윤곽을 드러냈다는 사실이다. 또 다른 비밀은 이 통치를 눈으로 볼 수 있게 달성되었다는 것이다. 즉, 이 "천국"은 때때로(아마 24-30, 47-50절에서와 같이) 그 아름다움과 순수성에 있어서 미래의 완성에 대해 현재 혼합된 특성을 가진 "교회"에 해당된다. 비유에 대한 개요를 얼핏 보면 즉시 또 다른 어떤 비유가 있음을 알게 될 것이다. 이 모든 것은 비밀이다. 왜냐하면 그 비유들은 인간 스스로의 이성에 의해서는 이해될 수 없기 때문이다. "사람이 (위로부터) 거듭나지 아니하면 하나님의 나라를 볼 수 없느니라"(요 3:3).

제자들에게 있어서는 이 비밀을 어느 정도 인식할 수 있는 특권이 허락되었다. "허락되었다"는 말에 유의하라. 그것은 오로지 은혜로 허락된 것이다. 다음 구절에서 분명하게 드러난 것과 같이 인간적인 요소도 또한 있지만 이 비밀을 이해하는 근거는 언제나 은혜의 요소이다(고전 4:7; 엡 2:8). 어떤 사람에게는 이 은혜가 주어지지만 또 어떤 사람에게는 주어지지 않는다. 25:15을 보라. 단 4:35; 롬 9:16, 18, 20, 21을 참조하라. 어쨌든 인간에게 구원을 나누어 줄 뿐 아니라 구원에 관한 진리를 지적으로, 영적으로 이해하기 위해 절대적인 은혜의 필요성에 관한 기본 진리를 간과하지 않고, 그것을 확실하게 하는 구절(특히 13, 15절을 보라)에서 볼 때 강조되는 것은 인간의 책임이며 그 책임에 대한 활용을 더하는 것은 옳다. 12절은 이것에 대한 가르침의 시작임을 유의하라.

[12] 무릇 있는 자는 받아 넉넉하게 되되 없는 자는 그 있는 것도 빼앗기리라.

영적인 문제에 있어, 정지 상태는 불가능하다. 사람은 얻든지 잃든지 즉, 전진하든지 후퇴하든지 둘 중 하나이다. 누가 소유하든지 그에게 주어질 것이다. 제자들은(가룟 유다는 예외) "예수를 영접한 자"들이다. 예수께서는 나중에 그들에 관해서 하나님 아버지께 다음과 같이 말씀하실 것이다. "그들은 아버지의 말씀을 지키었나이다"(요 17:6). 또한 "그들도 세상에 속하지 아니하였사옵나이다"(요 17:16). 사실 그들의 믿음에는 숱

한 약함과 잘못과 허물이 뒤따랐다. 그러나 그것은 시작에 불과했다. 따라서 하늘의 법칙에 따라 지식과 사랑과 거룩함과 기쁨 등은 확실히 더 진전된다. 왜냐하면 구원은 점점 더 깊어지는 강이기 때문이다(겔 47:1-5). 모든 축복은 앞으로 다가올 더 나은 축복에 대한 보증이다(요 1:16). "있는 자는 풍성히 받을 것이다."

반면에 누구든지 없는 자는 지식과 비슷한 것, 즉 그가 한때 가지고 있었던 영적인 문제에 대한 피상적인 지식조차 빼앗길 것이다. 영적인 지식보다 엄밀히 낮은 차원에 있는 지식의 영역에서도 이와 비슷한 일이 있지 않은가? 약간의 단순한 멜로디를 연주할 만큼은 음악을 배웠지만 실로 "나는 이러한 악기에 능숙하다"고 말할 수 있을 만큼은 충분히 배우지 못해서 전적으로 실행하기를 중단한 사람은, 그가 한때 갖고 있었던 그 대단하지 않은 기술마저 상실했음을 곧 발견하게 될 것이다. 비록 하나밖에 없는 재능이라도 그것을 올바르게 사용하기를 거부하는 자는 그것마저 잃게 된다(마 25:24-30).

가치 있는 것을 무시하는 것이 나쁜 일이라면 그것을 의도적으로 거절하는 것은 더욱 나쁜 일이다.

[13] 그러므로 내가 그들에게 비유로 말하는 것은 그들이 보아도 보지 못하며 들어도 듣지 못하며 깨닫지 못함이니라.

바리새인들과 서기관들과 및 그들을 따르는 무리들의 예수께 대한 적대 감정이 증가하고 있다는 것은 벌써 지적한 바 있다(마 9:11, 34; 12:2, 14, 24; 참조. 마 11:20-24). 이와 같은 인간의 완악함은 반드시 그 징벌을 받게 돼 있다. 바로가 그의 마음을 완악하게 하였을 때(출 7:22; 8:15, 19, 32; 9:7) 여호와께서는 바로의 마음을 완악하게 하셨다(출 9:12은 7:3에서 벌써 예언되었음). "자주 책망을 받으면서도 목이 곧은 사람은 갑자기 패망을 당하고 피하지 못하리라"(잠 29:1).[523] **"그들이 보아도 보지 못**

523) 그러므로 막 4:12과 눅 8:10에서는 ἵνα(that 또는 in order that)가 쓰인 반면 마태가 ὅτι(**왜냐하면**, "왜냐하면 그들이 보아도 보지 못하기 때문이다" 등)라고 말하고 있다는 점은 전혀 문제가 되지 않는다. 예수께서 그들이 듣지도 보지도 못하**도록**

하며" 이것은 "비록 그들이 기적을 눈으로 지켜보고도 그들은 이 능하신 일이 예언의 견지에서 자신들에게 무엇을 이야기하는지 이해하지 못하고 있다"는 것이다. 이와 유사한 것으로 "들어도 듣지 못하며"는 "비록 나의 목소리가 그들의 고막에 울려 퍼졌으나 그 의미를 깨닫지 못하고 반대하게 되었으며 그들은 나의 교훈과 경고와 초대를 이해하지도 못하고 유의하지도 않으며 마음으로 받아들이지도 않았다"는 것이다. 예수께서는 다음과 같이 말씀하고 계신다. 그러므로 나의 비유는 그들을 더욱더 혼란하게 할 것이다. 그것이 이 사람들이 당연히 받아야 할 징벌이다. 그들은 이 징벌을 그들 스스로 자처했다!

하나님께서 완악하게 하심으로 말미암아 뒤따르는 인간의 완악함에는 새로울 것이 없었다. 바리새인들과 서기관들과 또한 그들을 따르는 무리들은 단순히 고대 이스라엘의 역사를 되풀이하고 있다. 그래서 여호와께서는 이 사람들이 그들의 악한 길을 회개하도록 부드럽게 그리고 열심히 충고하셨다. 그러나 많은 경우에 이와 같은 영적인 투쟁은 냉대받아 왔으며 언제나 징벌이 뒤따랐다(사 5:1-7; 렘 7:12-15, 25-34; 13:8-14; 29:16-20; 35:16, 17을 보라).

완악함에 대한 징벌인 고대 이스라엘의 포로 생활은 그리스도에 대한 심각한 반대자에게 지금 일어나고 있는 징벌의 한 모형이었다.

[14] [15] 이사야의 예언이 그들에게 이루어졌으니 일렀으되 너희가 듣기는 들어도 깨닫지 못할 것이요 보기는 보아도 알지 못하리라 이 백성들의 마음이 완악하여져서 그 귀는 듣기에 둔하고 눈은 감았으니 이는 눈으로 보고 귀로 듣고 마음으로 깨달아 돌이켜 내게 고침을 받을까 두려워함이라 하였느니라.

이 인용 구절은 이사야가 예언자로 부름을 받았을 때 이상으로부터 들려온 말씀이다. 이사야가 주님의 오심에 대한(요 12:41) 반영으로 여호와의 영광을 본 이 이상은 사 6장에서 발견된다. 이곳에서 인용한 이 말씀은

비유로써 그들에게 말씀하신 것은 완고한 반대자들이 보는 것, 듣는 것을 거절하기 때문이었다.

사 6:9에서 발견된다. 부분적인 인용에 대해서는 요 12:40을 참조하고 전반적인 인물에 대해서는 행 28:26, 27을 참조하라. 그러나 주님에 의해 말씀된 것으로서 마태가 기록한 이 인용 구절은 히브리 원전[524]에는 없으며 다만 70인역에서 발견되는데 근본적인 차이는 없다(각주 524)에서 설명되어 있음).

인용된 말씀이 소개된 방법은 독특하다. 이곳에서는 단순히 "이루려 함"이 아니라(마 12:17에서와 같이 선지자 이사야를 통하여 말씀하신 바를 이루려 하심이니라. 참조. 마 1:22; 2:15, 23; 4:14; 8:17; 13:35; 21:4) "이루고 있는 중"이거나 "채워지고 있는 중"이다.[525] 이것은 마치 바벨론 포로 시에 부분적으로 깨달았고 이스라엘의 파멸이 주님을 거절하는 모든 사람의 생활 가운데서 이제 본격화되고 있다는 사실을 강조하는 것과

---

524) 히브리 원어로는 다음과 같이 번역될 수도 있다.

"귀 기울이고 귀 기울이라,
이해하진 못하리라,
주목하고 또 주목하라,
그러나 깨닫지는 못하리라.
〔또는; "확실히 귀 기울이라,
그러나 이해하지 못하리라,
확실히 살펴보아라,
그러나 깨닫지는 못하리라."〕,
이 백성의 마음을 우둔하게 하고,
그 귀를 침침하게 만들고,
그 눈꺼풀을 닫아 버려라,
그들이 그 눈으로 보지 못하도록,
그들이 그 귀로 듣지 못하도록,
그들이 그 심정으로 깨닫지 못하도록,
그래서 돌이켜 고침을 받지 못하도록."

본질적으로 주께서 사용하신 70인역과 히브리 원전 사이에는 차이점이 없다. 70인역은 예언을 역사에 적합하게 옮겨놓고 있다. 그러므로 이사야에게 직접 말했던, 그럼에도 불구하고 명령된 것이 곧 발생할 것 같은 그러한 명령형이 여기 마태복음에서는 직설법 미래형("you shall hear", "you shall see")과 (*οὐ μὴ*, "결코 이해하지 못한다", "결코 깨닫지 못한다"로 강조되는) 가정법 부정과거 미래 강조에 의해 대치된다. "귀 기울이고 귀 기울이라"는 히브리 관형 강조 어구는 헬라어에서는 여격 단수 명사에 동사를 덧붙인 형태로(즉 *ακοῇ ἀκούσετε*); 또 "주목하고 주목하

같다. 이렇게 된 것은 하나님의 잘못이 아니다. 주님께 회개하는 모든 사람에게 용서함과 치료함이 있다는 것은 매우 명백한 사실이다. "돌이켜 내게 고침을 받다"라는 말에 유의하라. 이 말의 요지는 이러하다. 시기심 많은 바리새인들과 사두개인들 및 그들을 따르는 모든 자들은 주님의 행사와 말씀에 대해 그들의 마음을 마비시켰으며 귀를 막았으며 눈을 감았다. 그와 같이 하였기 때문에(마 13:15; 참조. 13:13) 결과로 마 13:14에서 진술된 대로 될 것이다. 즉, "듣기는 들어도 깨닫지 못할 것이요 보기는 보아도 알지 못할 것이다." 마 13:13과 관련하여 이미 설명한 대로 "듣기는 들어도" 그 이름을 거의 받아들이지 못하며 보기는 보아도 그 참모습을 그대로 묘사하지 못한다. 예수께서 이사야 예언을 언급하심에 있어서

라"는 현재 능동 분사에 동사의 형태로(즉 *βλέποντες βλέψετε*) 쓰인다.

이와 마찬가지로 다음 구절들, 즉 마음을 굳게 하고 귀를 먹게 하고 눈이 멀도록 하는 명령형의 히브리어가 직설법 부정과거 형태로 대치되었다. 이사야가 함축적으로 예언했던 것이 현실적인 공포가 되었기 때문이다. 마음과 관련하여 마 13:15에 쓰인 동사는 문자적으로는 (능동태로) 두꺼워졌다, 우둔해졌다를 의미한다. 여기에는 부정과거 수동 직설법이 사용됐다(*ἐπαχύνθη*). 동족 형용사 *παχύς*에서 **후피동물**(pachyderm, 예를 들어 코끼리, 하마)이 파생된다. 귀에 관한 절을 문자적으로 읽으면 "그리고 귀로 그들은 무겁게 듣는다"라는 말인데 부사 *βαρέως*, 참조로 형용사 *βαρύς*는 어떤 때와 장소의 기압을 가리키는 기압계(barometer)를 생각나게 한다. 눈과 관계되어 사용된 동사는 *καμμύω*(=*κατά*+*μύω*, 내리다, 닫다)에서 온 *ἐκάμμυσαν*이다.

하나님께서 굳게 하시면 인간적인 경색이 뒤따른다는 사실은 이사야 특히 6:9, 10을 읽을 때 바로 앞장의 상황에서 그렇게 되리라 한 것과 같이, 또 마 13:13("그들이 보아도 보지 못하며…"), 13:15("이 백성들의 마음이 완악하여져서…")에서 더욱 뚜렷이 나타난다. 마 13:14, 15에서 우리가 알 수 있는 것은 성령 모독이 어떻게 징계받는가를 말해주는 12:31, 32에 대한 설명이다. 백성의 마음이 우둔하거나 어리석게 된 것도 자신의 선택에 의해서 된 것이요, 그 선택 역시 어리석고 우둔한 것이다. 그들이 이토록 전보다 더 어리석어진 이유는 그들의 귀가 듣기에 어려워서 듣기를 기뻐하지 않기 때문이며 그들의 눈이 더욱 굳게 닫힌 이유도 스스로 고의적으로 눈을 감은 까닭이다. 그러므로 우리가 본문을 읽을 때 히브리 원전과 주님의 입에서 나와 마태에 의해 기록된 성경 사이엔 아무런 차이점도 없다. 나머지 부분은 본문을 보라.

525) 다른 구절에서 여기 기록된 동사는(1:22 등) *πληρωθῇ*이다. 13:14에서는 *ἀναπληροῦνται*로서 복음서의 다른 곳에서 전혀 찾아볼 수 없는 복합 동사이다.

"눈으로 보고 귀로 듣고…내게 고침을 받을까 두려워하는" 것이 부정적으로 표현된 사악한 자를 **자신의 의도**인 양 말씀하고 계시는 반면, 이사야 예언서에서는 **하나님 자신**의 결정에 의하여 완악한 죄인들은 그와 같이 보고 듣고 깨닫고 돌아와서 구원을 받지 못하도록 되어 있다. 반론이 일어난다면 그에 대한 답변으로 둘의 요지가 완전히 일치한다는 점을 들 수 있다. 하나님께서 그들에게 그들 자신의 길을 가도록 허락하심으로 그들을 벌하시고자 결정하신 것은 그 사람들이 마치 보고 듣는 것이 무시무시한 일인 양 보고 듣지 않으려 했기 때문이다. 비유의 수단으로 그들에게 말씀하신 것은 바로 이 목적을 위해서이다.

[16] 그러나 너희 눈은 봄으로, 너희 귀는 들음으로 복이 있도다.

11절 상반절과 12절 상반절에 관련하여 그리스도의 메시지를 받아들인 자들은 **복이 있다**고 선언된다. 이 말은 지복(beatitudes)과 동일한 의미에서 사용된다. 필자의 주석 마태복음 상권 pp. 439-440을 보라. 이 말은 기분 여하에 관계없이, 즉 "그들이 어떻게 느끼는지"를 의미하는 것에 한정되지 않는다. 이 말은 그들이 보고 들음에 있어서 하나님의 은총이 그들과 함께한다는 의미이다. 그들은 믿음의 기관으로 보고 듣는다. 그러므로 그들은 예수를 비난하는 자들과는 크게 다르다. 제자들은 본래부터 다른 사람들보다 더 나은 것은 아니다. 가진 것이 무엇이든 간에 그들은 절대 주권적인 은혜를 소유하고 있다.

그들에게 있어서 이 비유는 매우 큰 축복이었다. 그리스도를 따르는 제자들은 이 이야기에 큰 비중을 두고 비유를 묵상했다. 그들은 생생한 모습과 움직이는 영상으로 비유를 마음속에 간직함으로써 이야기들을 잘 기억할 수 있었다. 또한 제자들은 이곳저곳으로 그 주인을 따라다녔기 때문에 자신이 이해할 수 없는 것은 무엇이든지 예수께 설명해 달라고 할 수 있었다. 그들은 이 좋은 기회를 잘 활용해 씨 뿌리는 비유(눅 8:11-15)와 가라지 비유(마 13:36-43)를 설명해 주실 것을 요구했다. 예수께서 항상 제자들이 그에게 물어올 때까지 기다리고 계셨던 것은 아니다. 예수께서는 개인적으로 그들에게 모든 것을 설명해 주셨다(마 13:51; 참조. 막

4:34).

이 사람들이 보고 듣고 믿었던 것은 물질적인 부가 아니었던가! 예수께서는 말씀하신다.

[17] 내가 진실로 너희에게 이르노니 많은 선지자와 의인이 너희가 보는 것들을 보고자 하여도 보지 못하였고 너희가 듣는 것들을 듣고자 하여도 듣지 못하였느니라.

마 11:11 하반절을 또한 보라. "내가 진실로 너희에게 이르노니"라는 마 5:18을 보라. 이 점에 있어서 구약의 선지자들(사무엘, 이사야 등)과 다른 의인들(노아, 아브라함 등)은 오실 구세주를 간절한 마음으로 기다리고 있었다(히 11:13, 39, 40; 벧전 1:10, 11). 그들은 갈망하고 찾았으나 "원하건대 주는 하늘을 가르고 강림하시고"(사 64:1) 이상을 깨닫지 못했다.

확실히 구약시대의 성인들에게조차도 그들이 이 세상에 살아있을 때 다가올 영광은 때때로 희미하게나마 계시되었다. 예를 들면 이삭이 탄생할 때 아브라함은 믿음으로 메시아의 약속이 성취될 것에 대한 보장을 보게 되었다(필자의 주석. 요 8:56). 이것이야말로 얼마나 큰 축복인가! 믿음의 눈으로 볼 때 믿음은 계시에 의하여 더욱 강하게 된다. 이사야 선지자는 이상 중에서 메시아의 영광을 보고 그에 대해서 예언했다(요 12:41). 이것은 실로 말할 수 없는 특권이다. "많은 사람들이" 오랫동안 기다렸으나 그들 중 어느 누구도 세상에 살아있을 동안에 성육하신 그리스도를 보지 못했다. 어떤 누구도 예수의 이적을 보지 못했으며 예수의 말씀을 듣지 못했다. 그들은 모두 약속의 완성을 받지 못한 채 "믿음을 따라 죽었다"(히 11:13; 참조. 11:39). "더 좋은 것"(참조. 11:40), 즉 메시아적 축복의 완성은 새 시대의 신자들을 위하여 예비되었다.

씨 뿌리는 자의 비유에 대한 설명

이 문단에서 예수께서는 그의 신실한 제자들에게 3절 하반절-9절에 말씀하신 비유를 설명하신다.

[18] 그런즉 씨 뿌리는 비유를 들으라.

이미 지적한 바와 같이 비유로 먼저 말씀하시고 나중에 제자들의 요청에 따라 그 비유를 설명하셨다. 표면상 이의가 있다 할지라도 그 비유는 어떠한 설명 없이 아주 분명하며 의미하는 것도 명백하다. 따라서 그 이상 어떤 설명이 사실상 불필요함에도, 설명하시는 이유는 다음과 같다. a. 당시 제자들은 우리가 지금 갖고 있는 시각을 가지지 못했다는 것, b. 이 비유에서 언급된 두 가지 사실, 즉 씨를 뿌리고 나중에 열매를 맺는다는 것은 점진적이며 시간을 요하는 하나님 왕국에 있어서의 발전 과정이라는 것과 초조했던 제자들은 예상도 못했을(특히 마 3:11, 12의 관점에서) 과정을 전제로 하고 있다는 것이며, c. 예수께서는 말씀과 위엄 있는 역사로 말미암아 이 사람들에게 자신을 강한 왕으로서 나타내신 동시에 본문에 있는 비유 속에서는 자신을 비천한 "씨 뿌리는 자"와 동일시하고 계신다. 그러나 이러한 양면을 가진 동일한 사람이 존재할 수 있을까. 그리고 d. 이 비유 속에서 예수께서는 책임감이 얼마나 중요한가를 보여 주신다. 영적인 성과를 얻는 데 있어서 성공은 씨가 떨어지는 "흙"에 달려 있다. 정말로 그것을 의미했을까? 비유와 그리스도 자신의 확실한 설명을 알고 있는 오늘날의 주석가들은 이 모든 해석에 대하여 완전한 합의를 보지 못하고 있다. 그렇다고 해도 이는 그것을 말씀하신 분의 책임은 아니다. 다음과 같이 그것을 설명해 나가시는 분의 잘못도 아니다.

[19] 아무나 천국 말씀을 듣고 깨닫지 못할 때는 악한 자가 와서 그 마음에 뿌려진 것을 빼앗나니.

비유의 설명에서 아무 곳에도 언급되어 있지 않지만 그러나 가라지의 비유에서 예수께서는 "좋은 씨를 뿌리는 이는 인자요"(37절)라고 분명하게 증언하신다. 그리고 씨에 대하여 눅 8:11 하반절에서는 "씨는 하나님의 말씀(또는 메시지)이요"라는 예수 자신의 설명이 있다. 이것은 마태에서 지금 언급되고 있는 본문, 즉 "아무나 천국 말씀을 듣고"라는 절에서도 분명히 의미하고 있지 않은가? 13:11, 17도 보라. 이 두 가지 사실에 대하여 우리는 다음을 확신할 수 있다. a. 씨 뿌리는 자는 인자이다. 그리고 합리적으로 그 비유를 확대하면(마 10:40; 막 4:14)—목회자, 선교사, 전도자, 신자라면 누구든지—충성스럽게 인자의 메시지를 선포하는 모든 사람이다. b. 씨는 메시지이다. 하나님의 "말씀"이나 "메시지", 또는 다른 어떤 말이나 메시지를 뿌려지거나 심겨진 씨와 비교하는 것은 여러 사람들의 문학 속에 나타나는 일반적인 어법이다. 성경 가운데서도 결코 이 비유에 한정되는 것은 아니다. 예를 들면 요 4:36, 37; 고전 3:6; 9:11을 보라. 이 기본적인 입장에서 벗어나는 것은 비유의 해석에서 그릇된 방향으로 나아가는 것이다.

이 두 가지 사실에 입각하여 다음과 같은 세 번째 사실이 주어질 수 있다. c. 씨가 떨어지는 "땅" 또는 "흙"은 분명히 사람의 마음이다. 이것은 명백하게 19절 본문 "그 마음에 뿌려진 것"에서 암시된다. 비유에 기록된 각기 네 가지 상황에서 나타난 "땅" 또는 "흙", 즉 그 "마음"은 다양하다. 그것은 반응이 없는 마음(19절), 일시적이고 감정적인 마음(20, 21절), 다른 것에 몰두하여 여념이 없는 마음(22절), 선하고 잘 반응하거나 잘 준비된 마음(23절)에 대하여 말하고 있다. 따라서 다음과 같이 설명하는 것이 타당하다. "그러면 무슨 교훈을 주고 있는가? 예수께서는 그 이야기에 대한 자신의 해석을 통해 우리에게 답변해 주신다. 씨앗은 하나님의 말씀이거나 하나님 나라의 말씀이고, 흙은 인간의 마음이다. 일반적인 법칙에 따라 그 비유는 복음을 듣는 결과는 항상 그리고 모든 곳에서 그것이 전달된 자의 마음의 형편에 달려 있음을 가르쳐 준다. 듣는 자의 인격이 그에 대한 말씀의 효력을 결정한다."[526]

19절 상반절은 무감각하며 굳어져 버린 마음에 대해서 말한다. 빛 가운데 행하기를 완고하게 거절하는 사람의 마음은 선포되고 있는 메시지에 귀를 기울이는 것조차 익숙하지 않다. 이 사람은 무엇을 듣든지 간에 악의 영향 아래서 적어도 자기에게 그것은 대수롭지 않은 것처럼 즉시 밀쳐내 버린다. 아마 그는 말하는 자를 좋아하지 않을 것이고, 혹 그 자신에게 있는 특별히 약한 부분을 생각나게 하는 것을 싫어할 것이다. 그는 메시

526) W.M. Taylor, *The Parables of Our Savior, Expounded and Illustrated*, New York, 1886. p.22.

지의 의미를 곰곰이 생각하거나 묵상하는 것으로 괴로워하지 않는다. 그러므로 그는 그것을 붙잡지 못한다. 종종 예수의 교훈 속에서 묘사되는 (필자의 주석 마태복음 상권의 각주 297)을 보라) 악한 자가 이 사람의 마음에 뿌려 놓은 것을 빼앗아 간다.

예수께서 말씀하셨을 때 악의를 품고 비난할 목적으로 그의 말 속에 책잡을 것이 있는가 항상 경계하고 있었던 사람들 중에서도 특히 서기관과 바리새인을 마음에 두고 있었다고 해도 좋을 것이다. 그러나 거기에는 예수의 말씀을 신중히 생각하기를 거절한 다른 사람들도 있었음에 틀림없다. 아마 일부의 사람들은 마음에 그 메시지를 받아들이는 것이 불편하다는 사실을 알았던 듯하다. 아마 바로 지금이 아니라 다음번에 생각해 보겠다고 한 사람들도 있었을 것이다(행 24:25). 누구든지 자기 자신을 지금까지의 실례들에 포함시켜 보라.

예수께서 언급하신 다음 구절은 번역가들과 주석가들 사이에 놀랄 만한 의견의 차이를 가져왔다. 예수께서 말씀하신 것은 다음과 같다. **이는 곧 길가에 뿌려진 자요**. 타당한 다른 번역들을 참조하면 원문은 "이것은 그이다 등"(A.V., A.R.V) 또는 "이것은 그 사람이다 등"(T.C.N.T.)이라고 할 수 있다. 그러나 이 번역을 표현하는 데 다음과 같은 몇 가지 미심쩍은 점들이 있다.

(a) 아마도 씨 뿌려진 **사람**을 표현하기 어렵기 때문에 번역자들은 이 난제를 풀기 위하여 여러 가지 시도를 했던 것 같다. 어떤 사람은 다음과 같이 번역했다. 즉, "이것은(또는 저것은)…뿌려진 것이요"(Beck, Williams, R.S.V.). 그러나 이는 인격에 대한 원문의 가르침을 무시하는 것이다.[527]

(b) 아마 이 실수를 피하기 위하여 다른 번역이 나온 것 같다. "이것은 씨가 뿌려진 자이다"(N.A.S.). 언급된 번역서(N.A.S.)의 일반적인 우수성에 경의를 표하면서 우리는 번역자가 이 특수한 경우에서 완전히 성공적이었는가를 당연히 물어볼 수 있을 것이다. 사람에게 뿌려진 씨, 그것은 무엇을 의미하는가? 그 외에도 본문은 정말로 씨가 사람에게 뿌려졌다는

527) 필자의 주안점은 *οὗτος*가 결코 무시될 수 없다는 점이다.

뜻인가?

(c) 세 번째 해결책은 원문에 충실한 대신 신뢰를 받지만 동시에 말씀을 **문자적으로 취하는** 데서 실수를 범하고 있다. 즉, "그는 길가에 뿌려진 자이다." 우리는 씨가 진실로 "말씀을 들은 사람들"[528]이라고 말하였다. 그러나 이것은 매우 서투르게 표현했을 뿐만 아니라 그 외에도 우리가 본 바와 같이 씨앗이 말씀 또는 메시지라는 그리스도의 명백한 설명에 올바르게 따르는 데도 실패하였다.

(d) 오직 합리적인 방법으로서 올바르다고 할 수 있는 것은 예수의 이러한 말씀 속에(19절 하반절) "생략된 표현"[529]의 실례가 보인다는 것이다. 온전하게 그 생각이 표현되었다면 다음과 같았을 것이다(예수의 실제 말씀은 **고딕체**로 되어 있음). "그의 메시지에 대한 반응에 있어서 **그는** 땅이 **길가에 뿌려진** 씨에게 반응하는 것을 닮은 **자이다.**"[530] 두 경우는 다음과 같이 반응한다. 이 씨가 떨어지는 지면은 씨에 대해 아무것도 하지 않는다. 그것을 환영하거나 흡수하지 않는다. 그와 같이 이 사람의 마음도 메시지에 대하여 아무것도 하지 않는다. 사람들이 질문하기를 "이러한 압축된 어법을 사용하는 대신에 왜 예수께서 사상을 좀더 충분히 나타내지 않으셨는가?"라고 한다면, 예수께서 비유를 설명해 준 그리스도의 진정한 제자들에게는 그것이 불필요했다고 대답할 수 있을 것이다. 주께서 말씀하시고 설명하는 것을 들었던 자들에게 씨가 말씀이나 메시지를 의미했다는 것은 19절 하반절에서 완전하게 드러났기 때문이다.

528) G. Campbell Morgam, *The Gospel according to Matthew*, New York, Chicago, London, Edinburgh, 1929, p.148.

529) N.T.C. 요한복음 Vol. I, p.206에 논의되어 있다.

530) J.A. Alexander는 *op. cit.*, p.361(20절을 주석하며, 19절 하반절과 동일한 주장을 한다)에서 "모든 보통의 독자는 지침이 없이도 돌밭에 뿌린 씨가 사람을 대표하는 것이 아니라 돌 위에 씨가 뿌려짐으로 표시된 씨의 성격과 상태를 의미한다는 점을 이해하고 있다"고 말한다. 이와 비슷하게 H.N. Ridderbos는 *op. cit.*, p.258에서 이 구절을 주석하면서 다음과 같이 밝힌다. 여기에서 우리는 "좀더 정교화되고, 어느 정도 간결한 표현은 다음과 같이 읽혀야 한다는 점을 다루고 있다. 즉, 이것은 바로 그에게 말씀은 길가에 뿌려진 씨와 같이 동일한 영향력을 미친다는 것이다." 그 역시 덧붙여 설명할 필요 없이 그 의미는 명백하다는 의견이다.

[20] [21] 돌밭에 뿌려졌다는 것은 말씀을 듣고 즉시 기쁨으로 받되 그 속에 뿌리가 없어 잠시 견디다가 말씀으로 말미암아 환난이나 박해가 일어날 때에는 곧 넘어지는 자요.

본문에서 "돌밭에 뿌려진 자"는 메시지에 대하여 돌밭이 그 위에 떨어지는 씨에 반응하듯이 행동하는 사람이다. 씨가 자갈층 위에 있는 이와 같이 얕은 흙으로부터 수용하는 반응은 이미 기록된 바 있다(5, 6절을 보라). 확고하게 뿌리박지 못한 작은 씨앗은 빨리 싹이 트지만 곧 햇빛에 의해 말라 죽어 버렸다. 예수께서 말씀하신 바와 같이 그것은 또한 상징화된 사람을 의미한다. 말하자면 그는 즉시 충동적으로, 기쁘게, 급히 메시지를 받아들인다. 감격하고 흥분하며 눈물을 흘리도록 충분히 영향을 받기까지 한다. 그러나 말씀이 자리 잡는 즉시 그는 말씀에 대한 모든 것을 잊어버린 것처럼 보이며, 이전의 죄스런 생활로 되돌아간다. 어느 현대인의 실제적 생활에서 예를 보자. 이 부인은 그렇게 설교를 듣고 감화를 받았지만 결국에 가서는 약해졌다. 관심을 가진 심방 설교자가 그녀에게 다가가자 한 장로가 그를 옆으로 이끌고 속삭였다. "그 부인은 이러한 작은 죄를 짓는 일이 종종 있습니다. 일정한 간격을 두고 그녀는 다시금 이전의 생활로 되돌아가는 것입니다."

유사 성구를 참조하려면 8:19, 20; 19:16–22을 보라. 그리고 오랜 기간 충성을 다한 후에 변절한 가룟 유다(26:14–16)와 데마(딤후 4:10)의 경우를 주목하라. 오늘날의 부흥 전도 집회는 의심할 바 없이 여러 사람들에게 축복의 원천이 되고 있지만 이러한 구체적인 자료를 더해 준다. 연구조사에 의하면 순간적인 충동으로—오래된 친숙한 찬송 음악과 가사와 더불어 전도자의 개인적인 호소와 메시지에 감정적으로 감동받아서—모든 사람들은 성장하고 금주할 것을 맹세하나 결코 변함없이 믿음을 지키지는 못한다는 것을 입증하였다.

예수께서는 그러한 변절과 가장 밀접하게 관련된 두 가지 원인으로 대개 비기독교계에서 비롯되는 압박, 즉 **환난**과 대적에 의해서 초래된 적극적인 고난으로서 **박해**가 있을 것이며, 모두가 말씀 때문에 오는 것이라고 말씀하신다. 형편이 좋을 때만 신앙을 갖는 사람은 이런 난관을 만나면

배교하게 된다. 엄밀히 말하면 그는 "붙들린" 것이며, "덫에 걸린" 자로 이제는 "변절한" 자이다.[531] 이전의 신자는 결코 참된 제자라고 할 수 없다. 이는 그의 신앙고백이 내적 확신에서 나온 것이 아니었으며, 참 제자의 길은 자기 포기, 자기 부정, 희생, 봉사 그리고 고난을 의미함을 생각하지 못하였기 때문이다. 그는 그것이 본향으로 인도하는 십자가의 길임을 알지 못하였다.

[22] 가시떨기에 뿌려졌다는 것은 말씀을 들으나 세상의 염려와 재물의 유혹에 말씀이 막혀 결실하지 못하는 자요.

이 구절은 사람의 마음이 가시덩굴과 뿌리로 무성한 땅을 닮은 경우를 설명한다. 이러한 "나쁜" 땅은 좋은 식물의 성장을 막는 심각한 위협이 된다. 마찬가지로 세상에 대하여는 매일매일 염려로 가득 차고 재물에 대한 꿈에 의해 어두워진다. 마음은 한편으로는 하늘나라 메시지(천국 소식)를 받아들이도록 하는 선한 세력을 가로막는다. 이와 같이 마음이 빼앗겨 주의 말씀에 대해 침착하고 진지한 명상을 할 여지가 없다. 천국 말씀을 얻겠다는 진지한 연구와 묵상이 없다면 그것은 즉시 소멸되어 버릴 것이다. 세상사에 대한 끊임없는 염려는 불길한 예감으로 마음과 정신에 가득 찬다. 이런 사람이 가난해질 경우 그는 재물만 있다면 행복해질 것이라는 생각으로 자신을 기만한다. 부유할 때는 좀더 부유하다면 만족할 수 있을 것이라 상상하며, 마치 물질적인 부요함이 어떤 환경 아래서도 만족을 줄 수 있는 것처럼 착각한다.

이 사람은 부요하게 축복받을 수 없으며, 축복된 자일 수도 없다. 말씀이 그에게 영향을 미치는 바대로 결실을 맺을 수 없는 것이다. 씨 뿌리는 자가 나쁠 수는 없다. 또한 씨에도 아무런 잘못이 없다. 다만 모든 잘못은 그 사람에게 있는 것이다. 그는 천국 말씀이 마음과 생활 속에서 마음껏 역사를 시작하게 하기 위하여 염려와 꿈같은 세계의 환각에 젖어드는 데서 자신을 구해 달라고 예수께 간구해야 한다. 그러면 지치게 만드는 근

531) 원문에 사용된 동사에 대해서는 필자의 주석 마태복음 상권의 각주 293)을 보라.

심과 기만적인 환상에서 구원된 마음은 귀중한 말씀들, 즉 잠 30:7-9; 사 26:3; 마 6:19-34; 19:23, 24; 눅 12:6, 7, 13-34; 딤전 6:6-10; 그리고 히 13:5, 6 등이 의미심장하게 회상될 것이다.

마지막으로 잘 준비된 마음이 있는데, 다음과 같이 좋은 흙으로 상징된 마음의 경우이다.

[23] 좋은 땅에 뿌려졌다는 것은 말씀을 듣고 깨닫는 자니 결실하여 어떤 것은 백 배, 어떤 것은 육십 배, 어떤 것은 삼십 배가 되느니라 하시더라.

이런 사람들에게 천국 말씀이란 좋은 땅에 떨어진 것이다. 좋은 땅이란 부정적으로 말하자면 단단하지 못하며 얕지도 않고 미리 심겨진 것이 없는 것이며, 긍정적으로 말하자면 수용성이 강하고 비옥하다는 것이다.

이런 유형의 사람은 그가 듣기 원하기 때문에 듣고, 들은 것을 깊이 생각한다. 이는 그가 말씀하신 자에게 신뢰를 두고 있기 때문이다. 그래서 그는 진정한 이해에 이르며, 그 말씀으로 다음과 같은 행동을 하고 열매를 맺는다. 즉, 개심, 믿음, 사랑, 기쁨, 평화, 오래참음 등 말이다.

참 신자의 표적으로서 영적인 결실의 중요성은 구약성경에서도 강조된다(시 1:1-3; 92:14; 104:13). 이런 경향의 생각은 복음서(마 3:10; 7:17-20; 12:33-35; 눅 3:8; 요 15장)와 다른 신약성경(행 2:38; 16:31; 롬 7:4; 갈 5:22, 23; 엡 5:9; 빌 4:17; 골 1:6; 히 12:11; 13:15; 약 3:17, 18)에 이어진다.

그러나 결실 정도에 있어서 차이가 난다. 모든 사람의 회개, 신실, 충성, 용기, 온유 등은 똑같지 않으며 따라서 또한 각기 다른 사람이 그리스도를 향해 살도록 인도되는 데 있어서 모두가 동등하게 생산적인 것은 아니다. 어느 신자의 경우에는 말씀인 씨앗이 백 배의 결실을 맺었고, 다른 이는 육십 배, 또 다른 이는 삼십 배의 결실을 맺는다.[532] 하지만 각기 그 씨

532) "in one case…in another…in another,"라고 번역하는 대신에 정확히 "some…some…some"(A.V., A.R.V., N.A.S.)이라고 번역할 수도 있다. 참고. L.N.T.(A. and G.), p.589, Ⅱ. 2 아래 *ὅς, ἥ, ὅ*를 기입하라. *ὅς*는 이미 단수이며 나눌 수도

앗은 좋은 땅에 떨어졌고 결실을 맺어 하나님께 영광을 돌렸다.

곡식 가운데 있는 가라지 비유

[24] 예수께서 그들 앞에 또 비유를 들어 이르시되 천국은 좋은 씨를 제 밭에 뿌린 사람과 같으니.

씨 뿌리는 자의 비유와 곡식 가운데 있는 가라지의 비유는 아마도 곧 잇달아 제자들에게 설명되었던 것 같다(참조. 눅 8:9; 마 13:36). 1-9절의 내용에 24-30절의 내용이 바로 뒤따르고 있는데 그것들이 비슷한 시간적 연속성을 가지고 말씀되었다는 것도 부당한 일이 아니다. 그것들은 어느 정도 다음과 같이 비슷한 성격을 띤다. 양편이 모두 씨 뿌리는 자, 밭, 씨 그리고 농작물을 소개하고 있다.

그러나 또한 주목할 만한 차이가 있다. 두 비유의 해석에 공히 악한 자가 나타나지만(마 13:19, 39), 그는 다른 특성을 갖고 있는 것으로 보인다. 처음에 그는 좋은 씨를 빼앗아 갔으며 두 번째에서 그는 곡식 가운데 가라지를 뿌린 자이다. 그와 같이 또한 첫 번째에 있는 모든 씨앗은 좋으나 두 번째에서는 곡식 가운데 가라지가 나타난다. 마지막으로 첫 번째 비유에서 씨에 주어진 수용성의 여부는 여러 종류의 땅의 형태에 달려 있다는 것이 강조되는데, 두 번째 비유에서는 씨 뿌리는 자에 대해, a. 추수 때가 되기 오래전 종들에게와 b. 추수 때 추수꾼들에게 지시한 명령에 대해 언급하고 있다.

"천국은 …과 같으니"(직역하면 "…처럼 되어 있나니")는 생략된 표현이다. 천국 자체가 그 사람과 같은 것이 아니라 당시에 이 사람의 농장이 처한 상황, 즉 식물이 아직 자라고 있는 동안과 다시 나중에 있을 추수 때

없다는 Lenski, p.506에 제시된 반론은 내게는 타당하게 여겨지지 않는다. 왜냐하면 모든 사람들은 즉각적으로 각 예문에서 "…뿌린 자"가 집단(class)을 대표하며, 그러므로 "나뉠 수 있다"고 이해하기 때문이다. 또한 문법적으로 볼 때 각자에 의한 의미가 요구되며 바로 그 개인이 말씀의 한 부분으로 백 배, 육십 배 등을 이루도록 하는 원인이라는 그의 계속된 주장은 의심해 볼 만하다.

와 비슷하다는 것이다. 농장(그 농부의 밭에 자라고 있는 것이 무엇이든 간에)과 현재의 왕국은 둘 다 그 가운데 선한 것과 악한 것이 함께 섞인 혼합체라는 것을 나타낸다. 마지막에 농장과 왕국은 모두 다음과 같은 결과를 얻기 위해 깨끗하게 하거나 체질하는 과정을 필요로 한다. 즉, 양편 모두를 위한 순결, 아름다움 그리고 영광 말이다. “천국은 …사람과 같으니”는 그러한 의미가 있다.

이 사람은 자기 농장에서 일할 여러 “일꾼”을 고용한 부농이 분명한 바, 자기 밭에 좋은 씨를 뿌렸다.

[25] 사람들이 잘 때에 그 원수가 와서 곡식 가운데 가라지를 덧뿌리고 갔더니.

이 원수가 하는 것은 더럽고, 잔인하며, 비열하고, 사디스트적이다. 그는 자신이 발견되거나 잡히지 않게 하기 위하여 모든 사람이 깊이 잠들 때까지 기다린다. 그때 그는 밭에 투자된 노동, 치러진 비용 그리고 고취된 소망 모두에 대해 조금도 염려함 없이 곡식 가운데 가라지를 덧뿌린다. 이 용어는 곡식과 가라지가 모두 아직 이삭이 나기 전 떡잎 시절인 초기 단계에서 기분 나쁜 잡초가 훨씬 더 알찬 곡식을 닮았다는 것을 의미한다. 이 잡초의 학명은 **로리움 테무렌툼**(*lolium temulentum*)이다. 이 “꺼끄러기가 있는 독보리”는 동물이나 사람이 먹으면 해독을 끼치는 균의 숙주(宿主)이다. “그러나 어느 누가 그렇게 경멸할 만한 범죄를 저지를 만큼 천하게 태어나기를 바랄까?”라는 질문이 있을 수 있다. 그 대답으로서 아주 비슷한 사실이—그 실례로 야생겨자를 밀 위에 파종한다—밭에서 일어난다. 다재다능한 헨리 알포드(Henry Alford)는 그가 저술한 헬라어 성경 4권(London, 1849–61)에서 이 비유에 대하여 주석하고 있다.[533]

[26] 싹이 나고 결실할 때에 가라지도 보이거늘.

결실하기까지는 곡식과 가라지의 차이가 드러나지 않았다. 종들은 깜

533) 다른 경우는 R.C. Trench, *Notes on the Parables of Our Lord*, Grand Rapids, 1948, p.35를 보라.

짝 놀랐다. 종들과 그들 주인 사이의 관계는 아주 좋았던 것이 분명하다. 주인이 손해를 당할 때 종들의 동정에서 이를 짐작할 수 있다.

[27] 집주인의 종들이 와서 말하되 주여 밭에 좋은 씨를 뿌리지 아니 하였나이까.

곡식에 대한 가라지의 비율이 상당히 높았음에 틀림없다. 그렇지 않으면 종들이 그렇게 놀랐을 리가 없다. 곡식 가운데 몇몇 가라지가 눈에 띄는 것은 그리 이상스런 일이 아니기 때문이다. 따라서 이 종들이 밭에서 본 것은 전혀 다른 것이며 설명을 요하는 것이다. 진정한 해답이 농장 일꾼들에게조차 떠오르지 않는다. 아마도 그들은 좋은 씨에 나쁜 씨를 덧뿌렸다는 가능성을 마음에서 완전히 배제했을 만큼 그것을 믿을 수 없는 범죄라고 보았던 것 같다. 분명히 아무도 그런 짓을 할 리가 없다. 적어도 그들의 주인에게는 안 할 것이다! 그런 짓을 한 사람은 어떤 종류의 사람인가? 무엇이 문제의 근원이었는가? 주인이 씨를 뿌리기 직전 혹 우연히 잡초의 씨와 섞여 오염된 것은 아닌가? 그러나 이 추측 또한 가능한 것 같지가 않다. 원문의 바로 그 어법을 통해서 볼 때 "주여 밭에 좋은 씨를 뿌리지 아니하였나이까?"라는 질문에서 종들은 "그래 나는 좋은 씨를 심었다"라는 긍정적인 대답을 기대하고 있다. 그들은 이제 완전히 당황하여 질문한다. **그런데 가라지가 어디서 생겼나이까.** 직역하면, "그런데 어떻게 가라지가 있게 되었습니까?"

[28] 주인이 이르되 원수가 이렇게 하였구나.

대답은 명확하다. 주인은 마음속에 하등의 의심도 품지 않았다. 그렇지만 범죄자의 이름을 밝히지 않으면서도 발생한 원인이 인근의 밭에서 우연히 번져 나온 씨 때문이라거나 "오염된" 씨가 아니라고 지혜롭게 그 자신이 한계를 짓고 있다. 아니다. 그것은 원수의 고의적인 짓이었다.

가라지에 대하여 간절히 돕고자 하는 **종들이 말하되 그러면 우리가 가서 이것을 뽑기를 원하시나이까?** 그 질문은 어색한 것이 아니었다. "더 이상 가라지가 해를 끼치기 전에 우리가 그것들을 뽑아 버리게 하십시오"라는 것이 저들의 반응이다.

[29] 주인이 이르되 가만두라 가라지를 뽑다가 곡식까지 뽑을까 염려하노라.

서로 엉킨 곡식과 가라지의 뿌리는 이런 일을 가능하게 한다. 만일 곡식이 무르익기 전인 이때 가라지를 뽑아 버리고자 한다면 모든 곡식에 전체적으로 손실이 생길 것이다. 주인은 다음과 같이 말을 잇는다.

[30] 둘 다 추수 때까지 함께 자라게 두라 추수 때에 내가 추수꾼들에게 말하기를 가라지는 먼저 거두어 불사르게 단으로 묶고 곡식은 모아 내 곳간에 넣으라 하리라.

곡식과 가라지 사이의 차이는 추수 때 훨씬 더 분명해질 뿐만 아니라 그때 곡식은 뿌리가 뽑힌다 할지라도 여전히 주인의 유익한 목적에 쓰일 것이다. 그 외에도 추수하는 일은 일의 특성에 따라 전문가들, 즉 추수꾼들에게 맡겨질 것이다. 그때에 주인은 추수꾼들에게 먼저 가라지들을 불사르게 모으라, 그런 후 매우 조심스럽게 곡식을 모아 적당한 장소, 즉 창고, 광, 곡창(이것에 대해 마 3:12; 6:26; 참조. 눅 3:17)에 넣으라 할 것이다.

이 비유의 설명에 대해서는 36-43절을 보라.

겨자씨와 누룩의 비유

[31] [32] 또 비유를 들어 이르시되 천국은 마치 사람이 자기 밭에 갖다 심은 겨자씨 한 알 같으니 이는 모든 씨보다 작은 것이로되 자란 후에는 풀보다 커서 나무가 되매 공중의 새들이 와서 그 가지에 깃들이느니라.

앞의 개요에서 언급한 바와 같이 31-33절의 두 비유(겨자씨와 누룩)는 첫 번째에서 천국의 외적인 성장을, 두 번째에서 내적인 성장을 설명하는 한 쌍의 비유이다. 이 두 비유는 나뉠 수 없는 것이다. 즉, 이것은 왕국 시민의 마음에 심겨져 거기서 끊임없이 영향력을 발휘하는 성령에 의한 영생의 영계의 원리이기 때문이며, 또한 이 왕국은 가시적이며 외적으로 계속해서 영역을 정복하여 넓혀나가기 때문이다.

당시 예수께서는 무엇보다 먼저 겨자씨[534]에 대하여 말씀하셨다(막 4:31과 눅 13:19을 비교하고 마 17:20과 눅 17:6도 비교해 보라). 어떤 사람이 자기 밭에 겨자씨를 뿌렸다. 그것은 밭에 뿌려진 씨 중 일반적으로 가장 작은 것으로, 보통 시작할 때에 매우 작은 것을 가리키는 말이다. 그러나 처음엔 하찮은 것이었지만, 겨자씨는 점점 자라서 공중의 새가 와 그 가지에 깃들일(직역하면 "집 지을") 만큼 큰 나무가 된다.[535] 랍비 문서는 이따금 기록되곤 했던 이 "나무"의 크기를 알려 준다.[536] 오늘날까지도 겨자나무는 팔레스타인에서 잘 자라고 있다. 그것은 3m, 어떤 것은 4.5m에 이른다. 가을에 가지가 단단하게 되었을 때 여러 종류의 새들이 폭풍우 가운데 이곳에서 피난처를 발견하고, 피로할 때 휴식처, 햇볕이 뜨거울 때 그늘로 삼는다.[537] 전반적으로 말하면 가장 아름다운 장소에 집을 짓는다! "땅 위에 외부적으로 나타난 천국은 저와 같다"고 예수께서는 말씀하신다. 그것은 표면상 시작에 있어서 사소한 것이었지만 이 작은 시작에서 큰 결과가 나타날 것이다.

이것은 설명이나 혹은 최소한의 재강조도 없다는 점에서 또 하나의 "비밀"(마 13:11의 주석을 보라)이었다. 제자들과 다른 추종자들은 막연한 의미에서 종종 성급했다. 상대적으로 말하자면 그리스도의 충실한 제자들은 때때로 거의 절망할 정도로 작고 약했다. 그들은 지금 당장 바로 혁명

534) *σίναπι*는 이집트어에서 기원됐다. 현대 헬라어는 겨자나 겨자씨의 동일한 말의 하나로 *σινάπι*를 사용한다. 또한 *ἀβυρτάκι*나 *μουστάρδα*도 사용한다. M.M., p.575에 *σίναπι*; 또 *The National Herald English-Greek, Greek-English Dictionary*, "Mustard" p.212를 보라.

535) *ὥστε* 뒤의 *ἐλθεῖν*은 부정과거 부정사이다. *κατασκηνοῦν*은 현재 부정사로 문자적으로 "가서 천막을 치기 위하여"라는 말이다. 지시된 결과는 실질적이며 단지 명상이 아니다. *κατασκηνοῦν*에 대해서는 동종 명사 *κατασκήνωσις*(8:20)을 보라.

536) S. BK., Vol. I, p.669.

537) 새들은 신선한 먹이를 찾는다. 작고 검은 씨앗들을 깍지 안에서 빼낼 수 있다. 그러나 이러한 풍경은 비유에 나타나 있지 않다. 겨자씨와 관련해서 새의 행동에 대한 매우 흥미 있는 내용은 A. Parmelee, *op. cit.*, p.250을 보라.

적인 변화를 기다렸다(마 21:8과 눅 9:54; 요 6:15; 행 1:6을 비교하라). 그들은 아마 이렇게 질문할 것이다. "세례 요한이 이런 방향에서 가리킨 것이 아니냐?" 마 3:11, 12을 보라. "구약성경에는 메시아의 시대에 있을 민족들 가운데 이스라엘의 확장, 이스라엘의 우주적 중대성, 이스라엘의 높임에 관한 예언들이 담겨 있지 않은가?" 창 22:17, 18; 시 72:8-11; 사 54:2, 3; 60-62장; 렘 31:31-40; 32:36-44; 암 9:11-15; 미 2:12, 13; 4:1-8; 5장; 슥 2장; 8:18-23 등을 보라. 그러나 그들이 이 구절에 대해 조금이라도 깊이 생각했더라면 아마 상황은 나아졌을 것이다.

추가적으로 생각해야 할 점은, 이와 동일한 구약성경에서 영적으로 중요한 결과는 일반적으로 **작은** 시작에서 발전해 나간다는 진리를 증거해 주고 있다는 것이다(사 1:8, 9; 11:1; 53:2, 3; 단 2:25; 겔 17:22-24; 슥 4:10). 이 진리는 너무나 도외시되어 온 것처럼 보일 것이다. 그러나 신약에서 재인식되었다(눅 12:32; 고전 1:26-31). 그리스도의 **은혜의 법칙**은 처음엔 아무리 경멸받고 표면상 하찮다 할지라도 반드시 나가서 "이기고 또 이기려고 하며" 또한 "그의 군대를 승리에서 승리로 그가 인도하시리라"에 밑받침된다.

따라서 먼저 들은 자들에게 이 비유는 "인내를 가지고 믿음을 따라 행하며, 기도하기를 계속하라. 그리고 열심히 일하라. 하나님의 계획은 실패하심이 없느니라"고 말한다. 그것은 뒤에 오는 자들에게 동일한 것을 말하며 오늘날에도 훨씬 더 큰 힘으로 말하고 있다. 그 예화는 정말로 하나의 예언이며, 이 예언은 이미 부분적으로 성취되었기 때문이다. 이 사건의 성취에 관해서는 24:14을 보라.

그리스도의 통치가 인간의 마음에 들어올 때면 언제나 **밖에서 들어옴으로써** 행해진다. 그것이 세 가지 비유가 첫 번째로 가르친 중요한 하나의 교훈이다. 사람은 독자적으로 왕국에 들어가는 방법을 절대로 생각하거나 말하거나 행할 수 없다. 어느 시인은 다음과 같이 말한 바 있다.

우리 자신들이 우리의 악을 끊고, 우리 자신들이 우리를 깨끗케 한다.
우리 자신들 외에 누가 우리를 구원하리요.

이것은 잘못된 것이다. 그러나 한번 세워진 이 그리스도의 통치는 성령의 역사를 통하여 역시 안에서 밖으로 일하기 시작한다. 인자의 왕권은, 변하고 또 끊임없이 변하고 있는 사람이 그 개인과 가정생활에서뿐만 아니라 "모든 삶의 영역"에서도 선한 것에 대한 자신의 영향력을 발휘하기 시작한 결과, 인간 영혼의 여러 가지 "기능"(만일 이 용어의 사용이 아직 허용된다면)을 통찰하는 데 더욱 철저하다. 진행선이 언제나 곧바르지 않고 때로는 위를 향해 대각선으로, 그리고 상하로 변한다 할지라도. 때때로 예수께서는 그가 말하거나 쓰기도 하는 말씀을 수단으로, 또는 그가 행하시는 행동에 의해 축복이 되신다. 평소에는 바로 존재이시며 우리가 생각하는 선행의 표본이시다. 결코 늘 그런 것은 아니지만, 때때로 그로부터 나오는 능력은 은밀히, 신비스럽게 역사한다. 예술, 과학, 문학, 사업, 공업, 상업, 통치, 이러한 것들과 인간의 사상과 노력이 담긴 모든 다른 분야들이 그의 활동에 의해 축복받게 된다는 것은 중요한 사실이다. 그 누룩은 일하고 있다! 간단히 말해서 그것은 33절의 뜻과 일반이라 생각된다.

[33] 또 비유로 말씀하시되 천국은 마치 여자가 가루 서 말 속에 갖다 넣어 전부 부풀게 한 누룩과 같으니라.

여기에 나오는 "말"[538]은 언제나 그런 것은 아니지만 모든 곳에서 동일하게 쓰이는 용량으로서 일반적으로 약 2.5갤런이 평균치이다. 그러므로 그 서 말은 한 에바(약 1.1부셸, 8.5갤런)와 같은 양으로 큰 부피에 해당한다. 그러나 한 여인이 그렇게 많은 양을 만든다는 것은 전혀 일상적인 일이 아니다. 사라는 그것을 했다(창 18:6). 비슷한 용량이 삿 6:19과 삼상 1:24에도 언급되었다. 이 비유의 요점은 일단 들어간 누룩은 그 전체가 모두 부풀 때까지 밀가루의 발효 과정을 계속한다는 것이다. 그와 같이 천국 시민은 삶의 전 영역에 있어 "만왕의 왕이요 만주의 주"(계 19:16)이신

538) 헬라어 *σάτα*는 *σάτον*의 복수; 아랍어 *ṣā' thā* = 히브리어 *ṣ*ᵉ*'āh*. 그 용법에 대해서는 S.BK. I, pp.669, 670을 보라.

그분께 헌신, 존귀, 영광 전부를 드릴 것을 요구받는다. 그리스도께서 재림하시기 전에 이 이상국가가 마치 이 죄 많은 땅 위에 건설될 것이라는 말은 아니다. 성경은 천국이 그런 상태는 아닐 것이라는 사실을 분명하게 보여 준다(눅 17:25–30; 18:8; 살후 1:7–10; 2:8). 그러나 이 목표의 궁극적인 실현이 항상 신자의 목적이라 할 수 있다. "내 거룩한 산 모든 곳에서 해됨도 없고 상함도 없을 것이니 이는 물이 바다를 덮음같이 여호와를 아는 지식이 세상에 충만할 것임이니라"는 사 11:9의 예언이 신자를 위로한다.

한편 신자의 목적은 단지 그가 죽을 때 하늘에 들어가는 것이거나 혹은 다른 사람들을 거기에 데려다 주는 하나님의 손안에 있는 하나의 도구에 그치는 것이 아니다. 모든 생각을 사로잡아 그리스도의 마음과 뜻에 복종하게 하고 따라서 화합하게 하도록(고후 10:5을 보라)[539], 즉 모든 입술뿐만 아니라 모든 "생명 있는 것들"이 주를 높일 것을 요구하는 것이다. 그러므로 그리스도의 참 제자는 노예제도 폐지, 여권 회복, 빈곤 완화, 가능한 한 유랑민의 귀환, 만일 할 수 없다면 다른 어떤 도움이라도 주며, 문맹자의 교육, 기독교적 순수 예술로서의 방향 전환 등과 같은 운동을 증진시켜야 한다. 신자는 사업, 산업, 상업에서는 물론 지배자와 지배받는 자들 가운데 정직성을 고무한다. 신자는 이 모든 것을 별개의 문제로 보지 않고 사실상 세계 복음의 한 부분으로서 관련짓는다. 인간의 마음, 삶 그리고 모든 영역 속에 있는 그리스도의 이 "누룩"의 법칙은 이미 수천 가지 일에 건전한 영향을 끼치고 있으며, 이 영향은 아직 계속됨을 모든 사람이 분명히 보고 있다. 그것은 그리스도의 법칙이 아직 이렇다 할 만큼 알려지지 않은 나라들과 이 원리가 이미 충분할 정도로 꽤 오랫동안 실시되어 온 나라들에 존재하고 있는 상황—예를 들면 전쟁 포로들, 여자들, 노동자들, 권리가 없는 자들의 처우—을 비교해 보아 알 수 있다.

앞에서 나타난 바와 같이 이 비유의 설명에서도 지나친 해석을 피하려

539) 그 구절에 대해서는 P.E. Hughes, *Paul's Second Epistle to the Corinthians (The New International Commentary on the New Testament)*, Grand Rapids, 1962, p.353을 보라.

는 시도가 보일 것이다(다른 비유들에서도 마찬가지다). 예를 들면 "가루 속에 누룩을 넣은 여인은 무엇을 가리키는가?"라는 문제로 본 주석에서 대답을 얻고자 한 사람들은 아무런 만족을 얻지 못한다.[540] 또한 문맥을 무시한 해석, 예를 들면 "누룩" 또는 "효모"는 하나님과의 교제를 금 가게 하는 부패한 세력을 상징한다는 생각에는 조금도 동조하지 않았다.[541] 후자의 입장을 지지하는 이론, 이를테면 그 밖에 성경 여러 곳에서 누룩은 나쁜 어떤 것을 가리킨다는 주장은 즉시 분쇄된다. 예를 들면 성경에서 "뱀"은 일반적으로 악한 것으로 연상하거나 또는 악의 상징이라고 말할 수 있다(창 3:13; 시 58:4; 140:3; 잠 23:32; 사 27:1; 마 23:33; 고후 11:3; 계 12:9, 14, 15; 20:2). 그러나 분명히 인자를 뱀으로 묘사한 민 21:8, 참조. 요 3:14과 우리에게 "뱀같이 지혜롭고 비둘기같이 순결하라"고 권면한 마 10:16에 대해서 무엇이라고 할 것인가? 상징적인 의미를 결정하는 것은 다소 그러한 의미가 있다 하더라도 각 사건에서의 문맥이다. 이 경우에 누룩은 분명히 천국 또는 왕권, 즉 그리스도의 법칙이 기꺼이 마음과 삶 속에서 받아들여지는 것을 나타낸다. 그리고 이것은 참으로 아주 선한 것이다.

그리스도께서 예언을 이루기 위해 비유를 사용하심

[34] [35] 예수께서 이 모든 것을 무리에게 비유로 말씀하시고 비유가 아니면 아무것도 말씀하지 아니하셨으니 이는 선지자를 통하여 말씀하신 바 내가 입을 열어 비유로 말하고 창세부터 감추인 것들을 드러내리라 함을 이루려 하심이라.

우리는 예수께서 이 특별한 시기에 무리들에게 천국의 비밀을 설명하시는 중(마 13:11) 스스로 비유로 한정하신 것을 여기서 보게 된다. 비유법을 사용하시는 두 가지 이유가 있는데, 즉 천국 비밀을 받고자 하는 사람

540) 렌스키에 의하면 그 여인은 교회를 대표한다. *op. cit.*, p.514.

541) 이것에 대해선 G.C. Morgan, *op. cit.*, p.160을 보라.

들에게 구원에 대한 진리를 보인다는 것과 천국 비밀을 거절한 완악한 마음을 가진 사람들에게 그것을 숨기기 위해서라는 것은 이미 설명했다(마 13:10-17). 성령의 감화로 마태는 이 비유를 사용하는 것이 예언의 성취임을 알고 다시 한 번 진실로 오실 메시아이신 예수께 주의를 집중시킨다.

도입 형태—"선지자로 하신 말씀을 이루려 하심이니"—는 1:22을 보라. 본문에서는 "주께서"(마 1:22; 2:15처럼) (말씀하신)라는 말이 없으며 또한 선지자의 이름(마 2:17; 3:3; 4:14; 12:17에서 처럼)에 대한 아무런 언급이 없지만[542] "그 선지자"는 예수께서 그를 통해 말씀하신 중개자였다는 사실이 분명하게 암시되어 있다.

인용문에 관해서는 실제적인 아무런 문제도 없다. 그것은 시 78:2에서 인용한 말씀이다.[543] 지칭된 그 선지자는 시편 기자 아삽이었으며 또한 대하 29:30에서는 "선견자" 또는 "예언자"라고 불렀다. 그가 그토록 힘찬 말로 설명한 "비밀"은 이스라엘의 역사 속에서 하나님께서 자기의 계획을 이끌어 나가시고 자신의 놀라운 속성을 나타내신, 바로 그 확증에서 나온 것이다. 시편 전체를 통하여 시인은 하나님의 능력의 현현과 놀라운 업적에 대해 말하고 있다. 그는 또한 끝없이 용서하시는 예수의 사랑에 대해 자세히 설명한다(4-7, 12-16, 23-28, 38, 52-55절). 예수께서는 훨씬 더

---

542) "이사야를 통하여"에 대한 본문 지지는 약하다.

543) 히브리 원전은 다음과 같이 번역될 수 있다.

내가 입을 열어 비유(엄격히는 "a mashal")를 베풀리라;
내가 옛적부터 내려온 비밀(또는 "수수께끼")을 토설하리라.

첫 줄 "내가 입을 열어"에는 아무런 문제점이 없다. 헬라어는 여기에서 충분히 히브리어를 번역하고 있다. 70인역을 따라 마태는 "비유들"이라고 복수를 쓴다. "한 비유로"라고 쓰인 히브리어 단수가 전형적이고 어쩌면 정확한 것일지라도 헬라어로는 단수로든 복수로든 쉽게 옮겨 쓸 수가 있다. 예수께서는 많은 비유를 말씀하셨기 때문에 마태로서는 복수를 쉽게 쓰도록 됐으리라.

둘째 줄에서 동사 *ἐρεύξομαι*는 원래 "내가 토해낼 것이다"라는 말이나 여기에서는 "내가 말(토설)하리라"로 완화하여 그것을 나타내는 히브리어와 조화시킨다. 대구법으로 미루어 아삽은 마샬(mashal)을 "비밀(mystery)"로 보고 있다는 점이 드러난다. *κεκρυμμένα*는 *κρύπτω*의 과거 완료 분사 복수형으로, 마태가 사용한 "감

잊지 못할 방법으로 성부의 동정 어린 관심(마 5:45-48; 6:4, 6, 8, 26, 30-34; 7:7, 8, 11; 10:20, 28-32)과 그 이외에 자기 자신(마 8:3, 16, 17; 9:2, 12, 13, 22, 35-38; 11:25-30; 12:15-21, 48-50)을 나타내시지 않았는가?

또한 시편 기자는 이 모든 사랑에도 대부분의 사람들이 어떻게 하나님을 거절했는가를 보여준다(8, 10, 11, 17-19, 32, 36, 37, 40-42, 56-58절). 영원히 있을 성구 속에 예수께서는 그 같은 안타까운 사실을 청중들에게 나타내셨다(마 10:16, 22; 11:16-24; 12:38-45; 13:1-7, 13-15).

셋째로, 아삽의 시는 주께서 다윗을 이스라엘의 목자(시 78:68-72)로 어떻게 선택하셨는가를 보여 주는 절정의 개선시로 끝맺고 있다. 마태복음에 따르면 이 목자의 실상은 다윗의 위대한 자손이며 주 되신 자, 즉 바로 그의 특징으로서 성부를 반영한 "선한 목자"(마 18:12-14; 참조. 눅 15:3-7; 요 14:9)이신 예수 그리스도(9:36; 22:41-46; 참조. 요 10:11, 14, 16, 28)이시다.

마지막으로 예수께서는 말하는 형태에서까지 시인의 실상이셨는데 그는 마 13장에 있는 본문과 그 밖에 다른 곳에서 보여 주고 있는 바, 비유를

추인 것들"이란 시편 기자와 마찬가지로 복음사가가 진리들에 대해, 그 진리들이 계시되지 않았다면 알려지지 않은 채로 남겨졌을 진리에 대해 생각하고 있었다는 점이 드러난다. 물론 "창세부터(from ancient times)"란 말은 "옛적부터(from of old)"란 말과 동일하며 *ἀπὸ καταβολῆς*를 잘 번역한 말이다. 엄격히는 "창설 때부터(from the foundation)" 또는 "시작 때부터(from the beginning)"이다. 마태복음을 읽을 때 미심쩍은 점은 *κόσμου*를 *καταβολῆς*에 붙이므로 "세상의 창설(기초)로부터"라는 결과가 나타난다는 점이다. 이것은 기자가 성경에 하나의 완전한 구(句)의 형태로 잘 쓰였기 때문에 그 영향을 받아서 덧붙이게 되었던 것일까(25:34; 눅 11:50; 요 17:24; 엡 1:4; 히 4:3; 9:26; 벧전 1:20; 계 13:8; 17:8). 만약 "세상의" 라는 말이 자명하다면 그 뜻은 하나님의 경륜 안에서 영원부터 결정되어 있었던 비밀이 예수님에 의해 명료해졌다는 말이 된다. 그 자체로는 충분히 분명한 사실이다(엡 1:4, 11). 그럼에도 이러한 생각은 시 78:2에 반드시 내포되는 것은 아니며 시편 어느 곳에서도 그런 언급을 찾아볼 수 없다. 시편 기자는 넓은 의미에서 고대 이스라엘의 역사를 기록하고 있다. 기자는 이를 넘어 영원이나 혹은 창세의 이야기에조차도 가지 않고 있다.

사용하심으로써 아삽의 뛰어난 비유적 언어를 새로운 완전의 극치로 이끄셨다(시 78:27, 50-은유법; 45, 48-과장법; 65-의인법).

곡식 가운데 있는 가라지의 비유에 대한 설명

[36] 이에 예수께서 무리를 떠나사 집에 들어가시니.

이 집에 대해서는 9:28; 12:46 그리고 13:1의 설명에서 언급되었으므로 더 이상의 설명이 필요 없을 것이다. **제자들이 나아와 이르되 밭의 가라지의 비유를 우리에게 설명하여 주소서.** 제자들이 예수께 비유를 설명하여 달라고 요구한 것에 대해 앞서 말씀하신 것을 보라(마 13:16, 18, 24). 그들이 특히 이 비유를 설명해 달라고 한 이유는 아마 그들이 예수께 씨 뿌리는 자의 비유를 명확하게 해 달라고 간구한 이유와 동일하거나 비슷할 것이다. 가라지의 비유에서 암시되고 있는 바, 곡식과 가라지의 점차적인 완숙을 위해 오래 지연된다는 것과 바로 지금 도끼가 나무 뿌리에 놓였다고 하면서 임박한 심판을 말한 세례 요한의 선포(3:10-12)는 그들에게 상당히 모순적으로 보였을 것이다. 예수님 자신마저 천국이 "가까이" 왔다고 선포하시지 않았는가?(4:17).

당시 예수께서는 이 사람들에게 마지막 심판이 이르기 전 오랫동안 기다리는 기간이 있을 것이라는 사실을 다시 한 번 인식시키고자 하셨다. 그동안 그들은 인내를 발휘해야만 한다. 확실히 천국은 인자가 오심으로 새로운 장이 시작되었다(마 11:4, 5). 마 4:17의 설명에서 나타난 바 "천국이 가까이 왔느니라"는 선언은 전적으로 정당하였다. 그러나 제자들은 이것이 연극에서 마지막 장이 아직 아니라는 사실을 배워야 한다. 큰 종말은 미래 실현의 문제였다.

[37] 대답하여 이르시되 좋은 씨를 뿌리는 이는 인자요.

"인자"라는 명칭에 대한 자세한 연구는 마 8:20을 보라. 그것에 대한 견해는 다음과 같다. 다니엘의 환상에 따르면, 신비한 "인자"에 대한 다니엘의 예언(7:14)은 그분께 "권세와 영광과 나라를" 주었는데 지금은 천한 씨 뿌리는 자이다! 그는 회개와 믿음을 통한 구원에 관한 천국 소식인 좋은 씨를 끊임없이 뿌리고 있다.

[38] 밭은 세상이요.

마 11:27; 13:31, 32; 24:14; 28:18, 19과 요 3:16; 4:42과 같은 구절을 참조하면, 이 복음은 어디든지, 반드시 즉시가 아니더라도(10:5, 6), 점진적으로 선포되어야 한다. 인종이나 국적에 대한 아무런 차별도 없이 사람들의 정신과 마음에 다가가야 할 뿐 아니라 삶의 전 영역이 만왕의 왕이시며 만주의 주(마 13:33의 설명을 보라) 되신 그분께 드려져야 한다. "밭은 세상이요"라는 말에서 아무것도 제외되어서는 안 된다. 계속해서 **좋은 씨는 천국의 아들들이요,** 예수 자신을 기꺼이 자기들의 주시며 왕으로 삼은 천국의 아들들은 복음의 좋은 씨가 열매를 맺은 자들이다(19, 23절을 보라). 마찬가지로 **가라지는 악한 자의 아들들이요,** 악한 자의 아들들, 즉 사탄의 자녀이며 사탄의 제자들은 마왕에 의해 뿌려진 가라지가 타락의 수확물로 생산해 놓은 자들이다. 이것은 바로 다음의 말과 일치한다.

[39] 가라지를 뿌린 원수는 마귀요.

이는 예수의 가르침 속에서 거듭거듭 언급되었다. 더 자세한 설명은 마 4:1; 5:37 하반절, 특히 5:33-37의 각주 297)과 6:13 상반절을 보라. 계속해서, **추수 때는 세상 끝이요,** 종들이 지금 가라지를 뽑는 것은 허락되지 않았다. 어떤 조바심도 있어서는 안 된다. 추수하는 것은 큰 종말의 날까지 기다려야 한다. **추수꾼은 천사들이니,** 추수꾼으로서 천사들이 수행해야 할 역할은 마 24:31; 계 14:17-20에도 보인다. 계 14:14-16에 따르면 인자 자신이 수확물(신자들)을 모은다는 것이 사실이지만 반면에 같은 장 17-20절에 의하면 포도 수확물(불신자들)을 모으는 일은 천사들에게 맡겨졌다고 하였는데, 이것을 두고 마 24:31과 계 14:14-16 사이에 모순이 있다고 생각하지는 않는다. 인자가 자신이 선택한 자들을 모을 때 부차적인 역할을 천사들에게 일임하는 것이 왜 있을 수 없는 일인가?

[40]-[42] 그런즉 가라지를 거두어 불에 사르는 것같이 세상 끝에도 그러하리라 인자가 그 천사들을 보내리니 그들이 그 나라에서 모든 넘어지게 하는 것과 또 불법을 행하는 자들을 거두어 내어 풀무 불에 던져 넣으리니.

이 풀무 불은 꺼지지 않는다. "불법을 행하는 자들", 즉 하나님의 거룩한 법을 무시한 자들이 당할 치욕은 영원히 계속된다(단 12:2). 그들의 결박은 결코 풀리지 않는다(유 6, 7). 그들은 "불과 유황으로 고난을 받으리니, 그 고난의 연기가 세세토록 올라가리로다." 따라서 그들이 밤낮 쉼을 얻지 못하리라(계 14:9-11). 그렇다. "밤낮, 세세토록" 계속된다(계 20:10). 사람들은 영원한 형벌의 교리를 가르치는 구절이 그렇게 많은 것에 깜짝 놀라면서 성경을 받아들이는 것은 인정하지만 그럼에도 불구하고 이 교리를 거절한다. 악한 자는 단순히 멸망당하지만 의로운 자는 영원히 살 것이라는 견해에 반대하여 가장 논란이 되는 것은, 마 25:46에서 전자의 형벌과 후자의 축복에 대한 양자의 기간, 즉 악한 자는 **영**벌에, 의인들은 **영**생에 들어가리라고 서술하는 사항이다.

여기 40-42절 상반절에서 가라지에 일어나는 것은 **왕국의 정화**라는 관점에서 나타난다. 심판 날에—그렇지만 심판 전은 아니다! 이것이 여기서 강조된다—왕국은 모든 불순물을 일소할 것이다. 행동 **범위**에 관해서는(마 13:33을 보라) 불쾌하든 매혹적이든 간에 그들 안에 있었던 지금까지 하나님의 법에 반대한 것은 무엇이든지 영광스럽게 변모한 우주 속에서 완전히 제거될 것이다. 불법을 행하는 자들, 그렇지만 마 7:22에서처럼 이 왕국의 분깃을 요구하는 자들과 값없이 베풀어 주신 구원의 은혜에 대한 보답으로, 하나님의 법에 복종한 자들 사이에 그때 거기에는 영원히 완전한 분리가 있을 것이다.

풀무 불에서, **거기서 울며 이를 갈게 되리라.** 이에 대한 설명은 마 8:12을 보라.

[43] 그때에 의인들은 자기 아버지 나라에서 해와 같이 빛나리라.

여기서 은혜를 받아들인 자들은 거기서 영광을 받는 자들이 될 것이다.

바로 여기서 받아들인 그만큼 영광의 양이 베풀어진다. 그러나 이 영광은 일반적으로 숨겨져 있다. 그러나 그때 단 12:3의 예언은 다음과 같이 이루어질 것이다. "지혜 있는 자는 궁창의 빛과 같이 빛날 것이요 많은 사람을 옳은 데로 돌아오게 한 자는 별과 같이 영원토록 빛나리라." 그리스도의—그때부터는 또한 그들 아버지의—영광이 그들에게서 빛날 것이다(요일 3:2, 3; 계 3:12). 만일 고후 3:18 말씀이 바로 여기서도 사실이라면 장차 아버지의 나라에서는 훨씬 더 영광스럽게 실현되지 않을까?

예수께서는 비유에 대한 설명을 들은 모든 사람에게 부드럽고 진지한 경고로서 귀에 익은 말씀을 다음과 같이 하고 계시다. **귀 있는 자는 들으라.** 마 11:15을 보라. 그 비유의 의미는 주의력을 가지고 인내하면서, 소망과 신뢰를 통해서는 물론 자신을 시험해 봄으로써 마음에 새기도록 하고, "나는 곡식에 해당하는가, 아니면 가라지에 해당되는 것일까?"라고 물어볼 뿐만 아니라 또한 "나는 조급한 가운데 '둘 다 추수 때까지 함께 자라게 두라'는 말을 잊어버렸는가, 아니면 추수 때까지 인자의 판결을 참을성 있게 기꺼이 기다리고 있는가?" 하고 물어보도록 하라.

주목해야 할 것은 이 비유에서 세상의 표현으로 천국을 상징한 곡식과 가라지의 혼합이 뜻하는 바가 무엇이냐는 점이다. "가인과 아벨, 하만과 모르드개, 헤롯 대왕과 마리아(예수의 어머니)처럼 아주 대조적인 세상 주민들의 혼합을 가리키는 것일까? 아니면 유형 교회 안에 신실한 그리스도인들과 위선자들이 함께 머물러 있는 것을 가리키는 것일까?"라는 질문에 대해 주석가들 가운데 논쟁이 있다.[544]

불일치가 있는 것은 사실이지만 실제로 외관상 보이는 것처럼 심하거나 절대적인 정도는 아닐 것이다. "천국"과 "교회"라는 용어는 십중팔구

544) H.N. Ridderbos, *op. cit.*, pp.265, 266(참조. 그의 책 *De Komst van het Koninkrijk*, p.298)에 따르면 준거는 교회 안에서가 아니라 세상에서의 혼탁(혼합)이다. 그만 이러한 견해를 주장하는 것은 결코 아니다. 리더보스와 다른 견해는 다음과 같다. W.M. Taylor, *op. cit.*, p.42; R.C. Trench, *op. cit.* p.35; S. E. Johnson, *The Gospel according to Matthew*(*The Interpreter's Bible*, Vol. Ⅶ), p.415; A. Fahling, *The Life of Christ*, St. Louis, 1936, p.304; W.O.E. Oesterley, *The Gospel parables in the Light of their Jewish Background*,

정확한 의미에서 동등 어구는 아니다. 교회는 고백한 신자들의 몸이다. 그것은 사람으로 구성되어 있다. 다른 한편, 그 나라는 이미 살펴본 바와 같이(마 13:33을 보라) 구체적으로 명시하면 그리스도의 법칙을 인정하는 사람과 영역의 전 복합체라고 설명된다. 이 특성에 비춰 볼 때 그 비유는 교회라기보다 오히려 왕국에 대해 가리키는 것이다.

그러나 다른 비유와는 무관하게 "왕국"과 "교회"라는 용어가 본문과 그물 비유에서처럼 서로 가까이 접근해 있다는 것 또한 사실이다. 다음을 마음에 새겨두어야 한다.

(a) 만일 "곡식"이 좋은 씨가 열매를 맺고 있는 사람들의 마음, 즉 일반적으로 참 신도들의 총 숫자를 가리키고, "가라지"는 곡식과 나란히 있거나 어느 다른 밭에 있는 것이 아니라 곡식 **가운데** 뿌려진 것을 가리킨다면 그때 그것은 유형 교회 안에 참과 거짓 교인들이 혼합되어 있는 것이라는 게 당연하지 않을까?

(b) 이 비유에서 예수는 "비밀들"에 대해 필요한 빛을 비춰 주고 있다(13:11). 가인과 아벨, 하만과 모르드개 등은 양쪽 모두 같은 세상에 살고 있으며 서로 거래 관계마저 맺은 이상 조급한 방법으로 변화시키지 말아야 한다는 사실은 구태여 비밀이라 부를 필요가 없다. 그러나 훨씬 더 중요한 비밀은 **유형 교회 안**, 하나님께서 참 그리스도인과 단지 이름뿐인 그리스도인 모두를 나란히 거하게 하신다는 것과 이 거룩하게 세워진 질서 본연의 경계 안에서 우리는 이 계획을 주의해야 한다는 사실이다.

(c) 인자는 세상 끝에 불법을 행하는 자들과 모든 넘어지게 하는 것들을 "그 나라에서" 거두어 낼 것이라고 우리에게 분명히 말씀하신다. 그 비유는 이들이 "땅에서" 뽑힐 것이라 말하지 않고 "그 나라에서"라고 말한다. 저들이 미리 안에 있었던 것이 아니라면 이 경우 유형 교회 안에서 저들을 어떻게 "거두어 낼 수" 있을까?

London, 1938, p.69; C. Graafland, "Ingaan in het Rijk," *Theologia Reformata* XIII, No, 4(Dec. 1970), p.239: "우리의 결론은 우리 시대의 많은 신학자들이 얘기했던 것보다 왕국과 교회 사이의 연관성이 더욱 친밀하다는 사실을 성경이 보여 주고 있다는 점임에 틀림없다."

따라서 그 결론은 이미 예비하신 바 유형 교회가 진실로 이 비유에 명백히 포함되어야 한다고 볼 수 있다.

여기서 가르친 교훈은 어느 때나 유효한 말씀으로 너무나 열성적인 나머지 그리스도의 정규 제자단에 속하지 않았다고 어떤 자들을 저희 모임에서 축출하려는 제자들(눅 9:49, 50)과 또 열두 사도 무리에 있는 그들 동료 제자들에게까지 분노와 다툼을 곧잘 일으키는 제자들(마 20:24; 눅 22:24)에게 확실히 필요한 말씀이었다. 그때부터 교회는 이 교훈이 필요했다. 교회의 높은 지위에 있는 사람들은 자신이 좋아하지 않거나 때때로 그들이 틀렸다고까지 할 수 없음에도 한두 가지 이유 때문에 그들을 교회에서 종종 쫓아내려고 하지 않는가? "문제 있는" 교인들에게 아무런 용서도 없이 성급히 처리하는 일이 있지 않은가? 얼마 전 어느 교회는 그 교회 기념일과 관련해서 회중의 이력을 설명하는 약사(略史)가 필요했다. 기록 보관자는 이러한 제직 회의록을 발견하였다. "…로 가는 열차를 탈 수 있는…의 금액을 모 자매에게 주기로 결정되었다. 그때 우리는 그녀를 쫓아 버릴 것이다." 조급한 방법은 큰 단체를 상대로 실시되든 단지 한 개인을 상대로 실시되든 그 원리에 관한 한 아무런 차이가 없다. 그것은 브루스(A.B. Bruce)가 말한 바, "그리스도는 본문에서 교회의 실천요강을 세워 놓으신 것이 아니라 오직 하나의 확실한 정신 배양, 즉 지혜롭게 인내하는 정신을 가르쳐 주고 있다."[545] 그리스도 자신의 가르침에 따르면 외적인 행동보다 훨씬 더 중요한 것은 "정신"이다(마 5:21, 22).

훈련에 관한 성경적인 가르침이 이것 때문에 억제당하는 것은 아니다. 사실상 정반대이다. 만일 충실한 인내의 정신이 실행된다면, 개인의 훈련(고전 11:28), 서로의 훈련(마 18:15, 16; 갈 6:1, 2), 그리고 교회의 훈련(마 18:17, 18; 딛 3:10, 11; 계 2:14-16) 전체가 강화되고 숭고해질 것이다. 교회 훈련의 경우에서도 주요 목적 중의 하나는 "영혼이 구원받도록"(고전 5:5) 하려 함이다.

44절의 토론으로 나아가기 전 하나의 최종 문제에 답해야 한다. 예수께서 곡식 가운데 있는 가라지의 비유를 설명하신 것은 이미 주지된 비

545) *The Parabolic Teaching of Christ*, London, 1882, p.54.

유 해석의 법칙이 완전히 잘못되었다는 것이며, 또한 이 이야기가 세 가지 비유 가운데 하나라는 점을 감안하면, 여기서 중요한 한 가지 교훈은 각각의 비유가 별개의 상징적 의미를 지녔다고 보는 것 또한 잘못되었다는 것을 나타내는 것이 아닐까? 예수께서 말씀하신 바, "좋은 씨를 뿌리는 이는…요; 밭은…이요; 좋은 씨는…이요; 가라지는…이요; 원수는…이요" 등이라고 하셨다. 따라서 예수 자신이 이 비유에 대해 말씀하신 것을 근거로 각각에 상징적인 의미가 연관된다고 정당화해서는 안 된다. 예를 들면 선한 사마리아 사람의 비유에서(눅 10:30-37) 각 항목에 대해 예루살렘에서 여리고로 내려온 사람은 아담, 강도들은 사탄과 그의 부하들, 제사장과 레위인은 율법과 선지자들, 선한 사마리아인은 그리스도, 주막은 교회 등(어거스틴)이라고 말할 수 있을까? 대답은 다음과 같다.

(a) 곡식 가운데 있는 가라지 비유는 정말로 한 가지 주요한 교훈을 알려주는데, 이미 지적한 바 있다. 이 교훈은 29, 30, 41-43절에서 분명히 제시되었다. 다른 비유들에서도 마찬가지이다. 비유 자체나 그것의 역사적인 배경 또는 그것을 소개하는 단어들, 또는 결론은 그 교훈이 무엇인가를 가르쳐 준다. 이와 같이 선한 사마리아 사람의 비유에서 핵심은 눅 10:25-29, 36, 37에서 발견된다("누가 나의 이웃인가?" 묻지 말고, 주님께서 섭리 가운데 당신의 가는 길에 예비해 둔 어느 가난한 사람에게 당신이 진정한 이웃임을 증명하라). 눅 15장의 세 가지 비유 중에 그것은 눅 15:1, 2, 7, 22-24에서 발견된다. 열매 맺지 못한 무화과나무 비유는 눅 13:6-9에서, 바리새인과 세리의 비유는 눅 18:1, 7, 8에서 발견된다.

(b) 곡식 가운데 있는 가라지 비유에 관하여(그리고 씨 뿌리는 자의 비유에 관해서도) 예수께서 개별적으로 어떤 조항을 해석하셨다는 사실이 우리가 다른 비유들에 대해 똑같이 해석할 지혜를 준다고 가정할 수는 없다. 사실 이 잘못된 행위는 온갖 독단을 유발하고, 소위 "주석"이라는 모순으로 끌고 간다.

감추인 보화 비유

계속되는 일곱 개의 비유 중 마지막 세 개의 비유가 다음에 기록되었다. 전체 비유에서 이들 비유의 위치는 곡식 가운데 있는 가라지 비유에 대하여 제자들에게 설명하신(36절) 그 부분 바로 다음에 있으며, 비유의 내용과 뒤를 이어 51, 52절에 있는 결론("너희가 이 모든 것을 깨달았느냐")은 전체 군중에게가 아니라 제자들에게 말씀하신 것처럼 보인다. 따라서 이 비유의 목적은 "숨겨지는 것"(10-17절)이 아니며, "드러나야"(10-12, 16, 17절) 하는 것이다.

[44] 천국은 마치 밭에 감추인 보화와 같으니 사람이 이를 발견한 후 숨겨 두고 기뻐하며 돌아가서 자기의 소유를 다 팔아 그 밭을 사느니라.

이 비유는 밭을 일구다가 뜻밖에 보화를 발견한 사람에게 주의를 기울인다(마 6:19). 그 비유는 사실적이다. 집은 전쟁이나 습격 그리고 강도 맞기에 오히려 쉬우며, 가치 있는 물건을 보관할 안전한 장소를 얻는 데 따른 어려움도 있기 때문에 집주인은 때때로 자기의 소중한 소유물이나 재산을 가장 안전한 땅에 묻곤 하였다. 여기에 서술된 경우는 아마 자기 보화를 궤 속에 넣어 땅에 묻은 사람이 그것을 누군가에게 알리기 전에 죽어 버렸을 것이다. 이제 다른 사람이 그 밭을 소유한다.

그런데 땅을 파는 자가 뜻밖에 그 보화를 발견한다. 어떤 이유로 그가 타인의 밭에서 땅을 파고 있었는지는 설명이 없다. 그가 이 권리를 가졌다고 가정해 보자. 첫째 가능성은 그가 소작인이었을지도 모른다. 그의 도덕성은(혹은 다른 한편으로, 자신이 형벌을 피할 수 없을 것이라는 두려움이라고 할까?) 그가 발견물을 계속 캐내려고 하는 것을 금지시킨다. 그래서 그는 자기가 발견한 것을 덮어 놓는다. 그는 보화의 합법적인 소유권을 얻기 위하여 무엇보다 먼저 밭을 소유해야 한다는 사실을 깨닫는다. 따라서 구입할 돈을 얻기 위하여 가지고 있는 모든 것을 팔아야 한다 할지라도 그 밭을 사고자 한다. 그는 그것을 조금도 아까워하지 않을 만큼 보화를 얻을 수 있게 돼 기뻐했다.

비유의 요점은 천국, 현재와 미래를 위한 구원 및 영혼과 몸의 구원을 포함한 하나님의 통치에 대한 인식, 그리고 하나님의 영광을 위해 다른 이들에게 축복이 되는 위대한 특권, 이들 모두가 측량할 수 없을 정도의 고귀한 보화여서 이 보화를 얻는 자는 이를 방해하는 것이면 무엇이든 기꺼이 포기한다는 것이다. 이것이 최고의 보화인 이유는 마음의 결핍을 온전히 채워 주기 때문이다. 그것은 내적 평안과 만족을 가져다 준다(행 7:54-60).

바울은 이 비유에 대해 탁월한 주석을 하였는데, 자서전적인 글에서 기록한 바 다음과 같은 그의 경험담이 있다. "또한 모든 것을 해로 여김은 내 주 그리스도 예수를 아는 지식이 가장 고상하기 때문이라. 내가 그를 위하여 모든 것을 잃어버리고 배설물로 여김은 그리스도를 얻고 그 안에서 발견되려 함이니"(빌 3:8, 9 상반절). 바울은 갑자기 뜻밖에 이 보화를 발견했다(행 9:1-19). 더욱이 그는 당시에 성경을 읽지 않았다. 모든 이질적인 생각—예를 들면, 이 비유에서 밭은 성경을 가리킨다는 것—은 버려야 한다. 하나님께서 온갖 수단과 방법을 사용하셔서 죄인을 발견물 있는 곳으로 인도하실 때 그는 기뻐 소리 지르게 된다. 그가 나다나엘(요 1:46-51), 사마리아 여인(요 4:1-42), 날 때부터 소경 된 사람(요 9장) 등을 이끄시는 것을 생각해 보라. 물론 보화의 소유는 역시 말씀을 사랑한다는 것을 의미하지만 각 항에 대한 주관적이며 우화적 장식을 그 비유에 더하기보다는 차라리 다음과 같은 한 가지 중요한 교훈을 붙잡아야 한다. 즉, **그 보화를 찾지도 않았는데** 그것을 발견하고 얻은 사람들 위에 주어지는 이루 헤아릴 수 없는 구원의 귀중함 말이다!

부지런히 찾은 후에 왕국의 보화를 얻은 사람에게도 그것은 최고의 선(Summum bonum)이라는 것은 명백한 일이다.

값진 진주 비유

[45] [46] 또 천국은 마치 좋은 진주를 구하는 장사와 같으니 극히 값진 진주 하나를 발견하매 가서 자기의 소유를 다 팔아 그 진주를 사느니라.

진주는 일반적으로 페르시아만이나 인도양에서 나오는 것으로 믿어지지 않을 만큼 값이 비싸며, 보통 사람은 구입할 수 없는 것이다. 부자만 그것을 구입할 수 있었다. 칼리굴라(Caligula, 로마황제 A.D. 37-41년 재위-역주) 황제의 부인 롤리아 파우리나(Lollia Paulina)는 그녀의 머리, 머리카락, 귀, 목, 그리고 손가락을 반짝이는 진주로 장식했다고 한다. 이 구절에 있는 진주에 관하여 7:6; 딤전 2:9; 계 17:4; 18:12, 16; 21:21에도 추가적으로 나타난다.

다음 구절에서 도매상인을 검토해 보면[546] 그는 현재 얻을 수 있는 진주에 불만을 품고 아주 좋은 진주를 찾는다. 그의 탐사는 성공적이다. 이 특이한 진주를 보자, 그는 전심으로 즉시 "바로 이것이다!"라고 외친다. 조금도 주저함이 없다. 앞의 비유에서처럼 이것을 사기 위해서는 그의 모든 소유물을 팔아야 함에도 그는 그것을 산다.

44절에서처럼 여기서도, 하나님의 탁월하심을 즐거이 시인하는 마음과 삶을 목표로 삼기 위해 이 목표에 배치되는 것이면 무엇이든 기꺼이 포기한다는 것이 주요 교훈이다. 돈으로는 구원을 살 수 없다. 그것은 하나님이 무상으로 주시는 선물이다(사 55:1). 우리는 그것의 정당한 소유권을 획득한다는 의미에서만 그것을 살 수 있다. 우리는 이것을 주 예수 그리스도 안에 있는 믿음을 통한 은혜에 의해서, 믿음이라는 것조차 하나님의 선물이라는 것을 깨달음으로써 사는 것이다(필자의 주석, 엡 2:8을 보라).

부지런히 찾은 후에 "값진 진주"를 발견한 실례에서 한 가지 단서, 즉 인간 생활이 매우 복합적이라는 것을 중시할 필요가 있다. 성경에서 언급된 모든 신자들의 계층을 "찾지도 않고 구원을 발견한 A집단과 부지런히 찾은 후에 얻은 B집단"이라는 대표적인 두 그룹으로 나누는 것은 쉽지도

546) 헬라어는 *ἔμπορος*. 현대 헬라어에서 여전히 동일한 단어가 사용된다. 그러나 비유가 제시된 유연한 방법에 주목하라. 문자적으로는 "장사하는 사람"(A.V.) 또는 "상인인 남자"(A.R.V.)이다. 어원상 *ἔμπορος*는 "길가에 있는" 또는 "노상에 있는" 사람을 가리키는 단어이다. 영어의 emporium(시장)이란 말이 관계있다. 그림(Grimm)의 자음 동화 법칙(Law of consonantal correspondence)에 친숙한 사람들은 원래 그 단어가 사용될 때 영어의 *ferry, fare* 등과 관련이 있음을 알 수 있을 것이다.

않고 어쩌면 불가능할지도 모른다. 각 비유는 어떤 경우에는 적용될 수도 있을 것이다. 그 단서를 가지고 다음에 주어진 구체적인 실례들이 값진 진주 비유, 즉 찾은 후에 발견한 예를 적절하게 예증해 주는지 어떤지, 그리고 얼마나 잘 보여주고 있는지는 독자들의 판단에 맡긴다. 글로바와 그의 동료(눅 24:29), 에디오피아 내시(행 8:26-38), 고넬료(행 10:1-8, 30-33), 루디아(행 16:14), 간수(행 16:29-34), 그리고 베뢰아 사람들(행 17:10-12).

다음은 이들 일곱 개의 비유 중 마지막 천국 비유이다.

그물 비유

[47]-[49] 또 천국은 마치 바다에 치고 각종 물고기를 모는 그물과 같으니 그물에 가득하매 물가로 끌어내고 앉아서 좋은 것은 그릇에 담고 못된 것은 내버리느니라 세상 끝에도 이러하리라 천사들이 와서 의인 중에서 악인을 갈라내어.

이 비유는 외관상 특히 해석하는 입장에서도 곡식 가운데 있는 가라지 비유와 비슷하다. 밭에 있는 곡식과 가라지가 함께 얽혀 자라도록 허락되었고 추수 때까지 분리되지 않았던 것처럼 좋고 못된 온갖 물고기도 역시 그물에 잡혀서 그물이 물가에 끌려 나오기까지 두 종류로 나뉘지 않는다. "세상 끝에도 이러하리라"는 해석은 각 비유에서 나타나는데(참조. 40절 하반절, 49절 상반절), 천사의 역할은 본질적으로 두 경우에 동일하며(참조. 41, 49절 하반절), 악한 자의 분깃은 두 구절에서 똑같이 묘사되고 있다(42, 50절).

그물(dragnet)에 관한 의미와 마태에 의해 언급된 다른 류의 그물(net)의 의미는 마 4:18에 보인다. 예수께서 이 비유를 말씀하실 때 이것을 들은 자들 중 일부는 어부였으며 큰 그물을 설치하는 일에 매우 익숙했다. 또한 그 그물은 물고기로 가득 차 있는 바닷물이 그물을 통과해 나갈 때 온갖 물고기를 잡도록 되어 있는 것임을 잘 알았다. 그들은 이러한 그물을 물가로 끌어내 모래 위에 내려놓고 물고기를 분류한다는 것이 무엇인지를 알았다. 먹고 팔 수 있는 것들은 양동이나 통에 넣고 나머지는 버렸다. 이와 같이 구원의 복음도 그리스도 안에서 계속해서 "사로잡힌" 사람들에게(눅 5:10) 하나님에 의해 믿음을 통하여 주어진다. 그러나 가시적 현상으로 볼 때 그 나라에 들어갈 사람들—차라리 실제적인 목적 때문에 가시적인 교회에 들어온 모든 사람들은 아니라고 말하는 것이 좋다—진실로 이들 모두가 구원받는 것은 아니다. 이것은 천사들이 의인 중에서 악인을 갈라낼 큰 심판 날에 분명하게 될 것이다.

"예수께서 왜 이 비유를 더하셨는가?" 라는 질문을 받는다. 그것은 다른 비유 중, 특별히 곡식 가운데 있는 가라지 비유에서 아직 접근되지 않았던 특수한 어떤 것을 가르치고 있는가? "다른" 어떤 것을 찾는 것은 보람없는 일이다. 그 비유는 아마 "각종 물고기" 같은 문구를 가리키고 있으며 적어도 이 생물은 전에 언급되지 않았던 것을 나타낸다. 그리고 이와 관련하여 그것은 복음을 민족, 나라, 시대, 사회, 교육이나 지식 정도 등 모든 사람들을 모으기 위한 하나님의 수단으로서 생각하는 것이리라. 또다시 한 쌍을 이루는 비유에서 특징적인 것을 찾을 수 있는데, 거기서 좋은 씨 뿌리는 일은 단지 씨 뿌리는 이 혼자에게 맡기고 있는 반면에 예수께서는 어부의 일에 대한 여러 단계를 분명하게 생각하고 계시며 그것을 다소 자세히 서술하신다. 그러나 그 비유를 설명하실 때(49, 50절) 예수께서는 "각종"이라는 개념에 대한 언급이 없고 다만 두 계급, 즉 좋은 것과 나쁜 것이라고만 하셨다. 그리고 어부의 임무에 관한 첫 단계는—그물을 던지며 그것을 물가로 끌어내는 것과 모래 위에 내려놓는 것—설명에서 다시 다뤄지지 않는다. 어부의 일 중 마지막 사항에 관하여—좋은 물고기는 골라내고 못된 것은 내버리는 것—는 예수에 의해서 상징적으로 **천사들의** 일, 정확하게는 다른 비유에서 추수꾼들의 일로 언급되었다. 따라서 정직하게 결론을 내리자면 사용된 비유가 물론 아주 다르다 할지라도 이제 그것은 가장 중요한 목적, 즉 이 비유가 가르치는 중요한 교훈은 무엇인가? 라는 데 이르게 된다. 거기에는 특징적인 것도, 아직 언급되지 않은 것도 없다! 사실상 이미 가리킨 바와 같이,

[50] 풀무 불에 던져 넣으리니 거기서 울며 이를 갈리라.

이 절은 42절과 똑같다. 그러므로 설명은 그 구절을 보도록 하라.

그런데 이것은 바로 우리가 모든 것 중에서 가장 좋아한다고 할 수 있는 다른 상징에 의한 동일한 개념의 반복이 아닐까? 그것은 제자들에 의하여 메시지, 절대적인 확실성, 가능한 한 영원한 절망을 막기 위한 임박한 심판에 대해 변경할 수 없는 결정을 전해 들은 자들의 이익과 제자들 자신의 이익 모두를 위하여 예수 그리스도께서 제자들에게 명심시키고 있는 것이 아닐까? 예수께서는 제자들과 대부분의 사람이 친숙한 것들, 즉 씨 뿌리는 자, 겨자씨, 누룩, 숨겨진 보화 그리고 진주에 대한 비유로 예를 드시고 이제 제자들에게 훨씬 더 친근하며 이 결론을 뒷받침해 주는 고기 잡는 현장에서 그 일련의 비유를 마치시는 것이 아닐까? 예수께서는 제자들에게 "너희가 스스로 여러 번 해 보았거나 너희 동료 제자들이 하는 것을 보았던 것, 즉 좋은 것에서 못된 것을 골라내어 그것들을 내버리는 일은 내 명령에 따라 천사들이 모두에게 한 번 행할 것이라"고 말씀하시는 것 아닐까? 또한 "그러므로 누구든지 회개하도록 경고하라"고 암시하시는 것이 아닐까? 그리고 앞에 나온 비유에 비춰 볼 때(44-46절), 다시 말하면 "다가오는 심판이 돌이킬 수 없는 기정사실이라는 관점에서 사람들에게 천국의 놀라운 귀중함과 모든 사람이 바로 여기서 그것의 소유권을 취할 필요성"을 부언해 주는 것이 아닐까? 그 형세에 대한 이러한 견해는 그리스도께서 한때 언급하셨던 종말론적 선언(마 8:12; 13:50; 25:10, 30, 46; 눅 17:26-37)의 종국에 대한 부단한 강조와 일치한다. 그것은 또한 예수께서 모든 사람들에게 회개하고(마 4:17; 9:13), 항상 깨어 있을 것을(마 25:13; 막 13:35-37; 눅 12:40) 강권하시는 것과 일치한다. 마지막으로 그것은 복음서들이 그리스도의 깊은 동정적인 마음에 대해(마 9:35-38; 11:28-30; 14:13-18; 15:32; 23:37 등) 우리에게 말해 주는 것과 조화를 이룬다.

예수께서 제자들과 그들의 직무에 대해 생각하고 계셨다는 것이 그가 이제 상징을 사용한 말씀에서 분명해진다.

참된 서기관

[51] 이 모든 것을 깨달았느냐 하시니 대답하되 그러하오이다.

예수께서는 이 질문을 통해 제자들에게 왕국에 대해 더 많은 정보를 알 기회를 주신다. 만일의 경우 그들에게 명확하지 않은 문제들이 아직 있을지 모르기 때문이다. 그들의 대답을 보면 마치 천국을 본 것처럼 통찰이 헤아릴 수 없이 깊어졌다.

이제 마음이 흡족하게 된 것을 감사하게 인정하는 것은 아름다운 일이다. 하지만 그것으로 충분하지 않다. 받아들인 것은 또한 다른 사람들에게 전달되어야 한다. 그것이 참된 서기관의 의무이며 책임이다. 이제 예수께서는 다음과 같이 지적하신다.

[52] 예수께서 이르시되 그러므로 천국의 제자된 서기관마다 마치 새 것과 옛것을 그 곳간에서 내오는 집주인과 같으니라.

예수께서 여기에서 가르치신 교훈은 모든 왕국의 일꾼들에게 적용될 수 있다. 특별히 성직 취임과 관련지어 볼 때 적합하지 않을까? 그렇다면 참된 서기관은 다음과 같아야 한다.

(a) **제자는 적절한 훈련을 받아야 한다.** 그는 천국, 혹은 의를 위한 제자 또는 생도[547]가 되어야 한다. 그 당시 유대 서기관은 이미 서술된 바 있다(마 2:4; 5:20을 보라). 그는 구약성경과 그 위에 부가되었던 "전통"의 교사이자 승인된 학생이었다. 그 가르침의 내용과 방법에 관한 모든 부적절함은 이미 주목한 바 있다(마 7:28, 29을 보라).

예수께서 여기에 묘사한 "서기관"은 전혀 그와 같지 않다. 그는 천국—그리고 부딪치는 사건들—을 위하여 훈련되었는데, 그 나라는 풍요롭고 자유로운 구원의 나라, 모든 사람이 들어가도록 초대된 나라, 은혜와 영

547) *μαθητευθείς*는 *μαθητεύω*의 제1부정 과거 수동태 분사형이다. 자동사일 경우 이 동사는 '제자 혹은 생도가 되다' 라는 뜻이다. 그러므로 수동태로는 '가르침을 받다, 훈련을 받다' 라는 뜻이다. 타동사적으로는 '제자를 만들다, 가르치다, 교훈하다' (마 28:19; 행 14:21)라는 의미이다(참조. 마 11:29).

광의 나라이다.

(b) **하나님의 눈에 이 왕국의 서기관은 값지고 중요하다.** 그는 그러한 시민의 신분에 따른 모든 권리와 특권을 부여받은 천국의 시민이 아닐까? 그는 사실상 그 자신이 왕의 아들이라고까지 하지 않는가? 예수께서는 그를 "집주인"으로 비교하고 있다.[548]

(c) **이것은 그가 자기 가족을 위하여 필요를 공급할 책임을 지고 있다는 것을 의미한다.** 서기관에게는 진정한 보고(필자의 주석, 마 2:11; 6:19-21; 12:35; 13:44; 19:21을 보라), 보화, 물품의 풍성한 공급이 이루어졌다. 그의 물품은 성경의 지식을 포함하는데, 즉 구원의 길에 대한 지식, 사람이 모든 지식을 능가하는 평화, 말할 수 없는 기쁨과 영광의 풍성함 등을 얻을 수 있는 방법에 대한 지식이다. 만일 그가 이 지식을 자신의 가족에 속하는 사람들로부터 시작해 다른 사람들에게 전하지 않았다면 부끄럽지 않을까?

(d) **그는 "새것과 옛것"을 공급해야 한다.** 그리스도의 시대에 유대 서기관이 지닌 문제는 고대 랍비의 견해, 상상 그리고 기발한 행동들을 언제까지나 반복하는 것이었다(마 7:28, 29에 대해 앞서 서술한 바를 보라). 그는 "옛것"이었으며, 사람의 영혼을 감동시킬 수 없었고, 인간의 가장 깊은 요구와 만날 수 없는 것을 다루었다. 다른 한편 무엇이든 "새것"에 대해 끊임없이 관심을 갖고 있는 사람들이 있다(행 17:21). 그것은 가장 최근의 것이어야 한다. 참된 서기관은 철저하게 옛것을 숙지하고, 그 위에 서 있다. 그는 구약성경, 옛 교리 등을 얕보는 것이 아니라 사랑한다. 또한 이 모든 것을 새로운 상황에 적용하며 언제나 어떤 근원으로부터 새 빛을 받을 준비를 하고 있다(본래의 "빛" 그대로). 그리고 하나님의 은혜로 말미암아 그는 항상 새롭게 접근한다. 왜냐하면 그는 생수의 근원으로부터 마시고 있기 때문이다(시 46:4; 렘 2:13; 요 4:14; 계 22:1, 17 하반절).

---

548) 헬라어로는 *ἀνθρώπῳ οἰκοδεσπότῃ*. 45절에서와 마찬가지로 *ἄνθρωπος*의 장황한 용어법(pleonastic use)에 주목하라.

나사렛에서 배척당한 예수

일련의 천국 비유들을 담고 있는 장에 이 문단이 포함되어야 할 이유는 이미 서술한 바 있다(필자의 주석, 마 13장 "천국에 대한 개요"를 보라).

[53] 예수께서 이 모든 비유를 마치신 후에 그곳을 떠나서.
우리는 예수께서 가버나움 회당에서(마 12:9) 잠시 동안 떠났다가(12:15) 되돌아온 것을 암시하고 있는 것과(12:47) 바닷가 배에서 가르치시며(13:1, 2) 가버나움의 한 집에 머무르신 것(13:36)을 알고 있다. 예수께서는 이제 다른 곳으로 떠나신다.

[54] 고향으로 돌아가사 그들의 회당에서 가르치시니 그들이 놀라 이르되.
예수께서는 고향인 나사렛에서 자라셨다(마 2:23; 눅 4:16). 막 6:2과 눅 4:16에 의하면 그때는 안식일이었다. 마태는 예수가 유대 회중들을 가르치는 모습을 생생하게 묘사했다. "그가 그들을 가르치시니," 그 결과 놀랐다는 것이다(참조. 마 7:28, 29). **이 사람의 이 지혜와 이런 능력이 어디서 났느냐**? 그의 가르침에서 드러난 그 "지혜"는 당시 거기에서 바로 입증되었다. 능력에 관해서 회중은 이적에 대해 들을 기회를 가졌는데, 능력의 대부분이 갈릴리에서 행해졌기 때문이다(마 4:23-25; 8장; 11:4, 5, 20-23을 보라). 그러나 회중이 그것을 본 바와 같이 예수께서는 그러한 지혜와 권능을 나타내시려고 한 것이 아니었다. 예수는 어떤 "고등" 교육이나 혹은 그 밖에 것을 받으신 적이 없었다. 그는 단지 다음과 같이 그들 구성원 중 한 사람일 뿐이었다.

[55] [56] 이는 그 목수의 아들이 아니냐 그 어머니는 마리아, 그 형제들은 야고보, 요셉, 시몬, 유다라 하지 않느냐 그 누이들은 다 우리와 함께 있지 아니하냐 그런즉 이 사람의 이 모든 것이 어디서 났느냐 하고.
그가 여기서 드러냈던 바로 그 지혜와 부단히 보고되었던 기사들은 예

수께서 선포하셨던 바, 곧 메시아의 예언들에 대한 영광스러운 성취(눅 4:17-21)가 사실이었다는 것이 이 고을 사람들을 설득했어야 했다. 그러나 그들의 속 좁음과 있음직한 질투가 진리를 받아들이는 것을 방해했다. 그래서 그들은 화자(話者)의 친척들의 명단을 불러대기 시작한다. 이를테면 "여하튼, 그가 누구라고 생각하느냐, 그가 목수의 아들이 아니냐?"(여기서 요셉은 이미 살아있지 않다고 추측된다)와 같이 말이다. 그들은 예수도 목수였다는 것을 회상한다(막 6:3). 물론 그들은 마리아를 매우 잘 알며, 양친의 집에서 예수와 함께 살았던 그의 형제들—야고보, 요셉, 시몬, 유다—을 안다. 누이들에 관해서는 아마 결혼했으리라 추측되며, 그들은 여기 나사렛에서 아직 그들의 남편과 살고 있다. "이 말은 그들이 같은 배에서 출생했다는 의미에서 예수의 형제들이며 누이들이라는 것인가?" 하는 물음은 이미 대답했다. 마 1:25을 보라.

이 이야기는 누가에 의해 훨씬 더 상세히 언급된다(눅 4:16-30). 마태는 다음과 같이 그 사건의 결과를 요약하고 있다.

[57] 예수를 배척한지라.

"혹은 예수에 의해 반발을 일으키게 되었다."[549] 예수의 비천한 태생은 그들이 예수를 배척한 충분한 이유가 되었다. **예수께서 그들에게 말씀하시되 선지자가 자기 고향과 자기 집 외에서는 존경을 받지 않음이 없느니라 하시고.** 다른 번역들, 선지자는 언제나 …외에서는 영광받는다거나, …외에서는 영광을 안 받은 적이 없다, 또는 …에서만 영광이 없다는 번역들은 정확하지 못하다. 예수께서는 선지자가 그의 고향과 친족 이외에 어디서든 존경받았다고 말씀하시지 않았다. 예수께서 말씀하신 것은 어디서든 선지자가 영광받았던 곳은 분명히 그의 고향과 친족에게서가 아닐 것이라는 의미였다.[550] 예수의 가족에 대한 이 언급, 특별히 그의 형제들에 관해서는 마 12:46-50과 같은 다른 구절들의 조명에 비춰 해석되어야 하

549) *σκανδαλίζω*에서 온 동사 *ἐσκανδαλίζοντο*에 관해서는 5:29, 30에 대한 것, 특히 각주 293)을 보고 11:16도 참조하라.

550) H.N. Ridderbos, *op. cit.*, pp.270, 271.

지만, 그러나 이것도 당시 예수께 대한 예수의 형제들의 태도를 지적하는 것으로 결정적인 것이 아니며, 특히 요 7:5과 행 1:14의 조명 속에서 해석되어야 한다. 그러면 하나님의 은혜에 의해 불신이 다음에는 믿음으로 바뀐 것이 보일 것이다.

이 구절을 마치기 전에 예수께서는 여기서 그가 진실로 선지자와 같은 자격으로서, 영광받을 권리를 가지고 계심을 분명히 의미한다는 사실이 지적되어야 한다(참조. 신 18:15, 18; 마 21:11; 눅 24:19; 요 9:17; 행 3:22; 7:37).

나사렛에서 배척당한 결과는 다음과 같다.

[58] 그들이 믿지 않음으로 말미암아 거기서 많은 능력을 행하지 아니하시니라.

나사렛 사람들이 예수를 배척했기 때문에 병 고침 받아야 할 많은 사람들이 그에게 오지 않았다. 그러므로 불신자들은 고침을 받지 못했다. 일부 사람들은 믿음으로 고침을 받았다. 전혀 부족함이 없는 믿음으로 전심전력하여 예수를 믿지 않으면 아무도 예수에 의해 기적적으로 고침 받지 못한다고 극단적으로 말할 필요는 없다(예를 들면 눅 17:11-17을 보라). 다른 한편, 하나님의 은혜로 전해진 믿음은 큰 도움이었으며(마 8:10; 9:22, 28, 29; 막 9:23), 완고한 불신은 무서운 장애물이었다는 사실을 부인하는 것 또한 어리석을 수 있다.

제14장의 개요

Matthew

14

주제 : 아버지께서 아들에게 맡기신 사역

14:1-12 헤롯의 사악한 생일잔치와 세례 요한의 참혹한 죽음

14:13-21 오천 명을 먹이심

14:22-33 물 위로 걸으심

14:34-36 게네사렛에서 병 고치심

제 14 장

헤롯의 사악한 생일잔치와 세례 요한의 참혹한 죽음 (14:1-12)

막 6:14-29, 눅 9:7-9 참조

1-12절

1 그때에 분봉 왕 헤롯이 예수의 소문을 듣고 2 그 신하들에게 이르되 이는 세례 요한이라 그가 죽은 자 가운데서 살아났으니 그러므로 이런 능력이 그 속에서 역사하는도다 하더라 3 전에 헤롯이 그 동생 빌립의 아내 헤로디아의 일로 요한을 잡아 결박하여 옥에 가두었으니 4 이는 요한이 헤롯에게 말하되 당신이 그 여자를 차지한 것이 옳지 않다 하였음이라 5 헤롯이 요한을 죽이려 하되 무리가 그를 선지자로 여기므로 그들을 두려워하더니 6 마침 헤롯의 생일이 되어 헤로디아의 딸이 연석 가운데서 춤을 추어 헤롯을 기쁘게 하니 7 헤롯이 맹세로 그에게 무엇이든지 달라는 대로 주겠다고 약속하거늘 8 그가 제 어머니의 시킴을 듣고 이르되 세례 요한의 머리를 소반에 얹어 여기서 내게 주소서 하니 9 왕이 근심하나 자기가 맹세한 것과 그 함께 앉은 사람들 때문에 주라 명하고 10 사람을 보내어 옥에서 요한의 목을 베어 11 그 머리를 소반에 얹어서 그 소녀에게 주니 그가 자기 어머니에게로 가져가니라 12 요한의 제자들이 와서 시체를 가져다가 장사하고 가서 예수께 아뢰니라

1 그때, 헤롯 왕이 예수님에 대한 소식을 들었습니다. 2 헤롯이 신하들에게 말했습니다. "이 사람은 세례자 요한이다. 그가 죽었다가 다시 살아난 것이 틀림없어. 그 사람에게서 기적이 나타나는 것도 바로 이 때문일 거야." 3 헤롯은 예전에 요한을 체포하여 결박하고, 감옥에 가둔 적이 있었습니다. 헤롯이 이렇게 한 것은 자기 동생 빌립의 아내였던 헤로디아 때문이었습니다. 4 요한이 헤롯에게 "당신이 헤로디아를 아내로 삼은 것은 잘못이오"라고 말했던 것입니다. 5 헤롯은 요한을 죽이려고 했지만, 사람들이 두려웠습니다. 이는 사람들이 요한을 예언자라고 생각하고 있었기 때문이었습니다. 6 그런데 헤롯의 생일에 헤로디아의 딸이 손님들 앞에서 춤을 추었습니다. 헤롯은 매우 기분이 좋았습니다. 7 그래서 헤롯은 딸이 요청하는 것은 무엇이든지 주겠다고 맹세하였습니다. 8 어머니로부터 지시를 받은 딸은 헤롯에게 말했습니다. "쟁반

> 위에 세례자 요한의 머리를 담아 주세요." 9 왕은 망설였지만 자기가 한 맹세 때문에,
> 그리고 함께 식사를 하던 손님들 때문에 요한의 머리를 주라고 명령을 내렸습니다.
> 10 그는 사람을 보내어, 감옥 안에 있는 요한의 머리를 베게 하였습니다. 11 요한의 머
> 리가 쟁반에 담겨서 왕에게 왔고, 왕은 그것을 소녀에게 주었습니다. 소녀는 그것을
> 자기 어머니에게 가져다 주었습니다. 12 요한의 제자들이 와서 시체를 거두어 장사를
> 지냈습니다. 그들은 예수님께 와서 이 소식을 전했습니다. _아가페 쉬운성경

---

[1] [2] 그때에 분봉 왕 헤롯이 예수의 소문을 듣고 그 신하들에게 이르되 이는 세례 요한이라 그가 죽은 자 가운데서 살아났으니 그러므로 이런 능력이 그 속에서 역사하는도다 하더라.

여기 "그때에"라는 말이 언제를 가리키는지는 매우 불분명하다. "그(세례 요한)가 죽은 자 가운데서 살아났으니"라는 말로 미루어 보건대, 이때는 요한의 처형이 집행된—그가 감옥에 들어간 지 여러 달 이후인 듯하다—이후일 것이다. 그리스도의 사자인 요한을 죽인 것이 A.D. 29년 초일 것이라는 의견도 전혀 무리기만 한 것은 아니다.[551)]

"분봉 왕"은 원래 한 지역의 4분의 1을 다스리는 통치자를 가리키는 말이었는데 뒤에는 왕(헤롯 대왕)이나 지역 지배자(아켈라오)보다 하위에 있는 행정관이나 통치자를 가리키는 말로 사용되었다. 마 2:1-19과 눅 1:5에서 "대 헤롯(Herod the Great)" 혹은 "헤롯 I세(Herod Ⅰ)"라고 언급된 헤롯 이외에 복음서의 나머지 부분 전체에서와 지금 여기서 "헤롯"으로 언급되고 있는 이 사람이 이때 갈릴리와 베레아의 지배자였다. 그는 A.D. 4년부터 39년까지 이 자리에 있었는데, A.D. 39년에 골 지방의 리욘으로 추방되었다. 그는 대 헤롯과 사마리아 여인 말다게 사이에서 난 자이다. 복음서(그리고 행 4:27; 13:1)에서는 단지 헤롯이라고만 명명되었지만, 다른 곳에서는(그 예로서 요세푸스의 유대전쟁사 *Jewish War* Ⅰ. 562) 그의 이름에 자주 "안디바스"라는 말이 첨가되곤 한다. 그러므로 우리는 "헤롯 안디바스"가 그의 완전한 이름이라고 생각할 수 있다. 그런데 여기 14:3("그 동생 빌립의 아내")에서 "빌립"이라고 불리는

---

551) 그리스도 사역의 여러 가지 사건들이 발생했던 잠정적인 기간에 대한 논의가 필자의 주석 요한복음 상권 요 5:1과 필자의 *Bible Survey*, pp.59-62에 실려 있다.

사람이 다른 곳에서는 "헤롯"이라 불리고 있으니—이것은 헤롯 안디바스의 경우와는 반대이다—그의 이름은 아마 "헤롯 빌립"이었을 것이다. 14:1-2에서 헤롯 안디바스와 세례 요한에 대해 말한 내용을 더 잘 이해하기 위해서는 2:22; 4:12; 그리고 11:1-9에서 이야기한 것을 참조하라. 또한 필자의 주석 마태복음 상권 p.262와 p.309 도표를 보라.

헤롯 안디바스가 그때서야 비로소 예수에 대한 소문을 들었다는 것은, 특히 예수께서 활동하신 주요 무대가 바로 이 통치자의 영역이었다는 사실(4:12-16; 11:20-24)에 미루어 볼 때, 좀 이상하게 보인다. 그러므로 14:1의 설명은 이런 뜻일 것이다. a. 비록 헤롯 안디바스가 이전에 예수에 대해 들어 보았을지라도, 사람들의 뇌리에 박히는 말과 뛰어난 이적들을 통하여 얻어진 예수의 큰 명성의 물결이 그때까지도 이 통치자의 거처에까지는 미치지 못했다는 뜻이든지; 아니면 b. 헤롯 안디바스가 그때 거하고 있던 훨씬 남쪽 베레아에 있는 궁전(마케루스; 앞에서 묘사하였음)이 가버나움과 측근들로부터 너무나 멀리 떨어져 있었기 때문에 예수에 관한 소문이 그 이전에 그에게 미치지 못했다는 뜻이든지, 아니면 c. a와 b의 이유가 복합되었을 것이다.

분봉 왕은 예수에 대한 소문을 듣고 매우 당황했다. 그는 예수에게서 일어나는 강력한 힘의 산물인 기적에 관한 소문에 특히 깊은 인상을 받았다.

예수의 **말**보다도 그가 하는 **일**에 의하여 매우 큰 충격을 받았기 때문에 불안하고, 섬뜩하고, 병적인 상상 가운데 분봉 왕은 예수에게서 "부활한 세례 요한"을 보았던 것이다. 죄의식에 가득 찬 미신에 빠진 살인자인 그는 이 일을 종들에게 알렸다.

3절 이하는 2절에서 이미 암시된 사실, 즉 세례 요한이 죽었다는 것에 대한 설명이다. 그는 단번에 죽임을 당한 것이 아니라 처음에는 잡혀서 옥에 갇혔다. 요한에게 이렇게 행동한 이유와 통치자가 그를 죽이기를 주저한 이유가 3, 4절과 함께 시작되는 이야기 속에서 설명된다.

[3] [4] 전에 헤롯이 그 동생 빌립의 아내 헤로디아의 일로 요한을 잡아 결박하여 옥에 가두었으니 이는 요한이 헤롯에게 말하되 당신이 그 여자를 차지한 것이 옳지 않다 하였음이라.

필자의 주석 마태복음 상권 p.309의 도표에 나타나 있듯이 헤로디아는 아리스토불루스(Aristobulus)의 딸이었다. 이 아리스토불루스는 대 헤롯과 마리암네 Ⅰ세(Mariamne Ⅰ) 사이에서 태어난 아들이었다. 그런데 헤로디아는 자기의 이복 삼촌(아버지의 배다른 형제) 헤롯 빌립—대 헤롯과 마리암네 Ⅱ세 사이에서 난 아들—과 결혼했다. 그녀는 헤롯 빌립과의 사이에서 딸을 낳았는데, 14:6(참조. 막 6:22)에서는 이 딸을 가리켜 그저 "헤로디아의 딸"이라 말했지만 요세푸스는 이 딸을 "살로메"라고 불렀다(*Antiquities* XⅧ. 136). 그런데 뒤에 이 딸이 자기의 이복 삼촌인 분봉 왕 빌립(눅 3:1)과 혼인함으로써 자기 어머니의 동서가 되면서 동시에 어머니의 아주머니가 되었던 것이다! 우리는 또한 살로메의 어머니 헤로디아에게 남자 형제가 하나 있었는데 그가 뒤에 헤롯 아그립바 Ⅰ세(행 12:1을 보라)가 되는 것을 볼 수 있다. 이 사람에 대해서는 뒤에 언급하겠다(필자의 주석, 마 14:11을 보라).

그런데 헤롯 안디바스가 헤롯 빌립을 찾아갔다가 헤로디아에게 반하게 되었다. 이 부정한 두 연인은 현재의 배우자와 헤어져서—헤로디아는 헤롯 빌립과 헤어지고 헤롯 안디바스는 나바테안 아랍족(Nabatean Arabs)의 왕 아레타스의 딸과 헤어지고—결혼하기로 합의하고서는 그렇게 했다. 그런데 세례 요한이 이 일을 전해 듣고서 헤롯 안디바스를 책망했던 것이다. 그것도 반복해서 책망했다.[552] 요한의 책망은 충분한 이유가 있는 행위였다. 그런 결혼은 근친상간의 죄악이었기 때문이다(레 18:16; 20:21). 게다가 그것은 간음죄에도 해당되지 않는가?(롬 7:2, 3).

헤로디아는 분봉 왕에 대한 요한의 책망 속에 자기에 대한 공격도 내포되어 있음을 잘 알았다. 그래서 그녀는 지속적으로 요한을 죽여야 한다고 주장했다. 아마 자기 남편에게 계속 잔소리를 함으로써 그렇게 했을 것이다. 헤롯 안디바스는 자기를 비난하는 요한에게 증오만을 품은 것은 아니

552) 미완료 과거 시제 ἔλεγεν을 주목하라.

었다. 실제로 요한의 어떤 성격에 대해서는 존경심을 품었다(막 6:20). 요한이 통치자들의 사회 속에서 흔히 발견되는 아첨꾼과는 매우 다르게 자기의 진심을 말할 수 있는 용기를 가졌기 때문이었을까? 즉, 의롭고 거룩한 사람이었기 때문이었을까? 아니면 이 분봉 왕으로 하여금 요한의 말을 기쁘게 듣도록 만든 것은 요한의 유창한 언변 때문이었을까? 혹은 이 통치자의 양심이 요한을 계속 살려 두었을까? 또 다른 한편으로 헤롯 안디바스는 수그러질 줄 모르는 잔혹한 복수의 일념으로 불타는 여인—지금 그의 아내이다—의 성화를 "견뎌야" 했다. 그러나 그녀의 소원을 들어 주지 않는다는 것은 불가능하게 느껴졌고, 그는 타협했다. 요한을 잡아서 쇠사슬로 결박한 후에, 마케루스에 있는 성곽의 일부를 차지하고 있던 무시무시하고, 깊고, 뜨거운 지하 감옥에 감금해 버렸던 것이다.[553]

막 6:20이 암시적으로 이야기하고 있는 분봉 왕의 양심의 소리 이외에도, 그로 하여금 요한을 즉시 죽일 수 없게 만든 또 다른 이유가 있었다. 그래서 그는 자기 아내의 소원에 거의 굴복했을 때에도 요한을 죽이려는 계획을 실행에 옮기지 않았다. 그 이유가 마태복음에서 다음과 같이 이야기된다.

[5] 헤롯이 요한을 죽이려 하되 무리가 그를 선지자로 여기므로 그들을 두려워하더니.

세례 요한에 대한 무리의 태도를 두고 극단적인 평가를 피하는 것이 좋다. 처음에 예루살렘에 있는 유대 종교 지도자들을 제외한(요 1:19-28) 무리의 태도는 매우 호의적이었다(3:5, 6; 11:7-9). 십중팔구는 이 종교 지도자들의 영향 때문에 요한에 대한 원래의 요란하던 열광은 식어갔으며, 실제로 많은 사람들 가운데 그 열광이 악의에 찬 비난으로 바뀌었다(마 11:16-18). 그러나 모든 사람이 이런 적대적인 비판적 태도를 취한 것은 아니었다. 그 외에도 몇 가지 요인들이 작용해 여론을 다시 한 번 역전시

553) 필자의 주석 마 11:1-3의 각주 465)에서 언급된 자료 외에도 A. Edersheim, *op. cit.*, Vol. I, pp.658-660에 설명되어 있는, 성채와 감옥에 대한 생생한 묘사를 보라.

킴으로써, 세례 요한에게 더욱 호의적인 태도를 갖게 했을 것이다. 예를 들면 a. 예수께서 요한을 크게 칭찬하셨기 때문에 예수를 따르는 자들 사이에서 요한의 인기가 올라갔을 것이다(11:9-11). b. 세례 요한의 잔인한 감금에 대한 동정심 때문에 무리가 그에게 호의를 다시 갖게 되었을 것이다. 그리고 c. 요한을 옥에 가둔 헤롯 안디바스에 대한 사람들의 나쁜 감정 때문에 요한에 대한 호의적인 태도가 증가했을 것이다. 다른 어떤 원인들이 있었든지 간에 적어도 요한을 선지자로 여길(그의 생전이었든지 사후였든지) 만큼 요한에 대해서 사람들이 호의적인 태도를 가졌다는 사실이 여기 14:5뿐만 아니라 21:26에도 기록되고 있는 것이 사실이다.

그럼에도 헤롯 안디바스의 명령에 의하여 세례 요한이 죽임을 당한 것은 무엇 때문이었는가? 그 대답은 이것이다.

[6]-[10] 마침 헤롯의 생일이 되어 헤로디아의 딸이 연석 가운데서 춤을 추어 헤롯을 기쁘게 하니 헤롯이 맹세로 그에게 무엇이든지 달라는 대로 주겠다고 약속하거늘 그가 제 어머니의 시킴을 듣고 이르되 세례 요한의 머리를 소반에 얹어 여기서 내게 주소서 하니 왕이 근심하나 자기가 맹세한 것과 그 함께 앉은 사람들 때문에 주라 명하고 사람을 보내어 옥에서 요한의 목을 베어.

헤롯 안디바스의 생일 경축일이 이르렀다. 이 경축일이 헤로디아에게 그녀가 그렇게도 고대하던 기회를 가져다 주었다. 물론 연회가 마련된 것은 말할 것도 없다. 여자가 남자와 함께 같은 식탁에 참여하는 것은 당시의 관습에 어긋나는 일이었다(참조. 에 1:9). 그러나 남자들이 즐기고자 할 때는 여자들을 반드시 참여시켰다. 에스더의 이야기에서 우리는 왕비 와스디가 그런 목적에 이용되기를 거부한 것을 알 수 있다. 그러나 왕비 헤로디아는 와스디와는 다른 성향을 가지고 있었다. 심지어 그녀는 자기 딸까지도 기꺼이 그런 목적에 사용되도록 했다. 왕비는 자기의 적인 세례 요한에게 보복을 가하기 위하여 필요하다면 어떤 수단이라도 동원할 태세였다. 그래서 살로메는 헤로디아의 허락을 얻어, 거기에 초대된 남자 손님들 "가운데서"—여기서는 "앞에서"로 번역되어야 할 것이다—춤을 추었다. 과연 그녀의 어머니는, 자기 남편의 약점을 정확히 알고 있는 여자의 직관으로, 어떤 일이 일어나리라는 것을 눈치채고 있었을까? 어쩌면 그녀가 일을 그런 식으로 계획한 것일까? 어찌 됐든 원하던 대로 일이 전개되어 나가자 그녀는 일격을 가할 준비가 되었다. 이 일에 있어서는 그녀와 딸이 한마음이었음이 분명하다.

그런 연회에 헤롯이 어떤 손님들을 초청했을지 추측하는 것은 어려운 일이 아니다. 막 6:21을 보라. 그들은 감각적인 만족을 모든 것으로 여기는 자들이었다(참조. 에 1:3, 10; 단 5:1, 4, 23). 살로메가 황홀하고도 매혹적으로 춤을 추면서 리듬에 맞추어 돌아갈 때 도대체 그들이 정신이나 제대로 차리고 있었겠는가? 그녀의 매력적인 외모와 이국적인 동작이 헤롯의 마음을 너무나 사로잡았기 때문에 예의와 규범의 모든 감각—만약 그가 이런 것을 가지고 있었다면!—을 상실한 그는 자기가 지금 말하고자 하는 내용이 어떤 심각한 결과를 가져올지 의심해 보지도 않고서 살로메가 원하는 것은 무엇이든지, "내 나라의 절반까지라도"(막 6:23) 주겠다고 맹세했던 것이다. 그러자 그 소녀는 어머니의 부추김을 받아서 "세례 요한의 머리를 소반에 얹어 내게 주기를 원하옵나이다"라고 대답했다. 게다가 그녀는 "곧" 그렇게 해주기를 원했다(막 6:25).[554]

헤롯 안디바스는 분명히 궁지에 빠졌다. "왕"은—이제 이 호칭은 산만하고도 매우 일반적인 의미로 사용되고 있다. 엄밀하게 말하면 이 사람은 왕이 아니었으며, 결코 왕이 될 사람도 아니었기 때문이다—고민하지 않을 수 없었다. 그의 양심은 요한을 처형하라는 명령을 내리는 것은 옳지 않은 일이라고 말했다. 그것은 살인에 해당하는 일이었다. 또한 그는 그렇게 하면 요한을 높이 평가하는 많은 사람들로부터 적의를 얻게 되리라는 사실을 알았을 것이다. 다른 한편으로는

554) 명사 *πίναξ*는 "접시(plate 혹은 dish)"로도 번역될 수 있다. 참조. 송판(pine-board). 현대 헬라어에서 *πίναξ*는 상 혹은 식탁을 의미한다. A.V.의 막 6:25 하반절 번역—"당신이 잠시 후에 세례 요한의 머리를 큰 접시에 담아서 나에게 주시기 원합니다(I will that thou give me by and by in a charger the head of John the Baptist)"—은 당시에는 우수한 번역이었지만 오늘날에는 전혀 명확한 의미를 전달하지 못한다.

> 천국에는 사랑이 증오로 바뀌는 걱정이 없으며
> 멸시받은 여인과 같은 격노는 지옥에도 없다
> –콩그리브(Congreve) 〈흐느끼는 신부〉(*The Mourning Bride*) 3막

여기서 만약 분봉 왕이 그녀의 계략을 거부한다면 헤로디아가 그에게 어떤 비난을 퍼부을지 상상해 보라! 그런데도 이 시점에서 그녀는 언급조차 되지 않는다. 그녀는 자기의 역할을 다했으며 이제 계속해서 일어날 일을 기다릴 수 있게 된 것이다. 그러나 본문은 "왕의" 심적 평정에 가장 큰 중압감을 주었을 것이 분명한 한 가지 사실을 언급하고 있다. 그것은 그가 공개적으로 한 맹세—아마 그는 특히 강조까지 했을 것이다—바로 그것이었다. 어떻게 그런 맹세를 어길 수 있었겠는가?[555]

그는 곤경을 벗어나기 위하여 살로메에게 "나는 너에게 선물을 주겠다고 약속했지 죄를 짓겠다고는 약속하지 않았단다"라고 말하거나 혹은 "나는 너에게 선물을 약속했지 너의 어머니에게 약속한 것은 아니야"라고 말했을 수도 있었을 것이다. 그러나 가장 최선의 방법은 아마 "그 약속이 잘못이었음을 이제 알겠다. 그러니 나는 그 약속을 취소하겠다"라고 말하는 것이었을 것이다. 그러나 헤롯은 그런 대답을 생각해 볼 만큼 용기나 겸손함, 혹은 마음의 냉정함이나 명석함을 가지고 있지 못했다. 그에게 가장 중요한 것은 손님들 앞에서 맹세했다는 사실과 그들 앞에서 "위신을 잃어서는" 안 된다는 것이었다.

그래서 명령은 떨어졌고 헤롯 안디바스는 "요한을 옥에서 목 베었다."[556] 이야기는 계속된다.

---

555) 세례 요한이 여전히 살아서 인기를 누리고 있다면, 만약 그가 군중에게 정치적인 반란을 촉구한다 하더라도 군중이 그를 따랐으리라고 헤롯으로 하여금 믿게 했을 또 다른 이유를 요세푸스는 언급하고 있다(*Antiquities* XVIII. 118, 119). 성경에는 이런 암시가 없긴 하지만, 이것이 어느 정도는 사실일 듯하다. 또한 이것은 마태나 마가의 본문 그 어느 것과도 모순되지 않는다. 그러나 우리는 영감을 받은 성경의 기자가 잔치에 초대된 손님들 앞에서 맹세했다는 사실을 강조하면서, 헤롯 안디바스가 이런 결정을 내린 참된 동기라고 지적한 것을 사실로 믿을 수 있다.

[11] 그 머리를 소반에 얹어서 그 소녀에게 주니 그가 자기 어머니에게로 가져가니라.

잔칫상의 접시에 무엇을 담아서, 잔치에 참석하지 못하는 사람에게 가져다 주는 일이 흔히 있다. 그 사악한 왕비의 몫은 바로 요한의 머리였던 것이다. 복수는 얼마나 달콤했을까? 그러나 그것은 얼마나 소름끼치는 일이었으며, "왕"과 왕비에게 어떤 쓰라린 결과를 가져다 주었는가!

분봉 왕의 행동(자기 부인을 버리고 헤로디아와 결혼한 일, 그리고 요한을 죽인 일)에 대한 전체적인 결과로서 다음의 일들을 주목하라.

(a) 많은 유대인의 불만을 가중시킴.

(b) 헤롯에게 버림받은 부인의 아버지인 아레타스의 분노.

아레타스는 헤롯이 자기 딸에게 행한 일에 대하여 극심한 분노를 느꼈다. 그래서 그는 전쟁을 일으켰으며, "그 결과로 벌어진 전투에서 헤롯의 모든 군대가 파멸당했다." 요세푸스의 *Antiquities* XVIII. 114, 116을 보면 (a)와 (b)에 대하여 알 수 있다.

(c) 추방당함.

A.D. 37-41년에 로마 제국을 통치한 황제 가이우스—우리에게는 칼리굴라 황제라는 이름으로 더 잘 알려져 있다—는 황제로 즉위한 후에 헤로디아의 형제, 즉 헤롯 아그립바 I세(행 12:1을 보라)를 왕위에 올려놓고는 그 지위에 해당하는 모든 명예와 이권을 허락했다. 이 일이 헤로디아의 질투를 크게 일으켰다. 자기 형제가 권력을 잡는 것을 시샘한 그녀는 남편에게 로마로 가서 아그립바 I세와 동일한 신분을 획득하도록 노력하라고 충동질했다. 얼마 동안 헤롯 안디바스는 거절했지만 마침내는 손을

---

556) *πέμψας ἀπεκεφάλισεν*을 번역함에 있어서 대부분의 번역자들은 두 개의 단어["보내져서 목 베임을 당했다(sent and beheaded)"]를 사용하긴 하지만 왜 이렇게 두 단어를 사용하는지는 명확하지 않다. 특히 이런 단어의 배합에서 "보내졌다"라는 의미는 하나의 배경으로 후퇴하기 때문에 더욱 그러하다. 그러므로 필자는 "그가 요한의 목을 베었다(he…had John beheaded)"라는 N.E.B.의 번역을 지지한다. 네덜란드어 성경(Nieuwe Vertaling)의 "*…en hij liet Johannes in de gevangenis onthoofden*(그리고 그가 감옥에서 요한의 목을 베었다)"도 마찬가지이다.

들고 말았다. 그러나 이 사실을 전해 들은 헤롯 아그립바 I세는 그의 해방 노예 중 하나인 포르투나투스에게 편지를 들려서 급히 로마로 보냈다. 이 편지 속에는 헤롯 안디바스가 파르티아인들과 짜고 황제를 거역하는 음모를 꾸민다는 내용이 적혀 있었다. 황제는 헤롯 안디바스를 접견하면서 동시에 헤롯 아그립바가 보낸 편지를 읽었다. 분봉 왕은 편지에 적힌 증거들을 부정할 수 없었기 때문에 마침내는 모든 권력을 빼앗기고 골 지방의 리욘으로 영원히 추방되었다. 그리고 그의 영지는 아그립바가 다스리는 왕국에 병합되었다.

헤로디아는 어떻게 되었을까? 헤롯 안디바스에게 그런 형벌이 떨어질 때 헤로디아는 남편과 함께 있었다. 그런데 헤로디아가 아그립바와 남매간이라는 사실을 알게 된 황제는 아그립바를 생각해서 그녀는 추방시키지 않았고 도리어 그녀의 모든 개인 재산을 계속 소유할 수 있도록 허락해 주었다. 그러나 그녀에게도 일말의 미덕이 남아 있었다는 것을 밝혀두는 것이 헤로디아를 공정하게 이야기하는 일이 될 것이다. 왜냐하면 그녀는 자기 남편과 함께 있기로 작정하고 그와 더불어 유배 길에 올랐기 때문이다.[557]

세례 요한의 이야기는 이렇게 끝맺는다.

[12] 요한의 제자들이 와서 시체를 가져다가 장사하고 가서 예수께 아뢰니라.

요한의 제자들에 관해서는 9:14; 11:1-3의 주석을 보라. 또한 요 3:25, 26에 관한 필자의 주석을 보라. 이 사람들이 이전에 감옥에 있는 요한을 방문할 수 있도록 허락을 얻었던 사실에 비춰 볼 때 그들이 또한 참수된 그의 시체를 위하여 명예로운 장례식을 거행할 수 있도록 허락을 얻은 사실은 별로 놀라운 일이 아니다. 스승의 죽음을 당한 이 제자들이 그 사실을 예수께 고했다는 것은 그들이 예수와 좋은 관계를 유지하고 있었을 뿐

557) 그렇게도 비참하게 패망한 헤롯 안디바스와 헤로디아의 이 시도에 대한 생동감 있는 설명에 대해서는 Josephus의 *Antiquities* XVIII. 238-256을 보라.

아니라 예수를 믿었다는 사실도 보여 준다. 이 사실은 또한 "예수께서 요한에게 보내셨던 대답이(마 11:4 이하) 요한을 만족시켰다"는 것을 보여 준다고 생각해야 하지 않겠는가?[558] 세례 요한에 대한 더욱 자세한 이야기는 제11장의 종합을 보라.

오천 명을 먹이심 (14:13-21)

막 6:30-44; 눅 9:10-17; 요 6:1-14 참조

13-21절

13 예수께서 들으시고 배를 타고 떠나사 따로 빈 들에 가시니 무리가 듣고 여러 고을로부터 걸어서 따라간지라 14 예수께서 나오사 큰 무리를 보시고 불쌍히 여기사 그 중에 있는 병자를 고쳐 주시니라 15 저녁이 되매 제자들이 나아와 이르되 이곳은 빈 들이요 때도 이미 저물었으니 무리를 보내어 마을에 들어가 먹을 것을 사 먹게 하소서 16 예수께서 이르시되 갈 것 없다 너희가 먹을 것을 주라 17 제자들이 이르되 여기 우리에게 있는 것은 떡 다섯 개와 물고기 두 마리뿐이니이다 18 이르시되 그것을 내게 가져오라 하시고 19 무리를 명하여 잔디 위에 앉히시고 떡 다섯 개와 물고기 두 마리를 가지사 하늘을 우러러 축사하시고 떡을 떼어 제자들에게 주시매 제자들이 무리에게 주니 20 다 배불리 먹고 남은 조각을 열두 바구니에 차게 거두었으며 21 먹은 사람은 여자와 어린이 외에 오천 명이나 되었더라

13 예수님께서 이 소식을 들으시고, 그곳을 떠나 배를 타고 혼자 조용한 곳으로 가셨습니다. 그러나 여러 마을에서 사람들이 이 사실을 전해 듣고, 걸어서 예수님을 따라왔습니다. 14 예수님께서 배에서 내려 많은 사람들이 모여 있는 것을 보셨습니다. 예수님께서는 그들을 불쌍히 여기시고 병든 사람들을 고쳐 주셨습니다. 15 저녁이 되자, 제자들이 예수님께 와서 말했습니다. "이곳은 외딴 곳이고, 시간도 너무 늦었습니다. 사람들을 이제 보내어, 마을에 가서 먹을 것을 각자 사도록 하는 것이 좋겠습니다." 16 예수님께서 제자들에게 대답하셨습니다. "갈 필요가 없다. 너희가 그들에게 먹을 것을 주어라." 17 제자들이 대답했습니다. "우리가 가진 것이라고는 빵 다섯 개와 생선 두 마리뿐입니다." 18 예수님께서 말씀하셨습니다. "그것들을 내게 가져오너라." 19 사람들을 풀밭에 앉게 하신 후, 예수님께서는 빵 다섯 개와 생선 두 마리를 손

558) R.C.H. Lenski, *op. cit.*, p.544.

에 들고 하늘을 바라보며 감사 기도를 드리셨습니다. 그 다음에 제자들에게 그것들을 떼어 주셨고, 제자들은 그것을 사람들에게 나누어 주었습니다. 20 모든 사람들이 먹고 배가 불렀습니다. 먹고 남은 조각들을 거두었더니, 열두 바구니에 가득 찼습니다. 21 먹은 사람은 약 오천 명이나 되었는데, 이는 여자와 어린이가 포함되지 않은 숫자입니다.

_아가페 쉬운성경

마 14:1, 2, 12, 13; 막 6:29-32; 그리고 눅 9:7-10에 비춰 볼 때, 적어도 다음의 항목에 기록된 사건들이 요한의 처형과 예수께서 빈 들로 가신 사건(마 14:13) 사이에 일어난 듯하다. a. 요한의 장사, b. 요한의 제자들이 예수께 그 사실을 고함, c. 열두 제자가 자기들의 전도 여행에 관해 예수께 보고함, 그리고 d. 예수의 활동에 관한 보고가 헤롯 안디바스에게 들어감. 그 결과 분봉 왕은, "이는 세례 요한이라 그가 죽은 자 가운데서 살아났으니 그러므로 이런 능력이 그 속에서 역사하는도다"라고 말했다. 어쩌면 이 모든 일들이 수 주일 사이에 일어난 사건일 수도 있다. 그러므로 여기 14:13-21에 기록된 오천 명을 먹인 사건이, 요 6:4에 분명하게 나타난 대로, 유월절—A.D. 29년 4월이었을 것이다—이 거의 임박한 시기에 일어났다고 봐도 이상할 것이 없다. 위대한 갈릴리 사역—아마 A.D. 27년 12월부터 A.D. 29년 4월까지 계속된 듯하다—이 이제 거의 막바지에 이르렀다. 이제 일 년만 지나면 하나님의 어린양은, 십자가에서 죽으심으로써 그를 믿는 모든 사람의 죗값을 치르실 것이다.

[13상] 예수께서 들으시고 배를 타고 떠나사 따로 빈 들에 가시니.

바로 앞의 문맥에 비춰 볼 때 여기서 예수께 보고된 사실은 세례 요한의 처형과 장사, 그리고 그의 처형을 가져온 사건에 대한 요한의 제자들의 이야기일 것이라고 해석하는 편이 자연스럽다. 세례 요한의 참혹한 죽음에 대한 충격적인 정보는 반성과 조용한 명상 속에서 생각해 볼 필요가 있는 사실이었다. 그 외에도 제자들이 얼마 전에 전도 활동에서 돌아왔기 때문에 스승과 따로 있으면서 그동안에 일어난 "모든" 사건을 말씀드려야 할 필요를 느꼈음이 분명하다. 복잡한 서쪽 해안—특히 가버나움—에서는 여유와 휴식을 가질 기회가 없었다. 마가가 이 점을 분명하게 이야기했다(막 6:30-32; 참조. 눅 9:10, 11). 그러므로 이 광야로 물러난 사건과 헤롯 안디바스의 마음속에서 일어난 두려움을 너무 밀접하게 연결시켜서, 마치 예수께서 자신의 생명을 내놓아야 할 때가 아닌 것을 알고 헤롯 안디바스를 피해서 달아나신 것처럼 해석할 필요는 없다. 여기에 언급된 물러남은 지극히 잠정적인 성질의 것이었음을 명심해야 한다. 실제로 예수께서는 곧 서해안의 게네사렛으로 다시 돌아오시고 있으며(마 14:34; 참조. 막 6:53), 얼마 후에는 가버나움의 회당으로 돌아오셔서 생명의 떡에 대하여 말씀하신다. 요 6:59을 보라. 그러므로 은둔 사역(Retirement Ministry)이 실제로 시작된 것은 이때가 아니라 마 15:21; 막 7:24에 언급된 때였다. 필자의 주석 마태복음 상권 pp. 21-24를 보라.

예수께서 "따로" 물러가셨다는 말은 그가 제자들도 동반하지 않고 홀로 호수를 건너가셨다는 의미가 아니다. 제자들이 그와 함께 갔다(14:15-19, 22). 요 6:3-14에는 몇몇 제자들의 이름까지 언급되어 있다. 이 구절의 의미는 그가 군중을 떠나서 제자들하고만 있고자 했다는 뜻이다. 예수와 그의 작은 무리가 함께 물러간 빈 들은 벳새다 근처였다(눅 9:10). 십중팔구는 벳새다 줄리아스로서 원래 갈릴리 호수의 북동쪽 해안에 위치한 어촌이었을 것이다. 이 마을은 분봉 왕 빌립에 의하여 재건되었고 번성했으며 아구스도의 딸을 기념하기 위하여 그녀의 이름을 따서 명명되었다.[559]

이 마을에서 남쪽으로 1마일가량 내려가면 비옥한 침적토로 된 작은 벌판이 있다. 예수께서는 이 산으로 들어가셨다(요 6:3; 참조. 마 14:23). 이야기는 이렇게 계속된다.

[13하] 무리가 듣고 여러 고을로부터 걸어서 따라간지라.

여러 마을에서 온 사람들이, 예수께서 배를 타고 벳새다 줄리아스로 향하는 것을 보고는, 그와 다시 한 번 함께하기 위하여 호수의 북쪽 해안을 따라 걸어서 왔다. 그들은 기적을 행하는 이 사람에게 깊은 인상을 받았다(요 6:2). 그들은 예수의 무리 속에 끼기 위해 어떤 장애라도 무릅쓸 각

559) 그것이 벳새다 줄리아스(Bethsaida Julias)였다는 입장을 지지하는 이유에 대해서는 필자의 주석 요 6:1을 보라.

오가 되어 있었다.

[14] 예수께서 나오사 큰 무리를 보시고 불쌍히 여기사 그중에 있는 병자를 고쳐 주시니라.

예수께서 이미 도착해 있던(13절) 산기슭에서 나왔을 때 많은 군중이 거기 있는 것을 보셨다. 요한은 그 장면을 이렇게 묘사한다. "예수께서 산에 오르사…예수께서 눈을 들어 큰 무리가 자기에게로 오는 것을 보시고"(6:3, 5). 누가도 같은 사실을 묘사하고 있다. "무리가…따라왔거늘 예수께서 그들을 영접하사"(9:11).[560] 이 많은 군중에게 "나는 지금 조용히 휴식과 명상을 위하여 이곳에 왔으니 지금은 집에 돌아가고 다음에 언제 만나기로 합시다"라고 말하지 않고 "예수께서는 무리를 보시고 불쌍히 여기셨다." "예수의 마음이 그들에게 향했다"[561]라는 것도 이 구절에 대한 훌륭한 번역이 될 것이다. 이 동정심에 대한 더 자세한 설명을 위해서는 8:17과 9:36의 주석을 참조하라. 예수께는 자기 자신의 편안함과 안락함보다 병들고 무지하며 위로를 얻지 못하고 굶주린(15, 16절에서 보면 그들은 곧 주리게 되었음을 알 수 있다) 사람들의 필요를 채워 주는 것이 더 중요한 일이었다. 그래서 예수께서는 그들의 병을 고쳐 주셨다(참조. 4:23, 24; 8:16, 17; 9:35; 11:4, 5)—그리고 이 일은 a. **자기 자신**이 휴식을 취해야 함에도 불구하고, b. **그들의** 세상적이며 물질적인 동기에도 불

560) F.W. Grosheide, *Het Heilig Evangelie volgens Mattheus*(*Commentaar op het Nieuwe Testament*), p.233: "예수께서는 자신이 가신, 따로 떨어진 곳으로부터 나아와서 군중을 만나신다." 이것은 또한 Lenski, *op. cit.*, pp.545, 546의 견해이기도 하다. 이것은 또한 마태와 누가와 요한에 의해서도 지지되는 듯하다. 이 세 사람은 모두 많은 군중이 도착하기 전에 예수께서 먼저 땅에 내리신 것으로 기록한다. **그들이** 따른다. **예수께서는** 거기에 먼저 도착해서 산에 올라가시며, 거기서 군중이 모여 자신에게로 나아오는 것을 보신다. 네 복음서 중에서 세 개가 이 점에 관하여 일치하므로 막 6:33 하반절(이것에 대해서는 사본상의 여러 가지 차이가 있다)이 말하는 것처럼 보이는 것을 따르기 위하여 이 세 가지를 모두 뒤집어엎는 것은 현명하지 못한 일이다.

561) 그 동사는 *ἐσπλαγχνίσθη*이다. 동족 명사에 대해서는 필자의 빌립보서 주석의 각주 39)를 보라.

구하고 해 주신 것이다(요 6:2, 15, 26, 66). 그런 상황 아래 이런 일을 하심으로써 예수께서는 또한 제자들과(10:8) 어떤 의미에서는 오는 세대의 모든 교회에 하나의 모범을 보여 주신 것이다. 마 5:43-48; 눅 6:27-36; 요 13:14, 15; 엡 4:32-5:2 등을 참조하라.

예수께서는 병자를 고치셨을 뿐 아니라 사람들을 가르치시는 데도 시간을 보내셨다(막 6:34). 이 모든 일들은 분명히 상당한 시간을 필요로 했을 것이다. 본래 거하시던 곳에서 사람들을 향해 걸어 나오시면서 거의 갑자기 예수께서는 빌립에게 이런 질문—이것은 빌립을 시험해 본 것이었다—을 던지셨다. "우리가 어디서 떡을 사서 이 사람들로 먹게 하겠느냐?" 이에 대하여 빌립은 "각 사람으로 조금씩 받게 할지라도 이백 데나리온의 떡이 부족하리이다"라고 대답했다. 빌립과 안드레는 이 문제를 가지고 씨름했다. 그러나 예수께서는 언제나 자신이 무엇을 해야 할지 알고 계셨다(요 6:5-9). 그런데도 제자들은 어찌할 바를 몰라서 쩔쩔맸다. 그들의 눈으로 모든 기적을 직접 목격했음에도 불구하고 말이다.

[15] 저녁이 되매 제자들이 나아와 이르되 이곳은 빈 들이요 때도 이미 저물었으니 무리를 보내어 마을에 들어가 먹을 것을 사 먹게 하소서.

비록 해는 아직 지지 않았지만 날은 어두워가고 있었다. 예수께서 그의 기적과 가르침으로 많은 군중을 너무나 강하게 사로잡았기 때문에 그들은 그때까지도 떠나지 않고 있었다. 그들은 보내기 전까지는 떠나지 않을 태세였다. 그래서 제자들은 예수께 그곳이 빈 들이며 시간이 늦었다는 사실을 상기시키고 있는 것이다.

그들은 "이곳은 빈 들이요"라고 말하고 있다. 즉, 이곳은 음식을 쉽게 구할 수 있는 여러 장소를 구비한 도시가 아니라 황량한 지역이라는 말이다. 음식을 구하기 위해 근처의 어느 마을로 들어가든지, 그렇게 하는 데 시간이 걸릴 것이다. 그 외에도 "때도 이미 저물었으니"—더욱 원문대로 번역하면 "시간이 이미 지나갔다"—라는 말은 아마 일반적으로 음식을 가져오곤 하던 시간이 지나갔다는 의미일 것이다. 그래서 제자들은 예수께 지금이라도 당장 사람들을 보내 가까운 마을에 가서 그들 스스로 음식을 살 수 있도록 하라고 충고하는 것이다.

그러나 예수의 대답은 충격적이었다.

[16] 예수께서 이르시되 갈 것 없다 너희가 먹을 것을 주라.

이 요구는 제자들을 당황하게 했다. 조금밖에 없는 그들의 물질적 자원이 그 많은 군중을 먹이기에 넉넉하다는 것인가? 도저히 그런 의미일 수는 없다! 막 6:37; 눅 9:13을 보라.

그렇다면 이 많은 군중에게 그들이 양식을 공급해야 한다는 말의 의미는 무엇일까? 이 질문에 대해 완전히 만족스러운 대답을 제시하기는 불가능할 것이다. 그러나 몇 가지 점을 지적할 수는 있다.

(a) 예수께서는 제자들에게 그렇게 빨리 책임을 회피하려고 해서는 안 된다는 사실을 가르쳐 주려 하신다. 그들은 자주 책임을 회피하려고 했으며 "무리를 보내소서"(14:15); "그 여자(수로보니게 여인)를 보내소서"(15:23)라는 말을 하곤 했다. 심지어 그들은 자녀들이 예수께 축복받을 수 있도록 자녀들을 데려오는 부모들까지 "꾸짖었다"(19:13). 또한 눅 9:49, 50을 보라. "우리 선생님을 귀찮게 하지 말며 우리를 귀찮게 하지 말라"는 것이, 그들이 종종 내거는 슬로건이었다. 이런 증거들에 비춰 볼 때, 예수께서는 제자들에게, 궁핍한 사람들을 쫓아 보내려고만 하는 것이 문제의 해결이 아니라는 사실을 상기시켜 주시려 했다고 봐도 큰 무리는 없을 것이다. 분명히 그것은 일을 처리함에 있어 하나님의 방법이 아니다(마 5:43-48; 11:25-30; 눅 6:27-38; 요 3:16).

(b) 예수께서는 그들이 구하고, 찾고, 두드리기를 원하신다(마 7:7, 8). 다시 말하면 그들이 스스로 하나님의 약속을 주장하며, 모든 필요를 채워 주실 수 있는 분께로 찾아가기를 원하시는 것이다. 포도주가 떨어졌을 때 그것을 공급해 주신 이가(요 2:1-11), 떡을 공급해 주시지 못하겠는가?

(c) "떡"이라는 말이 이 이야기에서는 물질적 필요의 공급을 가리키지만, 동시에 생명의 떡인 예수를 상징적으로 가리키기도 한다는 사실에 비춰 볼 때(요 6:35, 48), 예수께서는 이 "사람을 낚는 어부들"에게 그들이 하나님의 손에 쓰임을 받아서 사람들의 영적 필요를 공급해야 할 것을 또

한 말씀하시고 있지 않은가?

[17] 제자들이 이르되 여기 우리에게 있는 것은 떡 다섯 개와 물고기 두 마리뿐이니이다.

그들이 떡을 몇 개나 가지고 있는지 알아보라고 제자들에게 말씀하신 것은 바로 예수 자신이었다. "알아보고 이르되 떡 다섯 개와 물고기 두 마리가 있더이다 하거늘"(막 6:38). 요한복음은 더 자세한 이야기를 제공한다. "제자 중 하나 곧 시몬 베드로의 형제 안드레가 예수께 여짜오되 여기 한 아이가 있어 보리떡 다섯 개와 물고기 두 마리를 가지고 있나이다. 그러나 그것이 이 많은 사람에게 얼마나 되겠사옵나이까"(요 6:8, 9). "떡(bread)"으로 번역된 원어는 "빵덩어리(loaves)"로 번역되어서는 안 되는 용어이다. 영어의 이 말은 원어의 의미와는 전혀 다른 뜻을 가진 단어이기 때문이다. 원어가 의미하는 것은 납작하고 둥근 팬케이크 같은 것이다. 어떤 때는 원어의 의미가 단지 빵(bread)인 경우도 있다.

17절에서 우리가 강조해야 할 것은, 이 사람들의 대답이 믿음의 대답이 아니라 "우리가 가진 모든 것은…"—더욱 원문에 충실하게 옮기면 "우리는 여기 떡 다섯 개와 물고기 두 마리밖에는 가진 것이 없습니다"라는 의미이다—이라는 거의 절망적인 대답이라는 사실이다. 제자들은 "너희가 먹을 것을 주라"는 권고의 의미를 깨닫지 못했음이 분명하다. 이제 예수께서는 잊을 수 없는 기적을 행하심으로써 그들의 믿음을 굳건하게 만들려고 하시는 것이다.

[18] [19] 이르시되 그것을 내게 가져오라 하시고 무리를 명하여 잔디 위에 앉히시고 떡 다섯 개와 물고기 두 마리를 가지사 하늘을 우러러 축사하시고 떡을 떼어 제자들에게 주시매 제자들이 무리에게 주니.

복음서 기자들 중에서 마태만이 유일하게 "그것을 내게 가져오라"는 명령을 적었다. 물론 이 속에는 제자들이 아이에게서 떡 다섯 개와 물고기 두 마리를 사서 예수께 가져갔다는 것이 암시되어 있다. 그러고 나서 예수께서는 다른 명령, 즉 사람들을 잔디 위에 앉히라는 명령을 내리셨다.

이 시기에는 언덕의 경사면이 풀로 덮여 있었을 것이 확실하기 때문에 쉽게 복종할 수 있는 명령이었다. 사람들은 경사면에 기대어 앉았다. 막 6:40에 따르면 그들은 떼로 백 명씩 또는 오십 명씩 모여 앉았다.

이렇게 떼를 만듦으로써 아름다운 모양이 형성되었다. "그들이 여러 개의 무리를 형성하여 기대어 앉았다." 혹은 마가복음의 원어의 기본적인 의미를 더욱 살린다면[562] "그들은 정원침대(garden-bed by garden-bed)에 기대어 앉았다"가 될 수도 있다. 그러나 이것은 결코 확실한 것이 아니다. 그러므로 우리는 "무리를 지어서"라는 조금 약화된 의미로 만족해야 할 것이다. 그럼에도 우리는 여기에서 밝은 색의 겉옷을 입고 갈릴리 호수 근처의 초록색 풀밭 위, 푸른 하늘 아래에 기대어 앉아 있는 사람들의 놀라운 색의 배열을 볼 수 있다.

예수께서는 떡 다섯 개와 물고기 두 마리를 취하셨다. 그러고 나서는 하늘을 올려다보셨다. 기도를 할 때 이렇게 하늘을 향하여 눈을 드는 것에 관해서는 다음의 성경구절을 찾아보라. 시 25:15; 121:1; 123:1, 2; 141:8; 145:15; 요 11:41; 17:1; 딤전 2:8.[563]

하늘을 올려다보면서 예수께서는 문자 그대로 "축사하셨다." 공관복음의 다른 병행구에서도 역시 이와 똑같은 동사가 발견된다(막 6:41; 눅 9:16). 그런데 요한복음에는 "감사를 드린 후에"(개역 개정 성경은 축사하신 후에, 요 6:11)라고 되어 있다. 이 문제는 이렇게 해결할 수 있다. 이 경우 "축사하였다(blessed)"라는 말은 "감사하다"라는 의미이므로 그렇게 번역될 수 있다. 어떤 사람이 축사하거나 하나님을 찬양할 때는 하나님께 감사도 하게 되지 않는가?[564] 식사를 시작하기 전 하나님께 감사하는 것은 유대인의 관습이었다. 그러나 우리가 복음서에서 알 수 있는 바와 같이 예수께서는 결코 서기관들처럼 말씀하시지 않으셨다는 것이—즉, 그의 말씀은 언제나 신선함과 독창성을 그 특징으로 한 것이(참조. 7:29)—매우 분명하므로, 그것이 여기에서도 나타났다고 믿어도 좋을 것이다.

562) 이 구절은 *πρασιαὶ πρασιαὶ*이다.

563) 기도의 자세에 대한 문제는 필자의 주석 딤전 2:8에서 어느 정도 자세히 다뤘다.

그런 후에 예수께서는 떡 조각을 먹기 적당한 크기로 떼내기 시작하신다. 이 조각을 제자들에게 주셨고 그들은 그것을(아마 군중 속 여기저기서 모은 광주리로 날랐을 것이다) 사람들에게 나누어 주었다. 생선을 가지고 행한 일도 이와 유사하다.

조각이 계속 불어나는 이적을 가리키는 데 사용된 말이 불과 몇 마디밖에 되지 않는다는 사실 때문에 이 이야기의 놀라운 아름다움이 더욱 고조된다. 심지어 여기서는 기적이 표현된 것이 아니라 암시되어 있다고 말해도 좋을 것이다.

[20상] 다 배불리 먹고.

정확하게 언제 빵과 고기가 불어났는가? "주님의 손안에서였을까?" 아마 그랬을지도 모르지만, 이것마저도 언급되어 있지 않다. 우리가 알 수 있는 것이란 단지 모든 사람을 먹이기에 충분한 떡—실제로 충분하고도 남을 만큼—이 있었다는 사실이다. 떡을 뗄 때부터 사람들이 조각을 받아 쥐는 시간 사이의 어느 시점에서인가 기적이 일어났다. 다—남자들, 여자들, 아이들—"배불리" 먹고, 즉 "먹고 싶은 만큼 먹고", "완전히 만족하고." 원어에 사용된 동사의 의미와 역사에 관해서는 필자의 주석 마태복음 상권의 각주 267)을 보라.

[20하] 남은 조각을 열두 바구니에 차게 거두었으며.

낭비는 죄악이다. 그 외에도, 랍비들까지도 식사 후에 남은 것들을 어떻게 모아서 사용해야 할 것인가를 세세하게 정해 놓았다. 그러므로 사람들은 이런 생각에 익숙해져 있었다. 음식을 필요로 하는 사람들이 아직 있었다. 근처에서 놀고 있을지도 모를 어린아이, 제자들, 내일 만날 가난한 사람들, 예수님 자신이 바로 그들이었다. 어떤 사람들은 자기가 먹을 수 있는 양 이상의 조각을 취했을 것이다. 제자들이 돌아왔을 때—아마도 그들은 각각 가지로 만든 큰 바구니(wicker-basket)를 가지고 있었을 것

564) 이 두 동사의 직설법 현재 1인칭 단수형은 *εὐλογέω*와 *εὐχαριστέω*이다.

이다—그들이 거둔 남은 떡 조각은 열두 바구니나 되었다.

기적의 대단함을 강조하기 위하여 이제 그 군중의 규모가 표시된다.

[21] 먹은 사람은 여자와 어린이 외에 오천 명이나 되었더라.

남자들만이 계산된 이유는—적어도 이유들 중의 하나는—아마 그들이 대다수를 차지하고 있었기 때문일 것이다. 어린아이들을 돌봐야 하는 많은 여자들이 가버나움과 갈릴리 호수 북쪽 해안 주위의 여러 지역으로부터 걸어서 왔으리라고는 상상하기 어렵다. 이 지역의 어떤 곳은 늪이 많고 걷기 힘든 곳이다. 여자와 어린이들을 계산하지 않더라도 오천 명가량의 사람들이 기적적으로 양식을 공급받았다. 더욱이 사람들이 오십 명씩 혹은 백 명씩 떼 지어 앉아 있었기 때문에 계산하기도 쉬웠을 것이다.

여기서 일어난 일을 설명하거나 합리화하려고 노력하는 것은 어리석은 일이다. 이런 어리석은 시도의 한 예가 필자의 주석 요한복음 상권에 설명되어 있다.

이 기적의 의미에 관해서는 다음의 사실들이 주목되어야 할 것이다.

(a) 이 기적은 기적 저 너머에 있는 것을 가리킨다. 즉, 기적을 일으킨 그분을 말한다. 이 사실은 막 6:52(참조. 막 8:17-22; 마 16:8-11)뿐 아니라, 특히 생명의 떡에 관한 그리스도의 말씀—요한복음 6장에 있는—에서도 분명하게 나타난다. 특히 요 6:35, 48을 보라. 예수께서는 여기서 육신과 영혼 모두의 필요를 채워 주시는 완전한 구주로 묘사된다.

(b) 이 기적은 또한 그리스도를 구약 예언의 성취, 즉 선지자들이 미리 가리킨 바로 그분으로 보여 준다. 모세는 이스라엘에 만나를 주지 않았던가?(출 16:15). 그러나 이것은 단지 "하늘에서 내린 참 떡"(요 6:32)이신 그분의 그림자에 불과한 것이다. 엘리야는 과부의 통에 가루가 다하지 않고 병의 기름이 없어지지 않도록 보살피는 일을 하나님으로부터 위임받지 않았는가?(왕상 17:16). 엘리사를 통하여 백 명의 사람들이 보리떡 이십 개로 배를 채우고 도리어 음식을 남긴 사건을 사람들이 기억하고 있지 않은가?(왕하 4:43, 44). 그런데 여기 예수와 함께 벳새다 줄리아스에 있는 오천 명의 사람들은 떡 다섯 개와 물고기 두 마리로 배를 채우고도 남

은 것이다. 그러므로 사람들이 "이는 참으로 세상에 오실 그 선지자라"(요 6:14; 참조. 신 18:15-18)고 말한 것은 전혀 놀라운 일이 아니다.[565]

그렇다. 사람들은 열광해 있었다. 이것은 유월절 절기가 되면 유대인 군중을 사로잡는 그런 형태의 열기였다. 그들은 지금 이 **강한 남자**를 둘러싸고 예루살렘으로 가서 그를 왕으로 삼을 준비가 되어 있었다! 그러나 이 세상에 속하지 않은 왕국의 주인인 그는(요 18:36) 군중과 제자들까지 보내고 다음 문단에서 우리가 보게 되듯이, 오직 그의 하늘 아버지와 함께하기 위하여 산으로 올라간다.

물 위로 걸으심 (14:22-33)

막 6:45-52; 요 6:15-21 참조

22-33절

22 예수께서 즉시 제자들을 재촉하사 자기가 무리를 보내는 동안에 배를 타고 앞서 건너편으로 가게 하시고 23 무리를 보내신 후에 기도하러 따로 산에 올라가시니라 저물매 거기 혼자 계시더니 24 배가 이미 육지에서 수 리나 떠나서 바람이 거스르므로 물결로 말미암아 고난을 당하더라 25 밤 사경에 예수께서 바다 위로 걸어서 제자들에게 오시니 26 제자들이 그가 바다 위로 걸어오심을 보고 놀라 유령이라 하며 무서워하여 소리 지르거늘 27 예수께서 즉시 이르시되 안심하라 나니 두려워하지 말라 28 베드로가 대답하여 이르되 주여 만일 주님이시거든 나를 명하사 물 위로 오라 하소서 하니 29 오라 하시니 베드로가 배에서 내려 물 위로 걸어서 예수께로 가되 30 바람을 보고 무서워 빠져 가는지라 소리 질러 이르되 주여 나를 구원하소서 하니 31 예수께서 즉시 손을 내밀어 그를 붙잡으시며 이르시되 믿음이 작은 자여 왜 의심하였느냐 하시고 32 배에 함께 오르매 바람이 그치는지라 33 배에 있는 사람들이 예수께 절하며 이르되 진실로 하나님의 아들이로소이다 하더라

565) G.E.P. Cox, *The Gospel according to St. Matthew*, London, 1952, p.103을 보라.

22 그 즉시, 예수님께서는 제자들을 배에 타게 하시고, 호수 건너편으로 먼저 가 있으라고 하셨습니다. 그동안에 예수님께서는 사람들을 되돌려 보내셨습니다. 23 사람들을 보내신 후, 예수님께서는 기도하러 홀로 산 위에 올라가셨습니다. 그리고 저녁 때까지 그곳에 혼자 계셨습니다. 24 배는 이미 육지에서 멀리 떨어져 있을 때였습니다. 제자들은 큰 파도와 거친 바람으로 어려움을 겪게 되었습니다. 25 새벽 3시에서 6시 사이에 예수님께서 호수 위를 걸어서 제자들에게 오셨습니다. 26 제자들은 예수님께서 호수 위를 걸어오시는 것을 보고 겁에 질렸습니다. 그들은 "유령이다!"라고 소리쳤습니다. 너무 무서워서 비명을 지른 것입니다. 27 예수님께서 얼른 그들에게 말씀하셨습니다. "안심해라! 나다! 두려워하지 마라." 28 베드로가 예수님께 말했습니다. "주여, 정말 주님이시라면 저에게 물 위로 걸어오라고 하소서." 29 예수님께서 말씀하셨습니다. "오너라." 베드로는 배에서 내려 물 위를 걸어 예수님께로 향했습니다. 30 그런데 베드로는 거센 바람을 보자, 겁이 났습니다. 물에 빠지기 시작하자, 소리를 질렀습니다. "주님, 살려 주십시오!" 31 예수님께서는 즉시 손을 내밀어 베드로를 잡아 주시며 말씀하셨습니다. "믿음이 적은 사람아, 왜 의심하느냐?" 32 베드로와 예수님이 배 안에 오르자, 바람이 잔잔해졌습니다. 33 배 안에 있던 사람들이 예수님께 경배하며 말했습니다. "주님은 분명히 하나님의 아들이십니다!" _아가페 쉬운성경

이 단락은 분리, 폭풍과 시련(22-24절), 놀람(25, 26절), 재확신(27절), 동요(28-31절), 그리고 경배(32, 33절) 등을 그린다. 처음 부분(22-27절)을 우리는 주제—**폭풍의 바다 위에서 그리스도께서 제자들에게 평안을 이야기하심**—의 설정이라고 볼 수 있다. 이렇게 볼 때 여기에는 다음의 사실이 그려져 있다. a. 예수와 함께 있지 않은 제자들(22-24절), b. 예수와 함께 있으면서도 예수이신 줄 알지 못하는 제자들(25, 26절), c. 예수와 함께 있는 제자들—예수께서 그들에게 평안을 이야기하셨기 때문에 이제 예수이신 줄 알았다(27절).

예수와 함께 있지 않는 제자들에 대한 설명이 이렇게 시작된다.

[22] 예수께서 즉시 제자들을 재촉하사 자기가 무리를 보내는 동안에 배를 타고 앞서 건너편으로 가게 하시고.

예수께서는 왜 무리를 보내고자 하셨을까? 지금까지 많은 사람들이 예수와 오랫동안 함께 있었으며, 그곳은 그들의 집에서 멀리 떨어진 곳이었

기 때문일 것이다. 거기다가 14:15을 근거로, 그 지역은 지금 어두워지고 있거나 이미 어두워졌기 때문이라는 이유가 첨가될 수 있다. 또 다른 일반적인 답은—이 대답은 다른 많은 경우에도 적용될 수 있다—이것이다. 즉, 그 사람들은 지금 놀라운 기적을 목격했기 때문에—경험한 것은 아니고—이 기적을 행하는 사람의 곁을 자발적으로 떠나려 하지 않았을 것이므로 집으로 보내야 했다는 것이다. 그러나 예수께서 이 군중을 보낸 더욱 구체적인 다른 이유가 요 6:15에 있다. 사람들이 "와서 자기를 억지로 붙들어 임금으로 삼으려고" 했기 때문이다. 자신의 왕국의 성격은 영적인 것임을 알고 계셨던 예수께서는 유대 민족의 정치 조직과 같은 지상적인 왕국에 속하게 되는 것을 거절하셨다.

거룩하지 못한 정치적 계획 속에서 군중과 연합하고자 하는 시험을 받을 것이 뻔한(마 20:20; 행 1:6) 제자들의 약점을 잘 알고 계셨던 예수께서는, 항상 자신과 동행하는 제자들을 먼저 배에 태워서 건너편으로 보내셨다. "건너편"이라는 이 말은 벳새다 줄리아스의 반대편 해안을 의미하는 것이 분명하다.

따라서 북쪽 해안을 떠난—오후 7시 30분부터 9시 사이일 것이다—제자들은 게네사렛 광야(마 14:34; 막 6:53)와 가버나움 근처(요 6:16, 17)에 있는 서쪽 벳새다(막 6:45)를 향하여 노젓기를 시작한다(막 6:48; 요 6:19).

제자들과 군중을 보낸 또 한 가지 이유는—아마 이것이 가장 중요한 이유일 것이다. 아직 언급되지 않았다—바로 예수께서 홀로 있고자 하셨다는 것이다. 그는 그의 하늘 아버지와 둘만의 교제를 갖고자 하셨다. 이것은 23절을 보면 분명히 알 수 있다.

[23] 무리를 보내신 후에 기도하러 따로 산에 올라가시니라 저물매 거기 혼자 계시더니.

이 말에는 사람들이 일반적으로 생각하는 것보다 훨씬 더 많은 의미가 부여되어야 한다. 지상 생애 동안에 예수께서는 기도에 많은 시간을 할애하셨다. 그는 한적한 곳에서, 산에서, 겟세마네에서 기도하셨고; 아침에,

저녁에, 어떤 때는 온밤을 기도하셨다(막 1:35; 6:46; 눅 5:15, 16; 6:12; 9:18; 22:41, 42; 히 5:7 등).

예수께서는 자신만을 위하여 기도하신 것이 아니다. 기록된 그리스도의 기도를 보면 예수께서 다른 사람들을 위해서도 기도하셨다는 증거를 얼마든지 볼 수 있다. 이러한 간구들 중에서 가장 긴 간구(요한복음 17장)는 다음과 같이 세분된다. 자신을 위한 기도(1-5절), 사도들을 위한 기도(6-19절), 보편의 교회를 위한 기도(20-26절). 마 11:25은 예수께서 애정을 가지고 자기의 "어린아이들"이라고 부른 사람들을 위한 감사의 기도를 기록하고 있다. 심지어 예수께서는 자신을 괴롭히는 사람들을 위해서도 기도하셨다(눅 23:34, 단 이 구절을 참된 것이라고 가정할 때 그러하다). 예수께서는 시몬(눅 22:31, 32)을 위한 중보 기도를 올리셨으며, 나사로의 무덤 주위에 서 있던 사람들을 위해서도(요 11:41, 42) 기도하셨다. 지금도 예수께서는 중보의 기도를 하고 계실 뿐 아니라 실제로 기도하시기 위하여 하늘에서 살고 계신 것이다(히 7:25).

그러므로 우리는 여기 마 14:23에 언급된 저녁의 고요함 속에서 하늘 아버지와 둘만의 교제를 나누면서 예수께서는 자기 자신뿐 아니라 그의 제자들을 위해서도 기도하셨다고 주장할 수 있는 타당한 근거를 발견하는 것이다.

산 위에서 자신과, 제자들과, 다른 사람들을 위하여 기도하고 계시는 예수의 모습은 폭풍우 치는 호수 위에 떠 있는 제자들의 모습과 분리할 수 없다.

[24] 배가 이미 육지에서 수 리(여러 스타디온)나 떠나서 바람이 거스르므로 물결로 말미암아 고난을 당하더라.

요한복음은 이 거리를 25-30스타디온이라고 말한다—여기서 1스타디온은 약 1/8마일이다(개역 개정 성경에는 "수 리"라고 되어 있음—역주). 그러므로 배는 3-4마일가량 나아가 있었다. 만약 제자들이 떠난 지점으로부터 도달하고자 하는 지점까지의 거리가 5마일이었다면, 그들은 글자 그대로 "바다 한가운데에" [여기 14:24의 이문(異文)과 막 6:47의 다른 사본에는 이렇게 쓰인 것이 있다] 있었던 것이다. 날은 이미 어두워졌는데 폭풍이 일었다. “큰 바람이 불어 파도가 일어나더라”(요 6:18). 마태는 그 배가 파도 때문에 “난타당했다” 혹은 “고난을 당했다”[566]고 말한다. 게다가 그 바람은 반대 방향으로 불어왔다. 즉, 서쪽에서 불어왔던 것이다. 이 사람들은 앞으로 나아가지 못하고 있었음이 분명하다! 갈릴리 바다에서 일어나는 이런 폭풍에 대한 더 자세한 설명을 위해서는 8:24에 대한 주석을 보라.

만약 우리가 14:24만 놓고 본다면 상황은 상당히 우울한 것이 사실이다. 맹렬한 바람이 반대 방향에서 불어오는데 날은 어두워졌고, 성난 파도가 흉흉하며, 예수께서는 계시지 않은 것이다! 그러나 이미 지적되었듯이 여기에는 23절의 상황도 함께 있다. 이렇게 결합된 장면을 미술가는 다음과 같이 재연할 것이다. 이 폭풍 치는 바다 위에서 제자들은 생명의 위협을 받고 있지만, 예수께서는 산에서 그들을 위한 중보의 기도를 드리고 계신다. 그리고 이 기도 속에는 그들이 잘못된 메시아 개념에 빠지지 않도록 지켜 주실 것과, 사명을 수행할 수 있도록 그들의 생명을 보존해 주시기를 바라는 간구가 포함되어 있었을 것이다. 이런 각도에서 보면 결국 이 사람들은 완전히 안전한 상태가 아니었을까? 또한 이렇게 복합된 장면은, 오늘날에 대해서뿐 아니라 모든 고통과 괴로움의 시간에 대해서도 많은 것을 암시해 주고 있는 것이다.

그러나 예수께서는 제자들을 위하여 기도하는 것 이상의 일을 하시고

---

566) 마태는 *βασανίζω*의 현재 수동태 분사 중성 주격 단수 *βασανιζόμενον*을 사용하고 있다. 이것은 “몹시 괴로워하는” 백부장의 “하인”(마 8:6)을 상기시키며, 또한 “때가 이르기 전에 우리를 괴롭게 하려고 여기 오셨나이까”(8:29)라고 예수께 묻는 귀신 들린 자를 상기시킨다. 또한 악한 이웃의 불법한 행위를 보고 “심령을 상한 (distressed or vexed)” 롯을 상기시킨다(벧후 2:8); 그 밖에도 이 동사가 사용된 경우로서 계 9:5; 11:10; 12:2; 14:10; 20:10을 들 수 있다. 예수께서는 “모든 병”(마 4:24)—명사 *βάσανος*[영어 단어의 “basanite(현무암, 시금석)”와 비교하라]—에 의하여 고통당하는 자를 고쳐 주셨다. 명사 *βάσανος*는 a. 기본적으로는 금과 다른 금속들을 시험하기 위한 시금석을 가리키며; b. 사람들—예를 들면 노예들—을 고문해서 사실을 말하게 하는 기구를 가리키며; c. 여기 4:24에서와 같이 복수로 아픔이나 심한 고통을 가리킨다.

자 했다.

[25] 밤 사경에 예수께서 바다 위로 걸어서 제자들에게 오시니.

밤 사경은 새벽 3시부터 6시까지이다(일경은 오후 6시부터 9시, 이경은 오후 9시부터 자정, 그리고 삼경은 자정부터 새벽 3시까지이다). 이렇게 여러 시간 동안을—"여섯 시간에서 열 시간 동안"이라고 말할 수 있을 것이다—제자들은 폭풍에 시달리고 있었으며 그들의 목적지는 아직도 상당히 멀리 있었다. 치솟는 파도 위를 실제로 걸어서 예수께서 그들에게로 오신 것은 바로 그때였다. 제자들은 이제 자기들이 따르고 있는 구주는 폭풍을 잠잠하게 하실 수 있을 뿐 아니라 그 폭풍을 그의 통로로 사용하실 수도 있는 분이라는 사실을 발견해야 한다! 예수께 있어서는 "자연의 법칙들" 자체가 바로 그의 목적을 성취하기 위한 수단인 것이다. 바람도 그를 넘어뜨릴 수 없다. 바람은 결국 그가 보낸 심부름꾼이 아닌가? 파도도 그를 빠뜨리지 못한다. 파도도 결국은 그의 충성스러운 종이 아닌가? 그러나 제자들은 자기들의 눈에 보이는 것을 마음대로 상상하여 두려움을 느꼈다.

[26] 제자들이 그가 바다 위로 걸어오심을 보고 놀라 유령이라 하며 무서워하여 소리 지르거늘.

배는 남서쪽으로 가고 있었으므로 노를 젓는 사람들은 북동쪽을 향했음이 분명하다. 그때 비치고 있던 작은 빛에 의하여—아마 이 빛은 어두운 구름 사이로 간헐적으로 비치던 유월절 전의 달빛이었을 것이다—그들은 얼마 떨어지지 않은 곳에서 사람같이 보이는 어떤 것이 벳새다 줄리아스 쪽에서 자기네를 향하여 오는 것을 보았다. 물론 그것은 사람은 아니었다. 사람이 어떻게 물 위로 걸을 수 있단 말인가! 그 배에 타고 있던 사람들은 모두 그렇게 믿었다. 그들은 자기가 얼마나 잘못된 생각을 하고 있는지 깨닫지 못했다. 두려움에 사로잡혀서[567] 그들은 "유령이다!"라고

567) 헬라어 *ἐταράχθησαν*은 매우 재미있는 동사인 *ταράσσω*의 부정과거 수동태 직설법 3인칭 복수이다. 마 2:3의 주석을 보라.

소리쳤다. 실제로는 자기들의 구주를 보고 있으면서도, 무서운 유령을 보았다고 생각했던 것이다. 이 유령이라는 말은 문자적으로 "허깨비"인데, 그 의미 중에 영어의 "유령"에 해당하는 뜻도 있다.

이 사건도 역시 여러 가지 의미를 함축한다. 어려운 일을 당하게 되면 신자들은, 그 일이 실제로는 그리스도의 사랑의 돌보심의 표현인데도 그것을 어떤 사악한 세력의 흉계로 돌려 버리는 예가 비일비재하기 때문이다. 처음에는 거침돌로 느껴지던 것이 뒤에는 영광에 이르는 받침돌로 판명되는 일이 얼마나 흔한가? 창 42:36; 50:20; 롬 8:28을 보라. 이야기는 이렇게 계속된다.

[27] 예수께서 즉시 이르시되 안심하라 나니 두려워하지 말라.

그리스도의 특징인 "용기를 가지라", "마음을 기쁘게 하라"는 격려의 말에 대해서는 9:2에 대한 주석에서 다루었다. 9:2의 주석을 보라.[568]

"나니", 즉 너희를 제자로 택하고, 한 걸음 한 걸음 인도해 왔으며 이미 너희에게 그렇게도 많은 능력과 사랑의 증거를 보여 준 그가 바로 주시다. 그러니 두려워하지 말라는 것이다.

성경에서 하나님—혹은 예수 그리스도—께서 그의 백성에게 얼마나 자주 "두려워하지 말라"고 말씀하셨는가를 생각하면 우리는 용기를 얻을 수 있다. 다음의 구절들 속에서 이런 권면을 발견할 수 있다. 수 1:9; 11:6; 왕하 19:6; 대하 20:15; 32:7; 느 4:14; 시 49:16(참조. 27:1); 91:5, 6; 사 10:24; 37:6; 44:8; 마 17:7; 28:10; 막 5:36; 눅 12:4; 요 14:1, 27; 행 18:9; 벧전 3:14. 심지어 오늘날의 우리들도 이런 많은 보증들 속에서 용기를 얻고, 멘델스존의 "두려워하지 말라"(〈엘리야〉 중에서)를 들으면서 가슴이 뛰는 것을 느낄진대, 자기들이 존경하는 그분의 입에서 나온 이

568) 이 동사는 *θαρσέω*의 현재 명령법 2인칭 복수 *θαρσεῖτε*이다. 이와 유사한 동사는 *θαρρέω*이다. 후자가 여기 마 14:27에서 사용된 동사와 동의어라는 의미에서 볼 때, 이 동사는 히 13:6(*θαρροῦντας*의 형으로 된)—여기서도 또한 용기를 낸다는 것이 주님의 임재와 그가 주시는 도움과 매우 밀접하게 연결되어 있다—에서도 발견된다.

짧은 명령으로부터 얼마나 귀한, 잊을 수 없는 위로를 받았겠는가. 일순간에 그들은 두려움의 늪에서 벗어나 뛸 것 같은 기쁨을 느꼈다! 더욱이 "두려워하지 말라"는 이 말은 충분한 이유가 있는 말이었다. 이는 다함이 없는 능력과 무한하고도 강렬한 인격적 사랑에 확고하게 근거를 둔 말이었다.

이제 그리스도의 말씀이 베드로에게 미친 영향을 마태는 극적으로 그리고 있다.

[28] 베드로가 대답하여 이르되 주여 만일 주님이시거든 나를 명하사 물 위로 오라 하소서 하니.

충동적으로 움직이기를 잘하는 베드로는 즉시 행동할 준비를 갖춘다. 그는 주님을 신뢰하고 사랑하며, 따라서 예수와 함께 있기를 원한다. 베드로의 이런 신뢰는 여러 가지 점에서 칭찬받을 만하다. a. 이것은 베드로를 포함한 제자들이 바로 직전에 "유령이다!"라고 소리칠 때의 두려움과는 정반대이다. 베드로가 말한 "만일"(만일 주님이시거든)은 의심의 말이 아니라 "…까닭에(since)"에 해당하는 말이다. b. 이 행동은 예수의 권위와 능력을 완전히 신뢰한다는 의식을 암시한다. 베드로는 예수의 허락이 없이는 자기가 물 위로 걸을 수 없다는 사실을 알고 있으며, 따라서 그리스도의 능력이 없으면 그렇게 할 수 없음을 안다. 그래서 그는 이 허락과 능력이 주어지기를 요구하고 있다. 그러므로 베드로의 행동은 신앙과 헌신의 행위에서 시작된 것이다. 그의 행동이 무모하다는 증거는(4:5-7과 대조해 보라) 전혀 혹은 거의 없다. 또한 교만의 증거도 없다. 만약 그가 다른 사람들 앞에서 자기를 "드러내려 했다"고 우리가 그를 비난한다면, 그것은 이 사도에 대한 부당한 처사이다. c. 이 행동은 베드로가 그리스도의 계속적인 가르침, 즉 예수께서 자기의 것으로 부른 사람들과 주님 사이에 존재하는 극히 긴밀한 관계에 대한 예수의 가르침의 의미를 어느 정도 깨닫고 있었음을 보여 준다. "만약 예수께서 물 위를 걸을 수 있다면, 나도 그로부터 힘을 얻어서 물 위를 걸을 수 있다"는 바로 그 생각이 존경받을 만한 것이다.

그러므로 우리는 예수께서 한마디의 꾸짖음이나 책망도 없이 그 일을 허락하신 사실에 대하여 놀랄 필요가 없다.

[29] 오라 하시니 베드로가 배에서 내려 물 위로 걸어서 예수께로 가되.

(직역하면) 그는 "물들(waters) 위로" 걸었다—이것은 관용적인 복수이다(참조. 창 1:2; 신 5:8; 수 3:13; 시 107:23). 이렇게 복수가 사용된 이유는, 여기서의 물이 땅이나 공기 혹은 불에 대조되는 의미를 강조하는 것이 아니라, 물의 광활함과 파도의 사나움을 강조하기 위한 것이기 때문인 듯하다.

베드로의 발 앞의 물이 잔잔했다는 생각을[569] 지지하는 증거를 필자는 발견할 수 없다. 파도를 잔잔하게 하는 일은 그 뒤에야 벌어졌기 때문이다(32절을 보라). 이 밖에도 "물이 잔잔해졌다"는 생각은 그 다음 절과도 모순된다.

[30] 바람을 보고 무서워 빠져 가는지라 소리 질러 이르되 주여 나를 구원하소서 하니.

베드로는 "바람을 보았다." 즉 그는 바람이 일으키는 큰 파도를 보았던 것이다. 그가 예수께 주의를 집중하고 있는 동안에는 모든 것이 잘 진행되었다. 그러나 그가 사나운 바람과 요동치는 파도를 바라보는 순간 무서운 마음이 들었다. 그의 자신만만함이 약간 지나쳤던 것일까? 어쨌든 베드로가 빠져 들어가면서[570] 예수께 도움을 구한 것을 보면 그의 믿음이 비록 "작은" 것이긴 했지만, 완전히 "없어지지는" 않은 것이 분명하다.

베드로는 매우 재미있는 사람이다. 그는 중간이 없는 것 같다. 좋을 때는 한없이 좋으며, 나쁠 때는 형편없이 나쁘고, 회개할 때는 가슴을 찢으면서 운다. 그는 믿음에서 의심으로 바뀌기도 하고(14:28, 30), 예수를 분

569) R.C.H. Lenski, *op. cit.*, pp.556, 557.

570) 헬라어로는 *καταποντίζεσθαι*, 직역하면 "바다 속으로 빠져 들어가다"로서 매우 회화적인 단어이다.

명하고도 공공연하게 그리스도라고 선언하다가도 바로 그 그리스도를 힐난하기도 하며(16:16, 22), 열렬한 충성의 서약을 했는가 하면 야비하게 돌아서서 부인하기도 하며(26:33-35, 74), "내 발을 절대로 씻지 못하시리이다"라고 하다가 "내 발뿐 아니라 손과 머리도 씻어 주옵소서"(요 13:8, 9)라고도 한다. 또한 요 20:4, 6; 갈 2:11, 12을 보라. 그럼에도 예수의 은혜와 능력에 의하여 이 "시몬"이 참된 "베드로"로 바뀌었던 것이다.

예수께서는 고난 속에서 자신에게 도움을 요청하는 이 동요가 많은 제자를 실망시키지 않으셨다.

[31] 예수께서 즉시 손을 내밀어 그를 붙잡으시며 이르시되 믿음이 작은 자여 왜 의심하였느냐 하시고.

엄밀하게 말하면 예수께서는 베드로를 구하시기 위하여 꼭 손을 내밀으셔야 했던 것은 아니다. 단 한마디의 명령이면 충분했다. 그럼에도 예수께서 실제로 사용하신 방법은 재확인의 의미가 있었던 것이다. 예수께서는 베드로가 자신의 능력을 체험할 뿐 아니라 사랑까지도 느끼기를 원하셨다. 8:3과 9:25에 대한 주석을 참조하라.

예수께서는 베드로를 "믿음이 작은 자여"라고 부르신다. 이 표현에 관해서는 6:30의 주석을 보라. 베드로가 잠깐 동안 예수께 눈을 돌렸기 때문에 회의, 즉 동요가 베드로의 마음속에 들어갔다. 그는 마음의 눈을 예수께 고정시키지 못했던 것이다. 그는 그리스도의 임재와 언약과 능력과 사랑에서부터 그가 얻어냈어야 할 평안을 가슴속에 충분히 간직하지 못했다.

[32] 배에 함께 오르매 바람이 그치는지라.

예수께서는 자신이 자연의 폭풍우를 마음대로 할 수 있다는 사실을 방금 보여 주셨다. 이제 예수께서는 자신이 또한 그것들의 흉용함을 그치게 하실 수도 있다는 사실을 보여 주신다. 예수께서는 이전에도 이런 일을 행하신 적이 있으시다(8:23-27). 그때에는 예수께서 배 안에 계셨고 파도는 높게 일었다. 그런데 예수께서 잔잔하게 하셨다. 지금은 예수께서 배 안으로 들어오시면서 파도를 잔잔하게 하신다. 어떤 방식이든 폭풍우를 완전히 지배하고 계신다. 따라서 믿음으로 예수를 따르는 자들도 항상 안전하다. 요 6:21은 "배는 곧 그들이 가려던 땅에 이르렀더라"라고 기록하고 있다.

예수께서는 물 위를 걸으셨다. 뿐만 아니라 베드로까지도 물 위로 걷게 하셨다. 그리고 베드로를 구하셨다. 바다를 잔잔하게 하셨다. 이것들 외에도 주께서 하신 일이 더 있다! 주께서는 물 위를 걸어 그들에게로 와서, 그들과 함께하며 그들에게 평안을 주고 그들의 믿음을 굳게 해 주셨다. 이렇게 해서 예수의 능력과 사랑이 영광스럽게 드러났다. 이 모든 일들의 효과가 33절에 묘사되어 있다.

[33] 배에 있는 사람들이 예수께 절하며 이르되 진실로 하나님의 아들이로소이다 하더라.

그 배 안에 있던 사람들이 예수의 발 앞에 엎드려서 겸손하게 절했다. "절하며"라는 동사의 의미에 대해서는 2:11의 주석을 보라.[571] 예수를 "하나님의 아들"[572]이라고 인정함으로써 그들은 전에 성부께서 선포하신 것과(3:17; 참조. 17:5), 귀신들까지 고백했던(8:29) 그것이 사실임을 이제야 깨달았다고 고백하는 것이다. 그들은 그리스도의 무한한 능력과 사랑, 즉 예수께서는 그가 지금 막 이루신 그런 일을 하실 수 있을 뿐 아니라 **그들을 위하여** 기꺼이 그런 능력을 발휘한다는 사실에 크게 감동했다!

571) 신약성경에서 동사 *προσκυνέω*는 마태복음, 요한복음 4장, 그리고 요한계시록에서 매우 빈번하게 나타난다. 다른 곳에서는 띄엄띄엄 사용되고 있다.

572) 현재의 경우에서는 어느 쪽 번역도 정당하다. 명칭은 관사가 없이도 한정적일 수 있으며, 또한 이 유대인 단일신론자들이 예수를 여러 신들 중 하나의 신으로 여겼으리라고는 상상하기 어렵다. 이제 그들은 예수 속에서 나타난 유일하신 하나님을 보는 것이다.

게네사렛에서 병 고치심 (14:34-36)

막 6:53-56 참조

34-36절

34 그들이 건너가 게네사렛 땅에 이르니 35 그곳 사람들이 예수이신 줄을 알고 그 근방에 두루 통지하여 모든 병든 자를 예수께 데리고 와서 36 다만 예수의 옷자락에라도 손을 대게 하시기를 간구하니 손을 대는 자는 다 나음을 얻으니라

34 예수님과 제자들은 호수를 건너 게네사렛이라는 곳에 이르렀습니다. 35 그곳 사람들이 예수님을 알아보았습니다. 그들은 근처에 있는 모든 지역으로 사람들을 보내어, 환자들을 예수님께 모두 데리고 왔습니다. 36 이들은 예수님의 옷깃에라도 손을 대게 해 달라고 매달렸고, 손을 댄 사람들은 모두 병이 나았습니다. _아가페 쉬운성경

[34] 그들이 건너가 게네사렛 땅에 이르니.

게네사렛은 인구가 밀집해 있고 토지가 비옥한 가버나움 남쪽 평야의 이름이다. 이곳은 갈릴리 바다(혹은 게네사렛 호수라고도 불렀음, 눅 5:1)를 따라서 길이가 약 3마일, 그리고 해변으로부터 떨어져서 폭이 1.5마일 가량 되는 곳이다. 요세푸스의 기록에 따르면 이 평야에서는 호두, 야자, 무화과, 올리브, 포도가 생산되었다. 앞에서도 말했듯이 배가 도착한 이 곳에서부터 예수께서는 그 근처의 가버나움으로 나아가실 것이다. 그러나 그 전에 예수께서는 그의 은혜로운 임재를 통하여 이 지역의 사람들을 축복하셨다. 다음이 그 이야기이다.

[35] [36] 그곳 사람들이 예수이신 줄을 알고 그 근방에 두루 통지하여 모든 병든 자를 예수께 데리고 와서 다만 예수의 옷자락에라도 손을 대게 하시기를 간구하니 손을 대는 자는 다 나음을 얻으니라.

그 전날에 예수께로 왔던 사람들은 여자와 아이들보다는 주로 남자들이었다(14:21의 주석을 보라). 전날의 여행에서—아마 가버나움으로의 여행이었을 것이다—이 남자들은 예수를 알게 되었다. 십중팔구 그들은 예

수께서 기적을 베푸시는 모습을 보았을 것이다(11:23을 보라). 그들은 예수께서 오셨다는 소문을 사방에 퍼뜨렸고 그 결과 주위의 마을과 골짜기에서 온갖 병으로 고통을 당하는 사람은 누구든지 데려왔다. 4:24; 8:16과 똑같이 병든 자들을 데려온 사람들은 병자들이 예수의 옷자락에라도 손을 댈 수 있게 허락해 주실 것을 예수께 간청했다(이 옷자락에 관해서는 9:20, 21의 주석을 보라). 예수를 기적을 행사하시는 분으로 믿는 그들의 믿음은 이렇게도 대단했다! 그래서 옷자락에 손을 대는 자는 모두 나음을 얻었다. 이것은 과연 소위 말하는 "구원의 신앙"을 가진 자만이 손을 대서 나음을 얻었다는 의미인가? 반드시 그렇지는 않다. 이 이야기의 중심 요지는 사람들의 믿음—병자든 병자를 데려온 사람들이든—이 아니라 그리스도의 능력과 사랑이다. 이것은 4:24; 8:16, 17; 9:13, 36; 12:7; 14:14에 비춰 보아도 분명하다.

14장의 종합

비록 나사렛에서는 예수께서 많은 기적을 행하지 않으셨지만(13:58) 다른 곳에서는 많은 기적을 행하셨다. 그래서 이 소식이 헤롯 안디바스 왕의 궁전에까지 들어갔고, 이를 들은 헤롯 안디바스는 "이는 세례 요한이라 그가 죽은 자 가운데서 살아났으니 그러므로 이런 능력이 그 속에서 역사하는도다"라고 외치게 되었다(14:1-2). 14장의 첫 문단(1-2절)은 이렇게 시작된다.

왕은 깊이 근심하게 되었는데, 이는 그가 세례 요한을 죽였기 때문이다. 세례 요한을 죽인 사건은 다음과 같은 과정을 거쳐서 일어났다. 왕은 자기 이복동생인 헤롯 빌립을 만나러 로마에 갔다가 그곳에서 그의 부인인 헤로디아와 눈이 맞아 결혼했다. 이 근친상간의 죄에 해당하는 결혼 소식을 전해 들은 세례 요한은 "당신이 그 여자를 차지한 것이 옳지 않다"고 말하면서 여러 번 그를 비난했다. 자기의 결혼 상태가 불안정하다는 사실을 깨달은 헤로디아는 그녀의 새 남편이 요한을 죽이기를 원했다. 그러나 요한을 높이 평가하는 많은 사람들을 두려워했던 왕은 그를 옥에 가두는 정도로 타협한다. 그런데 헤롯의 생일잔치에서 헤로디아의 딸인 살로메가 춤을 춰 왕의 마음을 너무나 매혹시켰기 때문에 왕은 그녀가 원하는 것은 무엇이든지 주겠다고 맹세한다. 이때 어머니의 사주를 받은 살로메는 세례 요한의 머리를 요구했다. 요한은 감옥에서 목이 베이고 그의 제자들이 와서 시체를 가져다가 장사 지낸 후에 이 모든 이야기를 예수께 보고한다.

그 다음 문단(13-21절)은 세례 요한의 잔인한 죽음에 대한 충격적인 소식이 반성과 조용한 명상을 요구하고 있음을 암시한다. 그 외에도 열두 제자가 얼마 전에 전도 여행에서 돌아왔다. 그들을 잠깐 동안 쉬게 하며, 그 사이에 일어난 모든 일들을 이야기할 수 있게 하기 위하여 예수께서는 그들을 데리고 갈릴리 호수의 북동 해변에 위치한 벳새다 줄리아스로 가신다. 그곳에 도착한 예수께서는 많은 군중이 모여 있는 것을 산 위에서 내려다보신다. 그들에 대한 깊은 동정심으로 예수께서는 병자들을 고치시고 가르침을 베푸신다. 저녁이 가까워 오자 제자들은 예수께 "이곳은 빈 들이요 때도 이미 저물었으니 무리를 보내어 마을에 들어가 먹을 것을 사 먹게 하소서"라고 말한다. 이 말에 대하여 예수께서는 "갈 것 없다 너희가 먹을 것을 주라"고 대답하신다. 이렇게 말씀하심으로써 예수께서는 물질적, 영적 결핍을 갖고 있는 군중에 대한 제자들의 책임을 일깨워 주신다. 그러고 나서는 떡 다섯 개와 물고기 두 마리를 가지고(요 6:9에 의하면 이것은 어떤 아이에게서 산 것이다) 축사하신 후에, 그것을 여자와 어린이들 이외에 오천 명에게 먹이는 기적을 베푸신다. 제자들이 남은 떡 조각을 모았더니 열두 바구니에 가득 찼다.

22-27절은 예수께서 군중을 보내시고, 제자들에게 배를 타고 서쪽 해안으로 갈 것을 명령하신 후에, 기적을 베푸시던 그 지역에서 몇 시간을 홀로 남아 계셨던 사실을 보여 준다. 이곳에서 예수께서는 홀로 기도하러 산에 올라가셨으므로 밤이 깊을 때까지 거기 혼자 계셨다. 이 단락은 다음의 것들을 그리고 있다. a. 예수 없이 폭풍을 무서워하는 제자들, b. 예수이신 줄 모르고 예수와 함께 있는 제자들, 즉 그들을 향하여 물 위로 걸

어오셨으므로 그들이 유령이라고 생각한 "어떤 이"와 함께 있는 제자들, 그리고 c. 예수와 함께 있는 제자들—예수께서 "안심하라 나니 두려워하지 말라"는 말로 자신을 알리셨기 때문에 제자들은 그가 예수이신 줄 알았다. 그 뒤에, 물 위를 걷다가 겁을 집어먹고는 아슬아슬한 순간에 주님에 의하여 구조된 베드로의 에피소드가 소개된다. 그 배에 타고 있던 사람들은 예수께 절하면서 그를 하나님의 아들로 고백한다(28-33절).

가버나움 남쪽의 비옥한 게네사렛 평원에서 예수께 데려오는 모든 사람을 고치심으로써, 마지막 문단(34-36절)에서 예수 그리스도의 사랑과 능력이 다시 한 번 부각된다.

제15장 1-20절의 개요

Matthew 15

주제 : 아버지께서 아들에게 맡기신 사역

15:1-20 의식(儀式)상의 더러움과 진정한 더러움

제 15 장

의식상의 더러움과 진정한 더러움 (15:1-20)

막 7:1-23 참조

1-20절

1 그때에 바리새인과 서기관들이 예루살렘으로부터 예수께 나아와 이르되 2 당신의
제자들이 어찌하여 장로들의 전통을 범하나이까 떡 먹을 때에 손을 씻지 아니하나이
다 3 대답하여 이르시되 너희는 어찌하여 너희의 전통으로 하나님의 계명을 범하느
냐 4 하나님이 이르셨으되 네 부모를 공경하라 하시고 또 아버지나 어머니를 비방하
는 자는 반드시 죽임을 당하리라 하셨거늘 5 너희는 이르되 누구든지 아버지에게나
어머니에게 말하기를 내가 드려 유익하게 할 것이 하나님께 드림이 되었다고 하기만
하면 6 그 부모를 공경할 것이 없다 하여 너희의 전통으로 하나님의 말씀을 폐하는도
다 7 외식하는 자들아 이사야가 너희에 관하여 잘 예언하였도다 일렀으되 8 이 백성
이 입술로는 나를 공경하되 마음은 내게서 멀도다 9 사람의 계명으로 교훈을 삼아 가
르치니 나를 헛되이 경배하는도다 하였느니라 하시고 10 무리를 불러 이르시되 듣고
깨달으라 11 입으로 들어가는 것이 사람을 더럽게 하는 것이 아니라 입에서 나오는
그것이 사람을 더럽게 하는 것이니라 12 이에 제자들이 나아와 이르되 바리새인들이
이 말씀을 듣고 걸림이 된 줄 아시나이까 13 예수께서 대답하여 이르시되 심은 것마
다 내 하늘 아버지께서 심으시지 않은 것은 뽑힐 것이니 14 그냥 두라 그들은 맹인이
되어 맹인을 인도하는 자로다 만일 맹인이 맹인을 인도하면 둘이 다 구덩이에 빠지리
라 하시니 15 베드로가 대답하여 이르되 이 비유를 우리에게 설명하여 주옵소서 16
예수께서 이르시되 너희도 아직까지 깨달음이 없느냐 17 입으로 들어가는 모든 것은
배로 들어가서 뒤로 내버려지는 줄 알지 못하느냐 18 입에서 나오는 것들은 마음에서
나오나니 이것이야말로 사람을 더럽게 하느니라 19 마음에서 나오는 것은 악한 생각
과 살인과 간음과 음란과 도둑질과 거짓 증언과 비방이니 20 이런 것들이 사람을 더
럽게 하는 것이요 씻지 않은 손으로 먹는 것은 사람을 더럽게 하지 못하느니라

1 그때, 몇몇 바리새파 사람과 율법학자들이 예루살렘으로부터 예수님께 와서 물었
습니다. 2 "당신의 제자들은 어째서 장로들이 우리에게 전하여 준 법을 지키지 않습
니까? 당신의 제자들은 음식을 먹기 전에 손을 씻지 않습니다!" 3 예수님께서 이들에

게 대답하셨습니다. "너희는 어째서 장로들의 전통을 지키려고 하나님의 명령을 지
키지 않느냐? 4 하나님께서는 '네 아버지와 어머니를 공경하라' 고 말씀하셨다. 또한
'아버지나 어머니를 욕하는 사람은 반드시 죽으리라' 고 말씀하셨다. 5 그런데 너희
는 '아버지나 어머니에게 드리려던 것을 하나님께 드렸다고 하면, 6 자기 부모를 공
경하지 않아도 된다' 라고 말하면서, 너희 전통을 빌미로 하나님의 말씀을 무시하고
있다. 7 위선자들아! 이사야가 너희에 대해 예언한 것이 옳다. 8 '이 백성들이 입술로
는 나를 공경하나, 마음은 내게서 멀구나. 9 헛되이 내게 예배를 드리고, 사람의 훈계
를 교리인 양 가르친다.' 10 예수님께서 사람들을 불러 모으시고 말씀하셨습니다.
"너희는 듣고 깨달아라. 11 입으로 들어가는 것이 사람을 더럽히는 것이 아니라, 입에
서 나오는 것이 사람을 더럽힌다." 12 그때, 제자들이 예수님께 와서 물었습니다. "바
리새파 사람들이 이 말씀을 듣고 감정이 상한 것을 아십니까?" 13 예수님께서 대답하
셨습니다. "하늘에 계신 나의 아버지께서 직접 심지 않으신 나무는 모두 뿌리 뽑힐 것
이다. 14 그들을 내버려 두어라. 이들은 앞 못 보는 인도자이다. 보지 못하는 사람이
다른 보지 못하는 사람을 안내하면, 둘 다 구덩이에 빠질 것이다." 15 베드로가 예수
님께 말했습니다. "이 비유를 설명해 주십시오." 16 예수님께서 말씀하셨습니다. "아
직도 이해하지 못하느냐? 17 입으로 들어가는 것은 모두 뱃속으로 들어갔다가, 결국
뒤로 나가는 것을 모르느냐? 18 그러나 입에서 나오는 것은 마음에서 나온다. 이런 것
들이 사람을 더럽게 만든다. 19 마음에서는 악한 생각, 살인, 간음, 음행, 도둑질, 거짓
말, 그리고 비방이 나온다. 20 이러한 것들이 사람을 더럽게 만드는 것이다. 씻지 않
은 손으로 먹는 것이 사람을 더럽히는 것이 아니다."

_아가페 쉬운성경

---

[1] [2] 그때에 바리새인과 서기관들이 예루살렘으로부터 예수께 나아와 이르되 당신의 제자들이 어찌하여 장로들의 전통을 범하나이까 떡 먹을 때에 손을 씻지 아니하나이다.

"그때에"라는 말은 매우 불분명한 시기를 가리키는 말로, "이때쯤에" 혹은 "이때의 어느 날에"라는 의미에 불과하다. 여기서는 바리새인들과 서기관들이 함께 언급되고 있다. 바리새인들에 관해서는 3:7의 주석을 보라. 서기관들에 대해서는 2:4의 주석과 7:28, 29의 주석을 보라. 서기관들과 바리새인들에 관해서는 5:20의 주석을 보라. 예수에 대한 반대가 점점 강력해지고 있음이 분명하다. 이제는 바리새인들만(9:11; 12:2에서와 같이) 그를 공격하는 것이 아니라 12:38과 여기 15:1에서와 같이 서기관들도 합세해서 공격하고 있다. 15:1에서 마태가 자기의 일상적인 습관과는 달리 바리새인을 서기관보다 먼저 적은 것이 어떤 의미가 있는지는 분

명하지 않다. 어쨌든 여기서 중요한 것은 "바리새인들과 서기관들"이 예루살렘으로부터(참조. 막 7:1, 2) 왔다는 사실이다. 아마 이 말은 그들이 원래 그 도시에 사는 사람들이 아니라 율법의 전문가와 교사로서 예루살렘의 시민인데, 친구들의 요청에 의해 예수가 하는 일을 중지시키려고 북쪽으로 여행해서 이곳에 도착했다는 의미일 것이다.

공격은 점점 열기를 더해 교묘해졌다. 예수의 대적들은 그의 제자들이 "장로들의 전통"을 따르지 않는다는 사실에 주목했다. 이 경우에는 식사 전과 식사 도중에 손을 깨끗이 하는 의식에 관한 규례로서 이전의 랍비들이 제정해서 이 세대까지 전승된 것이다.

당시에는 과거부터 전해져 내려온 많은 견해와 결정들이 집대성되어 있었다. 이 "장로들의 전통"은 하나님의 율법 자체와 동일한 구속력을 가진 것으로 취급되었다. 서기관들과 그들을 따르는 자들에 의하면, 하나님의 법이 실제로 의미하는 것, 즉 그것이 어떻게 매일의 생활에 적용되어야 하느냐를 그 전통이 보여 주었기 때문이다. 그것은 많은 경우에 문제가 되었지, 모든 경우에 문제가 된 것은 아니었다. 만약 모든 경우에 문제가 되었다면 예수께서는 23:2, 3 상반절의 이야기를 하실 수 없었을 것이다. 그 많은 경우들이란 a. 하나님의 율법이 요구한 것 이상으로 지나친 요구를 하거나, b. 율법이 참으로 요구하는 바를 거의 바로 파악하지 못했을 경우이다. b의 경우는 5:20-48의 주석에서 다루었고, a의 경우는 12:1-8의 주석에서 취급되었다. 대개는 a와 b가 뒤섞여서 나타나게 된다. 여기 15:1, 2에 나타난 경우는 율법의 요구 이상을 요구하는 "장로들의 전통"의 또 다른 예이다.

하나님의 율법이 거룩함을 요구한 것은 분명하다(레 19:2). 이런 거룩함은 내적인 새로워짐을 함축할 뿐 아니라 외적으로도 표현되어야 하며, 또한 이 거룩함은 도덕적인 행위에서뿐만 아니라 예식에서도 지켜져야 한다. 실례로서 a. 여호와께서 시내산에 강림하실 때 사람들은 그들의 옷을 세탁해야 했으며(출 19:10), b. 여러 가지 성스러운 직무를 행하기 전에 제사장들이 목욕을 해야 했던 것도(레 16:26, 28; 민 19:7, 8, 19) 사실이다. 심지어 성막에서 직무를 행하기 전에 아론과 그 '아들들' 은 손을 씻도록 명령받았으며(출 30:17-21), 특정한 경우에는 손을 씻어야 하는 법이 모든 사람들에게 해당된 것도 사실이다(레 15:11; 신 21:6). 그러나 하나님의 율법은 **모든 사람이** 식사 **때마다** 손을 씻어야 한다는 규례는 어느 곳에서도 정해 놓지 않았다. 이것은 오직 "장로들의 전통"일 뿐이며, 어떤 하나님의 명령도 이것을 지지하지는 않는다. 그러나 바리새인들은—그들이 서기관의 직책을 가지고 있든, 가지고 있지 않든—그것을 중요한 일로 만들어 놓았다(막 7:3, 4).

"율법의 본질(마 22:37-40)을 중요시하지 못하고, 도리어 율법에서는 규정되지도 않은 일들을 중요시하는 이런 풍조가 어떻게 생겨났는가?"라는 의문이 일어날 수 있다. 간단하게 이야기하자면 다음과 같다. 성전의 파괴와 바벨론으로의 포로 사건은 유대인들에게 강한 충격을 주었다. 하나님을 경외하는 사람들은 그들에게 임한 일들이 하나님 여호와를 떠난 결과이며, 따라서 화해와 회복의 유일한 희망은 온 마음을 다하여 하나님께 돌아가는 것임을 깨달았다(렘 29:13). 하나님의 은혜가 그의 백성 위에 다시 임하려면 그들은 오경에 나타난 하나님의 율법을 순종해야 했다. 포로로 있는 동안에는 에스겔과 다니엘 같은 사람들이 길을 인도했다. 남은 자들이 돌아오자마자 에스라가 "모세의 율법에 익숙한 학자"로 인정된다(스 7:6, 11). 이런 새로운 상황은 율법의 새로운 적용을 요구하는 듯 보였다. 어쨌든 잠시 동안은 모든 것이 순조롭게 진행되었다. 시간이 흐르자, 외견상으로 율법에 근거한 것처럼 보이는 규례를 만들어서 공표하는 일을 자기들의 전문직으로 삼는 사람들—앞에서 설명된 바리새인들, 그리고 특별히 그들의 서기관들—이 서서히 일어났다. 그들은 그런 일을 즐겨 했으며, 그것을 특기로 삼았다. 규례를 위한 규례를 만들기 시작했고 그들 가운데서 가장 유명한 랍비, 즉 교사들에게 최고의 명예가 주어졌다. 그들의 말이 여러 세대를 거쳐 전해 내려왔다. 회당과 연결된 학교에서 서기관들은 히브리 성경을 교재로 사용해 아이들에게 읽기를 가르쳤을 뿐 아니라, 회당과 성전의 여러 곳에서 과거의 유명한 랍비들에 의하여 율법이 어떻게 해석되었는가를 "제자들" 곧 "학습자들"에게 가르쳤다.

그들이 주로 의존했던 교육 방법은 "암송"이었다. 학습 내용을 먼저 교사가 학생에게 암송하고 다음에는 학생이 교사에게 암송한다. 규례와 의견의 숫자가 점점 늘어남에 따라서 암기해야 할 분량도 해가 갈수록 눈덩이처럼 불어났다. 그래서 마침내는 그 분량이 너무나 방대해졌기 때문에 A.D. 200년경에 랍비 예후다가 이 "장로들의 전통"을 소위 말하는 **미쉬나**(Mishnah 또는 Mishna)에다 기록하도록 했다—이 말은 **암송하다**라는 의미의 동사에서 형성된 말이다. 그 전에도 이 일에 대한 시도가 있긴 했지만 예후다의 작업이 가장 완전하면서도 성공적인 것으로 단번에 인정받았다. 따라서 미쉬나는 A.D. 200년 말까지의 유대인의 전승 중에서 중요하다고 여겨진 것은 전부 포함하고 있다. A.D. 1세기와 2세기 동안 팔레스타인의 랍비들은—히브리의 전승에 대한 그들의 견해가 미쉬나나 다른 문헌에 기록되어 있다—**탄나임**[tannaim: 암송하다, 가르치다라는 의미의 아람어 **테나**(tenā)에서 파생되었음]이라고 불린다.

미쉬나가 a. 아주 많은 구체적인 사례들에 대한 현인들의 결정과 b. 오경의 기초적인 본문에 대한 해설로 구성되어 있다는 것은 잘 알려진 사실이다. 이런 모든 자료들은 다음과 같은 여섯 가지의 순서로 배열된다. 즉, 씨(Seeds), 절기들(Set Feasts), 여인(Women), 상처(Damages), 거룩한 것(Hallowed Things), 정결케 함(Cleansings) 등이다. 이 각각의 순서들은 다시 소제목으로 나뉘고, 소제목들은 여러 개의 장으로, 그리고 이 장들은 다시 여러 단락들로 나뉜다. 그래서 예를 들면 "정결케 함"이라는 순서의 소제목들 중 하나로 손을 깨끗케 하는 일이 관계되어 말해지는 것이다.

그런데 얼마 안 가서 이 미쉬나를 다시 해설하고 보완해야 할 필요가 있음을 발견했다. 그래서 미쉬나에 대한 주석—처음에는 구전이었다가 뒤에 기록되었다—이 생겨났다. 이렇게 해서 미쉬나에 첨가된 것은 **게마라**(Gemara)라고 불린다—이것은 **완성하다**라는 동사에서 생긴 명사이다. 예루살렘의 랍비 학교에서 이 미쉬나와 게마라를 배합해서 예루살렘(혹은 팔레스타인) 탈무드를 만들었다. **탈무드**라는 말은 가장 간단한 형태에서는 **배우다**라는 의미를 가지지만 변형된(Pi'el) 형태에서는 **가르치다**—현재 우리에게 해당되는 의미는 이것이다—라는 의미를 갖는 동사에서 생겨난 말이다. 바빌로니아를 중심으로 한 랍비 학교에서는 월등히 크고(길이가 네 배 정도 된다) 일반적으로 훨씬 권위를 인정받는 바빌로니아 탈무드를 만들어냈다. 앞에 수식하는 형용사 없이 그냥 "탈무드"라고만 말할 때는 대개 바빌로니아 탈무드를 의미한다.

예루살렘 탈무드의 언어는 탈무드 히브리어이지만 바빌로니아 탈무드의 언어는 "갈대아어, 히브리어 그리고 다른 방언들이 문장과 문법의 모든 규칙을 무시하고 야만적으로 뒤섞인 글"로 쓰였다.[573] 미쉬나와 탈무드의 영어 번역에 대해서는 각주를 보라.

미쉬나와 탈무드에서 발견되는 자료들은 그 성격상 결코 일치된 것이 아니다. 다음과 같은 구분이 특별히 필요하다. a. **할라카**(halakah): 이 말의 복수는 **할라코스**(halakoth)로서 **가다**, 걷다라는 의미의 동사에서 생긴 명사이며, 따라서 사람이 스스로 처신해야 하는 방법을 가리키는 말이다. b. **하가다**(haggadah): 이 말의 복수는 **하가도스**(haggadoth)로서 **말하다**라는 의미의 동사에서 생긴 명사다. 따라서 이 명사는 예화를 통해서 **말해지는** 모든 것을 가리킨다. 즉, 그 성격상 할라카적이 아닌 모든 자료를 가리키는 말이다. **하가도스** 속에서 우리는 전설, 민간 전승, 비유, 격언을 발견하며 여기저기 흩어져 있는 철학, 의학, 자연과학, 점성술, 음악 등의 분야에 대한 언급과 단락을 발견할 수 있다. 많은 사람들이 불합리하다고 여기는—사실이 그럴지도 모른다—생각들 속에 주옥같은 지혜가 섞여 있다. 사람들은 몇 페이지의 탈무드를 읽는 것도 매우 따분한 일이라 생각할 수 있다. "탈무드는 인류의 경전(Bibles)들 중에서 가장 이상한 것 중의 하나이다.…이 책은 매우 다양한 학식과 지성을 가진 많은 학생들의 제멋대로 된 노트들에서 끌어모은 것이다. 그리고 그 노트 속에는 여러 세기에 걸쳐 온갖 종류의 랍비들의 학교에서 이야기되었던 모든 지혜와 우둔함, 분별과 무분별이 휘갈겨져 있는 것이다"(F. W. Farrar, *History of Interpretation*, p. 91 이하).

여기 미쉬나나 탈무드 그리고 고대의 유대 문헌들 속에는 대개 성경 구절에 대한 많은 설명이 들어 있다. 그런 주석을 사람들은 **미드라쉬**

573) B. Pick, *The Talmud, What it is,* New York, 1887, p.72.

(midrash)라고 부른다. 이 말의 복수는 **미드라쉼**(midrashim)이며 **찾다, 조사하다**라는 의미와 함께 **해설하다**라는 뜻을 갖는 동사와 관계된 명사이다. 그러나 어떤 때는 **미드라쉬**가 책 한 권 전체를 의미할 수도 있다. 그래서 우리는 창세기의 주석이라는 의미로 미드라쉬 창세기를 말한다. **미드라쉼**은 주로 설교적인 성격을 지닐 때가 종종 있다.

게마라는 논외로 두고라도 미쉬나가 기록된 것이 A.D. 200년경이었으므로, 그리스도의 지상 생활 기간에 널리 퍼져 있던 법칙과 습관이 무엇이었는지를 미쉬나의 내용을 근거로 하여 정확하게 말한다는 것이 항상 가능하지는 않다. 유명한 랍비들의 이름—그들의 의견이 드러났으며, 그들의 중요한 신분은 알려졌거나 추정할 수 있는—을 언급하는 것이 어떤 때는 복음 기록의 배경을 묘사하는 데 유익할 수도 있다. 그러나 그것이 사실이고, 준비된 정보가 정확하다고 할 때도, 그런 정보가 성경에 언급된 바로 그 시기의 그 팔레스타인 지역에 적용되는지의 여부를—만약 적용된다면 어느 정도까지 적용되는지—결정하기가 언제나 가능한 것은 아니다.[574] 그럼에도 탄나임 문헌들에 대한 연구는 신약성경의 이해를 위하여 유익할 뿐 아니라 필요하기도 하다. 마 15:1 이하에 있어서도 이 사실이 적용된다. 이런 배경 문헌에 비춰 볼 때 몇 가지 점이 분명해진다.

(a) 여기 15:1, 2에 기록된 바리새인과 서기관들의 비판은 위생법과는

---

574) 미쉬나와 탈무드의 전반적인 주제와, 특히 마 15:1 이하의 유대적 배경에 관한 유익한 문헌은 다음의 책들에서 발견될 수 있다.

Bacher, W., *Die Exegetische Terminologie der Judischen Traditionsliteratur*, Hildesheim, 1965.

Cohen, B., *Everyman's Talmud*, New York, 1949.

Dalman, G., *Aramäisch-neuhebräisches Wörterbuch zu Targum, Talmud, und Midrasch*, Frankfort, 1887-1901.

------, *Christentum und Judentum*, Leipsic, 1898; English translation, *Christianity and Judaism*, Oxford, 1901.

------, *Jesus-Jeshua*, English translation, New York, 1929.

Edersheim, A., *The Life and Times of Jesus the Messiah*, New York, 1897, 1898. 마 15:1 이하에 대해서는 특히 Vol. II, pp.207-211을 보라.

Farrar, F.W., The Life of Christ, New York, 1875.

무관한 것이다. 이 사람들은 예수께서 그의 제자들이 물리적으로 "더러운" 손을 가지고 음식 먹는 것을 용인했기 때문에 비난한 것이 아니다. 여기서 문제가 되고 있는 것은 더러움이 아니라 정결 의식이다. 그 비난은 세균과는 무관하다. 제자들이나 비판자들 모두가 세균에 대해서는 알 턱이 없었기 때문이다.

Finkelstein, L.,*The Jews, Their History, Culture and Religion*, New York, 1949.

Ginzberg, L., *A Commentary on the Palestinian Talmud*, New York, 1941, 1967.

Hauck, F., Th. D.N.T., Vol. Ⅳ, pp.946–948, *νίπτω*항과 *ἄνιπτος*항.

Hertzberg, A. (editor), *Judaism*, New York, 1962.

Mishna, The, English translation by H. Danby, London, 1933.

Montefiore, C.G., *Rabbinic Literature and Gospel Teaching*, New York, 1970.

Moore, G.F., *Judaism in the First Centuries of the Christian Era*, Cambridge, 1927–1930.

Pick, B., 각주 573)의 책 제목을 보라.

Popma, K, J., *Eerst De Jood Maar Ook De Griek*, Franeker, 1950.

Robertson, A.T., *The Pharisees and Jesus*, New York, 1920. 마 15:1 이하를 위해서는 pp.97을 보라.

Schürer, E., *Geschichte des Jüdischen Volkes im Zeitalter Jesu Christi,* Leipzig, 1886–1890; 영어 번역: *A History of the Jewish People in the time of Jesus Christ,* Edinburg, 1890, 1891.

Strack, H.L., *Introduction to the Talmud and Midrash*, New York and Philadelphia, 1959.

S.BK., 제목은 약어 목록 p.9를 보라.

Talmud, The Babylonian, M.L. Rodkinson의 영역, Boston, 1918.

Trattner, E.R., *Understanding the Talmud*, New York, 1955.

Walker, T., *Jewish Views of Jesus*, New York, 1931.

Yaffe, J., *The American Jews*, New York, 1969. 이 책은 미국 유대인들의 생활에 대한 탈무드의 영향력을 보여 주는 것이다.

이 목록 외에도 마 15:1 이하에 대한 여러 주석들의 논평과, S.H.E.R.K., Vol. XI, pp.255–264를 포함하여 백과사전에 수록된 미쉬나와 탈무드 항목들이 있다. 그리고 S.H.E.R.K의 20세기 증보판 pp.1089, 1090; S. Zeitlin's in Enc. Britannica, 1969년판, Vol. 21, pp.639–645가 포함된다.

(b) 2절의 "씻다(wash)"라는 번역과 20절의 "씻지 않은(unwashed)"이라는 번역은, 비록 많은 사람들이 좋아하기는 하지만 최상의 번역은 아니다. "유대 의식에 따르면 손을 씻을 때는 대야 속에 넣어서 씻는 것이 아니라, 손을 들어 위에서 뿌려지는 물에 적시는 것이다" [G. Dalman, **예수—예수아**(Jesus-Jeshua), p. 117]. "바리새인들이 원한 것은 일상적으로 손을 깨끗이 하기 위하여 씻는 것이 아니라, 손이 깨끗하더라도 언제나 거쳐야 하는 씻음, 즉 더욱 엄격히 말하면 헹구는 의식[575]이었던 것이다"(F. W. Grosheide, *op. cit.*, p.239).

(c) "떡 먹을 때에"라는 표현은—떡이 주식이었으므로—실은 "그들이 식사할 때"라는 의미일 뿐이다.

당시에는 아직 기록되지 않았지만 뒤에 기록된 "장로들의 전통"을 근거로 살펴보면, 이 바리새인과 서기관들은 이방인과의 모든 형태의 접촉—예를 들면 길이나 시장에서 이방인과 스치거나 이방인의 물건에 무의식적으로 닿는 일 따위—이 성전이나 회당에서의 예배에 장애가 된다고 생각했다. 바로 이런 생각이 그들의 비난을 설명해 준다. 그들은 "장로들의 전통"에 너무 집착한 나머지 하나님의 말씀보다도 그 전통에 더욱 몰두하는 것이 아닌가! 그들은 참된 경건을 율법주의로 대체했고, 마음과 생각의 태도를 전통에의 외적인 순응으로 대체했으며, "기쁜 순종을 고통스러운 신중함"(Farrar)으로 대체했다.

그런데 예수께서도 자신의 대적들에게 이와 똑같은 비난을 가하셨다는 사실이 3절 이하에서 분명하게 드러난다.

[3] 대답하여 이르시되 너희는 어찌하여 너희의 전통으로 하나님의 계명을 범하느냐.

다음의 병행구를 비교하라.

"당신의 제자들이 어찌하여 장로들의 전통을 범하나이까", "너희는 어찌하여 하나님의 계명을 범하느냐?"

그러므로 예수께서는 이렇게 말씀하시는 것이다. "네가 한번 대답해 보

575) "*ritueel afspoelen.*"

아라! 나의 제자들이 전통을 범했다고 하더라도, 너희 자신은 말할 수 없이 더욱 중요한 것, 곧 하나님의 거룩한 율법을 범했다. 이를테면 너희들은 '너희의 전통'에다 쓸데없이 굉장한 중요성을 부여해 놓고서는 하나님의 율법을 그 전통에 복종시켜 버린 것이다." 이에 더해 5:20의 주석을 보라. 이야기는 계속된다.

[4] 하나님이 이르셨으되 네 부모를 공경하라 하시고 또 아버지나 어머니를 비방하는 자는 반드시 죽임을 당하리라 하셨거늘.

부모를 공경하라는 적극적인 명령에 관해서는 다음 구절들을 보라. 출 20:12; 신 5:16; 잠 1:8; 6:20-22; 참조. 말 1:6; 마 19:19; 막 7:10-13; 10:19; 엡 6:1; 골 3:20. 부모를 **공경하라**는 말은 부모에게 **순종하라**는 것 이상의 의미를—특히 이 순종이 단순히 외적인 의미로 해석될 때는—갖는다. 부모를 **공경한다**는 데서 가장 전면에 나오는 것은 부모에 대한 자녀의 내적인 태도이다. 모든 이기적인 동기에서의 순종이나, 마지못해서 하는 순종이나, 두려움으로 인한 순종은 즉시 배제된다. 공경한다는 말 속에는 사랑한다는 것, 높이 여긴다는 것, 존경과 존중히 여기는 정신을 보여 주는 것 등이 포함되어 있다. 이 공경은 부모인 **양편 모두**에게 드려져야 한다. 자녀들의 입장에서 보면 두 사람은 동일한 권위를 갖기 때문이다.

출 21:17; 레 20:9에서는 아버지나 어머니를 저주하는 자에게 사형을 선언한다. 출 21:15; 신 21:18-21과 잠 30:17을 참조하라.

이렇게 명백하고도 분명한 하나님의 말씀의 가르침을 가지고 바리새인과 서기관들은 무엇을 하였는가? 그 대답이 다음에 나와 있다.

[5] 너희는 이르되 누구든지 아버지에게나 어머니에게 말하기를 내가 드려 유익하게 할 것이 하나님께 드림이 되었다고 하기만 하면 그 부모를 공경할 것이 없다 하여.[576] (개역 개정 성경에서는 '그 부모를' 부터 6절임)

바리새인과 서기관들은 자녀들에게, 부모를 공양함으로써 그들을 공경해야 한다는 무거운 짐을 용케 벗어 버릴 방법이 있다고 말하고 있었다. 만약 아버지나 어머니가 자신에게 필요한 것이 아들에게 있는 것을 보고서 그것을 요구한다면, 아들은 단지 막 7:11에 있는 대로 "그것은 **도론**(dōron, 드린 것)이다." 즉, "**고르반**(corbān, 제물)"이라고 말하기만 하면 된다는 것이다. 그 아들이 헬라어 **도론**을 사용하든 히브리어 **고르반**을 사용하든 그 말의 의미는 "그것은 하나님께 드린 바 된 것이다"라는 뜻이다. 전통에 근거한 바리새인의 가르침에 의하면[577] 이런 확언, 즉 선언을 발함으로써, 그는 부모의 구체적인 필요를 공급함으로 그의 부모—여기서는 "아버지"가 어머니까지도 대표한다—를 공경해야 한다는 의무를 벗는 것이었다.

보다 넓은 의미로의 해석—어떤 사람들은 이 해석을 좋아한다—이 옳을 수도 있다. 그 해석에 따르면 아들은 이렇게 말하는 것이 된다. "현재에 있어서든 앞으로에 있어서든, 내가 당신에게 유익을 줄 수 있는 모든 것을 내가 드린 것으로 여겨야 한다는 것을 나는 지금 여기서 선언합니다." 어떤 방법으로 해석하든지 간에 이것은 마땅히 부모에게 돌아가야 할 것을 박탈하려는 사악한 술책이다. 게다가 그런 부당한 방법으로 부모에게 드리지 않은 것은 또한 하나님께도 결코 바친 것이 아니었다. "그것은 드려진 것입니다." 즉, "그것은 제물입니다"라고 선언한 사람은 그것을 자기의 것으로 가지고 있을 수 있었다!

[6] 너희의 전통으로 하나님의 말씀을 폐하는도다.

위의 내용을 생각할 때 예수께서 이렇게 말씀하신 것은 놀라운 일이 아니다. 이 구절에 해당하는 병행구는 "너희가 하나님의 계명은 버리고 사람의 전통을 지키느니라"(막 7:8)이다. 이것이 과장이 아니라는 사실은 "성경의 말씀을 거스르는 것보다 서기관들의 말을 거스르는 것이 더 죄가

576) "그 부모를 공경할 것이 없다"라는 말 앞에 "6"을 적어서 절을 구분한 것(A.R.V.)은 혼란을 야기한다. "6"을 적어 넣기에 더 좋은 위치는 "너희 전통으로" 바로 앞이다.

577) S.BK., Vol. I, p.71 이하를 보라.

크다"라는 탈무드의 구절을 보면 분명해진다.[578] 하나님의 거룩한 율법에 대한 예수의 태도는 이것과는 정반대였다.

이와 같이 사람들이 매우 경건하고 헌신적인 척하면서도, 십계명의 매우 중요한 명령의 요구를 피하는 방법을 젊은 세대들에게 가르쳐 줄 만큼 타락했기 때문에 그들은 과연 외식하는 자라는 말을 들을 만하다.

다음 절에서 예수께서는 그들을 바로 그렇게 부르고 계신다.

[7]-[9] 외식하는 자들아 이사야가 너희에 관하여 잘 예언하였도다 일렀으되 이 백성이 입술로는 나를 공경하되 마음은 내게서 멀도다 사람의 계명으로 교훈을 삼아 가르치니 나를 헛되이 경배하는도다 하였느니라 하시고.

이 절에 대하여 이미 말한 것(마태복음 상권 pp. 150-152를 보라) 이외에 다음을 주목하라!

첫째, 여기서 마태가 한 말의 의미는, 사 29:13을 쓸 때 이사야가 바리새인과 서기관들을 생각했다는 것이 아니다. 그의 말이 의미하는 바는 이사야가 자기 시대의 사람들에 대하여 기록한 내용이 여전히 매우 잘 들어맞는다는 뜻이다. 그때나 지금이나 이 정죄 받은 자들은 입술로는 하나님을 공경하지만 마음은 그에게서 멀리 떠나 있기 때문이다. 다른 말로 하면 역사란 반복되는 것이었다.

둘째로, 이 묘사는 정확한 것이다. 6:5과 눅 18:11에서 분명히 나타나듯이 바리새인과 서기관들은 입술로, 즉 외적으로는 항상 하나님을 찬양했지만 내적으로는 부패해 있었고, 그들의 마음은 그들이 입으로 찬양하고 있던 그분에게서 멀리 떠나 있었다. 예수께서는 바리새인들이 젊은 세대에게 부모에 대한 의무를 규정함으로써 율법의 요구를 회피하는 법을 가르쳐 주는 사실을 들어서 그들의 위선을 증명하셨다.

셋째로, "외식하는 자들"이라는 지적은 합당한 것이다(또한 6:2, 5, 16; 7:5; 22:18; 23:28 등). 이 대적들은 실제로는 그렇지 않으면서 그런 척했다. 즉, 그들은 매우 경건한 체했지만 실은 매우 사악했던 것이다.

---

578) A.T. Robertson, *The Pharisees and Jesus*, p.130의 탈무드에서 인용.

넷째로, 그들의 예배는 "헛된 것", 즉 하나님을 높이는 면에서나 자신과 타인에게 유익을 끼치는 면에서 볼 때 아무 쓸데없는 것이었다.

마지막으로 사람의 마음이 하나님에게서 떠나 있을 때는 하나님의 말씀이 "인간의 가르침", 즉 인간의 "전통"으로 교체된다.

이렇게 바리새인과 서기관들을 꾸짖으신 뒤에 예수께서는 무리를 향하여 말씀하신다.

[10] 무리를 불러 이르시되 듣고 깨달으라.

아마 제자들의 행동에 관하여 예수께 질문하러 온 사람들에 대한 존경심 때문에 사람들은 그들과 조금 거리를 두고 서 있었음이 분명하다. 군중은 예루살렘에서 온 사람들이 그들과 적대적인 위치에 있는 예수께 충분히 질문을 던질 수 있는 기회를 마련해 주고자 했던 듯하다. 그래서 예수께서는 그 비판자들로부터 돌아서서 사람들에게 더 다가올 것을 요구하신다. 예수께서는 그들이 더 이상 오도되지 않도록 종교와 윤리의 본질에 관한 매우 중요한 어떤 것을 말씀하시고자 하는 것이다. 이제 말씀하시고자 하는 것의 중요성을 강조하기 위하여 "듣고 깨달으라"라는 엄숙한 말로써 서두를 삼으셨다. 예수께서는 그들이 그 말을 자세히 듣고 곰곰이 생각함으로써 바로 이해하기를 원하셨다. 이야기는 이렇게 계속된다.

[11] 입으로 들어가는 것이 사람을 더럽게 하는 것이 아니라 입에서 나오는 그것이 사람을 더럽게 하는 것이니라.

이렇게 단순하고 간결하고 격언적인 방법을 사용해 예수께서 이야기하시는 내용은, 식사할 때 손을 깨끗이 하는 의식에 관한 바리새인과 서기관들의 경멸적인 질문(2절을 보라)과 관련이 있다. 예수를 비난하기 위하여 예루살렘에서 온 사람들에 따르면 정결하지 못한 손은 음식을 부정하게 하며 따라서 그것을 먹는 자까지도 부정하게 된다. 즉, 정결케 하는 의식을 행하지 않고 음식을 먹으면 입으로 들어가는 모든 것이 사람을 더럽게 한다는 생각이다. 그런데 예수께서는 그와 정반대로 이야기하신다. 입으로 들어가는 것이 사람을 더럽게 하는 것이 아니라 입에서 나오는 것이 사람을(직역하면 "그" 사람을) 더럽게 한다는 것이다. 다시 말하면 사람을 더럽게 하는 것은 마음에서 나온다는 뜻이다(18, 19절; 참조. 막 7:19-23). 12:35의 법칙에 따르면, 사람의 속에 쌓여 있는 것이 입을 도구로 사용하여서 온갖 사상과 정서를 밖으로 표현하는데, 사람을 정말로 더럽게 하는 것은 바로 이 사상과 정서인 것이다.

여기서 예수께서 하신 일은 바로 강조해야 할 것을 강조하신 것이다. 즉, 전에 하신 것과 마찬가지로 육체적인 것을 강조하신 게 아니라, 영적이며 영구적인 것을 강조하셨다(5:3, 4, 6, 17; 9:13; 12:7, 50). 공기 오염과 수질 오염에 대한 많은 경고가 발해지는—이것은 이해할 만한 일이며, 또한 정당한 일이기도하다—오늘날에, 입의 오염과 마음의 오염이라는 말할 수 없이 더 무서운 악에 대한 그리스도의 경고가 매우 필요한 것이 사실이다.

바로 이 시점에서 그리스도의 제자들이 다시 등장한다.

[12] 이에 제자들이 나아와 이르되 바리새인들이 이 말씀을 듣고 걸림이 된 줄 아시나이까.

제자들의 이 말이 무엇을 가리키는가? a. 바로 앞의 이야기, 즉 사람들에게 말씀하신 "입으로 들어가는 것이"라는 이야기인가, 아니면 b. 바리새인과 서기관들을 향한 말씀인 3-9절 전체를 가리키는 것인가? 어떤 사람들은 a의 견해를 택한다.[579] 그러나 예수를 적극적으로 대적하는 이 반대자들이 자기를 향한 것도 아닌 이 짧은 이야기를 듣고 걸림이 되었으리라고는 생각하기 어렵다. 그들이 이 짧은 이야기를 들었든 듣지 않았든, 그들에게 걸림이 된 것[580]은 바로 그들을 "불법자"요 "위선자"로 규정한 날카로운 비난 때문이었다고 믿는 것이 더욱 합리적이지 않은가? 따라서 필자의 견해는 b이다.

12절 속에는 제자들이 듣는 곳에서 바리새인들이 그들의 격한 불쾌감

---

579) 예를 들면 R.C.H. Lenski, *op. cit.*, p.571이 그러하다.

580) 동사 *σκανδαλίζω*의 한 형태이다. 5:29, 30의 주석, 특히 마 5:29의 각주 293)을 보라; 또한 11:6의 주석을 보라.

을 터뜨렸다는 것이 암시되어 있다. 여기서 제자들이 두려움을 느꼈을까? 많은 사람들에게 존경받는 지도자로 추앙되는 이 사람들에 대한 경외심이 제자들을 흔들리게 했을까? 예수께서 발한 날카로운 비난이 가져올 수도 있는 결과에 대하여 그들은 어떤 두려움을 느꼈을까?

어찌 됐든 한 가지 사실만은 분명하다. 즉, 종교 지도자들의 격노가 제자들에게 깊은 인상을 남겼다는 사실이다. 바리새인들은 매우 분노했음이 분명하다. 그들이 이렇게 분노한 것은 이미 언급된 사실, 즉 그들이 공개적으로 범법자요 위선자로 낙인찍힌 것 외에도 다음과 같은 또 다른 이유가 있다. 만약 장로들의 전통보다도 하나님의 말씀이 말할 수 없이 높은 위치를 차지하며(3, 6, 9절), 또한 만약 그 둘의 가치를 비교함에 있어서 예수의 판단이 사람들 속에 뿌리를 내린다면, 자기들은 죽은 것이나 다름없다는 사실을 종교 지도자들은 잘 알고 있었다. 그들은 바로 이 전통을 자기들의 도락과 특기로 삼지 않았던가? 그래서 그들에게는 예수의 말씀이 걸림이 되었고, 그 결과 그들의 타락한 마음 때문에 예수에 대해 사악한 감정을 갖게 되었으며, 그것을 겉으로 표출할 정도까지 되었던 것이다.

지도자들의 격렬한 반감을 의식한 제자들은 예수께 그것을 알려서, 앞으로는 예수께서 말과 행동을 하실 때 그 사실을 계산에 넣을 수 있게 하려 했다. 마치 예수께 그들의 충고가 필요하기나 한 것처럼 말이다.

[13] [14] 예수께서 대답하여 이르시되 심은 것마다 내 하늘 아버지께서 심으시지 않은 것은 뽑힐 것이니 그냥 두라 그들은 맹인이 되어 맹인을 인도하는 자로다 만일 맹인이 맹인을 인도하면 둘이 다 구덩이에 빠지리라 하시니.

이 대목의 기초가 되는 용어는 "심은 것"("growth" or "planting")인 듯싶다. 이 말에 해당하는 원어는 일반적으로 "식물(plant)"을 나타내는 데 사용되는 말이 아니다. 원어의 의미는 "땅에 심은 것(planting)" 혹은 "초목(growth)"—정원이나 논이나 포도원이나 들판이나 어느 곳에서든지 물길을 따라서 발견될 수 있는 여러 가지 크기의 초목—이라는 뜻이

다.[581]

하나님의 백성은 물 댄 동산(사 58:11), 하나님의 밭 혹은 토지(고전 3:9), 하나님의 포도원(사 5:7)으로 여겨진다. 어떤 때는 신자들이 무성한 나무에 비유되기도 한다(시 1:3; 92:12). 어떤 상징에 있어서든지 강조되고 있는 사상은, 심은 것이 무성하게 자라기 위해서는 그것을 심은 이가 하나님이어야 한다는 것이다. 사람이 하나님의 영광을 위한 그의 사명을 완수하며 마지막에 천국에 들어가기 위해서는, 그리스도와 "하나가" 되어서 그의 죽으심과 부활하심의 형상에까지 "함께 자라갈"[582] 만큼 매우 견고하게 뿌리내리고 있어야 한다.

그런데 이 구절에서 예수께서는 "하늘 아버지께서" 심으시지 않은 것에 대하여 말씀하신다(11:25–27의 주석을 보라; 참조. 요 5:17, 18). 그런 종자들은 마귀가 심은 가라지를 상기시킨다(마 13:25, 39). 그것들은 뽑혀서 불에 던져지도록 운명 지어졌다(13:30; 참조. 3:10, 12; 눅 17:6; 요 15:5; 유 12). 이 일은 최후의 심판 때 일어날 것이다. 그리스도의 비판은 바로 이런 부류에 속한 자들을 향한 것이다. 또한 이런 부류의 사람들에게 신뢰를 두고 있는 사람들 역시 그들과 함께 뽑힐 것이다. 바로 이런 이유로 그리스도께서는 제자들에게 "그냥 두라"[직역하면 "가게 두라(Let them go)"]고 말씀하신 것이다. 이 명령은 이렇게도 옮길 수 있다. "그들에게 관여하지 말라", "그들에게 신경 쓰지 말라", "그들과 완전히 단절하라".

그들은 지도자로서는 "맹인"이기 때문에 이 사람들을 따라가면 멸망에 이를 것이라고 예수께서는 말씀하신다. 더욱이 그들의 맹인 됨은 매우 비

---

581) 여기 15:13에서는 원어가 *φυτόν*이 아니라 *φυτεία*이다. 가장 포괄적인 의미에서 볼 때, 마치 "planting"이라는 말이 "plant"보다 더 광범위하듯이 후자가 전자보다 광범위하다. 어느 쪽으로 번역해도 틀렸다고 말할 수는 없지만, 수식어 "모든(every)"과 성경의 비유적인 어법—이것에 의하면 하나님은 동산, 밭, 포도원 등을 가꾸는 분으로 묘사된다—은 보다 광범위한 함축을 지시하는 듯하다. Ridderbos, *op. cit.*, p.281도 마찬가지이다. 여기서 그는 "ieder gewas", 즉 모든 "growth" 혹은 "planting"이라고 말하고 있다(따라서 '심는 것마다').

582) "함께 연합하다" 혹은 "함께 자라다"라는 말에 대해 롬 6:5은 *σύμφυτοι*라는 단어를 사용한다. 그런데 이 단어는 *φυτεία*와 *φυτόν*과 같은 어간을 가진다.

극적인 성격의 것이다. a. 그것은 완악한 마음의 결과로서 **자업자득**의 것이다(요 3:19). 이 점에 있어서 바리새인들은 신체적으로 눈이 먼 사람들과는 다르다. b. 그것은 **스스로 속이는** 일이다. 지도자인 체하는 이 사람들은 자기들이—자기들만이—볼 수 있다고 착각하고 있기 때문이다(요 9:40, 41). 이 통탄스러운 사실이 그들과 실제 맹인들 사이의 크나큰 차이점을 보여 준다.

그런 지도자를 따라가는 사람들의 운명은 얼마나 슬픈 것인가. 지도자가 맹인이니 따르는 사람들 역시 맹인이다. 그러니 어떻게 구렁텅이에 빠지지 않을 수 있겠는가? 예수께서 구렁텅이라는 말을 지옥의 상징으로 쓰고 계시다고 볼 수 있겠는가? 여기에 대해서 우리가 말할 수 있는 것은 단지 그러할 것이라는 추측뿐이다.

예수께서는 a. 바리새인과 서기관들에게(3–9절); b. 일반 사람들에게(10, 11절); 그리고 c. 그의 제자들에게(12–14절) 말씀하셨다. 이제 그 말씀에 대한 응답이 이렇게 나타난다.

[15] 베드로가 대답하여 이르되 이 비유를 우리에게 설명하여 주옵소서.

여기서는 "비유"라는 말이 간결한 말, 즉 11절의 경구를 가리키는 의미로 쓰이고 있다. 베드로가 열두 제자의 대변인이었다는 사실이 그리스도의 답변 속에서 분명하게 드러난다.

[16] 예수께서 이르시되 너희도 아직까지 깨달음이 없느냐.

예수께서 이렇게 말씀하시는 것 같다. "다른 사람들—예를 들면 바리새인과 서기관과 일반 사람들—이 나의 가르침(참조. 11절)을 이해하지 못하는 것은 이상한 일이 아니다. 그러나 나와 그렇게도 오랫동안 가까이 지낸 너희조차 **아직까지도**[583] 그 말의 의미를 깨달을 수 있는 통찰력이 없다는 것은 변명이 성립되지 않는 일이다." 우리는 이와 유사한 것을 요 14:9

583) 헬라어 *ἀκμήν*은 *ἀκμή*(시점; 참조. "acme")의 부사적 대격이다. 따라서 "이 시점에 이를 때까지".

의 "빌립아 내가 이렇게 오래 너희와 함께 있으되 네가 나를 알지 못하느냐"라는 말 속에서 발견할 수 있다. 말씀은 계속된다.

[17] [18] 입으로 들어가는 모든 것은 배로 들어가서 뒤로 내버려지는 줄 알지 못하느냐 입에서 나오는 것들은 마음에서 나오나니 이것이야말로 사람을 더럽게 하느니라.

입으로 들어가는 것이 어떻게 된다는 것에 대한 그리스도의 진술은 현대 과학에 비춰 보아도 흠잡힐 데가 없다. 직접적으로든—신체에 의하여 소화되지 않는, 즉 새로운 세포 형성에 사용되지 않는 섭취물의 경우—, 간접적으로든—소화되는 음식물의 경우—동화작용 다음에는 항상 분해작용이 뒤따른다는 사실에 비춰 볼 때 입으로 들어가는 것은 결국 배설되고 만다. 그것 중 어떤 것도 사람의 마음을 더럽게 하지는 않으며, 따라서 그 인격을 더럽게 하지 않는다. 반면 입에서 나오는 말들은 그 근원이 마음에 있다. 그리고 이 마음은 인간 존재의 핵이요 중심으로서 그의 사상과 말과 행위의 원천이다(잠 4:23). 이 모든 것들은 "안에서" 나온다(막 7:21). 만일 어떤 말이 악하다면, 바로 그 말이 "사람을 더럽게 한다." 다음 절에서 이 사실이 더욱 분명하게 지적된다.

[19] 마음에서 나오는 것은 악한 생각과 살인과 간음과 음란과 도둑질과 거짓 증언과 비방이니.

여기 "생각"에 사용된 원어로부터 영어의 대화(dialogue)라는 말이 생겨났다. 어떤 사람이 자기 자신과 나누는 대화가 반드시 악할 이유가 있는 것은 아니지만—눅 2:35을 보라. 이 구절에서 언급된 마음의 생각은 항상 악한 것만은 아니다—이 단어가 사용된 거의 모든 경우에서 묘사된 행위의 성격이 악한 것이라는 사실을 주목할 필요가 있다(눅 5:22; 6:8; 9:46, 47; 롬 1:21; 14:1; 고전 3:20; 빌 2:14; 딤전 2:8). 딤전 2:8에서는 이 생각이 "분노"와 연결되어 있다. 여기 마 15:19에서는 이 생각이 악하다고 불린다. 여기서 "악한 생각" 혹은 "사악한 계획"이 나타난다.

악한 생각은 사악한 말과 행동 속에서 스스로 드러난다. 마태는 이런 악한 언행들 중의 몇 가지를 언급한다. 그런데 배열 순서가 십계명의 두 번째 판과 어느 정도는 유사하다. 이 판에 언급된 모든 항목들이 반드시 예수께서 말씀하신 내용과 연결될 필요가 있는 것은 결코 아니지만 그 모든 것들은 안에서, 즉 마음에서 나오는 것이다. 행동은 속에 있는 것이 밖으로 나오는 것이다. 바리새인과 서기관들이 젊은 세대에게 부모에 대한 책임을 회피하도록 가르친 양태는(3-9절) 다섯 번째(어떤 사람은 "네 번째"라고 말할 것이다) 계명과 관련된 악한 생각을 보여 주는 훌륭한 예화이다. 나머지 계명들은 굳이 설명할 필요가 없다. 마가가 제시한 목록(7:21, 22)은 이것보다 두 배가량 길다. 이 두 복음서에서 중요점은 모두 같은 것이다. 바로 이 점을 마태는 충실하게 기록했다.

[20] 이런 것들이 사람을 더럽게 하는 것이요 씻지 않은 손으로 먹는 것은 사람을 더럽게 하지 못하느니라.

이것이 바로 대적들의 비난(1, 2절)에 대한 직접적인 답변이다. 그러므로 사람들은 사소한 의식의 문제에 열중하지 말고 참으로 중요한 이런 일들에 주의를 집중해야 할 것이다. 아울러 자기들의 전통을 위하여 하나님의 말씀을 허망한 것으로 만드는 행위를 그쳐야 할 것이다.

15장 1-20절의 종합

예수의 소문이 퍼져 나가서 왕궁에까지 이르고, 여러 가지 기적이 점점 늘어나며, 이제는 많은 사람들을 고쳐 준 기적 이외에도 오천 명을 먹이신 기적이 일어난 사실에 미루어 볼 때, 바리새인과 서기관들이 사람들에 대한 자기들의 영향력 상실을 우려하기 시작한 것은 놀라운 일이 아니다. 그래서 그들은 악한 목적을 가지고 예루살렘에서 예수께로 온다. 곧 문제를 발견한 그들은 예수께로 다가오면서 제자들이 식사 전에 손 씻는 의식을 무시하는 것이 어찌 된 일인지 알려 달라고 요구한다. 여기서 그들이 말하는 것은 물리적인 손의 더러움이 아니라—손이 물리적으로는 더럽든 깨끗하든—"손을 헹구는" 의식에 관한 것이다. 이렇게 하는 이유는 손이 "부정한" 물건이나 사람에 접촉했을 수도 있기 때문이었다. 따라서 그들이 말하고 있는 것은 인간의 "전통"이다.

예수께서는 그들에게 답변하시며 이 바리새인들과 서기관들은 남을 비판하는 일을 중지해야 한다고 지적하신다("유리로 된 집에 사는 사람은 돌을 던지지 않는 것이 좋다"). 그들은 **인간이 만든 규례**는 어기지 않지만 부모를 공경하라는(출 20:12) **하나님의 명령**을 범하는 진짜 악을 범하고 있기 때문이다. "너희들은 너희 자녀에게 부모를 보양해야 하는 의무를 회피하는 방법을 말해 주고 있다. 너희는 그들에게 이렇게 말한다. '만약 너희 부모가 너희에게서 무엇을 원하거든 너희는 부모에게 이렇게 말하라: 당신이 나에게서 얻고자 하는 모든 것은 하나님께 드린 바 된 것입니다.'" 주님은 계속해서 이렇게 말씀하신다. "너희는 너희의 전통을 위하여 하나님의 말씀을 헛된 것으로 만들어 왔다." 주님은 이사야가 그의 시대의 위선자를 묘사한 말이 그들에게도 그대로 적용된다는 말로써 그들을 비난하신다. "이 백성이 입술로는 나를 공경하되 마음은 내게서 멀도다. 사람의 계명으로 교훈을 삼아 가르치니 나를 헛되이 경배하는도다." 그런 후에 예수께서는 입으로 들어가는 것이 사람을 더럽게 하는 것이 아니라 입에서 나오는 것이 사람을 더럽게 하는 것이라고 지적하신다.

제자들이 두려운 마음으로 "바리새인들이 이 말씀을 듣고 걸림이 된 줄 아시나이까?"라고 묻자 예수께서는 "심은 것마다 내 하늘 아버지께서 심으시지 않은 것은 뽑힐 것이니 그냥 두라 그들은 맹인이 되어 맹인을 인도하는 자로다"라고 대답하신다. 마지막으로 "이 비유를 우리에게 설명하여 주옵소서"라는 베드로의 청원에 대하여 예수께서는 입으로 들어가는 것이 사람을 더럽게 하는 것이 아니라 입에서 나오는 악한 것들—이것들은 결국 마음에서 나오는 것이다—이 사람을 더럽게 한다는 사실을 더욱 자세히 설명해 주신다.

제15장 21-39절의 개요

Matthew 15

주제 : 아버지께서 아들에게 맡기신 사역

B. 은거 및 베레아 사역

15:21-28 보상받은 가나안 여자의 믿음

15:29-31 큰 무리를 고치심

15:32-39 사천 명을 먹이심

제 15 장

보상받은 가나안 여자의 믿음 (15:21-28)

막 7:24-30

21-28절

21 예수께서 거기서 나가사 두로와 시돈 지방으로 들어가시니 22 가나안 여자 하나가
그 지경에서 나와서 소리 질러 이르되 주 다윗의 자손이여 나를 불쌍히 여기소서 내
딸이 흉악하게 귀신 들렸나이다 하되 23 예수는 한 말씀도 대답하지 아니하시니 제자
들이 와서 청하여 말하되 그 여자가 우리 뒤에서 소리를 지르오니 그를 보내소서 24
예수께서 대답하여 이르시되 나는 이스라엘 집의 잃어버린 양 외에는 다른 데로 보내
심을 받지 아니하였노라 하시니 25 여자가 와서 예수께 절하며 이르되 주여 저를 도
우소서 26 대답하여 이르시되 자녀의 떡을 취하여 개들에게 던짐이 마땅하지 아니하
니라 27 여자가 이르되 주여 옳소이다마는 개들도 제 주인의 상에서 떨어지는 부스러
기를 먹나이다 하니 28 이에 예수께서 대답하여 이르시되 여자여 네 믿음이 크도다
네 소원대로 되리라 하시니 그때로부터 그의 딸이 나으니라

21 예수님께서 그곳을 떠나 두로와 시돈 지방으로 가셨습니다. 22 그런데 그 지역에
사는 어떤 가나안 여자가 예수님께 와서 소리쳤습니다. "주님, 다윗의 자손이여, 저를
불쌍히 생각하시고 도와주세요! 제 딸이 귀신 들려서 매우 고통받고 있습니다." 23
그러나 예수님께서는 그 여자에게 한마디도 대답하지 않으셨습니다. 제자들이 예수
님께 와서 청했습니다. "저 여자를 돌려보내십시오. 우리를 따라다니면서 소리 지르
고 있습니다." 24 예수님께서 대답하셨습니다. "나는 이스라엘 집의 잃어버린 양에게
로만 보냄을 받았다." 25 그때, 그 여자가 예수님께 와서 절을 하고 간청했습니다. "주
님, 도와주십시오!" 26 예수님께서 대답하셨습니다. "자기 자식의 빵을 집어서, 개에
게 던져 주는 것은 옳지 않다." 27 그 여자가 대답했습니다. "그렇습니다. 주님, 그러
나 개라도 주인의 식탁에서 떨어진 음식 부스러기는 먹습니다." 28 그러자 예수님께
서 말씀하셨습니다. "여자야, 너의 믿음이 크구나! 네가 원하는 대로 될 것이다." 바
로 그때, 그 여자의 딸이 나았습니다.

_아가페 쉬운성경

마태복음을 포함한 공관복음서의 주제는 **아버지께서 아들에게 맡기신 사역**이라고 표현할 수 있다. 이 주제 아래 첫 단원은 **사역의 시작 또는 개시**(1:1-4:11)이다. 둘째는 **사역의 진행 또는 계속**(4:12-20:34)이다. 이 둘째 단락의 첫 부분, 즉 **갈릴리 대사역**(4:12-15:20)은 이제 끝마치셨다. 둘째 부분 곧 **은거 및 베레아** 사역은 이때(15:21)부터 시작하여 20:34까지 계속된다.[584] 이에 대한 명칭과 그 내용의 간단한 특징에 관한 설명은 책의 앞부분에서 다루었다. 시기에 대한 **가설**(확실한 것은 알 수 없다)은 다음과 같다. 은거하신 사역은 A.D. 29년 4월에서 9월까지; 베레아 사역은 A.D. 29년 12월에서 A.D. 30년 4월까지; 후기 유대 선교는 A.D. 29년 9월에서 12월 사이라는 것을 특히 요한복음에서 볼 수 있다(7:2-10:39).

[21] 예수께서 거기서 나가사 두로와 시돈 지방으로 들어가시니.

이때 예수께서 이스라엘 땅을 떠나 이방 땅으로 물러가신 것이 분명하다. "이방인"들이 예수께 나아온 것이 아니다(4:24, 25). 예수 자신이 그들에게 나아가고 계신다. 그러나 이방인들에게 나아가는 이 행위는 즉시 시작된 것이 아니다. 그는 먼저 잠시 은거할 목적으로 한 집에 들어가셨다. 그러나 "숨길 수 없더라"(막 7:24).

[22] 가나안 여자 하나가 그 지경에서 나와서 소리 질러 이르되 주 다윗의 자손이여 나를 불쌍히 여기소서 내 딸이 흉악하게 귀신 들렸나이다 하되.

먼저 무엇보다도 **예수께 대한 그녀의 경건한 자세**에 주의하라. 그 여자는 예수를 "주"(7:21과 8:2의 주석을 보라)라 부르고 "다윗의 자손"이란 말을 덧붙이고 있는데, 9:27에서 같은 명칭이 나타나는 것과 관련하여 보여 주는 바와 같이 그분이 진실로 약속된 메시아인 것처럼 경의를 표하고 있는 것이다(21:9, 15, 16; 22:41-45의 주석을 보라). 유대인들의 불신(바로 앞 문단 15:1-20을 보라)과 이방 출신인 이 여자의 믿음 사이에 나타나

584) 필자는 나름대로 이러한 구분을 하고 나서 F.W. Grosheide, *op. cit.*, p.244 또한 15:21-20:34을 하나의 단위로 간주하고 있다고 보았다.

는 대비가 크게 두드러진다.

두 번째로 **그 여자의 고통**을 생각하라. 그 여자는 끊임없이, 또는 헬라어 시제가 의미하는 바 "다시 또다시" 소리 지르고 있다. 그녀가 절망에 처한 이유는 그녀의 소중한 어린 딸(참조. 막 7:25)이 귀신 들렸다는 사실 때문이다. 귀신 들린 것에 대해서는 앞에 나오는 관계 부분을 보라. 더욱이 그 아이의 고통은 매우 중하고 심히 비통한 것이었다.

예수께서는 즉각적으로 어떻게 반응하셨는가? 이에 대하여는 다음 절에 설명되어 있다.

[23] 예수는 한 말씀도 대답하지 아니하시니.

예수께서는 무조건 침묵하시며 그녀의 말을 마치 못 들은 것처럼 행동하셨다. 잠시 후 예수께서 이처럼 무관심하게 보이는 것(절대 사실이 아니다!)에 관하여 다음과 같이 더 설명된다. **제자들이 와서 청하여 말하되 그 여자가 우리 뒤에서 소리를 지르오니 그를 보내소서.** 제자들이 하는 말의 의미가 "그 여자가 간청하는 것을 들어 주셔서 그녀를 보내 버리십시오"라는 뜻이란 학설은 믿을 수 있는 근거를 갖고 있는 것은 아니다. 제자들은 뒤에서 계속하여 소리 지르고 있었던 그 여자를 분명히 견딜 수 없이 귀찮은 여자라고 생각하였을 것이다.

[24] 예수께서 대답하여 이르시되 나는 이스라엘 집의 잃어버린 양 외에는 다른 데로 보내심을 받지 아니하였노라 하시니.

이 점에 대하여 주목할 중요한 것은 예수께서 여자를 돕는 것에 대하여 단호히 거절하시는 것처럼 보인다는 사실만이 아니다. 제자들의 긴급한 요청에도 주목하지 않으셨다는 것이다. 후자는 때때로 그냥 지나치기 쉽다. 그러나 그것은 매우 중요하다. 어떤 이는, 주께서 마음 쓰기를 거부하신 것은 그 여자보다 제자들을 겨냥한 것이라고 말할는지도 모른다. 여자에게 하신 말씀이 설사 거칠게 보인다 할지라도 적어도 예수께서는 그 여자와 계속 말씀하신다. 더욱이 자신의 침묵을 깨뜨리시고 이제 그녀에게 말씀하고 계신다. 그러나 제자들의 제안에 관해서는 일언반구 대답할 가치조차 없다고 여기신다! 또한 다음과 같이 말할 수 있을 것이다. 24절에 기록된 예수의 말씀이 제자들로 하여금 듣도록 하기 위한 의도였다고 치더라도—이것은 특별한 방법으로 예수께서 제자들을 가르치고 계셨던 바로 그 사역이 아니었을까?—본문에 기록된 바와 같이 예수께서 자기 나름대로 제자들의 긴급한 요구를 거절하신 것은 분명한 사실이다! 그러나 예수께서는 설령 그 여자의 요구를 거절하신 것처럼 보인다 하더라도 실상은 그렇지 않았다.

예수께서는 이방인들이 천국에 들어가도록 문이 넓게 열리는 때는 미래에 속한 문제라는 것을, 관계하고 있는 모든 사람에게 아주 명백히 하기를 원하셨다. 10:5, 6(그 구절의 주석을 보라)과의 전체적인 조화 속에서 당분간 예수는 자신이 안타깝게 "이스라엘 집의 잃어버린 양(9:36; 10:6의 주석을 보라)"이라고 부른 자들에게 선교하신다.

[25] 여자가 와서 예수께 절하며 이르되 주여 저를 도우소서.

22절과 관련하여 언급된 두 가지, 즉 그 여자의 a. 경건한 자세와 b. 쓰라린 고통은 25절에서도 분명히 나타난다. 마태는 그녀가 예수께 경배하는 행위에 대하여 생생하게 묘사하는데, 아마도 그녀 자신이 그의 발 앞에 계속 연이어 절하고 있는 것 같다.[585] 기존의 특성 가운데 세 번째 특성을 추가하면, **그녀의 어린 딸에 대한 강렬한 사랑**이다. 22절에서 그 여자는 자기 "딸"에 대하여 말했다. 25절에서 여자의 괴로운 호소는 절정에 달하여 이제 그녀는 "**저를** 도우소서"라고 말한다. 여자와 그녀의 딸은 나뉠 수 없다. 그런 의미에서 여자는 아이와 자신을 동일시하고 있다. 이것이 효과적인 중재기도의 주요 특징 중 하나, 즉 다른 사람들의 체험이 우리 자신의 감각 속에 전해지도록 이들의 시련과 고통 속에 자신을 몰입시키는 것이 아닐까? 사울(바울)이 그리스도의 제자들을 박해하고 있을 때 그리스도 자신을 박해하는 것이라고 예수께서는 그에게 가르치시지 않았던가? 행 9:4; 22:7; 26:14을 보라. 마 8:17의 주석도 보라.

주님의 대답은 당장은 용기를 북돋아 주는 것이 결코 아니었다.

585) 본문 22절에서처럼 미완료 시제인 것에 유의하라.

[26] 대답하여 이르시되 자녀의 떡을 취하여 개들에게 던짐이 마땅하지 아니하니라.

"개들"이라는말은 7:6에서 사용된 것과는 다르다(참조. 빌 3:2). 여기서 의미하는 것은 길가에 던져서 쓰레기 더미에 어슬렁거리는 크고, 포악하고, 추한 개가 아니라 집에서 애완동물로 기르는 강아지를 말한다. 예수께서는 이스라엘 밖에 있는 자들에게 보냄을 받지 않으셨다(24절)는 사실을 뛰어넘어 이미 그 여인에게 주의를 집중하고 계신다. 같은 맥락에서 그는 이제 이스라엘의 축복—"자녀들"에게 속한 축복들—을 이스라엘에 속하지 않은 자들에게 주는 것이 타당하지 못하다고 부언하신다. 결국은 강아지들이 아무리 주인에게 귀여움을 받는다 할지라도 자녀들이 아니며, 자녀로 대우받을 권리가 없다는 것이다.

"예수께서 이 불쌍한 여자가 그토록 비통하게 필요로 했던 도움을 베푸시는 데 왜 그렇게 오래 지체하셨는가?"라는 질문이 제기될 수 있는데 타당한 여지가 있는 질문이다. 이 질문에 주어지는 답변은 오히려 매우 다양하다. 전통적인 답변은 "그녀의 믿음을 시험하기 위한 것"이라고 한다. 이 답변이 만족스럽든 그렇지 못하든 간에 믿음을 시험한다는 점에서 의미 있는 것임에는 틀림없다. 다른 답변은, 이야기가 끝날 무렵(28절)에서야 겨우 예수께서 이 여인의 강한 요청을 기꺼이 수락하신 것으로 보아 마지막 순간에 자신의 마음을 바꾼 게 틀림없다는 것이다. 그러므로 지연되었다는 것이다. 이 답변은 다음과 같은 이유 때문에 받아들일 수 없다. a. 만일 그것이 사실이었다면 예수께서는, 그녀를 떠나보내라는 제자들의 반복된 권고에 왜 관심도 두지 않으셨는가? 또한 b. 도움을 위하여 열심히 겸손하게, 그리고 진지하게 호소해 올 때 예수께서 무관심했다는 기록은 다른 아무 곳에도 없다. 처음부터 이 여인의 간청을 거절하시기까지 그가 의도하셨던 것은 성경이 우리에게 보여 주는 예수와는 완전히 다르다. 무엇보다도 그는 7:7, 8; 11:28-30; 요 7:37의 말씀을 하신 주님이신 것이다.

질문에 대한 바른 답변을 얻기 위해서는 무엇보다 먼저 예수께서 이 여인의 요구를 허락하시는 데 있어서 "지체"하심이—만일 지체라는 말을 사용할 수 있다면—특이한 사실이 아니라는 것에 주의해야 한다. 여러 실례 가운데서 어떤 간청이 즉각적으로 응답을 받지 못한 예가 있다. 아브라함과 사라는 마침내 이삭을 얻기까지 오랜 기간 기다려야 했다(창 21:1-5; 롬 4:18-21). "믿는 모든 자의 조상"(롬 4:11)이 이삭을 번제로 드리라는 지시를 받았을 때 그가 심히 사랑한 자기 아들이(창 22:2) 문자 그대로 희생 제물이 되지는 않으리라는 것을 알기까지는 진실로 매우 길게 여겨지는 시간이 걸렸다. 다윗은 하나님께서 자기 기도에 즉시 응답하지 않으셨기 때문에 당황해하지 않았는가? 시 22:2을 보라. 그리고 이제 신약으로 돌이켜서 예증될 수 있는 여러 실례들 중 약간만 주의를 기울인다면, 예수께서 야이로의 집에 너무 늦게 도착하시려고 작정하신 것처럼 보이지 않았는가?(막 5:35). 우선 당장에는 예수께서 두 맹인의 간청에 무관심하셨던 것처럼 보이지 않았는가?(마 9:27, 28). 만일 예수께서 굶주린 무리를 먹일 작정이었다는 것을 바로 아셨다면—그리고 성경은 예수께서 이 사실을 아셨다는 것을 인정한다—그 당시 빌립에게 "우리가 어디서 떡을 사서 이 사람들을 먹이겠느냐"(요 6:5, 6)라고 말씀하시는 대신 그것에 대해 왜 모든 것을 즉시 빌립에게 말씀하지 않으셨는가? 그리고 "나사로가 병들었다 함을 들으시고 **그 계시던 곳에 이틀을 더 유하시고**"(요 11:6)라는 말씀을 우리는 어떻게 읽어야 할까? 각각의 경우에 있어서 그 이유는 단순히 설명되거나 최소한 문맥 속에 암시되어 있다. 다음 구절들을 보라. 롬 4:20; 막 5:36; 요 6:6; 요 11:15 등.

아마 틀림없이 같은 원인이 수로보니게 여자 또는 가나안 여자에 대해서 적용될 것이다. 예수께서는 그녀의 믿음을 시험하기 위하여, 즉 은을 정제하고 순수하게 하듯이 믿음을 정제하기 위하여 그녀의 요청에 응답하는 것을 지체하셨다. 그녀의 믿음이 더욱 놀랍게 표현될 기회를 주시고자 하셨다. 예수께서는 자신이 24절과 26절에서 그녀에게 하셨던 바로 그 대답에 의하여 믿음을 강하게 하시려는 것이었다. 예수께서 즉시 그녀의 딸을 고치셨던 것보다 훨씬 더 귀하고 특이한 축복을 자신이 받고 있다는 사실을 그녀는 그때 깨닫기 시작하였을 것이기 때문이다. 더욱 놀라운 믿음의 표현이 계속된다.

[27] 여자가 이르되 주여 옳소이다마는 개들도 제 주인의 상에서 떨어지는 부스러기를 먹나이다 하니.

앞에서 그녀에 대하여 세 가지 내용을 언급하였는데, 이제 네 번째 내용, 즉 **그녀의 겸손**을 보자. 그 여자는 아이와는 대비되는 집 강아지로 비교되는 것에 분개조차 하지 않고 자신의 열등한 입장을 받아들인다.

다섯 번째로 또한 **그녀의 재빠른 재치**도 주목하라. 그 여자는 치욕으로 여겨지는 바로 그 말을, 가능하게 하는 원인으로 바꾸어 버림으로써 임박해 오는 패배를 환성을 올리는 승리로 바꾼다. 그 여자는 다음과 같이 말하고 있다. 즉, "내가 집 강아지로 비교되고 있습니까? 나는 이 비교에 내포된 것을 받아들입니다. 나는 그것을 받아들일 뿐만 아니라 그것 때문에 기뻐합니다. 좋은 주인이라면 분명히 자기의 애완용 강아지를 굶어 죽도록 내버려 두지 않을 것이기 때문입니다. 좋은 주인은 그 강아지가 상에서 떨어지는 빵 부스러기들을 먹도록 용납합니다."

그녀의 모든 말과 행동에 근본을 이루고 있는 것은 여섯 번째로 **하나님이 주신 그녀의 변함없는 예수에 대한 믿음**인데, 그 여자는 예수를 자신의 주님이시며 메시아로서 고백하였다.

마지막 일곱 번째로는 그녀의 믿음 그 자체 또는 그녀의 믿음과 결합되어 나타나는 하나의 자질, 즉 **그녀의 인내**(끊임없이 인내하는 믿음)를 인하여 이 여자를 항상 기억해야 할 것이다.

이 인내에 관한 다음 사항을 주목해야 한다. 예수께서는 여기서 자신이 말씀하신 원리를 어기신다. 그는 "나는 이스라엘의 집 외에는 보냄을 받지 아니하였다"는 법칙에 예외—마치 이것이 나쁜 것처럼—를 두고 계시다. 그렇다. 어떤 의미에서 그는 진실로 놀라운 하나의 예외를 두셨다. 이 여인은 헬라인이며, 이방인이었기 때문이다(마 15:22; 막 7:26). 하지만 다른 의미에서 이것은 전혀 예외가 아니었다. 그 여자가 a. 처음에 예수의 침묵, b. 그의 냉정하게 보이는 모습(결코 그렇지 않았다!)과 치욕을 주시는 듯한 말씀, 그리고 c. 제자들의 무관심("그녀를 보내소서")에도 불구하고 승리했다고 생각할 때 분명해질 것이다. "야곱"이 "이스라엘"로 변하게 된 것(창 32:28)은 반대에 직면해서도 결연한 인내("당신이 내게 축복하지 아니하면 가게 하지 아니하겠나이다", 창 32:26)를 유사하게 표명했기 때문이 아니었을까? 그런 의미에서 이 여자는 진정한 이스라엘 사람이었다.

[28] 이에 예수께서 대답하여 이르시되 여자여 네 믿음이 크도다 네 소원대로 되리라 하시니 그때로부터 그의 딸이 나으니라.

하나님의 사랑은 재능을 발휘하는—여기서는 믿음—인간 존재를 칭찬까지 할 만큼 그렇게 무한하고 놀라우시다. 그 재능은 바로 하나님의 사랑이 그녀에게 부여한 것이다. 그러나 그것이 없다고 해서, 하나님의 활동력이 전혀 실행될 수 없는 것은 아니다.

이 여자가 받은 칭찬은 예수께서 백부장을 칭송한 찬사(8:10)를 회상하게 한다. 8:10, 11은 물론 본문도 이방인이 천국에 들어가도록 문이 넓게 열리는 때가 빨리 다가오고 있다는 하나의 예언이 아니었을까?

이 여자에게 주어진 축복이 그녀의 딸이 은혜를 입은 것과 별도로 이해되어서는 안 된다는 것도 주목하라. 그 여자가 원하는 것을 받았다는 사실은 딸과 마찬가지로 그 여자가 필요로 하던 것도 주어졌다는 것을 내포한다. 그 딸은 즉시로, 완전하게 치료받았다! 더욱이 이 축복은 "자녀"의 "떡"을 강탈한 것이 아니었다.

큰 무리를 고치심 (15:29-31)

막 7:31, 37 참조

29-31절

29 예수께서 거기서 떠나사 갈릴리 호숫가에 이르러 산에 올라가 거기 앉으시니 30 큰 무리가 다리 저는 사람과 장애인과 맹인과 말 못하는 사람과 기타 여럿을 데리고 와서 예수의 발 앞에 앉히매 고쳐 주시니 31 말 못하는 사람이 말하고 장애인이 온전하게 되고 다리 저는 사람이 걸으며 맹인이 보는 것을 무리가 보고 놀랍게 여겨 이스라엘의 하나님께 영광을 돌리니라

29 예수님께서는 그곳을 떠나 갈릴리 호숫가로 가셨습니다. 그리고 산 위에 올라가서
앉으셨습니다. 30 그러자 많은 사람들이 예수님께 왔습니다. 다리를 저는 사람, 걷지
못하는 사람, 보지 못하는 사람, 말 못하는 사람, 그 밖에 많은 병자들을 데리고 왔습
니다. 이들은 병자들을 예수님의 발 앞에 두었고, 예수님께서는 이들을 고쳐 주셨습
니다. 31 사람들은 말하지 못하던 사람이 말을 하고, 지체 장애인이 성한 몸을 갖게
되고, 다리를 저는 사람이 다시 걷고, 보지 못하는 사람이 다시 보는 것을 보고 모두
놀랐습니다. 그리고 이스라엘의 하나님께 영광을 돌렸습니다. _아가페 쉬운성경

---

[29] 예수께서 거기서 떠나사 갈릴리 호숫가에 이르러 산에 올라가 거기 앉으시니.

마태복음과 누가복음은 모두 시간 표시가 없다. 예수께서 두로와 시돈 지방에서 얼마나 머무셨는지는 알려지지 않고 있다. 예수께서 나아갔다는 장소마저 매우 모호하게 묘사되어 있을 뿐이다. 우리가 읽을 수 있는 모든 것은 "갈릴리 호숫가에 이르러"라는 것이다. 예수께서는 인구가 희소한 동쪽 또는 동남쪽 해안에서 적어도 사흘을 보내셨다. 32절과 막 8:2; 마 4:25을 참조할 때 그렇다는 것이 더욱 분명해진다. 그런데 바다 가까운 이곳에서 예수께서는 산에 올라가셨다.[586] 그는 그 위에(반드시 그곳의 정상은 아니다) 앉으신 것으로 묘사된다.

[30] 큰 무리가 다리 저는 사람과 장애인과 맹인과 말 못하는 사람과 기타 여럿을 데리고 와서.

그리스도께서 도착하셨다는 소식이 즉시 데가볼리(Decapolis, 열 개 도

---

586) 사실 5:1; 8:1; 막 3:13에서와 같이 여기 15:29에서도 원문은 정관사를 사용하며 τὸ ὄρος에 대하여 이야기한다. 그러나 다른 점이 있다. 5:1 등에서는, 정확하지는 않지만, 장소에 대한 표시가 15:29에서보다 훨씬 더 분명하다. 우리는 거기 언급된 산이 가버나움 근처에 있었던 것으로 알고 있다(8:5을 보라). 이와 유사하게 우리는 마 14장, 막 6장, 눅 9장 그리고 요 6장에 기록된 대로 예수께서 주린 가운데 기진해 있는 큰 무리를 그 산에서 보시고 만나러 나아오셨으며, 우린 그 산이 벳새다와 아주 가까운 곳에 있었다는 사실을 알고 있다(눅 9:10). 그러나 여기 15:29에서는 아무것도 명확하지 않다. 그러므로 본문에서는 정관사의 충분한 의미를 살려 "그 산"이라고 번역하든지, 아니면 단순히 "산"이라고 하든지 거의 차이가 없다.

시의 연맹) 전역에 퍼지기 시작했다는 것은 4:25과 연관 지어 이미 앞에서 서술한 바 있다. 전에 발생하였던 것과 마찬가지로 지금도 인근 전 지역에서 사람들이 자기들의 괴로워하는 친척들, 친구들, 그리고 이웃들을 데리고 예수께 몰려들었다. 무리들은 예수께서 모든 필요를 능히 도우실 수 있는 분이라는 것을 알았다. 단순한 질병(14:35, 36) 및 귀신 들린 병(4:24; 8:16)을 가진 자든지 또는 15:30, 31 본문에서 열거하고 있는 것과 같이 주로 불리한 신체적 조건을 갖고 있는 자들, 즉 맹인, 장애인을 문제 삼지 않고 예수께서는 기꺼이 그들 모두를 고치실 수 있었다.

예수의 발 앞에 앉히매 고쳐 주시니. 이 서술의 단순성은 훨씬 더 감동을 준다. 기록된 범위 안에서 고침 받은 사람이 이방인인지—이곳은 이방인 지역이었음—유대인인지에 관해서는 아무런 문제가 되지 않는다. 불리한 신체 조건을 가진 각 사람이 이미 예수를 각 개인의 주인과 구주로 받아들였는지(그것은 있음직하지 않다) 또는 혹시 그 사람이나 그 후원자가 기적을 행하는 자로서만 예수를 "믿었는지"는 전혀 지적되지 않는다. 중요한 것은 이들 남녀노소는 도움을 바랐으며, 예수께서는 이들을 도우실 수 있었을 뿐만 아니라 간절히 돕고자 하셨다는 것이다.

[31] 말 못하는 사람이 말하고 장애인이 온전하게 되고 다리 저는 사람이 걸으며 맹인이 보는 것을 무리가 보고 놀랍게 여겨.

그것은 모두 즉시 발생했다. 이것은 깜짝 놀라게 하는 기적의 유일한 사례가 아니었다. 그렇다. 기적은 각 방면에서 이루어지고 있었으며, 어디서든지 볼 수 있었다. 기적이 베풀어진 사람들 대부분이 이방 출신이었다는 것은 저들의 감사와 찬양을 표현하는 방법에서 분명히 암시되어 있다. 즉, **이스라엘의 하나님께 영광을 돌리니라.** 이것은 마치 그들이 본래 자기들의 하나님이 아닌 다른 민족의 하나님께 영광을 돌렸다는 것을 의미하는 것처럼 분명히 이해된다. 정말로 놀라운 어떤 것이 일어나고 있었다. 한때는 이 지방에서 많은 사람이, 예수께서 병을 고치신 갈릴리로 여행한 적도 있었다(4:23, 25). 그러나 그 선지자는 갈릴리에서 실제로 그들에게 더 가까이 오셨다. 이 얼마나 영광스럽고도 복된 일인가!

이와 관련하여 예수께서 대부분 이방 출신인 자들에게 은혜를 나타내셨다는 사실에 대한 변론을 일삼는 것은 확실히 무익한 일이다. 예를 들면 데가볼리는 갈릴리의 일부이며, 따라서 유대인의 영토[587]에 속해 있었다고 여겨지기 때문에 예수께서는 이 사람들 가운데서 일할 권리를 가지셨다고 말하는 것, 그래서 그들 가운데 예수께서 은혜의 직무를 이행하시면서 정말로 15:24에서 표명한 원리를 깨뜨리지 않으셨다는 것[588] 등에 관해 변론하는 것은 쓸데없는 일이다. "이스라엘 집의 잃어버린 양"이라고 부른 집단 속에 이 사람들 전부를 포함시키는 것은 그것의 정당한 한계를 약간 지나쳐서 그 지정된 의미를 확대하는 것이 아닐까?

알프스에 눈사태가 일어났을 때 어느 구조대가 한 스키어의 생명을 구하기 위해 파견되었다. 구조 지시는 단 한 사람에 대해서 내려졌지만 실제 현장에 도착해서는 그 사람뿐만 아니라 다른 세 사람도 구조했다면 이 행동으로 인하여 구조대원들은 칭송을 받지 않을까? 그와 같이 15:24에서 나타난 규칙도, 예수께서 이방인들이 천국에 들어갈 권리에 대하여 언행으로 예시해 주실 수 없을 만큼, 틀에 박히고 갇힌 제한된 것으로 해석해서는 안 된다. 만일 그런 실정이었다면 예수께서는 백부장의 종을 고칠 수 없으셨을 것이다(8:5-13). 또한 백부장의 간청을 들어주신 것도 그가 우연히 유대 땅에 살고 있었고 따라서 "이스라엘 집의 잃어버린 양"에 속했기 때문이라 말할 것인가? 결코 그렇지 않을 것이다. 사실상 바로 그 문맥에서 백부장은 사방에서 찾아올 사람들의 전조로 간주되며, "천국의 자녀들"에 속한 자로 보이지는 않는다. 그럼에도 그의 기도는 응답되었다!

데가볼리와 기타 다른 지역의 사람들은 생명의 길, 즉 천국의 비밀에 관한 가르침을 받았을까? 이것은 기록되지 않았다. 그렇지만 필자는 예수께서 이 무리들에게 "이스라엘의 하나님과 구원의 하나님 나라에 대하여"

587) R.C.H. Lenski는 이 지역이 헤롯 안디바스에게 속한 것이라고 주장하며, R.V.G. Tasker(*op. cit.*, pp.152, 153)는 "헤롯 빌립"에게로 돌린다. 무역, 상업, 방위동맹을 이룬 원래 열 개였던 도시들이 결합하여 직접적으로 수리아 총독에게 상당히 맞섰던 것 같다(Josephus, *Antiquities* XIV, 74-76).

588) 이와 함께 Lenski, *op. cit.*, p.583.

가르치시지 않고 사흘 내내(32절) 지내셨으리라고는 거의 상상할 수 없다는 렌스키의 견해에 동의하는 바다.[589)]

플럼터(E. H. Plumptre)의 다음과 같은 글은 29-31절은 물론 유사 구절들(특히 14:34-36)에 잘 어울린다.

> 주여 그 옛날 당신의 팔은
> 치료하시고 구원하시기에 능하셨나이다.
> 당신의 그 팔이 질병과 죽음, 어둠과 무덤을 이기셨나이다.
> 눈먼 자, 벙어리 된 자,
> 중풍 든 자와 절름발이 된 자들이,
> 썩은 몸을 가진 나병 환자와 열병에 걸린 자들이 주께 나아왔나이다.
>
> 보라, 주께서 만지심으로 생명과 건강을 가져다주셨고
> 벙어리가 말을 하며 병든 자가 강건해지고
> 눈먼 자가 보게 되었도다.
> 보라, 젊음을 되찾고 광포가 잠잠하니
> 빛 되신 주여 당신을 소유하게 되었나이다.
> 지금도 주께서는 옛날처럼 전능하사
> 운집된 길거리에서 축복으로 가까이 계시나이다.
> 그 옛날 게네사렛 호숫가에서처럼 쉴 처소도 없이.

589) *Op. cit.*, p.583을 보라.

사천 명을 먹이심 (15:32-39)

막 8:1-10 참조

32-39절

32 예수께서 제자들을 불러 이르시되 내가 무리를 불쌍히 여기노라 그들이 나와 함께 있은 지 이미 사흘이매 먹을 것이 없도다 길에서 기진할까 하여 굶겨 보내지 못하겠노라 33 제자들이 이르되 광야에 있어 우리가 어디서 이런 무리가 배부를 만큼 떡을 얻으리이까 34 예수께서 이르시되 너희에게 떡이 몇 개나 있느냐 이르되 일곱 개와 작은 생선 두어 마리가 있나이다 하거늘 35 예수께서 무리에게 명하사 땅에 앉게 하시고 36 떡 일곱 개와 그 생선을 가지사 축사하시고 떼어 제자들에게 주시니 제자들이 무리에게 주매 37 다 배불리 먹고 남은 조각을 일곱 광주리에 차게 거두었으며 38 먹은 자는 여자와 어린이 외에 사천 명이었더라 39 예수께서 무리를 흩어 보내시고 배에 오르사 마가단 지경으로 가시니라

32 예수님께서 제자들을 부르시고 말씀하셨습니다. "이 많은 사람들이 나와 함께 삼 일 동안이나 있었는데, 먹을 것이 없으니 불쌍하구나. 그들을 주린 채로 돌려보내고 싶지 않다. 저들이 길에서 쓰러질지도 모른다." 33 제자들이 예수님께 물었습니다. "여기는 빈 들인데, 이처럼 많은 사람들을 배불리 먹일 만한 빵을 어디서 구하겠습니까?" 34 예수님께서 물으셨습니다. "너희가 빵을 얼마나 가지고 있느냐?" 그들이 대답했습니다. "일곱 개입니다. 그리고 작은 생선 몇 마리가 있습니다." 35 예수님께서는 사람들에게 바닥에 앉으라고 지시하셨습니다. 36 일곱 개의 빵과 생선을 들고 감사 기도를 드린 후, 예수님께서는 이것을 나누어 제자들에게 주셨습니다. 제자들은 그것을 사람들에게 주었습니다. 37 모든 사람들이 먹고 배가 불렀습니다. 제자들이 남은 빵 조각을 거두어들이니, 일곱 개의 커다란 광주리에 가득 찼습니다. 38 먹은 사람들은 모두 사천 명이었습니다. 이는 여자와 어린아이를 계산하지 않은 수입니다. 39 예수님께서 사람들을 돌려보내시고, 배를 타고 마가단이라는 곳으로 가셨습니다.

_아가페 쉬운성경

[32] 예수께서 제자들을 불러 이르시되 내가 무리를 불쌍히 여기노라 그들이 나와 함께 있은 지 이미 사흘이매 먹을 것이 없도다 길에서 기진할까 하여 굶겨 보내지 못하겠노라.

가난한 한 인간이나 가난한 무리들이 항상, **불쌍히 여기시는**(각주 425)를 보라) 그리스도의 마음에 가득 차 있었다. 예를 들면 9:36; 14:14; 20:34을 보라. 또한 그는 그의 제자들에게도 같은 마음을 품기 원하신다(참조. 14:16, 18, 19; 요 6:5). 그래서 그는 제자들을 불러 모아 자신의 마음이 무리에게 가 있음을 나타내신다. 이와 관련하여 일찍이 지적했던 바, 이것은 예수께서 특별한 방법으로 그의 제자들에게 가르치셨을 때의 바로 그 사역이라는 것이 간과되어서는 안 된다.

이상한 사건이 이 이방 지역에서 일어났다. 군중이 아침과 오후에도 예수와 함께 있기 일쑤였다. 그들은 집으로 갈 시간이 되었을 때도 오히려 머물러 있기를 원했다. 그들은 예수의 놀라운 행동들을 놓치고 싶지 않았다. 그들은 다음 날 그리고 그다음 날까지 여전히 머물러 있었다. 마침내 그들의 식량이 떨어졌다. 만일 이런 상황에서 그들이 흩어진다면 아마 도중에 기진할지도 모른다.[590] 그래서 제자들에게 말씀하시는 것이다. 그냥 보내 기진하게 해서는 안 된다. 계속해서 다음을 보자.

[33] 제자들이 이르되 광야에 있어 우리가 어디서 이런 무리가 배부를 만큼 떡을 얻으리이까.

분명히 갈릴리 바다, 동편이나 남동쪽에 있었을 무인지경인 그 지역은 황량한 장소였으며, 광야임에 틀림없었다(참조. 막 8:4; 고후 11:26; 히 11:38). 제자들이 말한 의미가 "이 무리가 먹기에 충분한 떡을 **우리가** 어디서 얻을 수 있겠습니까. 그러나 **우리는** 할 수 없는 것을 **당신은** 하실 수 있습니다"라는 말이며, 또한 이 사람들은 오천 명을 먹이셨던 사건을 마음에 뒀고 따라서 그들의 질문에는 당연한 근거가 있었을 것이라는 견해는 부자연스럽게 보인다. 더 통상적인 해석, 즉 제자들이 그 상황에서 어찌할 바를 몰라 쩔쩔매고 있었다는 해석은 확실히 일반 독자들에게 훨씬 더 인상적이다. 그 밖에 이 두 번째 해석은 16:8-10과 일맥상통한다.

590) *ἐκλυθῶσι*는 *ἐκλύω*의 부정과거 가정법 수동태 3인칭 복수이다. 수동태일 때 이 단어는 **'힘이 풀어지다'**, **'힘이 늦춰지다'**라는 뜻이므로 여기서는 **'약해져서 극도로 피로해지다'**, **'그치다'**, **'기진하다'**라는 뜻이다.

[34] 예수께서 이르시되 너희에게 떡이 몇 개나 있느냐 이르되 일곱 개와 작은 생선 두어 마리가 있나이다 하거늘.

이 구절은 강하게 14:17의 말씀을 연상시킨다. 주께서 막 하시려고 하는 일이 오천 명을 먹이신 사건에 비해 더 사람이 적었으며 떡이 많았다고 해서, 낮게 평가된다면 이는 잘못이다. 인간적으로 말하자면 오천 명에게 떡 다섯 개와 생선 두 마리로 충분하게 먹이는 것이나, 사천 명에게 떡 일곱 개와 생선 두어 마리로 충분하게 먹이는 것 모두 불가능하기는 마찬가지이다. 양쪽 다 기적을 필요로 한다.

그리스도께서 질문하신 이유, 즉 자세한 답변을 요구하셨던 것은 아마도(인간적으로 말하면) 아주 부족한 식량에 대한 완벽하고 정확한 지식이 훨씬 더 뚜렷하게 기적을 기적으로 드러낼 수 있을 것이라는 이유에서였을 것이다. 기적은 이제 다음과 같이 설명된다.

[35] [36] 예수께서 무리에게 명하사 땅에 앉게 하시고 떡 일곱 개와 그 생선을 가지사 축사하시고 떼어 제자들에게 주시니 제자들이 무리에게 주매.

약간 사소한 것을 제외한다면 이것은 14:19에서 본 것과 같다. 그러므로 설명은 그 구절의 주석을 보라. 다른 것은 다음과 같다. a. 14:19의 "잔디 위에"의 문구는 "땅에"로 대치되었다. 계절상 본문의 때가 더 늦은 시기므로 잔디는 말라 버린 것이다. b. "하늘을 우러러"는 이제 아무런 언급이 없다. 그러나 그것은 이해된다. c. 음식에 축복을 비는 주인의 행위는—일반적으로 가장(家長)이지만 이 경우에는 예수—다른 동사로 대치되어 나타난다. 그러나 이미 지적한 바와 같이 두 동사는 같은 의미를 나타내는 것이다. d. "주시매(과거)"[591] 대신에 "주시니(과거진행)"의 대용은 본문의 기술이 이전보다 훨씬 더 생생한 표현임을 보여 준다.

위대한 기적의 사실이 다음 두 구절에서 나타나고 있다. 14:20, 21과 용어에 있어서 거의 유사한 것(해당 구절의 설명을 보라)을 분명히 하기 위

591) 마 14:19에는 부정과거 *ἔδωκεν*으로 되어 있고, 15:36에는 미완료 *ἐδίδου*로 되어 있다.

해 두 문장을 다음과 같이 나란히 배열하고자 한다.

[14:20] [21]
다 배불리 먹고 남은 조각을 열두 바구니에 차게 거두었으며 먹은 사람은 여자와 어린이 외에 오천 명이나 되었더라.

[37] [38] 다 배불리 먹고 남은 조각을 일곱 광주리에 차게 거두었으며 먹은 자는 여자와 어린이 외에 사천 명이었더라.

오천 명의 식사와 관련하여 남은 조각이 열두 **바구니**라는 것은 이제 모은 조각이 일곱 **광주리**에 가득 찼다는 것과 비교되는 것을 주목하라.[592] 대단히 튼튼하다고 하는 "바구니"와 "큰 바구니" 또는 "광주리" 사이에는 차이가 있다. 바구니 속에 어린아이는 쉽사리 운반할 수 있지만 적어도 성에서 바울을 달아내리는 데는 광주리가 필요했다(행 9:25). 일단 이 점을 이해하면 사천 명의 식사 후에 남은 조각을 주운 것이 오천 명의 식사 후에 모은 것보다 적다는 것은 전혀 확실하지 않다는 점 역시 분명하게 된다. **일곱 광주리는 열두 바구니** 못지않은 양의 떡을 담을 수 있었다.

사천 명을 먹이신 기사가 이전 기적의 반복에 거의 가깝기 때문에 그것을 성경에서 완전히 생략해 버리더라도 별 상관은 없지 않을까 하는 제기가 있을지도 모르겠다. 명백히 그렇지 않다. 추가적으로 이제 다음과 같은 두 가지 요점이 분명해진다. a. 예수께서는 기적을 **행하실** 수 있을 뿐만 아니라 또한 **반복**하실 수 있다. 그는 언제나 기꺼이 도우실 수 있다. 그리고 b. 그분의 동정심은 약속받은 사람뿐 아니라 약속 밖에 있는 사람들에게까지도 베풀어진다.

---

592) 14:20의 헬라어 성경은 명사 *κόφινος*(바구니)의 복수를 사용한다. 병행 구절인 막 6:43; 눅 9:17; 그리고 요 6:13을 참조하라. 같은 단어가 마 16:9("몇 바구니")과 병행 구절인 막 8:19에서도 사용되었다. 이 단어와 *σπυρίς*(혹은 *σφυρίς*)는 신약성경에서 철저하게 구별되어 있다. 그러므로 마 15:37과 그 병행 구절인 막 8:8에서는 *σπυρίς*(광주리)의 복수가 사용되었다. 그리고 마 16:9; 막 8:19과는 대조적으로 마 16:10과 막 8:20은 광주리들을 언급하고 있다. "광주리"는 행 9:25에 사용된 단어의 훌륭한 번역이기도 하다.

[39] 예수께서 무리를 흩어 보내시고 배에 오르사 마가단 지경으로 가시니라.

충분히 식사를 하게 한 후 무리들을 이제 집으로 돌려보내신다. 그 외에도 무리에게 잘못되고 위험스러운 생각을 구체적으로 표현할 기회를 주지 말아야 했다(오천 명을 먹이신 것과 관련하여 요 6:15을 보라). 주께서는 그때 "배"에 오르시고—이 배는 미리 언급된 바 없지만 예수께서 바다 동편으로 타고 오신 것이다—마가단 혹은 다른 본문에 있는 대로 "막달라"(참조. A.V) 지역으로 건너가셨다. 막 8:10은 "달마누다"로 되어 있다. 이 횡단은 갈릴리 바다의 동편에서 서쪽 해안으로 이루어진 것이 틀림없으며, 게네사렛 평원 남쪽에서 "탈마누다"라는 이름을 가진 한 굴이 발견된 것으로 보아 필시 예수께서 상륙하신 곳이 서쪽 해안에 있는 이 지점이거나 이 지점에 가깝다고 볼 수 있다. 이러한 해석은 우리에게 큰 어려움 없이 예수의 장거리 여행에 대한 조망, 즉 바다 북동편으로(예를 들면, 벳새다 줄리아스로) 다시 건너가시고, 거기에서 계속하여 빌립보 가이사랴 마을로(막 8:13, 22, 27) 올라가신 납득할 만한 조망을 얻을 수 있게 한다.

15장 21-39절의 종합

긴 기간 동안—아마 27년 12월부터 29년 4월까지—예수께서는 거의 갈릴리와 그 주변에서 일하셨다. 이제 마지막으로 중요한 갈릴리 사역이 끝났다. 예수께서는 두로와 시돈 지역으로 물러나신다. 은거 사역이 시작된 것이다. 그것은 아마도 동년 10월까지 계속될 것이다. 그 다음에 예수께서는 분명히 이방 지역으로 들어가셨을 것이다. 그때에(21-28절), 보라, 그 지역에서 가나안 여인이 예수께 다가온다. 그녀는 끊임없이 "주 다윗의 자손이여 나를 불쌍히 여기소서. 내 딸이 흉악하게 귀신 들렸나이다"라고 소리 질러 말한다. 그 여자가 예수께 말한 모습에서 예수를 향한 경건한 태도를 볼 수 있다. 여자는 그에 대한 소식을 들었음에 틀림없다. 딸의 무서운 고통에 괴로워하고 있는 그 여자는 예수의 말이나 또는 표면상 모욕을 주는 언사 등에도 원망하지 않는다. 그녀의 겸손은 찬양받아야 한다. 자기 딸을 위한 강렬한 사랑 역시 마찬가지이다. 아이의 고통은 그녀의(어머니의) 고통이며, 아이가 필요한 것은 그녀의 필요라고 느낄 정도로 여자는 떼어 놓을 수 없는 일체감으로 자신과 딸을 동일시하고 있다. "주여 저를 도우소서"에 주목하라. 모든 장애물에도 불구하고 여자는 치욕으로 느껴지는 바로 그 말을, "개들도 제 주인의 상에서 떨어지는 부스러기를 먹나이다"라고 가능성을 위한 원인으로 바꾸면서 인내한다. 그 마지막은 승리, 즉 그녀에게 하나님이 주신 믿음의 성공이다. "네 소원대로 되리라"고 예수께서 말씀하신다. "그때로부터 그의 딸이 나으니라." 예수께서는 이스라엘 집의 잃어버린 양을 구원하러 오셨는가? 그렇다면, 참 이스라엘 사람이 여기에 있다!(창 32:26).

다음 몇 구절들에서(29-31절) 우리는 예수께서 갈릴리 해안 동편 또는 남동편에서 최소한 삼 일을 보내셨다고 본다(32절). 근방에서부터 사람들이 신체적으로 불리한 조건을 가지고 있는 친척들, 친구들 그리고 이웃들을 데리고 온다. 그들은 병든 자들을 예수의 발 앞에 내려놓는다. 예수께서는 남자, 여자, 젊은이나 노인, 유대인이나 이방인, 누구든 상관없이 모두 고치셨다. 군중은 놀랐고, 그들은 "이스라엘의 하나님께" 영광을 돌린다. 이 호칭은 그들 중 대부분이 이스라엘 사람이 아니었다는 사실을 지적해 주는 것이라고 하겠다.

마지막 문단(32-39절)은 사천 명을 먹이신 것을 이야기한다(32-36절). 갈릴리 바다의 동편 또는 남동편 해안에 도착한 예수께서는 사흘을 자신과 함께 있었고, 먹을 것이 아무것도 남아 있지 않은 큰 무리에 대해 동정을 느끼면서, 제자들에게 "길에서 기진할까 하여 굶겨 보내지 못하겠노라"라고 말씀하신다. 그런 상황에서 어쩔 줄 모르던 제자들은—그들은 오천 명을 먹이신 교훈을 마음에 새기지 못했다—"광야에 있어 우리가 어디서 이런 무리가 배부를 만큼 떡을 얻으리이까"라고 대답한다. 예수의 질문에 대한 대답에서 제자들은 예수께, 단지 일곱 개의 떡과 작은 생선 두어 마리만을 가지고 있을 뿐이라는 것을 알려드린다. 그때 이 굶주린 사람들에게 예수께서는 여러 점에서 오천 명을 먹이신 기적과 비슷한 기적을 행하신다. 모든 사람이 충분히 먹고 난 후에 남은 조각이 일곱 광주리에 가득 찼다. 예수께서 기적을 반복하실 수 있었던 사실은 그의 위대함을 보여 준다. 이 두 번째 기적적인 식사가 가리키는 바, 그가 유대인은 물론 이방인들에게도 동정을 갖고 계시다는 사실은 그 기적의 중요성을 높이는 것이다. 아울러서 이는 "하나님의 사랑은 사람의 생각이 헤아리는 것보다 더 넓은 것이며, 영원하신 자의 동정심은 가장 놀랄 만한 본질이다"(F.W. Faber)라는 것을 증명한다.

제16장의 개요 *Matthew*

16

주제 : 아버지께서 아들에게 맡기신 사역

16:1-4	다시 표적 구함과 예수의 두 번째 책망
16:5-12	바리새인과 사두개인들의 누룩
16:13-20	베드로의 고백과 그리스도의 응답
16:21-28	수난과 부활에 대한 첫 번째 예언

제 16 장

다시 표적 구함과 예수의 두 번째 책망 (16:1-4)

막 8:11-13; 눅 12:54-56 참조

1-4절

1 바리새인과 사두개인들이 와서 예수를 시험하여 하늘로부터 오는 표적 보이기를 청하니 2 예수께서 대답하여 이르시되 너희가 저녁에 하늘이 붉으면 날이 좋겠다 하고 3 아침에 하늘이 붉고 흐리면 오늘은 날이 궂겠다 하나니 너희가 날씨는 분별할 줄 알면서 시대의 표적은 분별할 수 없느냐 4 악하고 음란한 세대가 표적을 구하나 요나의 표적밖에는 보여 줄 표적이 없느니라 하시고 그들을 떠나가시니라

1 바리새파 사람들과 사두개파 사람들이 예수님께 왔습니다. 이들은 예수님을 떠보려고 하늘에서 오는 증거를 보여 달라고 하였습니다. 2 예수님께서 대답하셨습니다. "저녁 때에 너희는 '하늘이 불그스레하니 내일은 맑겠구나' 라고 말한다. 3 그리고 아침에 너희는 '하늘이 불그스레하고, 어둑어둑하니 오늘은 날씨가 궂겠구나' 라고 말한다. 하늘의 모습은 구별할 줄 알면서, 어찌 시대의 증거는 구별하지 못하느냐? 4 악하고 음란한 세대가 증거를 요구한다. 그러나 요나와 같은 증거 외에는 아무것도 받지 못할 것이다." 그리고 나서 예수님께서는 그들에게서 떠나셨습니다. _아가페 쉬운성경

예수께서 인구가 더욱 밀집되어 있으며, 유대인들이 더 많이 살고 있는(여전히 민족적으로는 "혼합되어" 있었지만) 갈릴리 해안 서편에 도착하셨을 때, 예수를 대적하는 자들은 별로 놀라지 않았다. 이 대적들은 악의에 찬 공격을 시작하기 위해서 예수의 도착을 마음 졸이며 기다리고 있었다.

[1] 바리새인과 사두개인들이 와서 예수를 시험하여 하늘로부터 오는 표적 보이기를 청하니.

저들은 굶주린 자들을 위하여 먹을 것을 베풀어 주시고 동편 해변에서 병든 자를 치유하신 기적에 대하여 들었을까? 이것이 그들이 늘 품고 있던 시기심을 다시 조장한 것은 아닐까? 전과 같이(12:38을 보라) 이번에도 예수의 기적들은 표적으로서의 가치, 즉 이 기사들이 하나님께서 그를 보냈음을 가리킨다는 생각에 도전을 받는다.

바리새인들은 예수의 초월적인 능력을 아주 부정할 수는 없었지만 그들 자신과 다른 사람들에게 예수의 능력이 다만 지옥에서 바로 나온 나쁜 마술일 뿐이라는 것을 확신시키려고 몹시 노력했다. 게다가 그것들은 단순히 "땅의" 표적이 아니었는가? 그들이 다시 구하는 것은 "**하늘로부터** 오는 표적"이다. 예수도(그들에 관점에 따르면) 모세가 행한 것같이 하늘에서 만나를 내리도록 하라는 것이다(출 16장; 참조. 요 6:32). 또는 여호수아와 같이 기도로 말미암아 해와 달이 정지해 서 있도록 해 보거나(수 10:12-14), 드보라와 바락의 날과 같이 이스라엘을 위해 싸울 별들을 내놓아 보거나(삿 5:20), 사무엘처럼 열렬한 간구로 당시의 "블레셋 사람들", 즉 로마 사람들을 무찌를 우레를 발하게 해 보거나(삼상 7:10), 엘리야의 간구가 즉각적으로 "하늘로부터 불"의 응답을 가져왔던 것 못지않게 해 보라는 것이다(왕상 18:30-40). 만일 예수께서 이 중에 어떤 것을 행하거나 이와 유사하게 세상을 깜짝 놀라게 할 만한 일을 행하셨다 해도(12:38, 39을 보라) 시기심 가득한 이 악한 대적들은 그러한 표적도 근본은 바알세불에게서 비롯된 것이라고 하지 않았겠는가! 눅 16:31을 보라.

이번에는(12:38, 39과 대조하라) 이 대적들의 목적이 예수께서 실패할 것이며, 따라서 공중 앞에서 망신을 당할 것이라는 희망과 기대를 가지고 그를 **유혹하여** 시험에 빠뜨리는 것이었다는 점이 특별히 언급되었다.

12:38, 39과 이 본문 사이에는 또 다른 차이점이 있다. 이번에는 마태가 언급하고 있을 뿐 아니라 재강조하고 있는 것처럼(16:1, 6, 11, 12), 바리새인들이 예수를 공적인 궁지에 몰아넣고 체면을 손상시키고자 사두개인들과 제휴하였다. 이 두 파들 사이에 현저한 차이가 있음에도 예수를 대적

하는 데 단합하는 이유는 이미 앞에서 지적되었다. 필자의 주석 마 3:7을 보라. 이 연합은 자기들의 적이라고 여긴 그분을 제거하고자 하는 그들의 노력이 점점 더 굳어지고 있음을 보여 준다. 당시 바리새인들은 거의 단독으로(9:3, 11, 34; 12:2, 14, 24, 38; 15:1, 2; 그러나 12:14도 보라; 참조. 막 3:6) 자주 예수를 공격하였다. 그러나 이제 바리새인과 사두개인들이 예수를 대적하는 데 동맹하는 것을 보게 된다.

하늘로부터 오는 표적을 구하고 있는 이 사람들은 하늘로부터 오는 그 표적이 그들 정면에 마주 서 있는 것을 깨닫지 못했을까? 마 24:30; 눅 2:34을 보라. 그분이 이미 자기 임무의 참된 특성에 대한 충분한 증거를 보여 주시지 않았는가? 그는 예언을 성취하심에 있어서 언행을 통해 이와 같이 행하시지 않았는가? 마 11:4-6을 보라.

[2] [3] 예수께서 대답하여 이르시되 너희가 저녁에 하늘이 붉으면 날이 좋겠다 하고 아침에 하늘이 붉고 흐리면 오늘은 날이 궂겠다 하나니 너희가 날씨는 분별할 줄 알면서 시대의 표적은 분별할 수 없느냐.[593)]

예수께서는 이 사람들이 획기적인 역사의 변화를 알리는 사건에 주의를 기울이기보다 끊임없이 변하고 있는 일기 형편에 훨씬 더 관심을 갖는 것 때문에 그들을 꾸짖으신다.

이 인자의 세계는 인위적인(종종 어리석은) 규칙보다는 오히려 하나님의 능력과 은혜와 사랑을 강조함으로써, 그리고 형식적인 유대주의의 몰

---

593) 바티칸 사본, 시내 사본, 구 시리아(Old Syrian) 사본, 그리고 콥트 사본에 이 절들이 빠져 있다는 사실은, 어떤 어구를 다른 어구(그 다른 어구란 12:38, 39; 참조. 막 8:11, 12)와 똑같이 만들려는 복사자들의 심리에 따른 결과로 설명되어 왔는데, 이것은 우리가 고려해 볼 만한 설명이다. 또한 이집트에서 복사된 사본들에 2절과 3절이 빠져 있는 것은, 이집트에서는 붉은 아침 노을이 비를 예보하는 것이 아니기 때문이라고 믿는 사람도 있다. 이 구절이 덧붙여졌다고 설명하기보다는 빠뜨려졌다고 설명하는 편이 더욱 용이하므로, 이 구절이 참된 것이라는 결론이 타당성을 갖는다. 이것을 빼 버리게 되면 결과적으로 사실상 12:38, 39의 반복된—사두개인에 대한 언급과 "그를 시험하여"라는 말 이외에는—말을 남겨 두는(16:1, 4) 결과가 되므로 이것은 있을 법하지 않은 가설이다.

락을 예언한 파괴적인 폭풍들, 질병, 죽음, 귀신들까지 포함하여 모든 것을 지배하시는 그분의 능력이 나타남으로써 도래한 것이 아니었을까? 그 세계는 유대인과 이방인 모두가 모이며 믿음을 통한 은혜로 말미암는 구원 그리고 하나님께 대한 감사와 사람에 대한 봉사의 생활을 믿는 모든 사람들로 구성된 교회가 생겨나게 하지 않았는가? 이 다가오는 능력과 은혜의 현시는 사탄의 운명과 절대 무너질 수 없는 왕국의 견고함을 의미하는 분명한 하나의 예언이 아니었을까? 이들의 비평은 전적으로 맹목적인 것이었을까? 그들은 재앙의 징조를 알 수 없었을까? 사소한 것들에 대한 재담을 늘어놓는 시간까지 포함하여 그들의 날들은 계수된 바 되었다는 사실과 하나님의 아들이라고 하는 갈릴리에서 온 선지자에 의해 선포되고 있었던 그 복음이 땅을 덮기까지 널리 전파되기 시작할 것임을 그들은 알지 못하였을까? 그러나 **시대의**[594] 표적들이 그들의 흥미를 불러일으키지 못한 것은 전혀 아니다. **그들은** 날씨에 주의를 기울이기를 더 좋아했던 것이다.

날씨를 관측하는 대부분의 사람들과 같이 이 바리새인들과 사두개인들은 하늘의 다양한 양상을 보며 그 차이를 구분 짓고 올바로 판단하는 방법[595]을 알고 있었다. 그들은 그들 나라에서 붉게 빛나는 저녁[596] 하늘은 종종 내일의 날씨가 청명할 징조라는 것과[597] 구름떼와 안개가 서쪽으로 옮길 징조임을 알았다. "해 질 녘이 맑으면 아무런 염려가 없다." 반면 밤사이에 서쪽에서부터, 즉 지중해로부터 바람이 그 땅을 가로질러 구름과 수증기를 몰고 와 새벽녘 동편 하늘이 찬란한 붉은 햇살에 험악한 어

594) *καιρῶν*을 주목하라. 지금 예수께서는 과거에서 현재를 거쳐 미래로 나아가는 변화, 즉 단순한 지속으로서의 시간을 말씀하시는 것이다. R.C. Trench, *Synonyms of the New Testament*, par. lvii, "*χρόνος* 대 *καιρός*에 대하여"를 보라.

595) *διακρίνω*의 부정사 현재 능동태 *διακρίνειν*을 주목하라.

596) 형용사 *ὄψιος, α, ον*은 **늦은**이라는 의미이다. 여기서는 *ὀψίας*가 *ὥρας*(이것의 의미는 암시되어 있다)와 함께 쓰이고 있다. 따라서 그 의미는 **저녁에**(in the evening)이다. *πρωΐ*는 **일찍**이라는 의미의 시간을 나타내는 부사이다.

597) *εὐδία*라는 말은 *εὖ*와 *Ζεύς*—이것의 소유격은 *Διός*이다—에서 파생된 말인데, 여기서 제우스는 공기와 하늘, 곧 날씨의 지배자로 여겨지고 있다.

둠의 띠가 드리워질 때면 그들은 아마 비나 폭풍우가 곧 있을 것임을 알았다. "구름이 낮게 뜨고 어두운 회색으로 변할 때는 폭풍우를 예상할 수 있다"는 말이 있기 때문이다. 물론 그러한 모든 예상들은 다음과 같은 여러 가지 변수를 지닌다. 시야가 먼지 구름에 의해서 분명치 않아 곡해될 수 있다는 것, 바람이 바뀔 수 있다는 것(요 3:8) 등. 그러나 대체로 바리새인과 사두개인들이 하는 일기 예보는 틀림없었다. 중요하지도 않은 것에 전념하고 있었던 이 사람들은 얼마나 통탄할 노릇인가!

그들이 표적을 요구하자 마치 아무에게도 보여주지 않으셨던 것처럼 예수께서는 다음과 같이 대답하신다.

[4] 악하고 음란한 세대가 표적을 구하나 요나의 표적밖에는 보여 줄 표적이 없느니라.

그리스도의 대속적인 죽음과 무덤으로부터의 영광스런 부활이라는 그 표적에 의하여 예수께서는 저들을 완전히 정복할 것이며 자신이 메시아라는 사실을 증명할 것이다(롬 1:4). 이것은 예수의 모든 적들에 대한 그분의 완전한 승리의 "표적"이 될 것이며(마 26:64; 막 14:62), 하늘 구름을 타고 의기양양하게 다시 오실 예보였다(빌 2:9-11; 3:20; 계 1:5, 7). 그 외의 사항에 대하여는 이와 동일한 말씀이 기록되어 있는 12:39의 설명을 보라. "세대"에 대하여는 1:17을 보라.

아무 염려 없이 죽음을 극복할 수 있었던 예수의 죽음을 끊임없이 획책한 바리새인들과 어떤 부활도 믿지 않았던 사두개인들에게 이 죽음과 부활은 무슨 표적이 될 수 있었을까? **하시고 그들을 떠나가시니라.** 그들은 자기들의 운명에 맡겨졌다. 그들은 자기들의 마음의 강퍅함으로 말미암아 스스로 그 운명을 선택한 것이었다.

바리새인과 사두개인들의 누룩 (16:5-12)

막 8:14-21 참조

5-12절

5 제자들이 건너편으로 갈새 떡 가져가기를 잊었더니 6 예수께서 이르시되 삼가 바리
새인과 사두개인들의 누룩을 주의하라 하시니 7 제자들이 서로 논의하여 이르되 우
리가 떡을 가져오지 아니하였도다 하거늘 8 예수께서 아시고 이르시되 믿음이 작은
자들아 어찌 떡이 없으므로 서로 논의하느냐 9 너희가 아직도 깨닫지 못하느냐 떡 다
섯 개로 오천 명을 먹이고 주운 것이 몇 바구니며 10 떡 일곱 개로 사천 명을 먹이고
주운 것이 몇 광주리였는지를 기억하지 못하느냐 11 어찌 내 말한 것이 떡에 관함이
아닌 줄을 깨닫지 못하느냐 오직 바리새인과 사두개인들의 누룩을 주의하라 하시니
12 그제서야 제자들이 떡의 누룩이 아니요 바리새인과 사두개인들의 교훈을 삼가라
고 말씀하신 줄을 깨달으니라

5 제자들이 호수 건너편으로 왔는데, 빵을 가져오는 것을 잊었습니다. 6 예수님께서
제자들에게 말씀하셨습니다. "바리새파 사람과 사두개파 사람의 누룩을 조심하여
라." 7 제자들은 서로 수군거렸습니다. "빵을 가져오지 않았어." 8 예수님께서 제자들
이 말하는 것을 알아채시고, 말씀하셨습니다. "믿음이 적은 자들아, 어째서 빵이 없는
것을 두고 서로 수군대느냐? 9 아직도 깨닫지 못하느냐? 빵 다섯 개로 오천 명을 먹인
것을 기억하지 못하느냐? 그때, 남은 것을 몇 바구니에 거두어들였느냐? 10 그리고
빵 일곱 개로 사천 명을 먹인 것을 기억하지 못하느냐? 그때, 남은 조각을 몇 광주리
에 거두었느냐? 11 내가 빵에 대하여 말하는 것이 아님을 어째서 깨닫지 못하느냐?
바리새파 사람들과 사두개파 사람들의 누룩을 주의하여라." 12 그제서야 제자들은
빵의 누룩에 대해 말씀하시는 것이 아니라, 바리새파 사람들과 사두개파 사람들의 교
훈을 주의하라는 말씀인 줄 깨달았습니다.

_아가페 쉬운성경

[5] 제자들이 건너편으로 갈새 떡 가져가기를 잊었더니.

예수와 그의 제자들은 서편 해안에서 잠깐 동안 지냈었다(15:39). 그들은 이제 같은 바다를 다시 건너 이번에는 동편 혹은 북동편으로 거슬러 올라간다. 그들이 "갈새"[598] 또는 "출발했을 때"(Beck의 번역) 떡 가져가

기를 잊었다. 떡 한 개가 제자들이 배에 가져온 전부였다. 막 8:14을 보라. 다음을 계속하여 보자.

[6] 예수께서 이르시되 삼가 바리새인과 사두개인들의 누룩을 주의하라 하시니.

예수께서는 최근 이 두 당파와 대면했던 경험을 아직도 생각하고 계신다(1-4절을 보라). 두 당파는 예수를 공략하는 데 연합하였으므로 마치 그들은 둘이 아니라 하나인 것처럼 "바리새인과 사두개인들" 앞에 **하나의** 정관사를 사용하여 말씀하신다.

그들은 자신의 힘에 의하여 "구원" 또는 "보호"를 얻으려고 하는 그들의 노력에서 보여주는 바와 같이 자신의 삶을 영위해 나가는 기본 원리에 있어서 진실로 하나였다. 이 두 경우에서 종교는 어떤 일정한 기준에 따라 외적으로 일치하는 것이었다. 그들은 "진리와 의에 대해 일편단심으로 헌신하는 것을 혐오"한다는 점에서 하나였다.[599] 따라서 그들은 삶의 철학에 있어서 하나였으며, 또한 기본적으로 그들의 가르침에 있어서도 하나였다. 그러므로 외적으로 경건한 바리새인들은 세속적인 사두개인들과 대비되는 것 같지만 바리새인들이 젊은 세대를 가르칠 때 그들이 사두개인들처럼 똑같이 "세속적"이지 않고는 조상 숭배의 요청(15:3-9)을 피할 수 없었을 것이다.

예수께서 여기서 열심히 자기 제자들을 경계하신 것은 바리새인들과

---

598) 원어에서 사용되는 단어는 *ἐλθόντες*(*ἔρχομαι*의 부정과거 분사 남성.복수)이지만 그 의미는 "갈새"(having gone)도 되고 "올새"(having come)도 된다. 그러므로 현재의 문맥에서는 "went(갔다)"가 타당한 번역으로 여겨져야 한다. 참조. 막 8:13, "건너편으로 가시니라(혹은 떠나시니라)." 또한 눅 15:20의 "아버지께로 돌아가니라"를 보라.

어떤 사람들은 제자들이 동쪽 해안에 도달한 후에 떡 사는 것을 잊어버렸다는 것을 원래의 의미라고 해석하지만, 보다 일반적인 견해, 즉 서쪽 해안에서 출발하면서 그들이 떡 사는 것을 잊어버렸다는 해석이 더욱 유력하다. 동쪽 해안에서보다는 사람이 많이 사는 서쪽 해안에서 생필품을 구하기가 훨씬 쉬웠기 때문이다.

599) A.B. Bruce, *The Synoptic Gospels*, p.220.

사두개인들의 가르침에 대한 것이다. 예수께서는 그들의 가르침을 "누룩"이라고 부른다. 그들 자신은 물론 다른 사람의 삶에까지 영향을 미쳐 더욱더 마음 깊이 침투한다는 점에서도 원리가 비슷하기 때문이다. 제자들은 이미 "여자가 가루 서 말 속에 갖다 넣어 전부 부풀게 한"(13:33) 누룩의 비유를 들었다는 사실을 고려해 볼 때 진정으로 예수께서 의도한 바를 오해할 만한 아무런 이유가 없다.

그럼에도 제자들은 다음과 같이 그것을 오해한다.

[7] 제자들이 서로 논의하여 이르되 우리가 떡을 가져오지 아니하였도다 하거늘.

그들은 "누룩"을 문자적으로 해석해 예수께서 바리새인들과 사두개인들에게서 나오는 어떤 떡도 받지 말라고 경고한 것으로 생각하였다. 그런데 본문은 되풀이해서 발생한 다른 실례, 다시 말하면 본래 경박한 인간의 마음은 깊은 것을 이해하지 못하며, 예수께서 말씀하시는 상징적인 의미를 종종 깨닫지 못함을 우리에게 실증해 준다. 잘못하여 문자적 해석을 한 다른 실례로는 요 2:19, 20; 3:3, 4; 4:13-15; 6:51, 52; 11:11, 12을 보라.

제자들은 "우리가 떡을 가져오지 아니하였도다"라고 한 말 가운데서 또 다른 실수의 죄를 범하였는데, 그것은 다음 구절들에 기록된 바 예수의 반응에서 분명히 나타난다. 그들은 예수께서 그들이 떡 가져오기를 잊었기 때문에 매우 불쾌해하신다고 생각했다. 어쨌든 제자들은 떡이 없는 것을 걱정하였다. 예수께서 8-10절에서 이 뜻밖의 염려에 대해 어떻게 반응하셨는가를 주목하라. 11절에는 예수의 경계의 말씀에 대한 오해가 설명되어 있다.

[8]-[10] 예수께서 아시고 이르시되 믿음이 작은 자들아 어찌 떡이 없으므로 서로 논의하느냐 너희가 아직도 깨닫지 못하느냐 떡 다섯 개로 오천 명을 먹이고 주운 것이 몇 바구니며 떡 일곱 개로 사천 명을 먹이고 주운 것이 몇 광주리였는지를 기억하지 못하느냐.

앞에서 나타난 바와 같이 6:30; 8:26을 보라. 그리고 독특한 형태인 14:31을 보라. 또다시 예수께서는 제자들에게 "믿음이 작은 자들아"라고 하셨는데, 그것은 그들이 예수의 인격, 약속, 능력, 그리고 사랑에서 나온 위로를 마음에 충분히 받아들이지 않고, 과거에 받은 교훈을 오늘 상황에 적용하지 못한 사람들이라는 말이다. 예수께서는 떡 다섯 개로 오천 명을 먹이시고도 남은 일과, 떡 일곱 개로 사천 명을 채워 주시고도 남은 경우를 그들에게 상기시키신다. 제자들은 첫 번째 기적과 관련해서 그 후 남은 조각을 몇 "바구니" 거두었으며, 두 번째 기적에서 몇 "광주리" 거두었는가를 기억하고 있었을 것이다. "바구니"와 "광주리"의 구별에 대해서는 15:37, 38의 각주 592)를 보라.

제자들이 한 번도 아니고 두 번씩이나 떡의 증식(기적)에 대한 교훈을 현재 상황에 적용하지 못한 것은 확실히 변명할 여지가 없다. 그러나 그 기적 기사가 비역사적인 것이라 결론지을 정도로 부자연스럽다고 주장한다면, 그 답변을 용서할 수는 없지만, 그러한 행동을 전적으로 설명할 수 없는 것은 아니다. 약간의 빵은 단지 몇 사람에게만 충분할 것이라는 관념은, 단 하나의 빵만을 손에 넣을 수 있을 때 일어나는 불안이 이상하다거나 부자연스런 것으로 여겨질 수 없는 것과 마찬가지로, 인간의 마음속에 대단히 깊이 뿌리 박혀 있다. 그 외에도 하나님의 말씀을 정확히 받아들인 사람이라면, 여기에 기록된 사건이 기록된 그대로 모두 상세히 이루어졌다는 것을 믿는 데 있어서 극복하기 어려운 문제점은 없을 것이다.

예수께서 말씀하신 경계에 대한 오해에 관하여 이야기는 다음과 같이 계속된다.

[11] 어찌 내 말한 것이 떡에 관함이 아닌 줄을 깨닫지 못하느냐 오직 바리새인과 사두개인들의 누룩을 주의하라 하시니.

만일 적은 수의 동료들을 위한 떡에 관한 염려가 이해될 수 있다고 하더라도, 예수께서 약간의 떡으로 두 번씩이나 수천 명을 먹이시고도 매번 많은 떡이 남은 사실을 제자들이 생각했다면, "바리새인과 사두개인들의 누룩"에 관한 예수의 경고를 해석함에 있어 그들의 마음을 다른 방향으로 돌리려고 했을 것이다. "내 말한 것이 떡에 관함이 아니며", "오직 바리새인과 사두개인들의 누룩을 주의하라고 경고하고 있다"고 예수께서는 말씀하신다. 예수께서 설명하신 이후의 결과는 마태만 기록하고 있으며, 그것은 다음과 같이 호의적이다.

[12] 그제서야 제자들이 떡의 누룩이 아니요 바리새인과 사두개인들의 교훈을 삼가라고 말씀하신 줄을 깨달으니라.

결국 그들 위에 빛이 비쳐 예수께서 바리새인과 사두개인들의 교훈을 삼가라고 경고하셨다는 것을 이해할 수 있었다.[600]

베드로의 고백과 그리스도의 응답 (16:13-20)

막 8:27-30; 눅 9:18-21 참조

13-20절

13 예수께서 빌립보 가이사랴 지방에 이르러 제자들에게 물어 이르시되 사람들이 인
자를 누구라 하느냐 14 이르되 더러는 세례 요한, 더러는 엘리야, 어떤 이는 예레미야
나 선지자 중의 하나라 하나이다 15 이르시되 너희는 나를 누구라 하느냐 16 시몬 베
드로가 대답하여 이르되 주는 그리스도시요 살아 계신 하나님의 아들이시니이다 17
예수께서 대답하여 이르시되 바요나 시몬아 네가 복이 있도다 이를 네게 알게 한 이
는 혈육이 아니요 하늘에 계신 내 아버지시니라 18 또 내가 네게 이르노니 너는 베드
로라 내가 이 반석 위에 내 교회를 세우리니 음부의 권세가 이기지 못하리라 19 내가
천국 열쇠를 네게 주리니 네가 땅에서 무엇이든지 매면 하늘에서도 매일 것이요 네가
땅에서 무엇이든지 풀면 하늘에서도 풀리리라 하시고 20 이에 제자들에게 경고하사
자기가 그리스도인 것을 아무에게도 이르지 말라 하시니라

600) *συνῆκαν*은 *συνίημι*의 부정과거 능동태 직설법이다. "함께 놓다"—여기서부터 "이해하다"라는 의미가 생겨나왔음—라는 의미는 "to put two and two together"라는 영어 표현을 상기시킨다. 신약성경에서 이 동사가 사용된 경우는 다음과 같다. 마태복음에서는 13:13, 14, 15, 19, 23; 15:10; 17:13에서도 사용되었다. 마가복음

마태복음 16:13-20

13 예수님께서 빌립보 지방에 있는 가이사랴에 가셨습니다. 예수님께서 제자들에게
"사람들이 인자를 누구라고 하느냐?" 하고 물으셨습니다. 14 제자들이 대답했습니다.
"어떤 사람들은 세례자 요한이라고도 하고, 또 어떤 사람들은 엘리야라고 합니다. 또
어떤 사람들은 예레미야나 예언자 가운데 한 사람이라고 합니다." 15 예수님께서 제
자들에게 물으셨습니다. "그리하면 너희는 나를 누구라고 하느냐?" 16 시몬 베드로가
대답했습니다. "주님은 그리스도시며, 살아 계신 하나님의 아들이십니다." 17 예수님
께서 베드로에게 말씀하셨습니다. "요나의 아들 시몬아 네가 복되다. 네 혈육이 이것
을 네게 알려 준 것이 아니라, 하늘에 계신 내 아버지께서 알려 주신 것이다. 18 내가
네게 말한다. 너는 베드로다. 내가 이 돌 위에 내 교회를 지을 것이니, 지옥의 문이 이
것을 이기지 못할 것이다. 19 내가 네게 하늘나라의 열쇠를 줄 것이다. 무엇이든지 네
가 땅에서 잠그면 하늘에서도 잠겨 있을 것이요, 무엇이든지 네가 땅에서 열면 하늘
에서도 열려 있을 것이다." 20 그리고 나서 예수님께서 제자들에게 자신이 그리스도
라는 것을 아무에게도 말하지 말라고 엄히 일렀습니다.

_아가페 쉬운성경

예수께서는 계속하여 그의 제자들을 가르치신다. 이 은거 사역을 하시는 동안 이미 **모범을 보이심으로 말미암아** 유대인이든 이방인이든 간에 곤궁에 처해 있는 자들을 도우라고 가르치셨으며(15:21-39), **교훈을 통하여** 바리새인과 사두개인들의 교훈을 삼가라고 가르치셨다(16:1-12). 물론 이 교훈은 이전에 가르쳐 주신 교훈의 단순한 연속이었다. 그러나 예수께서 오직 그의 제자들과 더 많은 시간을 보내고 계셨기 때문에 이제 훨씬 더 강조하여 전하실 수 있었다. 16:13의 말씀을 시작하심으로 예수께서는 제자들에게 자신에 관한 문제를 가르치려고 하신다. 예수께서 철두철미하게 보여 주신 바와 같이 **왕**으로서 그는 모든 상황에 대한 완전한 지배자이시다. **예언자**로서 그는 자기가 진실로 오랫동안 기다린 메시아라는 것과 따라서 예언의 성취로서 고난받고 죽임을 당하고 다시 살아나야 한다는 사실을 전에는 단지 숨겨진 형태로 제자들에게 전달하셨지만(10:38; 12:40), 이제는 분명하게 나타내 보이려고 하신다. 지금이 바로 정한 때였다. **대제사장**으로서 인자는 곧 자신을 "많은 사람의 대속물로" 내어놓으

에서도 이 단어가 사용된 곳이 몇 군데 있으며, 누가는 그의 두 책에서 모두 이 동사를 사용하고 있다. 바울도 롬 3:11; 15:21; 고후 10:12; 엡 5:17에서 이 동사를 사용하고 있다.

실 것이기 때문이다(20:28; 막 10:45).

예수께서는 한적하고 화창하며 은밀히 적당한 환경을 얻기 위하여 제자들과 함께 "빌립보 가이사랴 지방"으로 가시기를 결심하신다.

[13] 예수께서 빌립보 가이사랴 지방에 이르러 제자들에게 물어 이르시되 사람들이 인자를 누구라 하느냐.

만일 이 작은 무리가 앞서 도착한 "건너편" 지역이(16:5) 벳새다 줄리아스 인근의 어떤 장소였다면, 거기에서 거의 정북쪽에 있는 빌립보 가이사랴까지의 거리는 대략 38.5㎞였다. 분봉 왕 빌립에 의해 이 지역은 확장돼 아름답게 건설되었으며, 가이사 아구스도를 기념하는 곳이었다. 그곳은 이교도의 신인 판(pan)의 사원이 있었다.

판이라는 말은 파네아스(p̄aneas)라는 지명에서 유래된 것으로, 계속해서 가이사랴가 위치해 있었던 일반적인 장소를 지칭한다. 판이라는 호칭은 오늘날 불리고 있는 바니야스(Bāniyās)라는 말에서 아직도 그 흔적을 찾아볼 수 있다. 그곳은 현재 이스라엘이 점령하고 있는 시리아 남서 작은 구역의 북단 가까이에 위치해 있다. 본문 16:13에서 언급된 가이사랴를 동일 지명인 갈멜산 남쪽에 있는 훨씬 더 중요한 항구와 구분하기 위하여 그리고 그 건설자를 지적해 주기 위하여 빌립보 가이사랴라고 불렀다.

이곳 가까이에는 요단강의 한 지류가 있었고, 일 년 내내 눈으로 덮인 2,769.6m의 높이를 가진 거대한 헬몬산이 있다. 그래서 그곳의 풍치는 참으로 잊을 수 없는 그림 같은 정경이다.[601] 그곳은 예수께서 기도하시고(눅 9:18) 제자들에게 교훈을 전달하시려는 목적에 아주 적합한 장소였다.

예수께서는 하늘에 계신 아버지와의 교제를 통해 힘을 강화하신 후 이

---

601) 다음의 자료들은 이것을 더욱 밝혀 준다. H. La Fay, "Where Jesus Walked," *National Geographic*, Vol. 132, No.6(December, 1967), pp.739-781, 이것의 보조 지도인 "The Lands of the Bible Today"; L.H. Grollenberg, *op. cit.*, maps 2, 34, plate 360; E.G. Kraeling, *op. cit.*, p.389; W. Ewing, art. "Hermon" in I.S.B.E., Vol. Ⅲ, p.1378; 그리고 Viewmaster Travelogue Reel No. 4015, Scene 1, "The River Jordan, Palestine."

제 제자들에게 "사람들이 인자를 누구라 하느냐?"고 물으신다. "인자"라는 용어에 대해 자세히 알고자 하면 8:20을 보라. 제자들은 "인자"가 자기들의 주님이 스스로를 지칭하는 말임을 알고 있었다. 그것은 막 8:27과 눅 9:18 모두가 "나는…이다"라는 형태로 그 문체를 기록하고 있는 이유를 설명해 준다. 예수께서는 적절한 순간, 즉 제자들이 대답한 이후 15절에 나타난 훨씬 더 중요한 질문을 묻게 될 것임을 이미 알고 계셨다. 아직 일반 대중에게 공표되지는 않았지만, 제자들이 이 예수가 진정으로 누구이시며, 그에게 무슨 일이 일어날 것인지를 알 수 있도록 지금까지 가려져 있던 것이 이제 틀림없이 공개적으로 드러나게 될 것이다. 그래야만 장차 그 극적인 사건이 일어날 때, 제자들이 이에 대해 사전에 알지 못한 경우에 있을 수 있는 것처럼, 완전히 당황한 상태에 빠지지 않을 것이다(참조. 요 14:29; 16:1, 4, 33). 다음을 계속하여 보자.

[14] 이르되 더러는 세례 요한, 더러는 엘리야, 어떤 이는 예레미야나 선지자 중의 하나라 하나이다.

그들은 정중하게 어떤 이는 예수를 바알세불이라고 한다는 말을 생략하였다(10:25). 이 생략은 예수께서 자기를 시기하는 서기관들과 바리새인들이 예수를 무엇이라고 생각하는지 묻지 않고 일반적인 사람들이 예수에 대해 사용하는 호칭을 물었다는 사실로 설명될 수도 있을 것이다. 그 대답은 예수가 다시 살아난 세례 요한이라는 생각을 가진 사람도 있다는 것이었다(참조. 14:2). 또 어떤 이는 그를 엘리야라고 생각하였다. 요한이 엘리야의 심령과 능력으로 선포하였고(눅 1:17), 따라서 마태복음 다음 장에서 지적해 주는 바와 같이 예수 자신에 의해 "엘리야"로 불렸다(17:12). 그러나 그는 사실상 엘리야가 아니었으며, 많은 유대인들이 부분적으로 말 4:5을 오해한 결과, 문자적, 인간적인 선구자 엘리야를 예수로 기대하고 혼동한 것이었다. 이들 두 무리는 예수를 메시아의 선구자로서 본 것이라 여겨진다.

다른 사람들은 심지어 예수를 다른 선구자인 예레미야와 동일시하였다. 그들은 마카베오 하 2:4–8에 기록된 설화에 따라 예레미야가 동굴 속에 숨겨 두었던 장막, 계약궤, 분향 제단을 도로 찾아오기 위하여 예수라는 사람 속에 되돌아온 것이라고 생각했을까? 마지막으로 예수는 메시아도 아니고, 그의 선구자도 아니며, 단지 "다시 살아난" 선지자 중의 하나라고 생각한 사람들이 있었다(눅 9:19).

그 후 대단히 중요한 질문이 다음과 같이 이어진다.

[15] 이르시되 너희는 나를 누구라 하느냐.

앞에서(14:33을 보라) 제자들은 이미 "진실로 하나님의 아들이로소이다"라고 소리쳤다. 이것은 놀라운 기적에 대한 단순히 순간적인 반응으로 곧 사라져 버린 일종의 확신에서 나온 것이었을까? 또는 예수께서는 진실로 하나님의 아들인 메시아였다는 진리가 영원히 그들의 마음과 정신 속에 자리 잡고 있었던 것일까?

원본에는 "너희는"을 크게 강조한다. 이 인칭 대명사, 2인칭 복수는 그 질문의 첫머리에 있다. 그것은 한 단어로 독립하여 맨 처음에 나타나며 그 후 동사 속에 한 요소로 다시 포함된다. 번역을 시도할 때 이것을 크게 강조하도록 되어 있다. 구원은 매우 개인적인 문제이다. 우리 주변의 모든 사람은 예수에 대하여 각기 여러 가지 의견을 가지고 있을 것이다. 그러나 우리는 그분을 어떤 사람으로 생각하는가? 그것이 문제이다.

이 질문은 다만 그들 중의 한 사람에게가 아니라 그 사람들 모두에게 말씀하셨다는 것을 명심해야 한다. 그러므로 "너"가 아니라 "너희"이다. 따라서 열두 제자 중의 한 사람이 그때 그 질문에 대답했을 때 그는 전체 무리를 위한 대변자로서 그렇게 말한 것이며, 따라서 예수께서 주신 답변은 전체적으로 보아 역시 무리에 대한 것이라고 생각해야 한다.

[16] 시몬 베드로가 대답하여 이르되 주는 그리스도시요 살아 계신 하나님의 아들이시니이다.

베드로의 성격과 지도자로서의 그의 위치는 앞서 설명되었다(4:18-22; 10:2; 14:28, 29을 보라). 이 구절에서 다음과 같은 것에 유의하라.

(a) "시몬 베드로"라고 하는 이 제자의 완전한 이름이 본문에서 사용된

것은 아마 그 사건의 기록에 대한 엄숙함과 명쾌함을 더하기 위함일 것이다. 이 명칭은 요한복음에서는 상투적인 것이지만 공관복음에서는 흔하지 않다. 그것은 눅 5:8에서 깊은 감동과 겸손한 경의를 표하는 또 다른 문맥과 관련하여 나타난다.

(b) 이 본문에서뿐만 아니라 다음과 같은 다른 곳에서도 역시 분명해지듯이 복음서와 사도행전에서 베드로는 열두 사도를 종종 대표한다. 마 15:15, 16; 19:27, 28; 26:35, 40, 41; 눅 8:45; 9:32, 33; 12:41; 18:28; 요 6:67-69; 행 1:15; 2:14, 37, 38; 그리고 5:29. 그럼에도 불구하고 그의 신분은 상실되지 않는다. 말한 자가 바로 베드로이며, 17-19절에서 언급될 자도 베드로이다.

(c) 이런 일이 있기 전에도 베드로는 예수에 관한 감동적인 고백을 하였지만(눅 5:8; 요 6:68, 69), 이번의 신앙고백은 그 모든 것 중 가장 완전한 것이다.

(d) 명확성에 대해서는, 단지 열 개의 단어로 구성된 짧은 문장에서 정관사가 원본에서는 네 번이나 사용되고 있다.

(e) 베드로가 예수를 "그리스도"라고 선언할 때 그는 오랫동안 기다리던 기름부음 받은 자라는 것을 의미한다. 중보자로서 그분은 성부에 의해 구별되었거나 임명받았으며, 성령으로 기름부음 받은 것은 그가 자기 백성의 대예언자이시며(신 18:15, 18; 사 55:4; 눅 24:19; 행 3:22; 7:37), 유일한 대제사장(시 110:4; 롬 8:34; 히 6:20; 7:24; 9:24), 그리고 영원하신 왕(시 2:6; 슥 9:9; 마 21:5; 28:18; 눅 1:33; 요 10:28; 엡 1:20-23; 계 11:15; 12:10, 11; 17:14; 19:6)이시라는 것이다.

(f) 예수께서 "살아 계신 하나님의 아들"이시라는 베드로의 고백은 어떤 인간에게도 적용될 수 없는 고유한 의미로서, 예수께서는 현재, 과거, 그리고 언제나 하나님의 아들이시라는 의미라고 할 수 있다. 그 하나님은 소위 죽은 모든 이방신과는 정반대로 유일하게 살아 계신 분일 뿐만 아니라(사 40:18-31) 살아있는 모든 것에 대해서도 유일한 생명의 근원이신 분이다.

베드로의 고백에 대한 예수의 반응은 다음과 같이 즉각적이고 명확하며, 따뜻하고, 칭찬하는 것이었다.

[17] 예수께서 대답하여 이르시되 바요나 시몬아 네가 복이 있도다 이를 네게 알게 한 이는 혈육이 아니요 하늘에 계신 내 아버지시니라.

16:17-19의 주석에 대한 문헌은 전체적으로나 부분적인 면에서 아주 방대하다.[602] "바요나 시몬", 즉 "요나의 아들 시몬"(또는 "요한의", 요 1:42)이라는 호칭은 한 인간인 아버지의 단순한 한 인간으로서의 아들이라는 암시를 나타낸다. 그는 스스로는 어떤 훌륭한 것을 제공할 수 없는 사람, 즉 많은 사람들 가운데 있는 한 인간이었다. 이 암시는 곧 다음의 확언으로 이어진다(18절). 은혜로 말미암아 이 바요나 시몬은 "게바"(아람어), 또는 "베드로"(헬라어)라는 훌륭한 신분의 이름을 얻게 되었다.

예수께서는 "바요나 시몬"을 "베드로"라는 별명으로 부르셨는데, 이는 복 있다라는 뜻으로서 팔복 안에 담긴 모든 깊은 의미가 이 단어 속에 들어 있다(5:1-3을 보라). 마땅히 베드로와 함께하는 모든 사람도 복이 있을 것이다.

---

602) 정기 간행물 중 논문 몇 가지만 열거하면 다음과 같다.

Allen, E.L., "On this Rock, " *JTS*, 5(1954), pp.59-62.

Dell, A., "Zur Erklärung von Matthäus 16:17-19, " *ZNW*, 17(1916), pp.27-32.

Easton, Burton S., "St. Matthew 16:17-19," *ATR*, 4(1921, 1922). pp.156-166; 또한 같은 간행물에서 같은 주제에 관하여 다룬 것으로 5(1922, 1923), pp.116-126.

Jansen, J., "Het Vraagstuk van de sleutelmacht," GTT, Ⅱ(1910), pp.308-322.

Oulton, J.E.L., "An Interpretation of Matthew 16:18," *ET*, 48(1936-37), pp.525, 526.

Seitz, O.J.F., "Upon this Rock: A Critical Re-examination of Matt. 16:17-19," R.E., *JBL* 69(1950), pp.329-340.

Slotemaker de Bruine, J.R., "De Sleutelmacht," *TS*, 22(1904), pp.23-43.

Soltau, W., "Wann ist Matt. 16:17-19 eingeschoben?" *TSK*, 89(1916), pp.233-237.

Tottenham, C.J., "'The Gates of Hell'(마 16:18)," *ET*, 29(1917-18), pp.378, 379.

Vardapet, E., "The Revelation of the Lord to Peter," *ZNW*, 23(1924), pp.8-17.

Votaw, C.W., "Peter and the Keys of the Kingdom," *BW*, 36(1910), pp.8-25.

Warren, J., "Was Simon Peter the Church's Rock?" *EQ*, 19(1947), pp.196-210.

예수께서는 베드로에게 계속 말씀하시는 중에 “혈육”, 즉 단순히 인간의 계산, 생각, 직관, 또는 전통은 이 제자의 마음과 정신 속에서 놀랍게도 그가 방금 고백한 고귀한 진리를 절대로 통찰해 낼 수 없다는 것을 강조하신다. “혈육”이라는 표현에 대해서는 필자의 주석 갈 1:16과 엡 6:12도 보라. 이 진리를 바요나 시몬에게 드러내 보이고 그가 그 놀라운 표현을 할 수 있도록 해 주신 분은 예수께서 말씀하신 “하늘에 계신 내 아버지”셨다. 이 제자와 같은 생각을 가진 모든 사람에게 하늘에 계신 아버지는 그것을 “나타내셨다”(11:25, 26). 그리고 이것은 반드시 직접적으로 귀에 어떤 것을 속삭임으로써가 아니라 오직 은혜의 수단인 마음의 축복을 통하여 이루어진 것이며, 이런 수단은 예수의 말씀과 행적에서 나온 교훈에 의한 것이 전혀 아니다.

예수를 보낸 분에 대하여 말하자면, 성삼위일체의 인격들 사이에 존재하는 영원한 본질 관계뿐만 아니라 따뜻한 사랑 역시 그리스도께서 “내 아버지”라는 호칭을 즐겨 사용하시는 데서 드러난다. 예수께서 여러 구절에서 이 호칭을 사용하신 것이 기록되어 있다(11:27; 20:23; 25:34; 26:39, 42, 53). 여러 실례에서 “하늘에 계신 내 아버지”라는 훨씬 완전한 명칭이(16:17에 추가하여 7:21; 10:32, 33; 12:50; 18:10, 19도 보라) 사용되거나 그렇지 않으면 “내 하늘 아버지”(15:13; 18:35)라는 명칭이 사용되었다.

예수께서는 다음과 같이 계속 말씀하신다.

[18] 또 내가 네게 이르노니 너는 베드로라 내가 이 반석 위에 내 교회를 세우리니.

이 구절에 대한 해석은 매우 다양하다. 필자가 보는 바로는 다음에 나오는 처음 세 가지 견해는 거부되어야 하고, 네 번째 견해는 받아들일 만하나, 다섯 번째 견해가 채택되어야 한다고 생각한다.

(1) 이 구절은 불확실하다. 그것은 후대에 써넣었거나 삽입했음(eingeschoben)에 틀림없다(W. 솔타우). 그것은 아마 베드로의 권위를 높이기 위해 쓰였을 것이다. 예수 자신이 이런 말을 했다고 믿기는 어렵

다. 마가와 누가 아무도 그것을 기록하고 있지 않다.

답변. 이 구절은 후대의 기록에서뿐만 아니라 가장 초기의 사본에서도 발견되기 때문에 그렇게 가볍게 처리해 버릴 수 없다. 십자가를 바로 앞두고 있었던 예수께서 교회의 미래에 관한 예언을 하시고, 명령을 내리시는 것은 당연하지 않았을까? 예수께서 베드로의 고백으로 인하여 그에게 칭찬하신 것을 마가가 생략한 것에 관해서 말하자면 다음과 같다. 마가는 확실한 전통에 따르면, "베드로의 통역가"였다는 것, 그리고 베드로가 부활 이후 열정적인 설교가이자 겸손한 사람이 되어 16:13-20에 서술된 잊을 수 없는 사건에 대한 예수의 이야기를 말할 때 자신의 공헌을 낮게 평가하였으리라는 것이 기억되어야만 한다. 그러므로 그의 통역가인 마가는 사실을 그대로 기록하고 누가는 흔히 그랬듯이 마가의 설명을 따른 것이다.

(2) 이 구절(특히 16:17-19)은 베드로가 첫 교황이었다는 것을 증명한다. "교황은 하늘, 땅, 그리고 지옥의 왕으로서 삼중의 왕관을 썼다." 그는 "두 개의 칼, 즉 영적인 것과 현세적인 것"을 장악한다.[603]

가톨릭교회는 우리 예수께서 자기의 전 교회를 통치하는 영예와 사법권을 성 베드로에게 첫 번째로 주셨다는 것과 그와 동일한 영적 권위는 성 베드로의 계승자라고 할 수 있는 로마의 여러 교황과 주교들에게 항상 귀속되어 왔다는 것을 가르친다. 따라서 그리스도를 진정으로 따르는 자가 되기 위해서, 성직자와 평신도를 포함한 모든 그리스도인들은 로마 교황청과 같은 가톨릭교회에 속해 있어야 한다. 그곳에서 베드로가 자기의 계승자를 지도하고 있다.[604]

답변. 그 구절이 단순히 어떤 사람이나 그의 후계자들에게 거의 절대적인 권위를 맡겼다는 것을 뒷받침하고 있지는 않다.

(3) "예수께서는 이미 베드로와는 끝나셨기" 때문에 **이 반석**이라는 표현이 "사도 베드로를 의미하는 것은 아니다."[605]

---

603) 이 진술은 로마 가톨릭의 자료들에서 인용된 H.M. Riggle, *Roman Catholicism*, Anderson, Ind. and Kansas City, Mo., 1917, pp.51, 52에서 발견된다.

604) 추기경 J. Gibbons, *The Faith of our Fathers*, New York, 1871, p.95.

답변. 17-19절 전체를 통하여 예수께서는 인칭대명사, 2인칭 단수를 사용하심으로써 그가 가리키는 어떤 사람에게 말씀하시고 계신다. "네게"(헬라어 *σοί*)라는 단어는 18절에서 "너는"(*σύ*)이라는 대명사와 일치하여("너는 베드로라"), 그리고 다음에 나오는 동사의 2인칭 단수 형태의 사용과 일치하여 이 세 구절에서 각각 한 번씩 나타난다. 즉, "네가 복이 있도다"(17절), "너는 베드로라"(18절), 그리고 "네가 땅에서 무엇이든지 매면", "네가 땅에서 무엇이든지 풀면"(19절). 17절에 따르면 그 사람은 "바요나 시몬"이며, 18절에 따르면 "베드로"이다. "네가…매면"과 "네가…풀면"(19절)의 주어를 여전히 베드로라고 추측하는 것은 당연하다. 따라서 예수께서 "내가 이 반석 위에 내 교회를 세우리니"(18절)라고 말씀하셨을 때 그가 "이미 베드로와는 끝나셨다"는 설명은 믿기 어렵다.

(4) 예수께서는 똑같지는 않지만 의미에 있어서 밀접하게 관련된 두 헬라어를 의도적으로 사용하신다. 예수께서 말씀하신 것은 "너는 **베드로**(Petros)라 내가 **이 반석**(Petra) 위에 내 교회를 세우리니"인데, 그 의미는 "너는 바위라 너에게 계시되었고 네가 고백한 '살아 계신 하나님의 아들' 이신 그리스도의 암반(또는 벽량) 위에 내가 내 교회를 세우리라"이다. 만일 예수께서 베드로 위에 그의 교회를 세울 것이라는 생각을 전하려는 의도를 가지셨다면 그는 "내가 네 위에 내 교회를 세우리라"고 말씀하셨을 것이다. 주께서 이 단어를 아람어로 말씀하셨고, 그 아람어로 Petros와 Petra라는 두 단어가 동일하다고 주장한다면 우리는 이 주장을 할 만큼 아람어에 대하여 충분히 알지 못한다는 것이 그 답이다. 우리는 영감으로 기록된 헬라어 본문을 가지고 있은즉, 그것에 의해 인도받아야 한다.[606]

평가. 그 논증은 비교적 설득력 있다고 생각되며, 사실상 저자가 본 바로는 몇 가지 장점을 갖고 있다. 예수께서 설사 일반적으로 아람어를 사

605) R.C.H. Lenski, *op. cit.*, p.605.

606) R.C.H. Lenski도 개인적인 차이점이 있긴 하지만 이것과 같은 노선에서 주장하고 있다(*op. cit.*, pp.605-607, 이것과 함께 바로 앞의 각주에서 언급한 진술과 위의 3번에서 대답된 진술); 또한 대체적으로 이와 같은 견해를 취하는 것은 다음과 같다. L. Boettner, *Roman Catholicism*, Philadelphia, 1962, pp.105, 106; F.W. Grosheide, *op. cit.*, pp.255, 256.

용해 청중들에게 말씀하셨다고 하더라도 그것이 Petros와 Petra가 한 단어이며, 동일한 단어로 표시되었다는 것을 정확하게 증명할 수는 없다. 어떤 문맥에서 Petra가 의미상 Petros와 다를지도 모른다는 것 역시 사실이다. 필자가 특히 그 이론에 대하여 호의적인 것은 그것을 주장하는 자들이 하나님의 계시를 제외시킨 인간 베드로나 그의 고백을 교회가 세워진 바위로 여기게 될 위험에 대하여 깊이 우려하고 있다는 점이다.

필자가 전적으로 그 이론을 받아들일 수 없는 것은 다음과 같은 내용에 입각한다.

(a) 아람어에 대해 알려진 바를 기초로 하여 그 이론은 동일한 단어가 양쪽 모든 경우에 사용되었을 가능성이 있는 것으로 간주한다. "그러면 헬라어에서는 왜 동일한 단어가 아닐까?"라는 문제가 발생한다. 대답은 다음과 같다. **돌** 또는 **바위**에 대한 평범한 단어인 Petra가 여성이라는 단순한 이유 때문에 **남성인 베드로**라는 이름을 가리키기 위해서는 남성—그러므로 Petros—으로 바뀌어야 했다. Petros와 Petra가 의미에 있어서 다르다는 것은 항상 해당되는 건 아니다. Petra의 아주 흔한 의미는 **바위** 또는 **돌**이다. 그것은 항상 "돌마당", "암반" 또는 "암벽"을 의미하지는 않는다. L.N.T.(A. and G.) p.660의 Petra, Petros 항목을 보라.

(b) 헬라어에서도 Petra를 **반석**으로 번역하든 또는 **암반**으로 번역하든 상관없이 예수께서는 "너는 **반석**이라 내가 **이 반석**—또는 **암반**—위에 내 교회를 세우리니"라고 말씀하신다. **이**라는 단어가 바로 앞에 나오는 Petros 이외의 어떤 것을 언급한다고 보는 것은 매우 부자연스럽다. "너는 마가렛(**진주**를 의미)이라. 내가 **이** 진주에게 하나의 선물을 주려고 한다"라는 문장에서 "진주"라는 단어가 그 이상의 의미를 가진다고 하더라도 마가렛을 가리키는 것 외에 다른 의미로 "이 진주"를 해석하는 것은 매우 곤란할 수 있다. 그것은 하나의 보석을 가리키지만 기록자의 어떤 상징을 설명할 수도 있는 것이다. "이 진주"는 누군가가 마가렛에게 말했었거나 그녀에게 보여 줬던 것 또는 그녀가 방금 말했던 어떤 것에 관계된 것이라고 결론짓는 일은 오히려 부자연스러울 수 있다.

(5) 그 의미는 **너는 베드로, 즉 반석이라 내가 이 반석, 즉 베드로 네 위에**

내 교회를 세우리라 아람어로 말하자면, 예수께서는 아마 이렇게 말씀하셨을 것이다. "내가 너에게 말하노니 너는 **게바**(Kepha)라. 내가 이 **게바** 위에 내 교회를 세우리라."[607]

예수께서는 **베드로 위에** 그의 교회를 세우실 것이라고 그에게 약속하고 계시다. 필자는 이 견해를 받아들인다. 이 견해를 주장하려면 해석을 보완할 필요가 있다. 예수께서는 다음과 같이 이 교회를 세울 것을 약속하신다.

(a) 교회는 자연인으로서의 게바 위에 세워질 것이라는 말이 아니라 은혜의 결과로 생각되는 그 위에 세워진다는 말이다. 본래 이 사람은 앞에서 지적한 바와 같이 어떤 의미에서 나약하고 불안정한 사람이었다. 그는 은혜로 말미암아 가장 용감하고 열정적인 사람이 되었으며, 성부께서 그에게 살아계신 하나님의 아들 예수 그리스도에 대하여 드러내신 진리의 유능한 증인이 되었다. 그런 의미에서 예수께서는 베드로를 자기 교회를 **세우는 일**—모으고 강화시키는 일—에 사용하신 것이다.

(b) 교회는 자기 혼자 모든 것을 생각한 게바 위에가 아니라 "시몬을 비롯하여 그의 형제"(마 10:2), 즉 "열한 사도와 함께 서(행 2:14) 있는 게바" 위에 세워질 것이다. 16:19에서 베드로에게 위탁된 그 권위는 18:18에서 열두 사도에게 주어졌다(요 20:23도 보라). 사실상 이 권위를 사용함에 있어서 지역 회중을 소홀히 해서는 안 된다(18:17).

예수께서 16:18, 19에 기록된 말씀을 하셨을 때 그는 틀림없이 베드로가 이제부터 다른 제자들 위에 "군림"할 수 있다는 것을 뜻하지는 않으셨다. 다른 제자들도 말씀을 그런 식으로 이해하지 않았으며(18:1; 20:20-24), 예수께서는 그런 해석은 어떤 것이든 분명히 거절하셨다(20:25-28; 참조. 눅 22:24-30). 만일 베드로가 자신의 권위나 다른 사람의 권위를 독재자의 권위로 생각한 바 있었다면 그가 벧전 5:3의 아름다운 구절을 어떻게 쓸 수 있었을까?

(c) 교회가 근본적인 기초로 게바 위에 세워진 것은 아니다. 그 용어의

---

607) B.M. Metzger, *The New Testament, its background, growth, and content*, p.139를 참조하라.

제1차적 또는 기본적 의미에서 오직 유일한 기초가 있는데, 바로 베드로가 아니라 예수 그리스도 자신이시다(고전 3:11). 그러나 제2차적인 의미로 베드로를 포함한 사도들을 교회의 기초라고 하는 것은 전적으로 정당하다. 이 사람들은 언제나 그들 자신에게서 유일한 구세주이신 예수 그리스도께로 주의를 돌리고 있기 때문이다. 이것에 대한 분명한 예를 행 3:12과 4:12에서 발견할 수 있다. 2차적인 의미에서 성경은 교회의 기초를 사도들이라고 말한다(엡 2:20; 계 21:14).

이와 관련하여 지금 공부하고 있는 구절에서 예수께서는 베드로가 아니라, 교회의 건축자이며 주인인 자신에 대하여 언급하고 계시다는 사실 역시 강조되어야 한다. 그는 "내가 내 교회를 세우리니"라고 말씀하신다.

교회를 상징하는 건물의 비유는 고전 3:9; 엡 2:21, 22; 벧전 2:4, 5과 같은 구절에서도 발견된다. 건물은 조금씩 올라간다. 그것은 힘, 아름다움, 그리고 유용성에 있어서 증가하며, 교회의 성도들은 "산 돌"로 여겨지고 있다. 그의 교회를 세우는 일에 예수께서는 베드로와 다른 사도들을 사용하신다! 사실상 그는 이 목적을 이루시기 위하여 교회의 모든 살아있는 성도들을 사용하신다.

"내 교회"라는 표현은 물론 우주적인 교회를 가리킨다. 본문에서는 특히 신약성경에서 나타나고 있는 "그리스도의 몸 전체" 또는 "모든 자들의 총체"라는 것을 언급하고 있다. 신약성경의 어느 구절에서든지 그것은 실제로 이 땅 위에 있는 것을 대표한다(참조. 행 9:31; 고전 6:4; 12:28; 엡 1:22; 3:10, 21; 5:22-33; 골 1:18; 빌 3:6). 예수께서 이 교회를 "바로 자기 자신"으로 생각하신다는 것은 하나의 큰 위안이다. 그는 "자기 피로" 교회를 사기 위하여 하늘에서 내려오신 것이 아닌가?(행 20:28).

사도행전의 처음 열두 장에 기록되어 있는 바와 같이 초대 교회의 역사는 베드로에 관한 그리스도의 예언이 이루어졌음을 충분히 입증해 준다. 또한 달리 말하자면, 그것은 주어진 해석을 확실하게 해 준다.

사도행전의 처음 열두 장에서 베드로의 이름은 50회 이상 나타난다. 베드로의 이름은 스데반의 이야기가 실린 6장과 7장을 제외한 모든 곳에서 발견된다. 다시 한 번 강조하건대, 필자는 베드로가 자기 자신 안에 있었거나 또는 자기 혼자의 힘으로 모든 것을 행함을 가리키는 것이 아니라 그리스도의 도구로서 신약성경에 명시된 그리스도의 교회의 확립을 위해 열두 사도 중 한 사람으로서 같이 서 있는 그를 말하는 것으로 본다.

아주 초기에(바울이 행 13-28장에서 크게 두각을 나타내기 전) 베드로는 예수와 교회 사이를 연결하는 가장 힘 있고 유능한 인간이었으며, 교회의 내적, 외적 성장을 위한 가장 유력한 수단이었다.

오순절에 베드로가 설교를 하였는데 그 결과로 삼천 명이나 회개하였다(행 2:41). 다시 베드로와 요한의 증거(3:11; 4:1), 주로 베드로의 증거를 통하여(3:12) 이천 명의 신자가 뒤이어 증가하였다(4:4). 베드로가 주도하여 공헌한 다른 사건들은 다음과 같다. 가룟 유다 대신 맛디아를 선출(행 1:15-26), 나면서 못 걷게 된 거지를 고침(행 3:4-8), 그리고 산헤드린 앞에서 예수 그리스도를 영웅적으로 선포함(4:8-12, 29), 5:15; 8:20; 그리고 9장과 10장도 보라.

열두 사도의 모든 명단에서 베드로의 이름이 제일 먼저 나타난다는 것은 이미 앞에서 지적되었다.

그 외에도 믿을 수 있는 전통에 의하면 "베드로의 통역자"는 마가가 아니었는가? 그리고 마태와 누가가 각기 복음서를 기록하는 데 이용한 주요 자료 중의 하나 역시 마가복음이 아닌가?

베드로의 서신을 덧붙일 수 있다. 그는 거기에서 예수의 삶과 죽음의 의미를 매우 아름답게 설명한다(특히 벧전 2:21-25을 보라). 그리스도의 예언은 베드로의 사역을 통하여 성취되었다. 베드로가 "너희 영혼의 목자와 감독"(벧전 2:25), "목자장"(벧전 5:4)으로 묘사한 분은 이 사도에게 "내 어린양을 먹이라", "내 양을 치라", "내 양을 먹이라"고 말씀하셨다(요 21:15, 16, 17). 유대인의 우리에 들어 있지 않은 양도 있다는 것이(요 10:16), 베드로에게는 생생히 새겨지게 될 것이었다(행 10:9-16, 34-48; 11:17, 18). 이 사도의 생애에서도 "그들도 다 하나가 되어"(요 17:21)라는 대원리에서 순간적으로 이탈하는 실수가 있었지만 베드로가 바울의 책망을 받아들였을 것이라고 믿는 것은 당연하다(필자의 주석, 갈 2:11-21을 보라). 주께서 마침내 그를 이 세상에서 해방시키고—요 21:18, 19과 *by means of Martyrdom* 초기 전승(클레멘트. I. 5장)—약속된 기업을 그에게 주시기까지(벧전 1:4) 신실하게 수고하셨다. "너는 베드로라, 내가 이 반석 위에 내 교회를 세우리니"라는 그리스도의 예언은 그의 증거의 열매에 의하여 충분히 이루어졌다. **음부의 권세(문들)가 이기지 못하리라.** 복음서에서 "음부"가 "지옥"을 의미한다는 것을 보여주는 논거는 11:23, 24의 주석을 보라. 그 외에 "죽음의 왕국"이라는 의미를 택하는 자들은 그 왕국의 문이 교회를 이기려고 한다는 것과 그들의 공격이 실패한다는 점에서 큰 곤혹을 당한다. 음부가 "지옥"을 가리키는 것으로 해석될 때 주님에 의해 본문에 주어질 확증이 쉽사리 이해될 수 있다. "지옥의 문들"은 환유법을 통하여 사탄과 그의 군대들이 교회를 공격하고 파괴하기 위하여 뛰쳐나오고 있는 것으로 상징된다. 본문이 담고 있는 내용은 그리스도의 교회가 악의 군대를 이길 것[608]이라는 사실을 재차 반복한 약속이다. 요 16:33; 롬 16:20; 엡 6:10-13; 계 12:13-17; 17:14; 20:7-10을 보라.

이 구절은 마치 예수께서 "너희가 속한 교파나 회중의 교리적 순수성에 대해 염려하지 마라. 내가 지옥의 문들이 결코 교회를 이기지 못할 것을 보리라고 약속하지 않았느냐?"라고 말씀하신 것처럼 종종 오용된다. 마치 예수께서 특별한 이 **교파**나 저 교파 또는 **지역 회중**은 절대로, 그 교리적 순수성을 잃을 수 없게 된다고 약속하신 것처럼 생각한다. 본문에서 사용한 "교회"의 진정한 의미는 이미 지적되었다. 예수께서는 언제나 **자기 백성**이 악마와 그의 군대를 이기도록 할 것을 약속하셨다. 이 약속은 차지도 뜨겁지도 아니한 라오디게아 교회에 주신 것이 아니라 "그리스도인 군사들"에게 주신 것이다. 다음의 시구는 싸움 가운데 있는 그리스도인 군사들에게 위로를 준다.

---

608) "이기지 못하리라"를 주목하라. 이 번역은 여기 *κατισχύω*의 직설법 미래 3인칭의 형태로 사용된 이 단어의 어원적 의미뿐만 아니라 그 참된 의미를 잘 나타낸 것이다. 이 단어가 등장하는 신약성경의 다른 곳(눅 21:36; 23:23)에서만 그 의미가 조금 다르다.

영예와 권세는 사라지고,
나라 역시 흥했다가는 쇠하지만,
예수의 교회는 영영히 남으리니,
지옥의 문들이 결코 이길 수 없으리라;
우리에게 주신 그리스도의 약속,
실패함이 없으리라.

굴드(Gould)

제자들을 대표하는 베드로에게 하신 그 말씀은 19절에서 계속된다.

[19] 내가 천국 열쇠를 네게 주리니.

천국의 열쇠를 가진 이가(참조. 계 1:18; 3:7) 입장을 허락할 자와 거절할 자를 결정한다. 사 22:22을 참조하라. 한 무리로서 사도들이 이 권리를 행사한 것은 사도행전 전체에서 분명하게 나타난다. 모든 사도들은 어떤 우두머리나 감독도 없이 대등한 입장에서 이 권리를 행사했다(행 4:33). 그럼에도 불구하고 이미 살펴본 바와 같이 베드로의 영향은 주목할 만하게 나타났다. 복음의 선포를 통하여 그는 어떤 사람들에게 그 문을 열고(행 2:38, 39; 3:16-20; 4:12; 10:34-43), 다른 사람들에게는 그 문들을 닫았다. 행 3:23을 보라.

"어떻게 거룩한 복음의 선포에 의해서 천국이 열리고 닫히는가?"라는 질문에 대한 대답으로 하이델베르크 교리문답(주의 날 31. 질문에 대한 답변 84)은 다음과 같이 설명하고 있다. "그리스도의 명령에 따르면 믿는 사람들 모두에게 그것을 공공연하게 선포하고 증거함으로 그들이 참 믿음에 의하여 복음의 약속을 받아들일 때는 언제든지 하나님께서 그들의 모든 죄를 그리스도의 공로로 말미암아 진정으로 용서하신다. 그러나 반대로 모든 불신자들과 진정으로 회개하지 않는 자들에게 선포되고 증거됨으로 말미암아 그들이 개심하지 않는 한 하나님의 진노와 영원한 정죄가 그들 위에 머무른다. 이 복음의 증언에 따르면 하나님은 이생과 내세에 걸쳐 모두 심판하실 것이다."

치리는 역시 열두 사도에 의해 행해졌으며, 베드로가 맡은 역할은 여기에서 다시 강조되었다(행 5:1-11). 얼마 후에 바울 역시 두 가지 요소, 즉 복음의 선포와 치리의 활용을 매우 효과적으로 사용하였다. 전자는 아무 증거도 필요로 하지 않는다. 그의 모든 서신에서는 물론 사도행전(13-28장)에서 분명히 나타나고 있기 때문이다. 후자, 즉 치리에 대해서는 문의 닫힘과 열림 또는 이따금 재개하는 것 모두 고전 5:1-5과 고후 2:8에서 각각 훌륭하게 설명되었다. 첫 번째 구절이 지적한 바와 같이 닫힘은 다시 열린다는 생각하에서 일어났다. 더욱이 바울은 교회와 떨어져서 행하지 않고, 오직 교회와 연합해 행하였다(고전 5:3, 4).

마 16:18에서의 "교회"와 19절에서의 "천국"은 의미에 있어서 동일할 수 없지만 아마 후자가 본문에서도 역시 더 넓은 개념을 갖고 있을 것이다. 그럼에도 예수께서 18절에서, "교회"로 말미암아 하신 것과 같은 일을 본문(19절)에서는 "천국"에서도 행한다는 의미가 있는 것은 아닌가 하는 로버트슨(A.T. Robertson)의 질문(신약성경 주석 Word Pictures, Vol. I, pp. 133, 134)은 확실히 타당성이 있다. 유형교회에서의 제명(18:17; 고전 5:5 상반절; 딛 3:10)은 가능하다. 천국에서의 제외도 마찬가지이다(8:12). 따라서 "천국 열쇠"라는 용어가 복음 선포와 치리의 실행과 관련 있다는 비교적 일반적인 견해가 옳다고 하는 것은 바로 사도들이 하나님의 승인과 더불어 그들의 사역을 수행하고 권위를 주장하는 방법에서 나타나게 되었을 것이다.

마 11:30; 15:19, 20; 행 15:10; 갈 5:1; 골 2:14, 16, 20-23; 계 2:24과 같은 구절에서 미루어 볼 때 예수와 그 뒤를 따르는 사도들의 목적은 성직자의 독재(사소한 것을 따지는 유대인의 율법주의의 독재)의 한 형태를 다른 것으로 대치시키는 것이 아니었음이 분명하다. 그럼에도 불구하고 그리스도인의 삶의 방식을 분명히 이해시키고 치리가 적절히 수행되도록 하기 위하여 확실한 기본적인 행동원리들이 설명되어야 한다. 이와 관련하여 예수께서는 다음과 같이 말씀을 이으신다. **네가 땅에서 무엇이든지 매면 하늘에서도 매일 것이요 네가 땅에서 무엇이든지 풀면 하늘에서도 풀리리라 하시고.** 이 말씀은 계속해서 베드로에게 하신 것이 분명하다. "베드로가 천국 열쇠의 능력을 땅에서 행사하는 것처럼 서술된 것은 틀림없는 사실이다."[609]

그러나 18:18도 보라. 바로 그 표현—"누구든지"가 아니라 "무엇이든지"를 유의하라—은 이 구절이 믿음과 행실에 있어서 직접적으로 사람이 아닌 사물을 가리킨다는 것을 보여 준다. **매는 것과 푸는 것은 금하는 것과 허락하는 것**을 의미하는 랍비적인 용어이다. 만일 어떤 사람이 회개하기를 거절하면서 금한 것을 행하거나 믿는다면 그는 당연히 징계받게 될 것이다. 반대로 만일 그가 악한 길에서 회개했다면, 그는 용서받게 될 것이며, 따라서 "금지령"이 해금될 것이다.[610] 그러므로 간접적으로 그 구절은 역시 마 16:19과 요 20:23의 비교에서 지적되는 바와 같이 교인들의 지속적인 선이나 지속적인 선의 결핍과 밀접한 관계를 가지고 있다.

열두 사도를 대표하는 베드로(마 16:19)나 열두 사도(요 20:23), 궁극적으로는 그 교회(마 18:18)가 땅에서 무엇이든지 매면 하늘에서도 분명히 매일 것이며, 이와 마찬가지로 베드로(기타 등등)가 땅에서 무엇이든지 풀면 하늘에서도 분명히 풀릴 것이라는 사실을 확증해 준다.[611]

믿음과 도덕에 대한 이러한 권위 그리고 결국에는 교만에 대한 이러한 권위가 예수의 가르침, 다시 말하자면 하나님의 말씀과 완전한 조화를 이룰 때만 행사될 수 있다는 것은 부언할 필요조차 없다. 예수께서는, 결과적으로 하나님의 계명을 침범하는 것이 되는 금하는 것과 허락하는 것, 제외하는 것과 수용하는 것, 또는 재수용하는 것 등의 어떠한 매는 것과 푸는 것이라도 분명히 정리하셨다(15:1-20; 23:13). 누군가 부당하게 파문당했을 때 주님은 그를 환영하신다(요 9:34-38).

609) N.B. Stonehouse, *The Witness of Matthew and Mark to Christ*, p.235.

610) S.BK. *op. cit.* I, pp.738, 739.

611) 각 절의 연사(copula)인 *ἔσται* 다음에 완료 수동 분사인 *δεδεμένον*과 *λελυμένον*이 사용된 것을 주목하라. 이런 형들을 완곡한 표현으로 보고 해석하기를, 그런 믿음과 행위들(그리고 그것들에 계속 매달리거나 그것들을 버리는 사람들)은 그 전에 하늘에 "매어 있거나" 혹은 "풀려" 있으리라고 해석하면 매우 어렵고도 부자연스러운 의미가 생겨나게 된다.

열두 사도의 대변자로서 베드로는 예수가 그리스도이시라고 고백한 바 있다(16절). 이와 논리적인 연관 속에서 그리스도의 경고가 20절에서 발견된다.

[20] 이에 제자들에게 경고하사 자기가 그리스도인 것을 아무에게도 이르지 말라 하시니라.

사람들은 "메시아", "그리스도"라는 용어를 정치적인 의미에서 해석할는지도 모른다(참조. 요 6:15). 이는 그가 로마 지배에서 그들을 구원할 수 있는 해방자라는 것에 대해 열광의 불길을 부채질할 것이며, 그러한 광범위한 주목으로 말미암아 일어날 반대와 시기는 그의 공적인 사역을 시기상조로 마치게 해 버릴 것이다. 이런 일은 일어나서는 안 된다. 마지막에 유대 성직자들에게 공개적으로 알려야 할 때는 예수 자신이 그 일을 하시게 될 것이다(마 26:63, 64). 예수께서 낮아지심의 기간 동안에 대중의 환호를 조장하는 것은 그에게 타당하지 못하다는 사실 역시 명심해야 한다. 그것은 예수의 죽음과 부활 후까지 연기되어야 한다(마 17:9; 눅 9:21, 22). 8:4의 주석도 보라. 부활과 승천이 이어질 바로 이 죽음은 예수의 메시아직의 성격에 대한 설명에 도움을 줄 것이다(행 2:36; 벧전 1:3).

수난과 부활에 대한 첫 번째 예언 (16:21-28)

막 8:31-9:1; 눅 9:22-27 참조

21-28절

21 이때로부터 예수 그리스도께서 자기가 예루살렘에 올라가 장로들과 대제사장들과 서기관들에게 많은 고난을 받고 죽임을 당하고 제삼 일에 살아나야 할 것을 제자들에게 비로소 나타내시니 22 베드로가 예수를 붙들고 항변하여 이르되 주여 그리 마옵소서 이 일이 결코 주께 미치지 아니하리이다 23 예수께서 돌이키시며 베드로에게 이르시되 사탄아 내 뒤로 물러가라 너는 나를 넘어지게 하는 자로다 네가 하나님의 일을 생각하지 아니하고 도리어 사람의 일을 생각하는도다 하시고 24 이에 예수께서 제자

들에게 이르시되 누구든지 나를 따라오려거든 자기를 부인하고 자기 십자가를 지고 나를 따를 것이니라 25 누구든지 제 목숨을 구원하고자 하면 잃을 것이요 누구든지 나를 위하여 제 목숨을 잃으면 찾으리라 26 사람이 만일 온 천하를 얻고도 제 목숨을 잃으면 무엇이 유익하리요 사람이 무엇을 주고 제 목숨과 바꾸겠느냐 27 인자가 아버지의 영광으로 그 천사들과 함께 오리니 그때에 각 사람이 행한 대로 갚으리라 28 진실로 너희에게 이르노니 여기 서 있는 사람 중에 죽기 전에 인자가 그 왕권을 가지고 오는 것을 볼 자들도 있느니라

---

21 그때부터, 예수님께서는 자신이 예루살렘에 반드시 가야만 하며, 거기서 장로들과 대제사장 그리고 율법학자들에게 고난을 받아 결국엔 죽임을 당하지만 삼 일째 되는 날에 다시 살아나실 것을 제자들에게 설명하기 시작하셨습니다. 22 그러자 베드로가 예수님을 붙들고 말렸습니다. "절대로 그럴 수는 없습니다, 주님! 이런 일이 결코 일어나지 않을 것입니다!" 23 예수님께서 돌아서며 베드로에게 말씀하셨습니다. "사탄아, 내 뒤로 썩 물러가라! 네가 나를 넘어지게 한다. 너는 하나님의 일을 생각지 않고, 오직 사람의 일만 생각하는구나." 24 그때, 예수님께서 제자들에게 말씀하셨습니다. "만일 누구든지 나를 따라오려면 자기를 부정하고, 자기 십자가를 지고, 나를 따르라. 25 누구든지 자기 목숨을 건지려고 하는 사람은 잃을 것이다. 그러나 누구든지 나를 위하여 자기 목숨을 잃는 사람은 얻을 것이다. 26 만일 어떤 사람이 온 세상을 얻고도 자기 영혼을 잃으면 무슨 소용이 있겠느냐? 사람이 무엇과 자기 영혼을 바꿀 수 있겠느냐? 27 인자는 아버지의 영광을 가지고 천사들과 함께 올 것이다. 그때는 사람의 행위대로 갚아 줄 것이다. 28 내가 너희에게 진정으로 말한다. 여기 서 있는 사람 가운데 몇몇은 인자가 자신의 나라에 오는 것을 볼 때까지 죽음을 맛보지 않을 사람도 있다."

_아가페 쉬운성경

예수께서는 이미 은밀하게 자기의 죽음을 예언하셨고(9:15), 그 죽음과 부활을 말씀하셨다(12:39, 40; 16:4). 이제 여기에서는 변화가 있게 된다. 우리는 대예언자로서 그 자신의 위대한 죽음을 비유가 아닌 명백한 말씀으로 예언하시며 자비로우신 대제사장으로서 세상 죄를 지기 위하여 자기의 생명을 내주려고 하시는 기름부은 자를 보게 된다(요 1:29). 그리고 우리들은 영원한 왕으로서 이 모든 것을 통하여 창세전에 뜻하신 삼위일체 하나님의 계획이 한 점도 차질이 없이 이루어지도록 하기 위하여 모든 상황을 완전히 조정하시는 기름부음 받은 자를 보게 된다. 왕으로서의 이러한 행위는 하나님의 계획을 이루는 데 참여한 모든 대리인, 즉 장로들과 대제사장들, 서기관들과 백성들, 군인들과 심판하는 재판관, 그리고

배신자 등이 자신의 행동에 대하여 스스로 전적인 책임을 지는 것과 같다(눅 22:22; 행 2:23).

[21] 이때로부터 예수 그리스도께서 자기가 예루살렘에 올라가 장로들과 대제사장들과 서기관들에게 많은 고난을 받고 죽임을 당하고 제삼 일에 살아나야 할 것을 제자들에게 비로소 나타내시니.

"이때로부터"라고 한 것은 이때 예수께서 베드로의 고백을 아버지의 계시로 인정하신다고 제자들에게 말씀하셨기 때문이다. 따라서 예수께서는 열두 제자에게 자기가 실로 오랫동안 기다려 왔던 메시아임을 분명히 하셨던 것이다. 그러므로 다음 과제는 매우 분명하게 정리된다. 예수께서는 이제 처음에는 결코 믿을 수 없었던 충격적인 사실을 자기의 작은 무리에게 말씀하셔야 한다. 그것은 이 **메시아가 고난을 받고 죽임을 당해야 한다**는 사실이다. 분명 예수께서는 "제삼 일에 다시 살아나리라"는 말씀을 더 하시지만 부활에 관한 첫 번째 명확한 말씀이 제자들의 마음속 깊이 새겨졌는지는 의심스럽다. 주님의 임박한 고난과 죽음에 관한 소식은 그들에게 아주 고통스럽고 이해할 수 없는 것처럼 보인다.

아직도 생소하기만 한 이 고난은 예루살렘에서, 즉 예부터 "거룩한 성이요, 큰 임금의 성"(4:5; 5:35)으로 알려진 바로 그 장소에서 절정에 이를 것이다.

다음을 주의하여 보라. 예수께서는 고난받고 죽으시기 위해서 예루살렘에 **가야만 한다**. 그는 율법의 요구를 들어주어야 한다. 즉, 그의 아버지의 뜻에 완전히 순종하고 예언을 성취하심으로 자기 백성의 죄에 대한 형벌의 대가를 지불해야 한다(20:28; 막 10:45; 눅 12:50; 13:33; 22:37; 24:26, 27, 44; 요 1:29; 17:4; 고후 5:21 그리고 마지막으로 사 53장—이 장은 마지막이긴 하나 가치가 작은 것이 아니다). 또한 예수께서는 그 스스로 하기를 원하셨던 것을 하셔야 했다(요 10:11; 고후 8:9; 갈 2:20).

예루살렘에서 예수께서는 곧 그의 길을 가게 될 것이며, 이곳에서 산헤드린 공의회가 열린다. 공의회에 대해서는 이미 앞에서 언급되었지만(2:4의 주석을 보라), 여기서는(16:21) 그 공의회의 대제사장들과 서기관뿐 아니라 장로들까지 언급되며 유대인의 최고 법정을 구성하는 모든 구성원이 총망라된다. 고대 이스라엘에서는 "장로들"이 족장이었거나 한 지파의 지도자들이었다. 실제로 중요한 성이나 마을마다 장로들이 있다. 산헤드린 공의회가 열리게 되면, 좀더 우월한 지방의 장로들이 대제사장, 서기관들과 더불어 이 위엄 있는 공의회의 일원이 되었다. 예수께서 말씀하시는 것은 가장 먼저 그리스도를 영화롭게 하고 경배해야 했던 바로 그 이스라엘의 지도자들이 그리스도이신 자신을 핍박하고 죽이려 한다는 것이다.

십자가에 대한 세 번의 말씀 중 첫 번째인 이번 말씀에서는 무시무시한 장면을 상세히 설명하지 않고 있음을 주목하라. 이때 예수께서 말씀하신 것은 그가 "많은" 것들을 당해야 한다는 것이 전부이다. 예수께서는 그 작은 무리가 이미 더 이상 듣고 견딜 수 없을 만큼 충격을 받았다는 사실을 알고 계셨다. 이어지는 두 번의 말씀에 대하여는 필자의 주석 마태복음 상권 pp. 23-24를 보라.

주께서는 "제삼 일에 다시 살아나리라"는 말씀을 더하셨다. 지금 인용한 구절은 그리스도의 영광에 관한 나머지 사항을 언급하고 있지는 않지만 27절에서는 영광스런 재림을 말하고 있다. 만약 이것이 승천과 대관식(아버지의 우편에 앉으시는 것)을 **의미한다면** 그것이 보여 주는 바와 같이 이 문단에서(21-28절), 예수께서는 그의 영광에 속하는 단계의 완전한 개요를 우리들에게 제시해 주고 계신다. "제삼 일"이라는 것은 이전에 보여 주신 바와 같이(12:40을 보라), 하루 중 일부를 하루로 계산하도록 해석되어야 하는 것이 분명하다.

그때뿐 아니라 나중까지도 제자들은 예수께서 말씀하신 "제삼 일"에 있을 부활에 대한 의미—예컨대 언급된 부활이 세계 역사의 종말에 이뤄질 일반적 부활인지—를 바로 파악하지 못하였다. 이것은 17:9, 10에서 분명해진다. 그렇다면 우리는 제자들이 이해하지 못하였다고 해서 예수의 이 말씀들이 무익하다고 해야 할까? 결코 그렇지 않다. 결국 제자들은 이러한 예언의 말씀들을 단 한 번만 들은 것이 아니고, 반복하여 십자가에 대한 세 번의 말씀에서 명확하게 세 번씩이나 들었기 때문이다. 그리하여 부활 후에도 천사나 부활하신 예수께서 제자들에게 말할 수 있었던 것이다(마 28:6; 눅 24:6-8, 45, 46). 이러한 경종의 말씀들은 잠재의식 주변에 깊이 뿌리를 박은 기억의 종이 울리도록 줄을 당겨 주며, 그 종소리가 울려 퍼져 마침내 믿음이 굳건하게 되었다(참조. 요 16:4).

[22] 베드로가 예수를 붙들고 항변하여 이르되 주여 그리 마옵소서 이 일이 결코 주께 미치지 아니하리이다.

16절에서 최선의 고백을 한 베드로를 보았다면, 여기에서는 26:69-75에 기록된 사건을 제외하고서 가장 최악의 상태에 있는 베드로를 보게 된다. 베드로의 동요에 대한 개요는 14:30의 주석을 보라. 베드로는 주의 뒤를 따라가고 있었다고 추측된다. 그런데 예수를 곁으로 끌어당겨서 항변하기[612] 시작한다. 예수께서는 여전히 베드로를 돌아보지 않으신다. 베드로는 다음과 같이 항변하기 시작했다. 그는 멀지 않은 곳에 있었다. "주여 그리 마옵소서"는 할 수 있는 한 직역한 것이다. 베드로의 말은 "하나님이 주를 긍휼히 여기시니 이 일은 여기서는 안 되며, 일어나지도 않을 것이라"는 뜻이었다. 이와 유사한 표현을 삼하 20:20; 23:17; 대상 11:19("내 하나님이여 내가 결단코 이런 일을 하지 아니하리이다")에서 볼 수 있다. 베드로가 방금 예수께 고백한 메시아관은 고난과 죽음, 즉 참혹한 죽음을 배제하고 있었다.

비록 선의로 한 것이지만 베드로의 경솔함에 대한 예수의 반응과 행동이 다음에 묘사된다.

[23] 예수께서 돌이키시며 베드로에게 이르시되 사탄아 내 뒤로 물러가라.

612) 헬라어로는 *ἐπιτιμάω*의 현재 능동태 부정사인 *ἐπιτιμᾶν*. 8:26은 바다를 꾸짖는 것을, 17:18은 귀신을 꾸짖는 것을, 19:14은 자기의 어린아이들을 예수께 데려오고자 하는 부모를 꾸짖는 것을 이야기한다. 어떤 때는 이 단어가 조금 다른 의미, 즉 엄하게 '금하다', '경고하다'(12:16; 16:20; 참조. 20:31)라는 의미로 사용된다. 기본적으로 이 단어가 의미하는 것은 *τιμή*(벌칙)를 *ἐπὶ*(…위에) 가한다는 것이다.

이제 예수께서는 베드로를 바라보기 위해 돌아서신다. 베드로는 모두가 듣는 가운데서 자기의 말을 하였다. 24-28절에 나타난 예수의 대답 역시 모든 제자들이 듣고 있음을 암시하고 있는 것처럼 보인다. 문자 그대로 예수께서는 잘못을 범하고 있는 자기 제자에게 "내 뒤로 물러가라"고 말씀하셨다. 그러나 이 표현은 매우 애매모호하다. 그래서 베드로가 예수를 잡아당기려고 하였고, 그를 붙잡았을 때 결례를 범하였으며, 이제 제자의 대열에서 이전의 위치를 찾아 다시 예수의 뒤를 따르기 시작하라고 주님이 베드로에게만 말한 것으로 해석되기도 하였다. 다소 유사한 표현(4:10, 다른 해석에 따르면 정확하게 같은 표현)이 그러한 문자적인 해석이 나타내 보이는 것보다 훨씬 더 강력한 것임을 명심해야 한다. 다른 여러 사람들과 함께 필자가 보는 바 올바른 해석은 사탄이 베드로를 매개로 이용하여 예수께서 십자가를 지지 않고 면류관을 얻도록 하라고 유혹하는 것임을 주께서 아셨다는 것이다(4:8, 9에 대한 주석을 보라). 그래서 베드로에게 말씀하시는 예수께서는 결국 사탄에게 말씀하시거나, 혹은 베드로 내부에서 악마에 의하여 나쁜 영향을 받고 있는 것에 대해 말씀하고 계시다고 해도 좋을 것이다. 따라서 여기서는 "사탄아 물러가라" 혹은 "사탄아 내 앞에서 물러가라"와 같이 번역해야 한다.

예수께서 다음과 같이 계속 말씀하신다. **너는 나를 넘어지게 하는 자로다 네가 하나님의 일을 생각하지 아니하고 도리어 사람의 일을 생각하는도다.** 예수께서는 즉시 사탄이 놓은 "함정"[613]을 알아차리시고, 악마의 유혹을 잠시도 용납하지 않으신다. 예수께서는 이전에 거짓 약속으로 자신을 속이려고 했던 바로 그 시험하는 자(4:8, 9)와 직면하고 있다는 사실을 아셨다. 그리하여 단호하게 죄의 유혹을 물리치신다. 그렇게 하심으로써, 죄에 대하여 우물쭈물하지 말고 단호한 행동을 취하라고 다른 사람에게 충고하신 것(5:29, 30)을 이행하신다.

문자 그대로 예수께서는 "네가 하나님의 일을 생각하지 아니하고 사람의 일을 생각하는도다"라고 하셨다. 하나님의 관점에서는 그리스도께서 자기 백성을 구원하기 위하여 고난을 받고, 죽으시고, 다시 살아나시는

---

613) *σκάνδαλον*에 대해서는 마 5:29의 각주 293)을 보라.

것 등이 필요했다. 인간의 관점에서 보면 메시아와 고난이라는 두 개념은 전적으로 모순된 것이었다. 사탄의 영향을 받도록 자신을 내어 준 베드로는 "주여 그리 마옵소서, 이 일이 결코 주께 미치지 아니하리이다"라고 말함으로써 어리석게도 인간의 관점에서 발언하였던 것이다. 베드로는 자기가 자신의 영원한 형벌을 구하고 있는 사실을 깨닫지 못하였다. 16-18절의 "반석"이 얼마나 빨리 "거침돌"이 되어 버렸는가! 그러나 하나님의 은총으로 베드로는 거침돌의 위치에 머무르지 않고 그 자신과 예수의 의식으로부터 영원히 지워 버리려고 하였던 바로 그 십자가에 관한 가장 열렬한 설교자가 되었다. 성령의 변화시키는 힘은 베드로의 마음과 삶 속에서 놀라운 결과를 낳았다. 그래서 후에 예정된 그리스도의 대속의 죽음을 베드로보다 더 분명하게 역설한 자는 영감받은 기자들 중 아무도 없었다. 행 2:23; 3:18; 4:11, 12; 벧전 1:11; 2:21-25을 보라(참조. 사 53:4-9).

예수께서는 이제 제자들 전체인 작은 무리에게로 돌이켜 그들에게 종이 그 상전보다 높지 못하다는 그리스도인의 필연적인 삶의 법칙을 보여 주신다. 즉, 예수께 일어날 일이 실로 독특하기는 하나 그것은 다음과 같이 그의 제자들에게도 나타나야만 한다는 것이다.

[24] 이에 예수께서 제자들에게 이르시되 누구든지 나를 따라오려거든 자기를 부인하고 자기 십자가를 지고 나를 따를 것이니라.

예수의 죽음은 죄와 자신에 대하여 기꺼이 죽는 사람에게만 가치 있는 것이다. 24절과 25절은 10:38, 39과 거의 유사하기 때문에 독자는 거기에서 설명을 얻을 수 있다. 몇 가지 첨가적인 말도 있게 될 것이다. 24절의 원본에서 동사의 시제에 주의하여 표현하자면 다음과 같이 풀어 쓸 수 있다. "누구든지 나의 제자가 되기를(로 여겨지기를) 원하는 자는 단연코 자기를 부인해야 하며, 나를 위하여, 그리고 나 때문에 단호히 고통과 수치와 핍박을 감수해야 하며, 그러고 나서 내 제자로서 나를 따르는데, 계속해서 따라야 한다."

자기 자신을 부인한다는 것은 거듭남(regenerating)의 은총과는 거리가 먼 옛 사람을 부인한다는 뜻이다. 자기를 부인하는 사람은 자기 본래의 것에 대한 모든 신뢰를 포기하고 구원을 위하여 하나님 한 분께만 매달린다. 그는 이제 더 이상 자기의 이익만을 추구하지 않고, 하나님의 영광을 높이기 위하여 그 자신과 모든 삶 속에서 그리고 전 영역에서 전력을 다해 열중하게 되는 것이다. 마 16:24에 대한 가장 훌륭한 주석은 갈 2:20이다. 즉, "내가 그리스도와 함께 십자가에 못 박혔나니 그런즉 이제는 내가 사는 것이 아니요 오직 내 안에 그리스도께서 사시는 것이라. 이제 내가 육체 가운데 사는 것은 나를 사랑하사 나를 위하여 자기 자신을 버리신 하나님의 아들을 믿는 믿음 안에서 사는 것이라." 자신을 부인한다는 것은 그리스도의 계율에 자기를 복종시킨다는 뜻이다.

"자기 십자가를 지고"라는 표현은 그리스도와 함께 하나가 된 까닭으로 받는 그 십자가를 가리킨다. 그리스도를 "따르는" 사람은 그를 믿고 그의 자취를 따르며(벧전 2:21), 그를 통한 구원에 대한 감사함으로 그의 계명에 순종하고, 그리스도를 인하여 고난도 기꺼이 받음으로 말미암는다. 이러한 일을 기꺼이 하려고 할 때만 그는 진실로 그리스도의 제자요 그를 따르는 자가 될 수 있는 것이다. 예수께서는 계속하여 다음과 같이 말씀하신다.

[25] 누구든지 제 목숨을 구원하고자 하면 잃을 것이요 누구든지 나를 위하여 제 목숨을 잃으면 찾으리라.

이 구절은 10:39과 유사 구절들의 완전한 역설이다. 10:39 상반절("자기 목숨을 얻는 자는 잃을 것이요")에 있는 "얻는" 대신에 본문 16:25에서 이 "구원"이라는 말을 사용하는 것은[614] 다음과 같은 차이에서 본문을 훨씬 더 완전하고 의미 있게 해 준다. 단순히 자신의 목숨을 "얻으려고 하는 것", 즉 더 부유하고 행복한 삶이라고 생각되는 것을 얻으려 하는 것은 16:25에서 묘사된 그 사람이 "구원"을 얻기 위하여, 즉 자신을 구원하고자 전력을 기울이며, 그것을 얻고 난 후 가능한 모든 수단을 동원하여 그것에 집착하는 것과는 차이가 있다. 이러한 차이가 지지될 수 있는지는

614) 다른 차이점이 있다. 16:25은 관계 절들을 가진 반면에 10:39은 "찾은 자"…"잃은 자"라는 두 개의 부정과거 분사를 가진다.

논란거리이다. 두 구절에서 모두 다 반대되는 말이 "잃을 것이요"라는 관점에서 볼 때 "얻는다는 것"과 "구원한다는 것"의 차이는 아주 경미하다. 어쨌든 우리가 확신할 만한 것은 이 두 경우에서 정죄 받을 사람은 이기적이며, 자신의 생각에만 골몰하는 개인적인 사람이라는 것과, 칭찬받을 사람은 자기를 떠나는 사람이며, 자기에게 나타난 그리스도의 사랑을 얻기 위하여 예수를 사랑하고, 예수께서 그가 사랑하기를 원하는 모든 사람을 사랑하며, 그리고 이것을 행하는 도중에 극단적인 개인의 고생뿐만 아니라, 필요하다면 죽음까지도 기꺼이 감내하는 사람이라는 것이다. 예수께서는 그러한 사람의 인생은 놀라울 만큼 부유할 것이라고 말씀하신다.

여기서 정죄 받은 사람의 몇 가지 실례를 보면 다음과 같다. 즉, 시기심 많은 가인(창 4:1-8; 요일 3:12)과 욕심 많은 아합과 이세벨(왕상 21장), 거만한 하만(에 3:5; 5:9-14)과 복수심에 불타는 헤롯 I 세(마 2:3, 16), 배반한 가룟 유다(마 26:14-16; 눅 22:47, 48). 그리고 또 "부자 청년"의 이야기도 보라(마 19:16-22).

칭찬을 받은 사람들의 몇 가지 실례는 다음과 같다. 자신을 부인한 유다(창 44:18-34), 고결한 요나단(삼상 18-20장), 비유에 나오는 선한 사마리아인(눅 10:29-37), 에바브로디도와 같은 사람들(빌 2:25-30)과 오네시보로(딤후 1:16; 4:19), 이 사람들은 그리스도를 위하여 모든 것을 기꺼이 내던졌다. 그리고 겸손하며 자기를 희생한 바울(롬 9:3; 갈 4:19, 20; 6:14). 이 모든 사람들 속에는 예수 그리스도의 정신이 나타나 있다(고후 8:9).

예수께서는 자기의 제자들은 그리스도를 위해 항상 그들의 목숨을 기꺼이 버려야 한다는 강렬한 말씀과 더불어 계속해서 다음과 같이 말씀하신다.

[26] 사람이 만일 온 천하를 얻고도 제 목숨을 잃으면 무엇이 유익하리요 사람이 무엇을 주고 제 목숨과 바꾸겠느냐.

24절에서 인간은 선택 앞에 서 있다. 그 선택은 스스로 해야 한다. 하나님은 그를 위해 도와주지 않으신다. 그럼에도 주님은 그의 무한한 사랑으로 올바른 선택을 하도록 인간에게 용기를 주신다. 이러한 사실은 25절과 26절에서 분명하게 나타난다. 누구든지 자신의 평안, 안락, 인기, 명성, 부유함 등만을 생각하거나 또는 대체로 그러한 것들만을 생각하는 사람은 사랑이 부족한 자이며, 자기를 떠나지 못한 사람이다. 영혼에 부요함, 유익, 기쁨, 만족을 나누어 주며, 풍성하게 해 주는 것이 사랑이다. 이를 행하는 것은 예수를 위한 사랑이며, 그분의 자녀와 그분의 목적과 그분의 나라에 대한 사랑이다. 그리고 어떤 의미에서 이것은 그가 구원받게 되는 원수를 위한 사랑이기도 하다. 사람이 만일 온 천하를 얻으려고 한다면—예수께서 이 말씀을 하셨을 때 사탄이 한때 그에게 제안했던 것을 생각하고 계셨을까?(4:8, 9)—그리고 그렇게 행하는 과정에서 자신의 생명이나 영혼을 "빼앗"겨야(소유할 권리를 잃어버려야) 한다면, 다시 말하여 "**자기를** 잃든지 빼앗기든지" 한다면(눅 9:25) 무엇이 유익하리요? 사람이 무엇을 주고 제 목숨과 바꾸겠느냐?[615]

사랑이 진실로 **목숨**을 의미한다는 것은 고전 13장; 갈 4:19, 20; 빌 1:1; 살전 3:8과 같은 구절에서 분명해진다. 목숨과 바꿀 수 있는 것은 아무것도 없다는 것 또한 명백하다. 이기주의는 영혼을 위축시킨다. 그러나 사랑은 영혼을 풍성하고 부유하게 하며 확신, 평화, 기쁨 등으로 넘치도록 채워 준다. 사람이 사랑받은 것을 알게 되면 사랑으로 보답하며, 이러한 사랑을 봄으로써 사랑이 갈 수 없는 경계는 전혀—목숨까지도—없다는 사실을 깨닫는다. 16:24-26의 말씀을 하신 예수께서는 그 자신이 아버지의 사랑의 대상임을 아셨다(마 3:17; 17:5, 22, 23). 예수께서는 순차적으로 아버지를 사랑하셨고, 그 자신을 사랑하셨으며, 세상을 사랑하셨고, 자기의 원수들을 위해서까지도 기도하셨다. 그의 영혼이 생명과 평화와 기쁨으로 가득 차 있다는 것은 조금도 놀라운 일이 아니다. 예수께서는 제자들과 모든 사람이 사랑과 이기심, 생명과 죽음 사이에서 선택하기를

615) 헬라어는 *ἀντάλλαγμα*(참조. 막 8:36, 37)이다. 대구법이 표시해 주고 있듯이, *ἀντί*는 하나의 대상이 다른 것과 거래되는 **교환**의 개념을 강화시킨다. 필자의 박사학위 논문인, *The Meaning of the Preposition ἀντί in the New Testament*, p.76을 보라.

원하신다. 그들이 올바른 결정을 하기 원하신다. 출 32:26; 수 24:15; 룻 1:16, 17; 왕상 18:21; 히 11:25을 참조하라.

24-26절과 27절 사이에는 보통 알고 있는 것보다 훨씬 더 밀접한 관련이 있다. 그 연관성은 다음과 같다. 즉, 온 천하 얻기를 구하지 말라. 그것은 잃는 것을 의미한다. 보상을 받는 문제는 인자에게 위임하라. 예수께서는 그가 오실 때 행위에 따라서 모든 사람에게 보상하실 것이다.

[27] 인자가 아버지의 영광으로 그 천사들과 함께 오리니 그때에 각 사람이 행한 대로 갚으리라.

인자에 대해서는 8:20에 대한 주석을 보라. 그의 백성을 위해 구원을 성취하셨으므로 고난으로부터 영광을 얻은 이 인자에게 성부께서는 보상하실 것이다. 성부께서는 그 자신의 영광을 아들에게 주실 것이고, 그의 천사를 그에게 주어(참조. 단 7:10), 수종 들게 하실 것이다(마 25:31). 인자의 영광은 그가 각 사람의 행위대로 각자에게 보응하시는 재판관이 되리라는 바로 이 사실에서도 나타났다.

새 하늘과 새 땅으로 들어가거나 축출되는 것은 그리스도의 의로 옷 입었는지의 여부에 따를 것이다. 그리스도를 떠나서는 어떠한 경우에도 구원은 없다(행 4:12; 참조. 요 3:16; 14:6; 고전 3:11). 구원은 전적으로 은혜로 인하여 믿음으로 말미암아 얻어지는 것이다(엡 2:8). 그럼에도 형벌의 정도와 또한 영광의 차이는 있을 것이다. "많이 맞을 것이요…적게 맞으리라"(눅 12:47, 48)라는 표현에 주의하고, 단 12:3; 고전 3:12-14을 보라.

영광 혹은 형벌의 등급은 다음과 같은 두 가지 사항에 따른다. a. 이 사람이 얼마나 많은 양의 "빛"(지식)을 받았는가?(롬 2:12). b. 그는 받은 빛을 어떻게 사용했는가?(눅 12:47, 48). 그는 신실하였는가? 그렇다면 어느 정도로 그랬는가? 그는 신실하지 못했는가? 그렇다면 나는 어느 정도인가, 이것은 그의 행위에서 명백해질 것이다. 이 행위는 그 사람이 그리스도의 진실한 신자인지 아닌지, 그리고 그가 받은 빛을 옳게 사용했거나 혹은 남용한 정도를 보여 줄 것이다(계 20:13; 고전 3:12-15). 따라서 본 구절은 "그때에 각 사람이 행한 대로 갚으리라"고 되어 있다.

예수께서는 다음과 같은 엄숙한 예언으로 말씀을 끝맺으신다.

[28] 진실로 너희에게 이르노니 여기 서 있는 사람 중에 죽기 전에 인자가 그 왕권을 가지고 오는 것을 볼 자들도 있느니라.

"진실로 너희에게 이르노니"에 대해서는 5:18을 보라. 이 말은 매우 중요한 진술을 알려준다. 많은 사람들이 이 구절에서 겪는 어려움을 다음과 같이 생각함으로써 피할 수 있다. 예수께서는 "여기 서 있는 사람 중에 죽기 전에 인자가 그의 천사들과 함께 아버지의 영광 중에 오는 것을 볼 자들도 있느니라"고 말씀하시지 않았다. 예수께서는 "인자가 그 왕권을 가지고 오는 것을 볼 자들도 있느니라"고 말씀하셨다. "죽기 전에…보리라"는 것은 그것을 경험한다는 뜻이다. 즉, 죽는 것을 뜻한다. "인자"라는 말에 대해서는 8:20을 보라. 인자가 "그 왕권을 가지고" 오는 것은, 즉 예수의 마음속으로 그때를 아주 명백하게 알고 있으므로 예수의 말을 듣고 있는 사람들 중에는 그들이 죽기 전에 그것을 보게 될 것이라고 덧붙일 수 있는 그 오심이 재림을 언급하는 것이 아니라는 게 24:36에서 명백해진다(참조. 막 13:32). 거기서 예수께서는 특별히 후자의 오심의 때를 자기도 모른다고 선언하신다.

확실히 "각 사람이 행한 대로 갚으려고 오신다"는 것(27절)과 "그 왕권을 가지고 오신다"는 것, 혹은 문자적으로 "왕의 신분으로"[616] 오신다는 것은(28절) 긴밀한 관계가 있다. 그러나 그것들이 똑같은 것은 아니다. 10:23에서와 마찬가지로 본문인 16:27, 28에서도 예수께서는 예언적인 전면축화법(前面縮畵法)을 사용하신다. 이 논제에 대한 더 자세한 설명은 3:10의 주석을 보라. 예수께서는 부활에서 재림까지 모든 영광의 상태를 하나로 간주하신다. 27절에서 예수께서는 그 영광의 마지막을 말씀하시고 본문인 28절에서는 그 시작을 말씀하신다. 그러므로 본문에서 예수께

616) 헬라어 *βασιλεία*는 "왕국"이라는 의미 이외에도 "왕권", "왕의 통치", 혹은 "왕의 위엄"이라는 추상적 의미도 가지고 있으며, 이것들 중 어느 것을 사용해도 문맥에 잘 어울린다(참조. 마 6:10; 눅 17:21; 고전 15:24).

서는 그의 말씀을 듣고 있는 사람들 중에는 그 처음 시작을 볼 자들이 있다고 말씀하신다. 그들은 인자가 "그의 왕권을 가지고" 오시는 것, 즉 왕으로서 통치하시기 위해 위엄을 갖추고 오시는 것을 볼 것이다. 그분은 "만왕의 왕이요 만주의 주"로서 통치하기로 예정된 분이 아닌가?(계 19:16). 마 16:28에서의 언급은 다음과 같은 것에 대한 모든 가능성에서 이루어진다. a. 그의 영광의 부활, b. 그가 오순절에 성령으로 다시 오심과 그 사건과의 밀접한 관련성, c. 아버지의 우편에서 통치하심과 사도행전에 기록되어 있는 바와 같이 오순절 후의 교회 역사에서 분명해진 통치자로서의 지위.

이러한 큰 사건들(방금 언급한 b., c.)은 성경에서 권능, 왕권, 높아지심, 우편에 앉으심의 개념과 더불어 거듭 연상된다. 이러한 개념들은 행 1:6-8; 2:32-36; 엡 1:19-23; 빌 2:9; 히 2:9, 벧전 1:3; 그리고 계 12:10과 같은 구절들을 연구함으로써 누구나 알 수 있는 것들이다.

예수의 부활과 오순절날 성령 강림의 결과로 외부인들이 보는 것처럼 천하를 "어지럽게" 할 정도로 엄청난 변화가 일어나기 시작할 것이었다(행 17:6). 중대한 사건들이 일어나려 하고 있었다. 그 사건들이란 영적 조명, 사랑, 연합, 그리고 전에 없이 강력한 용기와 더불은 교회 "태동의 시대", 이방인 속으로의 교회 확장, 수천 명의 개종, 많은 카리스마적 은사의 출현과 역사이다(행 2:41; 4:4, 32-35; 5:12-16; 6:7; 19:10, 17-20; 살전 1:8-10). 이 모든 일은 분명히 인자가 "왕으로서", 다시 말해 "왕권을 가지고" 나올 것이라는 예언을 정당화해 주었다. 예수께서는 지금 그의 말을 듣고 있는 사람들 중 몇 사람이 살아있는 동안 이 일이 일어날 것이라고 예언하신다. 그것 역시 문자적으로 이루어졌다. 주께서 예언을 하실 때 들었던 모든 사람들이 살아서 예언의 완전한 성취를 보았던 것은 결코 아니다. 가룟 유다는 어떠한 것도 보지 못했다. 도마는 부활의 날 주일 저녁에 다른 제자들과 함께 있지 않았다. 요한의 형제인 야고보는 사도행전에 기록되어 있는 놀라운 시기의 시작만을 보았다(행 12:1을 보라). 사도들 중 일부는 중요한 사건들이 일어났을 때 없었다(요 21:2). 우리 주 예수 그리스도께서 "…하나님 아버지께 존귀와 영광을 받으셨느니라"(벧후 1:17, 16에 있는 "위엄"도 마찬가지)라고 할 때, 변화산의 변모도(마 17:1-8) 16:28에 있는 예언의 말씀 속에 포함되었다고 어떤 이들은 생각한다. 사도들 중 오직 세 사람만이 그것을 증언하였다. 그러나 그것이 포함이 되든 안 되든 간에 예수의 예언이 문자적으로 영광스럽게 이루어진 것을 보여 주기에 충분한 다른 증언이 언급되었다.

16장의 종합

1-4절, 사천 명을 기적적으로 먹이신 이후 예수께서 서편 해안에서 며칠을 지내기 위하여 호수를 다시 건너셨다. 전처럼(12:38) 비록 암시적이라고는 하지만 그의 놀라운 역사는 도전을 받았다. 반대자들은 예수께 표적을 보여 달라고 요구했다. 이번에도 역시 그들이 바랄 수 있는 유일한 표적은 요나의 표적이라는 대답을 듣는다(12:39의 주석을 보라). 그리고 전과 마찬가지로 예수께서는 표적을 구하는 자들에게 "악하고 음란한 세대"라고 부르신다.

예전과의 차이는 이러하다. 이번에 대적들은 특별히 "하늘로부터"의 표적을 구한다. 이전에는 이러한 것이 그들의 의도이기는 했다. 이번에는 바리새인들이 표적을 구하는 사두개인들과 연합했다는 점이 두 번째 차이이다. 마지막으로 이번에는 예수께서 그의 대적들을 꾸짖으신다. 그들이 날씨는 분별하면서 훨씬 더 중요한 '시대의 표적'은 분별할 수 없었기 때문이다.

그리스도께서 세상에 들어오심으로 거대한 변화가 일어났다. 대단히 많은 귀신들이 쫓겨났고, 많은 병자가 건강을 회복하였으며, 장애자가 그 장애에서 해방되었다. 율법주의가 드러났다. 은혜로 말미암는 구원이 증거되고 받아들여졌으며, 사람들이 빛과 사랑의 나라에 초청받았다. 그러한 사람이 도처에서—적들에게까지—선포되었고, 입증되었다. 하나님의 나라가 땅 위에 임한 것이 알려졌다. 그럼에도 진리의 적들은 이 모든 것을 대적하였다. 그들은 전통과 이론에 계속 집착하였다.

호수의 동편 또는 북동쪽으로 다시 건너는 동안 떡 가져가기를 잊어버린 것을 제자들은 알았다(5-12절). 예수께서 그들에게 "바리새인과 사두개인들의 누룩을 주의하라"고 말씀하셨다. 제자들은 이 말씀을 문자적으로 해석하여 예수께서 그들이 떡 가져오기를 잊어버려 불쾌해하신다고 생각했다. 그들은 떡 다섯 개와 떡 일곱 개로 각각 많은 무리를 먹이신 두 번의 기적을 기억하지 못한 것일까? 제자들은 예수께서 떡에 사용하는 누룩을 삼가라고 말씀하신 것이 아니라 바리새인과 사두개인들의 교훈을 삼가라고 말씀하신 것임을 결국은 깨달았다.

빌립보 가이사랴 근처에서 일어난 것을 기술한 다음의 단락에서(13-20절) 예수께서는 "사람들이 인자를 누구라 하느냐?"고 제자들에게 물으신다. 제자들이 "세례 요한…엘리야…예레미야…선지자 중의 하나"라고 대답하자 예수께서는 "너희는 나를 누구라 하느냐?"고 물으신다. 시몬 베드로가 "주는 그리스도시요 살아 계신 하나님의 아들이시니이다"라고 대답한다. 예수께서 그를 축복하시고 "너는 베드로라 내가 이 반석 위에 내 교회를 세우리니 음부의 권세가 이기지 못하리라"고 덧붙이신다. 17-20절의 설명은 필자의 주석, 마 16:17-20을 보라.

예수께서는 임박한 고난, 죽음 그리고 부활을 처음으로 예언(평이한 말로)하시면서(21-28절) 자기를 기다리고 있는 무서운 고난에 대한 몸서리나는 일들을 제자들에게 말씀하셨으며, 항변하는 자를(베드로) 꾸짖으시고 참 제자는 자기를 구하지 아니하고 자기를 부인하는 자인 것을 강조하신다. 그리고 십자가는 영광으로 인도하는 길이라는 사실을 지적하신다. 인자의 영광은 재림 때에야 비로소 충분히 드러나게 될 것이다. 그렇지만 그 영광의 시작(부활, 오순절, 초대 교회의 신속하고 힘 있는 확장이라고 생각된다)은 바로 당시 예수의 말씀을 듣고 있던 자들 중에서 볼 자들도 있을 것이다.

제17장의 개요

Matthew

17

주제 : 아버지께서 아들에게 맡기신 사역

17:1-13 예수께서 변형되심

17:14-20 간질병 걸린 소년을 치료하심

17:22-23 수난과 부활의 두 번째 예언

17:24-27 성전세의 납부

제 17 장

예수께서 변형되심 (17:1-13)

막 9:2-13; 눅 9:28-36 참조

1-13절

1 엿새 후에 예수께서 베드로와 야고보와 그 형제 요한을 데리시고 따로 높은 산에 올
라가셨더니 2 그들 앞에서 변형되사 그 얼굴이 해같이 빛나며 옷이 빛과 같이 희어졌
더라 3 그때에 모세와 엘리야가 예수와 더불어 말하는 것이 그들에게 보이거늘 4 베
드로가 예수께 여쭈어 이르되 주여 우리가 여기 있는 것이 좋사오니 만일 주께서 원
하시면 내가 여기서 초막 셋을 짓되 하나는 주님을 위하여, 하나는 모세를 위하여, 하
나는 엘리야를 위하여 하리이다 5 말할 때에 홀연히 빛난 구름이 그들을 덮으며 구름
속에서 소리가 나서 이르시되 이는 내 사랑하는 아들이요 내 기뻐하는 자니 너희는
그의 말을 들으라 하시는지라 6 제자들이 듣고 엎드려 심히 두려워하니 7 예수께서
나아와 그들에게 손을 대시며 이르시되 일어나라 두려워하지 말라 하시니 8 제자들
이 눈을 들고 보매 오직 예수 외에는 아무도 보이지 아니하더라 9 그들이 산에서 내려
올 때에 예수께서 명하여 이르시되 인자가 죽은 자 가운데서 살아나기 전에는 본 것
을 아무에게도 이르지 말라 하시니 10 제자들이 물어 이르되 그러면 어찌하여 서기관
들이 엘리야가 먼저 와야 하리라 하나이까 11 예수께서 대답하여 이르시되 엘리야가
과연 먼저 와서 모든 일을 회복하리라 12 내가 너희에게 말하노니 엘리야가 이미 왔
으되 사람들이 알지 못하고 임의로 대우하였도다 인자도 이와 같이 그들에게 고난을
받으리라 하시니 13 그제서야 제자들이 예수께서 말씀하신 것이 세례 요한인 줄을 깨
달으니라

1 육 일 뒤에 예수님께서는 베드로와 야고보, 그리고 야고보의 동생 요한을 데리고 따
로 높은 산에 올라가셨습니다. 2 그들 앞에서 예수님의 모습이 변화되었습니다. 예수
님의 얼굴은 해같이 빛나고, 옷은 빛처럼 희게 되었습니다. 3 그때에 모세와 엘리야가
나타나 예수님과 함께 말씀을 나누었습니다. 4 베드로가 예수님께 말했습니다. "주
님, 우리가 여기 있는 것이 좋습니다. 원하신다면 제가 여기에 천막 세 개를 세우겠습
니다. 하나는 주님을 위해, 또 하나는 모세를 위해, 그리고 마지막 하나는 엘리야를

위해서 말입니다." 5 베드로가 말하는 동안에 갑자기 빛나는 구름이 그들 위를 덮고, 그 속에서 "이는 내가 사랑하며 기뻐하는 아들이다. 너희는 그의 말을 들어라!" 하는 소리가 들려왔습니다. 6 제자들이 그 소리를 듣고, 얼굴을 땅에 대고 엎드리며 무서워하였습니다. 7 예수님께서 그들에게 오셔서, 어루만지시며 말씀하셨습니다. "일어나라, 무서워하지 마라." 8 제자들이 눈을 들어 보니 아무도 보이지 않고, 예수님만 혼자 계셨습니다. 9 산 아래로 내려올 때에 예수님께서 제자들에게 당부하셨습니다. "인자가 죽음에서 다시 살아날 때까지, 너희가 본 것을 아무에게도 말하지 마라." 10 제자들이 예수님께 여쭈었습니다. "어째서 율법학자들은 그리스도가 오기 전에 엘리야가 먼저 와야 한다고 말하는 것입니까?" 11 예수님께서 대답하셨습니다. "엘리야가 와서 모든 것을 회복시킬 것이다. 12 그러나 내가 너희에게 말한다. 엘리야는 이미 왔다. 그런데 사람들은 그를 알아보지 못하고, 그에게 자기들 마음대로 하였다. 이처럼 인자도 그들로부터 고통을 받을 것이다." 13 그때서야, 제자들이 예수님께서 세례자 요한을 두고 말씀하셨다는 것을 깨달았습니다. _아가페 쉬운성경

부활에서 재림까지의 예수의 승귀가 여기 17:1-13, 특히 1-8절에 기록된 변형 사건에서 예시되고 있다. 이 변형 사건은 이중의 목적을 가지고 있다. a. 아버지의 불변한 사랑(17:5)과 고난 뒤에 올 영광(히 12:2)을 생각나게 함으로써 중보자로 하여금 혹독한 고난에 담대하게 맞서도록 준비시키는 것; b. 베드로, 야고보, 요한, 간접적으로는 후에 올 모든 교회로 하여금 열두 제자의 대변자인 시몬 베드로에 의해 계시되고 고백된 진리(마 16:16)를 믿는 신앙을 견고하게 하는 것.

[1] 엿새 후에 예수께서 베드로와 야고보와 그 형제 요한을 데리시고 따로 높은 산에 올라가셨더니.

"엿새 후에"라는 표현은 눅 9:28 "이 말씀을 하신 후 팔 일쯤 되어"와 상충되지 않는다. 누가는 기록할 때 베드로가 고백한 날과 그리스도께서 변형되신 날을 함께 포함한 것 같다. 게다가 그는 정확한 것을 의도하지 않았다. "팔 일쯤"이라고 말하고 있기 때문이다.

열두 제자 모두가 예수의 지상 생활에 관한 대부분의 사건을 증거할 수 있다. 그러나 이 세 사람이 있는 곳에서만 발생한 사건도 있었다. 그 정확한 이유는 단지 추측할 수 있을 뿐이다. 예수께서는 야이로의 딸을 다시

살리는 그 방에 들어오는 것을 세 제자에게만 허락하셨다(막 5:37; 눅 8:51). 전체가 다 들어가는 것이 예의에 어긋나는 일이며 야이로의 딸이 눈을 떴을 때 방해가 되기 때문이었을까? 주님의 겟세마네 고통은 세 제자가 아닌 다른 제자들이 증거하기에는 너무나 신성한 것이었을까?(마 26:37; 막 14:33). 이 사건이 세 사람에 의해 아주 제한된 정도로만 증거된 것도 이런 이유 때문이었을까? 세 사람 이상이 목격한다면(마 17:1; 막 9:2; 눅 9:28) 마 17:9에서 하신 말씀이 이루어지기 어렵기 때문에 마 17장과 병행 구절에서 묘사되고 있는 변형 사건을 세 사람만이 목격했다는 것이 가능한 일일까? 그런 이유가 있었을지 모르나 우리는 알 수 없다.

왜 베드로와 야고보와 요한이 선택되었는지 정확히 알 수는 없다. "세 제자야말로 가장 잘 이해하고 공감할 수 있었기 때문"이라고 말하는 사람도 있다.[617] 또한 "예수의 첫 번째 제자들이었기 때문"이라고 말하는 사람도 있다.[618] 마 4:18, 21과 필자의 주석, 요 1:35-37, 40, 41을 보라. 둘 다 옳을지도 모른다. 적어도 진리의 한 부분은 갖고 있을 것이다.

마 16:16-19에 의하면 베드로가 셋 가운데 속한 것은 놀랄 만한 일이 아니다. "예수의 사랑하시는 제자"(요 13:23; 19:26; 20:2; 21:7)였던 요한의 영적 친밀성으로 보아 요한이 가장 친밀한 그룹에 속했다는 것도 가능한 일이다. 그런데 요한의 형제 야고보는 어떤가? 열두 제자 중에서 최초의 순교자가 된 야고보에게 예수께서 절친한 증인 가운데 속하는 특권을 주시지 않았겠는가?(행 12:2).

이것이 "왜 이 세 사람인가?"라는 질문에 대해 고려할 만한 점들이다. 그럼에도 앞에서 언급된 질문의 답과 마찬가지로 이 질문의 대답 또한 나타나 있지 않음을 솔직히 인정해야만 한다. 적당한 시기가 왔을 때 보고 들은 바를 교회에 증거할 수 있는 증인이 왜 필요했는가는 이해하기 쉽다. 특히 신 19:15; 마 18:16; 요 8:17; 고후 13:1; 딤전 5:19을 참조하라.

예수가 세 제자를 데리고 올라간 "높은 산"이 어느 산이었는가는 확실히 알 수 없다. 어떤 사람은 그 산이 "다볼산"이었다고도 한다. 그러나 그

617) A.B. Bruce, *Synoptic Gospels*, p.228.

618) H.N. Ridderbos, *op. cit.*, p.24.

당시 다볼산 꼭대기에는 성읍이나 요새가 있었던 사실로 보아 주님과 세 제자가 찾고 있던 은밀한 장소를 여기서 발견했으리라고는 생각하기 어렵다. 그 산이 헬몬산이었다고 말하는 사람들도 있다. 그런데 예수와 세 제자가 이 산에서 내려왔을 때 서기관을 포함한(막 9:14) "무리"를 만나게 된다. 이 사실은 우리가 안전하게 "변화산"이라고 부르는 그 산이 대부분 이방인들로 밀접해 있던 북방과 멀지 않은 곳임을 시사한다. 더욱 합리적인 장소는 갈릴리 북부에 있는 **예벨 예르막**(또는 …**예르묵**)이다. 해발(지중해로부터) 4,000피트인 그 산의 정상에서는 사면으로 아름다운 경치를 구경할 수 있다. 예수께서 곧 이어 도착하신 가버나움(17:24; 막 9:28, 33)까지는 비교적 가까운 곳이다. 물론 이 산이 마태가 "높은 산"이라고 말한 바로 그곳이라고 단정할 수는 없다. 그러나 적어도 모든 요건을 충족하는 장소이다.[619]

[2] 그들 앞에서 변형되사 그 얼굴이 해같이 빛나며 옷이 빛과 같이 희어졌더라.

실제적인 변형이 있었다고 하는 견해가 있다.[620] 변형은 다양한 형태와

---

619) 이 장소는 W. Ewing의 기고문 *Transfiguration, Mount of*, I.S.B.E., Vol. V, p.3006과 E.G. Kraeling, *op. cit.*, p.390에서도 또한 지지되고 있다. 그는 다른 가능성으로서 가버나움 북쪽의 *Jebel kanán*을 언급한다.

620) 일반적으로 "변형되었다"고 번역되는 동사 *μετεμορφώθη*에서 영어 단어 "metamorphose"와 "metamorphosis"가 유래되었다. 헬라어의 *morphe*는 "항상 본질적인 형태를 의미한다." 그러므로 이 경우에서는 본질적인 형태가 변화되었다는 뜻이다. 그렇다면 예수께서는 변형되셨다. 그의 인성은 신적 속성을 이용하기 시작했다. "예수의 전신은 잠시 동안 신성의 빛과 광채로 빛나게 되었다" (R.C.H. Lenski, *op. cit.*, pp.632-634). 어떤 문맥에서 *morphe* 또는 *form*이 사람이나 사물의 내적, 본질적, 영속적 속성을 언급하고 있는 반면 *schema, fashion*은 외적, 부수적, 덧없는 외양을 지적하고 있다. 이 두 가지가 나란히 사용되고 있는 빌 2:6, 8과 롬 12:2에서는 특별히 이 구분을 잘 볼 수 있다. 빌 2:6, 7 상반절의 주석을 참조하라. 그러나 *morphe*라는 어근을 가진 동사가 모든 문맥에서 본질의 실제적 변화나 변형을 의미한다고는 할 수 없다. 단어는 역사를 갖고 있으며 모든 상황에 적응하게 된다. 그리고 이 경우에서 이 동사가 본질이나 속성의 변화 대신 **외모의 변화**를 의미하지 않는다고 할 이유는 전혀 없다. 특히 여기서 나타난 외모

정도로 일어난다. 난폭한 소녀가 나이팅게일로 변한 것이나 욕심 많은 여자가 돌로 변한 경우[이 두 가지 예는 오비디우스(Ovid)의 작품 "변형(*Metamorphoses*)"에서 취함]가 극단적인 예가 될 것이다. 좀 더 가벼운 경우는 유충이 나비로 변하는 것 또는 올챙이가 개구리가 되는 것 같은 예이다. 여기 2절의 문맥은 그 어느 것도 지지하지 않는다.

그러나 그리스도의 변형되신 모습이 단순히 숭고한 마음에서 기인한 것이며, 모세와 엘리야는 환상 중에 나타난 것이라고 보는(9절에 근거하였으나, 정확한 내용은 9절을 참조할 것) 극단적인 견해에[621] 대해서도 경계해야 한다.

해당되는 모든 구절들이 실제로 말하고 있는 것은 다음과 같다. 산에 있을 때 졸다가 아주 깨어난(눅 9:32) 세 제자는 예수의 모습이 변해서 얼굴이 해와 같이 빛나기 시작할 뿐만 아니라 옷까지도 그 빛깔이 희어지며 빛나는 것을 분명히 보았다. 갑작스럽고 비상한 광채의 근원은 밝혀지지 않았다. 어떤 사람들은 이 모든 것이 석양 때문이라고 상상한다(그렇다면 제자들이 졸았다고 하기에는 너무 이르다). 또한 내부로부터 하나님의 영광이 돌출했기 때문이라고도 하고, 그리스도의 마음이 하늘에 계신 아버지와의 교제로 인해 고양되었기 때문이라고도 한다(눅 9:29). 이것이 어떻게 옷에도 영향을 미칠 수 있었는가는 생략되어 있다. 또는 그 난제를 해결하기 위해 해(sun)를 등장시킨다. 본문에 아무런 설명도 주어져 있지 않기 때문에 아마도 모든 추측을 생략하고 5절에 이를 때까지 설명을 연기하는 것이 가장 좋을 것이다.

[3] 그때에 모세와 엘리야가 예수와 더불어 말하는 것이 그들에게 보이거늘.

이것은 모세와 엘리야의 실제적이고 외적인 출현이다. 이와 비견되는

의 변화가 그리스도의 전인격을 비추는 내부로부터의 영광에 기인한 것이 사실이라 할지라도 "그 얼굴이 해같이 빛나며 옷이 빛과 같이 희어졌더라"는 문맥은 본질이나 속성의 변화가 발생했다는 것을 증명하지 않는다.

621) 참조. A.B. Bruce, *Synoptic Gospels*, pp.228-230.

실제로 지각할 수 있는 출현에 대해서는 창 18:1, 2; 19:1; 삿 13:2, 3 등을 참조하라.

어떻게 제자들은 갑자기 그 장면에 출현한 타계에서의 두 방문자가 모세와 엘리야라는 것을 알았을까? 그들 스스로 소개했을까? 제자들은 그들이 예수와의 대화에서 한 말을 가지고 이 정보를 알아냈을까? 두 사람의 출현이 제자들에게 구전 또는 기록으로 전승되어 왔기 때문에 둘을 구별하기가 용이했을까? 하나님께서 계시하셨을까? 직관으로 알게 되었을까? 마지막으로 꽤 공상적으로, 모세는 율법을 베낀 것을 손에 들고 엘리야는 불병거를 탄 채로 하늘에서 강림했을까? 우리가 알고 있고 또 알 필요가 있는 전부는 세 제자가 두 방문객을 어떻게 알아보았는가에 대해서는 언급되어 있지 않다는 것이다.

모세에 대해서 우리가 알고 있는 것은 그가 죽었고 장사되었다는 사실이다(신 34:5, 6). 그 후에 그의 시체를 들추어내어 하늘로 옮겼다면, 유 9절이 이 이론을 간접적으로 지지해 주고 있지 않은가? 또는 그의 시체는 여전히 매장되어 있고 하나님께서는 바로 이런 경우에 사용하기 위해서 그의 영혼을 다른 육체에 준비시키셨는가? 엘리야에 관해서 우리가 아는 것은 그가 죽지 않고 하늘로 승천했다는 사실이다(왕하 2:11).

그런데 여기에 그들이 있다. 모세와 엘리야는 아마도 "하늘의 광채로 둘러싸인" 것이 의미하는 "영광 중에" 나타나서 예수께서 장차 예루살렘에서 별세하실 것에 대해 예수와 함께 이야기하고 있었다(눅 9:31). 별세(departure)란 단어가 예수의 수난 특히 죽음을 의미하고 있음에 대해서는 증명할 필요가 없다. 벧후 1:15을 보라. "부활도 거기에 포함되느냐?"는 질문이 제기되었다. 그러나 그 질문은 그다지 중요한 것은 아니다. 왜냐하면 그 단어가 부활을 전혀 내포하고 있지 않다 하더라도 하늘에서 온 방문자들이 죽음 후의 승리에 대해 언급하지 않고 예수의 죽음에 대해 예수와 이야기한다는 것이 가능하기 때문이다. 그러나 마태는 예수와 두 사람 간의 대화의 주제에 대해서는 언급하지 않는다. 그는 단지 두 사람이 예수와 "더불어 말씀했다"고만 전하고 있다.

하필이면 왜 이 두 사람인가? 모든 불필요한 추측은 그만두고 가장 단순한 최상의 대답은 모세와 엘리야가 각각 예수께서 완성하실 율법과 선지자를 대표하고 있기 때문인 것으로 보인다(마 5:17; 눅 24:27, 44).

[4] 베드로가 예수께 여쭈어 이르되 주여 우리가 여기 있는 것이 좋사오니 만일 주께서 원하시면 내가 여기서 초막 셋을 짓되 하나는 주님을 위하여, 하나는 모세를 위하여, 하나는 엘리야를 위하여 하리이다.

베드로의 약점은 너무 자주 제일 먼저 말하는 것과 생각한 것을 행하더라도 나중에야 행하는 것이다. 여기서도 또한 그렇다. 그러나 베드로에 대해 너무 심하게 말해서는 안 된다. 왜냐하면 그는 방금 졸다가 깨어났으며 자기가 말하는 것을 알지 못했기 때문이다(눅 9:32, 33). 또한 그는 어떤 이기심도 나타내지 않았다(자신을 위한 초막을 포함하여). 넷이나(야고보와 요한을 위한 초막을 포함하여) 여섯 개의 초막을 지으려 한 게 아니라 세 개의 초막을 짓기 원했다.

그러나 그의 제안은 어리석었다. 예수와 두 방문자가 마치 추위를 막을 아무것도 가지고 있지 않은 것처럼 제안했으니 말이다. 게다가 필요했다 하더라도 나뭇가지나 관목들—이것들을 즉시 구할 수 있었다고 가정하자—이 든든한 보호막이 될 수 있겠는가?

베드로의 마음에는 적어도 자기의 제안을 예수께 제시해서 그가 결정하시도록 한 것인지도 모른다. 한편 영광스러운 장면을 연장하고 싶어 한 이 사도의 욕망은 예수께서 가르치신 것(참조. 16:23-25)을 아직 충분히 마음에 새기지 못했음을 보여 준다. 예수를 위해서건 자신을 위해서건 베드로는 고난과 십자가로부터 멀리 떨어져 있기를 원했다.

베드로의 질문은 아직 대답을 듣지 못했다. 그 대답은 5절에 기록된 행동에 포함되어 있다.

[5] 말할 때에 홀연히 빛난 구름이 그들을 덮으며.

성경에선 하나님의 임재가 가끔 구름으로 나타난다. 여러 경우에 있어서 그것은 빛나고 희며 또는 광채가 나는 구름이다(출 13:21; 16:10; 40:35; 왕상 8:10, 11; 느 9:19; 시 78:14; 겔 1:4; 계 14:14-16 참조). 제자들은 빛을 발하는 구름이 예수와 모세와 엘리야를 덮는 것을 보았다. **구름 속에서 소리가 나서 이르시되 이는 내 사랑하는 아들이요 내 기뻐하는 자니 너희는 그의 말을 들으라 하시는지라.** 설명은 이미 주어져 있다. 왜냐하면 "그의 말을 들으라"는 것을 제외하고는 예수의 세례 때와 똑같은 말씀이기 때문이다. 마 3:17을 보라. 이 경우에 그 말씀은 예수와 세례 요한에게 들렸다. 다른 사람들에게도 들렸는지는 정확히 나와 있지 않다. 여기 변형하심에 관련해서는 예수와 세 제자, 즉 아버지의 사랑하시는 아들의 말씀을 계속해서 듣고 마음에 새기려고 하는 베드로와 야고보와 요한에게 들렸다.

그리스도의 변형에 관한 많은 질문이 대답될 수 없다는 것은 1, 2절과 관련해서 이미 지적한 바 있다. 그러나 한 가지 점은 명백하다. 그리스도의 빛나는 얼굴, 빛과 같이 흰 옷, 광채가 나는 방문자, 빛나는 구름, 사랑을 드러내시는 소리와 같이 분명히 계시된 모든 것을 가지고 그림을 그린다면, 베드로가 후에 성령에 감동을 입어 "우리는 그의 크신 위엄을 친히 본 자라…그가 하나님 아버지께 존귀와 영광을 받으셨느니라"(벧후 1:16, 17)는 말로 요약한 바로 그것이 이 그림의 전체적인 인상이다. 그러므로 무엇보다도 예수의 변형은 예수 자신과 그것을 증거할 제자들을 위해 적극적이고 고무적이며 영광스런 체험임이 분명했다. 예수를 영광으로 옷입히고 계속적인 기쁨을 재확인함으로써 그를 격려하여 곧 다가올 고난에서 견디도록 하시는 분은 아들을 지극히 사랑하시는 아버지셨다. 동시에 베드로와 야고보와 요한을 믿음에 견고하게 해서 훌륭하고 충분한 증인이 될 수 있게 하신 분도 아버지셨다.[622]

---

622) 신학 철학자인 K. Schilder의 해석—*Christ in his Suffering*(네덜란드어 역서), Grand Rapids, 1938, pp.26-34—은 다르다. 스킬더는 이러한 견해를 갖고 있다. 즉, 예수는 사탄으로 하여금 그를 따라 산에 올라오도록 했으며, 거기서 발생한 사건은 중보자에 대한 한 시험이었고, 그의 겸손을 연결하는 한 고리였다고 한다. 예수는 모세와 엘리야의 마력적인 후광에 싸였다. 예수는 그들에게서 반사된 빛으로 인해 빛나게 되었다. 스킬더의 저서가 가치 있는 읽을거리를 제공하기는 하지만 필자가 믿기에는 벧후 1:16, 17이 그에 대한 반론을 제기하며 그 시험설은 증명될 수 없는 것이다.

그러나 잠깐 동안 구름 속에서 난 소리가 제자들을 놀라게 했다.

[6] 제자들이 듣고 엎드려 심히 두려워하니.

한밤중에 하나님의 임재가 가시적으로 나타난 빛나는 그 구름이며, 구름 속에서 갑자기 나는 소리와 같은 이 모든 것들은 세 사람의 마음을 두려움과 전율로 가득 차게 만들었다. 거룩하며 위엄이 가득한 분의 임재는 죄인을 놀라게 한다(창 3:10; 삿 6:22; 13:22; 사 6:5; 단 8:17; 10:9; 합 3:16; 계 1:17 하반절). 이 구절을 주석하면서 칼빈은 "하나님께서는 제자들로 하여금 이러한 공포를 느끼도록 해서 이 환상에 대한 기억을 더욱 마음에 새기도록 하셨다"고 말한다.

[7] 예수께서 나아와 그들에게 손을 대시며 이르시되 일어나라 두려워하지 말라 하시니.

예수는 이들을 사랑하신다. 그래서 그들을 위로하기 위해 그들에게로 걸어가셔서 부드럽게 손을 대신다(마 8:3; 참조. 계 1:17). 예수께서는 그들에게 "일어나라 그리고 이제 더 이상 두려워하지 말라"고 말씀하신다.

"두려워하지 말라"는 말은 성경 전체를 통해 하나님은 사랑이시라는 것을 여러 형태로 보여 준다(출 14:13-15; 수 1:5-7; 11:6; 왕하 19:6; 느 4:14; 사 40:9; 43:1-7; 마 14:27; 28:10; 막 5:36; 행 18:9; 계 1:17 하반절, 18). "두려워하지 말라"는 이 **부정**의 말은 "안심하라"는 **긍정**의 말을 생각나게 한다(참조 9:2). 그러한 권고는 공허한 것이거나 아니면 의미심장한 것이며 또는 건방진 말이거나 아니면 힘을 주는 말이다. 그런데 그 말이 필요한 것은 무엇이든지 주고 싶어 하고, 또 줄 수 있는 분에게서 나온 말이라면 어떤 상황에서도 실제로 도움을 줄 수 있다.

[8] 제자들이 눈을 들고 보매 오직 예수 외에는 아무도 보이지 아니하더라.

예수께서는 제자들에게 두려워하지 말라고 말씀하실 뿐만 아니라 그들에게서 두려움의 원인도 제거해 주신다. 기이하고 광채가 나며 위엄 있는 그 장면이 제자들이 감당할 수 있는 이상으로 연장되지 않도록 하셨다. 그 결과 베드로와 야고보와 요한이 정신을 차리고 눈을 떴을 때는 빛나는 구름이 천상의 방문자들과 함께 사라져 버리고, 그 제자들은 예수 이외에는 어떠한 사람도 볼 수가 없었다. 눈부신 광채가 예수를 떠났기 때문에 결국 제자들은 놀라지 않게 되었다. 그 사건은 끝이 나고 기억만이 남아 있게 된다. 이제 장면이 바뀐다.

[9] 그들이 산에서 내려올 때에 예수께서 명하여 이르시되 인자가 죽은 자 가운데서 살아나기 전에는 본 것을 아무에게도 이르지 말라 하시니.

이렇게 경고하신 이유는 이미 나와 있다(참조. 마 16:20). "아무에게도 이르지 말라"는 명령에는 당연히 "다른 아홉 명의 제자에게도 하지 말라"는 뜻이 내포되어 있다. 너무 이르게 공적으로 선포하는 데서 오는 위험은 모두 피해야 한다. 적당한 시기, 즉 인자가 부활한 후에는 예수의 변형하심에 관한 이야기를 선포할 수 있을 뿐만 아니라 선포할 것이고 선포해야만 한다. 부활의 사실이 그 위에 필요한 광명을 비출 것이다.

예수는 "본 것을 아무에게도 이르지 말라"고 말씀하셨다. 이것은 문맥으로 보아 "환상을 아무에게도 이르지 말라"(흠정역 영어 성경과 기타 영어 성경들)는 것보다 훨씬 좋은 번역이다. 그 번역은 매우 모호하다. 변형 사건이 역사적인 사실이 아니었다는 것과 변형이란 세 사도의 마음속에서가 아니면 실제로는 일어날 수 없다는 것을 암시한다. 그 환상이 아무리 주관적 상상의 산물이 아닌 하나님의 계시에 의한 것일지라도, 즉 사도 요한이 밧모섬에서 받게 될 환상과 같은 것일지라도 이 경우에는 해당하지 않는다. "변형되사"(2절)라는 진술과 베드로의 논평(벧후 1:16, 17)은 어떤 형태로든지 "환상"이라는 관념을 배제시킨다. 세 제자가 본 것은 그들이 들었던 소리와 같이 사실인 것이다. 원문에서 사용된 단어가 "환상"이라는 의미로 자주 쓰인다 하더라도(행 9:10; 10:3, 17, 19; 11:5; 12:9; 16:9, 10; 18:9) 항상 그 경우에 해당하는 것은 아니다. 이 점을 더 자세히 알려면 각주를 참조하라.[623]

그리스도의 명령은 다음과 같은 반응을 가져왔다.

[10] 제자들이 물어 이르되 그러면 어찌하여 서기관들이 엘리야가 먼저 와야 하리라 하나이까.

이 질문에 대해서는 몇 가지 해석이 있다. 다음 문맥으로 보아 가장 단순한 해석은 다음과 같다. 예수는 지금 자신의 절박한 죽음을 포함한 죽은 자 가운데서의 자신의 부활에 대해 말씀하시고 계신다. 메시아가 죽어야만 한다는 사실이 제자들에게는 이상하게 보였을 뿐만 아니라(참조. 16:22), 그러한 죽음은 메시아 예언을 성취하지 못하게 한다는 것이 그들을 근심하게 했다. 서기관들은 항상 말 4:5, 6(히브리 성경에서는 3:23, 24)에 따라 메시아의 강림은 엘리야의 강림 이후에 있을 것이라고 말하고 있지 않은가? 그들은 아마도 예수가 그리스도가 아니라는 사실을 증명하기 위해 이 예언을 사용했을 것이다. 아직 엘리야가 오지 않았기 때문이다. 지금 제자들은 자기들의 대변자를 통해 예수가 메시아이심을 이미 고백했다(마 16:16). 그러나 먼저는 엘리야, 다음에 그리스도라는 두 강림의 순서에 관한 예언이 성취되지 않아 방황하고 있었다. 그 디셉 사람(왕상 17:1)이 "아버지의 마음을 자녀에게로 돌이키게 하고 자녀들의 마음을 그들의 아버지에게로 돌이키게 하는" 역사의 장면은 아직 나타나지는 않았지만 예수, 즉 메시아 또는 그리스도는 이미 도착했을 뿐만 아니라 그가 곧 죽으리라고 선포하셨기 때문이다. 말라기의 예언에 비추어 볼 때 이것이 어떻게 가능한가?[624]

---

623) 이 경우에 있어서 *τὸ ὅραμα*가 "본 것"(what has been seen) 또는 "너희가 본 것"(what you have seen)을 의미한다는 사실은 다른 복음서에서도 볼 수 있는 동사의 형태로도 확증된다(막 9:9: "본 것을 아무에게도 이르지 말라 하시니"; 참조. 눅 9:36). 특히 같은 동사 *ὅραμα*를 사용하고 있는 행 7:31이 모세가 가시떨기 불꽃 가운데서 단순히 환상을 보았음을 의미한다고 할 수 없다. 반면에 "모세가 이 광경을 보고 놀랍게 여겨" L.N.T.(A. and G.), entry *ὅραμα*, p.580은 여기에 동의하지 못하도록 한다. L.N.T.(Th.)와 H.G. Liddell과 R. Scott는 이 특별한 경우에 더욱 비중을 두고 있다.

624) 다른 설명들도 있다. 무엇보다도 C.R. Erdman, *op. cit.*, p.139와 A.T.

제자들의 질문에 답하고 그 문제를 해결하는데 있어 예수께서는 무엇보다도 엘리야가 먼저 올 것이라는 서기관들의 주장이 옳다는 것을 선언하신다.

[11] 예수께서 대답하여 이르시되 엘리야가 과연 먼저 와서 모든 일을 회복하리라.

예수께서 때때로 서기관들을 날카롭고 통렬하게 비난하셨지만(마 5:20; 12:39; 15:3, 7; 23:13 등; 일곱 가지 저주), 그들의 모든 교훈을 비난한 것은 결코 아니었다(참조. 마 23:2, 3 상반절). 예수께서는 여기서 두 강림의 순서에 관련된 서기관들의 생각을 옳다고 말씀하신다. 즉, 엘리야가 먼저 오고 다음에 메시아가 올 것이며 엘리야는 회복하기 위해서 부름 받았다는 것, 그리고 엘리야의 강림은 하나님의 영원한 작정에 의한 것이며 하나님의 선지자에 의해 예언된 것이므로 필연적이라는 그들의 신념을 옳다고 말씀하신다.

그럼에도 서기관들은 실수를 범하고 있으며 이 세 사람도 마찬가지이다. 그들이 강림을 기대하고 있는 자는 문자 그대로 디셉 사람인 엘리야였기 때문이다. 그래서 예수께서는 두 번째로 베드로와 야고보와 요한에게 말라기가 실제로 언급하고 있는, 그리고 이미 온 엘리야에게 주목하도록 하신다.

Robertson, *Word Pictures*, Vol. I, p.141에 수록된 설명이 있다. 그들이 보는 바에 의하면 제자들은 변화산에서 있었던 엘리야의 출현에 대해 생각하면서, 요컨대 "그리하면 어찌하여 서기관들이 엘리야가 먼저 와야 하리라 하나이까" 하고 말했다. 이에 대해 제자들이 그 디셉 사람의 잠시 동안의 출현을 말라기 예언의 성취로는 거의 생각할 수 없었다는 반대 의견도 있다.

W.C. Allen은 제자들이 실제로는 "선구자의 회복하는 임무에 비추어 볼 때 왜 죽어야 합니까?" 하고 질문한 것이라 생각한다(*op. cit.*, p.186). 이에 대해 평가하자면 다음과 같다. 이것이 설명의 한 부분이 될 수는 있다. 그러나 이것으로 10절이 보여 주는 세 제자가 직면했던 난제, 즉 말라기의 예언을 따라 두 강림(엘리야와 메시아)이 발생해야만 하는 순차에 관계된 문제들을 합리화할 수 있겠는가?

[12상] 내가 너희에게 말하노니 엘리야가 이미 왔으되.

예수께서는 자신보다 먼저 와서 자신의 사역할 길을 예비함으로써 선구자 역할을 한 세례 요한을 생각하고 계신다.

세례 요한이 엘리야는 아니었으나 실제로는 엘리야였다는 의미를 이해하기 위해 필요한 모든 것은 다음의 세 진술을 종합하는 것이다.

(a) "유대인들이 예루살렘에서 제사장들과 레위인들을 요한에게 보내어…네가 엘리야냐 이르되 나는 아니라"(요 1:19, 21).

(b) 예수께서 말씀하시되 "만일 너희가 즐겨 받을진대 오리라 한 엘리야가 곧 이 사람이니라"(마 11:14; 참조. 마 11:10).

(c) "그가(약속된 아이, 즉 세례 요한) 또 엘리야의 심령과 능력으로 주 앞에 먼저 와서"(눅 1:17).

요약: 말라기의 예언은 확실히 문자적이 아니라, 상징적으로 세례 요한에게서 실제로 성취되었다. 그는 엘리야의 심령과 능력으로 앞서 갔기 때문에 "엘리야"로 충분히 불릴 만하다.

여전히 해결되지 않은 약간의 난제가 있다. "그러나 세례 요한이 말 4:6과 마 17:11의 요건을 충족시키는 데 매우 중요한 회복을 가져왔다는 것이 사실인가?" 하는 질문이 제기될 수도 있다.[625] 이 질문에 답하는 데 있어서 우선 하나님의 은혜로 말미암아 요한이 커다란 축복이 된 사람들의 수효를 고려해야만 한다(마 3:5, 6; 14:5; 행 19:3). 그럼에도 마 17:12 하반절에 의하면, 강조점은 요한이 영향을 끼친 사람들의 숫자에 있는 것이 아니라, 요한이 하나님의 종으로서 요구하거나 도구로서 발생하게 한 변화의 일관된 성격과 질에 있다. 즉, 마음과 생활의 철저한 전환을 경험한 자들에게는 부모와 자녀의 관계를 포함한 모든 것이 실로 새롭게 되는 것이다. 이 점에 비춰 볼 때 말 4:6과 마 17:11은 더 이상 난제를 갖지 않는다.

---

625) 고대 유대 해석자들은 문자적으로(그들이 보는 바에 의하면) 엘리야가 가져오리라 한 회복(*apokatastasis*)에 관해 여러 가지로 해석하고 있다. 예를 들어, 그는 가정의 화목을 증진시키며(말 4:6), 하나님과 사람 사이에 화합을 가져오며, 이스라엘 민족을 회복시킬 것이다 등. 이 모두에 대한 유대 자료에 관해서는 J. Jeremias의 논문을 참조하라(*'Ηλ(ε)ίας* in TH.D.N.T., Vol. II, pp.933, 934).

[12하] 사람들이 알지 못하고 임의로 대우하였도다.

사람들이 요한을 계속해서 "선지자"와 같은 위대한 사람으로 인정했다 할지라도(마 21:26) 대체로 그의 교훈을 마음에 새겨 두지 않았으며 그에게서 예언의 성취를 인식하는 데 완전히 실패했다(마 11:16-18). 유대의 종교 지도자들은 그를 싫어했다(마 21:25). 헤롯 안디바스는 그를 죽였다(마 14:3, 10). 그들은 "**하나님**께서 세례 요한을 어떻게 대우하기를 원하시는가?"를 묻는 대신 **자신들이** 원하는 대로 그에게 행했다. 예수께서는 부언하신다. **인자도 이와 같이 그들에게 고난을 받으리라 하시니.** 일반 백성들, 종교 지도자들, 정치 당국자들은 다 함께 예수를 박해하고 죽이려 했다. 군중들은 "그 피를 우리와 우리 자손에게 돌릴지어다"(마 27:25) 하고 외칠 것이다. 예수를 십자가에 못 박아야 한다고 요구한 데서 백성들은 그들의 지도자들과 협력하고 있었다(마 27:20-23). 요 19:11에 의하면 빌라도 역시 유대 지도자들보다는 덜했지만 죄악을 행했음이 명백하다. 세례 요한을 처형하라고 명령했던 헤롯 안디바스도 마찬가지이다(눅 23:11). 불신앙의 전 세계가 예수께 대항하여 연합했다(행 4:27, 28).[626]

예수께서 세 사람에게 "엘리야"가 이미 왔으며 버림받고 죽임당했다는 사실을 확신시키셨다.

[13] 그제서야 제자들이 예수께서 말씀하신 것이 세례 요한인 줄을 깨달으니라.

예수께서 세례 요한을 다시 오리라고 예언된 "엘리야"와 동일시하신 것은 처음이 아니며(참조. 마 11:14), 디셉 사람과 세례 요한 두 사람이 여러 면에서 닮았음을 전에도 보여 주신 사실에 비춰 보아 세 사람은 마침내 주께서 세례 요한에 대해 말씀하시고 계신다는 진리를 깨닫게 되었다. 그들은 여전히 메시아가 왜 고난받고 죽임을 당해야 하는가를 깨닫는 데는 어려움이 있었고 부활에 대해서도 깜깜했지만 10절에서 말한 문제는 이제 해결되었다.

---

626) 자세한 논의에 대해서는 필자의 저서를 참조하라(*Israel and The Bible*, chap. 1, "Who Killed Jesus?", pp.7-15).

간질병 걸린 소년을 치료하심 (17:14-20)

막 9:14-29; 눅 9:37-43 상반절 참조

14-20절

14 그들이 무리에게 이르매 한 사람이 예수께 와서 꿇어 엎드려 이르되 15 주여 내 아
들을 불쌍히 여기소서 그가 간질로 심히 고생하여 자주 불에도 넘어지며 물에도 넘어
지는지라 16 내가 주의 제자들에게 데리고 왔으나 능히 고치지 못하더이다 17 예수께
서 대답하여 이르시되 믿음이 없고 패역한 세대여 내가 얼마나 너희와 함께 있으며
얼마나 너희에게 참으리요 그를 이리로 데려오라 하시니라 18 이에 예수께서 꾸짖으
시니 귀신이 나가고 아이가 그때부터 나으니라 19 이때에 제자들이 조용히 예수께 나
아와 이르되 우리는 어찌하여 쫓아내지 못하였나이까 20 이르시되 너희 믿음이 작은
까닭이니라 진실로 너희에게 이르노니 만일 너희에게 믿음이 겨자씨 한 알만큼만 있
어도 이 산을 명하여 여기서 저기로 옮겨지라 하면 옮겨질 것이요 또 너희가 못할 것
이 없으리라

14 예수님과 제자들이 사람들에게 갔을 때, 어떤 사람이 예수님께 와서 무릎을 꿇고
절을 하며 말했습니다. 15 "주님, 제 아들에게 자비를 베풀어 주십시오. 이 아이가 간
질에 걸려서 너무나 고생하고 있습니다. 이 아이는 가끔 불에도 뛰어들고, 물에도 뛰
어듭니다. 16 제가 이 아이를 제자들에게 데리고 왔었는데, 고칠 수 없었습니다." 17
예수님께서 말씀하셨습니다. "아! 믿음이 없고, 뒤틀어진 세대여! 도대체 언제까지
내가 너희와 함께 있어야 하겠느냐? 언제까지 내가 너희를 참아야 하겠느냐? 그 아이
를 내게 데리고 오너라." 18 예수님께서 귀신을 꾸짖으셨습니다. 그러자 귀신이 아이
에게서 나가고, 그 아이는 즉시 나았습니다. 19 제자들이 예수님께 따로 와서 물었습
니다. "어째서 우리는 귀신을 쫓아낼 수 없었습니까?" 20 예수님께서 대답해 주셨습
니다. "너희 믿음이 적어서이다. 내가 너희에게 진정으로 말한다. 너희에게 겨자씨 한
알만 한 믿음이 있으면, 이 산을 향하여 '여기서 저기로 움직여라' 말할 것이다. 그러
면 산이 움직일 것이다. 너희가 못할 일이 아무것도 없을 것이다." _아가페 쉬운성경

유명한 화가 라파엘이 죽도록 그린 예수의 변형[627]은 산꼭대기에서 일어났던 일과 산 아래 평지에서 일어나고 있는 일 사이의 대조를 극적으로

보여 준다. 라파엘은 상당히 먼 곳에서, 그리고 하루 차이(눅 9:37)로 발생한 두 장면을 한 장면에 담고 있다. 그 두 장면을 결합함으로써 라파엘은 공관복음 기자들이 강조한 것으로 보이는, 즉 위의 영광(라파엘의 그림 상단에서 표현되고 있는)과 아래의 수치와 혼돈(하단)의 엄청난 대조를 정확히 강조하며 도움을 주고 있다. 위는 빛이며 아래는 그림자들이다.

그럼에도 불구하고 유사성이 있다. 산에서는 하나님 아버지께서 사랑하는 독생자에게 자신의 사랑을 말씀으로 재확신시키셨으며, 평지에서는 한 아버지가 심하게 고통받는 자신의 외아들(눅 9:38)을 위하여 필사적으로 간구하고 있다. 우리는 여기서 높으신 독생자께서 무한한 사랑으로, 다른 또 하나의 외아들과 진심으로 부르짖는 그 아버지에게 자신의 능력과 동정심을 어떻게 나타내셨는가를 볼 수 있다.

[14] [15] 그들이 무리에게 이르매 한 사람이 예수께 와서 꿇어 엎드려 이르되 주여 내 아들을 불쌍히 여기소서 그가 간질로 심히 고생하여.

이 이야기는 세 공관복음에서 모두 발견되지만 가장 완전한 설명을 하고 있는 것은 마가이다. 누가도 또한 다른 데서는 발견할 수 없는 내용을 제공한다. 마태는 우리에게 예수가 세 제자들과 함께 평지로 내려왔을 때 a. 무리, b. 예수께 와서 꿇어 엎드리는 무리 중의 한 사람, c. 그 사람의 아들을 보았다고 말한다. 16절에는 예수가 세 제자와 함께 산에 올라갔을 때 뒤에 남아 있던 아홉 명의 제자들도 장면에 등장한다. 막 9:14에는 아홉 명의 제자들이 그 소년을 고치지 못했기 때문에 아마도 그들을 조롱하며 논쟁하던 서기관들을 첨가하고 있다.

예수 앞에 겸손하게 무릎을 꿇은 그 사람은 깊이 고민하고 있었다. 자기의 유일한 자녀가 간질병자이기 때문이다.[628] 그 불쌍한 어린이는 "상태가 나빠" 심히 고생하고 있었다. **자주 불에도 넘어지며 물에도 넘어지는지라.** 그 아이는 내내 감시를 받아야만 했다. 그렇게 하더라도 불에 넘

---

627) 참조. A.E. Baily, *op. cit.*, pp.240–246; C.P. Maus, *op. cit.*, pp.250–252.

628) 헬라어 *σεληνιάζεται*. "미치광이"가 아니라 "간질병"이라는 번역이 좋다는 것에 대해서는 마 4:24에 대한 주석을 보라.

어지고 물에 넘어지는 무서운 사건이 계속 일어나 그의 생명을 위협했다. 입에 거품을 흘리고 경련을 일으키며 이를 가는 간질 증세들이 다른 복음서에 첨가되어 있다(막 9:18, 20, 26; 눅 9:39). 그 상태는 이것보다 훨씬 심각했다. 이 소년은 간질병에 말 못하고 못 듣는 자였기 때문이다(막 9:25). 무엇보다 최악인 것은 이 고통들이 "귀신"에게서 왔다는 것, 즉 그 소년은 귀신 들렸다는 것이다(마태는 마지막 부분인 17:18에서 진술하고 있으며 다른 복음서 기자들은 여러 군데에서 훨씬 일찍 그것을 진술한다. 막 9:17, 18 그리고 20, 22, 25, 26, 28, 29절에서 반복된다. 눅 9:39, 40, 42). 귀신 들린 것은 마 9:32과 관련해서 논의되었다.

소동을 일으킨 그 아버지가 호소한 것은 예수의 동정심이었다. 예수께서는 실로 자비와 친절로 가득한 분이시라는 것을 그는 의심하지 않았다. 그것이 "주여 내 아들을 불쌍히 여기소서"라고 간청한 이유이다. 반면 그리스도에 대해서는 좀더 믿음이 필요했다(막 9:22-24).

깊이 상심한 아버지는 예수께 말했다.

[16] 내가 주의 제자들에게 데리고 왔으나 능히 고치지 못하더이다.

분명히 그는 예수께서 제자들과 함께 있으리라는 희망에서 자기 아들을 아홉 제자에게로 데리고 왔다. 처음부터 제자들이 아니라 구세주의 도움을 구하려고 한 것이 그의 목적이었기 때문이다(막 9:17). 그런데 예수께서 그들 중에 없는 것을 알자 제자들에게 소년을 고쳐 달라고 청했던 것이다. 제자들은 예수께 더러운 귀신을 쫓아내며 모든 병과 모든 약한 것을 고치는 권능을 위임받았다(마 10:1). 또한 그들이 이 일을 행하고 있었음이 막 6:13, 30과 눅 9:6-10을 보아 명백하다. 그러나 이번에는 전에는 결코 일어난 적이 없었던 일이 일어났다. 기록된 바에 의하면 제자들은 그 소년을 고칠 수가 없었다. 예수의 반응을 보자.

[17] 예수께서 대답하여 이르시되 믿음이 없고 패역한 세대여 내가 얼마나 너희와 함께 있으며 얼마나 너희에게 참으리요.

변형의 빛나는 광채로부터 예수께서 그 처참한 상황으로 내려오셨을 때 이렇게 외침으로써 자신의 고통과 의분을 표현하셨다. 예수께서 "세대"를 비난하신 사실은 그가 이렇게 위급한 상황에서 실패한 아홉 제자만을 생각할 수 없었음을 보여 준다. 예수께서는 분명히 그 세대에 깊이 실망하고 계셨다. 그리스도의 치료의 능력을 충분히 믿지 못하는 아버지(막 9:22-24), 동정을 베풀지는 않고 제자들의 무능을 아마도 고소하게 여기고 있는 서기관들(막 9:14), 보편적으로 다른 사람들보다는 자기에게만 관심이 있는 것으로 복음서에 묘사되는 일반 백성들(요 6:26), 마지막으로 전심으로 기도함으로써 믿음을 행하는 데 실패한 아홉 제자들(막 9:29).

대개 모든 사람들은 믿음이 없었으며 참되고 따뜻하며 인내하는 믿음이 부족했다. 이런 사람들의 마음은 거의 "비뚤어져 있었다." 즉, 뒤틀리고 타락해 하나님께 대한 온전한 신뢰와는 거리가 먼 나쁜 방향으로 돌아서 있었다. 예수께서 "내가 얼마나 너희와 함께 있으며 얼마나 너희에게 참으리요"라고 하신 것은, 그가 하나님 아버지에 대한 자신의 완전무결한 신뢰와 무한하고 온유한 자신의 사랑에 비춰 볼 때 이러한 품성을 갖추지 못하거나 덕을 충분히 실행하지 못하는 자들에게 참는다는 것이 고통스럽다는 사실을 보여 준다. 예수께서는 지금까지 거의 삼 년 동안 사역해 오셨다. 그는 마지막을 기다리고 있었다.

그를 이리로 데려오라고 친절하고 적극적인 명령을 하심으로써 괴롭고 곤란한 상황 가운데서 적절한 행동의 완벽한 예를 보여 주신다. 그는 행하시는 일을 통해 자신의 능력을 나타내실 뿐만 아니라, 자신의 사랑도 항상 나타내신다. 그 결과는 다음과 같다.

[18] 이에 예수께서 꾸짖으시니 귀신이 나가고 아이가 그때부터 나으니라.

소년을 떠나라는 명령을 받은 귀신의 발광, 믿음을 더하여 달라는 아버지의 기도, 육체적으로 완전히 이완되어 죽은 것같이 된 소년의 마지막 경련, 손을 잡아 일으키시는 예수의 모습에 관한 자세한 설명은 막 9:20-27에서 볼 수 있다. 눅 9:43은 또한 그 치료의 효과에 대한 군중의 반응을 묘사한다. "사람들이 다 하나님의 위엄에 놀라니라."

조금 후에 예수께서는 그 집에 들어가셨다(참조. 마 9:28에 대한 주석).

[19] 이때에 제자들이 조용히 예수께 나아와 이르되 우리는 어찌하여 쫓아내지 못하였나이까.

그 질문은 당연한 것이었다. 앞에서 본 바와 같이 과거에 그 제자들은 귀신을 쫓아내는 데 성공했었기 때문이다. 그런데 이 귀신은 왜 쫓아내지 못한 것일까?

[20] 이르시되 너희 믿음이 작은 까닭이니라.[629)]

그들은 예수께서 그들에게 주신 확신으로 말미암아 받았던 위로를 마음에 충분히 새기지 못했으며(마 7:7-10; 10:8), 기도를 계속하지 않았다. 귀신이 즉시 떠나지 않자 그들은 기도를 멈췄다. 작은 믿음에 관해서는 마 6:30; 8:26; 14:31; 16:8을 참조하라. **진실로 너희에게 이르노니 만일 너희에게 믿음이 겨자씨 한 알만큼만 있어도 이 산을 명하여 여기서 저기로 옮겨지라 하면 옮겨질 것이요.** "진실로…이르노니"에 대해서는 마 5:18에 대한 주석을 보라. 겨자씨(참조. 마 13:31, 32)는 처음에는 매우 작지만, 영양분 있는 환경에 활발하고 끊임없이 접촉하게 되면 커지고 또 커져서 공중의 새가 날아와 가지에 집을 지을 정도로 커지게 된다. 따라서 "겨자씨만큼의 믿음"이란 노력이 즉시 성공하지 못하는 절망 속에서도 곧 포기하지 않고 하나님을 신뢰하는 믿음을 가리킨다. 그것은 하나님과의 끊임없고, 생명력 있는 교제를 계속하게 하며 하나님은 자신의 때에 자신의 방법으로 축복하신다는 것을 앎으로써 열심히 계속 기도하게 한다. 그러나 믿음은 그 믿음의 소유자로 하여금 하나님의 능력과 지혜와 사랑의 무한한 원천에 연결되게 만든다. 그것은 말씀 속에 나타난 하나님의 계시와 조화를 이룬다. 결국 그 기도는 죄악된 욕심에 의한 것이 아니며 하나님을 시험하지도 않는다. 그러므로 산을 없애 버릴 수도 있는 것이다.

이것은 문자적으로가 아니라 상징적으로 이해되어야 한다. a. 예수께서 상징적인 언어를 자주 사용하신 것, 앞장에서 나온 결정적인 예(마 16:6-

---

629) 사본의 증거를 기초로 할 때 "너희 불신앙 때문에"보다는 이 번역이 정당하다.

12)와 조금 전에 나온 예(마 17:12, 13); b. 없어지게 될 산을 말하면서 "큰 산아 네가 무엇이냐 네가 스룹바벨 앞에서 평지가 되리라"고 한 슥 4:7의 유명한 표현; c. 여기 마 17:20에 곧이어 나오는 말씀과 조화를 이룬다. **또 너희가 못할 것이 없으리라.** 예수께 받은 사명은 그 사명을 받은 사람이 하나님과 신실한 교제를 계속하는 한 수행하지 못할 것이 없다. 그러므로 감당하지 못할 만큼 무거운 짐이란 없다. "하나님으로서는 다 하실 수 있느니라"(마 19:26). "내게 능력 주시는 자 안에서 내가 모든 것을 할 수 있느니라"(빌 4:13)고 바울은 말했다.

"그러나 기도와 금식이 아니면 이런 유가 나가지 아니하느니라"(참조. 흠정역 영어 성경의 21절)는 말씀은 가장 좋은 사본에서는 빠져 있다. 그것은 아마도 막 9:29에서 삽입된 것 같다.

수난과 부활의 두 번째 예언 (17:22-23)

마 9:30-32; 눅 9:43-45 하반절 참조

22-23절

22 갈릴리에 모일 때에 예수께서 제자들에게 이르시되 인자가 장차 사람들의 손에 넘겨져 23 죽임을 당하고 제삼 일에 살아나리라 하시니 제자들이 매우 근심하더라

22 제자들이 갈릴리에 모여 있었을 때, 예수님께서 그들에게 말씀하셨습니다. "인자가 사람들의 손에 넘겨질 것이고, 23 사람들은 그를 죽일 것이다. 그러나 삼 일째 되는 날에 다시 살아날 것이다." 그러자 제자들은 몹시 슬퍼하였습니다. _아가페 쉬운성경

[22] 갈릴리에 모일 때에 예수께서 제자들에게 이르시되 인자가 장차 사람들의 손에 넘겨져.

이것은 수난에 대한 두 번째 예언이다. 세 가지의 모든 예언에 대해서는 필자의 마태복음 주석 상권의 p. 23, 24를 보라. 변형 사건과 간질병

소년을 고친 사건은 갈릴리에서 일어난 것으로 보인다. 여기 22절에서는 예수의 절박한 수난에 대한 두 번째 선포가 예수와 열두 제자가 갈릴리에 모일[630] 때 이뤄졌다고 말한다. 이것은 예수께서 무리와 멀리 떨어져 제자들과 함께 많은 시간을 보내면서 그들을 가르치시던 은거 사역이 여전히 계속되고 있음을 보여 준다. 예수와 제자들은 여기저기로 함께 움직였다. 그러므로 공개적인 것이 아니었다. 또는 병행 구절인 막 9:30은 "예수께서 아무에게도 알리고자 아니하시니"라고 진술한다.

이 두 번째 선포는 마 16:21에 있었던 것 외에 무엇인가가 첨가되었다.

(a) 여기서(마 16:21과 대조) 강조하는 것은 필연성이 아니라 다가올 수난의 확실성이다.

(b) 다가오는 쓰디쓴 경험에 복종하게 될 예수의 겸손이 여기서 강조된다. 영광스러운 인자(마 8:20에 대한 주석을 보라)는 사람들의 손에 넘겨질 것이다. 즉, 그 존귀하신 분이 마치 한낱 물건이나 장난감처럼 이 사람에게서 저 사람에게로 넘겨질 것이다. 그는 첫 번째 예언에 나온 사람들, 즉 장로들, 제사장들, 서기관들, 산헤드린의 손에 넘겨져서 빌라도에게로 끌려갈 것이다. "인자"와 악하고 부패한 단순한 "사람들" 사이의 대조에 주목하라.

[23] 죽임을 당하고.

아무것도 이 악한 사람들이 자기들의 대적을 없애려는 것을 막을 수 없었다.

마 16:21에서처럼 여기서도 제삼 일에 있을 부활을 언급하고 있다. **제삼 일에 살아나리라 하시니.** 마 16:21을 보라. 앞에서처럼 여기서도 역시

630) 본문의 증거는 *ἀναστρεφομένων*보다는 *συστρεφομένων*을 지지하는 것같이 보인다. *συστρεφομένων*은 *συστέφω*의 소유격, 복수, 분사, 현재, 중간태이다. 능동태일 때의 의미는 to turn together, to gather, collect(행 28:3)이다. 그러므로 여기 중간태에서의 의미는 아마도 "모이다(were moving about together)"이다. 아주 확실한 것은 아니지만 그 문맥에 적합한 이 의미는 또한 동족 명사인 *συστροφή*(a gathering, 행 19:40에서와 같이 "집회")와 조화를 이루며 막 9:30과도 조화를 갖게 한다.

제자들은 예언의 의미를 알지 못했다. 그들은 수난의 필연성과 확실성도, 제삼 일에 있을 부활의 선언도 깨닫지 못했다(막 9:32 상반절을 참조하라). 즉, "그러나 제자들은 이 말씀을 깨닫지 못하고". 그들이 두 번째 예언 전반(17:22, 23 상반절)에 대해 취한 반응은 **제자들이 매우 근심하더라**이다. 그들은 살아나리라는 의미를 깨닫지 못했기 때문에 예언의 이 부분이 그들의 슬픔을 기쁨으로 바꿔 놓을 수 없었다. 그들은 매우 슬펐다. 게다가 막 9:32 하반절에서는 "묻기도 두려워하더라"고 첨가하고 있다. 눅 9:45도 보라.

성전세의 납부 (17:24-27)

24-27절

24 가버나움에 이르니 반 세겔 받는 자들이 베드로에게 나아와 이르되 너의 선생은 반 세겔을 내지 아니하느냐 25 이르되 내신다 하고 집에 들어가니 예수께서 먼저 이르시되 시몬아 네 생각은 어떠하냐 세상 임금들이 누구에게 관세와 국세를 받느냐 자기 아들에게냐 타인에게냐 26 베드로가 이르되 타인에게니이다 예수께서 이르시되 그렇다면 아들들은 세를 면하리라 27 그러나 우리가 그들이 실족하지 않게 하기 위하여 네가 바다에 가서 낚시를 던져 먼저 오르는 고기를 가져 입을 열면 돈 한 세겔을 얻을 것이니 가져다가 나와 너를 위하여 주라 하시니라

24 예수님과 제자들이 가버나움에 이르렀을 때, 성전세를 걷는 사람들이 베드로에게 와서 물었습니다. "당신네 선생님은 성전세를 내지 않습니까?" 25 베드로가 대답했습니다. "내십니다." 베드로가 집에 들어가자, 예수님께서 먼저 말씀을 꺼내셨습니다. "어떻게 생각하느냐? 시몬아, 이 세상의 왕들은 관세와 세금을 누구에게서 받느냐? 왕의 자녀들한테서냐? 아니면 다른 사람들한테서냐?" 26 베드로가 대답했습니다. "다른 사람들에게서입니다." 예수님께서 베드로에게 말씀하셨습니다. "그러므로 왕의 자녀들은 세금을 낼 필요가 없다. 27 그러나 성전세 걷는 사람들을 자극해서는 안 되겠다. 그러니 호수에 가서 낚시를 던져라. 그리고 첫 번째 낚은 물고기의 입을 벌려 보아라. 은돈 한 개가 있을 것이다. 그것을 가져다가 성전세 걷는 사람에게 나와 네 몫으로 주어라."

_아가페 쉬운성경

[24] 가버나움에 이르니 반 세겔 받는 자들이 베드로에게 나아와 이르되 너의 선생은 반 세겔을 내지 아니하느냐.

예수와 열두 제자는 이미 살핀 바와 같이 유대인 군중에게서 멀리 떨어져 여기저기 돌아다니고 있었기 때문에 오랫동안 가버나움에 없었다. 그들은 두로와 시돈 근처와 빌립보 가이사랴 지방을 방문했다. 세 제자는 변화산에서 예수와 함께 있었다. 그곳에서 내려온 후에도 즉시 가버나움으로 돌아가지 않았다. 그런데 지금 그들은 예수께서 본부로 쓰고 계시는 곳인 동시에 베드로가 살고 있는 곳이기도 한 이곳으로 돌아왔다. 그러자 세리들이 찾아왔다!

그러나 유일하게 마태만이 전하고 있는 이 이야기는 로마가 제정한 세금과는 전혀 관계가 없다. 그것은 주님께서 제정하신 제도로 성소를 유지하는 데 사용되고 있던, 스무 살 이상의 모든 이스라엘 사람이 내는 속전에 관한 것이다(출 30:12-14; 38:26; 대하 24:6, 9; 요세푸스의 *Antiquities* XVIII. 312; *Jewish War* VII. 213 참조). 그것은 반 세겔, 혹은 두 드라크마에 해당하는 액수였다. 헬라의 은전인 드라크마는 로마의 데나리온과 화폐 가치가 동일했다. 그것은 일꾼의 평균 하루 품삯이었다. 결국 두 드라크마는 한 사람이 보통 이틀을 일해서 번 액수였다. 이 성전세는 유대 동전으로 지불되었기 때문에 환전자들은 외국 돈을 유대 돈으로 교환해 주는 데서 이익을 취하였다.

예수와 베드로는 아마도 그동안 가버나움에 없었기 때문에 두 드라크마, 혹은 반 세겔을 아직 내지 않고 있었다. 그래서 세금 징수자들이 베드로에게 다가왔다. 그들은 왜 직접 예수께 가지 않았는가? 그 주인을 당황하게 하고 싶지 않아서였는지도 모른다. 그들은 다른 제자가 아닌 베드로에게로 갔다. 그들이 베드로를 열두 제자의 지도자로 여겼기 때문이며, 혹은 단순히 베드로가 적어도 그 질문에 답할 수 있으리라고 생각했기 때문이다. 베드로에게 말하면서 그들은 예수를 "너의 선생"이라고 부른다. 열두 제자와 다른 많은 사람들은 예수를 선생으로 여겼다. 예수께 사용된 호칭에 대해서는 이상한 것이 전혀 없다(마 8:19; 9:11). 예수께서는 모든 면에서 그 호칭을 받으실 만하다.

“너의 선생은 반 세겔을 내지 아니하느냐?”를 두고 비난을 의도한 것이라 단정할 수는 없다. 이 세금 받는 자들은 아마도 예수와 바리새인들이 서로 일치하지 못하던 많은 문제들, 즉 금식, 안식일 성수, 씻지 않은 손으로 음식을 먹는 것 등에 대해 알고 있었을 것이다. 그들은 율법의 명령과 율법 위에 세워 놓은 인간의 규례들 사이의 차이를 예수께서 하셨던 것처럼 날카롭게 구분하지는 못했다. 따라서 그들이 어떤 이유 때문에 예수가 두 드라크마, 즉 반 세겔을 내지 않을 것이라고 생각했던 것도 당연한 일이다.

[25] 이르되 내신다 하고.

베드로는 잠시도 망설이지 않았다. 그는 예수께서 하나님의 율법(마 5:17, 18)에 대해 하신 말씀을 기억하고 있었을 것이다. 또한 예수께서 세금을 내신 다른 경우들도 보았을 것이다.

베드로와 세금 거두는 자의 대화는 거리에서 있었던 듯하다. 베드로는 지금 그 일을 예수께 말씀드리기 위해 예수께서 머물고 계신 집(이 집에 대해서는 마 9:28의 주석을 보라)으로 가고 있다. 예수께서 먼저 말씀을 시작하시며, 베드로가 말하려고 했던 내용을 모두 알고 계셨을 때, 그는 놀라움을 감출 수 없었다. **집에 들어가니 예수께서 먼저 이르시되 시몬아 네 생각은 어떠하냐 세상 임금들이 누구에게 관세와 국세를 받느냐 자기 아들에게냐 타인에게냐.** 예수는 베드로의 반응을 “예상하시며”[631] 그보다 앞질러 계셨다. 베드로는 글로바와 그의 동료가 부활의 주일 저녁에 받았던 것과 같은 종류의 놀라움을 경험했다(눅 24:33, 34). 그때는 “열한 사도”가 먼저 말을 했었다. 그리스도의 꿰뚫어 보는 능력에 대해서는 요 1:47, 48; 2:25; 21:17과 히 4:13을 참조하라.

“세상 임금들이 누구에게 관세와 국세를 받느냐[632] 자기 아들에게냐 타

631) 사용된 동사 *προέφθασεν*는 *προφθάνω*의 부정과거, 직설법, 3인칭, 단수이다. 이 단어는 신약에서 단 한 번 나타나고 있다. Ⅱ Clement 8:2을 참조하라.

632) *τέλη*는 간접적 과세, 의무 또는 관습에 관계된 것이다. 이것은 “세리”, 즉 *τελῶναι*에 의해 세관에 모아졌다.

인에게냐" 하고 시몬에게 질문하심으로써 엄격히 말해 자신은 이 세를 낼 의무가 없다는 사실을 분명히 하려고 하셨다. 왕들은 종종 자기 국민에게는 세를 받지 않고 피지배 국가로부터 받곤 했다.

[26] 베드로가 이르되 타인에게니이다 예수께서 이르시되 그렇다면 아들들은 세를 면하리라.

예수는 본래 하나님의 아들이 아닌가? 성전은 "그 아버지의 집"(눅 2:49; 요 2:16)이 아닌가? 그는 사실 "성전보다 더 큰 이"(마 12:6)가 아닌가?

[27] 그러나 우리가 그들이 실족하지 않게 하기 위하여 네가 바다에 가서 낚시를 던져 먼저 오르는 고기를 가져 입을 열면 돈 한 세겔을 얻을 것이니 가져다가 나와 너를 위하여 주라 하시니라.

예수께서 의미하신 것은 "우리는 다른 사람들로 하여금 죄에 빠지도록 해서는 안 된다"[633]는 것이다. 결국 이 세금의 납부는 인간의 규례가 아니라 하나님께서 제정하신 요구이다. 예수와 베드로가 이 세를 내지 않았다면 그것은 성전에 대해 관심이 없거나 열심이 없는 것, 아마도 불경으로 해석될 것이다. 그래서는 안 되기 때문에 예수께서는 성전세를 내는 데 필요한 것을 아버지의 광대한 자원 중에서 취하려고 하신다.

시몬은 바다로 가야만 했다. 그는 그물을 가지고 갈 필요가 없었다. 낚시만으로도 충분했다. 먼저 오르는 고기가 입에다 한 세겔, 즉 네 드라크마 동전을 물고 있을 것이다. 그 동전은 예수와 베드로의 성전세를 내는 데 충분한 돈이었다. 그들은 보통 사람들이 세겔로 교환할 때 지는 빚을 지지 않아도 되었다.

말할 필요도 없이 정확하게 일이 이루어진 것이다. 사람들은 이 이적

다음 단어 *κῆνσος*는 라틴어 "census"에서 빌려 왔다. 그것을 지불할 의무가 있는 사람들의 이름이 명부에 기록되어 있었다. 즉, "센서스"이다.

633) *σκανδαλίσωμεν*은 *σκανδαλίζω*의 부정과거, 능동태, 1인칭, 복수이다. 필자의 마태복음 주석 상권 각주 293)을 참조하라.

앞에서 경외심을 갖게 된다. 말씀 전체를 주의 깊게 읽으면 그것은 예수 그리스도에 관해 다음과 같은 것들을 지적하고 있다. 즉, 예수의 꿰뚫어 보는 지식(25절 상반절), 아들 신분에 대한 인식(25절 하반절), 사려 깊음(27절 상반절), 바다와 거기 속하는 생물들을 다스리는 권세(27절 중반절), 관대하심(27절 하반절).

17장의 종합

"진실로 너희에게 이르노니 여기 서 있는 사람 중에 죽기 전에 인자가 그 왕권을 가지고 오는 것을 볼 자들도 있느니라"(마 16:28). 17장에 기록된 변형 사건을 16장 마지막에서 하신 말씀이 실현되는 시작이라고 보는 해석자들도 있다. 그러나 마 17:1-13에 의하면 예수에 대한 베드로의 훌륭한 신앙 고백이 있은 지 엿새 후에 예수께서 베드로와 야고보와 요한을 데리고 높은 산에 올라가셨다. 그래서 그들은 예수께서 부활하신 후에(참조. 17:9), 지금 보고 들은 것을 증거할 수 있었다. 이 산에 계신 동안 예수께서는 그들 앞에서 변형되사 그 얼굴이 해같이 빛나며 옷이 빛과 같이 희어졌다. 그때 갑자기 율법과 선지자를 각각 대표하는 모세와 엘리야가 천상의 빛에 싸여 나타났다. 그들은 율법과 예언의 성취를 위해 예루살렘에서 있을 예수의 별세(눅 9:31)에 대해 예수와 더불어 말하고 있었다. 충동적인 베드로는 예수께서 말씀하신 것의 의미도 알지 못하면서 예수와 모세와 엘리야를 위해 초막 셋을 짓게 해달라고 제안했다. 홀연히 빛나는 구름이 예수와 모세와 엘리야를 덮었다. 전에 세례받으실 때와 같이 "이는 내 사랑하는 아들이요 내 기뻐하는 자니 너희는 그의 말을 들으라"는 소리가 들렸다. 놀란 제자들은 땅에 엎드렸다. 그러나 예수께서 그들에게 손을 대시자 그들의 두려움은 사라졌으며 예수께서 명령하시자 그들은 일어났다. 그들이 눈을 떴을 때는 예수 외에는 아무도 보이지 않았다. 산에서 내려오시면서 예수는 그리스도 자신보다 먼저 오리라고 예언된 엘리야가 세례 요한이라는 비밀을 해결해 주셨다.

산꼭대기에서의 영광과 아래에서의 비참과 수치와 혼돈이 얼마나 대비되는가!(14-20절). 골짜기를 내려왔을 때 예수와 그 세 사람은 귀신 들리고 간질병에 걸린 외아들을 가진 불쌍한 아버지와 계속적인 믿음과 기도가 없어서 그를 치료하지 못한 아홉 제자를 보았다. 아마도 서기관들은 이 실패를 고소해하면서 아홉 명의 제자들과 변론하고 있었을 것이다(막 9:14). 호기심에 찬 무리들은 구경을 하고 있었다. "믿음이 없고 패역한 세대여 내가 얼마나 너희와 함께 있으며 얼마나 너희에게 참으리요" 하고 예수께서는 외치셨다. 그는 또한 "그를 이리로 데려오라" 하시고 즉시 아이를 고치셨다. 그런 후 예수께서는 제자들에게 그들이 실패한 이유를 설명하시면서 겨자씨만 한 믿음만 가지고 있다면 그들에게 주어진 어떤 임무도 수행할 수 있을 것이라고 말씀하셨다.

22, 23절은 예수의 다가올 수난과 부활에 대한 두 번째 명백한 예언을 담고 있는데 다가올 수난의 확실성과 겸손의 성격을 강조한다. 예수와 제자들은 세금 징수의 본부인 가버나움에서 오랫동안 떨어져 있었으므로 아직 성전세를 내지 않았다. "너의 선생은 반 세겔을 내지 아니하느냐?" 이 세를 받으러 다니는 자들이 베드로에게 물었다. 베드로는 "내신다"고 대답했다. 베드로가 예수께 그 일을 말하려고 할 때 예수께서는 먼저 말씀하시면서 그가 이미 알고 있음을 보여 주셨다. 그는 또한 자신과 베드로의 성전세를 낼 돈을 어떻게 구할 수 있는가도 아셨다. 즉, 바다에 가라고 명령을 받은 베드로가 잡게 될 최초의 고기의 입에서였다. 24-27절이 예수에 대해 비춰 주는 조명에 대해서는 이 부분의 주석을 참조하라.

- 중권 끝 -

헨드릭슨 패턴 주석 시리즈

헨드릭슨 성경주석

마태복음(중)

초판 1쇄 발행 1988년 3월 10일
개정판 1쇄 발행 2016년 9월 7일

지은이 윌리엄 헨드릭슨
옮긴이 이정웅

펴낸이 정형철
펴낸곳 아가페북스
등 록 제321-2011-000197호

주 소 (06698) 서울시 서초구 효령로8길 5 (방배동)
전 화 (02) 584-4835 (본사) / (02) 522-5148 (편집부)
팩 스 (02) 586-3078 (본사) / (02) 586-3088 (편집부)
홈페이지 www.iagape.co.kr

ISBN 978-89-97713-71-4 (04230)
ISBN 978-89-97713-42-4 (세트) (04230)

「이 도서의 국립중앙도서관 출판예정도서목록(CIP)은
서지정보유통지원시스템 홈페이지(http://seoji.nl.go.kr)와
국가자료공동목록시스템(http://www.nl.go.kr/kolisnet)에서
이용하실 수 있습니다. (CIP제어번호: CIP2016020255)」

아가페북스는 (주)아가페출판사의 단행본 전문브랜드입니다.

아가페 출판사